U0604302

周易集注

易经来注图解

（明）来知德 撰
郑同 整理

上

九州出版社
JIUZHOUPRESS
全国百佳图书出版单位

图书在版编目(CIP)数据

周易集注 / (明) 来知德撰；郑同整理 .—北京：九州出版社，2019.11

ISBN 978－7－5108－8478－8

Ⅰ.①周… Ⅱ.①来… ②郑… Ⅲ.《周易》—注释 Ⅳ.①B221.2

中国版本图书馆 CIP 数据核字(2019)第 274391 号

周易集注

作　　者	(明)来知德 撰　郑同 整理
出版发行	九州出版社
地　　址	北京市西城区阜外大街甲 35 号(100037)
发行电话	(010)68992190/3/5/6
网　　址	www. jiuzhoupress. com
电子邮箱	jiuzhou@jiuzhoupress. com
印　　刷	三河市九洲财鑫印刷有限公司
开　　本	710 毫米×1000 毫米　16 开
印　　张	38.5
字　　数	550 千字
版　　次	2020 年 1 月第 1 版
印　　次	2020 年 1 月第 1 次印刷
书　　号	ISBN 978－7－5108－8478－8
定　　价	88.00 元(全二册)

整理说明

一、本书称《周易集注》，又称《易经来注图解》。全书依《四库全书》本，正文作十六卷，另有“卷首上”一卷，“卷首下”一卷，另依朝爽堂《易经来注图解》本，补入“卷末”之附图一卷，“卷首下”补入《来图补遗》。

二、本次点校所采用底本，为《四库全书》本。《四库全书》本所无部分，依据朝爽堂《易经来注图解》本、康熙二十七年宝廉堂刻本整理。

三、此次整理工作包括标点、文字处理、校勘工作、古图整理工作。全书文字采用简体横排，古图依朝爽堂本整理后排入。凡《四库全书》阙失之处，依他本补入。另有二处，各本均为阙失，则依原本标注阙失。所有古图，一律依原本影印，并修缮完整，便于读者研习。

四、本书根据现行新的标点用法，并结合古籍整理标点的通例，对全书进行统一规范的标点。但全书不使用破折号、省略号、着重号、专名号，正文中不使用间隔号。凡经文之文字，采用楷体字排版。凡集注之文字及来注之文字，采用宋体字排版。凡说明性文字，采用仿体字排版。

五、文字处理。汉字简化字以国家文字工作委员会发布的《文字使用规范条例》《简化字总表》《第一批异体字整理表》为基准，以《辞海》和《汉语大字典》为依据。未尽之处，依古籍整理通例处理。所有文字，凡能简化者，一律简化。古体字、不规范字，一律改为规范简化字。但正文中，为避免歧义，个别繁体字、异体字予以保留，不作简化处理。

六、承蒙北京易经研究会王力军先生为本次点校提供善本，谨在此致谢。

来知德和《周易集注》

来知德（公元1525～1604），字矣鲜，梁山（今重庆梁平区）人。幼有至行，有司举为孝童。嘉靖三十一年举于乡。二亲相继殁，庐墓六年，不饮酒茹荤。服除，伤不及禄养，终身麻衣蔬食，誓不见有司。其学以致知为本，尽伦为要。所著有《省觉录》《省事录》《理学辨疑》《心学晦明解》诸书，而《周易集注》一篇用功尤笃。自言学莫邃于《易》。初，结庐釜山，学之六年无所得。后远客虬溪山中，覃思者数年，始悟《易》象。又数年始悟文王《序卦》、孔子《杂卦》之意。又数年始悟卦变之非。盖二十九年而后书成。万历三十年，总督王象乾、巡抚郭子章合词论荐，特授翰林待诏。知德力辞，诏以所授官致仕，有司月给米三石，终其身。

《周易集注》侧重取《系辞》"错综其数"以论象。《自序》曰："象者，乃事理之仿佛近似可以想象者也，非真有实理也。""有象则大小远近精粗、千蹊万径之理咸寓乎其中，方可弥纶天地，无象则所言者，止一理而已，何以弥纶？故象犹镜也，有镜则万物毕照。若舍其镜，是无镜而索照矣。不知象，《易》不可注也。""注既成，乃僭于伏羲、文王圆图之前，新画一图，以见圣人作《易》之原。又画八卦变六十四卦图，又画八卦所属相错图，又画八卦六爻变自相错图，又画八卦次序自相综图，又画八卦所属自相综图，又画八卦所属自相综文王序卦正综图，又画八卦四正四隅相综文王序卦杂综图。又发明八卦正位及上下经篇义并各字义，又发明六十四卦启蒙，又考定《系辞》上下传，又补定《说卦传》以广八卦之象，又改正《集注》分卷，又发明孔子'十翼'。其注先训释象义、字义及错综义，后加一圈方训释本卦本爻真意。"此亦足见其著书之宗旨。

来知德在虬溪深山苦心研《易》数十年后，《周易集注》面世。他的易注，继承了朱熹的理数之学而更加详细；其深究易象之旨，则发朱熹所未发。来知德自谓"《易》自孔子没，而亡至今日矣"，"四圣之《易》，不在四圣，而在我矣"，"德因四圣人之《易》千载长夜，乃将《纂修性理大全》去取于其间，更附以数年所悟之象数，以成明时一代之书"，"一部《易经》，不在四圣，而在我矣"。他专取《系辞》中错综其数以论易象，以象数阐释义理，以义理印证象数，纵横推演，以象数错综变化，按图索骥，为学《易》者洞开了门户；使失去了一千多年的象数，又回到了“四圣”原处。当时，《周易集注》被称为“绝学”。

《周易集注》体现了来知德朴实的辩证观点，世上万物是发展变化的，没有静止不变的事物。明末清初思想家黄宗羲，对来知德作了详细介绍，对来知德从象数入手研究《易经》，深究易理，研究事理的方法给予肯定，对《周易集注》及其观点给予了极高评价。

在先天太极图、先天八卦图基础上，来知德悟出并进一步阐明了“阴阳对待，阴阳平衡”的理论。《来瞿唐先生易学六十四卦启蒙》中说：“天地万物，独阴独阳不能生成，故必有错；而阴阳循环之理，阳上则阴下，阴上则阳下，故必有综；则错综二字，不论六爻变与不变，皆不能离也。”明朝后期，来知德完成了他的圆图，也被称为太极图。

对待者数　主宰者理　流行者气

来知德圆图

图中的白，表示阳仪；黑，表示阴仪。黑白分作两路，是表示阳极生阴，阴极生阳，生生不息，这就是太极，并不是说中间那一圈白的才是太极。

来知德此图，不仅包含了伏羲八卦方位、文王八卦方位，还包括了周敦颐太极图的内容。世道之治乱，国家之因革，山川之兴废，王霸之诚伪，风俗之厚薄，学术之邪正，理学之晦明，文章之淳漓，士子之贵贱，贤不肖之进退，华夷之强弱，百姓之劳逸，财赋之盈虚，户口之增减，年岁之丰凶，以至一草一木之贱，一饮一食之微，皆不外此图。世界上所有的事情，大到世道治乱，小到一草一木，全都包括在这张图之中了。

来知德还给他的图编了一个歌，叫“弄圆歌”：“我有一丸，黑白相和。虽是两分，还是一个。大之莫载，小之莫破；无始无终，无右无左。”

来知德认为此图是圣人作《易》的本原。孔子作《易传》，从“天尊地卑，乾坤定矣”，到“易简而天下之理得”，其全部意义，也包括在这张图中。理气象数、阴阳老少、往来进退、常变吉凶，都包括在这一张图之中。《易传》中的所有重要命题，如“一阴一阳之谓道”，“易有太极，是生两仪”，“形而上者谓之道，形而下者谓之器”等，以及它们所在的篇章内容，也都包括在这张图中。因此，假若弄通了这张图，那么一部《周易》，就不在四圣那里，而在我这里了。

举例说吧，比如一年之气象，可和万古之人事相比。所以来知德有一年气象图。见下图：

一年气象

来知德说，一年之中，春作夏长，秋收冬藏。一年如此，万古也如此。从盘古开天，到尧舜，其间的风俗人事，逐渐生长，这相当于一年中的春作夏长。尧舜以后，风俗人事，由长而消，这就是秋收冬藏。这叫作大混沌。大混沌中有小混沌，就像人身的血气盛衰。盘古到尧舜，好比是人初生到四十岁。从尧舜以后，就像从四十到百年而死。这是总论。如果就消息论，则大消中有小息，大息中也有小消。为什么呢？比如天生圣人，尧舜以前，圣人很多；尧舜以后，是大消，圣人很少，但还是生了孔子，这是大消中的小息。因为是小息，所以官位，名声，寿命，都赶不上尧舜。

来知德还分别用此图去表示帝王兴衰，表示历代文章，表示历代人材等等，如图：

帝王图大混沌

历代文章大混沌

历代人材大混沌

从这些图中可以看出，天地，是西北高，东南低；风水，右边白虎，太极盛。所以历代帝王，长子往往不能继承王位，都是二房子孙继承。圣贤都出生在西北。因为西北山高秀丽挺拔，出于天外。以财富论，则聚集在东南，原因是水都聚在湖海。中原一带泰山最高，所以产生了孔子这样的圣人。来知德说，有一天他去游泰山，路上见到一座山，高耸秀美，问路人，说这是王府陵。第二天走到孟庙，才知道原来孟子就出生在这里。从天气论，寒冷之气，始于西南，盛于西北。温暖之气，始于东西，盛于东南。寒冷之气多生圣贤，温暖之气多生富贵。从人的性情论，西北人多刚直、淳厚，下得死心，所以多圣贤。东南人多尖秀、柔巧，下不得死心，所以圣贤少。这一切又好像一年之中的气候变化，寒极必热，热极必寒，久晴必雨，久雨必晴；人事中有大权者必有大祸，多藏者必有厚亡。知道这些，就可以居《易》俟命，不怨天也不尤人。

来知德襟怀磊落，如光风霁月，不拘于绳趋尺步之间。他说，作大丈夫，就要把万古看作一个昼夜，这样就会襟怀开阔，如海阔天空。一心只想做个圣贤，就会把功名富贵，看得如尘土一般。四川总督王象乾、贵州巡抚郭子章《荐来知德疏》中写道："来知德离梁去万县虬溪二十余年，超然悟伏羲圆图之为错，文王序卦之为综，以错综二字，极易象之变，发千古未发，言四圣欲言。举人来知德学识渊博，言称古昔，据其岩居川观之节，或似严邵之踪；而论其注《易》画图之功，实出申辕之上。"来知德一生对自己要求甚严，作有《九德箴》等自省；对父母长辈恭敬，对晚辈严加管教，著有《家训》以教子孙。时称为"天下高士"、"天下一人"、"清和入圣"，"始知千载真儒，直接孔氏之绝学，虽朱程复生，亦必屈服"。

周易集注原序

乾坤者，万物之男女也；男女者，一物之乾坤也。故上经首乾坤，下经首男女。乾坤男女相为对待，气行乎其间，有往有来，有进有退，有常有变，有吉有凶，不可为典要，此《易》所由名也。盈天地间莫非男女，则盈天地间莫非《易》矣。伏羲象男女之形以画卦，文王系卦下之辞，又序六十四卦，其中有错有综，以明阴阳变化之理。错者，交错对待之名，阳左而阴右，阴左而阳右也。综者，高低织综之名，阳上而阴下，阴上而阳下也。虽六十四卦，止乾坤坎离大过颐小过中孚八卦相错，其余五十六卦皆相综而为二十八卦，并相错八卦共三十六卦。如屯蒙之类，虽屯综乎离，蒙综乎坎，本是二卦，然一上一下皆二阳四阴之卦，乃一卦也。故孔子《杂卦》曰“屯见而不失其居，蒙杂而著”是也。故《上经》止十八卦，《下经》止十八卦。

周公立爻辞，虽曰“兼三才而两之，故六”，亦以阴阳之气皆极于六，天地间穷上反下循环无端者，不过此六而已，此立六爻之意也。孔子见男女有象即有数，有数即有理，其中之理神妙莫测，立言不一而足，故所系之辞多于前圣。孔子没，后儒不知文王周公立象皆藏于《序卦》错综之中，止以《序卦》为上下篇之次序，乃将《说卦》执图求骏。自王弼扫象以后，注《易》诸儒皆以象失其传，不言其象，止言其理，而《易》中取象之旨遂尘埋于后世。本朝纂修《易经性理大全》，虽会诸儒众注成书，然不过以理言之而已，均不知其象，不知文王《序卦》，不知孔子《杂卦》，不知后儒卦变之非。于此四者既不知，则《易》不得其门而入；不得其门而入，则其注疏之所言者，乃门外之粗浅，非门内之奥妙。是自孔子没而《易》已亡至今日矣。四圣之《易》如长夜者二千余年，不其可长叹也哉！

夫《易》者，象也；象也者，像也。此孔子之言也。曰像者，乃事理之仿佛近似、可以想像者也，非真有实事也，非真有实理也。若以事论，“金”岂可为车？“玉”岂可为铉？若以理论，“虎尾”岂可履？“左腹”岂可入？《易》与诸经不同者全在于此。如《禹谟》曰“惠迪吉，从逆凶，惟影响”，是真有此理也；如《泰誓》曰“惟十有三年春，大会于孟津”，是真有此事也。若《易》，则无此事无此理，惟有此象而已。有象，则大小远近精粗千蹊万径之理咸寓乎其中，方可弥纶天地；无象，则所言者止一理而已，何以弥纶？故象犹镜也，有镜则万物毕照；若舍其镜，是无镜而索照矣。不知其象，《易》不注可也。

又如以某卦自某卦变者，此虞翻之说也，后儒信而从之。如讼卦“刚来而得中”，乃以为自遁卦来，不知乃综卦也，需讼相综，乃坎之阳爻来于内而得中也。孔子赞其为天下之至变，正在于此。盖乾所属综乎坤，坎所属综乎离，艮所属综乎巽，震所属综乎兑，乃伏羲之八卦一顺一逆自然之对待也，非文王之安排也。惟需讼相综，故《杂卦》曰：“需不进也，讼不亲也。”若遁则综大壮，故《杂卦》曰：“大壮则止，遁则退也。”见于孔子《杂卦传》。昭昭如此，而乃曰“讼自遁来”，失之千里矣。此所以谓四圣之《易》如长夜者，此也。

德生去孔子二千余年，且赋性愚劣，又居僻地，无人传授。因父母病，侍养未仕，乃取《易》读于釜山草堂。六年不能窥其毫发，遂远客万县求溪深山之中，沉潜反复，忘寝忘食有年。思之思之，鬼神通之。数年而悟伏羲文王周公之象，又数年而悟文王《序卦》、孔子《杂卦》，又数年而悟卦变之非。始于隆庆四年庚午，终于万历二十六年戊戌，二十九年而后成书，正所谓困而知之也。既悟之后，始知《易》非前圣安排穿凿，乃造化自然之妙，一阴一阳，内之外之，横之纵之，顺之逆之，莫非《易》也。始知至精者《易》也，至变者《易》也，至神者《易》也。始知《系辞》所谓“所居而安者，《易》之序也”，“错综其数”，“非中爻不备”，“二与四同功”，“三与五同功”数语，及作《说卦》《序卦》《杂卦》于“十翼”之末，孔子教后之学《易》者，亦明白亲切，但人自不察，惟笃信诸儒之注，而不留心详审孔子“十翼”之言，宜乎长夜至今日也。

注既成，乃僭于伏羲文王圆图之前新画一图，以见圣人作《易》之原。又画八卦变六十四卦图，又画八卦所属相错图，又画八卦六爻变自相错图，又画八卦次序自相综图，又画八卦所属自相综文王序卦正综图，又画八卦四正四隅相综文王序卦杂综图，又发明八卦正位及上、下经篇义并各字义，又发明六十四卦启蒙，又考定《系辞》上下传，又补定《说卦传》以广八卦之象，又改正《集注》分卷，又发明孔子“十翼”。其注先训释象义、字义及错综义，后加一圈，方训释本卦本爻正意。象数言于前，义理言于后。其百家注《易》，诸儒虽不知其象，不知《序卦》《杂卦》及卦变之非，止言其理，若于言理之中间有不悖于经者，虽一字半句，亦必采而集之，名曰《周易集注》。庶读《易》者开卷豁然，可以少窥四圣宗庙百官于万一矣。

孔子曰："盖有不知而作之者，我无是也。"孟子曰："予岂好辩哉？予不得已也。"圣贤立言不容不自任类如此。德因四圣之《易》千载长夜，乃将《纂修性理大全》去取于其间，更附以数年所悟之象数，以成明时一代之书。是以忘其愚陋，改正先儒注疏之僭妄，未暇论及云。

瞿塘来知德撰

目　录

诸 图 目

来 图

来图补遗

杂说目 附传

六十四卦启蒙详目

周易集注卷首上

易注杂说诸图总目

梁山来知德圆图

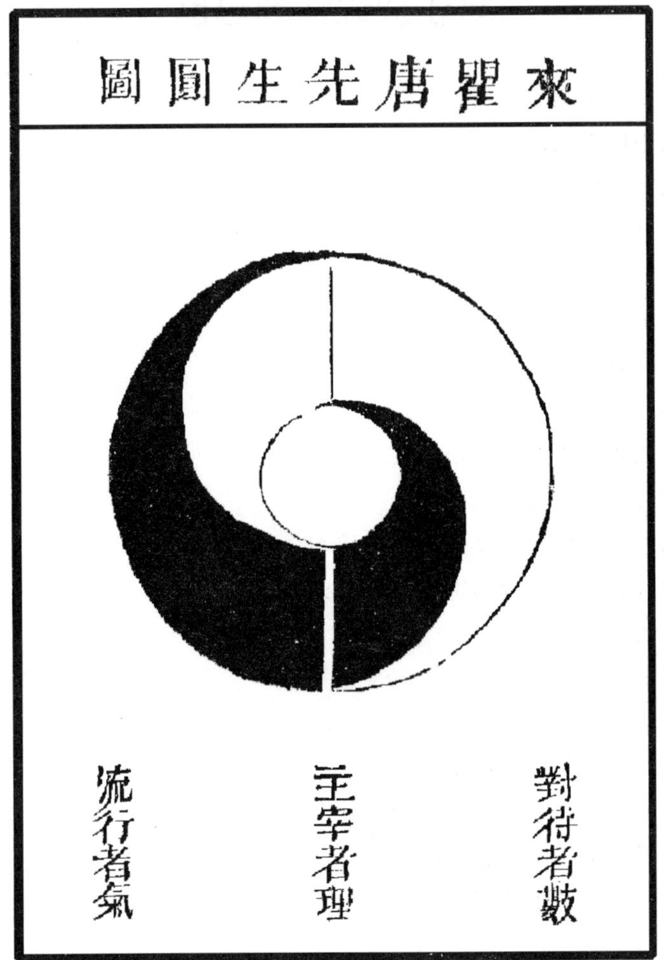

此圣人作《易》之原也。理气象数、阴阳老少、往来进退、常变吉凶，皆尚乎其中。孔子系《易》，首章至“易简而天下之理得”，及“一阴一阳之谓道”“易有太极”“形上、形下”数篇，以至“幽赞于神明”一章卒归于义命，皆不外此图。神而明之，一部《易经》，不在四圣而在我矣。或曰：伏羲文王有图矣，而复有此图，何耶？德曰：不然。伏羲有图，文王之图不同于伏羲，岂伏羲之图差耶？盖伏羲之图，易之对待；文王之图，易之流行。而德之图不立文字，以天地间理气象数不过如此，此则兼对待流行主宰之理而图之也，故图于伏羲文王之前。

伏羲六十四卦圆图

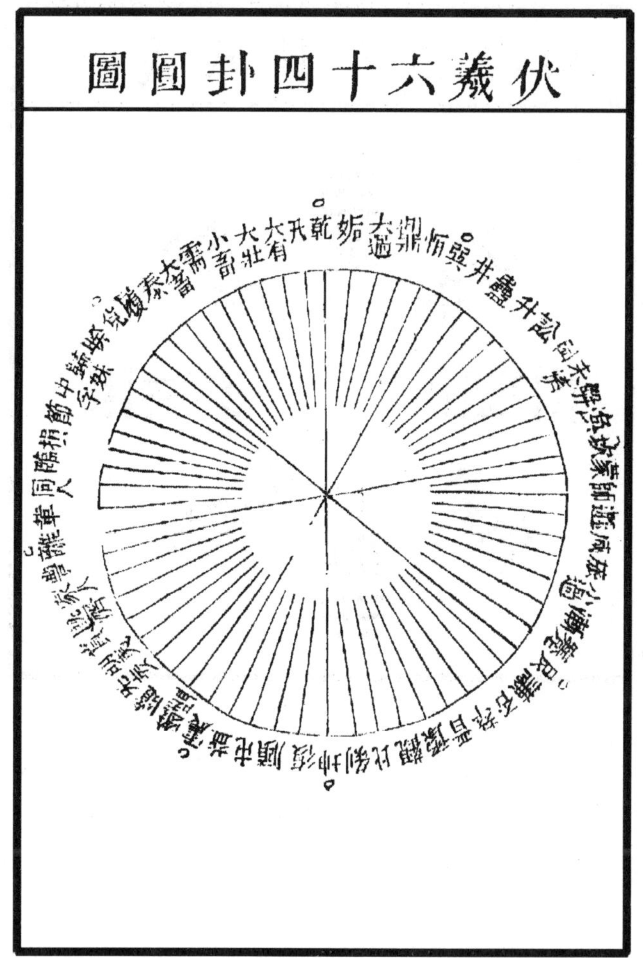

伏羲八卦方位之图

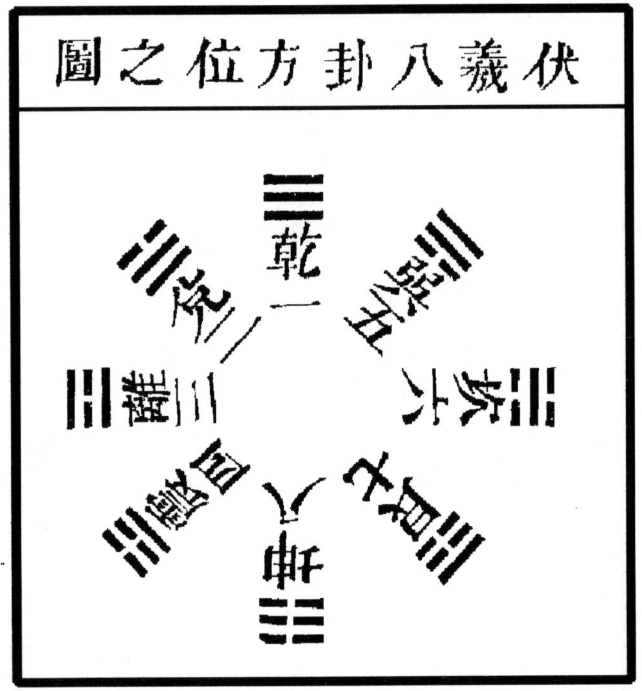

此伏羲之《易》也。《易》之数也，对待不移者也。故伏羲圆图皆相错，以其对待也。所以《上经》首乾坤，乾坤之两列者，对待也。孔子《系辞》“天尊地卑”一条，盖本诸此。

文王八卦方位之图

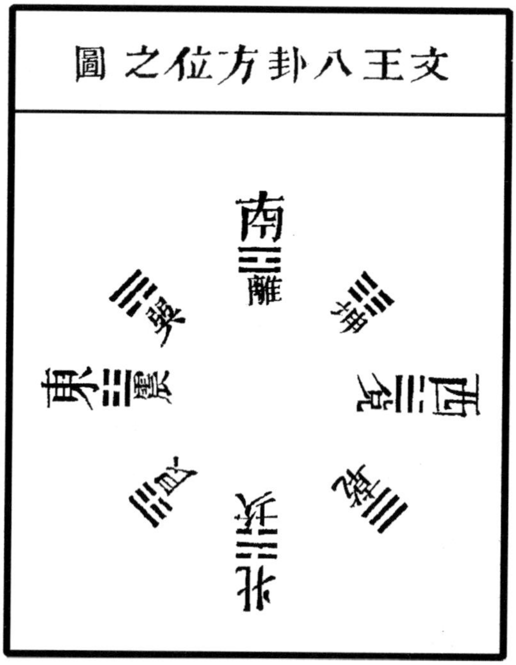

文王八卦方位之圖

南 ☲ 離
☷ 坤
西 ☱ 兌
☰ 乾
北 ☵ 坎
☶ 艮
東 ☳ 震
☴ 巽

此文王之《易》也。《易》之气也，流行不已者也。自震而离而兑而坎，春夏秋冬一气而已。故文王《序卦》一上一下相综者，以其流行而不已也。所以《下经》首咸恒，咸恒之交感者，流行也。孔子《系辞》“刚柔相摩”一条，盖本诸此。盖有对待，其气运必流行而不己；有流行，其象数必对待而不移。故男女相对待，其气必相摩荡，若不相摩荡，则男女乃死物矣。此处安得有先后？故不分先天后天。

伏羲文王错综图

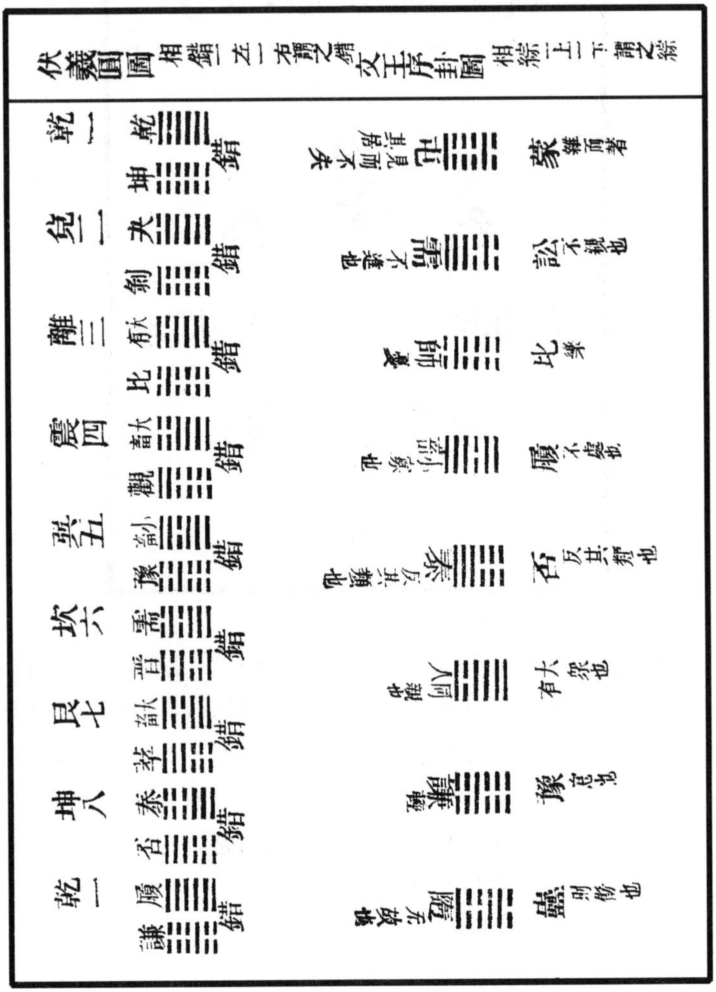

伏羲圓圖 相錯一左一右謂之錯

伏羲圓圖	相錯		
乾一	乾	坤	錯
兑二	夬	剝	錯
離三	大有	比	錯
震四	大畜	觀	錯
巽五	小畜	豫	錯
坎六	需	晉	錯
艮七	大畜	萃	錯
坤八	泰	否	錯
乾一	履	謙	錯

文王序卦圖 相綜一上一下謂之綜

文王序卦圖	相綜
屯 見而不失其居	蒙 雜而著
需 不進也	訟 不親也
師 憂	比 樂
小畜 寡也	履 不處也
泰 反其類也	否 反其類也
同人 親也	大有 衆也
謙 輕	豫 怠也
隨 无故也	蠱 則飭也

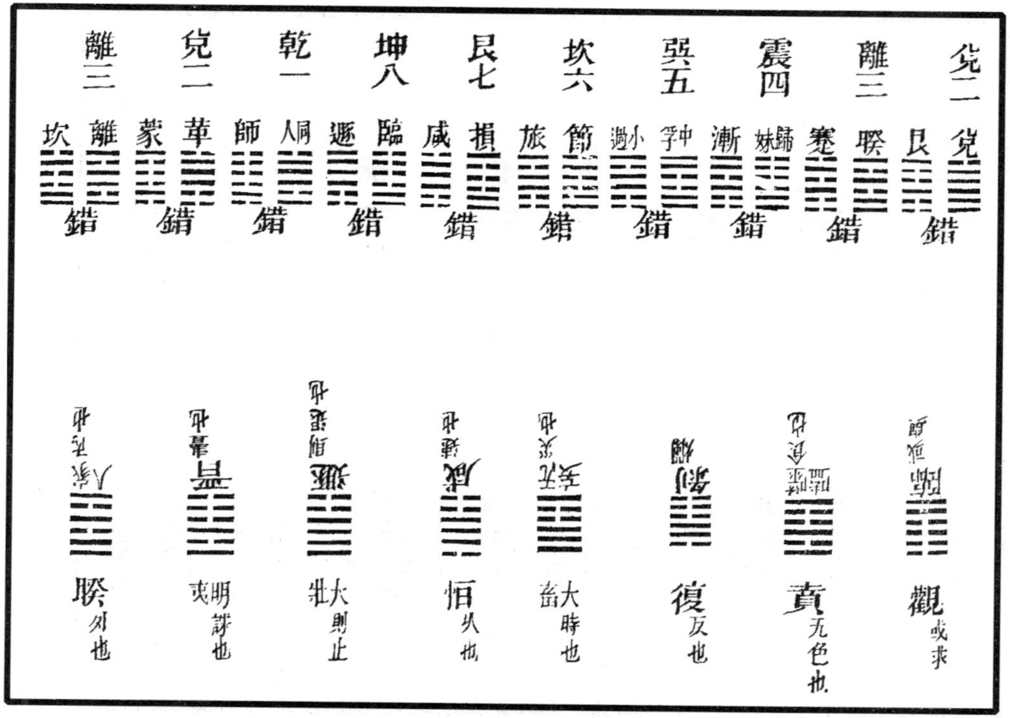

兌二　兌　艮　錯
離三　睽　蹇　錯
震四　歸妹　漸　錯
巽五　中孚　小過　錯
坎六　節　旅　錯
艮七　損　咸　錯
坤八　臨　遯　錯
乾一　同人　師　錯
兌二　革　蒙　錯
離三　離　坎　錯

觀或求　臨或與
賁无色也　噬嗑食也
復反也　剝爛也
大畜時也　无妄災也
恒久也　咸速也
大壯則止　遯則退也
明夷誅也　晉晝也
睽外也　家人內也

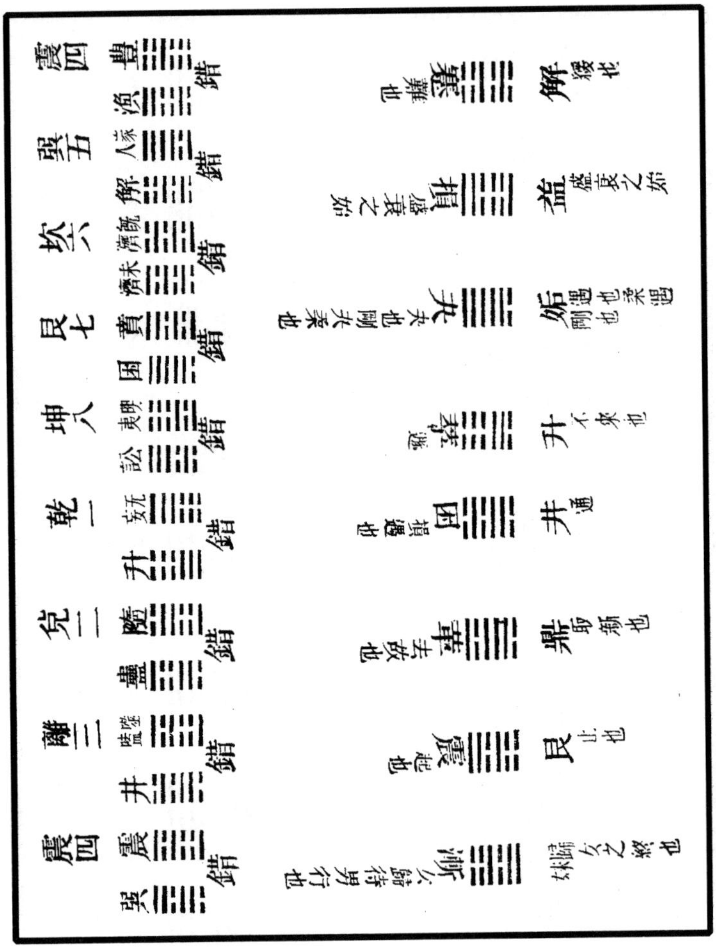

震四 豐 渙 錯

巽五 家人 解 錯

坎六 既濟 未濟 錯

艮七 賁 困 錯

坤八 明夷 訟 錯

乾一 无妄 升 錯

兌二 隨 蠱 錯

離三 噬嗑 井 錯

震四 震 巽 錯

解 緩也 蹇 難也

益 盛衰之始 損 盛衰之始

姤 遇也柔遇剛也 夬 決也剛決柔也

升 不來也 萃 聚

井 通 困 相遇也

鼎 取新也 革 去故也

艮 止也 震 起也

歸妹 女之終也 漸 女歸待男行也

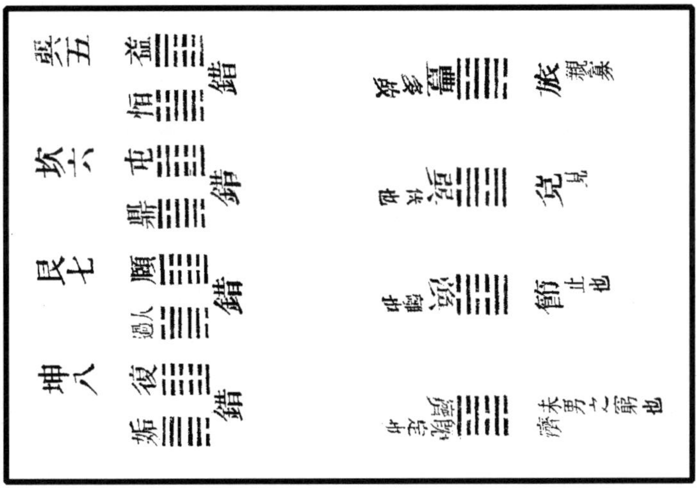

巽五 益 恒 錯
坎六 屯 鼎 錯
艮七 頤 大過 錯
坤八 復 姤 錯
豐多故 旅親寡
巽伏也 兌見
渙離也 節止也
既濟定也 未濟男之窮也

右文王《序卦》六十四卦，除乾坤、坎离、大过颐、小过中孚八个卦相错，其余五十六个皆相综。虽四正之卦，如否、泰、既济、未济四卦；四隅之卦，如归妹、渐、随、蛊四卦，比八卦可错可综。然文王皆以为综也。故五十六卦止有二十八卦，向上成一卦，向下成一卦，共相错之卦三十六卦。所以《上经》分十八卦，《下经》分十八卦。其相综自然而然之妙，亦如伏羲圆图。相错自然而然之妙，皆不假安排穿凿。所以孔子赞其为天下之至变者，以此。汉儒至宋儒，止以为上下篇之次序，不知紧要与圆图同。诸象皆藏于二图错综之中，惟其不知《序卦》紧要之妙，则《易》不得其门而入矣。因此将二图并列之。

因有此相错图，所以不用伏羲圆图。

孔子太极生两仪四象八卦图

孔子太極生兩儀四象八卦圖

兩儀圖

陽儀	陰儀
⚊	⚋

四象圖

太陽	少陰	少陽	太陰
⚌	⚍	⚎	⚏
一陽上加一陽爲太陽	一陽上加一陰爲少陰	一陰上加一陽爲少陽	一陰上加一陰爲太陰

八卦圖

乾一	兌二	離三	震四	巽五	坎六	艮七	坤八
☰	☱	☲	☳	☴	☵	☶	☷
太陽上加一陽爲乾	太陽上加一陰爲兌	少陰上加一陽爲離	少陰上加一陰爲震	少陽上加一陽爲巽	少陽上加一陰爲坎	太陰上加一陽爲艮	太陰上加一陰爲坤

八卦变六十四卦图

來瞿唐先生八卦變六十四卦圖

☰乾一變乾居一卦言八宮居一卦矣

卦	變
姤䷫	初爻變
遯䷠	二爻變
否䷋	三爻變
觀䷓	四爻變
剝䷖	五爻變
晉䷢	復還四爻變
大有䷍	歸本卦

☱兌二變兌居二卦言八宮居二卦言澤

卦	變
困䷮	初爻變
萃䷬	二爻變
咸䷞	三爻變
蹇䷦	四爻變
謙䷎	五爻變
小過䷽	復還四爻變
歸妹䷵	歸本卦

☲離三變離尾二卦言天乾尾二卦言火

卦	變
旅 ䷷	初爻變
鼎 ䷱	二爻變
未濟 ䷿	三爻變
蒙 ䷃	四爻變
渙 ䷺	五爻變
訟 ䷅	復還四爻變
同人 ䷌	歸本卦

☳震四變震尾二卦言澤兌尾二卦言雷

卦	變
豫 ䷏	初爻變
解 ䷧	二爻變
恒 ䷟	三爻變
升 ䷭	四爻變
井 ䷯	五爻變
大過 ䷛	復還四爻變
隨 ䷐	歸本卦

䷸ 巽五變 巽居二卦言山艮居一卦言風

卦	變
小畜 ䷈	初爻變
家人 ䷤	二爻變
益 ䷩	三爻變
无妄 ䷘	四爻變
噬嗑 ䷔	五爻變
頤 ䷚	復還四爻變
蠱 ䷑	歸本卦

䷜ 坎六變 坎居二卦言地坤居一卦言水

卦	變
節 ䷻	初爻變
屯 ䷂	二爻變
既濟 ䷾	三爻變
革 ䷰	四爻變
豐 ䷶	五爻變
明夷 ䷣	復還四爻變
師 ䷆	歸本卦

艮七變（艮尾二卦言風巽尾二卦言山）	坤八變（坤尾二卦言水坎尾二卦言地）
賁　初爻變	復　初爻變
大畜　二爻變	臨　二爻變
損　三爻變	泰　三爻變
睽　四爻變	大壯　四爻變
履　五爻變	夬　五爻變
中孚　復還四爻變	需　復還四爻變
漸　歸本卦	比　歸本卦

皆自然之數

右八卦，不过加太极、两仪、四象、八卦是也。六十四卦，不过变，即《系辞》所谓“八卦成列，象在其中矣；因而重之，爻在其中矣；刚柔相推，变在其中矣”。变在其中者，如乾为阳刚，乾下变，一阴之巽，二阴之艮，三阴之坤。坤为阴柔，坤下变，一阳之震，二阳之兑，三阳之乾，是刚柔相推也。盖三画卦若不重成六画，则不能变六十四，惟六画则即变六十四矣。所以每一卦六变即归本卦，下爻尽变为七变，连本卦成八卦，以八加八，即成六十四卦。古之圣人见天地阴阳变化之妙原是如此，所以以“易”名之。若依宋儒说，一分二，二分四，四分八，八分十六，十六分三十二，三十二分六十四，是一直死数，何以为“易”，且通不成卦。惟以八加八，方见阴阳自然造化。

八卦所属自相错图

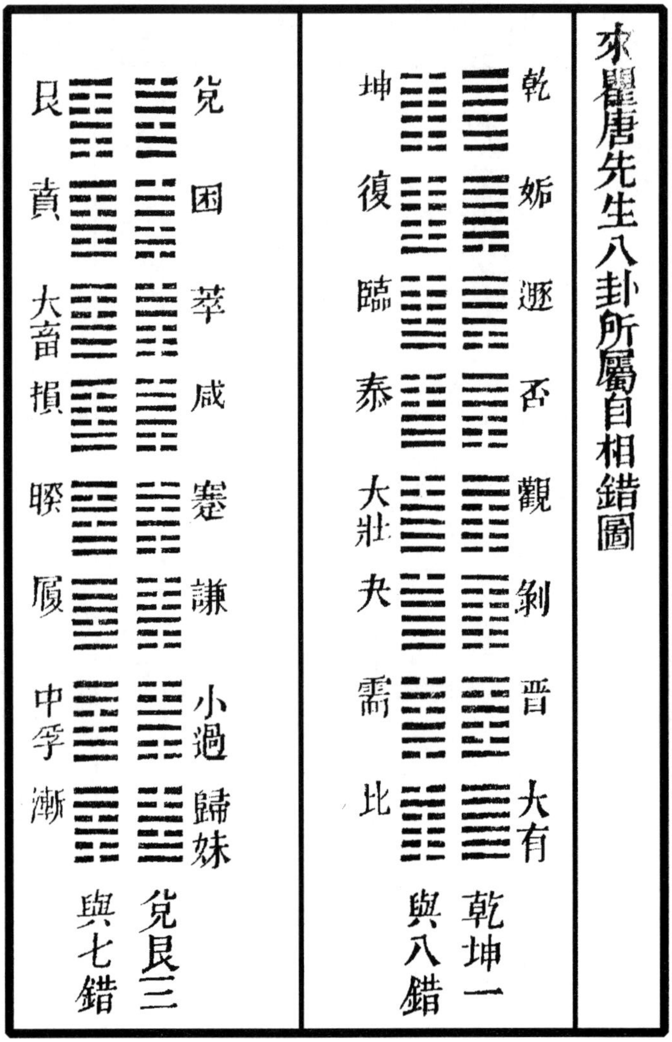

來瞿唐先生八卦所屬自相錯圖

乾 姤 遯 否 觀 剝 晉 大有

坤 復 臨 泰 大壯 夬 需 比

乾坤一與八錯

兌 困 萃 咸 蹇 謙 小過 歸妹

艮 賁 大畜 損 睽 履 中孚 漸

兌艮三與七錯

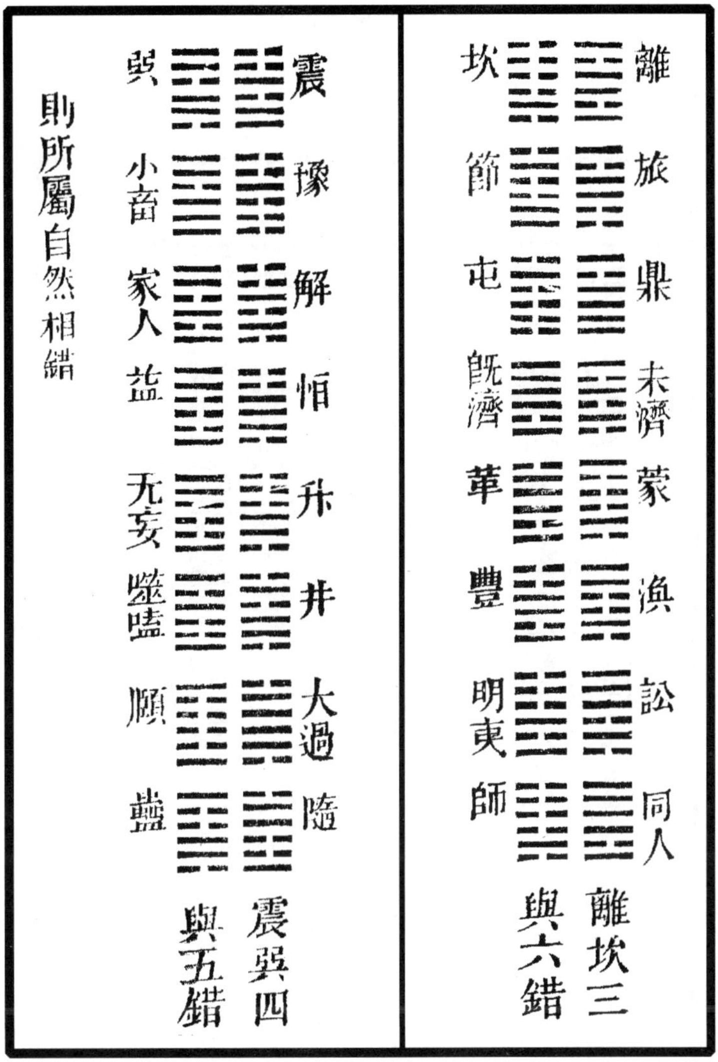

離　旅　鼎　未濟　蒙　渙　訟　同人

坎　節　屯　既濟　革　豐　明夷　師

離坎三與六錯

震　豫　解　恒　升　井　大過　隨

巽　小畜　家人　益　无妄　噬嗑　頤　蠱

震巽四與五錯

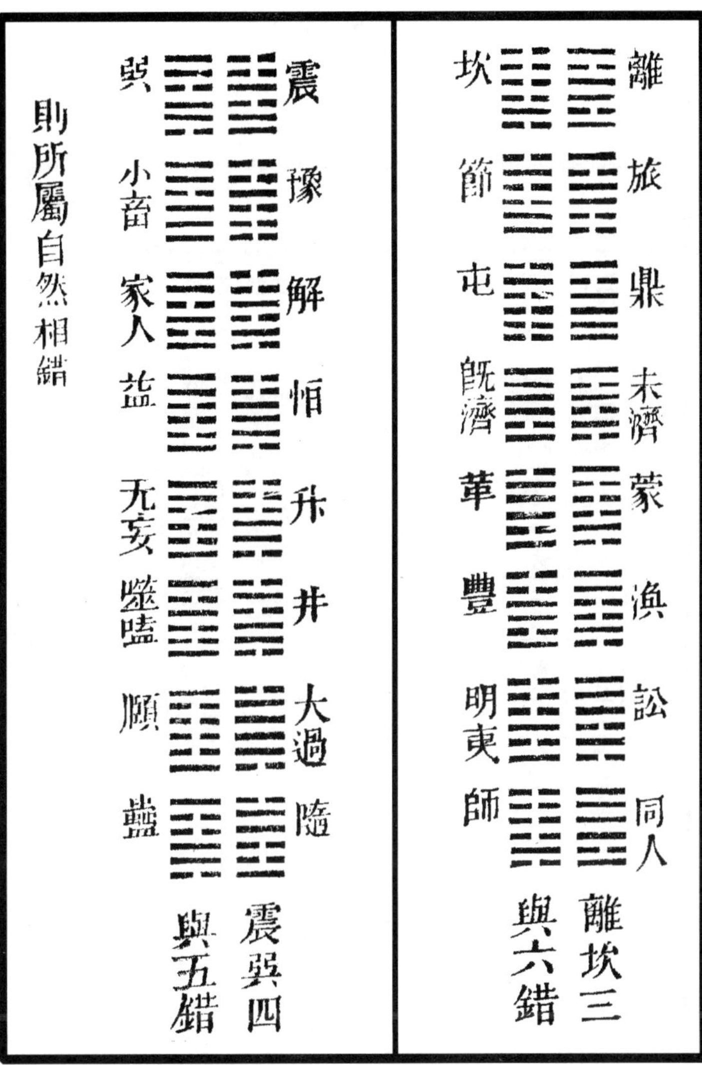

則所屬自然相錯

八卦六爻变自相错图

來瞿唐先生六爻變自相錯圖

乾 ䷀ 坤 ䷁

六變 夬 ䷪ 六變 剝 ䷖

五變 大有 ䷍ 五變 比 ䷇

四變 小畜 ䷈ 四變 豫 ䷏

三變 履 ䷉ 三變 謙 ䷎

二變 同人 ䷌ 二變 師 ䷆

初變 姤 ䷫ 初變 復 ䷗

乾坤相錯

兌 ䷹ 艮 ䷳

六變 履 ䷉ 六變 謙 ䷎

五變 歸妹 ䷵ 五變 漸 ䷴

四變 節 ䷻ 四變 旅 ䷷

三變 夬 ䷪ 三變 剝 ䷖

二變 隨 ䷐ 二變 蠱 ䷑

初變 困 ䷮ 初變 賁 ䷕

兌艮相錯

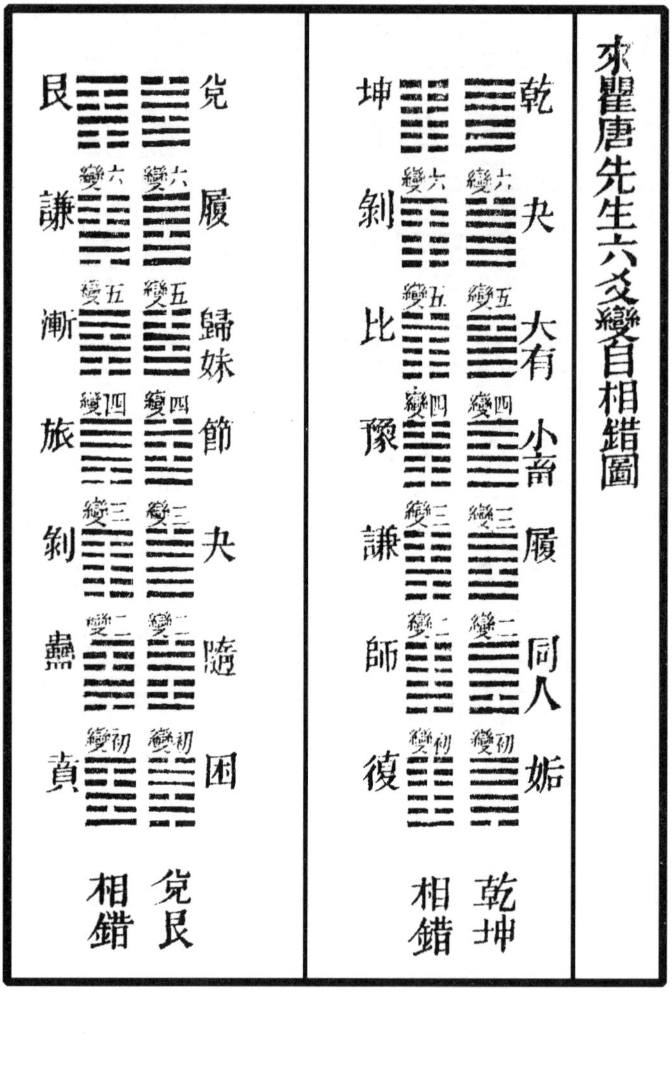

因八卦相錯故六爻亦相錯

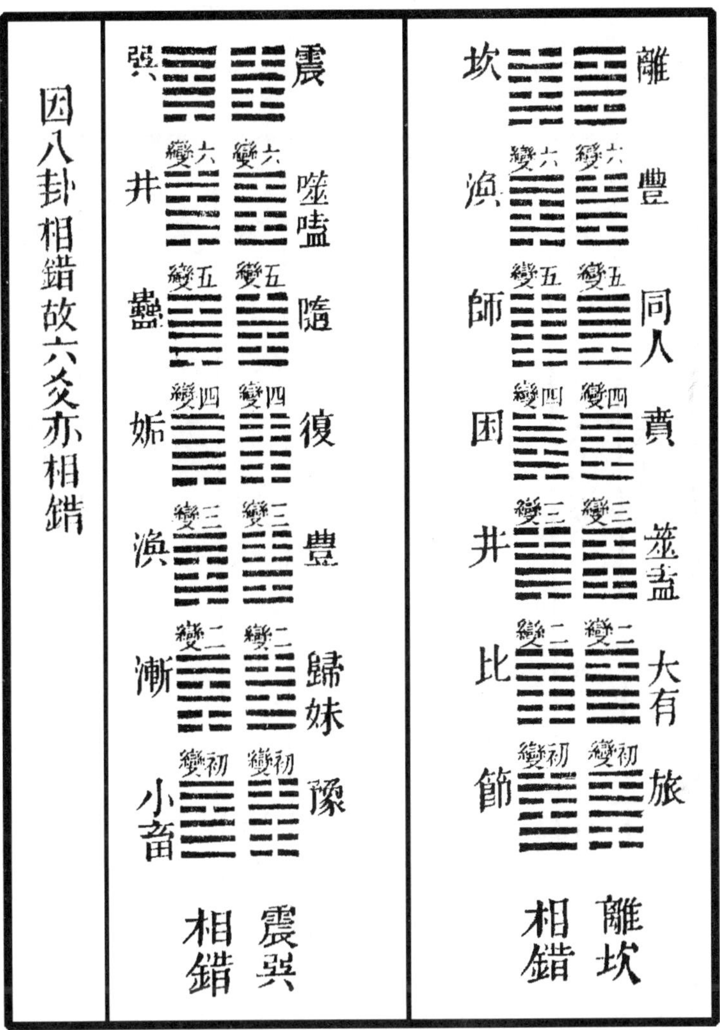

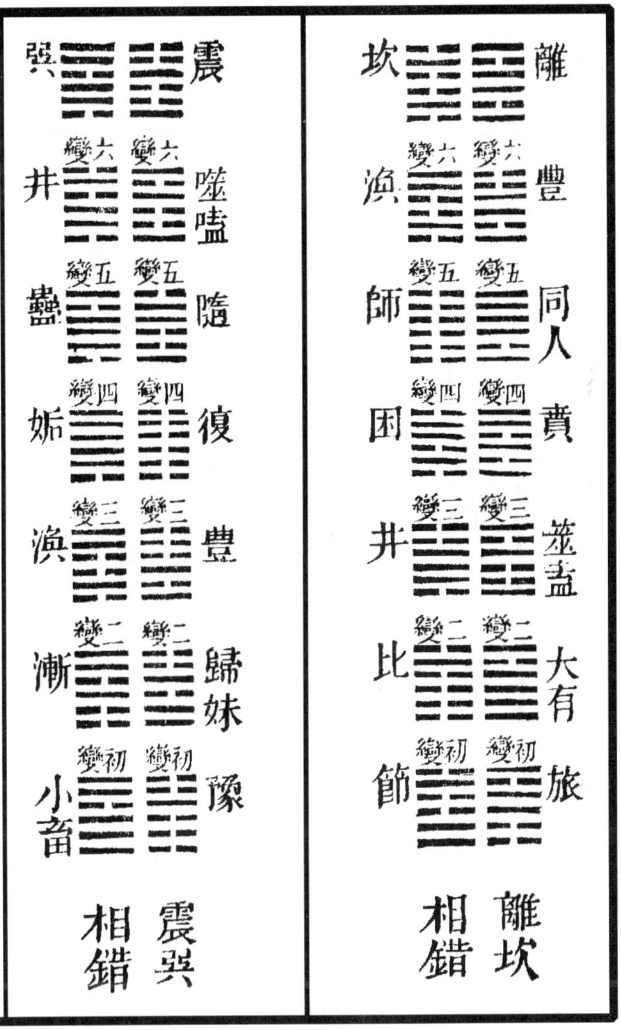

	離	坎
六變	豐	渙
五變	同人	師
四變	賁	困
三變	噬嗑	井
二變	大有	比
初變	旅	節

離坎相錯

	震	巽
六變	噬嗑	井
五變	隨	蠱
四變	復	姤
三變	豐	渙
二變	歸妹	漸
初變	豫	小畜

震巽相錯

八卦次序自相综图

來瞿唐先生八卦次序自相綜圖

乾四正之卦

乾一	乾		
兑二	天澤履	綜	風天小畜
離三	天火同人	綜	火天大有
震四	天雷无妄	綜	山天大畜
巽五	天風姤	綜	澤天夬
坎六	天水訟	綜	水天需
艮七	天山遯	綜	雷天大壯
坤八	天地否	綜	地天泰

坤四正之卦

乾一	地天泰	綜	天地否
兑二	地澤臨	綜	風地觀
離三	地火明夷	綜	火地晋
震四	地雷復	綜	山地剥
巽五	地風升	綜	澤地萃
坎六	地水師	綜	水地比
艮七	地山謙	綜	雷地豫
坤八	坤		

離四正之卦

乾一	火天大有	綜	天火同人
兌二	火澤睽	綜	風火家人
離三	離		
震四	火雷噬嗑	綜	山火賁
巽五	火風鼎	綜	澤火革
坎六	火水未濟	綜	水火既濟
艮七	火山旅	綜	雷火豐
坤八	火地晉	綜	地火明夷

坎四正之卦

乾一	水天需	綜	天水訟
兌二	水澤節	綜	風水渙
離三	水火既濟	綜	火水未濟
震四	水雷屯	綜	山水蒙
巽五	水風井	綜	澤水困
坎六	坎		
艮七	水山蹇	綜	雷水解
坤八	水地比	綜	地水師

兌四隅之卦

乾一	澤天夬	綜	天風姤
兌二	兌		
離三	澤火革	綜	火風鼎
震四	澤雷隨	綜	山風蠱
巽五	澤風大過	綜	山雷頤
坎六	澤水困	綜	水風井
艮七	澤山咸	綜	雷風恒
坤八	澤地萃	綜	地風升

艮四隅之卦

乾一	山天大畜	綜	天雷无妄
兌二	山澤損	綜	風雷益
離三	山火賁	綜	火雷噬嗑
震四	山雷頤	綜	澤風大過
巽五	山風蠱	綜	澤雷隨
坎六	山水蒙	綜	水雷屯
艮七	艮		
坤八	山地剝	綜	地雷復

震四隅之卦

乾一	雷天大壯	綜	天山遯
兌二	雷澤歸妹	綜	風山漸
離三	雷火豐	綜	火山旅
震四	震		
巽五	雷風恒	綜	澤山咸
坎六	雷水解	綜	水山蹇
艮七	雷山小過	綜	風澤中孚
坤八	雷地豫	綜	地山謙

巺四隅之卦

乾一	風天小畜	綜	天澤履
兌二	風澤中孚	綜	雷山小過
離三	風火家人	綜	火澤睽
震四	風雷益	綜	山澤損
巺五	巺		
坎六	風水渙	綜	水澤節
艮七	風山漸	綜	雷澤歸妹
坤八	風地觀	綜	地澤臨

右乾坤水火之正之卦。故天在上则天在下，如天泽履综风天小畜是也；地在上则地在下，如地天泰综天地否是也。水火亦然。其相综皆自然也。山泽雷风四隅之卦，一阳在上一阳在下，则山与雷综，如山天大畜综天雷无妄是也；一阴在上一阴在下，则风与泽综，如风天小畜综天泽履是也。故山在上则雷在下，风在上则泽在下，雷上山下泽上风下亦然。其相综皆自然也。

八卦所属相综文王序卦正综图

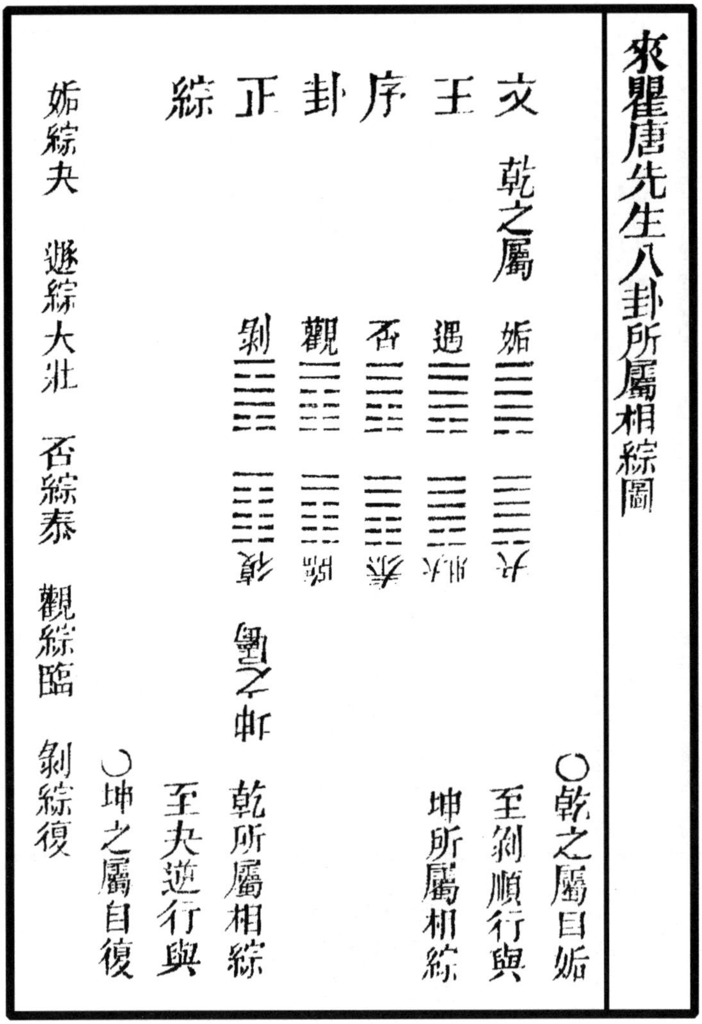

來瞿唐先生八卦所屬相綜圖

○乾之屬自姤至剝順行與坤所屬相綜

文王序卦正綜

乾之屬

姤 遯 否 觀 剝

夬 大壯 泰 臨 復

坤之屬

○坤之屬自復至夬逆行與乾所屬相綜

姤綜夬　遯綜大壯　否綜泰　觀綜臨　剝綜復

文王序卦正綜

坎之屬

節　渙

屯　蒙

既濟　未濟

革　鼎

豐　旅

離之屬

○坎之屬自節至豐順行與離所屬相綜

○離之屬自旅至渙逆行與坎所屬相綜

節綜渙　屯綜蒙　既濟綜未濟　革綜鼎　豐綜旅

文王序卦正綜

艮之屬

賁　大畜　損　睽　履

噬嗑　无妄　益　家人　小畜

巽之屬

○艮之屬自賁至履順行與與所屬相綜

○巽之屬自小畜至噬嗑逆行與艮所屬相綜

賁綜噬嗑　大畜綜无妄　損綜益　睽綜家人　履綜小畜

文王序卦正綜

震之屬

豫　解　恒　升　井

謙　蹇　咸　萃　困

兌之屬

○震之屬自豫至井順行與兌所屬相綜

○兌之屬自困至謙逆行與震所屬相綜

豫綜謙　解綜蹇　恒綜咸　升綜萃　井綜困

八卦正隅相综临尾二卦图

來瞿唐先生八卦正隅相綜臨尾二卦圖

文王序卦雜綜

乾　坤　坎　離

晉綜坎之明夷
大有綜離之同人
乾
需綜離之訟
坤
比綜坎之師
綜坤
坎乾
明夷綜乾之晉
離綜
師綜坤之比
離
訟綜坤之需
坎
同人綜乾之大有

四正與四正相綜

文王序卦雜綜

艮　巽　震　兌

中孚錯兌之小過
漸　綜兌之歸妹艮
頤　錯震之大過巽
蠱　綜震之隨　綜巽
震艮
大過錯巽之頤　兌綜
隨　綜巽之蠱　兌
小過錯艮之中孚　震
歸妹綜艮之漸

四隅與四隅相綜

八卦正位图

来瞿唐先生八卦正位圖

乾在五　乾屬陽五以陽居陽位故爲正位

兑在六　兑屬陰六以陰居陰位故爲正位

離在二　離屬陰二以陰居陰位故爲正位

震在初　震屬陽初以陽居陽位故爲正位

巽在四　巽屬陰四以陰居陰位故爲正位

坎在五　坎屬陽五以陽居陽位故爲正位

艮在三　艮屬陽三以陽居陽位故爲正位

坤在二　坤屬陰二以陰居陰位故爲正位

正位不可移動

乾属阳，其位在五，惟坎可以同之，盖坎中一画乃乾也。若艮震之五皆阴矣，故居三居初。此阳卦正位不可移也。坤属阴，其位在二，惟离可以同之，盖离中一画乃坤也。若巽兑之二皆阳矣，故居四居六。此阴卦正位不可移也。然《易》惟时而已，不可为典要。如观卦下六二乃坤之正位也，因本卦利近不利远，故六二止于窥观。知此庶可以识玩《易》之法。

来图补遗

太　极　图

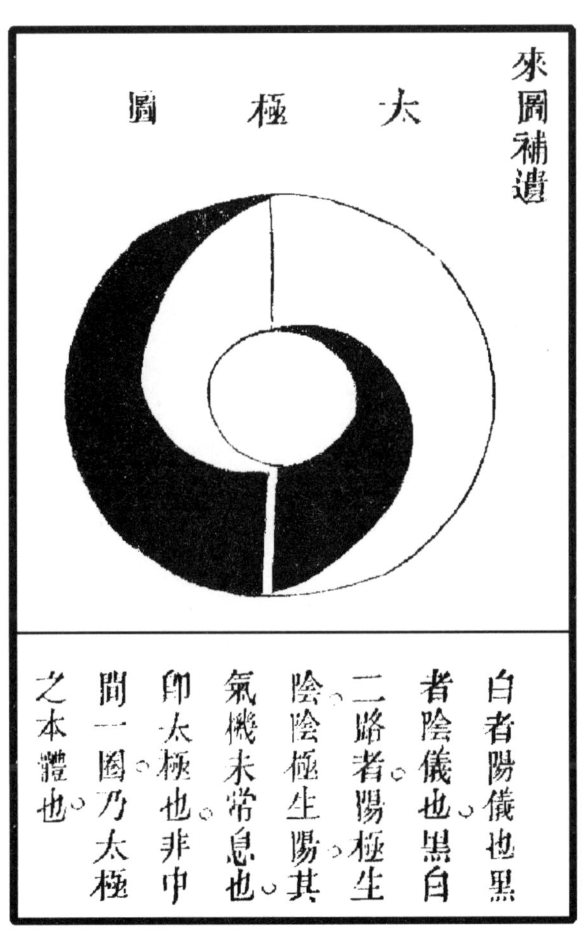
來圖補遺
太極圖
白者陽儀也黑
者陰儀也。黑白
二路者。陽極生
陰。陰極生陽。其
氣機未嘗息也。
即太極也。非中
間一圈。乃太極
之本體也。

《弄圆歌》：我有一丸，黑白相和。虽是两分，还是一个。大之莫载，小之莫破。无始无终，无右无左。八卦九畴，纵横交错。今古无前，乾坤在坐。尧舜周孔，约为一堂。我弄其中，琴瑟铿锵。孔曰太极，惟阴惟阳。是定吉凶，大业斯张。形即五行，神即五常。惟其能圆，是以能方。孟曰如此，有事勿忘。名为浩然，至大至刚。充塞天地，长揖羲皇。

此图与周子之图少异者，非求异于周子也。周子之图为开画，使人易晓。此图总画，解周子之图者，以中间一图，散太极之本体者非也。图说，周子已说尽了，故不必赘。

易以道阴阳，其理尽此矣。

世道之治乱。国家之因革，山川之兴废，王伯之诚伪，风俗之厚薄，学术之邪正，理学之晦明，文章之淳漓，士子之贵贱，贤不肖之进退，华夷之强弱，百姓之劳逸，财赋之盈虚，户口之增减，年岁之丰凶，举辟之详略，以至一草一木之贱，一饮一食之微，皆不外此图。

程子曰：天地万物之理，无独必有对，皆自然而然，非有安排也，于此图见之矣。

画此图时，因读《易》“七日一复”，见得道理原不断绝，往来代谢是如此，因推而广之，作《理学辨疑》。

“七日来复”，诸儒辨之者多，然譬喻亲切者少。“来复”就譬如炼铁扯风箱相似，将手推去，又扯转来。“来复”者，是扯转来也，皆一气也。

伏羲卦图

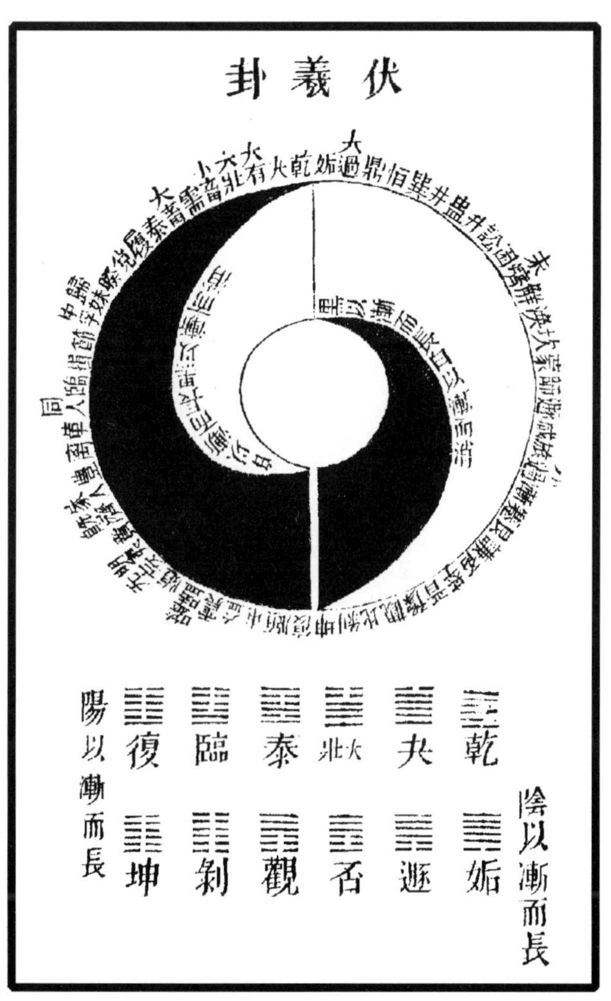

白路者，一阳复也。自复而临，而泰，而壮，而夬，即为乾之纯阳。

黑路者，一阴姤也。自姤而遁，而否、而观，而剥，即为坤之纯阴。

复者，天地之生子也，未几而成乾健之体，健极则必生女矣，是火中之一点水也。姤者，天地之生女也，未几而成坤顺之功，顺极则必生男矣，是水中之一点火也。故乾道成男，未必不成女；坤道成女，未必不成男。

坤而复焉，一念之醒也，而渐至于夬，故君子一篑之上，可以成山。

乾而姤焉，一念之差也，而渐至于剥，故小人一爝之火，可以燎原。

学者只将此图黑白消长玩味，就有长进，然非深于道者，不足以知之。观此图者，且莫言知造化性命之学，且将黑白消长，玩“安、危、进、退”四个字气象，亦已足矣。了得此手，便就知进知退，知存知亡，便即与天地合其德，日月合其明，四时合其序，鬼神合其吉凶。故修德凝道之君子，以居上不骄，为下不倍，国有道，其言足以兴；国无道，其默足以容。

伏羲八卦方位图

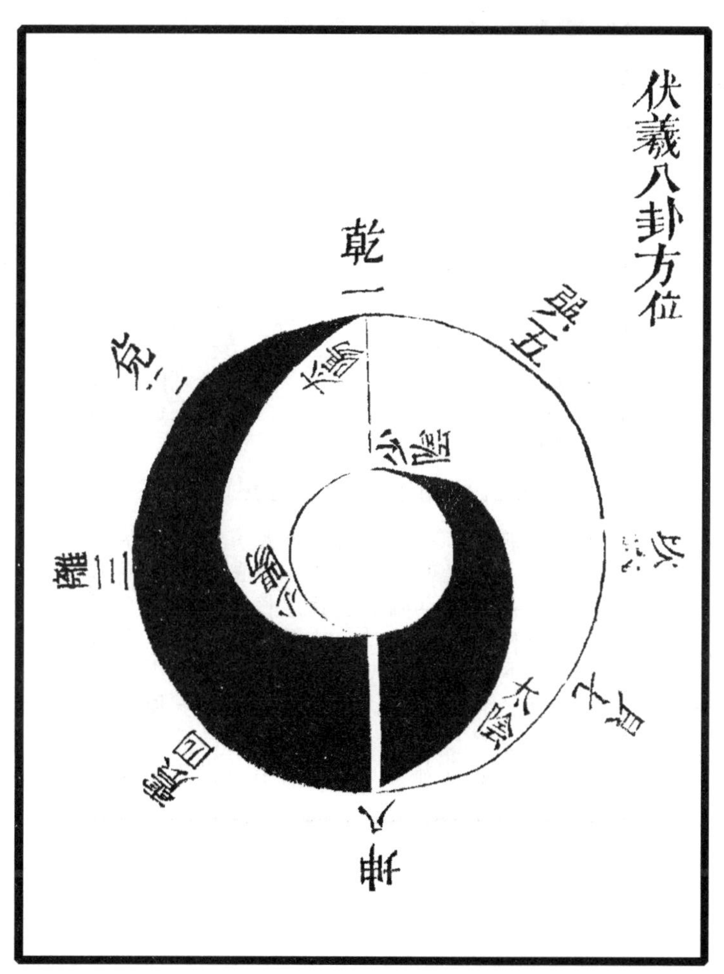

两仪图

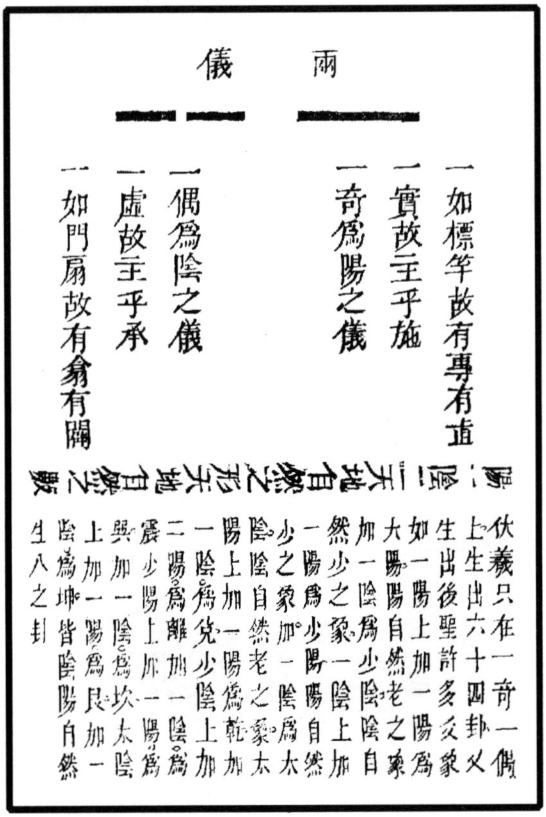

兩儀

一如標竿故有專有直

一實故主乎施

一奇爲陽之儀

一偶爲陰之儀

一虛故主乎承

一如門扇故有翕有闢

陽⚊陰⚋天地自然之形天地自然之數

伏羲只在一奇一偶上生出六十四卦爻生出後聖許多爻象如一陽上加一陽爲大陽陽自然老之象加一陰爲少陰陰自然少之象一陰上加一陽爲少陽陽自然少之象加一陰爲太陰陰自然老之象太陽上加一陽爲乾加一陰爲兌少陰上加二陽爲離加一陰爲震少陽上加一陽爲巽加一陰爲坎太陰上加一陽爲艮加一陰爲坤皆陰陽自然生八之卦

二分四，四分八，自然而然，不假安排，则所谓象者，卦者，皆仪也。故天地间万事万物，但有仪形者，即有定数存乎其中，而人之一饮一啄，一穷一通，一夭一寿，皆毫厘不可逃者。故圣人唯教人以贞，以成大业。

八卦已成之谓往，以卦之已成而言，自一而二、三、四、五、六、七、八，因所加之画，顺先后之序而去，故曰“数往者顺”。

八卦未成之谓来，以卦之初生而言，一阳上添一画为太阳，太阳上添一画则为纯阳，必知其为乾矣。八卦皆然。其所加之画，皆自下而行上，谓之逆，故曰“知来者逆”。

与邵子、朱子所说略不同。

以一年之卦气论之，自子而丑、寅、卯、辰、巳、午者，顺也。今伏羲之卦，将乾安于午位，逆行至于子，是乾、兑、离、震，其数逆也。

以卦之次序论之，自乾而兑，而离，而震，而巽，坎、艮、坤，乃顺也。今伏羲之卦，乃不以巽次于震之后，而乃以巽次于乾之左，渐至于坤焉。是巽、坎、艮、坤，其数逆也。故曰：易逆数也。

数，色主反。

伏羲八卦方位，自然之妙。以横图论，乾一、兑二、离三、震四、巽五、坎六、艮七、坤八，不假安排，皆自然而然，可谓妙矣。伏羲乃颠之倒之，错之纵之，安其方位，疑若涉于安排，然亦自然而然也。今以自然之妙，图画于后。以相对论：

此三阳对三阴也，故曰“天地定位”。

此一阳对一阴于下，少阳对少阴于上也，故曰“水火不相射”。

此太阳对太阴于下，一阳对一阴于上也，故曰“山泽通气”。

此一阳对一阴于下，太阳对太阴于上也，故曰“雷风相薄”。以乾、坤所居论：

乾位乎上，君也。左则二阳居乎巽之上焉，一阳居乎坎之中焉；右则二阳居乎兑之下焉，二阳居乎离之上下焉，宛然三公九卿、百官之侍列也。坤居于下，后也。右则二阴居乎震之上焉，一阴居乎离之中焉；右则二阴居乎艮之下焉，二阴居乎坎之上下焉，宛然三妃、九嫔、百媵之侍列也。以男女相配论：乾对坤者，父配乎母也。震对巽者，长男配长女也。坎对离者，中男配中女也。艮对兑者，少男配少女也。以乾、坤橐籥相交换论：乾取下一画，换于坤，则为震；坤取下一画，换于乾，则为巽，此长男、长女橐籥之气相交换也，故彼此“相薄”。乾取中一画，换于坤，则为坎；坤取中一画，换于乾，则为离，此中男、中女橐籥之气相交换也，故彼此“不相射”。乾取上一画，换于坤，则为艮；取上一画，换于乾，则为兑，此少男、少女橐籥之气相交换也，故彼此“通气”。

八卦通皆乾坤之数图

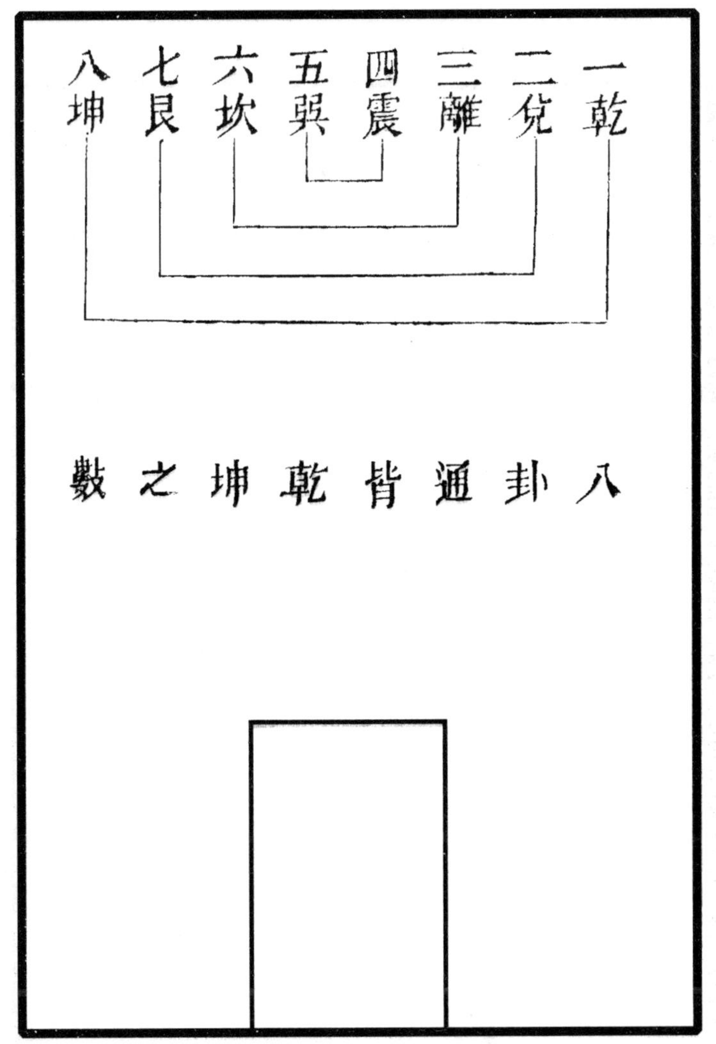

天一、地八，乃天地自然之数也。乾始于一，坤终于八，今兑二、艮七，亦一、八也；震四、巽五，亦一、八也。八卦皆本于乾、坤；于此可见，故曰：“乾、坤其《易》之门耶？乾、坤毁则无以见《易》。”一部《易经》乾、坤二字尽之矣。

读《易》且莫看《爻辞》并《系辞》并《程传》、《本义》，且将图玩，玩之既久，读《易》自有长进。

伏羲之卦起于画，故其前数条皆以画论之。若宋儒谓天位乎上，地位乎下，日生于东，月生于西，山镇西北，泽注东南，风起西南，雷动东北，则谓其合天地之造化，不以数论也。

阳直图

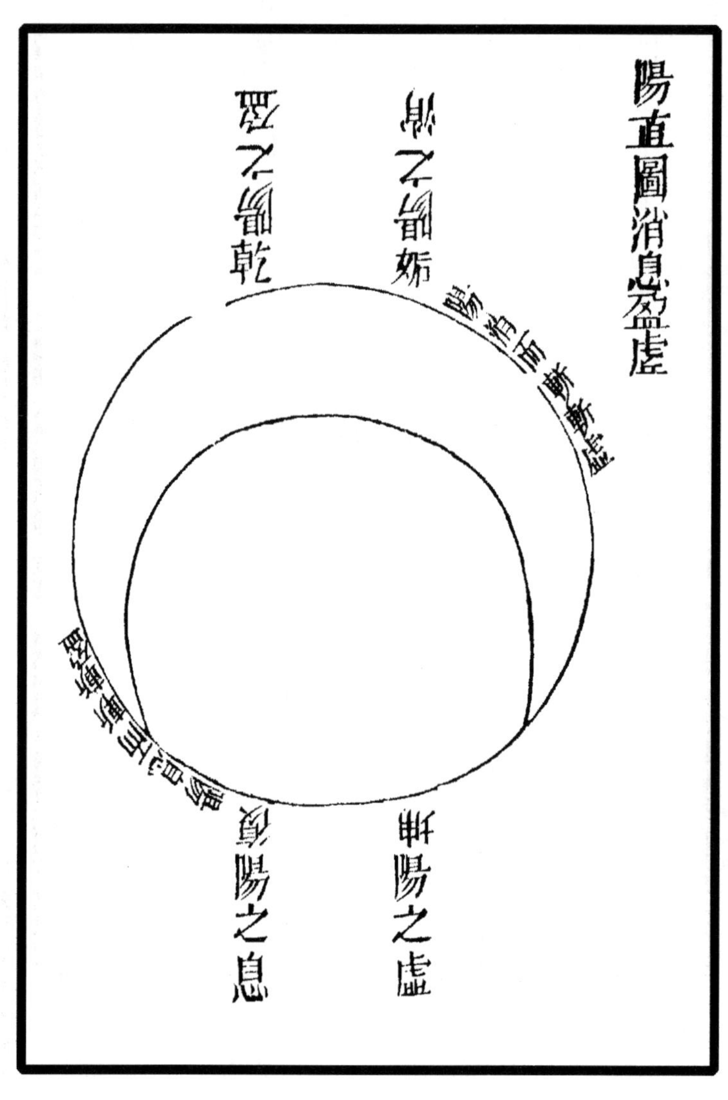

阴直图

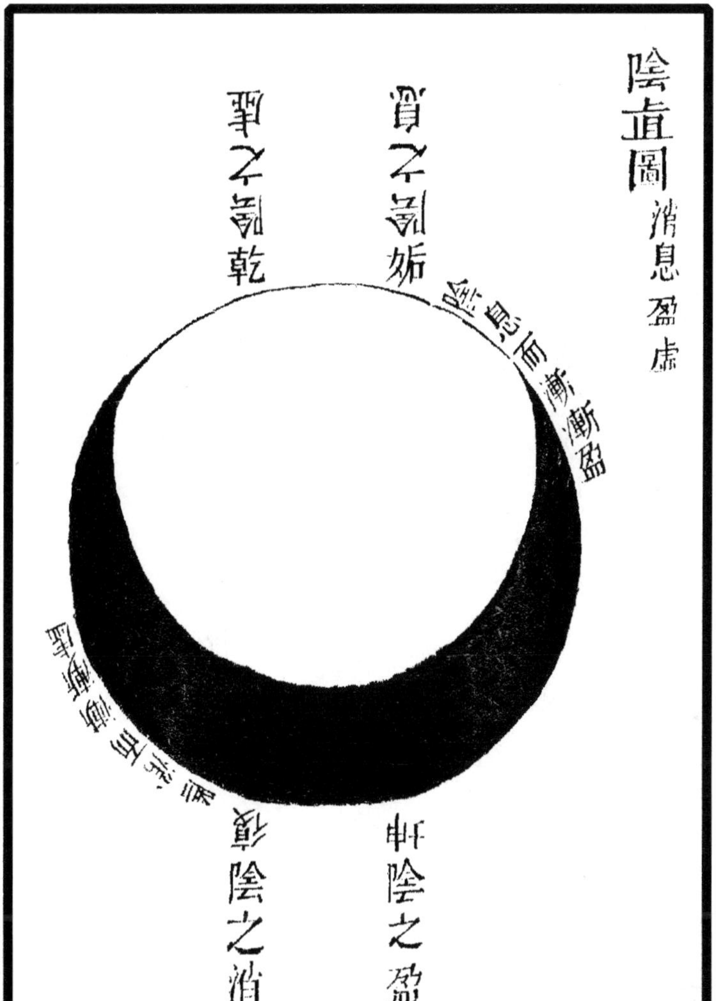

陰直圖 消息盈虛

乾陰之虛

姤陰之息

陰息自漸漸盈

陰消自漸漸虛

坤陰之盈

復陰之消

復者陽之息也
乾者陽之盈也
姤者陽之消也
坤者陽之虛也
姤者陰之息也
坤者陰之盈也
復者陰之消也
乾者陰之虛也

陽
息必盈盈必消
消必虛虛必息
四字循環

陰
息必盈盈必消
消必虛虛必息
四字循環

天地阴阳之理，不过消、息、盈、虚而已，故孔子有曰：君子尚消、息、盈、虚。

坤与复之时，阳气通是一样微，但坤者，虚之终而微也；复者，息之始而微也。乾与姤之时，阳气通是一样盛，但乾者，盈之终而盛也，姤者，消之始而盛也。乾与姤之时，阴气通是一样微，但乾者，虚之终而微也；姤者，息之始而微也。坤与复之时，阴气通是一样盛，但坤者，盈之终而盛也；复者，消之始而盛也。

息者，喘息也，呼吸之气也，生长也，故人之子谓之息，以其所生也。因气微，故谓之息。消者，减也，退也，盈者，中间充满也。虚者，中间空也。

天上月轮图

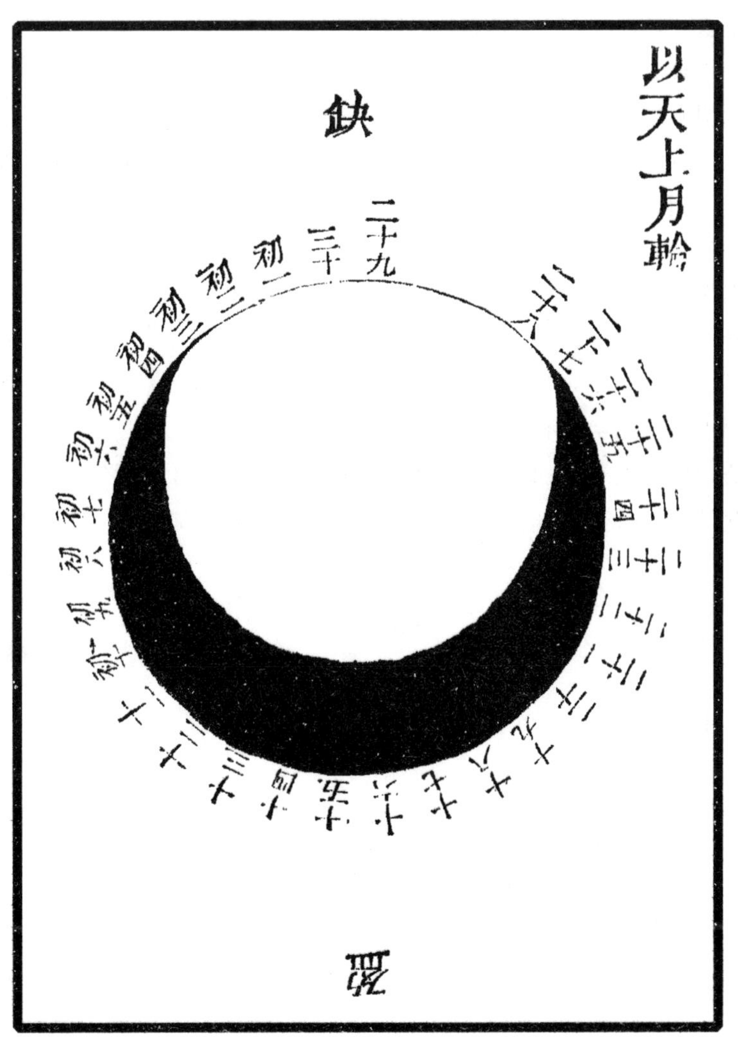

以天上月輪
缺
二十九
三十
初一
初二
初三
初四
初五
初六
初七
初八
初九
初十
十一
十二
十三
十四
十五
十六
十七
十八
十九
二十
二十一
二十二
二十三
二十四
二十五
二十六
二十七
二十八
盈

月缺于三十日半夜止，月盈于十五日半夜止。

初一日子时，息之始，息至十五日而盈。十六日子时，消之始，消至三十日而虚。初一日，与二十九日，月同是缺。但初一日之缺，乃息之始；二十九日之缺，乃消之终。十六日与十四日，月同是盈。但十四日之盈，乃息之终，十六日之盈，乃消之始。

天地阴阳之气，即如人呼吸之气，四时通是一样，但到冬月寒之极，气之内就生一点温厚起来，所谓息也。温厚渐渐至四月，发散充满，所谓盈也，盈又消了。到五月热之极，气之内就生一点严凝起来，所谓息也。严凝渐渐至十月，翕聚充满，所谓盈也，盈又消了。一阴阳之气，如一个环，动静无端，阴阳无始，未曾断绝，特有消息盈虚耳。朱子说“阳无骤至之理”，又说“一阳分作三十分”云云；双峰饶氏说“坤字介乎剥、复二卦之间”云云，通说零碎了。似把阴阳之气，作断绝了又生起来，殊不知阴阳剥复，就是月一般，月原不会断绝，止有盈缺耳。

周公“硕果不食”，譬喻极亲切。果长不至硕，则尚有气，长养至于硕果，气候已完，将朽烂了，外面气尽，中间就生起核之仁来，可见气未曾绝。

文王八卦方位图

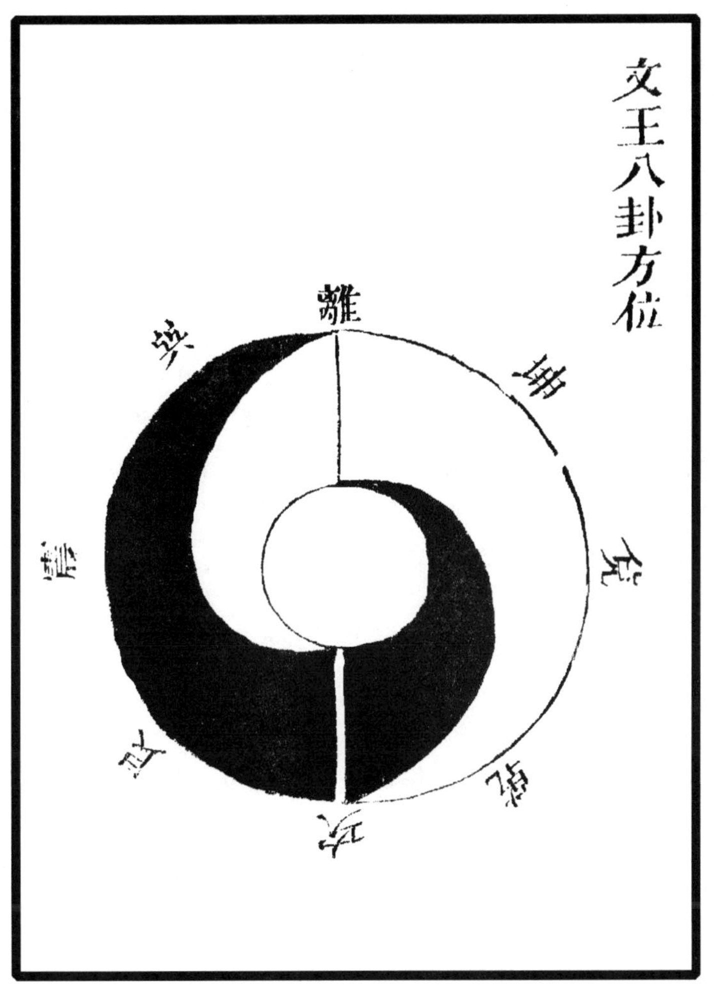

诸儒因邵子解文王之卦，皆依邵子之说，通说穿凿了。文王之方位本明，而解之者反晦也。殊不知文王之卦，孔子已解明矣，“帝出乎震”一节是也，又何必别解哉！朱子乃以文王八卦不可晓处甚多，不知何说也。盖文王以伏羲之卦，恐人难晓，难以致用，故就一年春、夏、秋、冬方位，卦所属木、火、土、金、水相生之序而列之。今以孔子《说卦》解之于后。

帝者，天也。一年之气始于春，故“出乎震”。震，动也，故以出言之。“齐乎巽”，巽者，入也，时当入乎夏矣，故曰巽。巽，东南也，言万物之洁齐也。盖震、巽皆属木之卦也。离者，丽也，故“相见乎离”。坤者，地也，土也。南方之火生土方能生金，故坤、艮之土，界木、火于东南、界金、水于西北。土居乎中，寄旺于四季，万物之所以致养也，所以成终成始也。坤，顺也，安得“不致役”故言“致役乎坤”。兑，说也，万物于此而成，所以“说”也。乾，健也，刚健之物，必多争战，故阴阳相薄而战。坎，陷也。凡物升于上者必安逸，陷于下者必劳苦，故劳乎坎。艮，止也，一年之气于冬终止，而又交春矣。盖孔子释卦多从理上说，役字生于坤顺，战字生于乾刚，劳字生于坎陷，诸儒皆以辞害意，故愈辨愈穿凿矣。八卦所属：

坎 一者，水之生数也；六者，水之成数也坎居于子，当水生成之数，故坎属水。

《月令》：“春，其数八；夏，其数七；秋，其数九；冬，其数六，皆以成数言。”

离 二者，火之生数也；七者，火之成数也。离居于午，当火生成之数，故离属火。

震巽 三者，木之生数也；八者，木之成数也。震居东，巽居东南之间，当天三地八之数，故震、巽属木。

兑乾 四者，金之生数也；九者，金之成数也。兑居西，乾居西北之间，当地四天九之数，故兑、乾属金。

艮坤 五者，土之生数也；十者，土之成数也。艮、坤居东北西南四方之间，当天地五十之中数，故艮、坤属土。

何以“天一生水，地二生火，天三生木，地四生金”？此皆从卦上来。“天地”二字，即“阴阳”二字。盖一阳一阴，皆生于子午坎离之中。阳则明，阴则浊。试以照物验之，阳明居坎之中，阴浊在外，故水能照物于内，而不能照物于外。阳明在离之外，阴浊在内，故火能照物于外，而不能照物于内。观此，则阴阳生于坎、离端的矣。坎卦一阳居其中，即一阳生于子也，故为天一生水。及水之盛，必生木矣，故天三又生木。离卦一阴居其中，即一阴生于午也，故为地二生火。及火之盛，必生土而生金矣，故地四又生金。从坎至艮，至震、巽，乃自北而东，子、丑、寅、卯、辰、巳也，属阳，皆天之生。至巳，则天之阳极矣，故至午而生阴。从离至坤，到兑、乾，乃自南而西，午、未、申、酉、戌、亥也，属阴，皆地之生。至亥，则地之阴极矣，故至子而生阳。艮居东北之间，故属天生；坤居西南之间，故属地生。

一年气象图

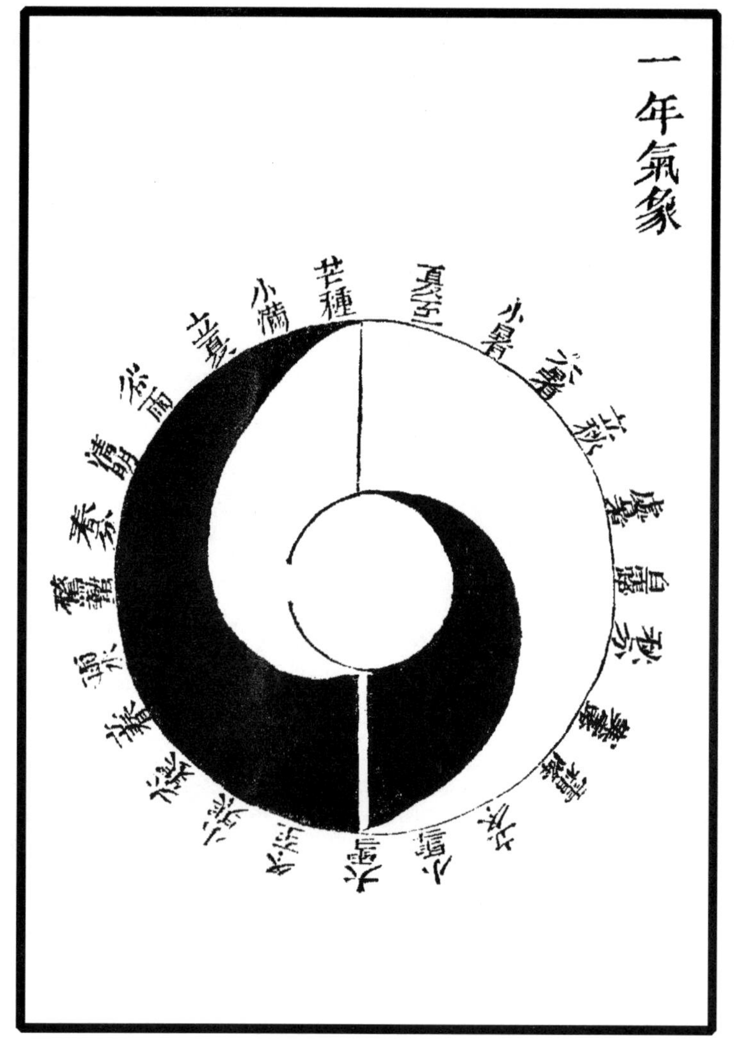

万古之人事，一年之气象也。春作夏长，秋收冬藏，一年不过如此。自盘古至尧舜，风俗人事，以渐而长，盖春作夏长也，自尧舜以后，风俗人事，以渐而消，盖秋收冬藏也。此之谓“大混沌”，然其中有“小混沌”。以人身血气譬之，盘古至尧舜如初生时到四十岁，自尧舜以后，如四十到百年。此已前乃总论也。若以消息论之，大消中，其中又有小息；大息中，其中又有小消；小息中又有小消；小消中，又有小息，故以大、小混沌言之。

何以大消中又有小息？且以生圣人论。尧舜以后，乃大消矣。至周末，又生孔子，乃小息也。所以禄位名寿，通不如尧舜。邵子“元会运世”，只就此一年筭。

一日气象图

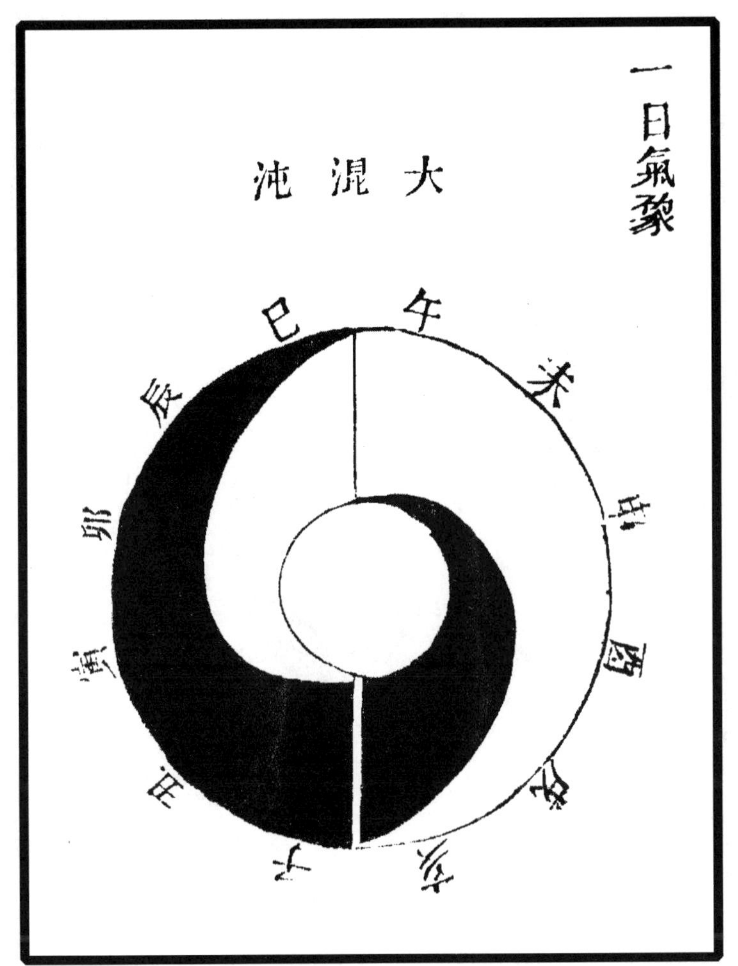

万古之始终者，一日之气象也。一日有昼，有夜，有明，有暗。万古天地，即如昼夜。做大丈夫，把万古看做昼夜，此襟怀就海阔天空。只想做圣贤出世，而功名富贵，即以尘视之矣。

天地形象图

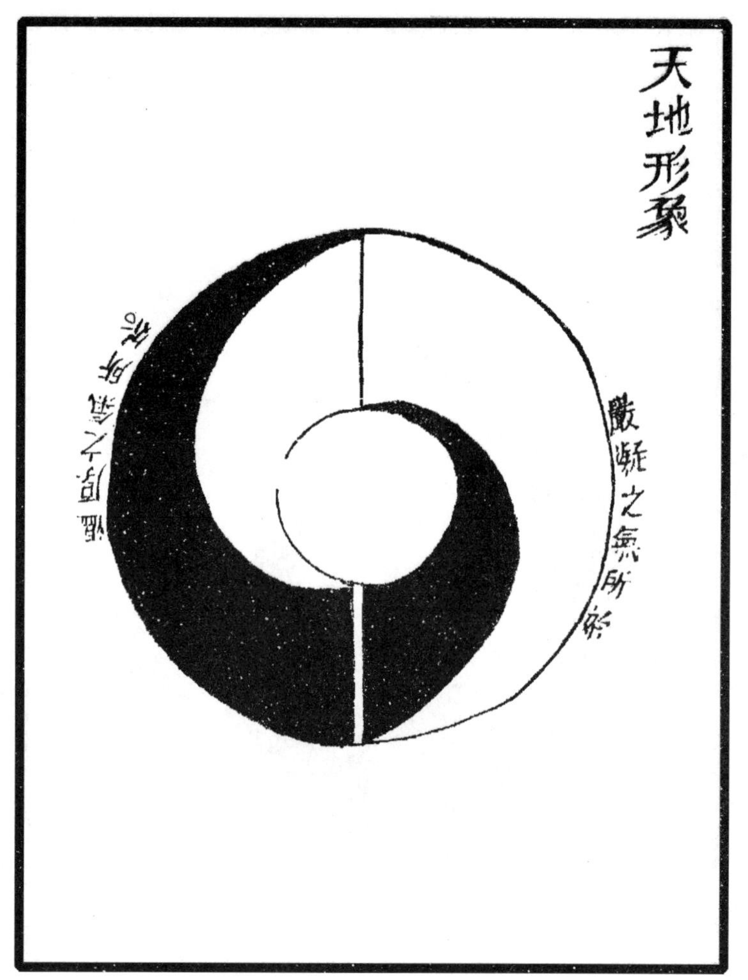

天地形象，虽非如此，然西北山高，东南多水，亦有此意。天地戌亥之交，其形体未曾败坏。在此图看出，以气机未尝息也。

大小混沌诸图

天地唯西北高，东南低。以风水论，是右边白虎，太极盛矣。是以历代帝王，长子不传天下，通是二房子孙传之。以人材论，圣贤通生在西北一边，以山高耸秀，出于天外故也。以财赋论，通在东南，以水聚湖海故也。以中原独论，泰山在中原独高，所以生孔子。旧时去游岱岳，一日路上，见一山耸秀，问路边人，答曰：此王府陵也。次日行到孟庙在其下，始知生孟子者，此山也。以炎凉论，天地严凝之气，始于西南，盛于西北；天地温厚之气，始于东北，而盛于东南。严凝之气，其气凉，故多生圣贤。温厚之气，其气炎，故多生富贵。以情性论，西北人多直实，多刚多蠢，下得死心，所以圣贤多也。东南人多尖秀，多柔多巧，下不得死心，所以圣贤少也。

人事与天地炎凉气候相同，冬寒之极者，春生必盛；夏热之极者，秋风必凄；雨之久者，必有久晴；晴之久者，必有久雨，故有大权者，必有大祸；多藏者，必有厚亡。知此，则就可以居易俟命，不怨天尤人。

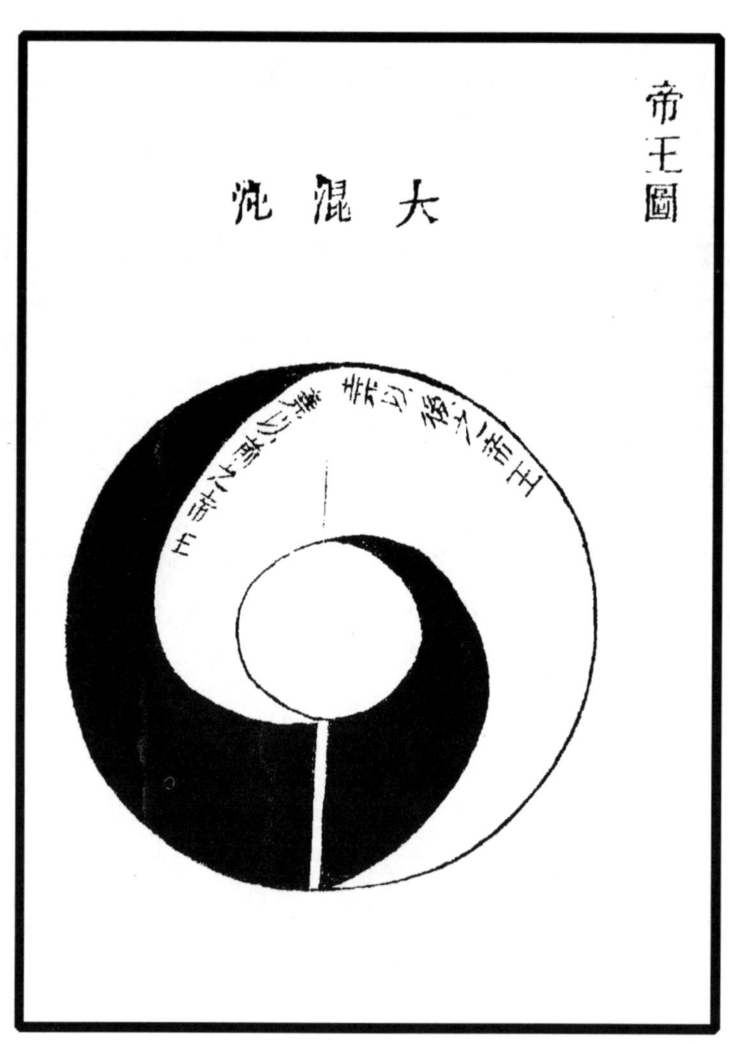
帝王圖
大混沌
堯以後之帝王
羲以前之帝王

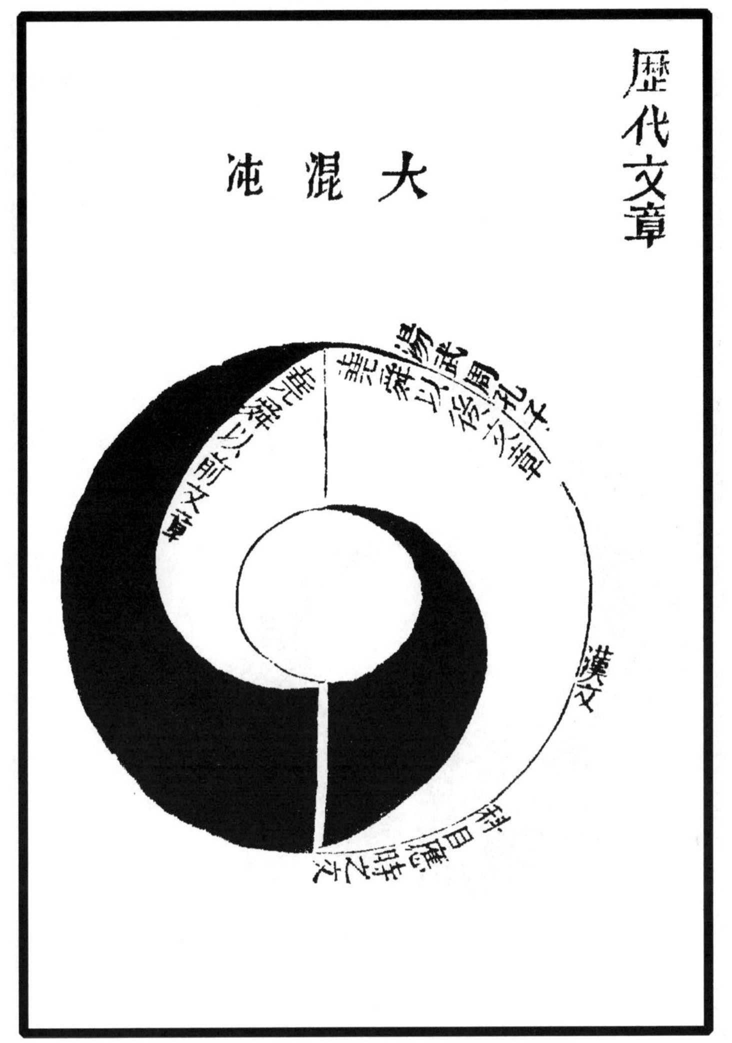
歷代文章
大混沌
堯舜以前文章
湯武周孔子
堯舜以後之章
漢文
科目應時之文

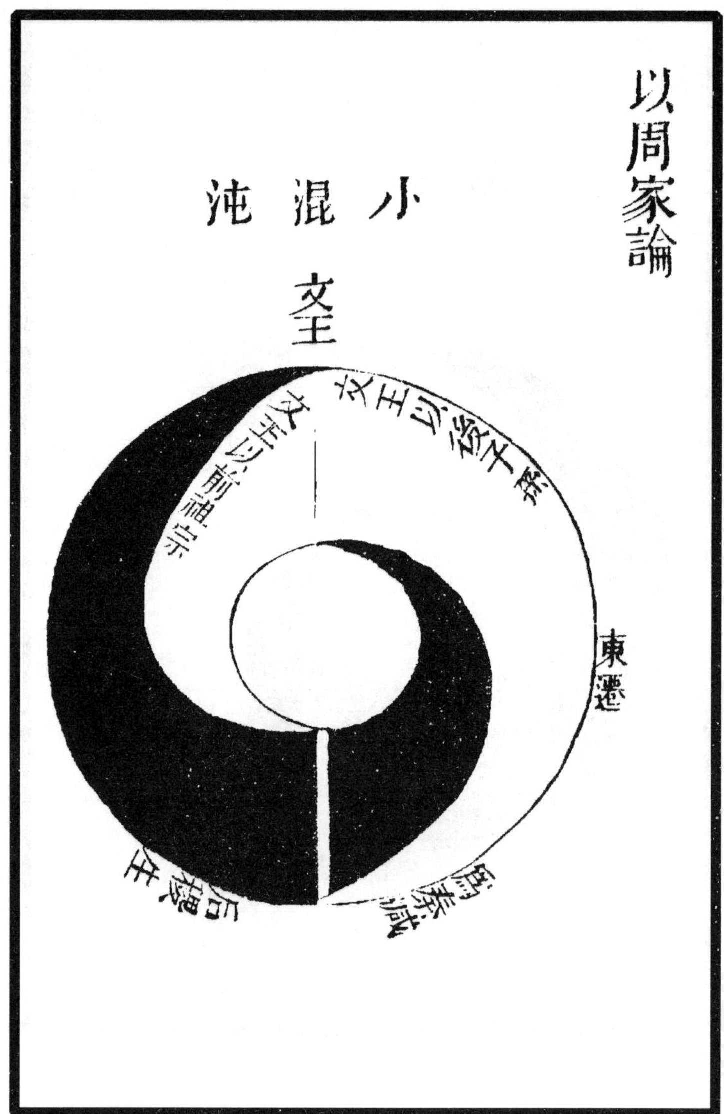
以周家論
小混沌
文王
文王以後子孫
文王以前祖宗
東遷
爲秦滅
后稷生

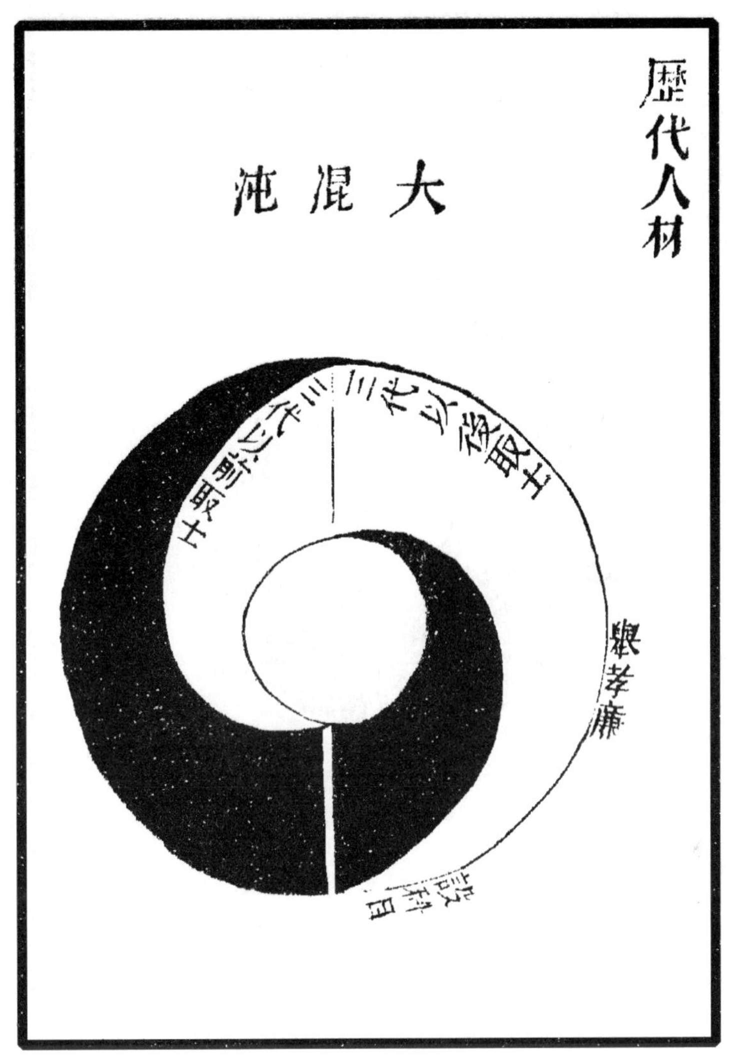
歷代人材
大混沌
三代以前取士
三代以後取士
舉孝廉
設科目

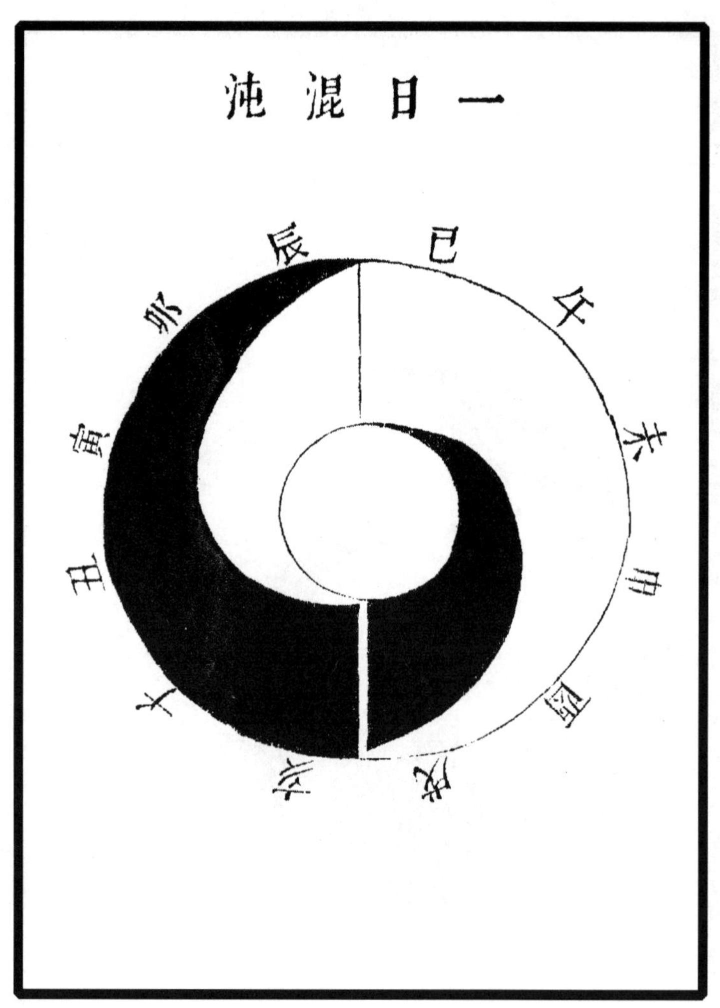
一日混沌
子
丑
寅
卯
辰
巳
午
未
申
酉
戌
亥

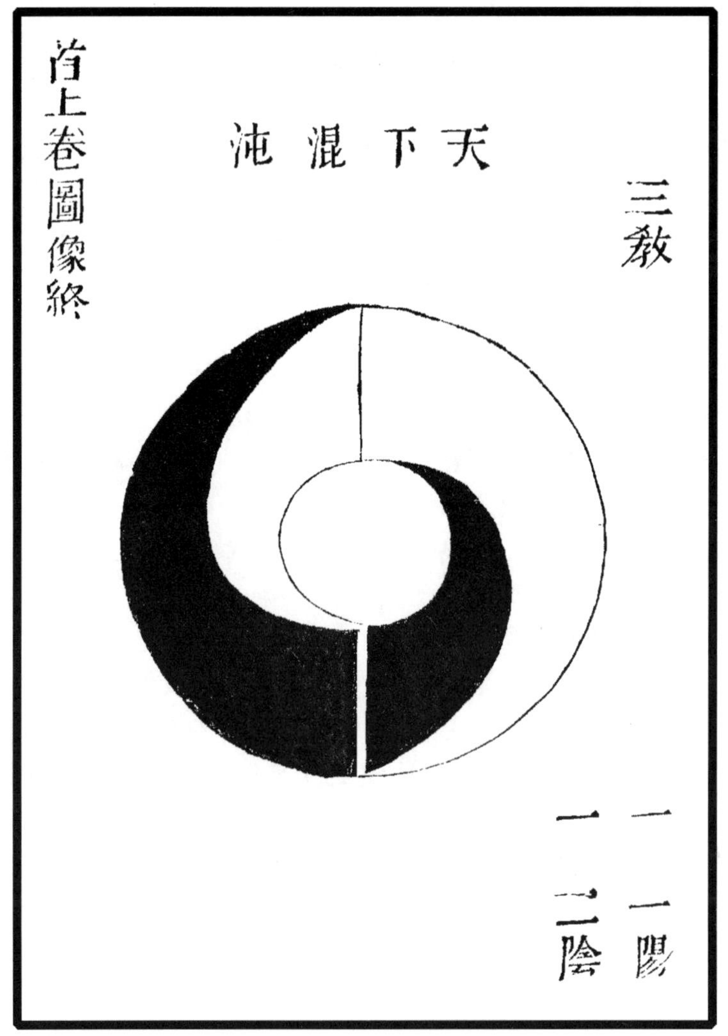
首上卷圖像終
天下混沌
三教
一一陽
一二陰

上下经篇义

《上经》首乾坤者，阴阳之定位，万物之男女也，《易》之数也，对待不移者也。

自乾坤历屯、蒙、需、讼、师、比、小畜、履十卦，阴阳各三十画，则六十矣。阳极于六，阴极于六，至此乾坤变矣。故坤综乾而为泰，乾综坤而为否。泰否者，乾坤上下相综之卦也。乾坤既迭相否泰，则其间万物吉凶消长、进退存亡不可悉纪。自同人以下至大畜，无非否泰之相推，无否无泰，非易矣。水火者，乾坤所有之物，皆天道也，体也。无水火则乾坤为死物，故必山泽通气，雷风相薄，而后乾坤之水火可交。颐大过者，山泽雷风之卦也。颐有离象，大过有坎象，故《上经》首乾坤，必乾坤历否泰至颐大过，而后终之以坎离。《下经》首咸恒者，阴阳之交感，一物之乾坤也，易之气也，流行不已者也。

自咸恒历遁、大壮、晋、明夷、家人、睽、蹇、解十卦，阴阳各三十画，则六十矣。阳极于六，阴极于六，至此男女变矣。故咸之男女综而为损，恒之男女综而为益。损益者，男女上下相综之卦也。男女既迭相损益，则其间万事吉凶消长、进退存亡不可悉纪。自夬以下至节，无非损益之相推，无损无益非易矣。既济未济者，男女所交之事，皆人道也，用也。无既济未济则男女为死物，故必山泽通气，雷风相薄，而后男女之水火可交。中孚、小过者，山泽雷风之卦也。中孚有离象，小过有坎象，故《下经》首咸恒，必咸恒历损益至中孚小过，而后终之以既济未济。

要之，天道之体，虽以否泰为主，未必无人道；人道之用虽以损益为主，而未必无天道。上、下《经》之篇义蕴蓄，其妙至此。

若以卦爻言之，《上经》阳爻八十六，阴爻九十四，阴多于阳者凡八；《下经》阳爻一百有六，阴爻九十有八，阳多于阴者亦八。《上经》阴多于阳，《下经》阳多于阴，皆同八焉，是卦爻之阴阳均平也。

若以综卦两卦作一卦论之，《上经》十八卦成三十卦，阳爻五十二，阴爻五十六，阴多于阳者凡四；《下经》十八卦成三十四卦，阳爻五十六，阴爻五十二，阳多于阴者亦四。《上经》阴多于阳，《下经》阳多于阴，皆同四焉，是综卦之阴阳均平也。上、下《经》之篇义，卦爻其精至此。孔子赞其至精，至变、至神，厥有由矣。

易经字义

象

卦中立象，有不拘《说卦》“乾马坤牛”“乾首坤腹”之类者。

有自卦情而立象者，如乾卦本马而言龙，以乾道变化，龙乃变化之物，故以龙言之。《朱子语录》：或问卦之象，朱子曰：“便是理会不得。如乾为马而说龙，如此之类，皆不通。”殊不知以卦情立象也。且《荀九家》亦有乾为龙。又如咸卦，艮为少男，兑为少女，男女相感之情莫如年之少者，故周公立爻象曰“拇”、曰“腓”、曰“股”、曰“憧憧”、曰“脢”、曰“辅颊”、“舌”，一身皆感焉。盖艮止则感之专，兑悦则应之至。是以四体百骸，从拇而上，自舌而下，无往而非感矣。此则以男女相感之至情而立象也。又如豚鱼知风，鹤知秋，鸡知旦，三物皆有信，故中孚取之，亦以卦情立象也。又如渐取鸿者，以鸿至有时而群有序，不失其时，不失其序，于渐之义为切；且鸿又不再偶，于文王卦辞女归之义为切，此亦以卦情立象也。

有以卦画之形取象者。如剥言“宅”、言“床”、言“庐”者，因五阴在下列于两旁，一阳覆于其上，如宅、如床、如庐，此以画之形立象也。鼎与小过亦然。又有卦体大象之象。凡阳在上者皆象艮巽，阳在下者皆象震兑，阳在上下者皆象离，阴在上下者皆象坎。如益象离，故言“龟”；大过象坎，故言“栋”；颐亦象离，故亦言“龟”也。又如中孚“君子以议狱缓死”，亦取噬嗑“火雷”之意，以中孚大象离，而中爻则雷也。故凡阳在下者，动之象；在中者，陷之象；在上者，止之象。凡阴在下者，入之象；在中者，丽之象；在上者，说之象。

又有以中爻取象者。如渐卦九三“妇孕不育”，以中爻二四合“坎中满”也。九五“三岁不孕”，以中爻三五合“离中虚”也。

有将错卦立象者。如履卦言“虎”，以下卦兑错艮也。有因综卦立象者。如井与困相综，巽为“市”“邑”，在困为兑，在井为巽，则改为邑矣。

有即阴阳而取象者。如乾为马，本象也，坎与震皆得乾之一画，亦言马；坤为牛，本象也，离得坤之一画，亦言牛，皆其类也。

有相因而取象者。如革卦九五言“虎”者，以兑错艮，艮为虎也；上六即以豹言之，豹次于虎，故相因而言豹也。故其象多是无此事此理而止立其象，如“金车”“玉铉”之类。金岂可为车？玉岂可为铉？盖虽无此事此理，而爻内有此象也。

《朱子语录》云："卦要看得亲切，须是兼象看，但象失其传了。"殊不知圣人立象，有卦情之象，有卦画之象，有大象之象，有中爻之象，有错卦之象，有综卦之象，有爻变之象，有占中之象。正如释卦名义，有以卦德释者，有以卦象释者，有以卦体释者，有以卦综释者，即此意也。所以说："拟诸其形容，象其物宜。"但形容物宜可拟可象，即是象矣。自王弼不知文王《序卦》之妙，扫除其象，后儒泥滞《说卦》，所以说"象失其传"，而不知未失其传也。

善乎蔡氏曰："圣人拟诸其形容而立象，至纤至悉，无所不有，所谓其道甚大，百物不废者，此也。其在上古尚此以制器，其在中古观此以系辞，而后世之言《易》者乃曰'得意在忘象，得象在忘言'，一切指为鱼兔筌蹄，殆非圣人作《易》、前民用以教天下之意矣。"此言盖有所指而发也。

错

错者，阴与阳相对也。父与母错，长男与长女错，中男与中女错，少男与少女错，八卦相错，六十四卦皆不外此错也。天地造化之理，独阴独阳不能生成，故有刚必有柔，有男必有女，所以八卦相错。

八卦既相错，所以象即寓于错之中。如乾错坤，"乾为马"，坤即"利牝马之贞"。履卦兑错艮，"艮为虎"，文王即以"虎"言之。革卦上体乃兑，周公九五爻亦以"虎"言之。又睽卦上九纯用错卦，师卦"王三锡命"纯用天火同人之错，皆其证也。又有以中爻之错言者。如小畜言"云"，因中爻离错坎故也；六四言"血"者，"坎为血"也；言"惕"者，"坎为加忧"也。又如艮卦九三中爻坎，爻辞曰"薰心"，坎水安得薰心？以错离有火烟也。

综子宋切

"综"字之义，即织布帛之综，或上或下，颠之倒之者也。如乾坤坎离四正之卦，则或上或下；巽兑艮震四隅之卦，则巽即为兑，艮即为震，其卦名则不同。如屯蒙相综，在屯则为雷，在蒙则为山是也。如履小畜相综，在履则为泽，在小畜则为风是也。如损益相综，损之六五即益之六二，特倒转耳，故其象皆"十朋之龟"。夬姤相综，夬之九四即姤之九三，故其象皆"臀无肤"。综卦之妙如此。非山中研穷三十年，安能知之？宜乎诸儒以"象失其传"也。

然文王《序卦》有正综，有杂综。如乾初爻变姤，坤逆行五爻变夬，与姤相综。所以姤综夬，遁综大壮，否综泰，观综临，剥综复，所谓乾坤之正综也。八卦通是初与五综，二与四综，三与上综，虽一定之数不容安排，然阳顺行，而阴逆行与之相综，造化之玄妙可见矣。文王之《序卦》不其神哉！即阳木顺行生亥死午，阴木逆行生午死亥之意。若乾坤所属尾二卦，晋大有需比之类，乃术家所谓游魂归魂出于乾坤之外者，非乾坤五爻之正变；故谓之杂综。然乾坤水火四正之卦，四正与四正相综，艮巽震兑四隅之卦，四隅与四隅相综，虽杂亦不杂也。

八卦既相综，所以象即寓于综之中。如噬嗑“利用狱”，贲乃相综之卦，亦以狱言之；旅丰二卦亦以狱言者，皆以其相综也。有以上六下初而综者，“刚自外来，而为主于内”是也。有以二五而综者，“柔得中而上行”是也。盖《易》以道阴阳，阴阳之理流行不常，原非死物胶固一定者，故颠之倒之、可上可下者，以其流行不常耳。

故读《易》者不能悟文王《序卦》之妙，则《易》不得其门而入。既不入门而宫墙外望，则“改邑不改井”之玄辞，“其人天且劓”之险语，不知何自而来也。噫！文王不其继伏羲而神哉！

变

变者，阳变阴，阴变阳也。如乾卦初变即为姤，是就于本卦变之。宋儒不知文王《序卦》，如屯蒙相综之卦，本是一卦，向上成一卦，向下成一卦，详见前伏羲文王错综图。如讼之“刚来而得中”，乃卦综也，非卦变也，以为自遁卦变来，非矣。如姤方是变。卦变玄之又玄，妙之又妙。盖爻一动即变。如渐卦九三以三为夫，以“坎中满”为“妇孕”，及三爻一变，则阳死成坤，离绝夫位，故有“夫征不复”之象。既成坤，则并“坎中满”通不见矣，故有“妇孕不育”之象。又如归妹九四，中爻坎月离日，期之象也，四一变则纯坤，而日月不见矣，故“愆期”，岂不玄妙。

中爻

中爻者，二三四五所合之卦也。《系辞》第九章孔子言甚详矣。大抵错者，阴阳横相对也；综者，阴阳上下相颠倒也；变者，阳变阴、阴变阳也；中爻者，阴阳内外相连属也。周公作“爻辞”，不过此错、综、变、中爻四者而已。如离卦居三，同人曰“三岁”，未济曰“三年”，既济曰“三年”，明夷曰“三日”，皆以本卦三言也。若坎之“三岁”，困之“三岁”，解之“三品”，皆离之错也。渐之“三岁”，巽之“三品”，皆以中爻合离也。丰之“三岁”，以上六变而为离也。即离而诸爻用四者可知矣。

孔子韦编三绝，于阴阳之理悦心研虑已久，故于圆图看出错字，于《序卦》看出综字，所以说“错综其数”；又恐后人将《序卦》一连，不知有错综二体，故杂乱其卦，惟令二体之卦相连，如“乾刚坤柔”“比乐师忧”是也；又说出中爻。宋儒不知乎此，将孔子《系辞》“所居而安者，文王之序卦；所乐而玩者，周公之爻辞”，认“序”字为卦爻所著事理当然之次第，故自孔子没而《易》已亡至今日矣。

周易集注改正分卷图

上经分卷
共十八卦。相综者两卦止作一卦，相错者一卦自为一卦。此即文王《序卦》。
一卷　乾　坤
二卷　屯蒙　需讼
三卷　师比　小畜履　泰否
四卷　同人大有　谦豫　随蛊
五卷　临观　噬嗑贲　剥复
六卷　无妄大畜　颐大过　坎离
下经分卷
共十八卦。此即文王《序卦》。
七卷　咸恒　遁大壮　晋明夷
八卷　家人睽　蹇解　损益
九卷　夬姤　萃升　困井
十卷　革鼎　震艮
十一卷　渐归妹　丰旅　巽兑
十二卷　涣节　中孚小过　既济未济

右旧分卷，前儒不知文王立《序卦》之意，止以为上下篇之次序，取其多寡均平，乃以屯附坤，需附蒙，小畜附比，泰附复，谦附大有，随附豫，噬嗑附观，剥附贲，颐附大畜，坎附大过，遁附恒，晋附井，震附鼎，深失文王立《序卦》之意矣。今依孔子《杂卦传》改正。

十三卷　系辞上传
十四卷　系辞下传
十五卷　说卦传　序卦传　杂卦传
十六卷　考定系辞上下传　补定说卦传

来知德发明孔子十翼图

《彖》曰“大哉乾元”“至哉坤元”，此赞乾坤之《彖》，一翼也。
《彖》曰“屯，刚柔始交而难生”，此解卦辞之《彖》，二翼也。
《象》曰：“天行健”“地势坤”，此教人学《易》之大象，三翼也。
“潜龙勿用，阳在下也”，此解爻辞之《小象》，四翼也。
《文言》，五翼也。
《上系》，六翼也。
《下系》，七翼也。
《说卦》，八翼也。
《序卦》，九翼也。
《杂卦》，十翼也。
此之谓“十翼”。

周易集注卷首下

易学六十四卦启蒙

《易》自孔子没而亡至今日矣！《易》亡者何？以象失其传也。故先之以象，此则六爻大象也。诸象则详见《易经字义》。伏羲之卦主于错，文王之卦主于综，故次之以错综。文王周公系辞，皆不遗中爻。至孔子始发明之，故次之以中爻。同体者，文王之序卦皆同体也。一卦有一卦之情性，一爻有一爻之情性。如乾性健、坤性顺，此一定不移者也。若有一爻之变，则其情性皆移矣。如乾初爻变则为姤，姤之情性与乾之情性相去千里，故情性之后继之以六爻之变。六爻既变，则即有错综中爻矣。故六爻变之下，复注错综中爻。六爻变后，犹有错综中爻，何也？盖天地间万物，独阴独阳不能生成，故必有错；而阴阳循环之理，阳上则阴下，阴上则阳下，故必有综；则“错综”二字，不论六爻变与不变，皆不能离者也。若无错综，不成《易》矣。故六爻变后，复注错综。而中爻者，亦阴阳也，故继之。若地位人位天位者，乃三才也，故又继之。四圣千古不传之秘，尽泄于此。学者能于此而熟玩之，则辞变象占犁然明白，四圣之《易》不在四圣而在我矣！

万历丁酉秋八月念五日梁山来知德书于釜山草堂

乾䷀六画纯阳之卦　《上经》始于此			
象			
错　坤			伏羲圆图
综			文王《序卦》亦错
中爻			孔子《系辞》
同体			
情性　情刚性刚　情健性健			
六爻变			
初爻变巽错震综兑	成姤错复综夬	中爻下乾上乾	地位
二爻变离错坎	成同人错师综大有	中爻下巽上乾	地位
三爻变兑错艮综巽	成履错谦综小畜	中爻下离上巽	人位
四爻变巽错震综兑	成小畜错豫综履	中爻下兑上离	人位
五爻变离错坎	成大有错比综同人	中爻下乾上兑	天位
六爻变兑错艮综巽	成夬错剥综姤	中爻下乾上乾	天位

坤䷁六画纯阴之卦			
象			
错　乾			伏羲圆图
综			文王《序卦》
中爻			孔子《系辞》
同体			
情性　情柔性柔　情顺性顺			
六爻变			
初爻变震错巽综艮	成复错姤综剥	中爻下坤上坤	地位
二爻变坎错离	成师错同人综比	中爻下震上坤	地位
三爻变艮错兑综震	成谦错履综豫	中爻下坎上震	人位
四爻变震错巽综艮	成豫错小畜综谦	中爻下艮上坎	人位
五爻变坎错离	成比错大有综师	中爻下坤上艮	天位
六爻变艮错兑综震	成剥错夬综复	中爻下坤上坤	天位

屯䷂二阳四阴之卦　属坎			
象			
错　鼎			伏羲圆图
综　蒙正综，详见图解			文王《序卦》
中爻　二四合坤错乾　三五合艮错兑综震			孔子《系辞》
同体　观晋○萃蹇小过○蒙○震解升○颐○坎明夷艮○临　十四卦同体			
情性　情刚性刚　情险性动			
六爻变			
初爻变坤错乾	成比错大有综师	中爻下坤上艮	地位
二爻变兑错艮综巽	成节错旅综涣	中爻下震上艮	地位
三爻变离错坎	成既济错未济综未济	中爻下坎上离	人位
四爻变兑错艮综巽	成随错蛊综蛊	中爻下艮上巽	人位
五爻变坤错乾	成复错姤综剥	中爻下坤上坤	天位
六爻变巽错震综兑	成益错恒综损	中爻下坤上艮	天位

蒙☶☵二阳四阴之卦　属离			
象			
错　革			伏羲圆图
综　屯正综			文王《序卦》
中爻　二四合震错巽综艮　三五合坤错乾			孔子《系辞》
同体　观晋○萃蹇小过○　○震解升○颐○坎屯明夷○艮○临　十四卦同体			
情性　情刚性刚　情止性险			
六爻变			
初爻变兑错艮综巽	成损错咸综益	中爻下震上坤	地位
二爻变坤错乾	成剥错夬综复	中爻下坤上坤	地位
三爻变巽错震综兑	成蛊错随综随	中爻下兑上震	人位
四爻变离错坎	成未济错既济综既济	中爻下离上坎	人位
五爻变巽错震综兑	成涣错丰综节	中爻下震上艮	天位
六爻变坤错乾	成师错同人综比	中爻下震上坤	天位

需䷄四阳二阴之卦　属坤	
象	
错　晋	伏羲圆图
综　讼杂综，详见图解	文王《序卦》
中爻　二四合兑错艮综巽　三五合离错坎	孔子《系辞》
同体　遁○兑○离鼎讼○大过○巽家人无妄○革○大畜睽中孚○大壮十四卦同体	
情性　情刚性刚　情险性健	
六爻变	
初爻变巽错震综兑　成井错噬嗑综困　中爻下兑上离	地位
二爻变离错坎　成既济错未济综未济　中爻下坎上离	地位
三爻变兑错艮综巽　成节错旅综涣　中爻下震上艮	人位
四爻变兑错艮综巽　成夬错剥综姤　中爻下乾上乾	人位
五爻变坤错乾　成泰错否综否　中爻下兑上震	天位
六爻变巽错震综兑　成小畜错豫综履　中爻下兑上离	天位

讼䷅四阳二阴之卦　属离			
象			
错　明夷			伏羲圆图
综　需杂综			文王《序卦》
中爻　二四合离错坎　三五合巽错震综兑			孔子《系辞》
同体　遁○兑○离鼎○大过○巽家人无妄○革○大畜睽中孚○大壮需十四卦同体			
情性　情刚性刚　情健性险			
六爻变			
初爻变兑错艮综巽	成履错谦综小畜	中爻下离上巽	地位
二爻变坤错乾	成否错泰综泰	中爻下艮上巽	地位
三爻变巽错震综兑	成姤错复综夬	中爻下乾上乾	人位
四爻变巽错震综兑	成涣错丰综节	中爻下震上艮	人位
五爻变离错坎	成未济错既济综既济	中爻下离上坎	天位
六爻变兑错艮综巽	成困错贲综井	中爻下离上巽	天位

师☷☵一阳五阴之卦　属坎			
象　坎			
错　同人			伏羲圆图
综　屯杂综			文王《序卦》
中爻　二四合震错巽综艮　三五合坤错乾			孔子《系辞》
同体　剥○谦○豫○复比　五卦同体			
情性　情柔性刚　情顺性险			
六爻变			
初爻变兑错艮综巽	成临错遁综观	中爻下震上坤	地位
二爻变坤错乾	成坤错乾	中爻下坤上坤	地位
三爻变巽错震综兑	成升错无妄综萃	中爻下兑上震	人位
四爻变震错巽综艮	成解错家人综蹇	中爻下离上坎	人位
五爻变坎错离	成坎错离	中爻下震上艮	天位
六爻变艮错兑综震	成蒙错革综屯	中爻下震上坤	天位

比䷇一阳五阴之卦　属坤

象　坎

错　大有　伏羲圆图

综　师杂综　文王《序卦》

中爻　二四合坤错乾　三五合艮错兑综震　孔子《系辞》

同体　剥○谦○豫○师○复　五卦同体

情性　情刚性柔　情险性顺

六爻变

初爻变震错巽综艮	成屯错鼎综蒙	中爻下坤上艮	地位
二爻变坎错离	成坎错离	中爻下震上艮	地位
三爻变艮错兑综震	成蹇错睽综解	中爻下坎上离	人位
四爻变兑错艮综巽	成萃错大畜综升	中爻下艮上巽	人位
五爻变坤错乾	成坤错乾	中爻下坤上坤	天位
六爻变巽错震综兑	成观错大壮综临	中爻下坤上艮	天位

小畜☴☰五阳一阴之卦　属巽	
象　离	
错　豫	伏羲圆图
综　履正综	文王《序卦》
中爻　二四合兑错艮综巽　三五合离错坎	孔子《系辞》
同体　姤大有○同人○履○夬　五卦同体	
情性　情柔性刚　情入性健	
六爻变	

初爻变巽错震综兑	成巽错震综兑	中爻下兑上离	地位
二爻变离错坎	成家人错解综睽	中爻下坎上离	地位
三爻变兑错艮综巽	成中孚错小过	中爻下震上艮	人位
四爻变乾错坤	成乾错坤	中爻下乾上乾	人位
五爻变艮错兑综震	成大畜错萃综无妄	中爻下兑上震	天位
六爻变坎错离	成需错晋综讼	中爻下兑上离	天位

履☱☰五阳一阴之卦　属艮			
象　离			
错　谦			伏羲圆图
综　小畜正综			文王《序卦》
中爻　二四合离错坎　三五合巽错震综兑			孔子《系辞》
同体　姤大有○同人○小畜○夬　五卦同体			
情性　情刚性柔　情健性悦			
六爻变			
初爻变坎错离	成讼错明夷综需	中爻下离上巽	地位
二爻变震错巽综艮	成无妄错升综大畜	中爻下艮上巽	地位
三爻变乾错坤	成乾错坤	中爻下乾上乾	人位
四爻变巽错震综兑	成中孚错小过	中爻下震上艮	人位
五爻变离错坎	成睽错蹇综家人	中爻下离上坎	天位
六爻变兑错艮综巽	成兑错艮综巽	中爻下离上巽	天位

泰☷☰三阳三阴之卦　属坤　又正月卦			
象　震、兑			
错　否			伏羲圆图
综　否			文王《序卦》
中爻　二四合兑错艮综巽　三五合震错巽综艮			孔子《系辞》
同体　否○困咸归妹○旅未济涣○恒井随○益噬嗑蛊○节既济丰○贲损渐　十九卦同体			
情性　情柔性刚　情顺性健			
六爻变			
初爻变巽错震综兑	成升错无妄综萃	中爻下兑上震	地位
二爻变离错坎	成明夷错讼综晋	中爻下坎上震	地位
三爻变兑错艮综巽	成临错遁综观	中爻下震上坤	人位
四爻变震错巽综艮	成大壮错观综遁	中爻下乾上兑	人位
五爻变坎错离	成需错晋综讼	中爻下兑上离	天位
六爻变艮错兑综震	成大畜错萃综无妄	中爻下兑上震	天位

否䷋三阳三阴之卦　属乾　又七月卦

象　艮、巽

错　泰　　伏羲圆图

综　泰　　文王《序卦》

中爻　二四合艮错兑综震　三五合巽错震综兑　　孔子《系辞》

同体　困咸归妹○旅未济涣○恒井随○益噬嗑蛊○节既济丰○贲损渐○泰　十九卦同体

情性　情刚性柔　情健性顺

六爻变

初爻变震错巽综艮	成无妄错升综大畜	中爻下艮上巽	地位
二爻变坎错离	成讼错明夷综需	中爻下离上巽	地位
三爻变艮错兑综震	成遁错临综大壮	中爻下巽上乾	人位
四爻变巽错震综兑	成观错大壮综临	中爻下坤上艮	人位
五爻变离错坎	成晋错需综明夷	中爻下艮上坎	天位
六爻变兑错艮综巽	成萃错大畜综升	中爻下艮上巽	天位

同人䷌五阳一阴之卦　属离			
象　离			
错　师			伏羲圆图
综　大有杂综			文王《序卦》
中爻　二四合巽错震综兑　三五合乾错坤			孔子《系辞》
同体　姤大有○小畜○履○夬　五卦同体			
情性　情刚性柔　情健性明			
六爻变			
初爻变艮错兑综震	成遁错临综大壮	中爻下巽上乾	地位
二爻变乾错坤	成乾错坤	中爻下乾上乾	地位
三爻变震错巽综艮	成无妄错升综大畜	中爻下艮上巽	人位
四爻变巽错震综兑	成家人错解综睽	中爻下坎上离	人位
五爻变离错坎	成离错坎	中爻下巽上兑	天位
六爻变兑错艮综巽	成革错蒙综鼎	中爻下巽上乾	天位

大有䷍五阳一阴之卦　属乾

象　离

错　比　　　　伏羲圆图

综　同人杂综　　　　文王《序卦》

中爻　二四合乾错坤　三五合兑错艮综巽　　　　孔子《系辞》

同体　姤○同人○小畜○履○夬　五卦同体

情性　情柔性刚　情明性健

六爻变

初爻变巽错震综兑	成鼎错屯综革	中爻下乾上兑	地位
二爻变离错坎	成离错坎	中爻下巽上兑	地位
三爻变兑错艮综巽	成睽错蹇综家人	中爻下离上坎	人位
四爻变艮错兑综震	成大畜错萃综无妄	中爻下兑上震	人位
五爻变乾错坤	成乾错坤	中爻下乾上乾	天位
六爻变震错巽	成大壮错观综遁	中爻下乾上兑	天位

谦☷☶一阳五阴之卦　属兑			
象　坎			
错　履			伏羲圆图
综　豫正综			文王《序卦》
中爻　二四合坎错离　三五合震错巽综艮			孔子《系辞》
同体　剥〇豫〇师复比　五卦同体			
情性　情柔性刚　情顺性止			
六爻变			
初爻变离错坎	成明夷错讼综晋	中爻下坎上震	地位
二爻变巽错震综兑	成升错无妄综萃	中爻下兑上震	地位
三爻变坤错乾	成坤错乾	中爻下坤上坤	人位
四爻变震错巽综艮	成小过错中孚	中爻下巽上兑	人位
五爻变坎错离	成蹇错睽综解	中爻下坎上离	天位
六爻变艮错兑综震	成艮错兑综震	中爻下坎上震	天位

豫䷏一阳五阴之卦　属震			
象　坎			
错　小畜			伏羲圆图
综　谦正综			文王《序卦》
中爻　二四合艮错兑综震　三五合坎错离			孔子《系辞》
同体　剥〇谦〇师〇复比　五卦同体			
情性　情刚性柔　情动性顺			
六爻变			
初爻变震错巽综艮	成震错巽综艮	中爻下艮上坎	地位
二爻变坎错离	成解错家人综蹇	中爻下离上坎	地位
三爻变艮错兑综震	成小过错中孚	中爻下巽上兑	人位
四爻变坤错乾	成坤错乾	中爻下坤上坤	人位
五爻变兑错艮综巽	成萃错大畜综升	中爻下艮上巽	天位
六爻变离错坎	成晋错需综明夷	中爻下艮上坎	天位

随䷐三阳三阴之卦　属震			
象			
错　蛊			伏羲圆图
综　蛊杂综			文王《序卦》
中爻　二四合艮错兑综震　三五合巽错震综兑			孔子《系辞》
同体　否〇困咸归妹〇旅未济涣〇恒井〇益噬嗑蛊〇节既济丰〇贲损渐〇泰　十九卦同体			
情性　情柔性刚　情悦性动			
六爻变			
初爻变坤错乾	成萃错大畜综升	中爻下艮上巽	地位
二爻变兑错艮综巽	成兑错艮综巽	中爻下离上巽	地位
三爻变离错坎	成革错蒙综鼎	中爻下巽上乾	人位
四爻变坎错离	成屯错鼎综蒙	中爻下坤上艮	人位
五爻变震错巽综艮	成震错巽综艮	中爻下艮上坎	天位
六爻变乾错坤	成无妄错升综大畜	中爻下艮上巽	天位

蛊䷑三阳三阴之卦　属巽

象

错　随　　　伏羲圆图

综　随杂综　　　文王《序卦》

中爻　二四合兑错艮综巽　三五合震错巽综艮　　　孔子《系辞》

同体　否○困咸归妹○旅未济涣○恒井随○益噬嗑○节未济丰○贲损渐○泰　十九卦同体

情性　情刚性柔　情止性入

六爻变

初爻变乾错坤	成大畜错萃综无妄	中爻下兑上震	地位
二爻变艮错兑综震	成艮错兑综震	中爻下坎上震	地位
三爻变坎错离	成蒙错革综屯	中爻下震上坤	人位
四爻变离错坎	成鼎错屯综革	中爻下乾上兑	人位
五爻变巽错震综兑	成巽错震综兑	中爻下兑上离	天位
六爻变坤错乾	成升错无妄综萃	中爻下兑上震	天位

临䷒二阳四阴之卦　属坤　又十二月卦			
象　震兑			
错　遁			伏羲圆图
综　观正综			文王《序卦》
中爻　二四合震错巽综艮　三五合坤错乾			孔子《系辞》
同体　观晋○萃蹇小过○蒙○震解升○颐○坎屯明夷○艮　十四卦同体			
情性　情柔性柔　情顺性悦			
六爻变			
初爻变坎错离	成师错同人综比	中爻下震上坤	地位
二爻变震错巽综艮	成复错姤综剥	中爻下坤上坤	地位
三爻变乾错坤	成泰错否综否	中爻下兑上震	人位
四爻变震错巽综艮	成归妹错渐综渐	中爻下离上坎	人位
五爻变坎错离	成节错旅综涣	中爻下震上艮	天位
六爻变艮错兑综震	成损错咸综益	中爻下震上坤	天位

观䷓二阳四阴之卦　属乾　又八月卦			
象　巽、艮			
错　大壮			伏羲圆图
综　临正综			文王《序卦》
中爻　二四合坤错乾　三五合艮错兑综震			孔子《系辞》
同体　晋○萃蹇小过○蒙○震解升○颐○坎屯明夷艮○临　十四卦同体			
情性　情柔性柔　情入性顺			
六爻变			
初爻变震错巽综艮	成益错恒综损	中爻下坤上艮	地位
二爻变坎错离	成涣错丰综节	中爻下震上艮	地位
三爻变艮错兑综震	成渐错归妹综归妹	中爻下坎上离	人位
四爻变乾错坤	成否错泰综泰	中爻下艮上巽	人位
五爻变艮错兑综震	成剥错夬综复	中爻下坤上坤	天位
六爻变坎错离	成比错大有综师	中爻下坤上艮	天位

噬嗑䷔三阳三阴之卦　属巽			
象			
错　井			伏羲圆图
综　贲正综			文王《序卦》
中爻　二四合艮错兑综震　三五合坎错离			孔子《系辞》
同体　否○困咸归妹○旅未济涣○恒井随○益蛊○节既济丰○贲损渐○泰　十九卦同体			
情性　情柔性刚　情明性动			
六爻变			
初爻变坤错乾	成晋错需综明夷	中爻下艮上坎	地位
二爻变兑错艮综巽	成睽错蹇综家人	中爻下离上坎	地位
三爻变离错坎	成离错坎	中爻下巽上兑	人位
四爻变艮错兑综震	成颐错大过	中爻下坤上坤	人位
五爻变乾错坤	成无妄错井综大畜	中爻下艮上巽	天位
六爻变震错巽综艮	成震错巽综艮	中爻下艮上坎	天位

贲☲☶三阳三阴之卦　属艮			
象			
错　困			伏羲圆图
综　噬嗑正综			文王《序卦》
中爻　二四合坎错离　三五合震错巽综艮			孔子《系辞》
同体　否○困咸归妹○旅未济涣○恒井随○益噬嗑蛊○节既济丰○损渐○泰　十九卦同体			
情性　情刚性柔　情止性明			
六爻变			
初爻变艮错兑综震	成艮错兑综震	中爻下坎上震	地位
二爻变乾错坤	成大畜错萃综无妄	中爻下兑上震	地位
三爻变震错巽综艮	成颐错大过	中爻下坤上坤	人位
四爻变离错坎	成离错坎	中爻下巽上兑	人位
五爻变巽错震综兑	成家人错解综睽	中爻下坎上离	天位
六爻变坤错乾	成明夷错讼综晋	中爻下坎上震	天位

剥䷖一阳五阴之卦　属乾　又九月卦			
象　巽、艮			
错　夬			伏羲圆图
综　复正综			文王《序卦》
中爻　二四合坤错乾　三五合坤错乾			孔子《系辞》
同体　谦○豫○师○复比　五卦同体			
情性　情刚性柔　情止性顺			
六爻变			
初爻变震错巽综艮	成颐错大过	中爻下坤上坤	地位
二爻变坎错离	成蒙错革综屯	中爻下震上坤	地位
三爻变艮错兑综震	成艮错兑综震	中爻下坎上震	人位
四爻变离错坎	成晋错需综明夷	中爻下艮上坎	人位
五爻变巽错震综兑	成观错大壮综临	中爻下坤上艮	天位
六爻变坤错乾	成坤错乾	中爻下坤上坤	天位

复䷗一阳五阴之卦　属坤　又十一月卦			
象　震、兑			
错　姤			伏羲圆图
综　剥正综			文王《序卦》
中爻　二四合坤错乾　三五合坤错乾			孔子《系辞》
同体　剥〇谦〇豫〇师〇比　五卦同体			
情性　情柔性刚　情顺性动			
六爻变			
初爻变坤错乾	成坤错乾	中爻下坤上坤	地位
二爻变兑错艮综巽	成临错遁综观	中爻下震上坤	地位
三爻变离错坎	成明夷错讼综晋	中爻下坎上震	人位
四爻变震错巽综艮	成震错巽综艮	中爻下艮上坎	人位
五爻变坎错离	成屯错鼎综蒙	中爻下坤上艮	天位
六爻变艮错兑综震	成颐错大过	中爻下坤上坤	天位

无妄䷘四阳二阴之卦　属巽			
象　离			
错　升			伏羲圆图
综　大畜正综			文王《序卦》
中爻　二四合艮错兑综震　三五合巽错震综兑			孔子《系辞》
同体　遁○兑○离鼎讼○大过○巽家人○革○大畜睽中孚○大壮需十四卦同体			
情性　情刚性刚　情健性动			
六爻变			
初爻变坤错乾	成否错泰综泰	中爻下艮上巽	地位
二爻变兑错艮综巽	成履错谦综小畜	中爻下离上巽	地位
三爻变离错坎	成同人错师综大有	中爻下巽上乾	人位
四爻变巽错震综兑	成益错恒综损	中爻下坤上艮	人位
五爻变离错坎	成噬嗑错井综贲	中爻下艮上坎	天位
六爻变兑错艮综巽	成随错蛊综蛊	中爻下艮上巽	天位

大畜䷙四阳二阴之卦　属艮			
象　离			
错　萃			伏羲圆图
综　无妄正综			文王《序卦》
中爻　二四合兑错艮综巽　三五合震错巽综艮			孔子《系辞》
同体　遁○兑○离鼎讼○大过○巽家人无妄革○睽中孚○大壮需　十四卦同体			
情性　情刚性刚　情止性健			
六爻变			
初爻变坤错乾	成否错泰综泰	中爻下艮上巽	地位
二爻变兑错艮综巽	成履错谦综小畜	中爻下离上巽	地位
三爻变离错坎	成同人错师综大有	中爻下巽上乾	人位
四爻变巽错震综兑	成益错恒综损	中爻下坤上艮	人位
五爻变巽错震综兑	成小畜错豫综履	中爻下兑上离	天位
六爻变坤错乾	成泰错否综否	中爻下兑上震	天位

颐䷚二阳四阴之卦　属巽			
象　离			
错　大过			伏羲圆图
综			文王《序卦》
中爻　二四合坤错乾　三五合坤错乾			孔子《系辞》
同体　观晋萃蹇小过○蒙○震解升○坎屯明夷○艮○临　十四卦同体			
情性　情刚性刚　情止性动			
六爻变			
初爻变坤错乾	成剥错夬综复	中爻下坤上坤	地位
二爻变兑错艮综巽	成损错咸综益	中爻下震上坤	地位
三爻变离错坎	成贲错困综噬嗑	中爻下坎上震	人位
四爻变离错坎	成噬嗑错井综贲	中爻下艮上坎	人位
五爻变巽错震综兑	成益错恒综损	中爻下坤上艮	天位
六爻变坤错乾	成复错姤综剥	中爻下坤上坤	天位

大过䷛四阳二阴之卦　属震			
象　坎			
错　颐			伏羲圆图
综			文王《序卦》亦错
中爻　二四合乾错坤　三五合乾错坤			孔子《系辞》
同体　遁○兑○离鼎讼○○巽家人无妄○革○大畜睽中孚○大壮需十四卦同体			
情性　情柔性柔　情悦性入			
六爻变			
初爻变乾错坤	成夬错剥综姤	中爻下乾上乾	地位
二爻变艮错兑综震	成咸错损综恒	中爻下巽上乾	地位
三爻变坎错离	成困错贲综	中爻下离上巽	人位
四爻变坎错离	成井错噬嗑综困	中爻下兑上离	人位
五爻变震错巽综艮	成恒错益综咸	中爻下乾上兑	天位
六爻变乾错坤	成姤错复综夬	中爻下乾上乾	天位

坎䷜二阳四阴之卦

象

错　离　伏羲圆图

综　文王《序卦》亦错

中爻　二四合震错巽综艮　三五合艮错兑综震　孔子《系辞》

同体　观晋○萃蹇小过○蒙○震解升○颐○屯明夷○艮○临　十四卦同体

情性　情刚性刚　情险性险

六爻变

初爻变兑错艮综巽	成节错旅综涣	中爻下震上艮	地位
二爻变坤错乾	成比错大有综师	中爻下坤上艮	地位
三爻变巽错震综兑	成井错噬嗑综困	中爻下兑上离	人位
四爻变兑错艮综巽	成困错贲综井	中爻下离上巽	人位
五爻变坤错乾	成师错同人综比	中爻下震上坤	天位
六爻变巽错震综兑	成涣错丰综节	中爻下震上艮	天位

离䷝四阳二阴之卦　《上经》终于此			
象			
错　坎			伏羲圆图
综			文王《序卦》
中爻　二四合巽错震综兑　三五合兑错艮综巽			孔子《系辞》
同体　遁○兑○鼎讼○大过○巽家人无妄○革大畜睽中孚○大壮需十四卦同体			
情性　情柔性柔　情明性明			
六爻变			
初爻变艮错兑综震	成旅错节综丰	中爻下巽上兑	地位
二爻变乾错坤	成大有错比综同人	中爻下乾上兑	地位
三爻变震错巽综艮	成噬嗑错井综贲	中爻下艮上坎	人位
四爻变艮错兑综震	成贲错困综噬嗑	中爻下坎上震	人位
五爻变乾错坤	成同人错师综大有	中爻下巽上乾	天位
六爻变震错巽综艮	成丰错涣综旅	中爻下巽上兑	天位

咸䷞三阳三阴之卦　属兑　《下经》始于此

象　坎

错　损　伏羲圆图

综　恒正综　文王《序卦》

中爻　二四合巽错震综兑　三五合乾错坤　孔子《系辞》

同体　否○困归妹○旅未济涣○恒井随○益噬嗑蛊节既济丰○贲损渐○泰　十九卦同体

情性　情柔性刚　情悦性止

六爻变

初爻变离错坎　成革错蒙综鼎　中爻下巽上乾　地位

二爻变巽错震综兑　成大过错颐　中爻下乾上乾　地位

三爻变坤错乾　成萃错大畜综升　中爻下艮上巽　人位

四爻变坎错离　成蹇错睽综解　中爻下坎上离　人位

五爻变震错巽综艮　成小过错中孚　中爻下巽上兑　天位

六爻变乾错坤　成遁错临综大壮　中爻下巽上乾　天位

恒䷟三阳三阴之卦　属震

象　坎

错　益　伏羲圆图

综　咸正综　文王《序卦》

中爻　二四合乾错坤　三五合兑错艮综巽　孔子《系辞》

同体　否〇困咸归妹〇旅未济涣〇井随〇益噬嗑蛊〇节既济丰〇贲损渐〇泰　十九卦同体

情性　情刚性柔　情动性入

六爻变

初爻变乾错坤	成大壮错观综遁	中爻下乾上兑	地位
二爻变艮错兑综震	成小过错中孚	中爻下巽上兑	地位
三爻变坎错离	成解错家人综蹇	中爻下离上坎	人位
四爻变坤错乾	成升错无妄综萃	中爻下震上兑	人位
五爻变兑错艮综巽	成大过错颐	中爻下乾上乾	人位
六爻变离错坎	成鼎错屯综革	中爻下乾上兑	天位

遯☰☶四阳二阴之卦　属乾　又六月卦			
象　巽			
错　临			伏羲圆图
综　大壮正综			文王《序卦》
中爻　二四合巽错震综兑　三五合乾错坤			孔子《系辞》
同体　兑○离鼎讼○大过○巽家人无妄○革○大畜睽中孚○大壮需十四卦同体			
情性　情刚性刚　情健性止			
六爻变			
初爻变离错坎	成同人错师综大有	中爻下巽上乾	地位
二爻变巽错震综兑	成姤错复综夬	中爻下乾上乾	地位
三爻变坤错乾	成否错泰综泰	中爻下艮上巽	人位
四爻变巽错震综兑	成渐错归妹综归妹	中爻下坎上离	人位
五爻变离错坎	成旅错节综丰	中爻下巽上兑	天位
六爻变兑错艮综巽	成咸错巽综恒	中爻下巽上乾	天位

大壮䷡四阳二阴之卦　属坤　又二月卦			
象　兑			
错　观			伏羲圆图
综　遁正综			文王《序卦》
中爻　二四合乾错坤　三五合兑错艮综巽			孔子《系辞》
同体　遁○兑○离鼎讼○大过○巽家人无妄○革○大畜睽中孚○需十四卦同体			
情性　情刚性刚　情动性健			
六爻变			
初爻变巽错震综兑	成恒错益综咸	中爻下乾上兑	地位
二爻变离错坎	成丰错涣综旅	中爻下巽上兑	地位
三爻变兑错艮综巽	成归妹错渐综渐	中爻下离上坎	人位
四爻变坤错乾	成泰错否综否	中爻下兑上震	人位
五爻变兑错艮综巽	成夬错剥综姤	中爻下乾上乾	天位
六爻变离错坎	成大有错比综同人	中爻下乾上兑	天位

晋䷢二阳四阴之卦　属乾

象

错　需　　伏羲圆图

综　明夷杂综　　文王《序卦》

中爻　二四合艮错兑综震　三五合坎错离　　孔子《系辞》

同体　观○萃蹇小过○蒙○震解升○颐○坎屯明夷○艮○临　十四卦同体

情性　情柔性柔　情明性顺

六爻变

初爻变震错巽综艮	成噬嗑错综贲	中爻下艮上坎	地位
二爻变坎错离	成未济错既济综既济	中爻下离上坎	地位
三爻变艮错兑综震	成旅错节综丰	中爻下巽上兑	人位
四爻变艮错兑综震	成剥错夬综姤	中爻下坤下坤	人位
五爻变乾错坤	成否错泰综泰	中爻下艮上巽	天位
六爻变震错巽综艮	成豫错小畜综谦	中爻下艮上坎	天位

明夷䷣二阳四阴之卦　属坎	
象	
错　讼	伏羲圆图
综　晋杂综	文王《序卦》
中爻　二四合坎错离　三五合震错巽综艮	孔子《系辞》
同体　观晋○萃蹇小过○蒙○震解升○颐○坎屯○艮○临　十四卦同体	
情性　情柔性柔　情顺性明	
六爻变	

初爻变艮错兑综震	成谦错履综豫	中爻下坎上震	地位
二爻变乾错坤	成泰错否综否	中爻下兑上震	地位
三爻变震错巽综艮	成复错姤综剥	中爻下坤上坤	人位
四爻变震错巽综艮	成丰错涣综旅	中爻下巽上兑	人位
五爻变坎错离	成既济错未济综未济	中爻下坎上离	天位
六爻变艮错兑综震	成贲错困综噬嗑	中爻下坎上震	天位

家人☲☴四阳二阴之卦　属巽			
象			
错　解			伏羲圆图
综　睽正综			文王《序卦》
中爻　二四合坎错离　三五合离错坎			孔子《系辞》
同体　遁○兑○离鼎讼○大过○巽无妄○革○大畜睽中孚○大壮需十四卦同体			
情性　情柔性柔　情入性明			
六爻变			
初爻变艮错兑综震	成渐错归妹综归妹	中爻下坎上离	地位
二爻变乾错困	成小畜错豫综履	中爻下兑上离	地位
三爻变震错巽综艮	成益错恒综损	中爻下坤上艮	人位
四爻变乾错坤	成同人错师综大有	中爻下巽上乾	人位
五爻变艮错兑综震	成贲错困综噬嗑	中爻下坎上震	天位
六爻变坎错离	成既济错未济综未济	中爻下坎上离	天位

睽䷥四阳二阴之卦　属艮			
象			
错　蹇			伏羲圆图
综　家人正综			文王《序卦》
中爻　二四合离错坎　三五合坎错离			孔子《系辞》
同体　遁○兑○离鼎讼○大过○巽家人无妄○革○大畜中孚○大壮需十四卦同体			
情性　情柔性柔　情明性悦			
六爻变			
初爻变坎错离	成未济错既济综既济	中爻下离上坎	地位
二爻变震错兑综艮	成噬嗑错升综贲	中爻下艮上坎	地位
三爻变乾错坤	成大有错比综同人	中爻下乾上兑	人位
四爻变艮错兑综震	成损错咸综益	中爻下震上坤	人位
五爻变乾错坤	成履错谦综小畜	中爻下离上巽	天位
六爻变震错巽综艮	成归妹错渐综渐	中爻下离上坎	天位

蹇䷦二阳四阴之卦　属兑			
象			
错　睽			伏羲圆图
综　解正综			文王《序卦》
中爻　二四合坎错离　三五合离错坎			孔子《系辞》
同体　观晋○萃小过○蒙○震解升○颐○坎屯明夷○艮○临			十四卦同体
情性　情刚性刚　情险性止			
六爻变			
初爻变离错坎	成既济错未济综未济	中爻下坎上离	地位
二爻变巽错震综兑	成井错噬嗑综困	中爻下兑上离	地位
三爻变坤错乾	成比错大有综师	中爻下坤上艮	人位
四爻变兑错艮综巽	成咸错巽综恒	中爻下巽上乾	人位
五爻变坤错乾	成谦错履综豫	中爻下坎上震	天位
六爻变巽错震综兑	成渐错归妹综归妹	中爻下坎上离	天位

解䷧二阳四阴之卦　属震			
象			
错　家人			伏羲圆图
综　蹇正综			文王《序卦》
中爻　二四合离错坎　三五合坎错离			孔子《系辞》
同体　观晋○萃蹇小过○蒙○震升○颐○坎屯明夷艮○临　十四卦同体			
情性　情刚性刚　情动性险			
六爻变			
初爻变兑错艮综巽	成归妹错渐综渐	中爻下离上坎	地位
二爻变坤错乾	成豫错小畜综谦	中爻下艮上坎	地位
三爻变巽错震综兑	成恒错益综咸	中爻下乾上兑	人位
四爻变坤错乾	成师错同人综比	中爻下震上坤	人位
五爻变兑错艮综巽	成困错贲综井	中爻下离上巽	天位
六爻变离错坎	成未济错既济综既济	中爻下离上坎	天位

损䷨三阳二阴之卦　属艮

象　离

错　咸　伏羲圆图

综　益正综　文王《序卦》

中爻　二四合震错巽综艮　三五合坤错乾　孔子《系辞》

同体　否○困咸归妹○旅未济涣○恒井随○益噬嗑蛊○节既济丰○贲渐○泰　十九卦同体

情性　情刚性柔　情止性悦

六爻变

初爻变坎错离	成蒙错革综屯	中爻下震上坤	地位
二爻变震错巽综艮	成颐错大过	中爻下坤上坤	地位
三爻变乾错坤	成大畜错萃综无妄	中爻下兑上震	人位
四爻变离错坎	成睽错蹇综家人	中爻下离上坎	人位
五爻变巽错震综兑	成中孚错小过	中爻下震上艮	天位
六爻变坤错乾	成临错遁综观	中爻下震上坤	天位

益☳☴三阳三阴之卦　属巽			
象　离			
错　恒			伏羲圆图
综　损正综			文王《序卦》
中爻　二四合坤错乾　三五合艮错兑综震			孔子《系辞》
同体　否○困咸归妹○旅未济涣○恒井随○噬嗑蛊○节既济丰○贲损渐○泰　十九卦同体			
情性　情柔性刚　情入性动			
六爻变			
初爻变坤错乾	成观错大壮综临	中爻下坤上艮	地位
二爻变兑错艮综巽	成中孚错小过	中爻下震上艮	地位
三爻变离错坎	成家人错解综睽	中爻下坎上离	人位
四爻变乾错坤	成无妄错升综大畜	中爻下艮上巽	人位
五爻变艮错兑综震	成颐错大过	中爻下坤上坤	天位
六爻变坎错离	成屯错鼎综蒙	中爻下坤上艮	天位

夬䷪五阳一阴之卦　属坤　又三月卦			
象　震			
错　剥			伏羲圆图
综　姤正综			文王《序卦》
中爻　二四合乾错坤　三五合乾错坤			孔子《系辞》
同体　姤大有〇同人〇小畜〇履　五卦同体			
情性　情柔性刚　情悦性健			
六爻变			
初爻变巽错震综兑	成大过错颐	中爻下乾上乾	地位
二爻变离错坎	成革错蒙综鼎	中爻下巽上乾	地位
三爻变兑错艮综巽	成兑错艮综巽	中爻下离上巽	人位
四爻变坎错离	成需错晋综讼	中爻下兑上离	人位
五爻变震错巽综艮	成大壮错观综遁	中爻下乾上兑	天位
六爻变乾错坤	成乾错坤	中爻下乾上乾	天位

姤䷫五阳一阴之卦　属乾　又五月卦

象　艮

错　复　伏羲圆图

综　夬正综　文王《序卦》

中爻　二四合乾错坤　三五合乾错坤　孔子《系辞》

同体　大有○同人○小畜○履○夬　五卦同体

情性　情刚性柔　情健性入

六爻变

初爻变乾错坤	成乾错坤	中爻下乾上乾	地位
二爻变艮错兑综震	成遁错临综大壮	中爻下巽上乾	地位
三爻变坎错离	成讼错明夷综需	中爻下离上巽	人位
四爻变巽错震综兑	成巽错震综兑	中爻下兑上离	人位
五爻变离错坎	成鼎错屯综革	中爻下乾上兑	天位
六爻变兑错艮综巽	成大过错颐	中爻下乾上乾	天位

萃䷬二阳四阴之卦　属兑	
象　坎	
错　大畜	伏羲圆图
综　升正综	文王《序卦》
中爻　二四合艮错兑综震　三五合巽错震综兑	孔子《系辞》
同体　观晋○蹇小过○蒙○震解升○颐○坎屯明夷○艮○临　十四卦同体	
情性　情柔性柔　情悦性顺	
六爻变	

初爻变震错巽综艮	成随错蛊综蛊	中爻下艮上巽	地位
二爻变坎错离	成困错贲综井	中爻下离上巽	地位
三爻变艮错兑综震	成咸错损综恒	中爻下巽上乾	人位
四爻变坎错离	成比错大有综师	中爻下坤上艮	人位
五爻变震错巽综艮	成豫错小畜综谦	中爻下艮上坎	天位
六爻变乾错坤	成否错泰综泰	中爻下艮上巽	天位

升䷭二阳四阴之卦　属震			
象　坎			
错　无妄			伏羲圆图
综　萃正综			文王《序卦》
中爻　二四合兑错艮综巽　三五合震错巽综艮			孔子《系辞》
同体　观晋〇萃蹇小过〇蒙〇震解〇颐〇坎屯明夷〇艮〇临　十四卦同体			
情性　情柔性柔　情顺性入			
六爻变			
初爻变乾错坤	成泰错否综否	中爻下兑上震	地位
二爻变艮错兑综震	成谦错履综豫	中爻下坎上震	地位
三爻变坎错离	成师错同人综比	中爻下震上坤	人位
四爻变震错巽综艮	成恒错益综咸	中爻下乾上兑	人位
五爻变坎错离	成井错噬嗑综困	中爻下兑上离	天位
六爻变艮错兑综震	成蛊错随综随	中爻下兑上震	天位

困䷮三阳三阴之卦　属兑

象

错　贲　　伏羲圆图

综　井正综　　文王《序卦》

中爻　二四合离错坎　三五合巽错震综兑　　孔子《系辞》

同体　否○咸归妹○旅未济涣○恒井随○益噬嗑蛊○节既济丰○贲损渐○泰　十九卦同体

情性　情柔性刚　情悦性险

六爻变

初爻变兑错艮综巽	成兑错艮综巽	中爻下离上巽	地位
二爻变坤错乾	成萃错大畜综升	中爻下艮上巽	地位
三爻变巽错震综兑	成大过错颐	中爻下乾上乾	人位
四爻变坎错离	成坎错离	中爻下震上艮	人位
五爻变震错巽综艮	成解错家人综蹇	中爻下离上坎	天位
六爻变乾错坤	成讼错明夷综需	中爻下离上巽	天位

井䷯三阳三阴之卦　属震

象

错　噬嗑　　伏羲圆图

综　困正综　　文王《序卦》

中爻　二四合兑错艮综巽　三五合离错坎　　孔子《系辞》

同体　否○困咸归妹○旅未济涣○恒随○益噬嗑蛊○节既济丰○贲损渐○泰　十九卦同体

情性　情刚性柔　情险性入

六爻变

初爻变乾错坤	成需错晋综讼	中爻下兑上离	地位
二爻变艮错兑综震	成蹇错睽综解	中爻下坎上离	地位
三爻变坎错离	成坎错离	中爻下震上艮	人位
四爻变兑错艮综巽	成大过错颐	中爻下乾上乾	人位
五爻变坤错乾	成升错无妄综萃	中爻下兑上震	天位
六爻变巽错震综兑	成巽错震综兑	中爻下兑上离	天位

<table>
<tr><td colspan="4">革䷰四阳二阴之卦　属坎</td></tr>
<tr><td colspan="4">象</td></tr>
<tr><td colspan="3">错　蒙</td><td>伏羲圆图</td></tr>
<tr><td colspan="3">综　鼎正综</td><td>文王《序卦》</td></tr>
<tr><td colspan="3">中爻　二四合巽错震综兑　三五合乾错坤</td><td>孔子《系辞》</td></tr>
<tr><td colspan="4">同体　遁○兑○离鼎讼○大过○巽家人无妄○大畜睽中孚○大壮需十四卦同体</td></tr>
<tr><td colspan="4">情性　情柔性柔　情悦性明</td></tr>
<tr><td colspan="4">六爻变</td></tr>
<tr><td>初爻变艮错兑综震</td><td>成咸错损综恒</td><td>中爻下巽上乾</td><td>地位</td></tr>
<tr><td>二爻变乾错坤</td><td>成夬错剥综姤</td><td>中爻下乾上乾</td><td>地位</td></tr>
<tr><td>三爻变震错巽综艮</td><td>成随错蛊综蛊</td><td>中爻下艮上巽</td><td>人位</td></tr>
<tr><td>四爻变坎错离</td><td>成既济错未济综未济</td><td>中爻下坎上离</td><td>人位</td></tr>
<tr><td>五爻变震错巽综艮</td><td>成丰错涣综旅</td><td>中爻下巽上兑</td><td>天位</td></tr>
<tr><td>六爻变乾错坤</td><td>成同人错师综大有</td><td>中爻下巽上乾</td><td>天位</td></tr>
</table>

鼎 ䷱ 四阳二阴之卦　属离			
象			
错　屯			伏羲圆图
综　革正综			文王《序卦》
中爻　二四合乾错坤　三五合兑错艮综巽			孔子《系辞》
同体　遁○兑○离讼○大过○巽家人无妄○革○大畜睽中孚○大壮需　十四卦同体			
情性　情柔性柔　情明性入			
六爻变			
初爻变乾错坤	成大有错比综同人	中爻下乾上兑	地位
二爻变艮错兑综震	成旅错节综丰	中爻下巽上兑	地位
三爻变坎错离	成未济错既济综既济	中爻下离上坎	人位
四爻变艮错兑综震	成蛊错随综随	中爻下兑上震	人位
五爻变乾错坤	成姤错复综夬	中爻下乾上乾	天位
六爻变震错巽综艮	成恒错益综咸	中爻下乾上兑	天位

震䷲二阳四阴之卦

象

错　巽　　伏羲圆图

综　艮正综　　文王《序卦》

中爻　二四合艮错兑综震　三五合坎错离　　孔子《系辞》

同体　观晋〇萃蹇小过〇蒙〇解升〇颐〇坎屯明夷〇艮〇临　十四卦同体

情性　情刚性刚　情动性动

六爻变

初爻变坤错乾	成豫错小畜综谦	中爻下艮上坎	地位
二爻变兑错艮综巽	成归妹错渐综渐	中爻下离上坎	地位
三爻变离错坎	成丰错涣综旅	中爻下巽上兑	人位
四爻变坤错乾	成复错姤综剥	中爻下坤上坤	人位
五爻变兑错艮综巽	成随错蛊综蛊	中爻下艮上坤	人位
六爻变离错坎	成噬嗑错井综贲	中爻下艮上坎	天位

艮䷳二阳四阴之卦			
象			
错　兑			伏羲圆图
综　震正综			文王《序卦》
中爻　二四合坎错离　三五合震错巽综艮			孔子《系辞》
同体　观晋○萃蹇小过○蒙○震解升○颐○坎屯明夷○临			十四卦同体
情性　情刚性刚　情止性止			
六爻变			
初爻变离错坎	成贲错困综噬嗑	中爻下坎上震	地位
二爻变巽错震综兑	成蛊错随综随	中爻下兑上震	地位
三爻变坤错乾	成剥错夬综复	中爻下坤上坤	人位
四爻变离错坎	成旅错节综丰	中爻下巽上兑	人位
五爻变巽错震综兑	成渐错归妹综归妹	中爻下坎上离	天位
六爻变坤错乾	成谦错履综豫	中爻下坎上震	天位

渐䷴三阳三阴之卦　属艮

象

错　归妹　　伏羲圆图

综　归妹杂综　　文王《序卦》

中爻　二四合坎错离　三五合离错坎　　孔子《系辞》

同体　否〇困咸归妹〇旅未济涣〇恒井随〇益噬嗑蛊〇节既济丰〇贲损〇泰　十九卦同体

情性　情柔性刚　情入性止

六爻变

初爻变离错坎	成家人错解综睽	中爻下坎上离	地位
二爻变巽错震综兑	成巽错震综兑	中爻下兑上离	地位
三爻变坤错乾	成观错大壮综临	中爻下坤上艮	人位
四爻变乾错坤	成遁错临综大壮	中爻下巽上乾	人位
五爻变艮错兑综震	成艮错兑综震	中爻下坎上震	天位
六爻变坎错离	成蹇错睽综解	中爻下坎上离	天位

归妹䷵三阳三阴之卦　属兑			
象			
错　渐			伏羲圆图
综　渐杂综			文王《序卦》
中爻　二四合离错坎　三五合坎错离			孔子《系辞》
同体　否〇困咸〇旅未济涣〇恒井随〇益噬嗑蛊〇节既济丰〇贲损渐〇泰　十九卦同体			
情性　情刚性柔　情动性悦			
六爻变			
初爻变坎错离	成解错家人综蹇	中爻下离上坎	地位
二爻变震错巽综艮	成震错巽综艮	中爻下艮上坎	地位
三爻变乾错坤	成大壮错观综遁	中爻下乾上兑	人位
四爻变坤错乾	成临错遁综观	中爻下震上坤	人位
五爻变兑错艮综巽	成兑错艮综巽	中爻下离上巽	天位
六爻变离错坎	成睽错蹇综家人	中爻下离上坎	天位

丰䷶三阳三阴之卦　属坎			
象			
错　涣			伏羲圆图
综　旅正综			文王《序卦》
中爻　二四合巽错震综兑　三五合兑错艮综巽			孔子《系辞》
同体　否○困咸归妹○旅未济涣○恒井随○益噬嗑蛊○节既济○贲损渐○泰　十九卦同体			
情性　情刚性柔　情动性明			
六爻变			
初爻变艮错兑综震	成小过错中孚	中爻下巽上兑	地位
二爻变乾错坤	成大壮错观综遁	中爻下乾上兑	地位
三爻变震错巽综艮	成震错巽综艮	中爻下艮上巽	人位
四爻变坤错乾	成明夷错讼综晋	中爻下坎上震	人位
五爻变兑错艮综巽	成革错蒙综鼎	中爻下巽上乾	天位
六爻变离错坎	成离错坎	中爻下巽上兑	天位

旅 ䷷ 三阳三阴之卦　属离			
象			
错　节			伏羲圆图
综　丰正综			文王《序卦》
中爻　二四合巽错震综兑　三五合兑错艮综巽			孔子《系辞》
同体　否○困咸归妹○未济涣○恒井随○益噬嗑蛊○节既济丰○贲损渐○泰　十九卦同体			
情性　情柔性刚　情明性止			
六爻变			
初爻变离错坎	成离错坎	中爻下巽上兑	地位
二爻变巽错震综兑	成鼎错屯综革	中爻下乾上兑	地位
三爻变坤错乾	成晋错需综明夷	中爻下艮上坎	人位
四爻变艮错兑综震	成艮错兑综震	中爻下坎上震	人位
五爻变乾错坤	成遁错临综大壮	中爻下巽上乾	天位
六爻变震错巽综艮	成小过错中孚	中爻下巽上兑	天位

巽䷸四阳二阴之卦			
象			
错　震			伏羲圆图
综　兑正综			文王《序卦》
中爻　二四合兑错艮综巽　三五合离错坎			孔子《系辞》
同体　遁○兑○离鼎讼○大过○家人无妄○革○大畜睽中孚○大壮需十四卦			
同体　情性情柔性柔　情入性入			
六爻变			
初爻变乾错坤	成小畜错豫综履	中爻下兑上离	地位
二爻变艮错兑综震	成渐错归妹综归妹	中爻下坎上离	地位
三爻变坎错离	成涣错丰综节	中爻下震上艮	人位
四爻变乾错坤	成姤错复综夬	中爻下乾上乾	人位
五爻变艮错兑综震	成蛊错随综随	中爻下兑上震	天位
六爻变坎错离	成井错噬嗑综困	中爻下兑上离	天位

兑䷹四阳二阴之卦

象

错　艮　　伏羲圆图

综　巽正综　　文王《序卦》

中爻　二四合离错坎　三五合巽错震综兑　　孔子《系辞》

同体　遁○离鼎讼○大过○巽家人无妄○革○大畜睽中孚○大壮需十四卦同体

情性　情柔性柔　情悦性悦

六爻变

初爻变坎错离	成困错贲综井	中爻下离上巽	地位
二爻变震错巽	成随错蛊综蛊	中爻下艮上巽	地位
三爻变乾错坤	成夬错剥综姤	中爻下乾上乾	人位
四爻变坎错离	成节错旅综涣	中爻下震上艮	人位
五爻变震错巽综艮	成归妹错渐综渐	中爻下离上坎	天位
六爻变乾错坤	成履错谦综小畜	中爻下离上巽	天位

涣䷺三阳三阴之卦　属离

象

错　丰　　伏羲圆图

综　节正综　　文王《序卦》

中爻　二四合震错巽综艮　三五合艮错兑综震　　孔子《系辞》

同体　否〇困咸归妹〇旅未济〇恒井随〇益噬嗑蛊〇节既济丰〇贲损渐〇泰　十九卦同体

情性　情柔性刚　情入性险

六爻变

初爻变兑错艮综巽　成中孚错小过　中爻下震上艮　地位

二爻变坤错乾　成观错大壮综临　中爻下坤上艮　地位

三爻变巽错震综兑　成巽错震综兑　中爻下兑上离　人位

四爻变乾错坤　成讼错明夷综需　中爻下离上巽　人位

五爻变艮错兑综震　成蒙错革综屯　中爻下震上坤　天位

六爻变坎错离　成坎错离　中爻下震上艮　天位

节䷻三阳三阴之卦　属坎

象

错　旅　　伏羲圆图

综　涣正综　　文王《序卦》

中爻　二四合震错巽综艮　三五合艮错兑综震　　孔子《系辞》

同体　否○困咸归妹○旅未济涣○恒井随○益噬嗑蛊○既济丰○贲损渐○泰　十九卦同体

情性　情刚性柔　情险性悦

六爻变

初爻变坎错离	成坎错离	中爻下震上艮	地位
二爻变震错巽综艮	成屯错鼎综蒙	中爻下坤上艮	地位
三爻变乾错坤	成需错晋综讼	中爻下兑上离	人位
四爻变兑错艮综巽	成兑错艮综巽	中爻下离上巽	人位
五爻变坤错乾	成临错遁综观	中爻下震上坤	天位
六爻变巽错震综兑	成中孚错小过	中爻下震上艮	天位

中孚䷼　四阳二阴之卦　属艮

象　离

错　小过　　伏羲圆图

综　　文王《序卦》

中爻　二四合震错巽综艮　三五合艮错兑综震　　孔子《系辞》

同体　遁○兑○离鼎讼○大过○巽家人无妄○革○大畜睽○大壮需十四卦同体

情性　情柔性柔　情入性悦

六爻变

初爻变坎错离	成涣错丰综节	中爻下震上艮	地位
二爻变震错巽综艮	成益错恒综损	中爻下坤上艮	地位
三爻变乾错坤	成小畜错豫综履	中爻下兑上离	人位
四爻变乾错坤	成履错谦综小畜	中爻下离上巽	人位
五爻变艮错兑综震	成损错咸综益	中爻下震上坤	天位
六爻变坎错离	成节错旅综涣	中爻下震上艮	天位

小过䷽二阳四阴之卦　属兑			
象　坎			
错　中孚			伏羲圆图
综			文王《序卦》
中爻　二四合巽错震综兑　三五合兑错艮综巽			孔子《系辞》
同体　观晋○萃蹇○蒙○震解升○颐○坎屯明夷○艮○临　十四卦同体			
情性　情刚性刚　情动性止			
六爻变			
初爻变离错坎	成丰错涣综旅	中爻下巽上兑	地位
二爻变巽错震综兑	成恒错益综咸	中爻下乾上兑	地位
三爻变坤错乾	成豫错旅综谦	中爻下艮上坎	人位
四爻变坤错乾	成谦错履综豫	中爻下坎上震	人位
五爻变兑错艮综巽	成咸错损综恒	中爻下巽上乾	天位
六爻变离错坎	成旅错节综丰	中爻下巽上兑	天位

既济䷾三阳三阴之卦　属坎

象

错　未济　　伏羲圆图

综　未济正综　　文王《序卦》

中爻　二四合坎错离　三五合离错坎　　孔子《系辞》

同体　否○困咸归妹○旅未济涣○恒井随○益噬嗑蛊○节丰○贲损渐○泰　十九卦同体

情性　情刚性柔　情险性明

六爻变

初爻变艮错兑综震　成蹇错睽综解　中爻下坎上离　地位

二爻变乾错坤　成需错晋综讼　中爻下兑上离　地位

三爻变震错巽综艮　成屯错鼎综蒙　中爻下坤上艮　人位

四爻变兑错艮综巽　成革错蒙综鼎　中爻下巽上乾　人位

五爻变坤错乾　成明夷错讼综晋　中爻下坎上震　天位

六爻变巽错震综兑　成家人错解综睽　中爻下坎上离　天位

未济䷿三阳三阴之卦　属离			
象			
错　既济			伏羲圆图
综　既济正综			文王《序卦》
中爻　二四合离错坎　三五合坎错离			孔子《系辞》
同体　否○困咸归妹○旅涣○恒井随○益噬嗑蛊○节既济丰○贲损渐○泰　十九卦同体			
情性　情柔性刚　情明性险			
六爻变			
初爻变兑错艮综巽	成睽错蹇综家人	中爻下离上坎	地位
二爻变坤错乾	成晋错需综明夷	中爻下艮上坎	地位
三爻变巽错震综兑	成鼎错屯综革	中爻下乾上兑	人位
四爻变艮错兑综震	成蒙错革综屯	中爻下震上坤	人位
五爻变乾错坤	成讼错明夷综需	中爻下离上巽	天位
六爻变震错巽综艮	成解错家人综蹇	中爻下离上坎	天位

周易集注卷一

周易上经

周，代名；《易》，书名；卦则伏羲所画也。伏羲仰观俯察，见阴阳有奇偶之数，故画一奇以象阳，画一偶以象阴；见一阴一阳有各生之象，故自下而上再倍而三，以成八卦；又于八卦之上各变八卦，以成六十四卦。六十四卦皆重而为六画者，以阳极于六，阴极于六，故圣人作《易》，六画而成卦，六变而成爻，兼三才而两之，皆因天地自然之数，非圣人之安排也。以"易"名书者，以字之义有"交易"，"变易"之义。"交易"以对待言，如天气下降以交于地，地气上腾以交于天也；"变易"以流行言，如阳极则变阴，阴极则变阳也。阴阳之理，非交易则变易，故以"易"名之。所以其书不可为典要，惟变所适也。《夏易》名《连山》，首艮；《商易》名《归藏》，首坤。曰"周"者，以其辞成于文王、周公，故以"周"名之，而分为上下二篇云。

乾。元亨利贞。

乾，卦名。元亨利贞者，文王所系之辞，以断一卦之吉凶，所谓"彖辞"也。乾者，健也，阳主于动，动而有常，其动不息，非至健不能。奇者阳之数，天者阳之体，健者阳之性，如火性热，水性寒也。六画皆奇，则纯阳而至健矣，故不言天而言乾也。元，大；亨，通；利，宜；贞，正而固也。"元亨"者，天道之本然数也。"利贞"者，人事之当然理也。《易经》理、数不相离，因乾道阳明纯粹，无纤毫阴柔之私，惟天与圣人足以当之，所以断其必"大亨"也。故数当"大亨"，而必以"贞"处之，方与乾道相合。若其不贞，少有人欲之私，则人事之当然者废，又安能"元亨"乎？故文王言"筮得此卦者大亨，而宜于正固"。此则圣人作《易》开物成务，冒天下之道，教人以反身修省之切要也。学者能于此四字潜心焉，传心之要不外是矣。此文王占卜所系之辞，不可即指为四德。至孔子《文言》纯以义理论，方指为四德也。盖占卜不论天子，不论庶人，皆利于贞。若即以为四德，失文王设教之意矣。

初九。潜龙勿用。

此周公所系之辞，以断一爻之吉凶，所谓爻辞也。凡画卦者自下而上，故谓下爻为初。初九者，卦下阳爻之名也。阳曰九、阴曰六者，《河图》《洛书》五皆居中，则五者数之祖也。故圣人起数止于一二三四五，参天两地而倚数。参天者，天之三位也，天一天三天五也。两地者，地之二位也，地二地四也。倚者，依也。天一依天三，天三依天五而为九，所以阳皆言九；地二依地四而为六，所以阴皆言六。一二三四五者，生数也；六七八九十者，成数也。然生数者成之端倪，成数者生之结果，故止以生数起之，过揲之数皆以此九六之参两，所以爻言九六也。潜，藏也，象初，龙，阳物，变化莫测，亦犹乾道变化，故象九。且此爻变巽错震，亦有龙象，故六爻即以“龙”言之。所谓“拟诸形容，象其物宜”者此也。“勿用”者，未可施用也。象为“潜龙”，占为“勿用”。故占得乾而遇此爻之变者，当观此象而玩此占也。诸爻仿此。

《易》不似别经，不可为典要。如占得潜龙之象，在天子则当传位，在公卿则当退体，在士子则当静修，在贤人则当隐逸，在商贾则当待价，在战阵则当左次，在女子则当愆期，万事万物莫不皆然。若不知象，一爻止一事，则三百八十四爻止作得三百八十四件事矣，何以弥纶天地？此训象训字训错综之义，圈外方是正意。三百八十四爻仿此。

○初九，阳气方萌，在于卦下，盖龙之潜藏而未出者也，故有潜龙之象。龙未出潜，则未可施用矣，故教占者勿用，养晦以待时可也。

九二。见龙在田，利见大人。

见龙之见，贤遍反。

“二”，谓自下而上第二爻也。九二非正，然刚健中正本乾之德，故旧注亦以正言之。见者，初为潜，二则离潜而出见也。“田”者，地之有水者也。以六画卦言之，二于三才为地道，地上即田也。“大人”者，大德之人也。阳大阴小，乾卦六爻皆阳，故为“大”。以三画卦言之，二于三才为人道，大人之象也，故称“大人”。所以应爻九五亦曰“大人”。二五得称“大人”者，皆以三画卦言也。“利见大人”者，利见九五之君以行其道也。如仕进则利见君，如杂占则即今占卜利见贵人之类。此爻变离，有同人象，故“利见大人”。

○九二以阳刚中正之德，当出潜离隐之时，而上应九五之君，故有此象，而其占则利见大人也。占者有是德，方应是占矣。

九三。君子终日乾乾，夕惕若，厉无咎。

“君子”，指占者。以六画卦言之，“三”于三才为人道，以乾德而居人道，“君子”之象也，故三不言龙。三变则中爻为离，离日在下卦之中，“终日”之象也。下乾终而上乾继，“乾乾”之象，乃健而不息也。终日是昼，夕则将夜。“惕”，忧也。变离错坎，忧之象也。“若”，助语辞。“夕”对“终日”言。“终日乾乾夕惕若”者，言“终日乾乾”，虽至于夕，而兢惕之心犹夫终日也。“厉”者，危厉不安也。“九”，阳爻；“三”，阳位；过刚不中，多凶之地也，故言“厉”。“无咎”者，以危道处危地，操心危、虑患深，则终于不危矣，此不易之理也，故“无咎”。

○九三过刚不中，若有咎矣。然性体刚健，有能朝夕兢惕不已之象。占者能忧惧如是，亦无咎也。

九四。或跃在渊，无咎。

“或”者，欲进未定之辞，非犹豫狐疑也。“或跃在渊”者，欲跃犹在渊也。九为阳，阳动，故言“跃”；四为阴，阴虚，故象“渊”。此爻变巽，“为进退，为不果”，又“四多惧”，故“或跃在渊”。

○九四以阳居阴，阳则志于进，阴则不果于进。居上之下，当改革之际，欲进未定之时也，故有“或跃在渊”之象。占者能随时进退，斯无咎矣。

九五。飞龙在天，利见大人。

“五”，天位，龙飞于天之象也。占法与九二同者，二五皆中位，特分上下耳。“利见大人”，如尧之见舜，高宗之见傅说是也。下此如沛公之见张良，昭烈之见孔明，亦庶几近之。六画之卦五为天，三画之卦五为人，故曰“天”，曰“人”。

○九五刚健中正，以圣人之德居天子之位，而下应九二，故其象占如此。占者如无九五之德位，必不应利见之占矣。

上九。亢龙有悔。

“上”者，最上一爻之名。“亢”，以户唐切，人颈也；以苦浪切，高也。吴幼清以人之喉骨刚而居高是也。盖上而不能下、信而不能屈之意。阴阳之理，极处必变。阳极则生阴，阴极则生阳，消长盈虚，此一定之理数也。龙之为物，始而潜，继而见，中而跃，终而飞。既飞于天，至秋分又蛰而潜于渊，此知进知退，变化莫测之物也。九五“飞龙在天”，位之极中正者，得时之极，乃在于此。若复过于此，则极而亢矣。以时则极，以势则穷，安得不悔。

〇上九阳刚之极，有“亢龙”之象，故占者有悔。知进知退，不与时偕极，斯无悔矣。伊尹之复政厥辟，周公之罔以宠利居成功，皆无悔者也。

用九，见群龙无首，吉。

此因“上九亢龙有悔”而言之。“用九”者，犹言处此上九之位也。上九“贵而无位，高而无民，贤人在下位而无辅，动而有悔”矣。到此何以处之哉？惟“见群龙无首”则吉。“群龙”者，潜见飞跃之龙也。“首”者，头也。“乾为首”，凡卦初为足，上为首，则上九即“群龙”之首也。不见其首，则阳变为阴，刚变为柔，知进知退，知存知亡，知得知丧，不为穷灾，不“与时偕极，乃见天则”而“天下治”矣，所以无悔而吉。此圣人开迁善之门，教占者用此道也。故阳极则教以“见群龙无首吉”，阴极则教以“利永贞”。盖居九而为九所用，我不能用九，故至于“亢”；居六而为六所用，我不能用六，故至于“战”。惟“见群龙无首”“利永贞”，此“用九”“用六”之道也。乾主知，故言“见”；坤主能，故言“利永贞”。用《易》存乎人，故圣人教之以此。昔王介甫常欲系“用九”于“亢龙有悔”之下，得其旨矣。

《彖》曰：大哉乾元！万物资始，乃统天。

“乾元亨利贞”者，文王所系之辞，《彖》之经也。此则孔子赞经之辞，《彖》之传也。故亦以“《彖》曰”起之。彖者，材也，言一卦之材也。后人解彖者断也，又解豕走悦，又解为茅犀之名，不如只依孔子“材”之一字可也。下文“《象》曰”，“象”字亦然。《易》本占卜之书，曰“元亨利贞”者，文王主于卜筮以教人也。至于孔子之传，则专于义理矣，故以“元亨利贞”分为四德，此则专以天道发明乾义也。“大哉”，叹辞。“乾元”者，乾之元也。“元”者，大也，始也。始者物之始，非以万物之始即“元”也，言万物所资以始者乃此四德之“元”也。此言气而不言形，若涉于形便是坤之“资生”矣。“统”，包括也。“乾元”乃天德之大始，故万物之生皆资之以为始。又为四德之首，而贯乎天德之始终，故“统天”。天之为天，出乎震，而生长收藏不过此四德而已，统四德则“统天”矣。“资始”者，无物不有也；“统天”者，无时不然也。无物不有，无时不然，此“乾元”之所以为大也。此释“元”之义。

云行雨施，品物流形。

施，始智反。

有是气即有是形。资始者，气也，气发泄之盛，则“云行雨施”矣。“品”者，物各分类，“流”者，物各以类而生生不已，其机不停滞也。“云行雨施”者，气之亨；“品物流形”者，物随造化以亨也。虽物之亨通，而其实乾德之亨通。此释乾之“亨”。“施”有二义：平声者用也，加也，设也；去声者布也，散也，惠也，与也。此则去声之义。

大明终始，六位时成，时乘六龙以御天。

“大明”者，默契也。终谓上爻，始谓初爻，即初辞拟之，卒成之终，原始要终以为质也，观下句“六位”二字可见矣。“六位”者，六爻也。“时”者，六爻相杂，惟其时物之时也。爻有定位，故曰“六”。“六龙”者，潜与亢之六龙，六阳也。阳有变化，故曰“六龙”。“乘”者，凭据也；“御”者，御车之御，犹运用也。上文言“统”者，统治纲领，“统天”之统，如身之统四体；此节言“御”者，分治条目，“御天”之御，如心之御五官。“六位时成”者，如位在初时当为“潜”，位在上时当为“亢”也。“御天”者，行天道也，当处之时则乘“潜龙”，当出之时则乘“飞龙”。时当勿用，圣人则勿用，时当知悔，圣人则知悔也。乘龙御天只是“时中”，“乘六龙”便是“御天”，谓之曰“乘龙御天”，则是圣人一身常驾驭乎乾之六龙，而乾之六龙常在圣人运用之中矣。学者当观其时成时乘，圣人时中变化，行无辙迹之妙可也。然言天道而配以圣人何也？盖天下之理得而成位乎中，则参天地者惟圣人也。故颐卦曰“圣人养贤，以及万民”，咸卦曰“圣人感人心而天下和平”，恒卦曰“圣人久于其道而天下化成”，皆此意。

〇言圣人默契乾道六爻终始之理，见六爻之位各有攸当，皆以时自然而成，则六阳浅深进退之时，皆在吾运用之中矣。由是“时乘六龙”以行天道，则圣即天也。上一节专赞“乾元”，此一节则赞圣人知乾元六爻之理，而行乾元之事，则泽及于物，足以为“万国咸宁”之基本矣，乃圣人之“元亨”也。

乾道变化，各正性命，保合太和，乃利贞。

“变”者“化”之渐，“化”者“变”之成。“各”者，各自也，即“一物原来有一身”，各有族类，不混淆也。“正”者，不偏也，言万物受质各得其宜，即“一身还有一乾坤”，不相倚附妨害也。物所受为性，天所赋为命。“保”者，常存而不亏；“合”者，翕聚而不散。“太和”，阴阳会合，冲和之气也。“各正”者，各正于万物向实之初；“保合”者，保合于万物向实之后。就“各正”言则曰“性命”，性命虽以理言，而不离乎气；就“保合”言则曰“太和”，太和虽以气言，而不离乎理，其实非有二也。

〇言乾道变化不穷，固“品物流形”矣。至秋则物皆向实，“各正”其所受所赋之性命；至冬则保全其“太和”生意，随在饱足，无少缺欠。凡资始于元、流形于亨者，至此告其终敛其迹矣。虽万物之“利贞”，实乾道之“利贞”也，故曰“乃利贞”。

首出庶物，万国咸宁。

乘龙御天，乃圣人王道之始，为天下开太平。至此则惟端拱，首出于万民之上，如乾道变化，无所作为而万国咸宁。亦如物之各正保合也。乘龙御天之化，至此成其功矣。此则圣人之利贞也。咸宁之宁，即各正保合也。其文武成康之时乎？汉文帝亦近之。如不能各正保合，则纷纭烦扰矣，岂得宁？

《象》曰：天行健，君子以自强不息。

《象》者，伏羲卦之上下两《象》，周公六爻所系辞之象也。即《彖辞》之下即以"《象》曰"起之是也。"天行"者，天之运行，一日一周也。"健"者，运而不息也。其不息者，以阳之性至健，所以不息也。"以"者，用也，有所因而用之之辞，即"箕子以之"之以也。体《易》而用之，乃孔子示万世学者用《易》之方也。"自强"者，一念一事莫非天德之刚也。"息"者，间以人欲也。天理周流，人欲退听，故"自强不息"。若少有一毫阴柔之私以间之，则息矣。"强"与"息"反，如公与私反；"自强不息"，犹云至公无私。"天行健"者，在天之乾也。"自强不息"者，在我之乾也。上句以卦言，下句以人言。诸卦仿此。

潜龙勿用，阳在下也。

阳在下者，阳爻居于下也。"阳"，故称龙；"在下"，故"勿用"。此以下，举周公所系六爻之辞而释之。乾初曰阳在下，坤初曰阴始凝，扶阳抑阴之意见矣。

见龙在田，德施普也。

"德"即"刚健中正"之德。出潜离隐，则君德已著。周遍于物，故曰"德施普"。"施"字如《程传》，作去声。

终日乾乾，反复道也。

"反复"犹往来，言君子之所以朝夕兢惕、汲汲皇皇、往来而不已者，无非此道而已。动循天理，所以处危地而无咎。道外无德，故二爻言德。

或跃在渊，进无咎也。

量可而进，适其时则"无咎"。故孔子加一"进"字以断之。

飞龙在天，大人造也。

"造"，作也，言作而在上也，非"制作"之作。"大人"，龙也。"飞"在"天"，作而在上也。"大人"释"龙"字，"造"释"飞"字，此止言"飞龙在天"。下"同声相应"一节则言利见大人，"上治"一节方言大人之事，"乃位乎天德"一节则见其非无德而据尊位。四意自别。

亢龙有悔，盈不可久也。

此阴阳盈虚一定之理。"盈"即亢。"不可久"，致悔之由。

用九，天德不可为首也。

"天德"二字，即"乾道"二字。"首"，头也，即"见群龙无首"之首也。言周公爻辞"用九见群龙无首吉"者何也？以"天德不可为首"，而"见其首"也。盖阳刚之极，亢则有悔，故用其九者，刚而能柔，有"群龙无首"之象，则吉矣。"天行"以下，先儒谓之"《大象》"；"潜龙"以下，先儒谓之"《小象》"。后仿此。

《文言》曰：元者，善之长也；亨者，嘉之会也；利者，义之和也；贞者，事之干也。

长，丁丈反，下"长人"同。

孔子于《彖》、《象》既作之后，犹以为未尽其蕴也，故又设《文言》以明之。《文言》者，依文以言其理，亦有文之言辞也。乾道所包者广，有在天之"元亨利贞"，有圣人之"元亨利贞"，有在人所具之"元亨利贞"。此则就人所具而言也。"元"，大也，始也，即在人之仁也。仁义礼智皆善也，但仁则善端初发，义礼智皆所从出，故为善之长。"亨"者，自理之显著亨通而言，即在人之礼也。"嘉"，美；"会"，聚。"三千""三百"，左准绳，右规矩，乃嘉美之会聚也。"利"有二义：以人心言之，义为天理，利为人欲，此以利欲而言也；以天理言之，义者利之理，和者义之宜，以合宜而言也。故利即吾性之义，义安处即是利也。如上下彼此各得其当然之分，不相乖戾，此利也，乃义之和也。"贞"有三意：知也，正也，固也。如《孟子》所谓"知斯二者弗去"是也。"知"者，知之意也；惟知事亲从兄，正之意也；弗去，固之意也；故贞即吾性之智。干者，茎干也，木之身也，其义意则能事也，如木之身而枝叶所依以立也。筑墙两旁木制板者为榦，从木，此字则从干。"元"就其理之发端而言，"亨"就其理之聚会而言，"利"就其理之各归分愿而言，贞就其理之确实而言。名虽有四，其实一理而已，皆天下之至公而无一毫人欲之私者也。此四句说天德之自然，下"体仁"四句说人事之当然。

君子体仁足以长人，嘉会足以合礼，利物足以和义，贞固足以干事。

"体"者，所存所发无不在于仁，一身皆是仁也。能体其仁，则欲立欲达，无所往而莫非其爱，自足以长人矣。"长"者，"克君克长"之长，盖仁者宜在高位也。既足以长人，则善之长在我矣。下三句仿此。

"嘉会"者，嘉美其会聚于一身也。礼之方行，升降上下、进退屈伸、辞让授受、往来酬酢，未有单行独坐而可以行礼者，此之谓"会"。然其聚会必至善恰好，皆天理人情自然之至，而无不嘉美焉，此之谓"嘉"。嘉美会聚于一身，则动容周旋无不中礼，自有以合乎天理之节文、人事之仪则矣。盖此理在日用间随处充足，无少欠缺，礼仪三百，威仪三千，无一事而非仁。若少有一毫欠缺，非美会矣，安能合礼？

不相妨害之谓“利”，利则必和；无所乖戾之谓“和”，和则必利。盖义公天下之利，本有自然之和也。物者义之体，义者物之用，乃处物得宜之谓也。物虽万有不齐，然各有自然之定理，故能处物得宜而不相妨害，则上下尊卑之间自恩义洽浃，无所乖戾，而义无不和矣。

“固”者，坚固不摇，乃贞之恒久功夫也。盖事有未正，必欲其正；事之既正，必守其正，此“贞固”二字之义也。贞而又固，故足以“干事”。“干”者，事之干也，赖之为依据也，亦犹木有干而枝叶可依也。凡事或不能贞，或贞而不固，皆知不能及之，是以不能择而守之，故非至灵至明、是非确然不可移易者，决不能贞固，所以“贞固”为智之事。

君子行此四德者，故曰“乾元亨利贞”。

“故曰”，古语也。“行此四德”，即“体仁”、“嘉会”、“利物”、“贞固”也。“行此四德”，则与“乾元合”其德矣，故曰“乾元亨利贞”。所以明“君子”即乾也。

初九曰：“潜龙勿用。”何谓也？子曰：龙，德而隐者也。不易乎世，不成乎名，遁世无闷，不见是而无闷。乐则行之，忧则违之，确乎其不可拔，潜龙也。

“初九曰潜龙勿用何谓也”，此文章问答之祖也。后儒如屈原《渔父》“见而问之”，扬雄《法言》用“或问”，皆祖于此。圣人神明不测，故曰“龙德”，隐在下位也。“易”，移也。“不易乎世”者，邪世不能乱，不为世所移，而能拔于流俗风靡之中也。“不成乎名”者，务实不务名，有一才一艺之长，不求知于世以成就我之名也。“遁世无闷”者，不见用于世而不闷也。“不见是而无闷”者，不见信于人而不闷也。事有快乐于心者，则奋然而行之，忘食忘忧之类是也。事有拂逆于心者，则顺适而背之，伐木绝粮之类是也。“违”者，背也，言不以拂逆为事，皆置之度外而背之，背后不见之意。如困于陈蔡犹援琴而歌是也。盖“不易乎世”而不为世所用，“不成乎名”而不为世所取，则必遁世而不见信于人矣。而圣人皆“无闷”焉，是以日用之间，莫非此道之游衍。凡一切祸福毁誉，如太虚浮云，皆处之泰然，无意必固我之私，此所以乐则行、忧则违，忧乐皆无与于己，而安于所遇矣。非“龙德”何以有此？“拔”者，擢也，举而用之也。“不可拔”即“勿用”也，言坚确不可举用也。盖“不易乎世”六句，“龙德”也，确乎其不可拔而隐也。“龙德而隐”，此所以为“潜龙”也。乾卦六爻，《文言》皆以圣人明之，有隐显，无浅深。

九二曰："见龙在田，利见大人。"何谓也？子曰：龙德而正中者也。庸言之信，庸行之谨，闲邪存其诚，善世而不伐，德博而化。《易》曰"见龙在田，利见大人"，君德也。

"正中"者，以下卦言。初居下，三居上，二正当其中也。"庸"，常也。邪自外入，故防闲之；诚自我有，故存主之。"庸言"必信者，无一言之不信也。"庸行"必谨者，无一行之不谨也。庸言庸行亦信亦谨，宜无事于闲邪矣，而犹闲邪存诚。"闲邪存其诚"者，无一念之不诚也。念念皆诚，则发之言行愈信谨矣。如此则其德已盛，善盖一世矣。然心不自满，不自以为善，其信谨闲邪存诚，犹夫其初也，皆纯一不已之功也。"德博而化"者，言行为人所取法也。言"君德"者，明其非君位也。

九三曰："君子终日乾乾，夕惕若，厉无咎。"何谓也？子曰：君子进德修业。忠信，所以进德也；修辞立其诚，所以居业也。知至至之，可与几也。知终终之，可与存义也。是故居上位而不骄，在下位而不忧。故乾乾因其时而惕，虽危无咎矣。

"几"与"义"非二事。"几"者，心之初动也。当欲忠信修辞立诚之初，心之萌动必有其"几"。几微之际，乃义之发源处也。"义"者，事之得宜也。方忠信修辞立诚之后，事之成就必见乎义。允蹈之宜，乃几之结果处也。"与"者，许也。"可与几"者，"几"有善恶，许其几之如此方不差也。"存"者，守而不失也。三爻变则中爻为巽，有进象；又为兑，有言辞象；又为离明，有知象。以三画卦论，三居上，居上位象；以六画卦论，三居下，在下位象。

○"君子终日乾乾，夕惕若"者，非无事而徒勤也，勤于进德修业也。然以何者为德业？德业何以用功？盖"德"者即贞实之理，诚之涵于心者也。人不忠信则此心不实，安能进德？惟忠信而内无一念之不实，则心不外驰，而有以复还其贞实之理，所进之德自日新而不穷矣。故"所以进德"。"业"者，即贞实之事，诚之发于事者也。言不顾行，则事皆虚伪，安能居业？惟修省其辞以立诚，而外无一言之不实，则言行相顾，有以允蹈其贞实之事，所居之业自居安而不迁矣。故"所以居业"。夫德业之进修，固在于忠信修辞立诚矣。然其入门用功当何如哉？亦知行并进而已。盖其始也，知德业之所当至，此心必有其"几"。当"几"之初，下此实心而必欲其至，知至即至之，则念念不差，意可得而诚矣。几动不差，此其所以"可与几"也。其终也，知德业之所当终，此事必有其义，见义之时，行此实事而必欲其终，知终即终之，则事事皆当，身可得而修矣。义守不失，此其所以可与存义也。

如此用功，则反身而诚，德崇而业广矣。又焉往而不宜哉！故以之居上，高而不骄；以之在下，卑而不戚，虽危无咎矣。此君子所以“终日乾乾”也。

九四曰：“或跃在渊，无咎。”何谓也？子曰：上下无常，非为邪也。进退无恒，非离群也。君子进德修业，欲及时也，故无咎。

在“田”者安于下，在“天”者安于上，有常者也。进而为飞，退而为见，有恒者也。恒即常字。九四之位逼九五矣，以上进为常，则觊覦而心邪。今或跃或处，上下无常，而非为邪也。以下退为常，则离群而德孤。今去就从宜，进退无常，而非离群也。惟及时以进修，而不干时以行险，此其所以“无咎”也。“上进”释“跃”字义，“下退”释“渊”字义，“无常”“无恒”释“或”字义，“非为邪”“非离群”释“无咎”义。

九五曰：“飞龙在天，利见大人。”何谓也？子曰：同声相应，同气相求。水流湿，火就燥，云从龙，风从虎，圣人作而万物睹。本乎天者亲上，本乎地者亲下，则各从其类也。

“同声相应”，如鹤鸣而子和，雄鸣而雌应之类是也。“同气相求”，如日，火之精，而取火于日；月，水之精，而取水于月之类是也。湿者下地，故水之流趋之。燥者干物，故火之然就之。“云”，水气也，龙兴则云生，故“云从龙”。“风”，阴气也，虎啸则风烈，故“风从虎”。然此特一物亲一物也。惟圣人以圣人之德居天子之位，则三才之主，而万物之天地矣。是以天下万民莫不瞻仰其德而快睹其光，所谓“首出庶物，万国咸宁”，而万物皆亲矣，盖不特一物之亲而已也。所以然者，以天地阴阳之理皆各从其类也。如天，在上轻清者也，凡本乎天，日月星辰轻清成象者皆亲之；地，在下重浊者也，凡本乎地，虫兽草木重浊成形者皆亲之。盖天属阳，轻清者属阳，故从其阳之类；地属阴，重浊者属阴，故从其阴之类。阳从其阳，故君子与君子同类而相亲；阴从其阴，故小人与小人同类而相亲。然则以九五之德位，岂不“利见”同类之“大人”？所以“利见”者以此。

上九曰：“亢龙有悔。”何谓也？子曰：贵而无位，高而无民，贤人在下位而无辅，是以动而有悔也。

六龙之“首”，故曰“高”。贵非君非臣，故曰“无位”。纯阳无阴，故曰“无民”。五居九五之位，又有快睹之民，九四以下龙德之贤，皆相从九五以辅相矣。是以上九非不贵也，贵宜乎有位，而无位；非不高也，高宜乎有民，而无民；非不有贤人也，贤人宜辅，而莫为之辅。“无位”、“无民”、“无辅”，则离群孤立，如是而动，其谁我与？有悔必矣。

此第二节。申《象传》之意。

潜龙勿用，下也。

言在下位也。

见龙在田，时舍也。

舍，去声。

“舍”，止息也。出潜离隐而止息于田也。

终日乾乾，行事也。

非空忧惕，乃行所当行之事也，即进德修业也。

或跃在渊，自试也。

“试可乃已”之试，非试其德试其时也。非“自试”，则必妄动矣。

飞龙在天，上治也。

居上以治下。

亢龙有悔，穷之灾也。

“穷”者“亢”，“灾”者“悔”。

乾元用九，天下治也。

“用九。见群龙无首吉。”此周公教占者当如此也。孔子此则专以人君言。“元”者，仁也，即“体仁以长人”也。言人君体乾之元，用乾之九，至诚恻怛之爱，常流行于刚果严肃之中，则张弛有则，宽猛得宜，不刚不柔，敷政优优，而天下治矣。

此第三节。再申前意。

潜龙勿用，阳气潜藏。

“阳在下也”以爻言，“潜龙勿用下也”以位言，此则以气言。言阳气潜藏，正阴气极盛之时，“天地闭，贤人隐”，所以“勿用”。此以下又圣人歌咏乾道之意，观其句皆四字、有音韵，可知矣。

见龙在田，天下文明。

虽在下位，然天下已被其德化，而成文明之俗矣。因此爻变离，故以“文明”言之。

终日乾乾，与时偕行。

天之健，终日不息，九三之进修亦与之偕行而不息，故曰“与时偕行”。

或跃在渊，乾道乃革。

“革”者，离下内卦之位，升上外卦之位也。

飞龙在天，乃位乎天德。

“天德”即天位。有是“天德”而居是“天位”，故曰“乃位乎天德”。若无德以居之者，可谓之“天位”，不可谓之“天德”之位也。惟圣人在天子之位，斯可言“乃位乎天德”也。

亢龙有悔，与时偕极。

当亢极而我不能变通，亦与时运俱极，所以“有悔”。

乾元用九，乃见天则。

龙之为物，春分而升于天，秋分而蛰于渊。曰“亢龙”者，言秋分亢举于上而不能蛰也。以春夏秋冬配四德，元者春也，利者秋也，亢龙在此秋之时矣。天之为天，不过生杀而已。春既生矣，至秋又杀；秋既杀矣，至春又生，此天道一定自然之法则也。今为人君者，体春生之元而用之于秋杀之亢，则是阴惨之后继之以阳舒，肃杀之余继之以生育。一张一弛，一刚一柔，不惟天下可治，而天道之法则亦于此而见矣。故曰“乃见天则”。

此第四节。又申前意。

乾元者，始而亨者也。利贞者，性情也。乾始能以美利利天下，不言所利，大矣哉。

“始而亨”者，言物方资始之时已亨通矣。盖出乎震，则必齐乎巽，见乎离，势之必然也。若不亨通，则生意必息，品物不能流形矣。是始者元也，亨之者亦元也。“性”者，百物具足之理。“情”者，百物出入之机。春作夏长，百物皆有性情，非必“利贞”而后见。但此时生意未足，实理未完，百物尚共同一性情。至秋冬则百谷草木“各正性命，保合太和”，一物各具一性情，是收敛归藏乃见性情之的确。故“利贞”者，即乾元之“性情”也。则“利贞”之未始不为元也。“乾始”者，即“乾元者始而亨”之始也。“以美利利天下”者，元能始物，能使庶物生成，无物不嘉美，亦无物不利赖也。“不言所利”者，自成其形，自成其性，泯机缄于不露，莫知其所以然也。“大哉”，赞乾元也。

〇孔子于《文言》既分“元亨利贞”为四德矣，此又合而为一也。言乾之“元”者，始而即“亨”者也。“利贞”者，则元之性情耳。然何以知其“元始”即“亨”，“利贞”即“元”之性情也？惟自其“乾元”之所能者则可见矣。盖百物生于春，非“亨利贞”之所能也，惟“元”为生物之始，“以美利利天下”者则乾元之能也。夫“以美利利天下”，其所能之德业亦盛大矣。使造化可以言焉，则曰“此某之美利也”，庶乎可以各归功于四德矣。今“不言所利”，人不得而测之。既不可得而测，则是四德浑然一理，不可分而言也。元本为四德之长，故谓“亨”乃“元”之“始亨”可也，谓“利贞”乃“元”之“性情”可也。所以谓“乾元始而亨”“利贞性情”者以此。乾元之道不其大哉！四德本一理，孔子赞《易》，或分而言之以尽其用，或合而言之以著其体，其实一理而已，所以可分可合也。

大哉乾乎！刚健中正，纯粹精也。六爻发挥，旁通情也。时乘六龙，以御天也。云行雨施，天下平也。

“刚”以体言；“健”以性言。“中”者，无过不及也；“正”者，不偏也。此四者乾之德也。“纯”者，纯阳而不杂以阴也；“粹”者，不杂而良美也；“精”者，不杂之极至也。总言乾德“刚健中正”之至极。所谓“纯粹精者”，非出于“刚健中正”之外也，但乾德之妙非一言所能尽，故于“刚健中正”之外复以“纯粹精”赞之。“情”者，事物至赜至动之情也；“发挥”者，每一画有一爻辞以发挥之也；“旁通”者，曲尽也，如初之“潜”以至上之“亢”。凡事有万殊，物有万类，时有万变，皆该括曲尽其情而无遗也。前“品物流形”乃乾之“云行雨施”，此言“云行雨施”乃圣“人乘六龙而御天”之功，德泽流行敷布，所以天下平也。

〇言乾道刚健中正，纯粹以精。乾道固大矣，惟圣人“立六爻”以通乎乾之情，“乘六龙”以行乎乾之道，“云行雨施”以沛乎乾之泽，以至“天下太平”。则乾道之大不在乾，而在圣人矣。

此第五节。复申首章之意。

君子以成德为行，日可见之行也。潜之为言也，隐而未见，行而未成，是以君子弗用也。

“德”者时之本，“行”者德之用，盖有有其德而不见诸行者，未有有其行而不本诸德者，故曰“君子以成德为行”。“成德”者，已成之德也。“日可见”者，犹言指日可待之意。此二句泛论其理也。“潜”者，周公爻辞也；“未见”者，“天地闭，贤人隐”，厄于潜之机会而未见也。“未成”者，因其厄而事业未成就也。如伊尹耕于有莘之时是也。

〇君子以已成之德举而措之于行，则其事业之所就指日可见矣。初九其德已成，则“日可见之行”也，而占者乃曰“勿用”，何也？盖圣人出世必有德有时，人之所能者德，所不能者时，今初九虽德已成，然时当乎“潜”也。“潜”之为言也，隐而未见也。惟其“隐而未见”，故“行而未成”。时位厄之也。是以占者之君子，亦当如之而勿用也。

君子学以聚之，问以辨之，宽以居之，仁以行之。《易》曰：“见龙在田，利见大人。”君德也。

“之”者，正中之理也。龙德正中虽以爻言，然圣人之德不过此至正大中而已。盖乾道刚健中正，民受天地之中以生，惟中庸不可能。苟非学聚问辨有此致知功夫，宽居仁行有此力行功夫，安能体此龙德之正中哉！“聚”者，多闻多见，以我会聚此正中之理也。“辨”者，讲学也，亲师取友，辨其理之精粗本末得失是非，择其正中之善者而从之，即“讲学以耨之”也。“宽”者，优游厌饫，勿忘勿助，俾所聚所辨此理之畜于我者，融会贯通，渣滓浑化，无强探力索凌节欲速之患也。盖“宽”字以久远言，有从容不迫之意，非专指包含也。“居”者，守也，据也，仁以行之者，无适而莫非天理正中之公，而无一毫意必固我之私也。盖“辨”者辨其所聚，“居”者居其所辨，“行”者行其所居，故必“宽以居之”，而后方可“仁以行之”。若学聚问辨之余，涵养未久，粗心浮气，而骤欲见之于实践，则居之不安，资之不深，安能左右逢原，而大公以顺应哉！此为学一定之序也。有是四者，宜乎正中之德博而化矣。曰“君德”者，即前九二之“君德”也。

九三，重刚而不中，上不在天，下不在田，故乾乾因其时而惕，虽危无咎矣。

三居下卦之上，四居上卦之下，交接处以刚接刚，故曰“重刚”。非阳爻居阳位也，所以九四居阴位者，亦曰“重刚”。位非二五，故曰“不中”，即下文“上不在天，下不在田”也。九三以时言，九四以位言，故曰“乾乾因其时”。

〇九三重刚不中，上不在天，下不在田，宜“有咎”矣。而乃“无咎”，何哉？盖既“重刚”又“不中”，刚之极矣，以时论之，盖危惧之时也。故九三因其时而兢惕不已，则德日进，业日修，所以虽处危地亦无咎矣。

九四重刚而不中，上不在天，下不在田，中不在人，故“或”之。或之者，疑之也，故无咎。

在人谓三也。四三虽皆人位，然四则居人之上而近君矣，非三之不近君，故曰“不在人”。“重刚不中”之中，二五之中也。“中不在人”之中，六爻中间之中也。

〇九四“重刚不中，上不在天，下不在田，中不在人”，宜“有咎”矣，而乃“无咎”，何哉？盖九四之位不在天，不在田，虽与九三同，而人位则不如九三之居下卦也，所居之位独近九五，盖“或之”之位也，故“或之”。“或之者，疑之也”，惟其疑，必审时而进矣，所以无咎也。

夫大人者，与天地合其德，与日月合其明，与四时合其序，与鬼神合其吉凶。先天而天弗违，后天而奉天时。天且弗违，而况于人乎？况于鬼神乎？

夫音扶。

“合德”以下，总言大人所具之德，皆天理之公，而无一毫人欲之私。若少有一毫人欲之私，即不合矣。“天地”者，造化之主；“日月”者，造化之精；“四时”者，造化之功；“鬼神”者，造化之灵。覆载无私之谓“德”，照临无私之谓“明”，生息无私之谓“序”，祸福无私之谓“吉凶”。“合序”者，如赏以春夏，罚以秋冬之类也。“合吉凶”者，福善祸淫也。先天不违，如礼，虽先王所未有，以义起之；凡制耒耜、作书契之类，虽天之所未为，而吾意之所为，默与道契，天亦不能违乎我，是天合大人也。“奉天时”者，奉天理也。“后天奉天时”，谓如“天叙有典，而我惇之；天秩有理，而我庸之”之类，虽天之所已为，我知理之如是，奉而行之，而我亦不能违乎天，是“大人”合天也。盖以理为主，天即我，我即天，故无后先彼此之可言矣。天且不违于“大人”，而况于人乃得天地之理以生？鬼神不过天地之功用，虽欲违乎“大人”，自不能违乎天矣。乾之九五以刚健中正之德与此“大人”相合，所以宜“利见”之，以其同德相应也。

亢之为言也，知进而不知退，知存而不知亡，知得而不知丧。其惟圣人乎？知进退存亡而不失其正者，其唯圣人乎！

进退者身，存亡者位，得丧者物。消长之理知之既明，不失其正，处之又当，故唯圣人能之。再言“其唯圣人”，始若设问，而卒自应之，见非圣人不能也。初九“隐而未见”二句释一“潜”字，而言“君子”者再，盖必“君子”而后能安于“潜”也。上九“亢之为言”三句释一“亢”字，而言“圣人”者再，盖唯圣人而后能不至于亢也。

此第六节。复申前数节未尽之意。

（坤）䷁ 坤上 坤下

坤。元亨。利牝马之贞。君子有攸往，先迷后得主，利。西南得朋，东北丧朋。安贞，吉。

偶者，阴之数也。坤者，顺也，阴之性也。六画皆偶，则纯阴而顺之至矣。故不言“地”而言“坤”。马象乾，牝马取其为乾之配。牝马属阴，柔顺而从阳者也。马能行顺而健者也，非顺外有健也。其健亦是顺之健也。坤“利牝马之贞”，与乾不同者何也？盖乾以刚固为贞，坤以柔顺为贞，言如牝马之顺而不息则正矣。牝马地类，安得同乾之贞？此占辞也，与乾卦“元亨利贞”同，但坤则贞利牝马耳。程子泥于四德，所以将“利”字作句。“迷”者，如迷失其道路也。坤为地，故曰“迷”。言占者“君子”，先乾而行则失其主而迷错，后乾而行则得其主而利矣。盖造化之理，阴从阳以生物，待唱而和者也。君为臣主，夫为妻主，后乾即得所主矣，利孰大焉？其理本如此，观《文言》"后得主而有常"，此句可见矣。"西南""东北"，以文王圆图卦位而言。阳气始于东北而盛于东南，阴气始于西南而盛于西北。"西南"乃坤之本乡，兑离巽三女同坤居之，故为"得朋"。震坎艮三男同乾居"东北"，则非女之朋矣，故"丧朋"。阴从其阳谓之正，惟丧其三女之朋，从乎其阳，则有生育之功，是能安于正也。安于其正，故"吉"。

《彖》曰：至哉坤元！万物资生，乃顺承天。

至者，极也。天包乎地，故以"大"赞其天，而地止以"至"赞之。盖言地之至则与天同，而大则不及乎天也。元者，四德之元，非乾有元而坤复又有一元也。乾以施之，坤则受之，交接之间，一气而已。始者气之始，生者形之始，万物之形皆生于地，然非地之自能为也。天所施之气至则生矣，故曰"乃顺承天"。"乾健"，故一而施；"坤顺"，故两而承。此释卦辞之"元"。

坤厚载物，德合无疆，含弘光大，品物咸亨。

"坤厚载物"以德言，非以形言。"德"者，载物厚德，"含弘光大"是也。"无疆"者，乾也。"含"者，包容也；弘则是其所含者无物不有，以蕴畜而言也。其静也翕，故曰"含弘"。"光"者，昭明也；"大"则是其所光者无远不届，以宣著而言也。其动也闢，故曰"光大"。言"光大"而必曰"含弘"者，不翕聚则不能发散也。"咸亨"者，齐乎巽相见乎离之时也。此释卦辞之"亨"。

牝马地类，行地无疆，柔顺利贞。

地属阴，牝阴物，故曰"地类"。又"行地"之物也，"行地无疆"则顺而不息矣，此则"柔顺"所利之贞也，故"利牝马之贞"。此释卦辞"牝马之贞"。

君子攸行，先迷失道，后顺得常。西南得朋，乃与类行；东北丧朋，乃终有庆。安贞之吉，应地无疆。

"君子攸行"即文王卦辞"君子有攸往"，言占者君子有所往也。"失道"者，失其坤顺之道也。坤道主成，成在后，若先乾而动，则迷而失道。"得常"者，得其坤顺之常，惟后乾而动，则顺而得常。

○夫惟坤贞利在"柔顺"，是以君子有所往也。先则迷，后则得。西南虽得朋，不过与巽离兑三女同类而行耳，未足以为庆也。若丧乎三女之朋，能从乎阳，则有生物之功矣，终必有庆也。何也？盖柔顺从阳者，乃坤道之安于其正也，能安于其正，则阳施阴受，生物无疆，应乎地之无疆矣，所以

“乃终有庆”也。此释卦辞“君子有攸往”至“安贞吉”。

《象》曰：地势坤，君子以厚德载物。

西北高，东南低，顺流而下，地之势本坤顺者也，故曰“地势坤”。且天地间持重载物，其势力无有厚于地者，故下文曰“厚”。天以气运，故曰“天行”；地以形载，故曰“地势”。“厚德载物”者，以深厚之德容载庶物也。若以厚德载物体之，身心岂有他道哉？惟体吾长人之仁也，使一人得其愿，推而人人各得其愿，和吾利物之义也。使一事得其宜，推而事事各得其宜，则吾之德厚而物无不载矣。此则孔子未发之意也。

初六。履霜，坚冰至。

“六”，详见乾卦初九。“霜”，一阴之象；“冰”，六阴之象。方“履霜”而知“坚冰至”者，见占者防微杜渐，图之不可不早也。“《易》为君子谋”，乾言“勿用”，即复卦“闭关”之义，欲君子之难进也；坤言“坚冰”，即姤卦“女壮”之戒，防小人之易长也。

《象》曰：履霜坚冰，阴始凝也。驯致其道，至坚冰也。

《易举正》“履霜”之下无“坚冰”二字。“阴始凝”而为“霜”，渐盛必至于“坚冰”。小人虽微长则渐至于盛。“驯”者，扰也，顺习也。“道”者，“小人道长”之道也，即上六“其道穷也”之道。驯习因循，渐致其阴道之盛，理势之必然也。

六二。直方大。不习无不利。

“直”字即“坤至柔而动也刚”之刚也。“方”字即“至静而德方”之方也。“大”字即“含弘光大”之大也。孔子《彖辞》《文言》《小象》皆本于此，前后之言皆可相证。以本爻论，六二得坤道之正则无私曲，故“直”；居坤之中则无偏党，故“方”。“直”者，在内所存之柔顺中正也；“方”者，在外所处之柔顺中正也。惟柔顺中正，在内则为直，在外则为方。内而直，外而方，此其所以大也。不揉而直，不矩而方，不恢而大，此其所以“不习”也。若以人事论，“直”者，内而天理为之主宰，无邪曲也；“方”者，外而天理为之裁制，无偏倚也；“大”者，无一念之不直，无一事之不方也。“不习无不利”者，直者自直，方者自方，大者自大，不思不勉而中道也。“利”者，“利有攸往”之“利”，言不待学习而自然“直方大”也。盖八卦正位，乾在五，坤在二，皆圣人也，故乾刚健中正则“飞龙在天”，坤柔顺中正则“不习无不利”。占者有是德，方应是占矣。

《象》曰：六二之动，直以方也。不习无不利，地道光也。

“以”字即“而”字。言“直”“方”之德惟动可见，故曰“坤至柔而动也刚”。此则承天而动，生物之机也。若以人事论，心之动“直”而无私，事之动“方”而当理是也。“地道光”者，六二之柔顺中正即地道也，地道柔顺中正，光之所发者自然而然，不俟勉强，故曰“不习无不利”。光即“含弘光大”之光。

六三。含章可贞。或从王事，无成有终。

“坤为吝啬”，含之象也。刚柔相杂曰“文”，文之成者曰“章”。阳位而以阴居之，又坤为文章之象也。三居下卦之终，“终”之象也。“或”者，不敢自决之辞。“从”者，不敢造始之意。

〇三居下卦之上，有位者也，其道当含晦其章美，有美则归之于君，乃可常久而得正。或从上之事，不敢当其成功；惟奉职以终其事而已。爻有此象，故戒占者如此。

《象》曰：含章可贞，以时发也。或从王事，知光大也。

知平声。

“以时发”者，言非终于韬晦含藏不出，而有所为也。“或从王事”带下一句说，孔子《小象》多是如此。“知光大”者，正指其无成有终也。盖“含弘光大，无成而代有终”者，地道也。地道与臣道相同。六三“或从王事无成有终”者，盖知地道之光大，当如是也。

六四。括囊，无咎无誉。

“坤为囊”。阴虚能受，囊之象也。“括”者，结囊口也。四变而奇，居下卦之上，结囊上口之象也。四近乎君，居多惧之地，不可妄咎妄誉，戒其作威福也。盖誉则有逼上之嫌，咎则有败事之累，惟晦藏其智如结囊口，则不害矣。

〇六四柔顺得正，盖慎密不出者也，故有“括囊”之象，“无咎”之道也。然既不出，则亦无由称赞其美矣。故其占如此。

《象》曰：括囊无咎，慎不害也。

“括囊”者，慎也。“无咎”者，不害也。

六五。黄裳，元吉。

“坤为黄”，“为裳”，“黄裳”之象也。“黄”，中色，言其中也。“裳”，下饰，言其顺也。“黄”字从五字来，“裳”字从六字来。

〇六五以阴居尊，中顺之德充诸内而见诸外，故有是象，而其占则元吉也。刚自有刚德，柔自有柔德，本义是。

《象》曰：黄裳元吉，文在中也。

坤为文。文也居五之中，在中也。文在中，言居坤之中也。所以“黄裳元吉”。

上六。龙战于野，其血玄黄。

六阳为龙，坤之错也，故阴阳皆可以言龙。且变艮综震，亦“龙”之象也。变艮为剥，阴阳相剥，“战”之象也。战于卦外，“野”之象也。“血”者，龙之血也。“坚冰至”者，所以防“龙战”之祸于其始。龙战野者，所以著坚冰之至于其终。

○上六阴盛之极，其道穷矣。穷则其势必争，至与阳战，两败俱伤，故有此象。凶可知矣。

《象》曰：龙战于野，其道穷也。

极则必穷，理势之必然也。

用六，利永贞。

“用六”与“用九”同。此则以上六“龙战于野”言之，阴极则变阳矣。但阴柔恐不能固守。既变之后，惟长“永贞”，而不为阴私所用，则亦如乾之“无不利”矣。

《象》曰：用六永贞，以大终也。

此美其善变也。阳大阴小。大者阳明之公，君子之道也。小者阴浊之私，小人之道也。今始阴浊而终阳明，始小人而终君子，何大如之？故曰“以大终”也。

《文言》曰：坤，至柔而动也刚，至静而德方，后得主而有常，含万物而化光。坤道其顺乎？承天而时行。

“动”者，生物所动之机。“德”者，生物所得之质。乾刚坤柔，定体也。坤固至柔矣，然乾之施一至坤，即能翕受而敷施之，其生物之机不可止遏屈挠，此又柔中之刚矣。乾动坤静，定体也。坤固至静矣，及其承乾之施，陶镕万类，各有定形，不可移易，有息者不可变为草木，无息者不可变为昆虫，此又静中之方矣。柔无为矣，而刚则能动；静无形矣，而方则有体。柔静者顺也，体也；刚方者健也，用也。“后得主而有常”者，后乎乾则得乾为主，乃坤道之常也。“含万物而化光”者，静翕之时，含万物生意于其中，及其动辟，则化生万物而有光显也。“坤道其顺乎”，此句乃赞之也。坤之于乾，犹臣妾之与夫君，亦惟听命而已。一施一受不敢先时而起，亦不敢后时而不应。此所以赞其顺也。此以上申《彖传》之意。

积善之家，必有余庆；积不善之家，必有余殃。臣弑其君，子弑其父，非一朝一夕之故，其所由来者渐矣，由辨之不早辨也。《易》曰“履霜，坚冰至”，盖言顺也。

天下之事，未有不由积而成。家之所积者善，则福庆及于子孙；所积者不善，则灾殃及于后世。其大至于弑逆之祸，皆积累而至，非“朝夕”所能成也。“由来者渐”，言臣子也；“辨之不早”，责君父也。“辨”，察也。在下者不可不察之于己，在上者不可不察之于人。察之早，勿使之渐，则祸不作矣。“顺”字即驯字。“驯”者，顺也，即“驯致其道”也，言顺习因循以至于“坚冰”也。前言“驯致其道”，此言“盖言顺也”，皆一意也。《程传》是。

直，其正也；方，其义也。君子敬以直内，义以方外，敬义立而德不孤。“直方大，不习无不利”，则不疑其所行也。

“直”者何也？言此心无邪曲之私，从绳墨而正之之谓也。“方”者何也？言此事无差谬之失，得裁制而宜之之谓也。此六二“直方”之所由名也。下则言求“直方”之功。人心惟有私，所以不直。如知其敬乃吾性之礼存诸心者，以此敬为之操持，必使此心廓然大公而无一毫人欲之私，则不期直而自直矣。人事惟有私，所以不方。如知其义乃吾性之义见诸事者，以此义为之裁制，必使此事物来顺应而无一毫人欲之私，则不期方而自方矣。德之偏者谓之“孤”。孤则不大，不孤则大矣。盖敬之至者外必方，外不方不足谓之敬。不足谓敬，是德 之孤也。义之至者内必直，内不直不足谓之义。不足谓义，是德之孤也。今既有敬以涵义之体，又有义以达敬之用，则内外夹持，表里互养，日用之间，莫非天理之流行，德自充满，盛大而不孤矣，何大如之！内而念念皆天理则内不疑，外而事事皆天理则外不疑。内外坦然而无疑，则“畅于四支”，不言而喻；“发于事业”，无所处而不当，何利如之！此所以“不习无不利”也。乾言进修，坤言敬义，学圣人者由于进修，欲进修者先于敬义，乾坤二卦备矣。

阴虽有美，含之。或从王事，弗敢成也。地道也，妻道也，臣道也。地道无成，而代有终也。

“阴虽有美，含之”，可以时发而从王事矣。“或从王事”，不敢有其成者，非其才有所不足不能成也，乃其分之不敢成也。何也？法象莫大于天地，三纲莫重于夫妻君臣。天统乎地，夫统乎妻，君统乎臣，皆尊者唱而卑者和之。故“地道也，妻道也，臣道也”，皆不敢先自主也，皆如地之无成，惟代天之终耳。盖天能始物，不能终物，地继其后而终之，则地之所以有终者，终天之所未终也。地不敢专其成，而有其终，故曰“无成而代有终”也。六三为臣，故当如此。

天地变化，草木蕃；天地闭，贤人隐。《易》曰“括囊，无咎无誉”，盖言谨也。

“天地变化”二句，乃引下文之辞。言天地变化，世道开泰，则草木之无知者且蕃茂，况于人乎？则贤人之必出而不隐可知矣。若“天地闭”，则贤人必敛德以避难，此其所以隐也。坤本阴卦，四六重阴又不中，则阴之极矣，正天地闭塞，有阴而无阳，不能变化之时也。故当谨守不出者以此。

君子黄中通理，正位居体，美在其中，而畅于四支，发于事业，美之至也。

“黄”者，中德也。“中”者，内也。“黄中”者，中德之在内也。“通”者，豁然脉络之贯通，无一毫私欲之滞塞也。“理”者，井然文章之条理，无一毫私欲之混淆也。本爻既变坎为通，“通”之象也。本爻未变坤为文，“理”之象也。故六五《小象》曰“文在中”。德之在内者通而且理。爻之言黄者，以此正位居尊位也。“体”者，乾坤之定体也，乾阳乃上体，坤阴乃下体。言虽在尊位而居下体，故不曰“衣”而曰“裳”。爻之所以言“裳”者，以此。以人事论，有居尊位而能谦下之意。此二句尽“黄裳”之义矣。又叹而赞之，以见“元吉”之故。言“黄中”、“美在其中”，岂徒美哉？美既在中，则“畅于四支”，为日新之德，四体不言而喻者，此美也；“发于事业”，为富有之业，天下国家无所处而不当者，此美也。不其美之至乎！爻之所以不止言“吉”而言“元吉”者，以此。

阴疑于阳必战，为其嫌于无阳也，故称龙焉。犹未离其类也，故称血焉。夫玄黄者，天地之杂也。天玄而地黄。

为，于伪反。离，力智反。夫音扶。

“疑”者，似也，似其与己均敌，无大小之差也。阴本不可与阳战，今阴盛，似敢与阳敌，故以战言。阴盛已无阳矣，本不可以称龙，而不知阳不可一日无也，故周公以“龙”言之，以存阳也。虽称为龙，犹未离阴之类也，故称“血”，以别其为阴。“血”，阴物也。曰“其色玄黄”，则天地之色杂矣。而不知“天玄”“地黄”者，两间之定分也。今曰“其色玄黄”，疑于无分别矣。夫岂可哉！言阴阳皆伤也。以上皆申言周公《爻辞》。

周易集注卷二

（屯）䷂ 坎上 震下

“屯”者，难也。万物始生，郁结未通，似有险难之意，故其字从屮。屮音彻，初生草穿地也。《序卦》：“有天地然后万物生焉，盈天地之间者唯万物。屯者，盈也。物之始生也。”天地生万物。屯，物之始生，故次乾坤之后。

屯。元亨利贞。勿用有攸往。利建侯。

乾坤始交而遇险陷，故名为“屯”。所以气始交未畅曰“屯”，物勾萌未舒曰“屯”，世多难未泰曰“屯”，造化人事皆相同也。震动在下，坎陷在上，险中能动，是有拨乱兴衰之才者，故占者“元亨”。然犹在险中，则宜守正而未可遽进，故“勿用有攸往”。勿用者，以震性多动，故戒之也。然大难方殷，无君则乱，故当立君以统治。初九阳在阴下，而为成卦之主，是能以贤下人得民而可君者也。占者必从人心之所属望立之为主，斯利矣，故“利建侯”。“建侯”者，立君也。险难在前，中爻艮止，勿用攸往之象。震，一君二民，建侯之象。

《彖》曰：屯，刚柔始交而难生。动乎险中，大亨贞。雷雨之动满盈。天造草昧，宜建侯而不宁。

以二体释卦名，又以卦德卦象释卦辞。“刚柔”者，乾坤也。“始交”者，震也。一索得震，故为“乾坤始交”。“难生”者，坎也。言万物始生即遇坎难，故名为“屯”。“动乎险中”者，言震动之才足以奋发有为，时当大难，能动则其险可出，故“大亨”。然犹在险中，时犹未易为，必从容以谋其出险方可，故“利贞”。“雷”，震象；“雨”，坎象。“天造”者，天时使之然，如天所造作也。“草”者，如草不齐。“震为萑”，草之象也。昧者，如天未明。“坎为月”，天尚未明，昧之象也。“坎”，水，内景不明于外，亦昧之象也。雷雨交作，杂乱晦冥，充塞盈满于两间，天下大乱之象也。当此之时，以天下则未定，以名分则未明，正宜立君以统治。君既立矣，未可遽谓安宁之时也。必为君者忧勤兢畏，不遑宁处，方可拨乱反正，以成靖难之功。如更始既立，日夜纵情于声色，则非不宁者矣。此则圣人济屯之深戒也。动而雷雨满盈，即“勿用攸往”；建侯而不宁，即“利建侯”。然卦言“勿用攸往”而《彖》言“雷雨之动”者，“勿用攸往”非终不动也，审而后动也。屯之“元亨利贞”非如乾之四德，故曰“大亨贞”。

《象》曰：云雷屯。君子以经纶。

《彖》言雷雨，《象》言云雷。《彖》言其动，《象》著其体也。上坎为云，故曰“云雷屯”。下坎为雨，故曰“雷雨”。解“经纶”者，治丝之事。草昧之时，天下正如乱丝，经以引之，纶以理之，俾大纲皆正，万目毕举，正君子拨乱有为之时也，故曰“君子以经纶”。

初九。磐桓。利居贞。利建侯。

“磐”，大石也，“鸿渐于磐”之磐也。中爻艮，石之象也。“桓”，大柱也，《檀弓》所谓“桓楹”也。震，阳木，桓之象也。张横渠以“磐桓犹言柱石”，是也。自马融以“磐旋”释“磐桓”，后来儒者皆如马融之释，其实非也。八卦正位，震在初，乃爻之极善者。国家屯难，得此刚正之才，乃倚之以为柱石者也，故曰“磐桓”。唐之郭子仪是也。“震为大涂”，柱石在于大涂之上，震本欲动，而艮止不动，有柱石欲动不动之象，所以“居贞”，而又“利建侯”，非“难进之貌”也。故《小象》曰“虽磐桓，志行正”也。曰心志在于行，则欲动不动可知矣。

〇九当屯难之初，有此刚正大才生于其时，故有“磐桓”之象。然险陷在前，本爻居其正，故占者利于居正以守己。若为民所归，势不可辞，则又宜“建侯”以从民望，救时之屯可也。“居贞”者，利在我；“建侯”者，利在民。故占者两有所利。

《象》曰：虽磐桓，志行正也。以贵下贱，大得民也。

当屯难之时，大才虽磐桓不动，然拳拳有济屯之志。行一不义、杀一不辜而得天下，不为。既有救人之心，而又有守己之节，所以占者“利居贞”而守己也。盖居而不贞则无德，行而不正则无功，周公言“居贞”，孔子言“行正”，然后济屯之功德备矣。阳贵阴贱。以贵下贱者，一阳在二阴之下也。当屯难之时，得一大才，众所归附，更能自处卑下，“大得民”矣。此占者所以又“利建侯”而救民也。

六二。屯如，邅如，乘马班如，匪冠，婚媾。女子贞不字，十年乃字。

邅，张连反。

"屯"、"邅"皆不能前进之意。"班"与《书》"班师"并"岳飞班师"班字同，"回还不进"之意。"震于马为异足，为作足"，班如之象也。应爻为坎，坎为盗寇之象也，指初也。妇嫁曰"婚"，再嫁曰"媾"。"婚媾"指五也。变兑为少女，"女子"之象也。"字"者，许嫁也。《礼》：女子许嫁笄而字。此"女子"则指六二也。"贞"者，正也。"不字"者，不字于初也。"乃字"者，乃字于五也。中爻艮止，不字之象也。中爻坤土，土数成于十，十之象也。若以人事论，光武当屯难之时，窦融割据，志在光武，为隗嚣所隔，"乘马班如"也；久之终归于汉，"十年乃字"也。

〇六二柔顺中正，当屯难之时，二与五应，但乘初之刚，故为所难，有屯邅班如之象，不得进与五合。使非初之寇难，即与五成其婚媾，不至十年之久矣。惟因初之难，六二守其中正，不肯与之苟合，所以"不字"至于"十年"之久。难久必通，乃反其常而字，正应矣，故又有此象也。占者当如是则可。

《象》曰：六二之难，乘刚也。十年乃字，反常也。

六二居屯之时，而又乘刚，是其患难也。"乘"者，居其上也。故曰"六二之难"。"反常"者，二五阴阳相应，理之常也，为刚所乘，则乖其常矣。难久必通，故"十年乃字"而反其常。

六三。即鹿无虞，惟入于林中。君子几不如舍，往吝。

舍音舍。

"即"者，就也。"鹿"当作麓为是，旧注亦有作麓者。盖此卦有麓之象，故当作麓，非无据也。中爻艮为山，山足曰"麓"。三居中爻艮之足，麓之象也。虞者，虞人也。三四为人位，虞人之象也。入山逐兽，必有虞人发纵指示。无虞者，无正应之象也。震错巽，巽为入，入之象也。上艮为木坚多节，下震为竹，"林中"之象也。言就山足逐兽，无虞人指示，乃陷入于林中也。坎错离明，见几之象也。"舍"者，舍而不逐也，亦艮止之象也。

〇六三阴柔，不中不正，又无应与，当屯难之时，故有"即麓无虞"、"入于林中"之象。君子见几，不如舍去。若往逐而不舍，必致羞吝。其象如此，戒占者当如是也。

《象》曰：即鹿无虞，以从禽也。君子舍之，往吝穷也。

孔子恐后学不知"即鹿无虞"之句，故解之曰：乃从事于禽也。则"鹿"当作麓也，无疑矣。舍则不往，往则必吝。"吝穷"者，羞吝穷困也。

六四。乘马班如。求婚媾，往吉，无不利。

"坎为马"，又有马象。"求"者，四求之也。"往"者，初往之也。自内而之外曰"往"，如"小往大来""往蹇来反"是也。本爻变中爻成巽，则为长女；震为长男，“婚媾”之象也，非真婚媾也，求贤以济难有此象也。旧说阴无求阳之理，可谓不知象旨者矣。

〇六四阴柔，居近君之地，当屯难之时，欲进而复止，故有乘马班如之象。初能得民，可以有为，四乃阴阳正应，未有蒙大难而不求其初者，故又有求婚媾之象。初于此时，若欣然即往，资其刚正之才以济其屯，其吉可知矣。而四近其君者亦无不利也，故其占又如此。

《象》曰：求而往，明也。

“求”者，资济屯之才、有知人之明者也。“往”者，展济屯之才、有自知之明者也。坎错离，有明之象，故曰“明”。

九五。屯其膏。小贞吉，大贞凶。

“膏”者，膏泽也。以坎体有膏泽沾润之象，故曰“膏”。《诗》“阴雨膏之”是其义也。本卦名屯，故曰“屯膏”。阳大阴小，六居二，九居五，皆得其正，故皆称“贞”。“小贞”者，臣也，指二也。“大贞”者，君也，指五也。故六二言“女子贞”，而此亦言贞。六爻惟二五言贞。

〇九五以阳刚中正居尊，亦有德有位者，但当屯之时，陷于险中，为阴所掩，虽有六二正应，而阴柔不足以济事，且初九得民于下，民皆归之，无臣无民，所以有屯其膏不得施为之象。故占者所居之位，如六二为臣，小贞则吉；如九五为君，大贞则凶也。

《象》曰：屯其膏，施未光也。

阳德所施本光大，但陷险中，为阴所掩，故“未光”。

上六。乘马班如，泣血涟如。

六爻皆言“马”者，震坎皆为马也。皆言“班如”者，当屯难之时也。“坎为加忧，为血卦，为水”，“泣血涟如”之象也。才柔不足以济屯，去初最远，又无应与，故有此象。

《象》曰：泣血涟如，何可长也？

既无其才，又无其助，丧亡可必矣，岂能长久？

（蒙）

“蒙”，昧也。其卦以坎遇艮。山下有险，艮止在外，坎水在内，水乃必行之物，遇山而止。内既险陷不安，外又行之不去，莫知所往，昏蒙之象也。

《序卦》："屯者，物之始生也。物生必蒙，故受之以蒙"。所以次屯。

蒙。亨。匪我求童蒙，童蒙求我。初筮告，再三渎。渎则不告。利贞。

告，古毒反。

"蒙亨"者，言蒙者亨也，不终于蒙也。"匪我求童蒙"二句，正理也。"再"指四。阳一阴二，二再则四矣。"三"指三。"渎"者，烦渎也。"初筮"者，初筮下卦得刚中也。此卦坎之刚中在上卦，故曰"再筮"。"告"者，二告乎五也。"不告"者，二不告乎三四也。凡阳则明，阴则暗，所以九二发六五之之蒙。"利贞"者，教之以正也。

《彖》曰：蒙，山下有险，险而止，蒙。蒙亨，以亨行，时中也。匪我求童蒙，童蒙求我，志应也。初筮告，以刚中也。再三渎，渎则不告，渎蒙也。蒙以养正，圣功也。

以卦象卦德释卦名，又以卦体释卦辞。"险而止"，退则困于其险，进则阻于其山，两无所适，所以名"蒙"也。"以"者，用也。"以亨"者，以我之亨通也。"时中"者，当其可之谓。愤悱启发即"志应"也。言我先知先觉，先以亨通矣，而后以我之亨，行"时中"之教，此蒙者所以亨也。"匪我求童蒙，童蒙求我"，乃教人之正道也。何也？《礼》："闻来学，不闻往教。"童蒙求我，则彼之心志应乎我而相孚契矣，此其所以可教也。"初筮"则告者，以刚中也。我有刚中之德，而五又以中应之，则心志应乎我而相孚契矣，所以当告之也。"初筮"二字只作下卦二字，指教者而言，观比卦"再筮"可见矣。盖三则应乎其上，四则隔乎其三，与刚中发蒙之二不相应与，又乘阳不敬，则心志不应乎我，而不相孚契矣。既不相孚契，而强告之，是徒烦渎乎蒙矣。亦何益哉！教之利于正者，幼而学之，学为圣人而已。圣人之所以为圣者，正而已矣。入圣之域虽在后日，作圣之功就在今日。当蒙时养之以正，虽未即至于圣，圣域由此而渐入矣。此其所以"利贞"也。"发蒙"即养蒙，"圣功"乃功夫之功，非功效之功。

《象》曰：山下出泉，蒙。君子以果行育德。

《泉》乃必行之物，始出而未通达，犹物始生而未明，蒙之象也。"果行"者，体坎之刚中，以果决其行，见善必迁，闻义必徙，不畏难而苟安也。"育德"者，体艮之静止，以养育其德，不欲速，宽以居之，优游以俟其成也。要之，"果"之"育"之者，不过蒙养之正而已。是故杨墨之行非不果也，而非吾之所谓行；佛老之德非不育也，而非吾之所谓德。所以"蒙养以正，为圣功"。

初六。发蒙。利用刑人，用说桎梏，以往吝。

说，吐活反。

“蒙”者，下民之蒙也，非又指童蒙也。“发蒙”者，启发其初之蒙也。“刑人”者，以人刑之也。刑罚立而后教化行。治蒙之初，故“利用刑人”以正其法。“桎梏”者，刑之具也。“坎为桎梏”，桎梏之象也。在足曰“桎”，在手曰“梏”。中爻震为足，外卦艮为手，用桎梏之象也。因坎有桎梏，故用刑之具即以桎梏言之，非必主于桎梏也。朴作教刑，不过夏楚而已。本卦坎错离，艮综震，有噬嗑“折狱用刑”之象，故丰旅贲三卦有此象皆言“狱”。“说”者，脱也。“用脱桎梏”，即不用刑人也。变兑为毁，折脱之象也。“往”者，往发其蒙也。“吝”者，利之反。变兑则和悦矣，和悦安能发蒙？故“吝”。

○初在下，近比九二刚中之贤，故有启发其蒙之象。然发蒙之初，“利用刑人”以正其法，庶“小惩而大诫”，蒙斯可发矣。若舍脱其刑人，惟和悦以往教之，蒙岂能发哉？吝之道也。故其象占如此，细玩《小象》自见。

《象》曰：利用刑人，以正法也。

教之法不可不正，故用刑惩戒之，使其有严惮也。

九二。包蒙吉。纳妇吉。子克家。

“包”者，裹也。妇人怀妊，包裹其子，即胞字也。凡《易》中言“包”者，皆外包乎内也。泰曰“包荒”，否曰“包承”“包羞”，姤曰“包鱼”，皆外包乎内。“包蒙”者，包容其初之象也。曰“包”则有含宏之量，敷教在宽矣。初曰“刑”者，不中不正也；上曰“击”者，上过刚也。此爻刚中，统治群阴，极善之爻，故于初曰“包”，于三四五曰“纳”，于五曰“克家”。“纳妇吉”者，新纳之妇有谐和之吉也。中爻坤顺在上，一阳在下纳受坤顺之阴，“纳妇”之象也。“子克家”者，能任父之事也。坎为中男，有刚中之贤，能干五母之蛊，“子克家”之象也。“纳妇吉”字与上“吉”字不同。上“吉”字，占者之吉也；下“吉”字，夫妇谐和之吉也。坤顺，故吉。

○九二以阳刚为内卦之主，统治群阴，当发蒙之任者。其德刚而得中，故有“包蒙”之象。占者得此固吉矣。然所谓“吉”者，非止于包容其初之象也。凡三四五之为蒙者，二皆能以刚中之德化之，如新纳之妇有谐和之吉，承考之子有克家之贤，其吉其贤皆自然而然，不待勉强谆谆训诲于其间，如此而谓之“吉”也。故其占中之象又如此。

《象》曰：子克家，刚柔接也。

二刚五柔。二有主蒙之功，五之信任专，所以二得广布其敷教之才，亦如贤子不待训诲自然而克家也。所以占者有“子克家”之象。周公“爻辞”以刚中言，孔子《象辞》并应与言。

六三。勿用取女，见金夫，不有躬，无攸利。

取，七具反。

变巽，女之象也。九二阳刚，乾爻也。乾为金，金夫之象，故称“金夫”。“金夫”者，以金赂己者也。六三正应在上，然性本阴柔，坎体顺流趋下，应爻艮体常止，不相应于下。九二为群蒙之主，得时之盛，盖近而相比在纳妇之中者，故舍其正应而从之，此“见金夫不有躬”之象也。且中爻顺体震动，三居顺动之中，比于其阳，亦“不有躬”之象也。若以蒙论，乃自暴自弃，昏迷于人欲，终不可教者，因三变长女，故即以女象之，曰“勿用取”“无攸利”，皆其象也。

○六三阴柔，不中不正，又居艮止坎陷之中，盖蒙昧无知之极者也。故有此象。占者遇此，如有“发蒙”之责者，弃而不教可也。

《象》曰：勿用取女，行不顺也。

妇人以顺从其夫为正，舍正应之夫而从金夫，安得为顺？

六四。困蒙，吝。

“困蒙”者，困于蒙昧而不能开明也。六四上下既远隔于阳，不得贤明之人以近之，又无正应贤明者以为之辅助，则蒙无自而发，而困于蒙矣。故有“困蒙”之象。占者如是，终于下愚，故可羞。

《象》曰：困蒙之吝，独远实也。

阳实阴虚，实谓阳也。六四上下皆阴，蒙之甚者也。欲从九二则隔三，欲从上九则隔五，远隔于实者也。故曰“独远实”。独者，言本卦之阴皆近乎阳，而四独远也。

六五。童蒙吉。

“童蒙”者，纯一未散，专心资于人者也。艮为少男，故曰“童”。“匪我求童蒙”，言童之蒙昧也。此则就其纯一未散、专听于人而言。盖中爻为坤顺，五变为巽，有此顺巽之德，所以专心资刚明之贤也。

○六五以顺巽居尊，远应乎二，近比乎上，盖专心资刚明之贤者，故有“童蒙”之象。占者如是，则吉也。

《象》曰：童蒙之吉，顺以巽也。

中爻为顺，变爻为巽。仰承亲比上九者，顺也；俯应听从九二者，巽也。亲比听从乎阳，正远实之反，所以吉。

上九。击蒙。不利为寇，利御寇。

“击蒙”者，击杀之也。应爻坎为盗，错离为戈兵，艮为手，持戈兵击杀之象也。三与上九为正应，故击杀之也。“寇”者，即坎之寇盗也。二“寇”字相同。“不利为寇”者，教三爻在下蒙昧之人也。“利御寇”者，教上九在上治蒙之人也。六三在本爻为淫乱，在上九为寇乱，蒙昧之极可知矣。

○上九与三之寇盗相为正应，过刚不中，治蒙太猛，故有“击蒙”之象。圣人教占者，以占得此爻者若乃在下蒙昧之人，则“不利为寇”，为寇则有击杀之凶矣；占得此爻者若乃在上治蒙之人，惟利御止其寇而已，不可即击杀之。圣人哀矜愚蒙之人，故两有所戒也。

《象》曰：利用御寇，上下顺也。

上九刚，止于“御寇”，上之顺也。六三柔，随其所止，下之顺也。艮有止象，变坤有顺象，渐自利御寇。《小象》亦曰“顺”，相保可见矣。

（需）

“需”者，须也，有所待也。理势不得不需者，以卦象论，水在天上，未遽下于地，必待阴阳之交，薰蒸而后成，需之象也；以卦德论，乾性主于必进，乃处坎陷之下未肯遽进，需之义也。《序卦》：“蒙者，物之稚也。物稚不可不养也。需者，饮食之道也。”养物以饮食，所以次蒙。

需。有孚，光亨贞吉。利涉大川。

需虽有所待，乃我所当待也，非不当待而待也。“孚”者，信之在中者也。坎体诚信充实于中，“孚”之象也。“光”者，此心光明，不为私欲所蔽也。中爻离，光明之象也。“亨”者，此心亨泰，不为私欲所窒也。坎为通，亨通之象也。“贞”者，事之正也。八卦正位，坎在五，阳刚中正，为需之主，正之象也，皆指五也。坎水在前，乾健临之，乾知险，“涉大川”之象也。又中爻兑综巽，坎水在前，巽木临之，亦“涉大川”之象。详见颐卦上九。孚贞者，尽所需之道；光亨吉利者，得所需之效。需若无实，必无“光亨”之时，需若不正，岂有吉利之理。

○言事若有所待而心能孚信，则光明而事通矣。而事又出于其正，不行险以侥幸，则吉矣。故“利涉大川”。

《彖》曰：需，须也，险在前也。刚健而不陷，其义不困穷矣。需有孚，光亨贞吉，位乎天位，以正中也。利涉大川，往有功也。

以卦德释卦名，以卦综释卦辞。“需”者，须也，理势之所在，正欲其有所待也，故有需之义。险在前不易于进，正当需之时也。乾临之，毅然有守，不冒险以前进，故不陷于险。既不陷于险，则终能出其险，其义不至于困穷矣。所以名“需”。需讼二卦同体，文王综为一卦，故《杂卦》曰：“需不进也，讼不亲也。”“位天位以正中”者，讼下卦之坎往居需之上卦九五，又正而又中也。五为天位，因自讼之地位往居之，故曰“位乎天位”。如在讼下卦，止可言中，不可言正矣。正则外无偏倚，中则心无夹杂，所以“有孚光亨贞吉”。往有功与渐蹇解三卦《彖辞》“往有功”同，言讼下卦往而居需之上卦九五正中，所以有“利涉大川”之功也。

《象》曰：云上于天，需。君子以饮食宴乐。

云气蒸而上升，必得阴阳和洽然后成雨，故为需待之义。君子事之当需者，亦不容更有所为，惟内有孚，外守正，饮食以养其气体而已，宴乐以娱其心志而已，此外别无所作为也。曰“饮食宴乐”者，乃居易俟命、涵养待时之象也，非真必饮食宴乐也。若伯夷太公需待天下之清，穷困如此，岂能饮食宴乐哉？

初九。需于郊，利用恒，无咎。

“郊”者，旷远之地，未近于险之象也。“乾为郊”，郊之象也，故同人小畜皆言“郊”。需于郊者，不冒险以前进也。“恒”者，常也，安常守静以待时，变所守之操也。“利用恒无咎”者，戒之也。言若无恒犹有咎也。

〇初九阳刚得正，未近于险，乃不冒险以前进者，故有需郊之象。然需于始者或不能需于终，故必义命自安，恒于郊而不变，乃其所利也。戒占者能如此，则无咎矣。

《象》曰：需于郊，不犯难行也。利用恒无咎，未失常也。

难，乃旦反。

不犯难行者，超然远去，不冒犯险难以前进也。未失常者，不失需之常道也。需之常道，不过以义命自安，不冒险以前进而已。

九二。需于沙，小有言，终吉。

“坎为水”，水近则有沙，沙则近于险矣。渐近于险，虽未至于患害，已小有言矣。小言者，众人见讥之言也。避世之士知前有坎陷之险，责之以洁身；用世之士知九二刚中之才，责之以拯溺也。中爻为兑口舌，小言之象也。“终吉”者，变爻离明，明哲保身，终不陷于险也。

〇二以阳刚之才而居柔守中，盖不冒险而进者，故云有“需于沙”之象。占者如是，虽不免小有言，终得其吉也。

《象》曰：需于沙，衍在中也。虽小有言，以吉终也。

水行朝宗曰“衍”，即水字也。凡江河，水在中而沙在边。“衍在中”者，言水在中央也。沙在水边则近于险矣。虽近于险而“小有言”，然以刚中处需，故不陷于险，而“以吉终”也。

九三。需于泥，致寇至。

泥逼于水，将陷于险矣，寇之地也。坎为盗在前，寇之象也。

〇九三居健体之上，才位俱刚，进不顾前，迩于坎盗，故有需“泥寇至”之象。健体敬慎惕若，故占者不言凶。

《象》曰：需于泥，灾在外也。自我致寇，敬慎不败也。

“外”谓外卦。“灾在外”者，言灾已切身而在目前也。“灾在外”而我近之，是致寇自我也。“敬慎不败”者，三得其正，乾乾惕若，敬而且慎，所以不败于寇也。故占者不言“凶”。

六四。需于血，出自穴。

“坎为血”，血之象也。又“为隐伏”，穴之象也。偶居左右，上下皆阳，亦穴之象也。“血”即坎字，非见伤也。“出自穴”者，观上六“入于穴”入字，此言“出”字，即“出入”二字自明矣。言虽需于血，然犹出自穴外，未入于穴之深也。需卦近于坎。“致寇至”及“入于坎”三爻皆吉者，何也？盖六四顺于初之阳，上六阳来救援，皆应与有力，九五中正，所以皆吉也。凡看周公爻辞，要玩孔子《小象》。若以血为杀伤之地，失《小象》顺听之旨矣。

〇四交于坎，已入于险，故有“需于血”之象。然四与初为正应，能顺听乎初，初乃乾刚至健而知险，惟知其险是出自穴外，不冒险以进，虽险而不险矣。故其象占如此。

《象》曰：需于血，顺以听也。

坎为耳，听之象也。听者，听乎初也。六四柔得其正，顺也。顺听乎初，故入险不险。

九五。需于酒食，贞吉。

坎水酒象，中爻兑食象。详见困卦。“酒食”，宴乐之具。“需于酒食”者，安于日用饮食之常以待之而已。贞吉者正而自吉也，非戒也。

〇九五阳刚中正，居于尊位，盖优游和平，不多事以自扰，无为而治者也，故有“需于酒食”之象。其“贞吉”可知矣。占者有是贞，亦有是吉也。

《象》曰：酒食贞吉，以正中也。

即《彖》“正中”。

上六。“入于穴”。有不速之客三人来，敬之终吉。

阴居险陷之极，“入于穴”之象也。变巽为入，亦入之象也。下应九三，阳合乎阴，阳主上进，不召请而自来之象也。我为主，应为客，三阳同体，有“三人”之象也。入穴穷困，望人救援之心甚切，喜其来而“敬之”之象也。“终吉”者，以三阳至健，知险可以拯溺也。

〇上六居险之极，下应九三，故其象如此。占者之吉可知矣。

《象》曰：不速之客来，敬之终吉。虽不当位，未大失也。

当去声。

“位”者，爻位也。三乃人位，应乎上六，故曰“人来”。初与二皆地位，上六所应者乃人位，非地位，今初与二皆来，故“不当位”也。以一阴而三阳之来，上六敬之，似为失身矣，而不知入于其穴其时何时也。来救援于我者，犹择其位之当否，而敬有分别，是不知权变者矣。故初与二虽“不当位”，上六敬之，亦未为“大失”也。曰“未大失”者，言虽失而未大也。若不知权变，自经于沟渎，其失愈大矣。《易》中之时正在于此。

（讼）

“讼”者，争辨也。其卦坎下乾上。以二象论，天运乎上，水流乎下，其行相违，所以成讼。以卦德论，上以刚陵乎下，下以险伺乎上。以一人言，内险而外健；以二人言，己险而彼健。险与健相持，皆欲求胜，此必讼之道也。《序卦》：“饮食者，人之大欲存焉。”既有所需，必有所争，讼所由起也。所以次需。

讼。有孚窒惕中吉。终凶。利见大人，不利涉大川。

“有孚”者，心诚实而不诈伪也。“窒”者，窒塞而能含忍也。“惕”者，戒惧而畏刑罚也。“中”者，中和而不狠愎也。人有此四者，必不与人争讼，所以吉。若可已不已，必求其胜而终其讼，则凶。“利见大人”者，见九五以决其讼也。“不利涉大川”者，不论事之浅深，冒险入渊以兴讼也。九二中实，有孚之象。一阳沉溺于二阴之间，窒之象。“坎为加忧”，惕之象。阳刚来居二，中之象。上九过刚，终之象。九五中正以居尊位，“大人”之象。中爻巽木，下坎水，本可以涉大川，值三刚在上，阳实阴虚，遇巽风，舟重，遇风则舟危矣。舟危岂不入渊？故《彖辞》曰“入渊”，不利涉之象也，与“栋挠”同。文王卦辞，其精妙至绝。

《彖》曰：讼，上刚下险。险而健，讼。讼，有孚窒惕中吉，刚来而得中也。终凶，讼不可成也。利见大人，尚中正也。不利涉大川，入于渊也。

以卦德、卦综、卦体、卦象释卦名。卦辞“险”“健”详见前卦下。若健而不险必不生讼，险而不健必不能讼，所以名“讼”。“刚来得中”者，需讼相综，需上卦之坎来居讼之下卦九二，“得中”也。前儒不知《序卦》《杂卦》，所以依虞翻以为卦变，刚来居柔地得中，故能“有孚”，能“窒”，能“惕”，能“中”。“终”者，极而至于成也。讼已非美事，若讼之不已至于其极，其凶可知矣。“尚”者，好尚之尚，主也，言九五所主在“中正”也。惟“中正”，所以能辨人是非。“入渊”者，舟重遇风，其舟危矣。故入渊与冒险兴讼，必陷其身者一而已矣。

《象》曰：天与水违行。讼，君子以作事谋始。

天上蟠，水下润；天西转，水东注，故其行相违。谋之于始，则讼端绝矣。“作事谋始”，工夫不在讼之时，而在于未讼之时也。与其病复能服药，不若病前能自调之意，天下之事莫不皆然。故曰：曹刘共饭，地分于匕箸之间；苏史灭宗，忿起于谈笑之顷。

苏逢吉、史弘文俱为令，见《五代史》。

初六。不永所事，小有言，终吉。

“不永所事”者，不能永终其讼之事也。“小有言”者，但小有言语之辨白而已。变兑为口舌，言之象也。应爻乾为言，亦言之象也。因居初，故曰“小”。“终吉”者，得辨明也。

〇初六才柔位下，不能永终其讼之事。虽在我不免小有言语之辨，然温柔和平，自能释人之忿怨，所以得以辨明，故其象如此，而占者终得吉也。

《象》曰：不永所事，讼不可长也。虽小有言，其辩明也。

讼不可长，以理言也。言虽是初六阴柔之故，然其理亦如此。“长”“永”二字相同。虽不免小有言语之辨，然终因此言辨明。

九二。不克讼，归而逋。其邑人三百户。无眚。

“克”，胜也。自下讼上，不克而还，故曰“归”。“逋”，逃避也。“坎为隐伏”，逋之象也。邑人详见谦卦。中爻为离，坎错离，离居三，三百之象也。二变下卦为坤，坤则阖户之象也。“三百”，言其邑之小也。言以下讼上，归而逋窜是矣。然使所逋窜之邑为大邑，则犹有据邑之意，迹尚可疑；必如此小邑藏避，不敢与五为敌，方可免眚。需讼相综，讼之九二即需之九五，曰“刚来而得中”，曰“归而逋”，皆因自上而下，故曰“来”曰“归”。其字皆有所本，如此玄妙，岂粗浮者所能解。“坎为眚”，变坤则“无眚”矣。

〇九二阳刚，为险之主，本欲讼者也。然以刚居柔之中，既知其理之不当讼，而上应九五之尊，又知其势不可讼，故自处卑小以免灾患，故其象如此。占者如是，则“无眚”矣。

《象》曰：不克讼，归逋窜也。自下讼上，患至掇也。

“归逋窜”者，不与之讼也。“掇”者，拾取也。自下讼上，义乖势屈，祸患犹拾而自取。此言“不克讼”之故。

六三。食旧德，贞厉终吉。或从王事，无成。

“德”，与“秽德彰闻”“闺门惭德”之德同，乃恶德也。“德”，乃行而有得，往日之事也，故以“旧”字言之。凡人与人争讼，必旧日有怀恨不平之事。有此怀恨，其人之恶德藏畜于胸中，必欲报复，所以讼也。“食”者，吞声不言之意。中爻巽综兑口，“食”之象也。“王事”者，王家敌国忿争之事，如宋之与金是也。变巽不果，“或”之象也。中爻离日，“王”之象也。应爻乾君，亦王之象也。“无成”者，不能成功也。下民之争讼主于怯，王家之争讼主于才。以此“食旧德”之柔，处下民之刚强敌国则可，若以此处王国之刚强敌国，是即宋之于金，柔弱极矣，御侮无人，稽首称臣，安得有成。

○六三上有刚强之应敌，阴柔自卑，故有食人“旧德”，不与争辩之象。然应与刚猛，常受侵陵，虽正亦不免危厉矣。但六三含忍不报，从其上九，与之相好，所以终不为己害而吉也。如此之人，柔顺有余，而刚果不足，安能成王事哉！故占者乃下民之应敌则吉，或王事之应敌则无成而凶。

《象》曰：食旧德，从上吉也。

从上者，从上九也。上九刚猛，六三食其旧日刚猛侵陵之恶德，相从乎彼，与之相好，则吉矣。

九四。不克讼，复即命渝，安贞，吉。

“即”，就也。“命”者，天命之正理也。不曰“理”而曰“命”者，有此象也。中爻巽四变亦为巽，命之象也。“渝”，变也。四变中爻为震，变动之象也，故随卦初爻曰“渝”。“安贞”者，安处于正也。复即于命者，外而去其忿争之事也。变而“安贞”者，内而变其忿争之心也。心变则事正矣。“吉”者，虽不能作事于谋始之先，亦能改图于有讼之后也。九四皆“不克讼”。既不克矣，何以讼哉！盖二之讼者，险之使然也。其“不克”者，势也。知势之不可敌，故归而逋逃。曰“归”者，识时势也。四之讼者，刚之使然也，其不克者理也。知理之不可违，故复即于命。曰“复”者，明理义也。九四之复，即九二之归，皆以刚居柔，故能如此。人能明理义，识时势，处天下之事无难矣。学者宜细玩之。

○九四刚而不中，既有讼之象，以其居柔，故又有“复即命渝安贞”之象。占者如是，则吉也。

《象》曰：复即命渝，安贞不失也。

始而欲讼，不免有失；今既复渝，则改图而不失矣。

九五。讼元吉。

九五为讼之主，阳刚中正以居尊位，听讼而得其平者也。凡讼，占者遇之，则“利见大人”，讼得其理而“元吉”矣。

《象》曰：讼元吉，以中正也。

中则听不偏，正则断合理，所以利见大人而元吉。

上九。或锡之鞶带，终朝三褫之。

鞶音盘，褫，池尔切。

“或”者，设或也，未必然之辞。“鞶带”，大带，命服之饰，又绅也。男鞶革，女鞶丝。乾为衣，又为圜带之象也。乾君在上，变为兑口，中爻为巽，命令锡服之象也。故九四曰“复即命”。中爻离日，朝日之象也。离日居下卦，终之象也。又居三，三之象也。“褫”，夺也。“坎为盗”，褫夺之象也。命服以锡有德，岂有赏讼之理，乃设言也，极言讼不可终之意。

〇上九有刚猛之才，处讼之终，穷极于讼者也。故圣人言人肆其刚强，穷极于讼，取祸丧身乃其理也。设若能胜，至于受命服之赏，是亦仇争所得，岂能长保，故终一朝而三见褫夺也。即象而占之，凶可知矣。

《象》曰：以讼受服，亦不足敬也。

纵受亦不足敬，况褫夺随至，其不可终讼也明矣。

周易集注卷三

（师）䷆ 坤上 坎下

“师”者，众也。其卦坎下坤上。以卦象论，地中有水，为众聚之象。以卦德论，内险而外顺，险道以顺行，师之义也。以爻论，一阳居下卦之中，上下五阴从之，将统兵之象也。二以刚居下，五柔居上而任之，人君命将出师之象也。《序卦》：“讼必有众起。”师兴由争，故次于讼。

师贞，丈人吉，无咎。

“贞”者，正也。“丈人”者，老成持重练达时务者也。凡人君用师之道，在得正与择将而已。不得其正，则师出无名；不择其将，则将不知兵。故用兵之道，利于得正，又任老成之人。则以事言，有战胜攻取之吉；以理言，无穷兵厉民之咎矣。戒占者当如是也。

《彖》曰：师，众也。贞，正也。能以众正，可以王矣。刚中而应，行险而顺，以此毒天下，而民从之，吉，又何咎矣？

王去声。

以卦体卦德释卦辞。“众”者，即《周官》自五人为伍积而至于二千五百人为师”也。“正”者，即“王者之兵，行一不义，杀一不辜，而得天下，不为”，如此之正也。“以”者，谓能左右之也。一阳在中而五阴皆所左右也。左右之，使众人皆正，樵苏无犯之意，则足以宣布人君之威德，即王者仁义之师矣，故可以王。“以众正”，言为将者，“可以王”言命将者。能正即可以王，故师贵贞也。刚中而应者，为将不刚则怯，过刚则猛，九二刚中，乃将才之善者。有此将才，五应之，又信任之专，则可以展布其才矣。“行险”者，兵，危事也，谓坎也。“顺”者，顺人心也，谓坤也。“兵”足以戡乱而顺人心，则为将有其德矣。有是才德，所以名“丈人”也。“毒”者，犹既济“惫”字，时久师老之意。噬嗑中爻为坎，故亦曰“遇毒”，乃陈久太肥腊肉味变者。《五行志》云：“厚味实腊毒。”师古曰：“味厚者为毒。”“久”，陈久之事。文案繁杂，难于听断，故以“腊毒”象之，非毒害也，若毒害则非行险而顺矣。言出师固未免毒于天下，然毒之者实所以安之，乃民所深愿而悦从者也。民悦而从，所以吉而无咎。“毒天下”句与“民从之”句意正相应。若毒天下而民不从，岂不凶？岂不有咎？

《象》曰：地中有水，师。君子以容民畜众。

水不外于地，兵不外于民。地中有水，水聚地中，为聚众之象，故为“师”。“容”者，容保其民，养之教之也。“畜”者，积畜也。古者寓兵于农，故容保其民者，正所以畜聚其兵也。常时民即兵，变时兵即民。兵不外乎民，即水不外乎地也。

初六。师出以律。否臧凶。

否，蒲鄙反。

专以将言。“律”者，法也，号令严明，部伍整肃，坐作、进退、攻杀、击刺皆有法则是也。“否”者，塞也，兵败也。“臧”者，善也，兵成功也。若不以律，不论成败，成亦凶，败亦凶，二者皆凶，故曰“否臧凶”。观《小象》“失律凶”之句可见矣。

○初六才柔，当出师之始。师道当守其法则，故戒占者“师出以律”，失律则不论“否”“臧”皆凶矣。

《象》曰：师出以律。失律。凶也。

“失律”，“否”固凶，“臧”亦凶。

在师中，吉，无咎。王三锡命。

“师中”者，在师而得其中也。此爻正《彖辞》之“刚中而应”，六五《小象》之“以中行”，皆此中也。在师中者，“刚中”也。“锡命”者，正应也。盖为将之道，不刚则怯，过刚则猛，惟“刚中”则“吉”而“无咎”矣。“吉无咎”者，恩威并著，出师远讨，足以靖内安外也。“锡命”者，或锡以褒嘉之温语，或锡以其物，如宋太祖之解裘是也。乃宠任其将，非褒其成功也。曰“锡命”，则六五信任之专可知矣。本卦错同人，乾在上，“王”之象；离在下，“三”之象；中爻巽，“锡命”之象。全以错卦取象，亦如睽卦上九之“见豕负涂”也。取象如此玄妙，所以后儒难得知。

○九二为众阴所归，有刚中之德，上应六五而为之宠任，故其象如此。而占可知矣。

《象》曰：在师中吉，承天宠也。王三锡命，怀万邦也。

天谓王也。“在师中吉”者，以其承天之宠，委任之专也。“王三锡命”者，以其存心于天下，惟恐民之不安，故任将伐暴安民也。下二句皆推原二五之辞。

六三。师或舆尸，凶。

“或”者，未必之辞。变巽，进退不果，“或”之象也。言设或也。“舆”者，多也，众人之意，即今“舆论”之舆。以坤坎二卦皆有“舆”象，故言“舆”也。“尸”者，主也，言为将者不主而众人主之也。《观·六五》“弟子舆尸”可见矣。《程传》是。

〇六三阴柔，不中不正，位居大将九二之上，才柔志刚，故有出师大将不主而三或主之之象，不能成功也必矣。故其占凶。

《象》曰：师或舆尸，大无功也。

曰“大”者，甚言其不可舆尸也。

六四。师左次，无咎。

师三宿为“次”。右为前，左为后，今人言左迁是也。盖乾先坤后，乾右坤左，故明夷六四阴也曰“左腹”，丰卦九三阳也曰“右肱”。“左次”，谓退舍也。

〇六四居阴得正，故有出师度不能胜、完师以退之象。然知难而退，兵家之常，故其占“无咎”。

《象》曰：左次无咎，未失常也。

知难而退，师之常也。圣人恐人以退为怯，故言当退而退，亦师之常，故曰“未失常”。

六五。田有禽，利执言，无咎。长子帅师，弟子舆尸，贞凶。

“田”乃地之有水者，应爻为地道，居于初之上，田之象也。故乾二爻曰在“田”。禽者，上下皆阴，与小过同，禽之象也。“坎为豕”，错离为雉，皆“禽”象也。禽害禾稼，寇盗之象也。“坎为盗”，亦有此象。“执”者，兴师以执获也。“坤为众”，中爻震综艮，“为手”，众手俱动，执获之象也。“言”者，声罪以致讨也。坤错乾为言，言之象也。“无咎”者，师出有名也。“长子”，九二也。中爻震，“长子”之象也。“长子”即“丈人”，自众尊之曰“丈人”，自爻象之曰“长子”。“弟子”，六三也。坎为中男，震之弟也，“弟子”之象也。

〇六五用师之主，柔顺得中，不为兵端者也。敌加于己，不得已而应之，故为“田有禽”之象。应敌兴兵，利于执言，占者固无咎矣。然任将又不可不专。若专于委任，使老成帅师以任事可也，苟参之以新进之小人，俾为“弟子”者参谋“舆尸”于其间，使“长子”之才有所牵制而不得自主，则虽曰“有禽”，乃应敌之兵，其事固贞，然所任不得其人，虽贞亦凶矣。因六五阴柔，故许以“无咎”，而又戒之以此。

《象》曰：长子帅师，以中行也。弟子舆尸，使不当也。

当去声。

言所以用“长子”帅师者，以其有刚中之德。使之帅师以行，使之当矣。若“弟子”，则使之不当也。“以中行”，推原其二之辞，“使不当”，归咎于五之辞。

上六。大君有命，开国承家，小人勿用。

坤错乾，“大君”之象也。“乾为言”，“有命”之象也。“命”者，命之以开国承家也。“坤为地”，“为方”，国之象也，故曰“开国”。变艮“为门阙”，家之象也，故曰“承家”。损卦艮变坤，故曰“无家”。师卦坤变艮，故曰“承家”。周公爻象其精至此。“开”者，封也，承者，受也，功之大者开国，功之小者承家也。“小人”，开承中之小人也。阳大阴小，阴土重叠，小人之象也。“勿用”者，不因其功劳而遂任用以政事也。变艮为止，“勿用”之象也。如光武云台之将，得与公卿参议大事者，惟邓禹、贾复数人而已，可谓得此爻之义者矣。

〇上六师终功成，正论功行赏之时矣，故有“大君有命，开国承家”之象。然师旅之兴，效劳之人其才不一，贩缯屠狗之徒亦能树其奇功，不必皆正人君子，故“开国承家”惟计其一时得功之大小，不论其往日为人之邪正，此正王者封建之公心也。至于封建之后，董治百官，或上而参预庙廊之机谋，或下而委任百司之庶政，则惟贤是用。而前日诸将功臣中之小人，惟享其封建之爵土，再不得干预乎此矣。故又戒之以“小人勿用”也。“弟子舆尸”，戒之于师始；“小人勿用”，戒之于师终，圣人之情见矣。

《象》曰：大君有命，以正功也。小人勿用，必乱邦也。

“正功”者，正功之大小也。“乱邦”者，小人挟功倚势，暴虐其民，必乱其邦。“王三锡命”，命于行师之始，惟在于怀邦。“怀邦”者，怀其邦之民也。“大君有命”，命于行师之终，惟恐其乱邦。“乱邦”者，乱其邦之民也。圣人行师，惟救其民而已，岂得已哉！

（比）䷇ 坎上 坤下

“比”，亲辅也。其卦坤下坎上。以卦象论，水在地上，最相亲切，比之象也。以爻论，五居尊位，众阴比而从之，有一人辅万邦、四海仰一人之象，故为比也。《序卦》：“众必有所比，故受之以比。”所以次师。

比。吉。原筮，元永贞，无咎。不宁方来，后夫凶。

"原"者，再也。与《礼记》"末有原"之原同。蒙之刚中在下卦，故曰"初筮"，比之刚中在上卦，故曰"原筮"。下卦名"初筮"，上卦名"原筮"，非真以蓍草筮之也。孔子于二卦《彖辞》皆曰"以刚中言"。蒙刚中在下，故能发人之蒙；比刚中在上，故有三德而人来亲辅也。非旧注所谓"再筮"以自审也。"元"者，元善也，即仁也。"永"，恒也。"贞"，正也，言元善长永贞固也。"无咎"者，有此"元永贞"之三德也。"不宁"者，不遑也。四方归附方新，来者不遑也。犹言四方归附之不暇也。"坤为方"，故曰方。"后夫凶"者，如万国朝禹而防风后至，天下归汉而田横不来也。下画为前，上画为后，凡卦画，阳在前者为夫，如睽卦"遇元夫"是也。此夫指九五也。阳刚当五，乃位天德，"元"之象也。四阴在下，相率而来，"不宁方来"之象也。一阴高亢于上，负固不服，"后夫"之象也。

〇言筮得此卦，为人所亲辅，占者固吉矣。然何以吉哉？盖因上卦阳刚得中，有"元永贞"三者之德，则在我已无咎，而四方之归附于我者且不遑，后来者自蹈迷复之凶矣。此所以吉也。

《彖》曰：比，吉也；比，辅也，下顺从也。原筮元永贞无咎，以刚中也。不宁方来，上下应也。后夫凶，其道穷也。

释卦名义，又以卦体释卦辞。"比吉也"乃渐卦"女归吉也"之例，皆止添一也字。"比辅"者，言阳居尊位，群下顺从以亲辅之也。盖辅者比之义，顺从者又辅之义，顺者情不容已，从者分不可逃。"以"者，因也，因有此"刚中"之德也。"刚中"则私欲无所留，所以为"元善"者此也；"刚中"则健而不息，所以为永者此也；"刚中"则正固而不偏，所以为贞者此也。盖八卦正位，坎在五，所以有此三德而无咎。九五居上，群阴应于下，上下相应，所以"不宁方来"，道穷者理势穷蹙，无所归附也。

《象》曰：地上有水，比。先王以建万国，亲诸侯。

物相亲比而无间者，莫如水在地上。先王观比之象，建公、侯、伯、子、男之国，上而巡狩，下而述职，朝聘往来以亲诸侯，诸侯承流宣化以亲其民，则视天下犹一家，视万民犹一身，而天下比于一矣。《彖》则人来比我，《象》与诸爻则我去比人。师之《畜众》，井田法也；比之"亲侯"，封建法也。秦惟不知此义，故二世即亡。善乎《六代论》曰：譬如芟刈股肱，独任胸腹，浮舟江海捐弃楫棹，观者为之寒心，而始皇自以为帝王万世之业，岂不悖哉！

初六。有孚比之，无咎。有孚盈缶，终来有他吉。

"有孚"者，诚信也。"比"之者，比于人也。诚信比人则无咎矣。"缶"，瓦器也，以土为之而中虚。坤土，阴虚之象也。"盈"者，充满也。"缶"，坤土之器。坎，下流之物，初变成屯，屯者盈也，水流盈缶之象也。若以人事论，乃自一念而念念皆诚，自一事而事事皆诚，即“盈缶”也。“有孚”即《孟子》所谓“信人”，“盈缶”则“充实”之谓，美矣。来者，自外而来也。他对我言，终对始言。

〇初六乃比之始。相比之道，以诚信为本，故“无咎”。若由今积累，自始至终皆其诚信充实于中，若缶之盈满，孚之至于极矣。则不但“无咎”，更有他吉也。

《象》曰：比之初六，有他吉也。

言比不但“无咎”，而即“有他吉”，见比贵诚实也。

六二。比之自内，贞吉。

二在内卦，故曰“内”。“自内”者，由己涵养有素，因之得君，如伊尹乐尧舜之道，而应成汤之聘也。八卦正位，坤在二，故曰“贞”。

〇六二柔顺中正，上应九五，皆以中正之道相比，盖贞而吉者也。占者有是德，则应是占矣。

《象》曰：比之自内，不自失也。

中正，故“不自失”。

六三。比之匪人。

三不中不正，已不能择人而比之矣，又承乘应皆阴，故为“比之匪人”。二之中正而曰“匪人”者，止以阴论也。妇人虽贤，犹是妇人，非先儒随时之说。

《象》曰：比之匪人，不亦伤乎？

“伤”，哀伤也，即孟子哀哉之意。不言其凶而曰伤乎者，盖恻然而痛悯也。

六四。外比之，贞吉。

九五外卦，故曰“外”，谓从五也。之字指五。本卦独九五为贤，六二以正应而比之，修乎己而贞吉也；六四以相近而“比之”，从乎人而“贞吉”也。于此见《易》之时。

〇六四柔顺得正，舍正应之阴柔而外比九五刚明中正之贤，得所比之正者矣。吉之道也，故占者“贞吉”。

《象》曰：外比于贤，以从上也。

五阳刚中正，故言“贤”；居尊位，故言“上”。言六四“外比”，岂徒以其贤哉？君臣大分，亦以安其“从上”之分也。

九五。显比。王用三驱，失前禽，邑人不诫，吉。

“显”者，显然光明正大无私也，言比我者无私，而我亦非违道干求比乎我也。下三句，“显比”之象也。“三驱”者，设三面之纲，即天子不合围也。坎错离为日，王之象也；又居三，三之象也。坎马驾坤车，“驱”之象也。综师，用兵驱逐禽兽之象也。前后坤土两开，开一面之象也。故同人初九前坤土两开，曰同人于门。一阳在众阴之中，与小过同，“禽”之象也。故师卦亦曰“禽”。“前禽”指初。下卦在前，初在应爻之外，“失前禽”之象也。坤为邑，又为众，又三四为人位，居应爻二之上五之下，“邑人”之象也。“不诫”者，禽之去者听其自去，邑人不相警诫以求必得也。“不诫”者，在下之无私；“不合围”者，在上之无私，所以为“显”。

○九五刚健中正以居尊位，群阴求比于己，显其比而无私，其不比者亦听其自去。来者不拒，去者不追，故有此象。占者比人无私，则吉矣。

《象》曰：显比之吉，位正中也。舍逆取顺，失前禽也。邑人不诫，上使中也。

舍音捨。

“位正中”即刚健中正居尊位也。用命，不入网而去者为逆，不我比者也。不用其命，入网而来者为顺，比我者也。人中正则不贪得。“邑人不诫”者，以王者有中德，故下化之亦中，亦不贪得，犹上有以使之也。所以“失前禽，邑人不诫”。

上六。比之无首，凶。

“乾为首”。九五乾刚之君，乃“首”也。九五已与四阴相为“显比”，至上六则不能与君比，是“比之无首”，其道穷矣。故蹈“后夫之凶”。

《象》曰：比之无首，无所终也。

“无所终”即“后夫凶”。

（小畜）

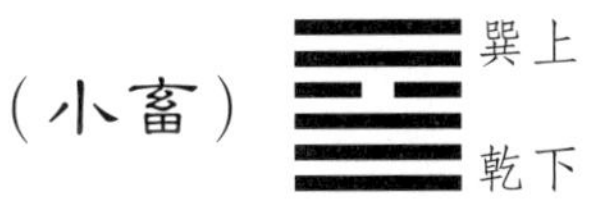

“小”者，阴也；“畜”者，止也。乾下巽上，以阴畜阳。又一阴居四，上下五阳皆其所畜，以小畜大，故为“小畜”。又畜之未极，阳犹尚往，亦“小畜”也。《序卦》：“比必有畜，故受之以小畜。”所以次比。

小畜。亨。密云不雨，自我西郊。

中爻离错坎，云之象。中爻兑，西之象。下卦乾，郊之象。详见需卦。凡云自西而来东者，水生木，泄其气，故“无雨”。

○“小畜亨”。然其所以亨者，以畜未极而施未行也，故有“密云不雨，自我西郊”之象。故占者亨。

《彖》曰：小畜，柔得位而上下应之，曰小畜。健而巽，刚中而志行，乃亨。密云不雨，尚往也。自我西郊，施未行也。

施，始豉反。

以卦综、卦德释卦名卦辞。“得位”者，八卦正位，巽在内也。本卦与履相综，故孔子《杂卦》曰：“小畜寡也，履不处也。”履之三爻，阴居阳位，不得其位，往而为小畜之四，则“得位”矣，故曰“柔得位而上下应之”。“上下”者，五阳也。以“柔得位而上下应之”，则五阳皆四所畜矣。以小畜大，故曰“小畜”。内健则此心果决而能胜其私，外巽则见事详审而不至躁妄。又二五刚居中位，则阳有可为之势，可以伸其必为之志矣。阳性上行，故曰“志行”。“乃亨”者，言阳为阴所畜，宜不亨矣，以健而巽，刚居中而志行，则阳犹可亨也。“往”者，阳往；“施”者，阴施。言畜之未极，阳气犹上往而阴不能止也。惟阳上往，所以阴泽不能施行而成雨。

《象》曰：风行天上，小畜。君子以懿文德。

“懿”，美也。巽顺，懿美之象。三乾阳，德之象。中爻离，文之象。以道而见诸躬行曰“道德”，见诸威仪文辞曰“文德”。风行天上，有气而无质，能畜而不能久，曰“小畜”。君子大则道德，小则文德，故体之以美其文。德之小曰“文”，而必曰“德”者，见文乃德之辉，非粉饰也。

初九。复自道，何其咎，吉。

自下升上曰复，归还之意。阳本在上之物，志欲上进而为阴所畜止，故曰“复”。“自”者，由也；“道”者，以正道也。言进于上，乃阳之正道也。“何其咎”，见其本无咎也。复卦“不还复”“休复”者，乃六阴已极之时，喜阳之复生于下，此卦之“复自道”“牵复”者，乃一阴得位之时，喜阳之复升于上。

〇初九乾体居下得正，虽与四阴为正应，而能守正，不为四所畜，故有“复自道”之象。占者如是，则无咎而吉矣。

《象》曰：复自道，其义吉也。

在下而畜于上之阴者，“势”也；不为阴所畜而复于上者，“理”也。阳不为阴畜，乃理之自吉者，故曰“其义吉”。

九二。牵复，吉。

九二渐近于阴，若不能“复”矣。然九二刚中，则不过刚而能守己相时，故亦“复”。与初二爻并复，有牵连而复之象。占者如是，则吉矣。三阳同体，故曰“牵”。故夬卦亦曰“牵”。《程传》谓二五牵复，本义谓初，观《小象》亦字，则《本义》是。

《象》曰：牵复在中，亦不自失也。

在“中”者，言阳刚居中也。“亦”者，承初爻之辞言。初九之复自道者，以其刚正，不为阴所畜，“不自失”也；九二刚中“牵复”，亦“不自失”也。言与初九同也。

九三。舆说辐，夫妻反目。

说音脱。

舆脱去其辐则不能行。乾错坤，舆之象也。变兑为毁折，脱辐之象也。脱辐非恶意，彼此相悦不肯行也。“乾为夫”，长女为妻。反目者，反转其目不相对视也。中爻离“为目”，巽“多白眼”，反目之象也。三四初时阴阳相比而悦，及变兑“为口舌”，巽性“进退不果”，又妻乘其夫，妻居其外，夫反在内，则三反见制于四，不能正室而反目矣。盖阳性终不可畜，所以小畜止能畜得九三一爻，诸爻皆不能畜。然亦三之自取也。

〇九三比阴，阴阳相悦，必苟合矣。为四畜止不行，故有“舆脱辐”之象。然三过刚不中，锐于前进，四性入坚于畜止，不许前进，三反见制于四，不能正室矣。故又有“反目”之象。其象如此，而占者之凶可知矣。

《象》曰：夫妻反目，不能正室也。

“室”者，闺门也。“正”者，男正位乎外，女正位乎内也。三四苟合，岂能“正室”，所以“反目”。故归妹《大象》曰“君子以永终知敝”。

六四。有孚。血去惕出，无咎。

去上声。

五阳皆实，一阴中虚，孚信，虚中之象也。此爻离错坎，“坎为血”，血之象也。“血去”者，去其体之见伤也，又为“加忧”，惕之象也。“惕出”者，出其心之见惧也。曰“去”曰“出”者，以变爻言也。盖本爻未变，错坎有“血惕”之象，既变则成纯乾矣，岂有“血惕”？所以“血去惕出”也。本卦以小畜大，四为畜之主，近乎其五，盖畜君者也。畜止其君之欲，岂不伤害忧惧？盖畜有二义：畜之不善者，小人而羁縻君子是也；畜之善者，此爻是也。

〇六四近五，当畜其五者也。五居尊位，以阴畜之，未免伤害忧惧。然承顺得正，乃能有孚诚信，以上合乎五之志，故有“血去惕出”之象。占者能如是诚信，斯“无咎”矣。

《象》曰：有孚惕出，上合志也。

上合志者，以其有孚诚信也。

九五。有孚挛如，富以其邻。

本卦《大象》“中虚”，而九五“中正”，故“有孚”诚信。“挛”者，挛缀也。缀者，缉也。缉者，续也。皆相连之意。即九二之牵也。谓其皆阳之类，所以牵连相从也。“巽为绳”，挛之象也。又为“近市利三倍”，富之象也。故家人亦曰“富家大吉”。五居尊位，如富者有财，可与邻共之也。“以”者，左右之也。“以其邻”者，援挽同德，与之相济也。君子为小人所困，正人为邪党所厄，则在下者必攀挽于上，期于同进；在上者必援引于下，与之协力。故二“牵”而五“挛”。本卦虽以阴畜阳，初二皆“牵复吉”，不为阴所畜，《彖》曰“刚中而志行乃亨”，“刚中志行”正在此爻，故“亨”。若旧注以三爻同力畜乾，则助小人以畜君子，阳岂得亨？非圣人作《易》之意矣。一阴五阳，君子多于小人，所以初二五皆不能畜。

〇九五居尊，势有可为。以九二同德为辅佐，当小人畜止之时，刚中志行，故有“有孚挛如富以其邻”小人不得畜止之象。占者“有孚”，亦如是也。

《象》曰：有孚挛如，不独富也。

言“有孚”则人皆牵挛而从之矣，不必有其富也。今五居尊位，既富矣，而又有孚，故曰“不独富”。

上九。既雨既处，尚德载。妇贞厉。月几望，君子征凶。

上九变，“坎为雨”，雨之象也。“处”者止也。巽性既进而退，巽风吹散其雨，“既雨既止”之象也。雨既止，可尚往矣。“尚德载”者，下三阳为德，坎为舆，成需，即需上六“不速之客三人来”也。“载”者，积三阳而载之也，故曰“积德载”。此言阳尚往也。水火乃相错之卦。火天大有曰“大车以载”，《象》曰“积中不败”，则坎车积三阳载之上往也明矣。巽妇畜乾之夫，以顺为正。巽本顺而正者也，今变坎，失巽顺，而为险陷危厉之道也，故始贞而今厉矣。“坎为月”，中爻“离为日”，日月之象也。巽错震，中爻兑，震东兑西，日月相望之象也。言阴盛也。《易》中言“月几望”者三，皆对阳而言。中孚言从乎阳，归妹言应乎阳，此则抗乎阳也。三阳有乾德，故曰“君子”。巽性进退不果，本疑惑之人，今变坎陷，终必疑君子之进，畜止而陷之，故“征凶”。

〇畜已终矣，阴终不能畜阳，故有雨止阳往之象。畜者虽贞，亦厉之道也，然阴既盛抗阳，则君子亦不可往矣。两有所成也，故其象占如此。阳终不为阴所畜，故《杂卦》曰：“小畜，寡也。”观“寡”字可知矣。

《象》曰：既雨既处，德积载也。君子征凶，有所疑也。

阳德积而尚往，故“贞厉”；阴终疑阳之进而畜之，故“征凶”。

（履）䷉ 乾上 兑下

“履”者，礼也，以礼人所践履也。其卦兑下乾上。天尊于上，泽卑于下，履之象也。内和悦而外刚健，礼严而和之象也。《序卦》：“物畜然后有礼，故受之以履。”因次小畜。

履虎尾，不咥人，亨。

咥，直结反。

“履”者，足践履也。中爻巽错震，“震为足”，有履之象，乃自上而履下也。“咥”者，啮也。下卦兑错艮，“艮为虎”，虎之象也。乃“兑为虎”，非“乾为虎”也。先儒不知象，所以以乾为虎。周公因文王取此象，故革卦上体兑亦取虎象。曰“尾”者，因下卦错虎，所履在下，故言“尾”也。故遁卦下体艮，亦曰“尾”。兑口乃悦体，中爻又巽顺，虎口和悦，巽顺不猛，故“不咥人”。

《彖》曰：履，柔履刚也。说而应乎乾，是以履虎尾，不咥人，亨。刚中正，履帝位而不疚，光明也。

说音悦。

以卦德释卦名卦辞，而又言卦体之善。“柔履刚”者，以三之柔履二之刚也。此就下体自上履下而言也。释卦名也。悦而应乎乾者，此就二体自下应上而言也。曰“应”者，明其非履也。三与五同功，故曰“应”。此释卦辞之所以亨也。帝指五。九五刚健中正，德与位称，故“不疚”。不疚则功业显于四方，巍然焕然，故“光明”。中爻离，“光明”之象。此又卦体所履之善，非圣人不足以当之。故文王言“履虎尾”，孔子言“履帝位”。

《象》曰：上天下泽，履。君子以辨上，下定民志。

君子观履之象，辨上下之分。上下之分既辨，则民志自定，上自安其上之分，下自安其下之分矣。

初九，素履，往无咎。

“素”者，白也，空也，无私欲污浊之意。“素履”即《中庸》“素位而行”。舜饭糗茹草若将终身，颜子陋巷不改其乐是也。“往”者，进也。阳主于进，故曰“往”。

〇初九阳刚在下，本无阴私，当履之初，又无外物所诱，盖素位而行者也。故有“素履”之象。以是而往，必能守其所愿之志而不变，履之善者也。

故占者“无咎”。

《象》曰：素履之往，独行愿也。

独有人所不行而己“独行”之意。愿即《中庸》“不愿乎外”之愿，言初九素位而行，独行己之所愿，而不愿乎其外也。《中庸》“素位”二句，盖本周公素履之爻云。

九二。履道坦坦，幽人贞吉。

“履道坦坦”，依乎中庸，不索隐行怪也。幽独之人多是贤者，过之能履道坦平，不过乎高而惊世骇俗，则“贞吉”矣。变震为足，履之象也；又为“大涂”，道坦坦之象也。幽对明言。中爻离明在上，则下爻为幽矣。三画卦，二为人位，幽人之象也。故归妹中爻、离九二亦以幽人言之。履以和行，礼之用，和为贵，所以本卦阳爻处阴位如上九，则“元吉”者以严而有和也。二与四同。二“坦坦”而四“愬愬”者，二得中而四不得中也。二与五皆得中位，二贞吉而五贞厉者，二以刚居柔，五以刚居刚也。

○九二刚中居柔，上无应与，故有“履道坦坦”之象。幽人如此，正而且吉之道也。故占者贞吉。

《象》曰：幽人贞吉，中不自乱也。

有此中德，心志不自杂乱，所以依《中庸》而贞吉。世之富贵外物，又岂得而动之。

六三。眇能视，跛能履，履虎尾，咥人凶。武人为于大君。

中爻巽错震足，下离为目，皆为兑之“毁折”，“眇”“跛”之象也。六画卦，三为人位，正居兑口，人在虎口之中，虎咥人之象也。三变则六画皆乾矣。以悦体而有文明，乃变为刚猛武勇，武之象也。三，人位，“武人”之象也。曰“武”者，对前未变离之文而言也。阳大阴小，阴变为阳，大之象也。故坤卦“用六，以大终”。变为乾君，大君之象也。“咥人”，不咥人之反；为“大君”，履帝位之反。

○六三不中不正，柔而志刚，本无才德而自用自专，不能明而强以为明，不能行而强以为行，以此履虎，必见伤害，故有是象。占者之凶可知矣。亦犹履帝位者，必德称其位而不疚，“武人”乃强暴之夫，岂可为“大君”哉！徒自杀其躯而已。“武人为大君”，又占中之象也。

《象》曰：眇能视，不足以有明也。跛能履，不足以与行也。咥人之凶，位不当也。武人为于大君，志刚也。

不足有明与行，以阴柔之才言。位不当者，以柔居刚也。爻以位为志。六三阴柔，才弱而志刚，亦如师卦之六三，所以武人而欲为大君。

九四。履虎尾，愬愬终吉。

四应初，故“履虎尾”。“愬愬”，畏惧貌。四多惧，“愬愬”之象也。三以柔暗之才，而其志刚猛，所以触祸；四以刚明之才，而其志恐惧，所以免祸。天下之理原是如此，不独象数然也。

〇九四亦以不中不正，履其虎尾，然以刚居柔，故能“愬愬”戒惧，其初虽不得即吉，而终则吉也。

《象》曰：愬愬终吉，志行也。

初曰独行，远君也；四曰“志行”，近君也。“志行”者，柔顺以事刚决之君，而得行其志也。始虽危，而终则不危，所谓“终吉”者此也。盖危者始平，《易》之道原是如此，故三之志徒刚，而四之志则行。

九五。夬履，贞厉。

“夬”者，决也，慨然以天下之事为可为，主张太过之意。盖夬与履皆乾兑上下相易之卦，曰“夬履”者，在履而当夬位也。然《彖辞》与《爻辞》不同，何也？盖《彖辞》以履之成卦言，六爻皆未动也，见其刚中正，故善之；《爻辞》则专主九五一爻而言，以变爻而言也。变离则又明燥而愈夬矣，故不同。在下位者，不患其不忧，患其不能乐，故喜其“履坦”；在上位者，不患其不乐，患其不能忧，故戒其“夬履”。二之坦则正而吉者，喜之也；五之夬则正而危者，戒之也。

〇九五“以刚中”而“履帝位”，则有可夬之资而挟可夬之势矣。又下应巽体，为臣下者皆容悦承顺，故有“夬履”之象。然有所恃必有所害，虽使得正，亦危道也。故其占为“贞厉”，其戒深矣。

《象》曰：夬履贞厉，位正当也。

有中正之德而又当尊位，伤于所恃。又下卦悦体，因悦方成其夬，所以兑之九五亦言位正当。

上九。视履，考祥其旋，元吉。

“视履”作一句，与“素履”、“夬履”同例。“视”者，回视而详审也。中爻离目，视之象也。“祥”者，善也。三凶五厉，皆非善也。考其履之善，必皆天理之节文、人事之仪则，下文其旋是也。“旋”者，周旋折旋也。凡《礼》，以义合而截然不可犯者谓之方，犹人之步履折旋也；以天合而怡然不可解者谓之圆，犹人之步履周旋也。《礼》虽有三千三百之多，不过周旋折旋而已。考其善于周旋折旋之间，则周旋中规、折旋中矩矣。岂不“元吉”。

〇上九当履之终，前无所履，可以回视其履矣。故有“视履”之象。能视其履，则可以考其善矣。考其善而中规中矩，履之至善者也。占者如是，不惟吉，而且大吉也。

《象》曰：元吉在上，大有庆也。

大即“元”，庆即“吉”，非“元吉”之外别有“大庆”。

（泰）  坤上 乾下

“泰”者，通也。天地阴阳相交而和，万物生成，故为“泰”。小人在外，君子在内，泰之象也。《序卦》：“履而泰，然后安，故受之以泰。”所以次履。此正月之卦。

泰。小往大来，吉亨。

小谓“阴”，大谓“阳”，“往”“来”以内外之卦言之。由内而之外曰“往”，由外而之内曰“来”。否泰二卦同体，文王相综为一卦，故《杂卦》曰：“否泰反其类也。”“小往大来”者，言否内卦之阴，往而居泰卦之外；外卦之阳，来而居泰卦之内也。

《彖》曰：泰小往大来，吉亨。则是天地交而万物通也，上下交而其志同也，内阳而外阴，内健而外顺，内君子而外小人，君子道长，小人道消也。

“则是”二字直管至“消也”。天地以气交，气交而物通者，天地之泰也。上下以心交，心交而志同者，上下之泰也。阴阳以气言，健顺以德言，此二句，造化之“小往大来”也。君子小人以类言，此三句，人事之“小往大来”也。“内外”释“往来”之义，“阴阳健顺”“君子小人”释“大小”之义。

《象》曰：天地交泰，后以财成。天地之道，辅相天地之宜，以左右民。

“后”，元后也。道就其体之自然而言，宜就其用之当然而言。“财成”者，因其全体而裁制使不过。如气化流行，笼统相续，圣人则为之裁制，以分春夏秋冬之节；地势广邈，经纬交错，圣人则为之裁制，以分东西南北之限。此“裁成天地之道”也。“辅相”者，随其所宜，而赞助其不及。如春生秋杀，此时运之自然；高黍下稻，亦地势之所宜。圣人则“辅相”之，使当春而耕，当秋而敛，高者种黍，下者种稻，此“辅相天地之宜”也。“左右”者，扶植之意。扶植以遂其生，俾其亦如天地之通泰也。阳左阴右，有此象，

故曰“左右”。

初九。拔茅茹，以其汇，征吉。

变巽为阴木，草茅之象也。“茹”者，根也。初在下，根之象也，“汇”者，类也，与“猬”字同，似豪猪而小，满身毛刺，同类多，故以汇为类。“拔茅茹以其汇”者，言拔一茅则其根茹牵连同类而起也。“征”者，仕进之意。

○当泰之时，三阳同体，有“拔茅茹以其汇”之象，占者同德牵连而往，则吉矣。

《象》曰：拔茅征吉，志在外也。

志在外卦之君，故“征吉”。

九二。包荒。用冯河。不遐遗，朋亡。得尚于中行。

冯音凭。

“包”字详见蒙卦。“包荒”者，包乎“初”也，“初”为草茅荒秽之象也。因本卦“小往大来”，阳来乎下，故“包初”。“冯河”者，二变则中爻成坎水矣，河之象也。河水在前，乾健“利涉大川”，“冯”之象也。用“冯河”者，用冯河之勇往也。二居柔位，故教之以勇。二变与五隔河，若“冯河”而往，则能就乎五矣。二与初为迩，隔三四与五为遐。“不遐遗”者，不遗乎五也。“朋”者，初也。三阳同体，牵连而进，二居其中，“朋”之象也。故咸卦中爻成乾，四居乾之中，亦曰“朋从”。“朋亡”者，亡乎初而事五也。“尚”者，尚往而事五也。“地”指六五。六五《小象》曰“中以行愿”是也。卦以上下交为泰，故以“尚中行”为辞。曰“得尚”者，庆幸之辞也。若惟知包乎荒，则必不能“冯河”而就五矣，必“遐遗”乎五矣，必不能亡朋矣。“用冯河”以下，圣人教占者之辞。阳来居内，不向乎外，有惟知包乎内卦之初、遐遗乎外卦君上之象，故圣人于初教之以征，于二教之以尚。旧注不识象，所以失此爻之旨。

○当泰之时，阳来于下，不知有上，故九二有包初之象。然二五君臣同德，天下太平，贤人君子正当观国用宾之时，故圣人教占者用“冯河”之勇以奋其必为之志，不可因迩而忘远。若能忘其所迩之朋，得尚往于“中行”之君以共济其泰，则“上下交而其志同”，可以收光大之事业，而泰道成矣。故其象占如此。

《象》曰：包荒，得尚于中行，以光大也。

曰“包荒”，兼下三句而言也。孔子《小象》多是如此。舍相比溺爱之朋，而尚往以事中德之君，岂不光明正大！乾阳，大之象也。变离，光之象也。

九三。无平不陂，无往不复。艰贞无咎。勿恤其孚。于食有福。

陂，碑为反。

陂，倾邪也。“无平不陂”，以上卦地形险夷之理言。“无往不复”，以下卦天气往来之理言。“艰”者，劳心焦思不敢慢易之意。“贞”者，谨守法度不敢邪僻般乐之意。“恤”者，忧也。“孚”者，信也。“勿恤其孚”者，不忧此理之可信也。食者，吞于口而不见也。“福”者，福禄也。“有福”者，我自有之福也，“食有”福者，天禄永终之意。乾之三爻，“乾乾惕若厉，艰贞无咎”之象也。变兑为口，食之象也。

〇三当泰将极而否将来之时，圣人戒占者曰：居今泰之世者，承平既久，可谓平矣，无谓平而不陂也；阴往阳来，可谓往矣，无谓往而不复也。今三阳既盛，正将陂将复之时矣，故必艰贞而守正，庶可保泰而无咎。若或不忧此理之可信，不能艰贞以保之，是自食尽其所有之福禄矣，可畏之甚也。故戒占者以此。

《象》曰：无往不复，天地际也。

“际”者，交际也。外卦地，内卦天，天地否泰之交会，正在九三六四之际也。

六四。翩翩。不富以其邻。不戒以孚。

此爻正是阴阳交泰。“翩翩”，飞貌，言三阴群飞而来也。小畜曰“富”者，乃阳爻也；此曰“不富”者，乃阴爻也。泰否相综，中爻巽，巽为“市利三倍”，富之象也。又为“命令”，戒之象也。言不待倚之以富而其邻从之者，甚于从富；不待戒之以令而其类信之者，速于命令也。“从”者，从乎阳也。信者，信乎阳也。言阴交泰乎阳也。阳欲交泰乎阴，故初曰“征”，二曰“尚”；阴欲交泰乎阳，故四曰“不富以邻，不戒以孚”，言乃中心愿乎阳也，五曰“帝乙归妹”，言行愿乎阳也。此四爻正阴阳交泰，所以说两个“愿”字。《彖辞》“上下交而其志同”，正在于此。若三与上虽正应，然阴阳之极，不成交泰矣。故三阳之极则曰“无往不复”，所以防“城复于隍”于其始；六阴之极则曰“城复于隍”，所以表“无往不复”于其终。二“复”字相应。

〇六四柔顺得正，当泰之时，阴向乎内，已交泰乎阳矣，故有三阴“翩翩”“不富”“不戒”之象。不言“吉凶”者，阴方向内，其势虽微，然小人已来于内矣，固不可以言吉；然上有“以祉元吉”之君，“上下交而其志同”，未见世道之否，又不可以言凶也。

《象》曰：翩翩不富，皆失实也。不戒以孚，中心愿也。

“皆失实”者，阴虚阳实，阴往于外已久，三阴皆失其阳矣。今来与阳交泰，乃中心之至愿也，故“不戒”而自孚。

六五。帝乙归妹，以祉元吉。

中爻三五为雷，二四为泽，有“归妹”之象，故曰“归妹”。因本卦阴阳交泰，阴居尊位而阳反在下，故象以此也。“帝乙”，即高宗箕子之例。“祉”者，福也。“以祉”者，以此得祉也，即泰道成也。

〇泰已成矣，阴阳交会，五以柔中而下应二之刚中，“上下交而其志同”，故有王姬下嫁之象。盖享太平之福祉而元吉者。占者如是，亦祉而元吉矣。

《象》曰：以祉元吉，中以行愿也。

“中”者，中德也。阴阳交泰，乃其所愿，故二曰“尚”，五曰“归”，一往一来之意也。二曰“中行”，五曰“中行愿”，上下皆中正，所谓“上下交而其志同”也。四与阳心相孚契，故曰“中心愿”；五下嫁于阳，则见诸行事矣，故曰“行愿”。惟得行其愿，则泰道成矣，所以“元吉”。

上六。城复于隍，勿用师。自邑告命，贞吝。

“坤为土”，变艮亦土，但有离象，中虚外围，城之象也。既变为艮，则“为径路”，“为门阙”，“为果蓏”。城上有径路如门阙，又生草木，则城倾圮不成其城矣，“复于隍”之象也。程子言“掘隍土积累以成城，如治道积累以成泰，及泰之终将反于否，如城土倾圮复于隍”是也。此“复”字正应“无往不复”复字。“师”者，兴兵动众以平服之也。“坤为众”，中爻为震，变爻象离，“为戈兵”，众动戈兵，师之象也。与复上六同。中爻兑口，“告”之象也。兑综巽，命之象也。“自”者，自近以及远也。“邑”字，详见谦卦。

〇上六当泰之终，承平既久，泰极而否，故有“城复于隍”之象。然当人心离散之时，若复用师以平服之，则劳民伤财，民益散乱，故戒占者不可用师远讨，惟可自一邑亲近之民播告之，渐及于还，以谕其利害可也。此收拾人心之举，虽亦正固，然不能保邦于未危之先，而罪已下诏于既危之后，亦可羞矣。故其占者如此。

《象》曰：城复于隍，其命乱也。

“命”即“可以寄百里”之命。“命”字谓政令也。盖泰极而否，虽天运之自然，亦人事之致然，惟其命乱，所以复否。圣人于泰终而归咎于人事，其戒深矣。

（否）

“否”者，闭塞不通也。卦象卦德皆与泰反。《序卦》：“物不可以终通，故受之以否。”所以次泰。此七月之卦。

否之匪人，不利，君子贞，大往小来。

“否之匪人”与“履虎尾”“同人于野”“艮其背”同例，卦辞惟此四卦与卦名相连。“否之匪人”者，言“否之”者非人也，乃天也，即“大往小来”也。“不利”者，即《彖辞》“万物不通”“天下无邦”“道长”“道消”也。“君子贞”者，即“俭德避难，不可荣以禄”也。不言“小人”者，“《易》为君子谋”也。“大往小来”者，否泰相综，泰内卦之阳往而居否之外，外卦之阴来而居否之内也。文王当殷之末世，亲见世道之否，所以发“匪人”之句。后来孔子居春秋之否，乃曰：“道之将行也与，命也；道之将废也与，命也。”孟子居战国之否，乃曰：“莫之为而为者天也，莫之致而至者命也。”皆宗文王“否之匪人”之句。“否之匪人”者，天数也；“君子贞”者，人事也，所以孔孟进以礼，退以义，惟守君子之贞。程朱以为非人道也，似无道字意。诚斋以为用非其人，似无用字意。不如只就“大往小来”说。

〇言“否之”者“非人”也，乃天也。否由于天，所以占者不利。丁否运之君子，欲济其否，岂容智力于间哉！惟当守其正而已。何也？“大往小来”，匪人也，乃天运之自然也。天运既出于自然，君子亦将为之何哉？故惟当守其正而已。

《彖》曰：否之匪人，不利。君子贞，大往小来。则是天地不交而万物不通也，上下不交而天下无邦也。内阴而外阳，内柔而外刚，内小人而外君子，小人道长，君子道消也。

释“大往小来”四字与泰卦同。上自为上，下自为下，则虽有邦国，实无邦国同矣，故“天下无邦”。

《象》曰：天地不交，否。君子以俭德辟难，不可荣以禄。

辟音避。难，去声。

“俭”者，俭约其德，敛其道德之光也。坤“为吝啬”，俭之象也。“辟难”者，避小人之祸也。三阳出居在外，避难之象也。“不可荣以禄”者，人不可得而荣之以禄也，非戒辞也。言若不“俭德”，则人因德而荣禄，小人忌之，祸即至矣；今既“俭德”，人不知我，则“不荣以禄”。故“不荣以禄”者，正所以“避难”也。

初六。拔茅茹，以其汇，贞吉亨。

变震为蕃，“茅茹”之象也。否综泰，故初爻辞同。“贞”者，上有九五刚健中正之君，三阴能牵连而志在于君则贞矣。盖否之时能从乎阳，是小人而能从君子，岂不贞。

〇初在下，去阳甚远，三阴同体，故有“拔茅茹以其汇”之象。当否之时，能正而志在于“休否”之君，吉而且亨之道也。故教占者以此。

《象》曰：拔茅贞吉，志在君也。

“贞”者，以其志在于君也，故“吉”。泰初九曰“志在外”，此变外为君者，泰六五之“君”不如否之“刚健中正”得称“君”也。

六二。包承。小人吉，大人否亨。

“包承”者，包乎初也。二乃初之承。曰“包承”者，犹言将承包之也。大来乎下，故曰“包荒”；小来乎下，故曰“包承”。既包乎承，则小人与小人为群矣。小人与小人为群，大人与大人为群，不相干涉，不相伤害矣。“否”者，不荣以禄也。

〇当否之时，小来乎下，故六二有“包承”之象。既包乎承，则小人为群，不上害乎大人矣。故占者在小人则有不害正之吉，在大人则身否而道亨也。

《象》曰：大人否亨，不乱群也。

阴来乎下，阳往乎上，两不相交，故“不乱群”。

六三。包羞。

“包”者，包乎二也。三见二包乎其初，三即包乎二。殊不知二隔乎阳，故包同类。若三则亲比乎阳矣，从阳可也，乃不从阳，非正道矣，可羞者也。故曰“包羞”。

〇六三不中不正，亲比乎阳，当小来于下之时，止知包乎其下矣，而不知上有阳刚之大人在也，乃舍四之大人而包二之小人，羞孰甚焉。故有是象。占者之羞可知矣。

《象》曰：包羞，位不当也。

位不当者，柔而志刚，不能顺从君子，故可“羞”。

九四。有命无咎。畴离祉。

变巽为命，命之象也。“有命”者，受九五之命也。四近君，居多惧之地，易于获咎。今变巽，顺则能从乎五矣。故“有命无咎”。“畴”者，同类之三阳也。“离”者，丽也。“离祉”者，附丽其福祉也。

〇九四当否过中之时，刚居乎柔，能从“休否”之君，同济乎否，则因“大君之命”，而济否之志行矣。故不惟在我无咎，获一身之庆，而同类亦并受其福也。故其象占如此。

《象》曰：有命无咎，志行也。

济否之“志行”。

九五。休否，大人吉。其亡其亡，系于苞桑。

“休否”者，休息其否也。“其亡其亡”者，念念不忘其亡，惟恐其亡也。

人依木息曰“休”。中爻巽木，五居木之上，“休”之象也。巽为阴木，二居巽之下，阴木柔，“桑”之象也。巽为绳，“系”之象也。丛生曰“苞”，丛者聚也，柔条细弱群聚而成丛者也。此爻变离，合坎为丛棘，“苞”之象也。桑止可取叶养蚕，不成其木，已非樟楠松柏之大矣，又况丛聚而生，则至小而至柔者也。以国家之大，不系于“磐石”坚固，而系于“苞桑”之柔，小危之甚也，即危如累卵之意。此二句有音韵，或古语也。

○九五阳刚中正，能休时之否，“大人”之事也。故大人过之则吉。然下应乎否，惟“休否”而已，未“倾否”也。故必勿恃其否之可休，勿安其休之为吉，兢业戒惧，念念惟恐其亡，若国家系于“苞桑”之柔小，常畏其亡而不自安之象，如此则否休而渐倾矣。故教占者必儆戒如此。“系于苞桑”，又“其亡其亡”之象也。

《象》曰：大人之吉，位正当也。

有中正之德而又居尊位，与“夬履”同者。亦恐有所恃，故爻辞有“其亡其亡”之句。

上九。倾否。先否后喜。

上文言休息其否，则其否犹未尽也。“倾”者，倒也，与鼎之“颠趾”同，言颠倒也，本在下而今反在上也。否泰乃上下相综之卦，泰阴上阳下，泰终则复隍，阳反在上而否矣。否阳上阴下，否终则倾倒，阴反在上而泰矣。此“倾”字之意也。“复隍”“复”字应“无往不复”“复”字，“倾否”“倾”字应“无平不陂”“陂”字。“陂”者，倾邪也。周公爻辞其精极矣。变兑成悦，喜之象也。

○上九以阳刚之才，居否之终，倾时之否，乃其优为者，故其占为“先否后喜”。

《象》曰：否终则倾，何可长也。

言无久否之理。

周易集注卷四

（同人）☰乾上 ☲离下

“同人”者，与人同也。天在上，火性炎上，上与天同，“同人”之象也。二五皆居正位，以中正相同，“同人”之义也。又一阴而五阳欲同之，亦“同人”也。《序卦》：“物不可以终否，故受之以同人。”所以次否。

同人于野，亨。利涉大川，利君子贞。

《彖辞》明。

《彖》曰：同人，柔得位得中而应乎乾，曰同人。同人曰：同人于野，亨。利涉大川，乾行也。文明以健，中正而应，君子正也。唯君子为能通天下之志。

以卦综释卦名，以卦德卦体释卦辞。同人、大有二卦同体，文王综为一卦，故《杂卦》曰：“大有众也，同人亲也。”“柔得位得中”者，八卦正位，离在二，今大有上卦之离来居同人之下卦，则不惟得八卦之正位，又得其中，而应乾九五之中正也。下与上相同，故名“同人”。卦辞“同人于野”者，六二应乎乾，乾在外卦，乃野外也，故曰“于野”。“乾行”指“利涉大川”一句。盖乾刚健中正，且居九五之位，有德有位，故可以济险难。“同人于野”虽六二得位得中所能同，至于济险难，则非六二阴柔所能也，故曰“乾行”，犹言乾之能事也。本卦错师，有震木坎水象，所以“利涉大川”。曰“乾行”者，不言象而言理也。内文明则能察于理，外刚健则能勇于义，中正则内无人欲之私，应乾则外合天德之公。“文明以健”以德言，“中正而应”以爻言，此四者皆君子之正道也。惟君子能通天下之志者，君子即正也。“同人于野”者，六二也；“利涉大川”者，乾也。“君子贞”则总六二、九五言之。

○六二应乎九五之乾，固名“同人”矣，然同人卦辞乃曰“同人于野亨，利涉大川”，何也？盖六二应乾固亨矣，至于“利涉大川”非六二也，乃乾也。曰“利君子贞”者，何也？盖内外卦皆君子之正，所以利君子正，天下之理正而已矣。人同此心，同此理，亿兆之众，志虽不同，惟此正理方可通之，方可大同人心。若私邪不正，安能有于野之亨而利涉哉？此所以“利君子贞”也。

《象》曰：天与火，同人。君子以类族辨物。

“类族”者，于其族而类之，如父母之类皆三年之丧，兄弟之类皆期年之丧是也。“辨物”者，于其物而辨之，如三年之丧，其服之麻极粗；期年之丧，稍粗；以下渐细是也。如是则同轨同伦，道德可一，风俗可同，亦如天与火不同而同也。凡《大象》皆有功夫，故曰“君子以”。“以”者，用也。若以“类族”为人，士为士族，农为农族；以“辨物”为物，蜾为蜾物，羽为羽物，则“君子以”三字无安顿而托空矣。

初九。同人于门，无咎。

变艮“为门”，门之象也。“于门”者，谓于门外也。门外虽非野之可比，然亦在外，则所同者广而无私昵矣。

〇初九以刚正居下，当同人之初，而上无系应，故有“同人于门”之象。占者如是，则无咎也。

《象》曰：出门同人，又谁咎也。

所同者广，而无偏党之私，又谁有咎我者。

六二。同人于宗，吝。

凡离变乾而应乎阳者，皆谓之“宗”。盖乾乃六十四卦阳爻之祖，有祖则有宗，故所应者为宗。若原是乾卦，则本然之祖，见阳不言宗。惟新变之乾，则新成祖矣，所以见阳言宗也。故睽卦六五亦曰“宗”。统论一卦，则二五中正相应，所以“亨”；若论二之一爻，则是阴欲同乎阳矣，所以可“羞”。如履卦《彖辞》“履帝位而不疚”，至本爻则“贞厉”，皆此意。

〇同人贵无私，六二中正，所应之五亦中正，然卦取同人，阴欲同乎阳，臣妾顺从之道也，溺于私而非公矣，岂不羞。故其象占如此。

《象》曰：同人于宗，吝道也。

阴欲同乎阳，所私在一人，可羞之道也。

九三。伏戎于莽，升其高陵，三岁不兴。

离错坎，为“隐伏”，伏之象也。中爻巽，为“入”，亦伏之象也。离为“戈兵”，戎之象也。“莽”，草也，中爻巽，为“阴木”，草之象也。中爻巽，为“股”，三变为震足，股足齐动，升之象也。巽为“高”，高之象也。三变中爻艮，“陵”之象也。离居三，“三”之象也。“兴”，发也。“伏戎于莽”者，俟其五之兵也。“升其高陵”者，窥其二之动也。对五而言，三在五之下，故曰“伏”。对二而言，三在二之上，故曰“升”。

〇九三刚而不中，上无应与，欲同于二。而二乃五之正应，应九五之见攻，故伏兵于草，升高盼望，将以敌五而攘二。然以理言，二非正应，理不直；以势言，五居尊位，势不敌。故至“三年”之久，而终不发。其象如此，以其未发，故占者不言“凶”。

《象》曰：伏戎于莽，敌刚也。三岁不兴，安行也。

所敌者既刚且正，故伏藏。“三岁不兴”者，以理与势俱屈，安敢行哉？故不能行。盖“行”者即兴动而行也，“安”者安于理势而不兴也。故曰“安行”。“安行”即四“困则”之意。

九四。乘其墉，弗克攻，吉。

“墉”，墙也。离中虚外围，“墉”之象也。解卦上六变离，亦曰“墉”。泰卦上六变艮，大象离曰城，皆以中空外围也。此则九三为六二之“墉”。九四在上，故曰“乘”。二四皆争夺，非同人矣，故不言“同人”。三恶五之亲二，故有犯上之心。四恶二之比三，故有陵下之志。六二，其三国之荆州乎！

〇四不中正，当同人之时无应与，亦欲同于六二。三为二之“墉”，故有乘墉攻二之象。然以刚居柔，故又有自反而“弗克攻”之象。能如是则能改过矣，故占者“吉”。

《象》曰：乘其墉，义弗克也。其吉，则困而反则也。

“义”者，理也。“则”者，理之法则也。义理不可移易，故谓之“则”。当同而同者理也，亦法则也。不当同而不同者理也，亦法则也。“困”者，困穷也，即“困而知之”之困也。四刚强，本欲攻二，然其志柔，又思二乃五之正应，义不可攻。欲攻，不可攻，二者交战，往来于此心，故曰“困”。“困”之一字非孔子不能说出，九四之心也。若生而知之知其不可攻，学而知之知其不可攻，则此心不困矣。言“乘其墉”矣，岂其力之不足哉？特以义不可同，故“弗克攻”耳。其“吉”者，则因困于心而反于义理之法则也，因困则改过矣，故“吉”。“义弗克”，正理也；“困而反则”，九四功夫也。

九五。同人先号咷而后笑。大师克相遇。

号平声。

火无定体，曰“鼓缶而歌”，而“嗟”，“出涕沱若”。中孚象离，曰“或泣或歌”。九五又变离，故有此象。“先号咷后笑”者，本卦六爻未变，离错坎为加忧，九五隔于三四，故忧而号咷。及九五变，则中爻为兑悦，故“后笑”。旅“先笑后号咷”者，本卦未变，中爻兑悦，故“先笑”；及上九变，则兑悦体震动成小过，“灾眚”之凶矣，故“后号咷”。必用大师者，三伏莽，四乘墉，非“大师”岂能克？此爻变离，中爻错震，戈兵震动，师之象也。九五阳刚之君，阳大阴小，大师之象也。且本卦错师，亦有师象。

〇九五六二以刚柔中正相应，本同心者也。但为三四强暴所隔，虽同矣，不得遽与之同，故有未同时不胜号咷、既同后不胜喜笑之象。故圣人教占者曰：君臣大分也，以臣隔君，大逆也。当此之时，为君者宜兴大师克乎强暴，后方遇乎正应，而后可。若号咷则失其君之威矣。故教占者占中之象又如此。

《象》曰：同人之先，以中直也。大师相遇，言相克也。

“先”者，“先号咷”也。“以”者，因也。中直与困卦九五中直同，即“中正”也。言九五所以“先号咷”者，以中正相应，必欲同之也。“相克”者，九五克三四也。

上九。同人于郊，无悔。

乾“为郊”，郊之象也。详见需卦。国外曰“郊”，郊外曰“野”，皆旷远之地。但“同人于野”以卦之全体而言，言大同则能亨也，故“于野”取旷远大同之象，此爻则取旷远无所与同之象，各有所取也。

〇上九居同人之终，又无应与，则无人可同矣。故有“同人于郊”之象。既无所同，则亦无所悔，故其占如此。

《象》曰：同人于郊，志未得也。

无人可同，则不能通天下之志矣。“志未得”，正与通天下之志相反。

（大有）

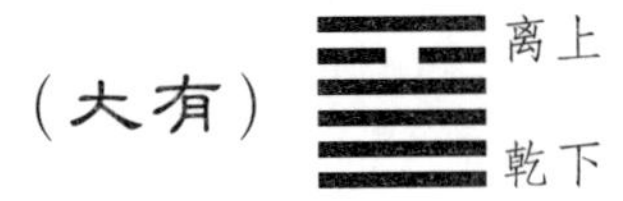

“大有”者，所有之大也。火在天上，万物毕照，所照皆其所有，大有之象也。一柔居尊，众阳并从，诸爻皆六五之所有，大有之义也。《序卦》：“与人同者，物必归焉，故受之以大有。”所以次同人。

大有。元亨。

《彖辞》明。

《彖》曰：大有，柔得尊位大中，而上下应之，曰大有。其德刚健而文明，应乎天而时行，是以元亨。

以卦综释卦名，以卦德卦体释卦辞。大有综同人，“柔得尊位而大中”者，同人下卦之离往于大有之上卦，得五之尊位，居大有之中，而上下五阳皆从之也。上下从之，则五阳皆其所有矣。阳大阴小，所有者皆阳，故曰“大有”。内刚健则克胜其私，自诚而明也；外文明则灼见其理，自明而诚也。上下应之者，众阳应乎六五也。应天时行者，六五应乎九二也。“时”者，当其可之谓。天即理也。天之道不外时而已。“应天时行”，如天命有德则应天而时章之，天讨有罪则应天而时用之是也。乾“为天”，因“应乾”，故发此句。“时行”即应天之实，非“时行”之外别有应天也。“刚健文明”者德之体，“应天时行”者德之用。有是德之体用，则能享其大有矣。是以“元亨”。

《象》曰：火在天上，大有。君子以遏恶扬善，顺天休命。

火在天上，无所不照，则善恶毕照矣。“遏恶”者，五刑五用是也。“扬善”者，五服五章是也，休美也。天命之性有善无恶，故“遏恶扬善”者，正所以顺天之美命也。

初九。无交害，匪咎，艰则无咎。

“害”者，害我之大有也。离为“戈兵”，应爻戈兵在前，恶人伤害之象也。故睽卦离在前亦曰“见恶人”。夬乃同体之卦，二爻变离，亦曰“莫夜有戎”。初居下位，以凡民而大有家，肥屋润人，岂无害之理？离火克乾金，其受害也必矣。“无交害”者，去离尚远，未交离之境也。九三交离境，故曰“小人害”也。九三“害”字从此“害”字来。“匪咎”者，人来害我，非我之咎也。“艰”者，艰难以保其大有，如夬之“惕号”也。

〇初九居卑，当大有之初，应爻离火，必有害我之乾金者。然阳刚得正，去离尚远，故有“无交害匪咎”之象。然或以“匪咎”而以易心处之，则必受其害矣。惟“艰”，则可保其大有而“无咎”也。故又教占者以此。

《象》曰：大有初九，无交害也。

时大有而当其初，所以去离远而“无交害”。

九二。大车以载，有攸往，无咎。

乾错坤，为“大舆”，“大车”之象也。阳上行之物，车行之象也。“以”者，用也，用之以载也。变离错坎，坎中满，“以载”之象也。大车以载之重，九二能任重之象也。二变中爻成巽，巽为股，巽错震为足，股足震动，“有攸往”之象也。

〇九二当大有之时，中德蓄积，充实富有，乃应六五之交孚，故有“大车以载”之象。有所往而如是，则可以负荷其任，佐六五虚中之君，共济大有之盛而“无咎”矣。故其占如此。

《象》曰：大车以载，积中不败也。

乾三连，阳多之卦皆曰“积”，积聚之意。小畜、夬皆五阳一阴同体之卦，故小畜曰“积德载”，此曰“以载”。而又曰“积中”者，言积阳德而居中也，则小畜之“积德载”愈明矣。夬九二《小象》曰“得中道”也，小畜九二《小象》曰“牵复在中”，皆此中之意。“败”字在车上来。乾金遇离火，必受克而败坏。故初曰“无交害”，三曰“小人害”，则“败”字虽从车上来，亦“害”字之意。曰“中德”，所以不败坏也。曰“积中不败”，则离火不烧金。六五“厥孚交如”，与九二共济大有之太平矣。

九三。公用亨于天子，小人弗克。

三居下卦之上，故曰“公”。五虽阴爻，然居天位，三非正应，故称“天子”。“亨”者，阳刚居正，不以大有自私，亨之象也。卦本元亨，故曰“亨”。“用亨于天子”者，欲出而有为，以亨六五大有之治也。九二中德，止曰“大车以载”，不言“亨于天子”，而九三反欲“亨于天子”，何也？盖九三才刚志刚，所以用亨天子也。同人大有相综之卦，同人三四皆欲同乎二，所以大有二三皆欲共济五之大有也。小人指四也。“弗克”者，不能也。三欲亨于天子，四持戈兵阻而害之，因此小人所以弗亨于天子也。盖大有之四即同人之三，四持戈兵即三之“伏戎”也。二三变为睽，“舆曳”“牛掣”，即小人之阻不得用亨也。旧注作“享”者，非。“用亨天子”，犹言出而使天子亨大有之“亨”也。

〇九三当大有之时，亦欲济亨通之会，亨于天子而共保大有之治者也。但当离乾交会之间，金受火制，小人在前，不能遽达，故有“弗克亨于天子”之象。占者得此，不当如九二之“有攸往”也，可知矣。

《象》曰：公用亨于天子，小人害也。

因“小人害”，所以“弗克”“亨于天子”。周公之“无交害”者，初之远于四也；孔子之“小人害”者，三之近于四也。

九四，匪其彭，无咎。

“彭”，鼓声。又盛也，言声势之盛也。四变中爻为震，震为“鼓”，彭之象也。变艮土，其盛之象也。

〇九四居大有之时已过中矣，乃大有之极盛者也。近君岂可极盛？然以刚居柔，故有不极其声势之盛之象，“无咎”之道也。故其占如此。

《象》曰：匪其彭无咎，明辩晰也。

“晰”，明貌，晰然其明辩也。“离”，明之象也。“明辩”者，辩其所居之地，乃别嫌多惧之地；辩其所遇之时，乃盛极将衰之时也。

六五。厥孚交如，威如，吉。

“威如”者，恭己无为，平易而不防闲备具，特有人君之威而已。因六五其体文明，其德中顺，又有阳刚群贤辅之，即舜之无为而治矣。所以有此象。

〇六五当大有之世，文明中顺以居尊位，虚己诚信以任九二之贤，不惟九二有孚于五，而上下之阳亦皆以诚信归之，是其孚信之交无一毫之伪者也，是以为六五者赖群贤以辅治，惟威如而已。此则不言而信，不怒而民威于𫓧钺，盖享大有太平之福者也。何吉如之！故其象占如此。

《象》曰：厥孚交如，信以发志也。威如之吉，易而无备也。

诚能动物，一人之信，足以发上下相信之志也。“易而无备”者，凡人君任贤图治，若机心深刻而过于防闲预备，则易生嫌隙，决不能与所任用之贤“厥孚交如”矣。惟平易而不防备，则任贤勿贰，去邪勿疑，方可享无为之治矣。“威如”即“恭己”，“易而无备”即“无为”。若依旧注作戒辞，则《小象》止当曰“威如则吉”，不应曰“威如之吉”也。

上九。自天祐之，吉无不利。

上九以刚明之德当大有之盛，既有崇高之富贵，而下有六五柔顺之君，刚明之群贤辅之，上九盖无所作为，惟享自天祐助之福吉，而“无不利”者也。占者有是德，居是位，斯应是占矣。

《象》曰：大有上吉，自天祐也。

言皆天之祐助，人不可得而为也。上居天位，故曰“天”。此爻止有“天祐”之意。若《系辞》又别发未尽之意也。如“公用射隼”止有“解悖”之意，若成器而动又未尽之意也。言各不同，皆发未尽之意。旧注泥于《系辞》者，非。

（谦）䷎ 坤上 艮下

“谦”者，有而不居之义。山之高，乃屈而居地之下，谦之象也。止于其内而收敛不伐，顺乎其外而卑以下人，谦之义也。《序卦》：“有大者不可以盈，故受之以谦。”故次大有。

谦。亨。君子有终。

“君子”，三也。详见乾卦三爻。艮终万物，故曰有终。《彖辞》、《大象》明。

《彖》曰：谦亨。天道下济而光明，地道卑而上行。天道亏盈而益谦，地道变盈而流谦，鬼神害盈而福谦，人道恶盈而好谦。谦尊而光，卑而不可踰，君子之终也。

上，时掌反。

济者，施也，天位乎上而气则施于下也。“光明”者，往成万物，化育昭著而不可掩也。“卑”者，地位乎下也。“上行”者，地气上行而交乎天也。天尊而下济，谦也，而光明则亨矣。地卑，谦也，而上行则亨矣。此言谦之必亨也。“亏盈”“益谦”以气言，“变盈”“流谦”以形言。“变”者倾坏，“流”者流注卑下之地而增高也。“害盈”“福谦”以理言，“恶盈”“好谦”以情言。此四句统言天地、鬼神、人三才皆好其谦，见谦之所以亨也。踰者，过也，言不可久也。尊者有功有德，谦而不居，则功德愈光，亦如天之光明也。卑者有功有德，谦而不居，愈见其不可及，亦如地之上行也。夫以尊卑之谦，皆自屈于其始；而光、而不可踰，皆自伸于其终，此“君子”之所以“有终”也。

《象》曰：地中有山，谦。君子以裒多益寡，称物平施。

上下五阴，“地”之象也。一阳居中，“地中有山”之象也。五阴之多，人欲也；一阳之寡，天理也。君子观此象，裒其人欲之多，益其天理之寡，则廓然大公，物来顺应，物物皆天理，自可以“称物平施”，无所处而不当矣。“裒”者，减也。

初六。谦谦君子，用涉大川，吉。

凡《易》中有此象而无此事、无此理者，于此爻“涉大川”见之。盖“金车”“玉铉”之类也。周公立爻辞，止因中爻震木在坎水之上，故有此句。而今就文依理，只得说能谦险亦可济也。

〇“六”柔，谦德也。“初”，卑位也。以谦德而居卑位，谦而又谦也。君子有此谦德，以之济险亦吉矣。故占者“用涉大川”亦“吉”。

《象》曰：谦谦君子，卑以自牧也。

“牧”，养也。“谦谦”而成“其君子”，何哉？盖九三“劳谦君子”，万民所归服者也。二并上与三俱“鸣”其“谦”，四则扐裂其“谦”，五因“谦”而“利侵伐”，初居谦之下位，已卑矣，何所作为哉？惟自养其谦德而已。

六二。鸣谦，贞吉。

本卦与小过同有“飞鸟遗音”之象，故曰“鸣”。豫卦亦有小过之象，亦曰“鸣”。又中爻震为“善鸣”。“鸣”者，阳唱而阴和也。《荀九家》以“阴阳相应故鸣”，得之矣。故中孚错小过，九二曰“鸣鹤在阴”，又曰“翰音登于天”，皆有鸣之意。“鹤鸣”，《小象》曰“中心愿也”，此曰“中心得也”，言二与三中心相得，所以相唱和而鸣也。若旧注以谦有闻，则非“鸣谦”，乃“谦鸣”矣。若《传》以德充积于中见于声音，则上六“鸣谦”其志未得与“鸣豫”之凶皆说不去矣。

〇六二柔顺中正，相比于三，三盖“劳谦君子”也。三谦而二和之，与之相从，故有“鸣谦”之象，正而且吉者也。故其占如此。

《象》曰：鸣谦贞吉，中心得也。

言六二与三“中心相得”，非勉强唱和也。

九三。劳谦君子，有终吉。

“劳”者，勤也，即“劳之来之”之“劳”。中爻坎为“劳卦”，虽《系辞》去声读，然同此“劳”字也。又中爻水木有井，象君子以“劳民劝相”，此“劳”字之象也。艮“终万物”，三居艮之终，故以文王卦辞“君子有终”归之。八卦正位，艮在三，所以此爻极善，“有终”即万民服。旧注因《系辞》有“而功不德”句，遂以为功劳，殊不知劳乎民后方有功，此爻止有劳而不伐意，故“万民服”。

〇九三当谦之时，以一阳而居五阴之中，阳刚得正，盖能劳乎民而谦者也。然虽不伐其劳，而终不能掩其劳，万民归服，岂不“有终”？故占者吉。

《象》曰：劳谦君子，万民服也。

阴为民，五阴故曰“万民”。众阴归之，故曰“服”。

六四，无不利，㧑谦。

㧑者，裂也，两开之意。六四当上下之际，开裂之象也。㧑谦者，以㧑为谦也。凡一阳五阴之卦，其阳不论位之当否，皆尊其阳而卑其阴。如复之“元吉”，师之“锡命”，豫之“大有得”，比之“显比”，剥之“得舆”，皆尊其阳不论其位也。六四才位皆阴，九三劳谦之贤，正万民归服之时，故开裂退避而去。非旧注“更当发挥其谦”也。

〇六四当谦之时，柔而得正，能谦者也，故“无不利”矣。但“劳谦”之贤在下，不敢当阳之承，乃避三而去之，故有以㧑为谦之象。占者能此，可谓不违阴阳之则者矣。

《象》曰：无不利㧑谦，不违则也。

则者，阳尊阴卑之法则也。㧑而去之，不违尊卑之则矣。

六五。不富以其邻，利用侵伐，无不利。

阳称“富”，小畜五阳，故《小象》曰“不独富”也。阴皆“不富”，故泰六四亦曰“不富”。“富”与“邻”皆指三。“以”者，用也。中爻震为长子，三非正应，故称“邻”。言不用富厚之力，但用“长子帅师”，而自“利用侵伐”也。坤为“众”，中爻震，此爻变离为“戈兵”，众动戈兵，侵伐之象。此象亦同初六“用涉大川”，但此则以变爻言也。上六“利用行师”，亦此象。

〇五以柔居尊，在上而能谦者也。上能谦，则从之者众矣，故有“不富以邻”而自“利用侵伐”之象。然“用侵伐”者，因其不服而已，若他事亦无不利也。占者有此谦德，斯应是占矣。

《象》曰：利用侵伐，征不服也。

侵伐非黩武，以其不服，不得已而征之也。

上六。鸣谦。利用行师，征邑国。

凡《易》中言“邑国”者，皆“坤土”也。升卦坤在外，故曰“升虚邑”。晋卦坤在内，故曰“维用伐邑”，泰之上六曰“自邑告命”，师上六曰“开国承家”，复之上六曰“以其国君凶”，讼六二变坤曰“邑人三百户”，益之中爻坤曰“为依迁国”，夬下体错坤曰“告自邑”，涣九五变坤曰“涣王居”，此曰“征邑国”，皆因“坤土”也。

〇上六当谦之终，与二为正应，见三之劳谦，亦相从而和之，故亦有“鸣谦”之象。然六二中正，既与三中心相得，结亲比之好，则三之心志不在上六，而“不相得”矣，故止可为将行师“征邑国”而已，岂能与“劳谦君子”之贤相为唱和其谦哉！

《象》曰：鸣谦，志未得也。可用行师，征邑国也。

“志未得”者，上六与九三心志不相得也。六二与上六皆“鸣谦”，然六二“中心得”，上六“志未得”，所以六二“贞吉”，而上六止“利用行师”也。

（豫）䷏ 震上 坤下

“豫”者，和乐也。阳始潜闭于地中，及其动而出地，奋发其声，通畅和豫，豫之象也。内顺外动，豫之由也。《序卦》：“有大而能谦，必豫，故受之以豫。”所以次谦。

豫。利建侯行师。

震“长子”，主器，震惊百里，“建侯”之象。中爻坎陷，一阳统众阴，“行师”之象。屯有震无坤，则言“建侯”；谦有坤无震，则言“行师”；此震坤合，故兼言也。

《彖》曰：豫。刚应而志行，顺以动，豫。豫顺以动，故天地如之，而况建侯行师乎！天地以顺动，故日月不过而四时不忒；圣人以顺动，则刑罚清而民服。豫之时义大矣哉！

以卦体、卦德释卦名、卦辞而极言之。“刚”，九四也。“刚应”者，一阳而众阴从之也。“志行”者，阳之志得行也。“刚应志行”，豫也。内顺外动，所以成其豫也，故名“豫”。人事合乎天理则顺，背乎天理则逆。“顺以动”，则一念一事皆天理矣。“天地如之”者，言天地亦不过如人之顺动也。天地且不之违，而况于人之“建侯行师”乎！此其所以利也。“建侯行师”虽大事，较之天地则小矣。“天地以顺动”者，顺其自然之气；“圣人以顺动”者，顺其当然之理。“不过”者，不差过也。如夏至昼六十刻夜四十刻，冬至昼四十刻夜六十刻之类是也。“不忒”者，不愆忒也。如夏则暑、冬则寒之类是也。刑罚不合乎理，惟乘一己喜怒之私，故民不服。若顺动则合乎天理之公，纵有刑罚，亦天刑也，故“民服”。“时义”者，豫中事理之时宜也，即顺动也。此极言而赞之也。六十四卦，时而已矣。事若浅而有深意，曰“时义大矣哉”，欲人思之也。非美事有时或用之，曰“时用大矣哉”，欲人别之也。大事大变，曰“时大矣哉”，欲人谨之也。

《象》曰：雷出地奋，豫。先王以作乐崇德，殷荐之上帝，以配祖考。

“奋”者，奋发而成声也。“作”，乃制礼作乐之作。“作乐”以“崇德”，故闻乐知德。“殷”，盛也。“作乐”乃朝廷邦国之常典，各有所主，其乐不同。惟万物本乎天，故有郊；人本乎祖，故有庙。是其用乐之最大者，故曰“殷荐”。故冬至祀上帝于圜丘而配之以祖，必以是乐荐之；季秋祀上帝于明堂而配之以考，必以是乐荐之。卦中爻坎为乐律，“乐”之象。五阴而崇一阳德，“崇德”之象。帝出于震，“上帝”之象。中爻艮为门阙，坎为“隐伏”，宗庙祖宗之象。

初六。鸣豫，凶。

“鸣”详见“鸣谦”。谦豫二卦同体，文王综为一卦，故《杂卦》曰：“谦轻而豫怠也。”谦之上六即豫之初六，故二爻皆言“鸣”。震性动又决躁，所以“浚恒凶”，“飞鸟凶”。

○初六与九四为正应，九四“由豫”，初据其应与之常，欲相从乎四而和之，故有“鸣豫”之象。然初位卑，四近君，乃权臣也，正其志大行之时。上下既悬绝，且初又不中，正应与之情乖矣，岂能与四彼此唱和？其豫不能唱和，初之志穷矣，凶之道也。故占者凶。

《象》曰：初六鸣豫，志穷凶也。

惟“志穷”，所以“凶”。中孚“鹤鸣子和”曰“中心愿也”，六二“鸣谦”曰“中心得也”，此心志相孚者也。上六“鸣谦”曰“志未得也”，初六“鸣豫”曰“志穷凶也”，此心志不相孚者也。相孚者皆曰“心”，不相孚者皆曰“志”，此所以为圣人之言。

六二。介于石，不终日，贞吉。

凡物分为两间者曰“介”。二变刚分坤为两间，介之象也。“介于石”者，言操守之坚如石不可移易。中爻艮，石之象也。“不终日”者，不溺于豫，见几而作，不待其日之晚也。二变中爻离，且居下卦之上，“不终日”之象也。八卦正位，坤在二，故“贞吉”。

〇豫易以溺人，诸爻皆溺于豫，独六二中正自守，安静坚确，故有此象。正而且吉之道也，故其占如此。

《象》曰：不终日贞吉，以中正也。

惟中正，故“不终日贞吉”。

六三。盱豫，悔。迟有悔。

“盱”者，张目也。中爻错离，目之象也。盱目以为豫者，九四当权，三与亲比，幸其权势之足凭，而自纵其所欲也。“盱”与“介”相反，“迟”与“不终日”相反。二中正，三不中正故也。

〇四为豫之主。六三阴柔，不中不正而近于四，上视于四而溺于豫，宜有悔者也。故有此象。而其占为事当速悔，若悔之迟，则过而不改，是谓过矣。此圣人为占者开迁善之门，而勉之以速改也。

《象》曰：盱豫有悔，位不当也。

六三不中不正，故“位不当”。

九四。由豫。大有得，勿疑朋盍簪。

“由豫”者，言人心之和豫，由四而致也。本卦一阳为动之主，动而众阴悦从，故曰“由豫”。“大有得”者，言得大行其志，以致天下之豫也。四多疑惧，故曰“疑”。又中爻坎亦为“狐疑”。“勿疑”者，中爻艮止，止而不疑之象也。因九四才刚明，故教之以“勿疑”也。“盍”者，合也。“簪”者，首笄也，妇人冠上之饰，所以总聚其发者也。下坤，妇人之象也。一阳横于三阴之首，“簪”之象也。“勿疑朋盍簪”者，勿疑朋合于我者，皆簪冠之妇人也。

〇九四一阳居五阴之中，众所由以为豫，故有“由豫”之象。占者过此，故为“大有得”。然人既乐从，正当得志之时，必展其大行之志，俾人人皆享其和平豫大之福。勿疑由豫于我者，无同德之阳明，而所以朋合于上下内外者，皆阴柔之群小可也。故又教占者必不可疑如此。

《象》曰：由豫大有得，志大行也。

刚应而无他爻以分其权，故曰“志大行”。

六五。贞疾，恒不死。

中爻为坎，坎为心病，疾之象也。曰“贞疾”者，言非假疾，疾之在外而可以药石者也。九四“由豫”，人心通归于四，危之极矣。下卦坤“为腹”，九四居卦之中为心，即咸卦“憧憧往来”之爻也。此正腹中心疾，故谓之“贞疾”。“恒”者，常也，言“贞疾”而常不死也。周室衰微，此爻近之。

〇六五当豫之时，柔不能立，而又乘九四之刚，权之所主、众之所归皆在于四，衰弱极矣。故有“贞疾”之象。然以其得中，故又有“恒不死”之象。即象而占可知矣。

《象》曰：六五贞疾，乘刚也。恒不死，中未亡也。

虽乘四为刚所逼，然柔而得中，犹存虚位不死。

上六。冥豫。成有渝，无咎。

“冥”者，幽也，暗也。上六以阴柔居豫极，为昏冥于豫之象。“成”者，五阴同豫，至上六已成矣。然以动体变刚成离，则前之“冥冥”者，今反昭昭矣，故又为其事虽成，然乐极哀生，不免有悔心之萌，而能改变之象。占者如是，则能补过矣，故“无咎”。

《象》曰：冥豫在上，何可长也。

豫已极矣，宜当速改，何可长溺于豫而不反也。

随者，从也，少女随长男，随之象也。随综蛊，以艮下而为震，以巽上而为兑，随之义也。此动彼悦，亦随之义也。《序卦》：“豫必有随，故受之以随。”所以次豫。

随。元亨利贞，无咎。

“随元亨”，然动而悦，易至于诡随，故必利于贞方得“无咎”。若所随不贞，则虽大亨亦有咎矣。不可依穆姜作“四德”。

《彖》曰：刚来而下柔，动而悦。随大亨贞，无咎，而天下随时。随时之义大矣哉！

以卦综、卦德释卦名，又释卦辞而赞之。“刚来而下柔”者，随蛊二卦同体，文王综为一卦，故《杂卦》曰：“随无故也，蛊则饬也。”言蛊下卦原是柔，今艮刚来居于下而为震，是刚来而下于柔也。“动而悦”者，下动而上悦也。“时”者，正而当其可也。言“大亨贞”而“无咎”者，以其时也。“时”者，随其理之所在。理在于上之随下则随其下，理在于下之随上则随其上，泰则随其时之泰，否则随其时之否，禹、稷、颜回是也。譬之夏可以衣葛则葛，冬可以衣裘则裘，随其时之寒暑而已。惟其时则通变宜民，邦家无怨，近悦远来，故“天下随时”。故即赞之曰“随时之义大矣哉”。此与艮卦“时”字同，不可依王肃本“时”字作“之”字观。尾句不曰“随之时义”而曰“随时之义”，文意自见。

《象》曰：泽中有雷，随。君子以嚮晦入宴息。

嚮与向同。“晦”者，日没而昏也。“宴息”者，宴安休息，即日入而息也。雷二月出地，八月入地。造化之理，有昼必有夜，有明必有晦，故人生天地，有出必有入，有作必有息。其在人心，有感必有寂，有动必有静，此造化之自然，亦人事之当然也。故“雷在地上”则作乐荐帝，“雷在地中”则闭关不省方，“雷在泽下”则向晦宴息，无非所以法天也。震，东方卦也，日出旸谷。兑，西方卦也，日入昧谷。八月正兑之时，雷藏于泽，此“向晦”之象也。泽亦是地，不可执泥“泽”字。中爻巽为入，艮为止，入而止，息之象也。

初九。官有渝，贞吉。出门交有功。

随卦初随二，二随三，三随四，四随五，五随六，不论应与。“官”者，主也。震长子主器，官之象也。“渝”者，变而随乎二也。初为震，主性变动，“渝”之象也。故讼卦四变中爻为震，亦曰“渝”。中爻艮，门之象也。二与四同功，二多誉，功之象也。故九四《小象》亦曰“功”。

〇初九阳刚得正，当随之时，变而随乎其二。二居中得正，不失其所随矣，从正而吉者也。故占者“贞吉”。然其所以“贞吉”者何哉？盖方出门，随人之始，即交有功之人，何“贞吉”如之！故又言所以“贞吉”之故。

《象》曰：官有渝，从正吉也。出门交有功，不失也。

二中正，所以“从正吉”。“交有功”，则不失其所随矣。旧注不知八卦正位，震在初，乃极美之爻，所以通作戒辞看。

六二。系小子，失丈夫。

中爻巽为绳，系之象也。阴爻称“小子”，阳爻称“丈夫”，阳大阴小之意。“小子”者，三也；“丈夫”者，初也。

〇六二中正，当随之时，义当随乎其三。然三不正，初得正，故有“系小子失丈夫”之象。不言“凶咎”者，二中正，所随之时不能兼与也。

《象》曰：系小子，弗兼与也。

既随乎三，不能兼乎其初。

六三。系丈夫，失小子。随有求得。利居贞。

“丈夫”者，九四也。小子者，六二也。“得”者，四近君为大臣，求乎其贵可以得其贵也。中爻巽，“近市利三倍”，求乎其富可以得其富也。

〇六三当随之时，义当随乎其四。然四不中正，六二中正，故有“系丈夫失小子”之象。若有所求，必有所得，但利乎其正耳。三不中正，故又戒占者以此。

《象》曰：系丈夫，志舍下也。

舍音舍。

时当从四，故心志舍乎下之二也。

九四。随有获，贞凶。有孚在道，以明何咎。

“有获”者，得天下之心随于己也。四近君为大臣，大臣之道，当使恩威一出于上，众心皆随于君。若人心随己，危疑之道也，故“凶”。孚以心言，内有孚信之心也。道以事言，凡事合乎道理也。“明”者，识保身之几也。“有”字、“在”字、“以”字，虽字义稍异，然皆有功夫。若以象论，变坎，“有孚”之象也；震为大涂，“道”之象也；变坎错离，“明”之象也；又中爻艮有光辉，亦“明”之象也。

〇四当随之时，义当随乎其五。然四为大臣，虽“随有获”而势陵于五，故有“有获贞凶”之象。所以占者凶。然当居此地之时何以处此哉？惟诚以结之，道以事之，明哲以保其身，则上安而下随，即“无咎”而不凶矣。故又教占者以此。

《象》曰：随有获，其义凶也。有孚在道，明功也。

“义凶”者，有凶之理也。“有孚在道明功”者，言“有孚在道”皆明哲之功也。盖明哲则知心不可欺而内竭其诚，知事不可苟而外合于道，所以“无咎”也。周公《爻辞》三者并言，孔子《象辞》推原而归功于明。何以验人臣明哲为先？昔汉之萧何韩信皆高帝功臣，信既求封齐，复求王楚，可谓“有获”矣，然无明哲，不知“有获贞凶”之义，卒及大祸。何则不然。帝在军中遣使劳何，何悉遣子弟从军，帝大悦。及击陈豨，遣使拜何相国，封五千户，何让不受，悉以家财佐军用，帝又悦。卒为汉第一功臣，身荣名显。若何者，可谓知明功臣者矣。孔子明功之言不其验哉！

九五。孚于嘉，吉。

八卦正位，兑在六，乃爻之嘉美者。且上六归山，乃“嘉遁”矣，故曰“孚于嘉”。

〇九五阳刚中正，当随之时，义当随乎其六，故有“孚嘉”之象。盖随之美者也。占者得此，吉可知矣。

《象》曰：孚于嘉吉，位正中也。

惟中正，故“孚于嘉”。

上六。拘系之，乃从维之，王用亨于西山。

“系”即六二六三之系。“维”亦系也。“系”之又“维”之，言系而又系也。《诗》“絷之维之，于焉嘉客”是也。言五孚于六，如此“系维”，其相随之心固结而不可解也。如七十子之随孔子，五百人之随田横，此爻足以当之。变乾，“王”之象也，指五也。兑居西，“西”之象也。兑错艮，“山”之象也。六不能随于世人，见九五维系之极，则必归之山矣。随蛊相综，故蛊卦上九“不事王侯”，亦有归山之象。“亨”者，通也。“王用亨于西山”者，用通于西山以求之也。“亨西山”与谦卦“用涉大川”同，皆因有此象，正所谓无此事此理而有此象也。

〇上六居随之终，无所随从，见九五相随之极，则遁而归山矣。故有此象。盖随之至者也。占者得此，吉可知矣。

《象》曰：拘系之，上穷也。

“上”者，六也。“穷”者，居卦之终，无所随也，非凶也。

（蛊）

“蛊”者，物久败坏而蛊生也。以卦德论，在上者止息而不动作，在下者巽顺而无违忤，彼此委靡因循，此其所以蛊也。《序卦》：“以喜随人者必有事，故受之以蛊。”所以次随。

蛊。元亨。利涉大川，先甲三日，后甲三日。

“利涉大川”者，中爻震木在兑泽之上也。“先甲”“后甲”者，本卦艮上巽下，文王圆图艮巽夹震木于东之中，故曰“先甲”“后甲”，言巽先于甲，艮后于甲也。巽卦言“先庚”“后庚”者，伏羲圆图艮巽夹兑方于西之中，故曰“先庚”“后庚”，言巽先于庚，艮后于庚也。分“甲”于蛊者，本卦未变，上体中爻震木、下体巽木也。分“庚”于巽者，本卦未变，上体综兑金、下体综兑金也。十干独言“甲”“庚”者，乾坤乃六十四卦之祖，甲居于寅，坤在上乾在下为泰；庚居于申，乾在上坤在下为否。“大往小来”，“小往大来”，天地之道不过如此，“物不可以终通”，“物不可以终否”。《易》之为道亦不过如此，所以独言“甲”“庚”也。曰“先三”“后三”者，六爻也。“先三”者，下三爻也，巽也；“后三”者，上三爻也，艮也。不曰“爻”而曰“日”者，本卦综随，日出震东，日没兑西，原有此象，故少不言一日二日，多不言九日十日，而独言“先三”“后三”者，则知其为下三爻上三爻也明矣。以“先甲”用辛取自新，后甲用丁取丁宁，此说始乎郑玄，不成其说矣。

〇当蛊之时，乱极必治，占者固元亨矣，然岂静以俟其治哉？必历涉艰难险阻以拨乱反正。知其先之三爻乃巽之柔懦，所以成其蛊也，则因其柔懦而矫之以刚果；知其后之三爻乃艮之止息，所以成其蛊也，则因其止息而矫之以奋发。斯可以“元亨”，而天下治矣。

《彖》曰：蛊，刚上而柔下，巽而止，蛊。蛊元亨而天下治也。利涉大川，往有事也。先甲三日，后甲三日，终则有始，天行也。

以卦综卦德释卦名卦辞。刚上而柔下者，蛊综随，随初震之刚上而为艮，上六兑之柔下而为巽也。刚上则太尊而情不下达，柔下则太卑而情难上通，巽则谄，止则惰，皆致蛊之由，所以名“蛊”。既“蛊”矣，而又“元亨”，何也？盖造化之与人事，穷则变矣。治必因乱，乱则将治。故蛊而乱之终，乃治之始也。如五代之后生唐太宗、五季之末生宋太祖是也。治蛊者当斯时，则天下治矣，故占者“元亨”。“往有事”犹言“往有为”。方天下坏乱，当勇往以济难，若复巽懦止息，则终于蛊矣，岂能“元亨”？终始即先后。“成言乎艮”者，终也；“齐乎巽”者，始也。“终则有始”者，如昼之终矣而又有夜之始，夜之终矣而又有昼之始，故乱不终乱，乱之终乃其治之始。治乱相仍，乃天运之自然也。故治蛊者必原其始，必推其终，知其蛊之为始为先者乃巽也，则矫之以刚果；知其蛊之为终为后乃艮也，则矫之以奋发。则蛊治而元亨矣。恒卦上体震综艮，下体巽，故亦曰“终则有始”。

《象》曰：山下有风，蛊。君子以振民育德。

“山下有风”，则物坏而有事更新矣。“振民”者，鼓舞作兴以振起之，使之日趋于善，非巽之柔弱也。此新民之事也。“育德”者，操存省察以涵育之，非艮之止息也。此明德之事也。当蛊之时，风俗颓败，由于民德之不新；民德不新，由于己德之不明。故救时之急在于“振民”，“振民”又在于“育德”，盖相因之辞也。

初六。干父之蛊，有子，考无咎。厉终吉。

艮止于上，犹父道之无为而尊于上也。巽顺于下，犹子道之服劳而顺于下也。故蛊多言“干父”之事。“干”者，木之茎干也。中爻震木，下体巽木，干之象也。木有干方能附其繁茂之枝叶，人有才能方能振作其既坠之家声，故曰“干蛊”。“有子”者，即《礼记》之“幸哉有子”也。

〇初六当蛊之时，才柔志刚，故有能“干父蛊”之象。占者如是，则能克盖前愆，喜其今日之维新，忘其前日之废坠，因子而考，亦可以无咎矣。但谓之蛊，未免危厉，知其危厉，不以易心处之，则终得吉矣。因六柔，故又戒之以此。

《象》曰：干父之蛊，意承考也。

“意承考”者，心之志意在于承当父事，克盖前愆，所以考无咎。

九二。干母之蛊，不可贞。

艮性止，止而又柔。止则惰，柔则暗。又当家事败坏之时，子欲干其蛊。若以我阳刚中直之性直遂干之，则不惟不堪，亦且难入，即伤恩矣，其害不小。惟当屈己下意，巽顺将承，使之身正事治，则亦已矣。故曰“不可贞”。“事父母几谏”是也。若以君臣论，周公之事成王，成王有过则挞伯禽，皆此意也。《易》之“时”，正在于此。

〇九二当蛊之时，上应六五。六五阴柔，故有“干母蛊”之象。然九二刚中，以刚承柔，恐其过于直遂也，故戒占者不可贞，委曲巽顺以干之可也。

《象》曰：干母之蛊，得中道也。

得中道而不太过，即“不可贞”也。

九三。干父之蛊，小有悔，无大咎。

悔以心言。“悔”者，因九三过刚，则干蛊之事，更张措置之间，未免先后缓急失其次序，所以“悔”也。咎以理言。然巽体得正，能制其刚，则其干蛊必非私意妄行矣，所以“无大咎”。

〇九三以阳刚之才能“干父之蛊”者，故有干蛊之象。然过刚，自用其心，不免“小有悔”，但为父干蛊，其咎亦不大矣。故其占如此。

《象》曰：干父之蛊，终无咎也。

有阳刚之才方能干蛊，故周公仅许之，而孔子深许之也。

六四。裕父之蛊，往见吝。

“裕”，宽裕也。强以立事为干，怠而委事为裕，正干之反也。“往”者，以此而往治其蛊也。“见吝”者，立见其羞吝也。治蛊如拯溺救焚，犹恐缓不及事，岂可裕。

〇六四以阴居阴，又当艮止，柔而且怠，不能有为，故有“裕蛊”之象。如是则蛊将日深，故往则见吝。戒占者不可如是也。

《象》曰：裕父之蛊，往未得也。

“未得”者，未得治其蛊也。九三之刚失之过，故“悔”；悔者渐趋于吉，故“终无咎”。六四之柔失之不及，故“吝”；吝者渐趋于凶，故“往未得”。

宁为悔，不可为吝。

六五。干父之蛊，用誉。

“用”者，用人也。“用誉”者，因用人而得誉也。“二多誉”，誉之象也。周公曰“用誉”，孔子“二多誉”之言盖本于此。九二以五为母，六五又取子道，可见《易》不可典要。宋仁宗仁柔之主，得韩、范、富、欧，卒为宋令主，此爻近之。

〇六五以柔居尊，下应九二，二以刚中之才而居巽体，则所以承顺乎五者莫非刚健大中之德矣。以此治蛊，可得闻誉，然非自能誉也，用人而得其誉也。故其象占如此。

《象》曰：干父用誉，承以德也。

“承”者，承顺也。因巽体又居下，故曰“承”，言九二承顺以刚中之德也。

上九。不事王侯，高尚其事。

上“事”字，“事王侯”以治蛊也；下“事”字，以“高尚”为“事”也，耕于有莘之野而乐尧舜之道是也。上与五二爻，以家事言，则上为父五为母，众爻为子，观诸爻以干父母言可知矣；以国事言，则五为君，下四爻为用事之臣，上一爻为不事之臣，观上一爻以王侯言可知矣。此《易》所以不可为典要也。盖当蛊之世，任其事而干蛊者，则操巽之权，而行其所当行；不任其事而高尚者，则体艮止之义，而止其所当止。如邓禹诸臣皆相光武，以干汉室之蛊，独子陵钓于富春是也。艮止，“不事”之象。变坤错乾，“王侯”之象。巽为高，“高尚”之象。

〇初至五皆干蛊，上有“用誉”之君，下有“刚中”之臣，家国天下之事已毕矣。上九居蛊之终，无系应于下，在事之外。以刚明之才，无应援而处无事之地，盖贤人君子不偶于时，而高洁自守者也。故有此象。占者有是德，斯应是占矣。

《象》曰：不事王侯，志可则也。

高尚之志足以起顽立懦，故可则。

周易集注卷五

（临）䷒ 坤上 兑下

“临”者，进而临逼于阳也。二阳浸长以逼于阴，故为“临”。十二月之卦也。天下之物，密近相临者莫如地与水，故“地上有水”则为比，“泽上有水”则为临。《序卦》：“有事而后可大。临者，大也。蛊者，事也。”韩康伯云：“可大之业，由事而生。”二阳方长而盛大，所以次蛊。

临。元亨利贞。至于八月，有凶。

临综观，二卦同体，文王综为一卦，故《杂卦》曰：“临观之义，或与或求。”言至建酉则二阳又在上，阴又逼迫阳矣。“至于八月”，非临数至观八个月也，言至建酉之月为观，见阴之消不久也。专以综卦言。

《彖》曰：临刚浸而长，说而顺，刚中而应，大亨以正，天之道也。至于八月有凶，消不久也。

以卦体、卦德释卦名、卦辞。浸者，渐也，言自复一阳生至临则阳渐长矣。此释卦名。说而顺者，内说而外顺也。说则阳之进也不逼，顺则阴之从也不逆。“刚中而应”者，九二刚中，应乎六五之柔中也。言虽刚浸长逼迫乎阴，然非倚刚之强暴而逼迫也，乃彼此和顺相应也，此言临有此善也。刚浸长而悦顺者，大亨也。刚中而应柔中者，以正也。“天之道”者，天道之自然也，言天道阳长阴消，原是如此“大亨以正”也。一诚通复，岂不“大亨以正”，故文王卦辞曰“元亨利贞”者此也。然阴之消岂长消哉，至酉曰“观”，阴复长而凶矣。

《象》曰：泽上有地，临。君子以教思无穷，容保民无疆。

“教”者，劳来匡直之谓也。“思”者，教之至诚恻怛出于心思也。“无穷”者，教之心思不至厌斁而穷尽也。“容”者，民皆在统驭之中也。“保”者，民皆得其所也。“无疆”者，无疆域之限也。“无穷”与兑泽同其渊深，“无疆”与坤土同其博大，二者皆“临民”之事，故君子观临民之象以之。

初九。咸临，贞吉。

“咸”，皆也，同也。以大临小者初九、九二，临乎四阴也。以上临下者上三爻，临乎其下也。彼临乎此，此临乎彼，皆同乎临，故曰“咸临”。卦惟二阳，故此二爻皆称“咸临”。九刚而得正，故占者“贞吉”。

《象》曰：咸临贞吉，志行正也。

初“正”，应四亦“正”，故曰“正”。中爻震足，故初“行”，五亦“行”。

九二。咸临。吉无不利。

“咸临”与初同而占不同者，九二有刚中之德，而又有上进之势，所以“吉无不利”。

《象》曰：咸临吉无不利，未顺命也。

“未顺命”者，未顺五之命也。五君位，故曰“命”。且兑综巽，亦有命字之象。本卦《彖辞》悦而顺，孔子恐人疑此爻之“吉无不利”者乃悦而顺五之命也，故于《小象》曰：二之吉利者，乃有刚中之德，阳势上进，所以吉利也，未顺五之命也。

六三。甘临，无攸利。既忧之，无咎。

“甘临”者，以甘悦人而无实德也。坤土具味甘。兑为口，甘之象也。故节卦九五“变临”亦曰“甘节”。“无攸利”者，不诚不能动物也。变乾，乾三爻“惕若”，忧之象也。

〇三居下之上，临人者也。阴柔悦体又不中正，故有以甘悦临人之象。此占者所以“无攸利”也。能忧而改之，斯“无咎”矣。

《象》曰：甘临，位不当也。既忧之，咎不长也。

“位不当”者，阴柔不中正也。“咎不长”者，改过也。

六四。至临，无咎。

六四当坤兑之交，地泽相比，盖临亲切之至者，所以占者“无咎”。

《象》曰：至临无咎，位当也。

以阴居阴，故“位当”。

六五。知临，大君之宜，吉。

知音智。

变坎，坎为“通”，智之象也。“知临”者，明四目，达四聪，不自用而任人也。应乾阳，故曰“大君”。“知临”之“知”原生于九二，故即曰“大君”。“知”者，觉也，智即知也。六五非九二不能至此。“宜”者，得人君之统体也。

〇六五柔中居尊，下任九二刚中之贤，兼众智以临天下，盖得“大君之宜”者也，吉可知矣。占者有是德，亦如是占也。

《象》曰：大君之宜，行中之谓也。

与初行正同。六五中，九二亦中，故曰“行中”。“行中”即用中。中爻震足，行之象也。

上六。敦临，吉无咎。

“敦”，厚也。爻本坤土，又变艮土，敦厚之象。初与二虽非正应，然志在二阳，尊而应卑，高而从下，盖敦厚之至者。

〇上六居临之终，坤土敦厚，有“敦临”之象，吉而无咎之道也。故其象占如此。

《象》曰：敦临之吉，志在内也。

志在内卦二阳。曰“志”者，非正应也。

（观）

“观”者，有象以示人，而为人所观仰也。风行地上，遍触万类，周观之象也。二阳尊上，为下四阴所观仰，观之义也。《序卦》：“临者大也，物大然后可观，故受之以观。”所以次临。

观。盥而不荐，有孚颙若。

观，官唤反。

“盥”者，将祭而洁手也。“荐”者，奉酒食以荐也。“有孚”者，信也。“颙”者，大头也，仰也。《尔雅》：“颙颙，君之德也。”大头在上之意，仰观君德之意。言祭祀者方洁手而未荐，人皆信而仰之矣。观者必当如是也。自上示下曰观去声，自下观上曰观平声。

《彖》曰：大观在上，顺而巽。中正以观天下。观盥而不荐，有孚颙若，下观而化也。观天之神道而四时不忒，圣人以神道设教，而天下服矣。

观皆去声，惟下观而化平声。

以卦体、卦德释卦名，又释卦辞，而极言之。“顺”者，心于理无所乖；“巽”者，事于理无所拂。中正即九五。阳大阴小，故曰“大观”。在上中正，则所观之道也。言人君欲为观于天下者，必所居者九五“大观”之位，所具者顺巽之德，而后以我所居之中观天下之不中，所居之正观天下之不正，斯可以为观矣。所以名“观”。“下观而化”，故人信而仰之，所以有孚颙若者此也。“盥而不荐”者，神感也。“有孚颙若”者，神应也。此观之所以神也。故以天道圣人之神道极言而赞之。“神”者，妙不可测，莫知其然之谓。“天之神道”非有声色，而四时代谢无少差忒；“圣人神道设教”亦非有声色，而民自服从。观之神一而已矣。

《象》曰：风行地上，观。先王以省方，观民设教。

上观去声，下观平声。

“省方”者，巡狩省视四方也。“观民”者，观民俗也，即《陈诗》“以观民风”，纳价以观好恶也。“设教”者，因俗以设教也。如齐之末业教以农桑，卫之淫风教以有别是也。风行地上，周及庶物，有历览周遍之象，故以省方体之。“坤为方”，“方”之象。“巽以申命”，“设教”之象。

初六。童观。小人无咎，君子吝。

观平声。

“童”者，童稚也。“观”者，观乎五也。中爻艮为少男，“童”之象也。初居阳，亦童之象，故二居阴，“取女”之象。“小人”者，下民也。本卦阴取下民，阳取君子。“无咎”者，“百姓日用而不知”，所以“无咎”也。“君子吝”一句乃足上句之意，故《小象》不言“君子”。

○初六当大观在上之时，阴柔在下，去五最远，不能观五中正之德辉，犹童子之识见不能及远，故有“童观”之象。然其占在小人则无咎，若君子岂无咎哉！亦可羞吝矣。见在“小人”，则当“无咎”也。

《象》曰：初六童观，小人道也。

不能“观国之光”，小人之道自是如此。

六二。闚观，利女贞。

观平声。

“闚”与“窥”同，门内窥视也。“不出户庭”，仅窥一隙之狭者也。曰“利女贞”，则丈夫非所利矣。中爻艮，门之象也。变坎为“隐伏”，坎错离为“目”，目在门内隐伏处，窥视之象也。二本与五相应，但二之前即门，所以“窥观”。

○六二阴柔，当观之时，居内而观外，“不出户庭”而欲观中正之道，不可得矣。故有“窥观”之象。惟女子则得其正也。故其占如此。

《象》曰：闚观女贞，亦可丑也。

妇无公事，所知者蚕织；女无是非，所议者酒食。则“窥观”乃女子之正道也。丈夫志在四方，宇宙内事乃吾分内事。以丈夫而为女子之观，亦可丑矣。

六三。观我生进退。

观平声。

下爻皆观乎五。三隔四，四已“观国之光”，三惟“观我生”而已。“我生”者，我阴阳相生之正气也，即上九也。为“进退”为“不果”者巽也，巽有“进退”之象，故曰“观我生进退”。

○六三当观之时，隔四不能“观国”，故有“观我生进退”之人之象。不言占之凶咎者，阴阳正应，未为失道，所当观者也。

《象》曰：观我生进退，未失道也。

“道”者，阴阳相应之正道也。

六四。观国之光，利用宾于王。

观平声。

“光”者，九五阳明在上，被四表光四方者也。下坤土，国之象。中爻艮，辉光之象。四承五，宾主之象。九五，王之象。“观国光”者，亲炙其盛，快睹其休也。“宾”者，已仕者朝观于君，君则宾礼之；未仕者仕进于君，君则宾兴之也。观卦利近不利远。六二中正，又乃正应，乃曰“窥观”，则不利于远可知矣。

○六四柔顺得正，最近于五，有“观光”之象，故占者“利用宾于王”。

《象》曰：观国之光，尚宾也。

“尚”谓心志之所尚，言其志意愿宾于王朝。

九五。观我生，君子无咎。

观去声。

九五、上九“生”字，亦如六三“生”字，皆我相生之阴阳也。“观我生”作句，上九相同，观孔子《小象》可见矣。“观我生”者，观示乎我所生之四阴也，即“中正以观天下”也。“君子无咎”对初爻“小人无咎”言。下四阴爻皆“小人”，上二阳爻皆“君子”。小人当仰观乎上，故“无咎”；君子当观示乎下，故“无咎”。

○九五为观之主，阳刚中正以居尊位，下之四阴皆其所观示者也，故有“观我生”之象。“大观在上”，君子无咎之道也。故其象占如此。

《象》曰：观我生，观民也。

二观字皆去声。

“民”即下四阴。阴为民，民之象也。故姤九四曰“远民”，以初六阴爻也。内卦三阴远于五，草莽之“民”也。六四之阴近于五，仕进之“民”也。

九五虽与六二正应，然初三四与九五皆阴阳相生，故曰“观我生观民也”，即“中正以观天下之民”也。

上九。观其生，君子无咎。

观去声。

上九虽在观示之上，然本卦九五有天下国家之责，所以九五观示乎诸爻，诸爻仰观乎九五。曰“我生”者即大有六五“五阳皆其所有”之意，言下四阴惟我可以观示，他爻不可得而观示之也。若上九不在其位，不任其事，则无观示之责。止因在上位，阴阳相生，义当观其生，是空有观生之位而已，故不曰“观我生”，而曰“观其生”者，避五也。是“我”字甚重而“其”字甚轻也。“君子无咎”者，九五与上九皆阳刚在上，故并“君子”之“无咎”也。

〇上九以阳刚居观之极，故有“观其生”之象，亦君子之无咎者。故其象占如此。

《象》曰：观其生，志未平也。

“志”者，上九之心志也。“平”者，均平也，与九五平分，相同一般之意。言周公爻辞，九五“观我生”，而上九则以其字易我字者何哉？以上九之心志不敢与九五同观其民也，故曰“志未平”也。盖观示乎民乃人君之事，若上九亦观示乎民，则人臣之权与人君之权，相为均平而无二矣，岂其理哉！故上九阳刚虽与五同，不过有观生之位而已，不敢以四阴为我之民，与九五平观示之也。

（噬嗑）䷔ 离上 震下

“噬”，啮也；“嗑”，合也。颐中有物间之，啮而后合也。上下两阳而中虚，颐之象也。四一阳间于其中，“颐中有物”之象也。“颐中有物”必啮而后合，噬嗑之象也。《序卦》：“嗑者合也，可观而后有所合。”所以次观。

噬嗑。亨。利用狱。

“噬嗑”亨卦，自有亨义也。天下之事所以不得亨者，以其有间也。噬而嗑，则物不得而间之，自亨通矣。此概举天下之事而言也。“利用狱”者，噬嗑中之一事也。

《彖》曰：颐中有物，曰噬嗑。噬嗑而亨。刚柔分动而明，雷电合而章，柔得中而上行。虽不当位，利用狱也。

以卦体卦德二象卦综释卦名卦辞。“颐中有物”则其物作梗。以人事论，如寇盗奸宄，治化之梗；蛮夷滑夏，疆场之梗；以至君臣父子亲戚朋友离贰，谗谤间于其中者，皆颐中之梗也。《易》卦命名立象各有所取。鼎也，井也，大过之栋也，小过之飞鸟也，“远取诸物”者也；艮之背也，颐之颐也，噬嗑颐中之物也，“近取诸身”者也。刚柔分者，震刚离柔，分居内外，内刚者齿也，外柔者辅也。“动而明”者，震动、离明也。“雷电合”者，卦二象也。盖动不如雷则不能断，明不如电则不能察，惟雷电合则雷震电耀，威明相济，所谓动而明者愈昭彰矣。此已前言“噬嗑亨，柔得中而上行”者，本卦综贲，二卦同体，文王综为一卦，故《杂卦》曰：“噬嗑食也，贲无色也。”言以贲下卦离之“柔得中上行”，而居于噬嗑之上卦也。盖不柔则失之暴，柔不中则失之纵，柔得中则宽猛得宜，有哀矜之念而又不流于姑息，此其所以利用狱也。若依旧注自益卦来，则非“柔得中而上行”，乃上行而柔得中矣。“不当位”者，以阴居阳也。

〇“颐中有物名噬嗑”矣，而曰“亨”者何也？盖凡噬物，噬则颐分，嗑则颐合。今未噬之先内刚外柔，将噬之际动而明，正噬之时合而章，先分后合，又何物得以间之，此所以噬嗑而亨也。然以噬嗑之亨，何事不利？而独“用狱”者，盖六五以柔在上，本不当位，不足以致诸事之利，独以“柔得中”，所以“利用狱”也。

《象》曰：雷电噬嗑，先王以明罚敕法。

“罚”者，一时所用之法。“法”者，平日所定之罚。“明”者，辨也，辨其轻重，效电之明。“敕”者，正也，正其国法，效雷之威。明辨其墨、劓、剕、宫、大辟，以至流宥、鞭朴、金赎之数者，正所以振“敕”法度，使人知所畏避也。“敕”字本音赉，相承作“敕”字。

初九。屦校灭趾，无咎。

校音教。

“校”，足械也。“屦”者，以械加于足，如纳屦于足也。中爻坎，坎为“桎梏”，校之象也。故上九亦言“校”。“趾”者，足趾也，震为足趾之象也。“灭”者，没也，遮没其趾也。变坤不见其震之足，“灭其趾”之象也。“无咎”者，因其刑而惩创以为善也。“屦校”不惩，必至“荷校”；“灭趾”不惩，必至“灭耳”。不因其刑而惩创，必至上九之恶积罪大矣，安得无咎？初九上九，受刑之人，中四爻则用刑者。

〇九居初无位，下民之象也。以阳刚而不柔顺，未有不犯刑者，故有“屦校灭趾”之象。趾乃人之所用以行者，惩之于初，使不得行其恶，小人之福也。故占者“无咎”。

《象》曰：屦校灭趾，不行也。

震性动，“灭其趾”则不得动而行以为恶矣。

六二。噬肤灭鼻，无咎。

“肤”者，肉外皮也。凡卦中次序相近者言肤，剥卦言“肤”者艮七坤八也，睽卦言“肤”者兑二离三也，此卦言“肤”者离三震四也。六爻二言“肤”者皮也，三言“肉”者皮中之肉也，四言“胏”者，肉中连骨也，以阳刚也，五阴柔又言肉矣。爻位以次渐深，噬肉以次渐难。祭有肤鼎，盖柔脆而无骨，噬而易嗑者也。中四爻有上下齿噬啮之象，故四爻皆言“噬”。此爻变兑，兑为口，“噬”之象也。二乃治狱之人，居其中；初在下，外为肤，“噬其肤”之象也。故《杂卦》曰“噬嗑食也”，正言此四爻之噬也。中爻艮，艮为“鼻”，“鼻”之象也。二变则中爻为离，不见其艮之鼻，灭其鼻之象也。“灭”字与“灭趾”“灭耳”同例，即《朱子语录》所谓“噬肤而没其鼻于器中”是也。言噬易嗑而深噬之也。

〇六二柔顺中正，听断以理，故其治狱有“噬肤灭鼻”之易之象，“无咎”之道也。故其占如此。

《象》曰：噬肤灭鼻，乘刚也。

“刚”者，初之刚也。人刚则性直，狱内委曲皆不隐藏，已易于听断矣。六二又以中正乘其刚以听断，必得其情，故有“噬肤灭鼻”之易。

六三。噬腊肉，遇毒，小吝无咎。

腊音昔。

腊肉者，即六五之干肉也，今人以盐火干之肉也。离火在前，三变又成离，上火下火，干其肉之象也。九四六五，离有乾象，故二爻皆言乾，而此言腊也。遇者，逢也。凡《易》中言遇者皆雷与火也。睽九二变震曰“遇主于巷”，“遇元夫”者亦变震也。丰“遇配主”“遇彝主”，小过大象坎错离“遇其妣”“遇其臣”，此雷火故言“遇毒”。毒者，腊肉之陈久太肥者也。《说文》云“毒者厚也”，《五行志》云“厚味实腊毒”，师古云“腊，久也。味厚者为毒久”，《文选》张景阳《七命》云“甘腊毒之味”是也。“噬腊遇毒”者，言噬干肉而遇陈久太肥厚味之肉也。中爻坎，所以曰“毒”。故师卦有此“毒”字。

〇六三阴柔，不中不正，治狱而遇多年陈久烦琐之事，一时难于断理，故有噬腊遇毒之象，亦小有吝矣。然时当噬嗑，于义亦无咎，故其占又如此。

《象》曰：遇毒，位不当也。

以阴居阳。

九四。噬干胏，得金矢，利艰贞吉。

乾音干，胏音滓。

“胏”，干肉之有骨者。离为乾，乾之象也。六五亦同此象。三四居卦之中，乃狱情之难服者，故皆以坚物象之。“金”者，刚也。此爻正颐中之物，阳金居二阴之间，金之象也。变坤错乾，亦金之象也。“矢”者，直也，中爻坎，矢之象也。盖九四正居坎之中，坎得乾之中爻为中男，故此爻有金象，有“矢象”。若六五变为乾，止有金象，无矢象矣，故止曰“得黄金”。且九四刚而不正，故戒之以“刚直”；六五柔中，故戒之以“刚中”。二爻皆曰“得”者，教人必如此也。“艰”者，凛凛然惟恐一毫之少忽，以心言也。“贞”者，兢兢然惟恐一毫之不正，以事言也。周公此象盖极精者，非《周礼》钧金束矢之说也。

〇四居卦中，狱情甚难，故有“噬干胏”坚物之象。四以刚明之才治之，宜即吉矣，但四溺于二阴之间，恐其徇于私而未甚光明，故必如金之刚、矢之直，而又艰难正固，则吉矣。因九四不中正，故教占者占中之象又如此。

《象》曰：利艰贞吉，未光也。

未光即屯九五、夬九五之类。

六五。噬干肉，得黄金。贞厉无咎。

“噬干肉”，难于肤而易于干胏者也，乃所治之狱匪难匪易之象。“黄”者中也。金者刚也，变乾，金之象也。乾错坤，黄之象也。离得坤之中爻为中女，则离之中乃坤土也，故曰“黄金”。贞者，纯乎天理之公而无私也。“厉”者，存乎危惧之心而无忽也。“无咎”者，刑罚当而民不冤也。

〇六五居尊，用刑于人，人无不服，故有“噬干肉易嗑”之象。然恐其柔顺而不断也，故必如“黄”之中、“金”之刚，而又“贞厉”，乃得无咎。因六五柔中，故戒占者占中之象又如此。

《象》曰：贞厉无咎，得当也。

当去声。

言必如此治狱方得当也。

上九。何校灭耳，凶。

何音荷。

“何”者，负也，谓在颈也。中爻坎为“桎梏”。初则曰“屦”，上则曰“负”，以人身分上下而言也。“灭”者，遮灭其耳也。坎为“耳痛”，“灭耳”之象也。又离为戈兵，中爻艮为手，手持戈兵加于耳之上，亦“灭耳”之象也。

○上九居卦之上，当狱之终，盖恶极罪大、怙终不悛者也。故有“何校灭耳”之象。占者如此，凶可知矣。

《象》曰：何校灭耳，聪不明也。

“聪”者，闻也，听也。上九未变，离明在上，坎耳在下，故听之明。今上九既变，则不成离明矣，所以听之不明也。困卦坎有言不信，夬四变坎闻言不信，今既听之不明，则不信人言矣。坎既心险，又不信好言，所以犯大罪。

（贲）䷕ 艮上 离下

“贲”，饰也。为卦山下有火。“山”者，百物草木之所聚，下有火，则照见其上，品汇皆被光彩，贲之象也。《序卦》：“嗑者，合也，物不可以苟合也，故受之以贲。”所以次噬嗑。

贲。亨。小利有攸往。

贲，彼为反。

“小利攸往”亦为亨，但亨之不大耳。

《彖》曰：贲，亨。柔来而文刚，故亨。分刚上而文柔，故小利有攸往。天文也。文明以止，人文也。观乎天文以察时变，观乎人文以化成天下。

以卦综、卦德释卦辞，而极言之。本卦综噬嗑。“柔来文刚”者，噬嗑上卦之柔来文贲之刚也。柔指离之阴卦，刚则艮之阳卦也。“柔来文刚”以成离明。内而离明则足以照物，动罔不臧，所以“亨”。“分”者，又分下卦也。分刚上而文柔者，分噬嗑下卦之刚上，而为艮以文柔也。刚指震之阳卦，柔则离之阴卦也。刚上而文柔以成艮止。外而艮止，则内而能知之，外而不能行之，仅可“小利有攸往而已”，不能建大功业也。故以其卦综观之，“柔来文刚，刚上文柔”，是即天之文也。何也？盖在于成象，日月五星之运行，不过此一刚一柔、一往一来而已。今本卦刚柔交错，是“贲”之文即“天”之文也。以其卦德观之，是即“人”之文也。何也？盖人之所谓文者，不过文之明也，而灿然有礼以相接；文之止也，而截然有分以相守。今本卦内而离明，外而艮止，是“贲”之文即“人”之文也。“观天文以察时变，观人文以化成天下”，贲之文不其大哉！“变”者，四时寒暑代谢之变也；“化”者，变而为新；“成”者，久而成俗。

《象》曰：山下有火，贲。君子以明庶政，无敢折狱。

“明”，离象。“无敢”，艮象。“庶”者，众也。繁庶小事，如钱谷出纳之类。“折狱”则一轻重出入之间，民命之死生所系，乃大事也。曰“无敢”者，非不折狱也，不敢轻折狱也，再三详审而后发之意。此即“小利有攸往”之理。因内明外止，其取象如此。贲与噬嗑相综，噬嗑“利用狱”者，明因雷而动也；贲“不敢折狱”者，明因艮而止也。

初九。贲其趾，舍车而从。

舍音捨。

“贲其趾”者，道义以文饰其足趾也。“舍”者，弃也。“徒”者，徒行也。“舍车而徒”，即贲其趾也。言舍车之荣而徒行，是不以徒行为辱，而自以道义为荣也。中爻震与坎，震，“趾”之角也；坎，“车”之象也。变艮止而又止，舍之象也。初比二而应四。比二则从乎坎车矣，应四则从乎震趾矣。然升乎车者必在上方可乘。《易》中言“乘”者皆在上也，言“承”者皆在下也。初在下无“乘”之理，故有“舍”坎“车”而“从”震“趾”之象。观《小象》“乘”字可见。

〇初九刚德明体，盖内重外轻，自贲于下而隐者也。故有舍非义之车而安于徒步之象。占者得此，当以此自处也。

《象》曰：舍车而徒，义弗乘也。

初在下，无可乘之理。

六二。贲其须。

在颐曰“须”，在口曰“髭”，在颊曰“髯”。须不能以自动，随颐而动，则须虽美，乃附于颐以为文者也。本卦综噬嗑，原有颐象，今变阳则中爻为兑口矣，口旁之文莫如须，故以“须”象之。

〇六二以阴柔居中正，三以阳刚得正，皆无应与，故二附三而动，犹须附颐而动也。故有“贲其须”之象。占者附其君子，斯无愧于贲矣。

《象》曰：贲其须，与上兴也。

“与”者，相从也。“兴”者，兴起也。二阴柔从三阳，兴起者也。

九三。贲如濡如，永贞吉。

“如”，助语辞。“濡”，沾濡也。离文自饰，“贲如”之象也。中爻坎水自润，“濡如”之象也。“永贞”者，长永其贞也。九三本贞，教之以永其贞也。“吉”者，阴终不能陵也。

〇九三以一阳居二阴之间，当贲之时，阴来比己为之左右先后，盖得其贲而润泽者也。故有“贲如濡如”之象。然不可溺于所安也，占者能守“永贞”之戒，斯吉矣。

《象》曰：永贞之吉，终莫之陵也。

“陵”者，侮也。能永其贞，则不陷溺于阴柔之中。有所严惮，终莫之陵侮矣。

六四。贲如皤如，白马翰如，匪寇，婚媾。

皤，白波反。

“皤”，白也。四变中爻为巽，白之象也。“贲如皤如”者，言未成其贲而成其皤也，非贲如而又皤如也。中爻震为“异足”，为“的颡”。异，白足，颡，白颠，白马之象也。旧注不知象，故言人白则马亦白，无是理矣。“翰如”者，马如翰之飞也。中爻坎，坎为亟心之马，“翰如”之象也。寇指三，婚媾指初。

○六四与初为正应，盖相为贲者也。乃为九三所隔而不得遂，故未成其贲而成其皤。然四往求于初之心如飞翰之疾，不以三之隔而遂已也。使非三之寇则与初成婚媾而相为贲矣。是以始虽相隔，而终则相亲也。即象而占可知矣。与屯六二同。

《象》曰：六四当位，疑也。匪寇婚媾，终无尤也。

以阴居阴，故“当位”。“疑”者，疑惧其三之亲比也。六四守正，三不能求，故终无过尤。

六五。贲于丘园，束帛戋戋，吝终吉。

戋音残。

艮为“山”，丘之象也。故颐卦指上九为“丘”，涣卦中爻艮，故六四“涣其丘”。艮为“果蓏”，又居中爻震木之上，果蓏林木，园之象也。此丘园指上九。上九贲白贫贱肆志，乃山林高蹈之贤。蛊乃同体之卦，上九“不事王侯”；随卦上六错艮，亦曰“西山”，则上九乃山林之贤无疑矣。两疋为“束”。阴爻两坼，“束”之象也。坤为帛。此坤土，“帛”之象也。“戋”与残同，伤也。艮错兑为“毁折”，戋之象也。束帛伤戋，即今人之礼缎也。本卦上体下体皆外阳中虚，有礼缎之象。上戋下戋，故曰“戋戋”。阴吝啬，故曰“吝”。

○六五文明以止之主。当贲之时，下无应与，乃上比上九高蹈之贤，故有光贲丘园、束帛以聘之象。然贲道将终，文反于质，故又有“戋戋”之象。以此为礼，有似于吝，然礼薄意勤，礼贤下士乃人君可喜之事。占者得此，吉可知矣。

《象》曰：六五之吉，有喜也。

艮错兑为悦，故曰“有喜”。得上九高贤而文之，岂不喜。

上九。白贲，无咎。

“贲”，文也。“白”，质也。故曰“白受采”。上九居贲之极，物极则反，有色复于无色，所以有“白贲”之象。文胜而反于质，“无咎”之道也。故其象占如此。

《象》曰：白贲无咎，上得志也。

文胜而反于质，退居山林之地，六五之君以束帛聘之，岂不得志。此以人事言者也。若以卦综论之，此文原是噬嗑初爻，刚上文柔，以下居上，所以得志。

（剥）䷖ 艮上 坤下

“剥”者，落也。九月之卦也。五阴在下，一阳在上，阴盛阳孤，势将剥落而尽，剥之义也。至高之山附著于地，有倾颓之势，剥之象也。《序卦》：“贲者，饰也，致饰然后亨，则尽矣，故受之以剥。”所以次贲。

剥。不利有攸往。

“不利有攸往”，言不可有所往，当俭德避难，所以为君子谋也。

《彖》曰：剥，剥也，柔变刚也。不利有攸往，小人长也。顺而止之，观象也。君子尚消息盈虚，天行也。

以卦体、卦德释卦名、卦辞。“剥”者，阳剥也。所以剥之者，险也，五之阴上进而欲变乎上之一阳也。以卦体言之，“小人长”也，阴邪之声势方张也。以卦象言之，内顺外止，有顺时而止之象，人当观此象也。观小人之时，时不可往；观一卦之象，象自不往。所以“不利有攸往”。“消息”者，“盈虚”之方始；“盈虚”者，“消息”之已成。“消息盈虚”四字，皆以阳言。复者阳之息，姤者阳之消，乾者阳之盈，坤者阳之虚，此正阳消而将虚之时也。“天行”者，天道自然之运也。天运之使然，君子亦惟以是为尚，与天时行而已，既不可往，又岂可往哉！“君子”二句，又推原“不利有攸往”之故。

《象》曰：山附于地，剥。上以厚下安宅。

“上”谓居民之上，一阳在上之象也。“厚下”者，厚民之生，省刑罚，薄税敛之类也。“宅”者，上所居之位，非定舍也。因艮体一阳覆帱于上，有宅舍之象，故以“宅”言之。所以上九亦以庐言者，以有庐之象也。“厚下安宅”者，言厚下而不剥，下者正所以自安其宅也。民惟邦本，本固邦宁之意。卦以下剥上取义，乃小人剥君子，成剥之义；象以上厚下取义，乃人君厚生民，则治剥之道也。

初六。剥床以足，蔑贞，凶。

剥床以足者，剥落其床之足也。变震，足之象也。剥自下起，故以足言之。一阳在上，五阴列下，有宅象、庐象、床象。蔑者，灭也。“蔑贞”者，灭其正道也，指上九也。方剥足而即言“蔑贞”，如“履霜”而知“坚冰至”也。

〇初阴剥在下，有“剥床以足”之象。“剥床以足”犹未见其凶，然其“剥足”之势不至“蔑贞”而不已，故戒占者如此。此圣人为君子危，而欲其自防于始也。

《象》曰：剥床以足，以灭下也。

以灭下则渐而上矣。见其端甚微，知其必有“蔑贞”之祸。

六二。剥床以辨，蔑贞，凶。

“辨”者，床之干也。不曰“干”而曰“辨”者，谓床之下、足之上分辨处也。“蔑贞”同初。

《象》曰：剥床以辨，未有与也。

“与”者，阳也。凡爻中阳以应阴、阴以应阳方谓之应与，相比亦然。二本阴爻，有阳爻之应，或有阳爻之比，则有与矣。今比乎二者初也，初，阴也。应乎二者五也，五亦阴也。前后左右皆无应与之阳，则上九乃孤阳矣，岂不“蔑贞”！故初知其“蔑贞”，而二亦知其必有此“凶”也。

六三，剥之无咎。

三虽与上九为正应，不可言“剥”，然在剥卦之中，犹不能离乎剥之名。“之”，语助辞。众阴方剥阳，而三独与之为应，是小人中之君子也。去其党而从正，虽得罪于私党，而见取于公论，其义“无咎”矣。占者如此，故“无咎”。剥以近阳者为善，应阳者次之。近阳者六五是也，故“无不利”。应阳者此爻是也，故“无咎”。

《象》曰：剥之无咎，失上下也。

“上”、“下”谓四阴。三居四阴之中，不与之同党，而独与一阳为应与，是所失者上下之阴，而所得者上九之阳也。惟其失四小人，所以得一君子。

六四。剥床以肤，凶。

初“足”、二“辨”、三“床”之上，四乃上体，居“床”之上，乃床上人之肤也。剥床而及其肌肤，祸切身矣，故不言“蔑贞”，而直曰“凶”。

《象》曰：剥床以肤，切近灾也。

言祸已及身而不可免也。

六五。贯鱼。以宫人宠，无不利。

此正《彖辞》所谓顺而止之也。鱼贯者，鱼之贯串而相次以序，五阴列两旁之象也。本卦大象巽，此爻变巽，巽有鱼象，详见中孚，巽为绳贯之象也。“以”者，后妃以之也。五，君位，为众阴之长，故可以以之。“鱼”，阴物；“宫人”，众妾，乃阴之美而受制于阳者。艮错兑为“少女”，“宫人”之象也。“以宫人宠”者，统领宫人，以次上行进御而获其宠也。一阳在上，五率其众阴，本卦原有此象；且内顺外止，本卦原有此德。阴顺则能从乎阳，艮止则必不剥阳矣。“无不利”者，阴听命于阳，乃小人听命于君子也，故“无不利”。非《程传》别设义之说。

〇六四以剥其肤而凶，至六五阴长阳消之极矣。然本卦顺而且止，故阴不剥阳，有“贯鱼以宫人宠”反听命于阳之象。此小人之福，而君子之幸也。故占者“无不利”。

《象》曰：以宫人宠，终无尤也。

五以阴剥阳，今率其类以听命于阳，有何过尤。

上九。硕果不食，君子得舆，小人剥庐。

“硕果”者，硕大之果。阳大阴小，硕之象也。艮为果，果之象也。“不食”者，在枝间未食也。诸阳皆消，一阳在上，硕果在枝上之象也。此爻未变，艮错兑为口，犹有可食之象。此爻一变则为坤，而无口矣，不食之象也。果硕大不食，必剥落朽烂矣。故孔子曰“剥者烂也”。果剥落朽烂于外，其中之核又复生仁，犹阳无可尽之理，穷上反下，又复生于下也。“舆”者，物赖之以载，犹地之能载物也。变坤，坤为大舆，舆之象也。一阳复生二于地之下，则万物皆赖之以生，此“得舆”之象也。“庐”者，人赖之以覆，犹天之能覆物也。五阴为庐，一阳盖上，为庐之椽瓦。今一阳既剥于上，则国破家亡，人无所覆庇以安其身，此剥庐之象也。上一画变，此穷上也，故曰“剥”。剥则阴矣，故曰“小人”。下一画新生，此反下也，故曰“得”。得则阳矣，故曰君子。盖阳剥于上，则必生于下；生之既终，则必剥于上。未剥之先，阳一画在上，故其象似“庐”；既剥之后，阳生于下，则上一画又在下矣，故其象似“舆”。

〇诸阳消剥已尽，独上九一爻，故有“硕果不食”之象。今上九一爻既变，则纯阴矣，然阳无可尽之理，既剥于上，必生于下，故生于下者，有“君子得舆”而为民所载之象。剥于上者，有“小人剥庐”终无所用之象。占者得此，君子小人当自审矣。

《象》曰：君子得舆，民所载也。小人剥庐，终不可用也。

“民所载”者，民赖之以承载也，庐所赖以安身者也。今既剥矣，终何用哉！必不能安其身矣。国破家亡，小人无独存之理。“载”字从“舆”字上来，“不可用”从“剥”字上来。

（复）䷗ 坤上 震下

“复”者，来复也。自五月一阴生后，阳一向在外，至十月变坤，今冬至复来反还于内，所以名“复”也。《序卦》：“物不可以终尽。剥穷上反下，故受之以复。”所以次剥。

复。亨。出入无疾，朋来无咎。反复其道，七日来复。利有攸往。

先言“出”而后言“入”者，程子言“语顺”是也。“出”者，刚长也；入者，刚反也。“疾”者，遽迫也。言出而刚长之时，自一阳至五阳以渐而长，是出之时未当遽迫也。入而刚反之时，五月一阴生，九月之剥犹有一阳，至十月阳变，十一月阳反，以渐而反，是入之时未当遽迫也。“朋”者，阴牵连于前，朋之象也。故豫卦、损卦、益卦、泰卦、咸卦皆因中爻三阳三阴牵连皆得称“朋”也。自外而之内曰“来”。言阴自六爻之二爻，虽成朋党而来，然当阳复之时，阳气上行以渐而长，亦无咎病也。复之得亨者以此。“道”犹言路，言刚反而复之道路也。“七日来复”者，自姤而剥坤复凡七也，即七日得之意。盖阳极于六，阴极于六，极则反矣。故“七日来复”也。无疾咎者，复之亨也。“七日来复”，复之期也。“利有攸往”，复之占也，大抵姤复之理：五月一阴生为姤，一阴生于内则阳气浮而在外矣。至于十月，坤阴气虽盛，而阳气未当息也，但在外耳。譬之妻虽为主，而夫未尝亡。故十一月一阳生曰“刚反”。反者言反而归之于内也。十一月一阳生而复，一阳生于内则阴气浮而在外矣。至于四月，乾阳气虽盛，而阴气未尝息也，但在外耳。譬之夫虽为主，而妻未尝亡。故五月一阴复生。天地虽分阴阳，止是一气，不过一内一外而已。一内一外即一升一沉，一盛一衰，一代一谢也。消息盈虚，循环无端，所以言“剥”言“复”。

《彖》曰：复，亨。刚反动而以顺行，是以出入无疾，朋来无咎。反复其道，七日来复，天行也。利有攸往，刚长也。复其见天地之心乎！

以卦德卦体释卦辞而赞之。刚反对刚长。“反”者，言剥之刚“穷上反下”而为复也。“长”者，言复之刚自下进上、历临泰而至于乾也。以其既去而来反也，故“亨”。以其既反而长也，故“利有攸往”。刚反言方复之初，刚长言已复之后。行亦动也。言下体虽震动，然上体乃坤顺，以顺而动，所以“出入往来无疾无咎”。“天行”者，阴阳消息，天运之自然也，故“反复其道，七日来复”。阳刚用事，君子道长，所以“利有攸往”。“见天地之心”者，天地无心，生之不息者乃其心也。剥落之时，天地之心几于灭息矣。今一阳来复，可见天地生物之心无一息之间断也。一阳之复，在人心则恻隐羞恶辞让是非，性善之端也。故六爻以复善为义。此孔子赞辞。言天地间无物可见天地之心，惟此一阳初复、万物未生见天地之心。若是三阳发生万物之后，则天地之心尽散在万物，不能见矣。天地之心动后方见，圣人之心应事接物方见。

《象》曰：雷在地中，复。先王以至日闭关，商旅不行，后不省方。

“先王”者，古之先王。“后”者，今之时王。一阳初复，万物将发生之时，当上下安静以养微阳。“商旅不行”者，下之安静也。“后不省方”者，上之安静也。人身亦然。《月令》“斋戒掩身”是也。以卦体论，阴爻“贯鱼”，“商旅”之象。阳爻横亘于下，“闭关”之象。阳君不居五而居初，潜居深宫，“不省方”之象。以卦象论，震为“大涂”，中开大路，“旅”之象。坤为“众”，商旅之象。震综艮，艮止不行之象。阖户为坤，“闭关”之象。坤为“方”之象。

初九。不远复，无祇悔，元吉。

“不远”者，失之不远也。“祇”者，适所以之辞。“适”者，往也，至也。人有过失，必至微色发声而后悔悟，此则困心衡虑者也。惟自此心而失之，又自此心而知之；自此心而知之，又自此心而改之。此则不远即复，不至于悔者也。

〇初九一阳初生于下，复之主也。居于事初，其失不远，故有不远能复于善、无至于悔之象。大善而吉之道也。故其占如此。

《象》曰：不远之复，以修身也。

为学之道无他，惟知不善则速改以从善而已。复则人欲去而天理远，修身之要何以加此。

六二。休复，吉。

“休”者，休而有容也，人之有善，若己有之者也。以其才位皆柔，又变悦体，所以能下其初之贤而复。

〇六二柔顺中正，近于初九，见九之复而能下之，故有“休复”之象。吉之道也。故其占如此。

《象》曰：休复之吉，以下仁也。

复初爻，本“硕果不食”，穷上反下，其核又生仁，所以取此“仁”字。复礼为仁。初阳复即复于仁也。故曰“以下仁”。

六三。频复，厉无咎。

“频”者，数也。三居两卦之间，一复既尽，一复又来，有“频”之象，与“频巽”同。“频复”者，频失而频复也。“厉”者，人心之危也。“无咎”者，能改过也。“不远之复”者，颜子也；“频复”则日月一至，诸子也。

〇六三以阴居阳，不中不正，又处动极，复之不固，故有频失频复之象。然当复之时，既失而能知其复，较之迷复者远矣。故当频失之时，虽不免危厉，而至于复，则“无咎”也。故其占如此。

《象》曰：频复之厉，义无咎也。

“频复”而又频失，虽不免于厉，然能改过，是能补过矣。揆之于义，故“无咎”。

六四。中行，独复。

“中行”者，在中行也。五阴而四居其中，中之象也。凡卦，三四皆可言中。益卦三四皆言中行是也。此爻变震，应爻亦震，震为足，行之象也。“独复”者，不从其类而从阳也，故孔子以从道象之。

〇六四中而得正，在群阴之中而独能下应于阳刚，故有“中行独复”之象。曰“独复”则与休者等矣。盖二比而四应也。

《象》曰：中行独复，以从道也。

初之《象》曰“以修身也”，二曰“仁”，四曰“道”。修身以道，修道以仁，仁与道皆修身之事。二比而近，故曰“仁”；四应而远，故曰“道”。《小象》之精极矣。

六五。敦复，无悔。

“敦”者，厚也。有一毫人欲之杂，非复；有一毫人欲之间，非复。“敦复”者，信道之笃，执德之坚，不以久暂而或变者也。“不远复”者，善心之萌；“敦复”者，善行之固。“无悔”者，反身而诚也。“敦临”、敦复皆因坤土。

〇六五以中德居尊位，当复之时，故有敦厚其复之象。如是则心与理一，无可悔之事矣。故占者无悔。

《象》曰：敦复无悔，中以自考也。

“考”者，成也。言有中德，自我而成其“敦复”也。不由于人之意。初乃复之主，二以下仁而成“休复”，四以从道而成“独复”，皆有资于初以成其复，惟五以中德而自成，不资于初，故曰“自”。“无祇悔”者入德之事，“无悔”者成德之事，故曰“考”。

上六。迷复，凶。有灾眚。用行师，终有大败，以其国君，凶。至于十年，不克征。

坤为“迷”，迷之象也。“迷复”者，迷其复而不知复也。坤本先迷，今居其极，则迷之甚矣。“以”者，与也，并及之意。因师败而并及其君，有倾危之忧也。坤为“众”，师之象也。变艮，大象离，离为“戈兵”，众人以戈兵而震动，“行师”之象也。“国”者，坤之象也。详见谦卦。“十”者，土数成于十也。“不克征”者，不能雪其耻也。“灾眚”者，凶也。“用师”以下，则“灾眚”之甚，又凶之大者也。复卦何以言行师？以其敌阳也。剥复相综，阳初复，阴极盛，正“龙战于野”之时。曰“终有大败”者，阳上进，知其终之时必至于夬之“无号”也。

○上六阴柔，居复之终，故有“迷复”之象。占者得此，凶可知矣。是以天灾人眚杂然并至，天下之事无一可为者。若“行师”则丧师辱君，至于“十年”之久，犹不能雪其耻。其凶如此。

《象》曰：迷复之凶，反君道也。

“反君道”者，反其五之君道也。六五有中德，“敦复无悔”，六居坤土之极，又无中顺之德，所以“反君道”而“凶”。

周易集注卷六

（无妄）䷘ 乾上 震下

“无妄”者，至诚无虚妄也。《史记》作“无所期望”。盖惟本无妄，所以凡事尽其在我，而于吉凶祸福皆委之自然，未尝有所期望，所以“无妄”也。以天道言，实理之自然也。以圣人言，实心之自然也。故有正不正之分。盖震者动也，动以天为无妄，动以人则妄矣。《序卦》：“复则不妄，故受之以无妄。”所以次复。

无妄。元亨利贞。其匪正有眚，不利有攸往。

惟其无妄，所以不期望。若处心未免于妄而匪正则，无道以致福而妄欲徼福，非所谓“无妄之福”；有过以召灾而妄欲见灾，非所谓“无妄之灾”。此皆未免容心于祸福之间，非所谓无妄也。岂不“有眚”？若真实无妄之人，则纯乎正理，祸福一付之天，而无苟得幸免之心也。

《彖》曰：无妄，刚自外来而为主于内。动而健，刚中而应。大亨以正，天之命也。其匪正有眚，不利有攸往。无妄之往，何之矣？天命不祐，行矣哉！

本卦综大畜，二卦同体，文王综为一卦，故《杂卦》曰：“大畜，时也；无妄，灾也。”刚自外来者，大畜上卦之艮，来居无妄之下卦而为震也。刚自外来，作主于内，又性震动，又自外来，则动以人不动以天，非至诚无虚妄矣。所以有人之眚，而“不利有攸往”也。内动而外健，故“大亨”。刚中而应，故“正”。“天命”者，至诚乃天命之实理，反身而诚者也。若自外来，岂得为“天命”？

〇以卦综、卦德、卦体释卦辞。言文王卦辞“元亨利贞”之外，而又言“其匪正有眚不利有攸往”者，以“刚自外来而为主于内”也。若本卦动而健，以刚中而应柔中，则大亨以正矣。大亨以正，实天之命也。天命实理无一毫人欲之私，此文王卦辞所以言“元亨”也。若以外来者为主，则有人欲之私，非反身而诚，天命之实理，即“匪正”矣，欲往也，将何之哉？是以

“天命不祐，有眚而不利”也。此所以文王卦辞言“元亨”而又“利贞”也。若旧注以“刚自外来”为自讼来，则非“自外来”，乃“自内来”矣。

《象》曰：天下雷行，物与无妄。先王以茂对时育万物。

“茂者”，盛也。物物皆对时而育之，所育者极其盛大，非止一物也，即如雷地豫之殷也。“对时”者，因雷发生，万物对其所育之时也，如孟春牺牲毋用牝之类是也。“天下雷行”，震动发生，一物各具一太极，是物物而与之。“无妄”者，天道之自然也。“茂对时育物”，撙节爱养，辅相裁成，使物物各遂其无妄之性者，圣人之当然也。

初九。无妄，往吉。

《爻》与《彖辞》不同者，《爻》以一爻之定体而言，《彖》以全体相综大畜而言。

〇九以阳刚之德居无妄之初，有所动，所谓动以天也。且应爻亦刚，无系恋之私，是一感一应纯乎其诚矣。何吉如之！故占者往则吉。

《象》曰：无妄之往，得志也。

诚能动物，何往而不遂其心志。

六二。不耕获，不菑畬，则利有攸往。

“耕”者，春耕也。“获”者，秋敛也。“菑”者，田之一岁垦而方成者。“畬”者，田之三岁垦而已熟者。农家始而耕，终而获；始而菑，终而畬。“不耕获”者，不方耕而即望其获也。“不菑畬”者，不方菑而即望成其畬也。“耕”也，“菑”也，即明其道也；“获”也，“畬”也，即功也。曰“不耕获，不菑畬”，即明其道不计其功也。观《小象》“未富”可见矣。若《程传》不首造其事，《本义》无所为于前、无所冀于后，将道理通讲空了，乃禅学也。吾儒圣人之学，进德修业尽其理之当然，穷通得丧听其天之自然，修身俟命，此正所谓无妄也。岂一点道理不进，空空寂寂谓之无妄哉！初为地位，二为田，故九二曰“见龙在田”。震居东，二三皆阴土，水临土上，春耕之象也。震为“禾稼”，中爻艮为“手”，禾在手，“获”之象也。中爻巽，下卦震，上入下动，“菑畬”之象也。故禾耨取诸益。

〇六二柔顺中正，当无妄之时，无私意期望之心，故有“不耕获，不菑畬”之象。言虽为于前，无所望于后。占者必如此，则利有攸往矣。

《象》曰：不耕获，未富也。

言未有富之心也。此“富”字虽曰未有此心，然亦本于象，盖巽为市利，小畜上体乃巽，《小象》曰“不独富也”。此卦中爻巽曰“未富”者，未入巽之位也。

六三。无妄之灾，或系之牛。行人之得，邑人之灾。

本卦大象离，此爻又变离，离为“牛”，牛之象也。中爻巽为“绳”，又艮为“鼻”，绳系牛鼻之象也。震为“足”，行之象也。三为人位，人在震之大涂，“行人”之象也。三居坤土，得称邑，又居人位，“邑人”之象也。此爻居震动之极，牛失之象也。又变离错坎，坎为盗，亦牛失之象也。“或”者，设或也，即“假如”二字。假牛以明无妄之灾，乃六三也，即“邑人”也。

〇六三阴柔不正，故有此象。言或系牛于此，乃邑人之牛也。牛有所系，本不期望其走失。偶脱所系，而为“行人”所得。“邑人”有失牛之灾，亦适然不幸耳，非自己有以致之，故为“无妄之灾”。即象而占可知矣。

《象》曰：行人得牛，邑人灾也。

行人得牛而去，邑人不期望其失牛而失牛，故为“无妄之灾”。

九四。可贞，无咎。

“可”者，当也。九阳刚健，体其才亦可以有为者。但下无应与，无所系恋而无妄者也。占者得此，但可守此无妄之正道，即“无咎”矣。若妄动，又不免有咎也。

《象》曰：可贞无咎，固有之也。

“固有”者，本有也。无应与则无系恋而无妄，则无妄乃九四之本有也。

九五。无妄之疾，勿药有喜。

五变则中爻成坎，坎为“心病”，疾之象也。中爻巽木艮石，“药”之象也。中爻巽综兑，悦喜之象也。意外之变，虽圣人亦不能无。但圣人廓然大公，物来顺应，来则照而去不留，无意必固我之私，是以意外之来犹无妄之疾耳。如舜之有苗、周公之流言皆无妄之疾也。诞敷文教而有苗格，公孙硕肤，德音不瑕，大舜周公之疾，不药而自愈矣。

〇九五阳刚中正以居尊位，而下应亦中正，无妄之至也。如是而犹有疾，乃“无妄之疾”，不当得而得者；故勿药自愈。其象占如此。

《象》曰：无妄之药，不可试也。

“试”者，少尝之也。“无妄之疾勿药”者，以“无妄之药”不可尝也。若尝而攻治，则反为妄而生疾矣。故不可轻试其药，止可听其自愈。

上九。无妄。行有眚，无攸利。

下应震足，行之象也。九非有妄，但时位穷极，不可行耳故。其象占如此。

《象》曰：无妄之行，穷之灾也。

无妄未有不可行者，以时位耳。与“亢龙”同，故二《小象》亦同。

（大畜）䷙ 艮上 乾下

“大”者，阳也。其卦乾下艮上，以阳畜阳，所畜之力大。非如巽以阴畜阳，所畜之力小。故曰“大畜”。又有蕴畜之义，又有畜止之义。《序卦》：“有无妄然后可畜，故受之以大畜。”所以次无妄。

大畜。利贞。不家食，吉。利涉大川。

中爻兑口在外，四近于五之君，当食禄于朝，不家食之象也。何以言食？本卦大象离，故《彖辞》曰“辉光日新”者，因大象离也。离错坎，又象颐，有饮食自养之象。因错坎水，中爻震木，所以有“涉大川”之象。又本卦错萃，萃大象坎。若以卦体论，四五中空，有舟象。乾健应四五上进，有舟行而前之象。应乎天者，以卦德论其理也。《象辞》、《爻辞》皆各取义不同。“贞”者，正也。利于正道，如多识前言往行以畜其德是也。“吉”者，吾道之大行也。言所蕴畜者皆正，则畜极而通，当食禄于朝，大有作为，以济天下之险也。

《彖》曰：大畜刚健笃实，辉光日新，其德刚上而尚贤，能止健，大正也。不家食吉，养贤也。利涉大川，应乎天也。

以卦德卦综卦体释卦名卦辞。“刚健”者，内而存主也。“笃实”者，外而践履也。“刚健”无一毫人欲之阴私，“笃实”无一毫人欲之虚假。则闇然日章，光辉宣著，其德自日新又新，所以积小高大以成其畜也。名“大畜”者，以此。“刚健”乾象，“笃实”艮象，二体相合离象，故又言“辉光日新”。“刚上”者，大畜综无妄，无妄下卦之震上而为大畜之艮也。上而为艮则阳刚之贤在上矣，是尚其贤也。“止健”者，止居上而健居下，禁民之强暴也。此二者皆大正之事，所以“利贞”。若以止健为止阳刚君子，则又非大正矣。“养贤”者，食禄以养贤也。“应天”者，下应乎乾也。“天”者，时而已矣。既负蕴畜之才，又有乾健之力，所以当乘时而出，以济天下之险难也。惟刚上则贤人在上，故能“尚贤”，故能成艮而“止健”，故能兑口在外卦而“食禄于外”，故能六五“得中而应乎乾”。此四者皆卦综刚上之功也。

《象》曰：天在山中，大畜。君子以多识前言往行以畜其德。

“天”者一气而已。气贯乎地中。天依乎地，地附乎天，云雷皆自地出，故凡地下空处深处皆是天。故曰“天在山中”。“多识”即大畜之意，乃知之功夫也。古圣贤之嘉言善行皆理之所在，皆古人之德也。君子多识之，考迹以观其用，察言以求其心，则万理会通于我，而我之德大矣。此君子体大畜之功也。中爻震足，行之象。兑口，言之象。

初九。有厉，利已。

已，夷止反。

乾三阳为艮所畜，故内外之卦各具其义。内卦受畜，以自止为义。以阴阳论，若君子之受畜于小人也。外卦能畜，以止人为义。以上下论，若在位之禁止强暴也。《易》主于变易，所以取义不穷。“已”者，止也。“厉”者，不相援而反相挤排，危厉之道也。

○初九阳刚，乾体志于必进。然当大畜之时，为六四所畜止而不得自伸，故往则有危，惟止则不取祸矣。故教占者必利于止也。

《象》曰：有厉利已，不犯灾也。

“灾”即厉也。止而不行则不犯灾矣。

九二。舆说輹。

说音脱，輹音服。

乾错坤为舆，舆之象也。中爻兑为毁折，“脱輹”之象也。“舆”赖“輹”以行，脱则止而不行矣。

○九二亦为六五所畜，以有中德能自止而不进，故有“舆说輹”之象。占者凡事不冒进，斯无尤。

《象》曰：舆说輹，中无尤也。

惟有中德，故无妄进之尤。

九三。良马逐，利艰贞。曰闲舆卫，利有攸往。

此爻取蕴畜之义。乾为“良马”，良马之象也。中爻震为“作足”之马，乾马在后追逐震马之象也。两马因震动而追逐，遇艮止不得驰上，“利艰贞”之象也。中爻兑口，乾为言，“曰”之象也。乾错坤，“舆”之象也。阴爻两列在前，“卫”之象也。《考工记》：车有六等，戈也，人也，殳也，戟也，矛也，轸也皆卫名。“良马逐”者，用功如良马追逐之速也，即九三“终日乾乾夕惕若”之意。“艰”者，艰难其思虑，恐其失于太易也。“贞”者，贞固其作为，恐其失于助长也。“曰”者，自叹之辞。“闲”者，习也。习其车舆与其防卫也。闲习有优游自得之意。“曰闲舆卫”者，自叹其当“闲舆卫”也。言当此大畜之时，为人所畜止摧抑，果何所事哉！亦惟自“闲舆卫”，以求往乎天衢耳。“舆”者任重之物，“卫”者应变之物，以人事论，君子不当家食，以一身而任天下之重者“舆”也；当涉大川，以一身而应天下之变者“卫”也。必多识前言往行之理，畜其刚健笃实之德，以德为车，以乐为御，忠信以为甲胄，仁义以为干橹，涵养于未用之时，以待时而动此，“闲舆卫”之意也。“闲舆卫”又利艰贞之象也。旧注以不相畜而俱进，殊不知卦名大畜，下体非自止则蕴畜也，无进之意。盖观“童牛之牿”则知当“有厉利已”矣，观“豮豕之牙”则知当“舆说輹”矣，观“何天之衢”则知用功当“良马逐”矣。所以《小象》言“上合志”，所以当取蕴畜之义。惟蕴畜方能畜极而通，“何天之衢”。

○九三以阳居健极，当大畜之时，正多识前言往行用功不已之时也，故有良马追逐之象。然犹恐其遇刚锐进，惟当艰贞从容以待时，故又有“曰闲舆卫”之象。如是自然畜极而通，“利有攸往”矣。故教戒占者必当如此。

《象》曰：利有攸往，上合志也。

“上合志”者，谓上九之志与之相合也。三与上九情虽不相孚，然皆居二体之上，其志皆欲畜极而通，应与之志相合，所以利有攸往。

六四。童牛之牿，元吉。

“童”者，未角之称。“牿”者，施横木于牛角以防其触，即《诗》所谓“楅衡”者也。此爻变离，离为牛，牛之象也。艮本少又应初，“童牛”之象也。变离错坎，“牿”之象也。艮手，中爻震木，手持木而施之角，亦“牿”之象也。

○六四艮体居上，当畜乾之时，与初相应，畜初者也。初以阳刚居卦之下，其势甚微，于此止之，为力甚易，故有“牿童牛”之象。占者如此，则止恶于未形，用力少而成功多，大善而吉之道也。故“元吉”。

《象》曰：六四元吉，有喜也。

上不劳于禁制，下不伤于刑诛，故“可喜”。四正当兑口之悦，“喜”之象也。

六五。豮豕之牙，吉。

豮音焚。

本卦大象离，离错坎，豕之象也。五变中爻又成离矣。“豮”者，犗也，腾也，乃走豕也。与“童牛之牿”一句同例。“童”字与“豮”字同，“牿”字与“牙”字同。中爻震足性动，“豮”之象也。“牙”者，《埤雅》云：“以杙系豕也。”乃杙牙，非齿牙也。杜诗“凫雏入桨牙”，坡诗“置酒看君中戟牙”，荆公“槎牙死树鸣老乌”，《阿房赋》“檐牙高啄”，又将军之旗曰“牙”，立于帐前谓之“牙帐”，《考工记·轮人》：“牙也者，所以为固抱也。”所以蜀人呼棹牙、凳牙、床牙，则“牙”字乃古今通用，非齿牙也。《诗》：“椓之丁丁。”丁丁，杙声也。以木入土，所以有声也。今船家系缆桩谓之灿，亦曰杙。“牙”者，桩上杈牙也。盖以丝系矢曰弋，故从弋。所以绳系木曰杙。变巽为绳，系之象也。巽木，杙之象也。言以绳系走豕于杙牙也。旧注因宫刑或曰犗刑，遂以为去其势，但天下无啮人之豕，所以此“豮”字止有腾字意，无犗字意。牛马豕皆人之所畜者，故大畜并言之。

○六五以柔中居尊位，当畜乾之时，畜乎其二者也。故有“豮豕之牙”之象。占者如此，则强暴梗化者自屈服矣，故吉。

《象》曰：六五之吉，有庆也。

“庆”即喜。但五君位，所畜者大，故曰“庆”，即一人有庆也。

上九。何天之衢，亨。

此畜极而通之义。“何”，胡可切，音荷，儋也，负也。儋即担字。杨子儋石是也。《诗》“何蓑何笠”，皆音荷。《灵光赋》“荷天衢以元亨”，《庄子》“背负青天”，皆此意。郑康成亦言“肩荷”是也。上阳一画象担，二阴垂弹于两边，有担挑之象。言一担挑起天衢也。即陈白沙所谓“明月清风作两头，一挑挑到鲁尼丘”也。因卦体取此象，无此实事，“金车”“玉铉”之类是也。上为天位，天之象也。四达谓之衢。艮综震为“大涂”，衢之象也。以人事论，天衢乃朝廷政事之大道也。观《小象》曰“道大行”可知矣。

○畜之既久，其道大行，正“不家食”，担负庙廊之重任；“涉大川”，担当国家之险阻，此其时矣。故有“何天衢”之象。占者得此，亨可知矣。

《象》曰：何天之衢，道大行也。

“道大行”者，“不家食”，“涉大川”，无往而莫非亨也。“道”字即“衢”字。

（颐）

“颐”，口旁也。口食物以自养，故取养义。为卦上下二阳内含四阴，外实内虚，上止下动，故名为“颐”。《序卦》：“物畜然后可养，故受之以颐。”所以次大畜。

颐，贞吉。观颐，自求口实。

本卦大象离目，观之象也。阳实阴虚。实者养人，虚者求人之养。“自求口实”者，自求养于阳之实也。震不求艮，艮不求震，惟自求同体之阳，故曰“自求”。爻辞见之。

《彖》曰：颐贞吉，养正则吉也。观颐，观其所养也。自求口实，观其自养也。天地养万物，圣人养贤以及万民。颐之时大矣哉！

释卦辞，极言养道而赞之。“观其所养”者，观其所以养人之道正不正也，指上下二阳也。“观其自养”者，观其求口实以自养之正不正也，指中间四阴也。本卦颐原从口，无养德之意，惟颐养得正，则养德即在其中矣。不但养人、自养，以至天地圣人养万物、养万民，无非养之所在，故曰“颐之时大矣哉”。与大过、解、革同。

《象》曰：山下有雷，颐。君子以慎言语，节饮食。

“帝出乎震”，万物得养而生。“成言乎艮”，万物得养而成。君子“慎言语”以养其德，“节饮食”以养其体。言语饮食，动之象；慎也，节也，止之象。此处方说出养德。

初九。舍尔灵龟，观我朵颐，凶。

舍音捨。

大象离，龟之象也。应爻艮止中空，“灵龟”止而不食，服气空腹之象也。“朵”者，垂朵也。震反生，朵之象也。垂下其颐以垂涎，乃欲食之貌也。“尔”者，四也。“我”者，初也。“灵龟”以静止为养，“朵颐”以震动为养，故尔四而我初。大象离目，又观之象也。

○初九阳刚，乃养人者也。但其位卑下不能养人及民，又乃动体，当颐养之初，正上止下动之时，惟知有口体之欲，舍六四而不养，故有“舍尔灵龟观我朵颐”之象。饮食人贱，凶之道也。故其占如此。

《象》曰：观我朵颐，亦不足贵也。

饮食之人则人贱之，故“不足贵”。

六二。颠颐拂经，于丘颐，征凶。

“颠”者，顶也，指外卦也。“拂”者，除也，去也，违悖之意。诸爻皆求养于同体之阳，不从应与，故有“颠拂”之象。“颠颐”者，求养于上也。“拂经”者，违悖养于同体之常经也。山阜曰丘，土之高者，艮之象也。“于丘颐”者，求养于外，即颠颐也。“凶”者，求食于权门，必见拒而取羞也。

○六二阴柔不能自养，必待养于阳刚。然震性妄动，不求养于初，而求养于外，则违养道之常理，而行失其类矣。故教占者当求养于初。若“于丘颐”，不惟不得其养，而往则凶也。故其象占如此。

《象》曰：六二征凶，行失类也。

养道各从其类。二三养于初，四五养于上，今二颠颐，往失其类矣，故曰“失类”。曰“行”者，震足之象也。

六三。拂颐，贞凶。十年勿用，无攸利。

“拂颐”者，违拂所养之道，不求养于初而求养于上之正应也。“贞”者，正也，上乃正应，亦非不正也。“十年”者，中爻坤土之成数也。“勿用”者，不得用其养也。口容止，所以下三爻养于动者皆凶，上三爻养于止者皆吉。

〇六三阴柔不中正，本乃动体，至三则动极而妄动矣。故有“拂颐”之象。占者得此，虽正亦凶，至于“十年”之久，理极数穷，亦不可往，其凶至此。

《象》曰：十年勿用，道大悖也。

震为“大涂”，“道”之象也。“大悖”即“拂颐”。

六四。颠颐，吉。虎视眈眈，其欲逐逐，无咎。

眈，都含切。

“颠”者，顶也。与六二同。“颠颐”者，求养于上也。“吉”者，得养道之常经也。艮为虎，虎之象也。天下之物，自养于内者莫如龟，求养于外者莫如虎。龟自养于内，内卦初舍之，故凶；虎求养于外，外卦上施之，故吉。爻辞之精至此。“眈”者，视近而志远也。变离目，视之象也。应爻初为地位，虎行垂首，下视于地，视近也；而心志乃求养于天位之上，志远也。故以“眈”字言之。视下卦，“眈”也；志上卦，“眈”也，故曰“眈眈”。阴者，“人欲”之象也。下卦二阴，欲也；上卦二阴，欲也。人欲重叠追逐而来，故曰“逐逐”。“眈”者，四求养于上也；“逐”者，上施养于四也。

〇六四当颐养之时，求养于上，故有“颠颐”之象，吉之道也。故占者吉。然四求养于上，上施养于四，四得所养矣，故又有视眈欲逐之象。以求养而得逐逐之欲，似有过咎矣，然养得其正，故占者不惟吉，而又“无咎”也。

《象》曰：颠颐之吉，上施光也。

施去声。

“施”者，及也，布散惠与之义。详见乾卦“云行雨施”，言上养及于四也。“光”者，艮笃实光辉，其道光明也。变离日，亦光之象也。

六五。拂经，居贞吉，不可涉大川。

“拂经”者，五与内卦为正应，亦如二之求养于上，违悖养于同体之常道也，故二五皆言拂经。“居”者，静以守之也。“贞”者，求养于同体之阳，乃任贤养民之正道也。“吉”者，恩不自出，而又能养人也。“不可涉大川”者，言不可自用以济人也。涉川必乾刚，五柔，故“不可涉”。

〇六五居尊，能自养人者也。但阴柔不正，无养人之才，又与内卦为正应，故亦有“拂经”之象。然养贤及民，君道之正，故教占者顺以从上，守此正道则吉。不可不量己之力而当济人之任也。

《象》曰：居贞之吉，顺以从上也。

中爻坤顺，故曰“顺”，言顺从上而养人也。

上九。由颐，厉吉。利涉大川。

“由”者，从也。九以阳刚居上位，是天下之养皆从上九以养之也。“厉”者，上而知君赖我以养也，则恐专权僭逼，而此心无一事之或忽；下而知民由我以养也，则常握发吐哺，而此心无一时之或宁。此上九之所谓厉也。故戒之以厉，而后许之以吉也。凡《易》言涉大川，取乾者以卦德也，以乾天下至健，德行恒易以知险也，需、同人、大畜是也。取水木者以卦体也，涣、蛊、未济、谦，或取中爻，或取卦变是也。取中虚者以卦象也，益、中孚、颐是也。五“不可涉大川”，上九“利涉大川”，方见五赖上九以养人。

〇上九以阳刚之德居尊位，六五赖其贤以养人，故有“由颐”之象。然位高任重，必厉而后吉，即天下有险阻，亦可以济之而不失其养也。其占又如此。

《象》曰：由颐厉吉，大有庆也。

得所养下之庆，亦君上之庆，故“大”。

（大过）

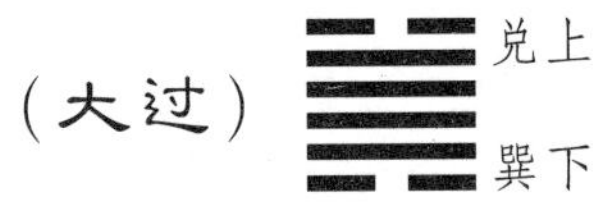

“大过”。“大”者，阳也，阳过于险也。乾坤也，坎离也，山雷也，泽风也，此八卦也，乾与坤错，坎与离错，泽风与山雷相错，风泽与雷山相错，六十四卦惟此八卦相错，其余皆相综。泽本润木之物，今乃灭没其木，是“大过”矣。又四阳居中过盛，此所以名“大过”也。不然，四阳之卦亦多，何以不名“过”？因其居中，相聚而盛，所以得名也。《序卦》：“颐者，养也。不养则不可动，故受之以大过。”所以次颐。

大过。栋桡，利有攸往，亨。

桡，乃教反。

梁上屋脊之木曰“栋”，所以乘椽瓦者也。木曲曰“桡”，本末弱而栋不正，有如水之曲也。椽垂辨以渐而下曰宇。此卦大象坎，坎为栋。坎主险陷，桡之象也。又为矫輮，亦桡曲之象也。若以理论，本弱则无所承，末弱则无所寄附，此卦上缺下短，亦有桡之象。既“栋桡”矣，而又“利有攸往”，何也？盖桡以成卦之象，言“利有攸往亨”，则以卦体、卦德之占言。

《彖》曰：大过，大者过也。栋桡，本末弱也。刚过而中，巽而说行。利有攸往，乃亨。大过之时大矣哉！

说音悦。

以卦体、卦德释卦名、卦辞而叹其大。阳大阴小，本卦大者过，故名“大过”。本谓初，末谓上，弱者阴柔也。古人作字，本末皆从木来，木下加一画阳，取根株回暖，故为“本”；木上加一画阳，取枝叶向荣，故为“末”。“刚过”者，四阳也；“而中”者，二五也。虽三四亦可言中，故复卦四曰“中行”，益卦三四皆曰“中行”也。巽而悦行者，内巽而外行之以悦也。若以人事论，体质本是刚毅，足以奋发有为，而又用之以中，不过于刚德；性本是巽顺，足以深入乎义理，而又行之以和，不拂乎人情，所以“利有攸往乃亨”。大过之时者，言人于“大过之时”行大过之事，适其时、当其事也。如尧舜禅受，汤武放伐，虽过其事，而不过乎理是也。盖无其时不可过，有其时无其才亦不可过，故叹其大，与颐、解、革同。

《象》曰：泽灭木，大过。君子以独立不惧，遁世无闷。

上一句大过之象，下二句大过之行。非达则不惧、穷则无闷也。穷亦有“独立不惧”之时。“不惧”者，不求同俗，而求同理，天下非之而不顾也。“无闷”者，不求人知，而求天知，举世不见知而不悔也。此必有大过人学问，义理见得明，有大过人操守，脚根立得定，方干得此事。

初六。藉用白茅，无咎。

“藉”者，荐也，承荐其物也。因上承四刚，故曰“藉”。“茅”者，草也，巽阴木为茅，故泰卦变巽曰“茅”，否卦大象巽亦曰“茅”。巽为白，“白茅”之象也。“无咎”者，敬慎不败也。

〇初六当大过之时，阴柔已能慎矣。又居巽体之下，则慎而又慎者也。亦如物不错诸地而有所藉，可谓慎矣。而又藉之以茅，茅又用夫白，白则至洁之物矣，是慎之大过者也。故有此象。然慎虽大过，以其居大过之初，虽大过而不过，故占者无咎。

《象》曰：藉用白茅，柔在下也。

阴柔居巽之下。

九二。枯杨生稊，老夫得其女妻，无不利。

巽为“杨”，杨之象也。木生于泽下者杨独多，故取此象。杨乃木之弱者。四阳之刚皆同为木，但二五近本末之弱，故以“杨”言。曰“枯”者，取大过乎时之义，故二五皆言枯也。至三四则成乾之坚刚，故言栋。“稊”，木稚也。二得阴在下，故言“生稊”。“稊”者，下之根生也。五得阴在上，故言生华。“生华”者，上之枝生也。根生则生生不息，枝生则无生意矣。下卦巽错震，长男也，老夫之象，故称“老夫”。“老夫”者，再娶女之夫也。应爻兑，兑乃少女也，女妻之象，故称“女妻”。“女妻”者，未嫁而幼者也。九五兑错艮，少男也，“士夫”之象，故称“士夫”。“士夫”乃未娶者。应爻巽为长女，“老妇”之象也，故称“老妇”。“老妇”者，已嫁而老者也。周公爻辞其精至此。旧注不知象，以二五皆比于阴，殊不知九二下卦反称“老夫”，九五上卦反称“士夫”，近初者言老，近上者言少，说不通矣。

〇九二阳刚得中，当大过之时，而应于少女，故取诸物，有“枯杨生稊”；取诸身，有“老夫得其女妻”之象，可以成生育之功矣。故占者“无不利”。

《象》曰：老夫女妻，过以相与也。

此庆幸之辞。言阳方大过之始，得少阴以之相与，则刚柔相济，过而不过，可以成生育之功矣。故占者“无不利”。

九三。栋桡，凶。

变坎为栋，又木坚多心，栋之象也。因坎，三四皆以栋言；因巽，二五皆以杨言。文王“栋桡”，本末皆弱。周公“栋桡”，因初之弱。

〇九三居内卦，下阴虚弱，下虚弱则上不正，故有“栋桡”之象，占者之凶可知矣。

《象》曰：栋桡之凶，不可以有辅也。

同体之初，虚弱无辅助也。

九四。栋隆，吉，有它吝。

变坎亦有栋象。“隆”者，隆然而高起也。“它”者，初也。三四皆栋。四居外卦，阴虚在上，非如三之阴虚在下也。上虚下实，则有所承载，故有“栋隆”之象。占者固吉矣。然下应乎初，若以柔济之，则过于柔矣，其栋决不能隆，吝之道也。故又戒占者以此。

《象》曰：栋隆之吉，不桡乎下也。

因外卦虚在上实在下，所以不桡，故曰“不桡乎下”也。“不可以有辅”者，下虚故也。“不桡乎下”者，下实故也。

九五。枯杨生华，老妇得其士夫，无咎无誉。

兑综巽，又杨之象也。“生华”者，杨开花则散漫，终无益于枯也。老妇士夫详见九二爻下。

〇九五以阳刚应乎过极之长女，乃时之大过而不能生育者也，故有“枯杨生华”，老妇得其士夫之象。占者得此，揆之于理，虽无罪咎，而老妇反得士夫，亦非配合之美矣，安得又有誉哉！故其象占如此。

《象》曰：枯杨生华，何可久也。老妇士夫，亦可丑也。

“何可久”言终散漫，“亦可丑”言非配合。言且不惟不能成生育之功，而配合非宜，亦可丑也。

上六。过涉灭顶，凶，无咎。

“顶”者，首也。变乾为首，“顶”之象也。当过之时，遇兑泽之水，“过涉”之象也。泽水在首，灭没其顶之象也。以二阴爻论之，初“藉用白茅”，大过于慎者也，以其居卦之初，故不凶而无咎；上“过涉灭顶”，大过于济者也，以其居卦之终，故有凶而无咎。

〇上六处大过已极之时，勇于必济，有冒险过涉之象。然才弱不能以济，故又有“灭顶”之象。“过涉灭顶”，必杀身矣，故占者必凶。然不避艰险，慷慨赴死，杀身成仁之事也，故其义“无咎”。

《象》曰：过涉之凶，不可咎也。

“无咎”者，上六本无咎也。“不可咎”者，人不得而咎之也。以人事论，过涉之凶，虽不量其浅深以取祸，然有死难之节，而无苟免之羞，论其心不论其功，论是非不论利害，人恶得而咎之？

（坎）䷜ 坎上 坎下

“习”，重习也；“坎”，坎陷也。其卦一阳陷于二阴之中，此坎陷之义也。坎为水者，四阴，土坎也，二阳，坎中之水也。天一生水，所以象水也。上坎下坎，故曰“重险”。《序卦》：“物不可以终过，故受之以坎。”所以次大过。

习坎。有孚，维心，亨。行有尚。

“维”者，系也。尚者，有功可嘉尚也。身在坎中，所可自主者独此心耳。人之处险占得此者，能诚信以维系于其心，安于义命而不侥幸苟免，则此心有主，利害祸福不能摇动，是以脱然无累而心亨矣。由是洞察时势，惟取必于理而行之，故可出险有功，所以“行有尚”。九二九五，中实有孚之象。陷于坎中而刚中之德自若，“维心亨”之象。

《象》曰：习坎，重险也。水流而不盈，行险而不失其信。维

心亨，乃以刚中也。行有尚，往有功也。天险不可升也，地险山川丘陵也。王公设险以守其国，险之时用大矣哉！

以卦象、卦德、卦体释卦名、卦辞而极言之。上险下险，故曰“习坎”。“水流不盈”者，足此通彼，未尝泛滥而盈满也。行险即水流，以其专赴于壑，故曰“行险”。行此险陷，未尝失其不盈之信，是天下之有孚者莫过于水矣。故教占者“有孚”。“刚中”者，二五阳刚在内，则以理为主，光明正大而无一毫行险侥幸之私，所以“亨”也。故蒙卦比卦皆坎，皆曰“以刚中”。“心亨”则洞见乎事机之变，自可以拯溺亨屯，出险而有功也。盖存主乎内者，理不足以胜私，则推行于外者，诚必不能动物，故刚中则心亨，心亨则往有功而出险矣。此内外功效之自然也。“天险”者，无形之险也；“地险”者，有形之险也。“设”者，置也。“设险”者，置险也，无形而欲其有形也。大而京师都会，则披山带河，据其形胜以为险也；小而一郡一邑，则筑城凿池，据其高深以为险也。此则在人之险，因无形而成有形，欲其与天地同其险者也。坎，月之象；错离，日之象；中爻震，雷之象；错巽，风之象。日月风雷，故曰“天险”。不然，天苍然而已，何处有险？因卦中有天象，所以言天险也。四坤土，地之象也；中爻艮土，“山丘陵”之象也；本卦坎，“川”之象也；九五居尊，王公之象也；中爻艮止，“守”之象也；坤土中空，“国”之象也。故益卦三阳三阴而曰“为依迁国”。“时用”者，时有用也。险之为用，上极于天，下极于地，中极于人，故以“大矣哉”赞之，与蹇同。

《象》曰：水洊至，习坎，君子以常德行，习教事。

行，下孟反。

“洊”，再至也。下坎，内水之方至也；上坎，外水之洊至也。水洊习则恒久而不已，是天下之有恒者莫如水也。君子体之。“常德行”者，以此进德也。“习教事”者，以此教民也。德行常则德可久，教事习则教不倦。

初六。习坎。入于坎窞，凶。

“窞”者，坎中小坎，傍入者也。水性本下，而又居卦之下；坎体本陷，而又入于窞，则陷中之陷矣。

〇初六阴柔居重险之下，其陷益深，故有在“习坎”而又“入坎窞”之象。占者如是，则终于沦没而无出险之期，凶可知矣。

《象》曰：习坎入坎，失道凶也。

刚中维心孚，出险之道也。今阴居重险之下，则与刚中维心孚相反，失出险之道矣。所以凶。

九二。坎有险，求小得。

坎有险则止于有险而已，非初与三“入坎窞”之甚矣。中爻震错巽，巽为“近市利”，求得之象也。故随卦中爻巽亦曰“随有求得”。变坤阳大阴小，“求小得”之象也。

〇九二处于险中，欲出险而未能，故为坎有险之象。然刚虽得中，虽亦“有孚维心”，但在险中，仅可求小得而已，若出险之大事则未能矣，故其象占如此。

《象》曰：求小得，未出中也。

未出险中。

六三。来之坎坎，险且枕。入于坎窞，勿用。

“之”者，往也。“来之”者，来往也。内外皆坎，“来往”之象也。下坎终而上坎继，“坎坎”之象也。故乾九三曰“乾乾”。中爻震木横于内而艮止不动，“枕”之象也。“险且枕”者，言面临乎险而头枕乎险也。初与三皆入“坎窞”，而二止言有险者，二中，而初与三不中正也。“勿用”者，言终无出险之功，无所用也。

〇六三阴柔又不中正，而履重险之间，故其来也亦坎，往也亦坎。盖往则上坎在前，是前遇乎险矣；来则下坎在后，是后又枕乎险矣。前后皆险，将入于坎之窞而不能复出，故有此象。占者得此，勿用可知矣。

《象》曰：来之坎坎，终无功也。

处险者以出险为功，故曰终无功，与往有功相反。

六四。樽酒、簋贰、用缶，纳约自牖，终无咎。

四变中爻离、巽。巽木，离中虚，樽之象也。坎水，酒之象也。中爻震竹，簋乃竹器，簋之象也。缶，瓦器所以盛酒浆者。比卦坤土中虚，初变震有离象，故曰“缶”。离卦鼓缶。此变离，故曰“缶”。《汉书》：“击缶而歌乌乌。”“贰”者，副也。言樽酒而簋即副之也。言一樽之酒，贰簋之食，乐用瓦缶，皆菲薄至约之物也。“纳约自牖”者，自进于牖下，陈列此至约之物而纳进之也。在墙曰“牖”，在屋曰“囱”，牖乃受明之处，变离，牖之象也。此与遇主于巷同意。皆其坎陷艰难之时，故不由正道也。盖“樽酒簋贰用缶”，见无繁文之设；“纳约”曰“自”，见无傧介之仪。世故多艰，非但君择臣，臣亦择君，所以进麦饭者不以为简，而雪夜幸其家；以嫂呼臣妻者不以为渎也。修边幅之公孙述，宜乎为井底蛙矣。

〇六四柔顺得正，当国家险难之时，近九五刚中之君，刚柔相济，其势易合，故有简约相见之象。占者如此，庶能共谋出险之计，始虽险陷，终得无咎矣。

《象》曰：樽酒簋贰，刚柔际也。

"刚"，五；"柔"，四。际者，相接际也。五思出险而下求，四思出险而上交，此其情易合，而礼薄亦可以自通也。

九五。坎不盈，祇既平，无咎。

祇作坻。

"祇"，水中小渚也。《诗》"宛在水中坻"是也。"坎不盈"者，坎水犹不盈满，尚有坎也。"平"者，水盈而平也。"坻既平"则将盈而出险矣。"坎不盈"者见在之辞，"坻既平"者逆料之辞，言一时虽未平，将来必平也。"无咎"者，出险而太平也。

〇九五犹在险中。以地位言，故有"坎不盈"之象。然阳刚中正，其上止有一阴，计其时亦将出险矣，故又有"坻既平"之象。若未平未免有咎，既平则无咎矣，故占者"无咎"也。

《象》曰：坎不盈，中未大也。

"中"者，中德也。未大者，时也。中德虽具，而值时之艰，未大其显施而出险也。

上六。系用徽纆，寘于丛棘，三岁不得，凶。

纆音墨。

"系"，缚也。徽、纆皆索名，三股曰"徽"，二股曰"纆"。此爻变巽，其为绳，又为长，"徽纆"之象也。"寘"者，置也，囚禁之意。坎为丛棘，"丛棘"之象也。今之法门，囚罪人之处以棘刺围墙是也。言缚之以"徽纆"，而又囚之于"丛棘"之中也。三岁不得者，言时之久而不得脱离也。坎错离，三之象也。

〇上六以阴柔居险之极，所陷益深，终无出险之期，故有此象。占者如此，死亡之祸不能免矣，故凶。

《象》曰：上六失道，凶三岁也。

"道"者，济险之道，即有孚维心、以刚中也。今阴柔失此道，所以有"三岁不得"之凶。

（离）

"离"者，丽也，明也。一阴附丽于上下之阳，丽之义也；中虚，明之义也。离为火，火无常形，附物而明，邵子所谓火用以薪传是也。《序卦》："坎者陷也，陷必有所丽，故受之以离。"火中虚而暗，以其阴也；水中实而明，以其阳也。有明必有暗，有昼必有夜，理之常也，所以次坎。

离，利贞，亨。畜牝牛吉。

六二居下离之中则正，六五居上离之中则不正，故利于正而后亨。“牛”，顺物，“牝牛”则顺之至也。“畜牝牛”者，养顺德也，养顺德于中者，正所以消其炎上之燥性也，故“吉”。

《彖》曰：离，丽也。日月丽乎天，百谷草木丽乎土，重明以丽乎正，乃化成天下，柔丽乎中正，故亨。是以畜牝牛吉也。

释卦名义并卦辞。五为天位，故上离有“日月丽天”之象，此以气丽气者也。二为地位，故下离有“百谷草木丽土”之象，此以形丽形者也。离附物故有气有形。重明者，上离明、下离明也。上下君臣皆丽乎正，则可以化成天下而成文明之俗矣。柔丽乎中正者，分言之，六五丽乎中，六二丽乎中正也；总言之，柔皆丽乎中正也。惟其中正，所以利贞而后亨。惟柔中正而后亨，所以当“畜牝牛”，养其柔顺中正之德而，后吉也。

《象》曰：明两作，离。大人以继明照于四方。

“作”者，起也。“两作”者，一明而两作也。言今日明明日又明也。“继明”，如云圣继圣也。以人事论，乃日新又新，缉熙不已也。“照于四方”者，光被四表也。大人以德言则圣人，以位言则王者。其所谓明者，内而一心，外而应事接物皆明也，是以达事理辨民情，天下之邪正得失皆得而见之，不必以察为明而明照于四方矣。“重明”者，上下明也。“继明”者，前后明也。《彖》言二五“君臣”，故以“重明”言之。《象》言“明两作”皆君也，故以“继明”言之。

初九。履错然，敬之无咎。

“履”者，行也，进也。错者，杂也，交错也。《诗》传云：“东西为交，邪行为错。”本爻阳刚，阳性上进；本卦离火，火性炎上，皆有行之之象，故曰“履”。又变艮综震足，亦履之象也。艮为径路，交错之象也。“然”者，助语辞。“错然”者，刚则躁，明则察，二者交错于胸中，未免东驰西走。惟敬以直内，则安静而不躁妄，主一而不过察。则敬者医错之药也。故“无咎”。“无咎”者，刚非躁，明非察也。

〇初九以刚居下而处明体，刚明交错，故有“履错然”之象。惟敬则无此咎矣。故教占者以此。

《象》曰：履错之敬，以辟咎也。

辟音避。

“避”者，回也，敬则履错之咎皆回避矣。

六二。黄离，元吉。

“黄”，中色。坤为黄，离中爻乃坤土，黄之象也。“离”者，附丽也。“黄离”者，言丽乎中也，即柔丽乎中正也。以人事论，乃顺以存心而不邪侧，顺以处事而不偏倚是也。“吉”者，无所处而不当也。八卦正位离在二，故“元吉”。

○六二柔丽乎中而得其正，故有“黄离”之象。占者得此，大吉之道也，故“元吉”。

《象》曰：黄离元吉，得中道也。

得中道以成中德，所以凡事无过不及而元吉。

九三。日昃之离，不鼓缶而歌，则大耋之嗟，凶。

变震为鼓，鼓之象也。离为大腹，又中虚，缶之象也。中爻兑口，歌与嗟之象也。“缶”乃常用之物，“鼓缶”者，乐其常也。凡人歌乐必用钟鼓琴瑟，则非乐其常矣。若王羲之所谓“年在桑榆，赖丝竹陶写”，即非乐其常矣。盖丝竹乃富贵所用之物，贫贱无丝竹者将何陶写哉？故“鼓缶而歌”者，即席前所见之物以鼓之，乃安其常也。人寿八十曰“耋”。喜则歌，忧则嗟，嗟者歌之反。

○重离之间，前明将尽，后明当继之时也，故有“日昃”之象。然盛衰倚伏，天运之常。人生至此，乐天知命，“鼓缶而歌”，以安其日用之常分可也。此则达者之事也。若不能安常以自乐，徒戚戚于“大耋之嗟”，则非为无益，适自速其死矣，何凶如之。故又戒占者不当如此。

《象》曰：日昃之离，何可久也。

日既倾昃，明岂能久。

九四。突如，其来如。焚如，死如，弃如。

“突”者，灶突也。离中虚，灶突之象也。“突如其来如”者，下体之火，如灶突而炎上也。火性炎上，三之旧火既上于四，而不能回于其三，四之新火又发，五得中居尊，四之火又不敢犯乎其五，上下两无所容，则火止于四而已。故必至于“焚如死如”，成灰“弃如”而后已也。如者，助语辞。此爻暴秦似之。秦法如火。始皇，旧火也；二世，新火也。故至死弃而后已。坎性下，三在下卦之上，故曰“来”。此来而下者也。火性上，四在上卦之下，故曰“来”，此来而上者也。来而下必至坎窞而后已，来而上必至死弃而后已。

○四不中正，当两火相接之时，不能容于其中，故有此象。占者之凶可知矣。

《象》曰：突如其来如，无所容也。

三炎上而不能反，三不能容也。五中尊而不敢犯，五不能容也。

六五。出涕沱若。戚嗟若，吉。

“涕”，沱貌。离错坎，涕若之象也，又加忧戚之象也。中爻兑口，嗟之象也。“出涕沱若”者，忧惧之征于色也。“戚嗟若”者，忧惧之发于声也。二五皆以柔丽乎刚，二之辞安，五之辞危者，二中正，五不正故也。

〇六五以柔居尊而守中，有文明之德，然附丽于刚强之间，若不恃其文明与其中德，能忧惧如此，然后能吉。戒占者当如此。

《象》曰：六五之吉，离王公也。

离音丽。

王指五，公指上九。“离王公”者，言附丽于王之公也。王与公相丽，阴阳相资，故“吉”。不言四者，四无所容，而上九能正邦也。

上九。王用出征，有嘉。折首，获匪其丑，无咎。

“王”指五。离为日，王之象也。“用”者，用上九也。五附丽于上九，用之之象也。“有嘉”者，嘉上九也，即王三锡命也。“折首获匪其丑”，即可嘉之事也。离为戈兵，变为震动，戈兵震动，“出征”之象也。王用上九专征，可谓宠之至矣。为上九者，若不分其首从而俱戮之，是火炎昆冈，安得可嘉哉？又安得无咎哉？“折首”者，折取其丑首，即歼厥渠丑也。“获匪其丑”者，执获不及其小丑，即“胁从罔治”也。乾为首，首象阳，丑象阴，明夷外卦错乾，故曰“大首”。本爻乾阳，且离为“上槁”，“折其首”之象也。本卦阳多阴少，阴乃二五，君臣无群小之丑，“获匪其丑”之象也。“无咎”者，勇足以折首而仁及于小丑也。“王用出征有嘉”一句，“折首”一句，“获匪其丑”一句。

〇上九以阳刚之才，故有“王用出征有嘉”之象，又当至明之极，首从毕照，故又有出征惟折其首不及于丑之象，乃“无咎”之道也。故其象占如此。

《象》曰：王用出征，以正邦也。

“征”之为言正也。寇贼乱邦，故“正”之。

周易集注卷七

周易下经

（咸）䷞ 兑上 艮下

“咸”者，感也。不曰咸者，咸有皆义，男女皆相感也。艮为“少男”，兑为“少女”，男女相感之深莫如少者。盖艮止则感之专，兑悦则应之至，此咸之义也。《序卦》：“有天地”至“然后礼义有所错”。“天地”，万物之本；“男女”，人伦之始。《上经》首乾坤者，天地定位也。《下经》首咸恒者，山泽通气也。位欲其对待而分，《系辞》“天地定位”一条是也，故天地分为二卦。气欲其流行而合，《系辞》“刚柔相摩”一条是也，故山泽合为一卦。

咸。亨，利贞。取女吉。

取，七具反。

《彖辞》明。盖八卦正位，艮在三，兑在六；艮属阳，三则以阳居阳；兑属阴，六则以阴居阴；三为艮之主，六为兑之主。男女皆得其正，所以“亨贞吉”。

《彖》曰：咸，感也。柔上而刚下，二气感应以相与，止而说，男下女，是以亨利贞取女吉也。天地感而万物化生，圣人感人心而天下和平。观其所感，而天地万物之情可见矣。

释卦名义，又以卦综卦德卦象释卦辞而极言之。感者，感而应也，无应不为感矣。本卦二体，初阴四阳，二阴五阳，三阳六阴，皆阳感而阴应，阴感而阳应，故曰“感”也。取其交相感之义也。凡天下之事，无心以感之者，寂也，不能感也；有心以感之者，私也，非所感也。惟心虽感之，而感之至公，无所容心于其间，则无所不感矣。故卦去其心，而《彖》加其心。“柔上而刚下”者，本卦综恒，二卦同体，文王综为一卦，故《杂卦》曰：“咸，速也，恒，久也。”“柔上”者，恒下卦之巽上而为咸之兑也；“刚下”者，恒上卦之震下而为咸之艮也。“二气”者，山泽之气也。因二气刚柔，一上一下，刚感而柔应之，柔感而刚应之，即“山泽通气”也。故恒卦亦曰“上下相与”也。此感之所以亨也。“止而说”者，人心之说易失其正，惟止而说则无徇情纵欲之私，此所以“利贞”也。“男下女”者，以艮之少男下于兑之少女也。凡婚姻之道，无女先男者，必女守贞静，男先下之，则为得男女之正，此所以“取女吉”也。化者气化，生者形生。“万物化生”者，天地以气感万物，而万物无不通也。和者无乖戾，平者无反侧，圣人以德感天下，而天下无不通也。“观其所感”者，由感通之道引而伸之也。寂然不动者性，感而遂通者情。天地万物之情可见者，见天地万物之情不过此感通也。

《象》曰：山上有泽，咸。君子以虚受人。

泽性润下，土性受润。泽之润有以感乎山，山之虚有以受乎泽，“咸”之象也。“虚”者，未有私以实之也。“受”者，受人之善也。人之一心寂然不动，感而遂通者，虚故也。中无私主则无感不通，闻一善言，见一善行，沛然若决江河矣。苟有私意以实之，如有所好乐，是喜之私实于中矣；有所忿懥，是怒之私实于中矣。既有私意，则先入者为主，而感通之机窒，虽有至者，将拒而不受矣。故山以虚则能受泽，心以虚则能受人。

初六。咸其拇。

拇，茂后反。

“拇”，足大指也。艮综震，足之象也，故以“拇”言之。以理论，初在下亦拇之象。“咸其拇”犹言咸以其拇也。拇岂能感人，特以人身形体上下之位，象所感之浅深耳。六爻皆然。

〇初六阴柔，又居在下，当感人之时，志虽在外，然九四说之，初六止之，特有感人之心而无感人之事，故有“感其拇”之象，所以占无吉凶。

《象》曰：咸其拇，志在外也。

“外”者，外卦也。初与四为正应，所感虽浅，然观其拇之动，则知其心志已在外卦之九四矣。

六二。咸其腓，凶。居吉。

“腓”，足肚也。拇乃枝体之末，离拇升腓，渐进于上，则较之咸其拇者其感不甚浅矣。“凶”者，以上应九五而凶也。感皆生于动，但九五君位，岂可妄动以感之？故凶。居者非寂然不动也，但不妄动耳。盖此爻变巽为进退，且性入，上体兑悦，情悦性入，必不待其求而感。若居则不感矣。不感则不变，尚为艮体之止，故设此居吉之戒。

〇六二阴柔，当感人之时，咸之渐进，故有咸其腓之象。然上应九五，不待其求而感之，故占者不免于凶。若安其居以待上之求，则得进退之道而吉矣。故又教占者以此。

《象》曰：虽凶居吉，顺不害也。

“顺”者，中正柔顺之德也。“不害”者，不害其感也。言居者，非戒之以不得相感也。盖柔顺之中德，本静而不动，能居而守是德，则不至有私感之害也。

九三。咸其股，执其随，往吝。

“股”者，髀也，居足之上，腰之下，不能自由，随身而动者也。中爻为巽，股之象也。“执”者，固执也，专主也。执其随者，股乃硬执之物，固执而惟主于随也。以阳而从阴，以人事论，乃以君子而悦小人之富贵，故可羞吝。然九三以阳刚之才而居下之上，是宜自得其正道以感于物矣。然所居之位应于上六，阳好上而悦，阴上居悦体之极，三往而从之，故有咸股执随之象。占者以是而往，羞吝不必言矣。

《象》曰：咸其股，亦不处也。志在随，人所执下也。

“处”者，居也，即六二居吉之居。因艮止，故言居言处。处则不随，随则不处。曰“亦”者，承二爻而言。言六二阴柔以不处而凶，处而吉，阴柔随人，不足怪矣。今九三刚明，宜乎卓然自立，则所执主者乃高明自重之事，有何可羡？今乃亦不处而志在随人，则所执者卑下之甚，不其可羞乎？“亦不处”，惜之之辞；“所执下”，鄙之之辞。

九四。贞吉悔亡。憧憧往来，朋从尔思

“贞”者，正而固也。此心不思乎正应之阴柔，则廓然太公，物来顺应正而固矣。“吉”者，诚无不动也。“悔亡”者，内省不疚也。“憧憧”，往来貌。“往来”者，初感乎四，二感乎五，三感乎六者，往也；六感乎三，五感乎二，四感乎初者，来也。四变上下成坎，中爻成离，“来之坎坎突如来如”者，往来之象也。“朋”者，中爻三阳牵连也，故曰“朋”。泰三阳牵连亦曰“朋”。损六五，三阴也；益六二，三阴也；复九四，三阴也，故皆以“朋”称之也。思者，四应乎初之阴，初乃四之所思也；五应乎二之阴，二乃五之所思也；三应乎六之阴，六乃三之所思也。“尔”者，呼其心而名之也。“朋从尔思”者，言四与三五共从乎心之所思也。四居股之上脢之下，乃心也心之官则思，思之象也。心统乎百体，则三与五皆四之所属矣，故可以兼三五而称朋也。

○九四乃心，为咸之主，以阳居阴而失正，又应乎初之阴柔，不免悔矣，故戒占者：此心能正而固，则吉而悔亡，形于其感无所不感矣。若此心“憧憧往来”，惟相从乎尔心之所思，则溺于阴柔，不能正大光明，而感应之机窒矣，又岂能吉而悔亡？故戒占者以此。

《象》曰：贞吉悔亡，未感害也。憧憧往来，未光大也。

不正而感则有害，贞则未为感之害也。往来于心者皆阴私，又岂能正大光明。

九五。咸其脢，无悔。

脢音梅。

“脢”，背脊肉不动者也。脢虽在背，然居口之下心之上，盖由拇而腓、而股、而心、而脢、而口，六爻以渐而上也。初与四应，故拇与心皆在人身之前，二与五应，故“腓”与“脢”皆在人身之后，三与上应，故“股”与“辅颊”皆在两旁，而“舌”则居中焉。虽由拇以渐而上，然对待之精至此。诸爻动而无静，非所感者也；此爻静而不动，不能感者也。

〇九五以阳居悦体之中，比于上六。上六悦体之极。阴阳相悦，则九五之心志惟在此末而已，所以不能感物。不能感物则亦犹脢之不动也，故有“咸其脢”之象。悔生于动，既不能动而感，则亦无悔矣。故占者“无悔”。

《象》曰：咸其脢，志末也。

“末”者，上六也。大过上体亦兑卦，《彖辞》“本末弱”，末指上六可见矣。九五应二而比六，《小象》独言“志末”，何也？二乃艮体，止而不动；六乃悦体，又悦之极，则九五之心志惟在此末而不在二矣，所以言“志末”。亦如谦卦九三比二，六二“鸣谦”则“中心得”，上六正应“鸣谦”则“志未得”是也。人君感人心而天下和平者，以其廓然太公，物来顺应也。今志在末岂能感人，所以仅得无悔。

上六。咸其辅颊舌。

“辅”者，口辅也，近牙之皮肤与牙相依，所以辅相颊舌之物，故曰“辅”。“颊”，面旁也。辅在内，颊在外，舌动则辅应而颊从之，三者相须用事，皆所用以言者，故周公兼举之。兑为口舌，“辅颊舌”之象也。咸卦有人身象，上阴爻为口，中三阳为腹背，下有腿脚象，故周公爻自“拇”而“舌”。

〇上六以阴居悦之终，处咸之极，感人以言而无其实，故其象如此。盖小人女子之态，苏秦张仪之流也。

《象》曰：咸其辅颊舌，滕口说也。

“滕”，张口骋辞貌，见《说文》。“口说”岂能感人。

（恒）䷟ 震上 巽下

“恒”，久也。男在女上，男动乎外，女顺乎内，人理之常，故曰“恒”。又见《彖辞》。皆恒之义也。《序卦》：“夫妇之道不可以不久也，故受之以恒。”言夫妇偕老，终身不变者也。盖咸少男在少女之下，以男下女，乃男女交感之义；恒长男在长女之上，男尊女卑，乃夫妇居室之常。论交感之情则少为亲切，论尊卑之序则长当谨严，所以次咸。

恒。亨，无咎，利贞。利有攸往。

恒之道可以亨通，恒而能亨，乃“无咎”也。恒而不可以亨，非可恒之道也，为“有咎”矣。如君子恒于善，故“无咎”，小人恒于恶，焉得无咎！然恒亨而后无咎何也？盖恒必利于正，若不正岂能恒。如孝，置之而塞乎天地，溥之而横乎四海，如此正方得恒，故“利贞”。恒必“利有攸往”，达之家邦，万古不穷。如孝，施之后世而无朝夕方谓之恒，如不可攸往不谓之恒矣。“利贞”，不易之恒也，恒之利者也。“利有攸往”，不已之恒也，亦恒之利者也。故恒必两利。“恒”字，《广韵》、《玉篇》皆有下一画，独《易经》无下一画，与“无”字同，不同各《经》“無”字。[①]

《彖》曰：恒，久也。刚上而柔下，雷风相与，巽而动，刚柔皆应，恒。恒亨无咎利贞，久于其道也，天地之道恒久而不已也。利有攸往，终则有始也。日月得天而能久照，四时变化而能久成，圣人久于其道而天下化成。观其所恒，而天地万物之情可见矣。

释卦字义，又以卦综卦象卦德释卦名卦辞而极言之。恒者，长久也。若以恒字论，左旁从立心，右旁从一日，言立心如一日，久而不变也。刚上而柔下者，本卦综咸，刚上者，咸下卦之艮上而为恒之雷也；柔下者，咸上卦之兑下而为恒之巽也。阴阳之理，刚上柔下，分之常；迅雷烈风交助其势，气之常；男动作于外，女巽顺于内，人理之常；刚以应柔，柔以应刚，交感之常。此四者皆理之常，故曰“恒”。“恒亨无咎利贞”者，以久于其道也。盖道者天下古今共由之路，天地之正道也。惟久于其道，故“亨”，故“无咎”，故“利贞”。若久非其道，亦不能恒矣。且恒久莫过于天地，天地之道，恒久而不已者也。惟其恒久不已，所以攸往不穷。盖凡人事之攸往至于终而

① 按：原刻本“恒”字刻为“恒”。

不能恒久者，以其终而不能又始也。终而不能始，则自终而止。有止息间断，非恒久不已者矣，安能攸往？惟天地之道，昼之终矣而又有夜之始，夜之终矣而又有昼之始，寒之终矣而又有暑之始，暑之终矣而又有寒之始，终则有始，循环无端，此天地所以恒久也。此恒所以必利有攸往而后谓之恒也。若有所往不能终始循环不穷，则与天地不相似，安得谓之恒哉！“得天”者，附丽于天也。“变化”者，寒而暑，暑而寒，迭相竭，还相本，阴变于阳，阳化为阴也。“久成”者，成其岁功也。“久于其道”者，仁渐义摩也。“化成”者，化之而成其美俗也。此极言恒久之道。言观其所恒，可见万古此天地，万古此恒也，万古此万物，万古此恒也。若当春时为夏，当秋时为冬，当生物时不生，当成物时不成，此之谓变怪，安得谓之恒。

《象》曰：雷风，恒。君子以立不易方。

“立”者，止于此而不迁也。“方”者，大中至正之理，理之不可易者也，如为人君止于仁，为人臣止于敬是也。“不易方”者，非胶于一定也，理在于此则止而不迁，如冬之寒，理在于衣裘，则衣裘而不易其葛，夏之暑，理在于衣葛，则衣葛而不易其裘是也。巽性入入而在内，震性动出而在外，二物各居其位，不易方之象也。故曰“不易方”。

初六。浚恒，贞凶，无攸利。

“浚”，深也。“浚井”之“浚”，“浚”字生于“巽性入”之“入”字来。初六为长女之主，九四为长男之主，乃夫妇也。巽性入，始与夫交之时，即深求以夫妇之常道。四动而决躁，安能始交之时即能从其所求？“贞”者，初与四为正应，所求非不正也。“凶”者，骤而求之深，彼此不相契合也。“无攸利”者，有所往则夫妇反目矣。盖初阴居阳位，四阳居阴位，夫妇皆不正，皆有气质之性，所以此爻不善。下三爻皆以“妻”言。初爻“凶”者，妻求夫之深而凶也。三“贞吝”者，妻改节而见黜也。上三爻皆以“夫”言。四“无禽”者，夫失其刚而无中馈之具也。五“凶”者，夫顺从其妻而凶也。

○初与四为正应，妇责备夫以夫妇之常道，亦人情之所有者。然必夫妇居室之久，情事孚契，而后可以深求其常道也。但巽性务入，方交四之始即深以夫妇之常道求之，则彼此之情未免乖矣，故有“浚恒”之象。占者如此，则虽“贞”亦“凶”，而“无攸利”也。

《象》曰：浚恒之凶，始求深也。

“求”者，中馈之酒浆器皿衣服首饰之类也。

九二。悔亡。

以阳居阴，本有悔矣。以其久中，故其“悔亡”。“亡”者，失之于初而改之于终也。

《象》曰：九二悔亡，能久中也。

可久之道中焉止矣。人能恒久于中，岂止悔亡？孔子之言，盖就周公之爻辞而美之也。

九三。不恒其德，或承之羞，贞吝。

阳德居正，故得称德。“不恒其德”者，改节也，居巽之极为进退，为“不果”，改节之象也。以变坎为狐疑，此心不定，亦改节之象也。长女为长男之妇，不恒其德而改节，则失其妇之职矣。既失其职，则夫不能容，而妇被黜矣。“或”者，外人也。“承”者，进也。“羞”者，致滋味也。变坎有饮食之象，“羞”之象也。因妇见黜，外人与夫进其羞也。“贞”者，三位正也。若依旧注“羞”作羞耻，则下“吝”字重言羞矣。

〇九三位虽得正，然过刚不中，当雷风交接之际，雷动而风从，不能自守，故有“不恒其德或承之羞”之象，虽正亦可羞矣。故戒占者如此。

《象》曰：不恒其德，无所容也。

“无所容”者，夫不能容其妇而见黜也，所以使外人进其羞也。

九四。田无禽。

应爻为地道，又震为“大涂”，故曰“田”。与师卦“田有禽”之田同。本卦《大象》与师卦《大象》皆与小过同，故皆曰“禽”。应爻巽为鹳，亦禽之象也。应爻深入与井下卦同巽，故皆曰“无禽”也。师卦所应刚实，故“有禽”，本卦所应阴虚，故“无禽”。

〇九四以阳居阴，久非其位，且应爻深入，故有“田无禽”之象。既“无禽”，则不能与妻备中馈之具，夫非其夫矣。故其象占如此。

《象》曰：久非其位，安得禽也。

久非其位，则非所久而久矣，故不得禽。

六五。恒其德，贞。妇人吉，夫子凶。

丈夫用刚用柔，各适其宜，以柔顺为常，是因人成事矣，所以凶。此爻变兑，兑为少女，又为妾，妇人之象也。妇人以顺为正，故“吉”。

〇六五恒其中德，正矣，故有“恒其德贞”之象。但刚而中可恒也，柔而中妇人之常，非夫之所当常也，故占者有吉有凶又如此。

《象》曰：妇人贞吉，从一而终也。夫子制义，从妇凶也。

“从一”者，从夫也。妇人无专制之义，惟在从夫，顺从乃其宜也。“制”者，裁制也。“从妇”者，从妇人顺从之道也。夫子刚果独断，以义制事，若如妇人之顺从，委靡甚矣，岂其所宜，故“凶”。

上六。振恒，凶。

振去声。

“振”者，奋也，举也，整也。“振恒”者，振动其恒也。如宋时祖宗本有恒久法度，王安石以祖宗不足法，乃纷更旧制，正所谓“振恒”也。“凶”者，不惟不能成事，而反偾事也。在下入乃巽之性，“浚恒”也；在上动乃震之性，“振恒”也。方恒之始，不可浚而乃浚；既恒之终，不可振而乃振，故两爻皆凶。

〇上六阴柔，本不能固守其恒者也；且居恒之极，处震之终，恒极则反常，震终则过动，故有“振恒”之象。占者之凶可知矣。

《象》曰：振恒在上，大无功也。

“大无功”者，不惟“无功”，而“大无功”也。曰“大”者，上而无益于国家，下而不利于生民，安石、靖康之祸是也。

（遁）

“遁”者，退避也，六月之卦也。不言退而曰遁者，退止有退后之义，无避祸之义，所以不言退也。为卦天下有山，山虽高，其性本止，天之阳性上进，违避而去，故有遁去之义。且二阴生于下，阴渐长，小人渐盛，君子退而避之，故为遁也。《序卦》：“恒者，久也。物不可以久居其所。”久则变，变则去，此理之常，所以次恒。

遁亨。小利贞。

“亨”为君子言也。君子能遁，则身虽遁而道亨。“小”者，阴柔之小人也，指下二阴也。利贞者，小者利于正而不害君子也。若害君子，小人亦不利也。

《彖》曰：遁亨，遁而亨也。刚当位而应，与时行也。小利贞，浸而长也。遁之时义大矣哉！

浸，居鸩反。

以九五一爻释亨，以下二阴爻释利贞而赞之。遁而亨者，惟遁乃亨，见其不可不遁也。刚指五。“当位”者，当中正之位。“而应”者，下与六二相应也。时行言顺时而行也。身虽在位而心则遁，此所以谓之时行也。九五有中正之德，六二能承顺之，似亦可以不必于遁，然二阴浸而长，时不可以不遁。知时之当遁，与时偕行，此其所以亨也。浸者，渐也。浸而长，其势必至于害君子，故戒以利贞。时义大者，阴虽浸长，尚未盛大，且九五与二相应，其阳渐消之意，皆人之所未见而忽略者，是以苟且留连而不能决去也。当此之时，使不审时度势则不知遁；若眷恋禄位又不能遁，惟有明哲保身之智，又有介石见几之勇，方能鸿冥凤举，所以叹其时义之大。汉元成之时，弘恭、石显得志于内，而萧望之、刘向、朱云皆得巨祸；桓灵之际，曹节、王甫得志于内，而李膺、陈蕃、窦武皆被诛戮者，均不知遁之时义者也。《易》中“大矣哉”有二：有赞美其所系之大者，豫、革之类是也；有称叹其所处之难者，大过、遁之类是也。

《象》曰：天下有山，遁。君子以远小人，不恶而严。

远，袁万反。

“恶”者，恶声厉色，疾之已甚也。“严”者，以礼律身，无可议之隙，而凛然不可犯也。“不恶”者，待彼之礼，严者，守己之节。“天下有山”，天虽无意于绝山，而山自不能以及乎天，遁之象也。故“君子以远小人不恶而严”。曰“不恶而严”，则君子无心于远小人而小人自远，与天之无心于远山而山自绝于天者同矣。“远小人”，艮止象；“不恶而严”，乾刚象。

初六。遁尾，厉，勿用有攸往。

“遁”者，居当遁之时也。“尾”者，初也，因在下，故曰“尾”。“厉”者，天下贤人君子皆以遁去，是何时也？岂不危厉！“往”者，往而遁去也。本卦遁乃阳刚，与阴不相干涉，故不可往。且初在下无位，又阴柔，所居不正无德。无位无德则无声闻，不过凡民耳。与遁去之贤人君子不同，遁之何益？

〇初六居下，当遁之时，亦危厉矣。但时虽危厉，而当遁者非初之人，故教占者勿用遁去，但晦处以俟时可也。

《象》曰：遁尾之厉，不往何灾也。

不遁有何灾咎，所以勿用有攸往。

六二。执之用黄牛之革，莫之胜说。

胜音升，说音脱。

“执”者，执缚也。艮性止，执之象也。“黄”，中色，指二。应爻错坤，牛之象也。“胜”者，任也。“脱”者，解脱也。能胜其脱，欲脱即脱矣。莫之胜脱者，不能脱也，言执缚之以黄牛之皮，与九五相交之志坚固不可脱也。本卦遁者乃阳，初与二阴爻皆未遁，故此爻不言“遁”字。

〇二阴浸长，近于上体之四，阴已凌迫于阳矣。然二与五为正应，二以中正顺应乎五，五以中正亲合乎二，正所谓刚当位而应，不凌迫乎阳可知矣。故有“执之用黄牛之革莫之胜说”之象。占者当是时亦当如是也。

《象》曰：执用黄牛，固志也。

坚固其二五中正相合之志也。

九三。系遁，有疾厉。畜臣妾吉。

“系”者，心维系而眷恋也。高祖有疾，手敕惠帝曰：吾得疾随困，以如意母子相累，其余诸儿皆足自立，哀此儿犹小也。曹瞒临死，持姬女而指季豹以示四子曰：“以累汝。”因泣下。此皆所谓“系”也。中爻为巽，巽为绳，系之象也。“系遁”者，怀禄徇私，隐忍而不去也。“疾”者，利欲为缠魔困苦之疾也。“厉”者，祸伏于此而危厉也。“臣”者，仆也。“妾”者，女子也。指下二阴也，乃三所系恋之类也。盖臣妾也，宫室也，利禄也，凡不出于天理之公，而出于人欲之私者，皆阴之类也，皆人之所系恋者也。本卦止言臣妾者，因二阴居下位故也。“畜”者，止也，与剥卦顺而止之同。止之使制于阳而不陵上也。艮，畜止象。又为阍寺，臣之象。又错兑，妾之象。

○九三当阴长陵阳之界，与初二二爻同体。下比于阴，故有当遁而系恋之象。既有所系则不能遁矣，盖疾而厉之道也。然艮性能正，惟刚正自守，畜止同体，在下二阴，驭之之以臣妾之正道，使制于阳而不陵上，斯吉矣。故又教占者必如此。

《象》曰：系遁之厉，有疾惫也。畜臣妾吉，不可大事也。

“疾惫”者，疲惫于私欲，困而危矣。“不可大事”者，出处去就乃大夫之大事，知此大事方知其遁。若畜止臣妾，不过以在我艮止之性禁令之尔，乃小事也。九三系遁，能此小事亦即吉矣，岂能决断其出处，去就之大事哉！

九四。好遁。君子吉，小人否。

好，呼报反。否，方有反。

三比二，故曰“系”；四应初，故曰“好”。“好”者，爱也。“系”者，缚也。爱者心眷恋而缚，缚者因喜悦而爱，其实一也。“好遁”者，又好而又遁也。“好”者，爵位利禄爱慕之事也。“遁”者，审时度势见几之事也。“好”者四也，“遁”者九也。阳居阴位，阳可为“君子”，阴可为“小人”，故可“好”可“遁”也。所以圣人设小人之戒。“否”者，不也。

○九四以刚居柔，下应初六，故有好而不遁之象。然乾体刚健，又有遁而不好之象。占者顾其人何如耳。若刚果之君子，则有以胜其人欲之私，止知其遁不知其好，得以遂其洁身之美，故吉矣。若小人则徇欲忘反，止知其好不知其遁，遁岂所能哉！故在小人则否也。

《象》曰：君子好遁，小人否也。

君子刚果，故“好”而知“遁”，必于其“遁”。小人阴柔。故“好”而不知其“遁”，惟知其“好”矣。

九五。嘉遁，贞吉。

"嘉遁"者，嘉美乎六二也。当二阴浸长之时，二以艮体执之以黄牛之革，不凌犯乎阳，其志可谓坚固矣。为君者不嘉美以正其志，安能治遁？故"贞吉"。人君无逃遁之理。玄宗幸蜀，安得为嘉？

〇九五阳刚中正，有治遁之才者也。当天下贤人君子遁去之时，下应六二之中正，见六二之志固，乃褒嘉之，表正其志，以成其不害贤人君子之美，正而且吉之道也。故其象占如此。

《象》曰：嘉遁贞吉，以正志也。

二之固志者，坚固其事上之志，臣道中正之心也。五之正志者，表正其臣下之志，君道中正之心也。二五《小象》皆同言"志"字，所以知五褒嘉乎二。

上九。肥遁，无不利。

"肥"者，疾惫之反。"遁"字从豚，故初六言"尾"，上九言"肥"，皆象豚也。以阳刚之贤而居霄汉之上，睟面盎背莫非道德之丰腴，手舞足蹈一皆仁义之膏泽，心广体胖，何肥如之！"无不利"者，天子不得臣，诸侯不得友，尧虽则天，不屈饮犊之高；武既应人，终全孤竹之节，理乱不闻，宠辱不惊，何利如之！

〇诸爻皆疑二阴之浸长，心既有所疑而戚，戚则身亦随之而疾瘠矣，安能"肥"乎？惟上九以阳刚而居卦外，去柔最远，无所系应，独无所疑，盖此心超然于物外者也，故有"肥遁"之象。占者无不利可知矣。

《象》曰：肥遁无不利，无所疑也。

"无所疑"者，不疑二阴之浸长而消阳也。"无所疑"，所以逍遥物外，不至于愁苦而瘠。

（大壮）

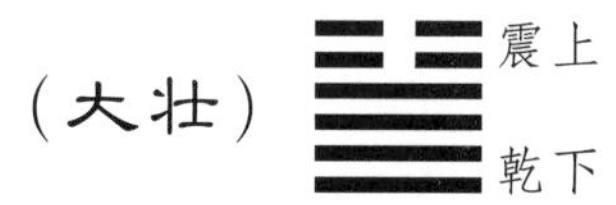

"大壮"者，大者壮也。"大"谓阳也。四阳盛长，故为"大壮"。二月之卦也。为卦震上乾下，乾刚而震动，大壮之义也。又雷之威震于天上，声势壮大，亦大壮之义也。《序卦》："遁者，退也。物不可以终遁，故受之以大壮。"遁者，阳衰而遁也。壮者，阳盛而壮也。衰则必盛，消长循环之理，所以次遁。

大壮。利贞。

阳壮则占者"吉亨"，不必言矣。然君子之所谓壮者，非徒以其势之盛，乃其理之正也。故利于正。阴之进不正，则小人得以陵君子，故遁言“小者利于贞”。阳之进不正，则君子不能胜小人，故大壮言“大者利于贞”。大壮综遁，二卦本是一卦，故卦下之辞如此。

《彖》曰：大壮，大者壮也。刚以动，故壮。大壮利贞，大者正也。正大，而天地之情可见矣。

以卦体、卦德释卦名，又释“利贞”之义而极言之。阳长过中，大者壮也。盖正月泰阳虽长而未盛，三月夬阳已盛而将衰，皆不可以言壮。惟四阳则壮矣。且乾刚震动，刚则能胜其人欲之私，动则能奋其必为之志，何事不可行哉！此其所以壮也。卦体则势壮，卦德则理壮，所以名壮。大者正也，言大者自无不正也。凡阳明则正，阴浊则邪，自然之理，故利于贞，若不贞则非大矣。“正大”者，正则无不大也。天地之情者，覆载生成，所发之情也。一通一复，皆一诚之贯彻，岂不正？既正，岂不大？故曰“正大”。盖“大”者壮以气言，乃壮之本体也；“大”者正以理言，所以运壮之道也。“正大而天地之情可见”，又推极上天下地莫非此正大之理，非特人为然也。一阳来复，见天地之心；四阳见其情。仁者天地之心，情则其所发也。

《象》曰：雷在天上，大壮。君子以非礼弗履。

“非礼”者，人欲之私也。“履”者，践履也。非礼弗履，则有以克胜其人欲之私矣。此惟刚健以动者可能。矫哉其强，何壮如之！“雷在天上大壮”者，以声势而见其壮也。“君子非礼弗履大壮”者，以克胜其私而见其壮也。

初九。壮于趾。征凶，有孚。

震为足，又初在下，“趾”之象也。“征凶”者，往则必裁抑摈斥也。“孚”者，自信其阳刚之正德也。初以阳居阳，乾之刚未盛也，故“有孚”。至三则乾刚极矣，故“贞厉”。

〇初九阳刚处下，当壮之时，壮于进者也，故有壮趾之象。以是而往，凶之道也。然阳刚居正，本有其德，故教占者惟自信其德以甘穷困，不可有所往，往则凶矣。

《象》曰：壮于趾，其孚穷也。

既无应援，又卑下无位，故曰“穷”。当壮进之时，有其德而不能进，进则必凶，乃处穷之时矣。故惟自信其德以自守可也。是“其孚”者不得已也，因“穷”也，故曰“其孚穷”。贤人君子不偶于时，栖止山林者多是如此。

九二。贞吉。

中则无太过。不恃其强而猛于必进，所以此爻“贞吉”。

〇九二以阳刚当大壮之时，居中而不过于壮，盖正而吉者也。故其占如此。

《象》曰：九二贞吉，以中也。

“以中”者，居中位也。与解卦得中道、未济中以行正同。中立而不倚，强哉矫，九二有焉。

九三。小人用壮，君子用罔，贞厉。羝羊触藩，羸其角。

羸，力为切。

“罔”者，无也，言不用也。君子以义理为勇，以“非礼弗履”为大壮，故“不用壮”也。“羝羊”，壮羊也。“羸”者，瘦也，病也。羝羊恃其强壮乃触其藩，其角出于藩之外，易去而难反，不能用其力，是角之壮者，反为藩所困制而弱病矣，故曰“羸其角”也。本卦大象兑，中爻为兑，皆羊之象，故诸爻皆以羊言之。震为“竹”，为“苇”，“藩”之象也。“触藩”者，“用壮”之象也。阳居阳位，故曰“贞”。“羸角”者，又“贞厉”之象也。

○九三过刚不中，又当乾体之终，交震动之际，乃纯用血气之强，过于壮者也。然“用壮”为小人之事，君子以义理为主，岂其所用哉？故圣人戒占者曰：惟小人则用壮，君子则不用也。苟用其壮，虽正亦厉。亦如羊之触藩羸角也。壮其可恃哉？戒之之严，故占中之象又如此。

《象》曰：小人用壮，君子罔也。

言“用壮”者小人之事，君子则无此也。

九四。贞吉，悔亡。藩决不羸。壮于大舆之輹。

“贞吉悔亡”者，惟正则吉而悔亡也。“决”，破也。“藩决不羸”，承上文而言也。三前有四之阻隔，犹有藩焉。四前二阴，则藩决而可前进矣。震为“大涂”，兑为“附决”，藩决之象也。“輹”与辐同，车轮之中干也。车之败常在折輹，輹壮则车强矣。四变坤，“大舆”之象也。“壮于大舆之輹”，言尚往而可进也。此二句又“贞吉悔亡”之象也。

○九四当大壮之时，以阳居阴，不极其刚。前无困阻而可以尚往矣。故其占中之象如此。

《象》曰：藩决不羸，尚往也。

“尚往”者，前无困阻而可以上进也。

六五。丧羊于易，无悔。

易音亦。

“易”即埸，田畔地也。震为“大涂”，埸之象也。

○本卦四阳在下，故名“大壮”。至六五无阳，则丧失其所谓大壮矣，故有“丧羊于易”之象。既失其壮则不能前进，仅得无悔而已，故其象占如此。

《象》曰：丧羊于易，位不当也。

“位不当”者，以柔居五位也。

上六。羝羊触藩，不能退，不能遂，无攸利，艰则吉。

震错巽为进退，退遂之象也。“艰”者，处之艰难而不忽慢也。“吉”者，“无攸利”者终得攸利也。六五已“丧羊”矣，而上六又“羝羊触藩”者，盖六五以一爻言也，上六则合一卦而言也。三则刚之极，上则动之极，所以爻象皆同。

○上六壮终动极，所以“触藩”而不能退，然其质本柔又不能遂其进也，故有“触藩不能退遂”之象。占者之“无攸利”可知矣。然犹幸其不刚而不妄进也。若占者能“艰”以处之，则得以遂其进而吉矣。

《象》曰：不能退，不能遂，不详也。艰则吉，咎不长也。

“详”者，慎密也。“不详”者，当壮终动极之时不能度势而行、审几而进也。既详则能艰矣。“咎”者，不能退不能遂之咎也。惟艰则能详，而咎不长矣。心思之艰难，所以能详，识见之详明，所以方艰。

（晋）䷢ 离上 坤下

“晋”者，进也，以日出地上，前进而明也。不言进而言晋者，进止有前进之义，无明之义，晋则有进而光明之义，所以不言进也。《序卦》：“物不可以终壮，故受之以晋。”盖物既盛壮则必前晋，所以次大壮。

晋。康侯用锡马蕃庶，昼日三接。

“康侯”，安国之侯也。“锡”者，赐与也。蕃庶见其恩之者隆，三接见其礼之者频。坤错乾，“马”之象。中爻艮综震，震为蕃，“蕃”之象。“庶”者，众也，坤为众，庶之象。“蕃庶”者，言所锡之马众多也。“昼日”，离之象。离居三，三之象。艮为“手”，相接之象。“日”者，君也；坤者，臣也。坤为“邑国”，日在地上，照临其邑，国之侯有宠而“锡马三接”之象。《易》止有是象无是事，如“栋桡”“金车”“玉铉”之类皆是也。诸儒不知象，乃以《周官》“校人”、“大行人”实之，失象旨矣。

《彖》曰：晋，进也。明出地上，顺而丽乎大明，柔进而上行。是以康侯用锡马蕃庶，昼日三接也。

释卦名，又以卦象、卦德、卦综释卦辞。“明出地上”者，离日出于地之上也。“顺而丽乎大明”者，坤顺而附丽乎大明也。“柔进而上行”者，晋综明夷，因二卦同体，文王综为一卦，故《杂卦》曰：“晋昼也，明夷诛也。”言明夷下卦之离，进而为晋上卦之离也。若以人事论，“明出地上”，乃世道维新治教休明之时也。“顺”以臣言，“大明”以君言。“顺”者，小心承顺也。“丽”者，犹言攀龙鳞附凤翼也。柔进而上行则成虚中矣，是虚中下贤之君而居于五之位也。上句以时言，中句以臣之德言，下句以君言。言为“康侯”者，必际是时，备是德，遇是君，方得是宠也。

《象》曰：明出地上，晋。君子以自昭明德。

地乃阴土，譬之人欲之私。“自”者，我所本有也。日本明，入于地则暗矣。犹人之德本明，但溺于人欲之私则暗矣。故自昭其明德，亦犹日之出地也。“自昭”者，格物致知以去其蔽明之私，诚意正心修身以践其自昭之实也。“明德”者，即行道而有得于我者也。天下无道外之德，即五伦体之于身也。此德塞乎天地，横乎四海，如杲日当空，人人得而见之，故曰“明”，非《大学》旧注“虚灵不昧”之谓也。至健莫如天，故君子以之“自强”；至明莫如日，故君子以之“自昭”。所以二象皆以“自”字言之。

初六。晋如，摧如，贞吉。罔孚，裕，无咎。

摧音崔。

“晋如”者，升进也。“崔”者，崔嵬之崔，高也。中爻艮山在坤土之上，“崔”之象也。四近君，又阳爻，故有“崔如”之象。若以为“摧如”，则与《小象》“独行正”不相合矣。依郑为“南山崔崔”之“崔”是也。“贞”者，尽其在我，不畔援苟且汲汲以求进也。“吉”者，终得遂其进也。“罔孚”者，二三不信之也。中爻坎为狐疑，不信之象也。当升进之时，众人通欲进，初卑下，故二三不见信。观《小象》曰“独行正”，六三曰“众允”可知矣。“裕”者，不以进退为欣戚，从容以处之，而我之自修者犹夫初也。“无咎”者，不失其身也。“贞”，即下文“罔孚裕无咎”。

〇初六以阴居下，当升进之时，而应近君之四，故有“晋如崔如”之象，占者守正则吉矣。设或不我见信，不可急于求信，惟宽裕以处之，则可以“无咎”矣。若求信之心切，则不免枉道失身，安得无咎？此所以利贞则吉也。

《象》曰：晋如摧如，独行正也。裕无咎，未受命也。

“独行”者，独进也。中爻艮综震足，行之象也。正者，应与之正道也。言升进之时，四阳在上，近乎其君，赫赫崔嵬，初又卑下，众人不进而初独进之，似不可进矣。然四与初为正应，进之亦正道也，未害其为进也。“未受命”者，离日在上，未受君王之命也。未受命则无官守，所以得绰绰有余裕。

应四未应五，故曰“未受命”。六二曰受兹介福于王母，二受字相同。中爻艮为手，有授受之象。故文王卦辞曰“接”，初二爻皆言“受”，皆有手象。

六二。晋如，愁如，贞吉。受兹介福，于其王母。

中爻坎为加忧，为心病，愁之象也。其所以愁者，四乃大臣中“鼫鼠”之小人也，近君而据下三爻升进之路，二欲升进无应援。五阴柔，二愁五之不断；四邪僻，二愁四之见害，此其所以愁也。“贞”者，中正之德也。初六之贞，未有贞而勉之也；六二之“贞”，因其本有而教以守之也。“吉”者，中正之德，久而必彰，上之人自当求之，下文所言“受介福于王母”是也。“介”者，大也。“受介福”者，应六五大明之君，因其同德而任用之，加之以宠禄也。“王母”者，六五也。离为日，“王”之象也。离为中女，“母”之象也。

〇六二中正，上无应援，故有欲进而愁之象。占者如是而能守正，则吉而受福矣。

《象》曰：受兹介福，以中正也。

“以中正”者，以六二有此中正之德也。八卦正位，坤在二，所以“受介福”，详见《杂说》。

六三。众允，悔亡。

坤为“众”，“众”之象也。“允”者，信也，初“罔孚”，未允也；二“愁如”，犹恐未允也；三则“允”矣。“悔亡”者，“亡”其不中正之“悔”也。

〇六三不中正，当欲进之时，宜众所不信而有悔矣。然所居之地近乎离明，又顺体之极，有顺上向明之志，则所谓“不中正”者，皆因亲近其大明而中正矣。是以众皆信之。同下二阴上进，故有“众允”之象，而占者则“悔亡”也。

《象》曰：众允之志，上行也。

“上”者，大明也。“上行”者，上顺丽于大明也。上从大明之君，众志之所同也。

九四。晋如，鼫鼠贞厉。

鼫音石，市亦切。

“鼫鼠”，《广韵》以为“蝼蛄”，则非鼠矣。《玉篇》以为“形大如鼠，头似兔，尾有毛，青黄色”，则又鼠之异者也。蔡邕以为“五技鼠，能飞不能过屋，能缘不能穷木，能游不能度谷，能穴不能掩身，能走不能先人”，则飞鼠也。郭景纯以为“形大如鼠，好在田中食粟豆”，则田鼠也。《广韵》“鼫”字与“硕”

字同一类，二字从石，皆音“石”。《诗·硕鼠》刺贪。“硕”，大也，阳大阴小，此爻阳，故为“大鼠”，即《诗》之“硕鼠”无疑矣。中爻艮变爻，亦“艮鼠”之象也。鼠窃人之物，然昼则伏藏，夜则走动，盖不敢见日而畏人者也。离为日，晋者昼也，鼠岂能见之哉！但当进之时，见众人俱进，彼亦同进，不复畏其昼矣。“贞”者，当进之时，九四“晋如”，非不正也。

〇九四不中不正，当晋之时，窃近君之位，居三阴之上，上而畏六五大明之知，下而畏三阴群小之忌，故有“鼫鼠”日下惟恐人见之象。占者如是，虽正亦危矣。

《象》曰：鼫鼠贞厉，位不当也。

“位不当”者，不中不正也。

六五。悔亡。失得勿恤，往吉，无不利。

“恤”者，忧也。中爻坎，为“加忧”，“恤”之象也。五变则中爻不成坎，故不忧而“勿恤”矣。火无定体，倏然而活，倏然而没，失得其常事也。凡《易》中遇离，或错离，或中爻离，皆言“失得”二字。如比卦九五错离曰“失前禽”，随卦六三变离曰“失小子随有求得”，噬嗑九四曰“得金矢”，六五曰“得黄金”，坎卦错离六二曰“求小得”，明夷九三曰“得其大首”，解卦九二错离曰“得黄矢”，鼎卦初六曰“得妾”，震卦六二变中爻为离曰“七日得”，渐卦中爻离六四曰“得其桷”，丰卦六二曰“得疑疾”，旅九四曰“得资斧”，巽上九变坎错离曰“丧其资斧”。“得失”“得丧”皆一意也。既济六二曰“七日得”，未济上九曰“失”。是则或失或得，不以为事者，乃离之本有也，非戒辞也。本卦以象论，日出地上，乃朝日也，非日中之昃；以德论，居大明之中而下顺从之；以卦变论，为飞龙在天之君。六爻独此爻善，所以《小象》曰“往有庆也”。“悔亡”者，中以行正也。“失得勿恤”者，虚中则廓然太公，不以失得累其心也。故“吉无不利”。

〇六五柔中，为自昭明德之主，天下臣民莫不顺而丽之，是以事皆悔亡，而心则不累于得失，持此以往，盖“吉”而“无不利”者也。占者有是德，斯应是占矣。

《象》曰：失得勿恤，往有庆也。

“往有庆”，即“吉无不利”。

上九。晋其角，维用伐邑，厉吉无咎，贞吝。

“晋其角”，与“姤其角”同。晋极明终，日已晚矣。角在首之上，“晋其角”言欲进而前无其地矣，甚言其前无所进也。“维”者，维系也。系恋其三之阴私也。阳系恋乎阴私，皆不光明之事，所以孔子《小象》，但阳比于阴者皆曰

“未光”。离为戈兵，坤为众，此爻变震，众人戈兵震动，“伐邑”之象也。故离卦上九变震亦曰“王用出征”。邑即内卦坤之阴土也。谦见谦卦。“伐邑”即同人“伏戎于莽”之意。凡《易经》爻辞，无此事而有此象，如此类者甚多。“厉吉无咎”者，言其理也。言邑若理可以伐，虽“危厉”亦“吉而无咎”也。“吉无咎”即下文之“贞”也。“贞吝”者，言虽当伐亦可羞也。

〇上九明已极矣，又当晋之终，前无所进，此心维系恋乎三爻所应之阴私而已，故有“晋其角维用伐邑”之象。夫系恋其私以伐邑，其道本不光明，然理若可伐而伐之，事虽“危厉”亦“吉”而“无咎”。但前无所进，既不能成康侯光明之业，反系恋其私以伐邑，虽邑所当伐，其事故贞，亦可羞矣，安得“吉而无咎”哉！故戒占者以此。

《象》曰：维用伐邑，道未光也。

此爻变震，下乃顺体，阴阳相应，性顺情动，岂有光明之事。

（明夷）

“夷”者，伤也，为卦坤上离下，日入地中，明见其伤，与晋相综，故曰“明夷”。《序卦》：“晋者，进也。”进而不已，必有所伤，理之常也，所以次晋。

明夷，利艰贞。

“艰贞”者，艰难委曲以守其贞也。盖暗主在上，去之则忘国，又有宗国同姓不可去者；比之则失身，又当守正。然明白直遂守正又不免取祸，所以占者“利艰贞”，以守正而自晦其明也。

《彖》曰：明入地中，明夷。内文明而外柔顺以蒙大难，文王以之。利艰贞，晦其明也。内难而能正其志，箕子以之。

难，乃旦反。

以卦象释卦名，又以文王释卦德，以箕子释卦辞。“内文明”者，离也；外柔顺者，坤也。此本卦之德也。蒙者，遭也。“以蒙大难”者，言以此德而遭此明伤之时也。“文王以之”者，言文王遭纣之囚，用此卦之德，所以内不失己，外得免祸也。“晦其明”者，晦其明而不露也。“大难”，关天下之难。“内难”，一家之难。“正其志”者，不失其正也。不失其正又不显其正，是谓“晦其明而利艰贞”之义也。箕子为纣近亲，外而佯狂，内而明哲，是即“晦其明”也。故曰“箕子以之”。大抵箕子之难虽与文王同其艰贞，然文王为西伯，散宜生之徒以珍物美女献于纣，而西伯即出羑里矣。若箕子佯狂，则必要君知其真狂，左右国人亦知其真狂，再不识其佯狂，至牧野之师诛君吊民，方释箕子之囚，箕子逃之朝鲜，武王以朝鲜封之，因以《洪范》授于武王，人方知其不狂。则箕子"艰贞"难于文王多矣。故以"艰贞"系箕子之下。要之，天命与周，故文王之明夷处之易；天命废殷，故箕子之明夷处之难。虽人为，实天意也。文王箕子，一而已矣。

《象》曰：明入地中，明夷。君子以莅众，用晦而明。

坤为众，故言"莅众"。"用晦而明"者，不用明为明，用晦为明也。言我本聪明睿知，乃不显其明，若似不明者。以晦为明，此之谓用晦而明也。若以晋明夷相综并论之，地在下，日在上，明在外也。君子以之，则绝去其人欲之私，以"自昭明德"。亦如日之极其高明，常升于万物之上，此修己之道当如是也。地在上，日在下，明在内也。君子以之，则存其宽厚浑含之德，去其刻薄残忍之私，以之"莅众"，如小过必赦，使人不求备，罪疑惟轻，胁从罔治之类皆是也。古之帝王，冕而前旒以蔽其明，黈纩塞耳以蔽其聪，亦此意。此则居上之宽，治人者当如是也。故明夷之《大象》曰"莅众用晦而明"。修己治人，二卦之象尽之矣。

初九。明夷于飞，垂其翼。君子于行，三日不食。用攸往，主人有言。

"明夷于飞"者，伤其飞之翼也。"垂其翼"者，其翼见伤而垂弹也。离为雉，鸟之象也。此爻变艮，独一阳在中，卦之中为鸟身，初与六上下为翼，故小过初六曰"飞"，上六亦曰"飞"，皆以翼言也。此爻居初，故曰"垂翼"也。垂其翼而犹能飞，则伤亦未太重矣。"三日不食"者，离居三，三之象也。离为日，"三日"之象也。离中虚，又为大腹，空腹"不食"之象也。"于行"者，方见几而欲行也。"不食"者，自悲其见伤而不食也。此爻旧指伯夷耻食周粟之事。"有攸往"者，于行而长往也。中爻震足，行而长往之象也。"主人"者，所适之主人对君子之言也。"有言"者，主人不相合，言语讥伤其君子也。外卦错乾，乾为言，有言之象也。象为"飞"，占为"行"，为往；象为"垂翼"，占为"不食"，有言。象，占俱分明。

〇初九阳明在下，当伤之时，故有"飞而垂翼"之象。占者不惟方行而有不食之厄，及长往而犹有言语之讥。此其时之所遭不可得而避者，安其义命可也。

《象》曰：君子于行，义不食也。

"义"之所在，见几而作，"不食"可也。

六二。明夷。夷于左股，用拯马壮，吉。

“夷于左股”，言伤之犹未在上体也。以去暗君虽不如初之远，然亦不得言近，故以足之上股象之。中爻为震，震错巽，股之象也。此爻变中爻为兑，兑综巽，亦股之象也。明夷象人身，故初二为股，三四为腹，五上为首。股居下体，盖以人身上下为前后也。凡《易》中言“左”者皆后字，详见师卦并本卦六四。“拯”者，救也。此爻变乾为健，为良马，马健壮之象也。言用健壮之马以救之则吉矣。文王囚于羑里，“夷于左股”也。散宜生之徒献珍物美女，“用拯马壮”也。脱羑里之囚，得专征伐，吉也。

〇六二去暗主稍远，故有伤下体左股之象。然二有中正之德，能速以救之，则吉矣。故其象占如此。

《象》曰：六二之吉，顺以则也。

“顺”者，外柔顺也。“则”者，法则也。言外虽柔顺，而内实文明有法则也。所以“用拯马壮”也。因六二中正，故言“顺以则”。

九三。明夷于南狩，得其大首，不可疾，贞。

“南狩”者，去南方狩也。离为火，居南方，南之象也。离为戈兵，中爻震动，戈兵震动，出征远讨之象也。“大首”者，元恶也。坤错乾，乾为首，首之象也。居天位，“大首”之象也。“不可疾”者，不可亟也。九三虽刚明，臣也；上六虽昏暗，君也。必迟迟以俟之，出于万一不得已。如天命未绝，人心尚在，则一日之间犹为君臣也。征者伐暴救民，其事正也，故“不可疾”，惟在于贞。若亟亟以富天下为心，是疾而不贞矣。

〇九三以阳刚居明体之上，而居于至暗之下，正与上六暗主为应，故有向明除害、得其大首之象。然不可亟也，故有不可疾、惟主于贞之戒。占者有成汤文武之德，斯应是占矣。

《象》曰：南狩之志，乃大得也。

“志”，与“有伊尹之志则可”之志同。得天下有道，得其民也；得其民者，得其心也。故除残去暴，必大得民心。不然，以暴易暴，安能行南狩之志？

六四。入于左腹。获明夷之心，于出门庭。

此爻指微子言。盖初爻指伯夷，二爻指文王，三爻指武王，五爻指箕子，上六指纣，则此爻乃指微子无疑矣。“左腹”者，微子乃纣同姓，左右腹心之臣也。坤为腹，腹之象也。此爻变中爻为巽，巽为入，入之象也。因六四与上六同体，故以“腹心”言之。然必曰“左腹”者，右为前，左为后，今人言“左迁”，师卦六四“左次”是也。六四虽与上六同体，然六五近上六在前，六四又隔六五在后，是六五当入其右，而六四当入其左矣。故以“左”言之。坤为黑，腹中乃黑暗幽隐之地也。“心”者，心意也。“明夷”者，纣也。明夷之心者，纣之心意也。“出门庭”者，遁去也。中爻震综艮，艮为门，门之象也。震足动，“出门庭”之象也。言微子终日在腹里左边黑暗幽隐之中，已得明夷之心意，知其暴虐无道，必亡天下，不可辅矣，于是出门庭而归周。《书》云“吾家耄逊于荒”，又曰“我不顾行遁”，正此爻之意也。

〇六四阴柔得正，与上六同体，已于幽暗之中得其暴虐之心意，故有“入腹获心”之象。于是出门庭而遁去矣。占者得此，亦当远去也。

《象》曰：入于左腹，获心意也。

凡人腹中心事难以知之，今“入于左腹”，已得其心意，知其不可辅矣。微子所以去也。

六五。箕子之明夷，利贞。

六五居至暗之地，近至暗之君，然有柔中之德，晦其明而正其志，所以佯狂受辱也。居明夷如箕子，乃贞之至矣，故占者利于贞。诸爻以五为君位，故周公以“箕子”二字明之，上六以“登天”二字明之。又凡三与上六为正应，曰“得其大首”，皆欲人知上六之为君也。“《易》不可为典要”者，以此。然周公爻辞必以上六为君者，何也？盖九三明之极，惟武王可以当之；上六暗之极，惟纣可以当之。若六五有柔中之德，又非纣之所能当也。

《象》曰：箕子之贞，明不可息也。

“不可息”者，耿耿不昧，常存而不息也。“明不可息”者，言明可晦不可息，以其在内不露，所以为贞也。

上六。不明晦。初登于天，后入于地。

“不明晦”者，日落不明而晦也。“初登于天”者，日在地上也。“后入于地”者，日在地下也。本卦原是日在地下，伤其明，名为“明夷”。上六为明夷之主，至此则明夷成矣。故复以明夷之本象言之。

〇上六以阴居坤土之极，昏暗之至者也。惟其昏暗之至，不明而晦，是以初则尊为天子，有可伤人之势，专以伤人之明为事；终则自伤而坠厥命，欲为匹夫而不可得矣。故有日落不明而晦，初虽登天而后入地之象。其象如此，而占者可知矣。

《象》曰：初登于天，照四国也。后入于地，失则也。

“照四国”以位言，言日居天上能照四国，亦如人君高位得伤人之势也。失则以德言，言为人君止于仁，视民如伤者也，岂可以伤人为事哉！君以伤人为事，失其君之则矣。是以始而登天以伤人而终于自伤也。文王之“顺以则”者，外柔顺而内实文明，凡事通有法则，文王之所以兴。纣之“失则”者，居坤顺之极而内实昏暗，凡事通失法则，纣之所以亡。故二六皆言“则”字。

周易集注

易经来注图解

（明）来知德 撰
郑同 整理

下

九州出版社
JIUZHOUPRESS
全国百佳图书出版单位

周易集注卷八

（家人）䷤ 巽上 离下

“家人”者，一家之人也。八卦正位，巽在四，离在二，此卦巽以长女而位四，离以中女而位二，二四皆得八卦正位。又九五六二内外各得其正，皆家人之义也。《序卦》：“夷者，伤也。伤于外者必反于家，故受之以家人。”所以次明夷。

家人。利女贞。

言占者利于先正其内也。以占者之身而言也，非女之自贞也。盖女贞乃家人之本，治家者之先务。正虽在女，而所以正之者则在丈夫，故曰“利女贞”。

《彖》曰：家人。女正位乎内，男正位乎外。男女正，天地之大义也。家人有严君焉，父母之谓也。父父子子，兄兄弟弟，夫夫妇妇，而家道正。正家而天下定矣。

释卦名卦辞而推言之。“男女”二字，一家之人尽之矣。父母亦男女也，曰“男女”即卦名也。“女正位乎内，男正位乎外”，正即卦辞之“贞”也。《本义》上父初子之说非也。吴幼清以五为巽女之夫，三为离女之夫，亦非也。惟依《彖辞》“女正”“男正”二句，则卦名卦辞皆在其中矣。言“女正位乎内男正位乎外，男女正”，乃天地间大道理原是如此，所以“利女贞”。“严”乃尊严，非严厉之严也，尊无二上之意。言一家父母为尊，必父母尊严，内外整肃，如臣民之听命于君，然后父尊子卑，兄友弟恭，夫制妇顺，各尽其道，而后家道正，正家而天下定矣。定天下系于一家，岂可不“利女贞”，此推原所以当“女贞”之故。

《象》曰：风自火出，家人。君子以言有物而行有恒。

“风自火出”者，火炽则炎上而风生也，自内而及外之意。知“风自火出”之象，则知风化之本自家而出，而家之本又自身出也。“有物”者，有实物也，言之不虚也，言孝则实能孝，言弟则实能弟也。“有恒”者，能恒久也，行之不变也。孝则终身孝，弟则终身弟也。言有物则言顾行，行有恒则行顾言，如此则身修家齐，风化自此出矣。

初九。闲有家，悔亡。

“闲”者，防也，阑也，其字从门从木，木设于门，所以防闲也。又变艮，艮为门，又为止，亦门阑止防之意也。“闲有家”者，闲一家之众，使其父父子子、兄兄弟弟、夫夫妇妇也。

〇初九以离明阳刚处有家之始，离明则有豫防先见之明，阳刚则有整肃威如之吉，故有闲其家之象。以是而处家，则有以潜消其一家之渎乱而悔亡矣。故其象占如此。

《象》曰：闲有家，志未变也。

九五为男，刚健得正；六二为女，柔顺得正。在初之时，正志未变，故易防闲也。

六二。无攸遂，在中馈，贞吉。

“攸”者，所也。“遂”者，专成也。“无攸遂”者，言凡阃外之事皆听命于夫，无所专成也。“馈”者，饷也，以所治之饮食而与人饮食也。馈食内事，故曰“中馈”。中爻坎，饮食之象也。言六二无所专成，惟“中馈”之事而已，自“中馈”之外，一无所专成也。

〇六二柔顺中正，女之“正位乎内”者也，故有此象。占者如是，贞则吉矣。

《象》曰：六二之吉，顺以巽也。

“顺以巽”者，顺从而卑巽乎九五之正应也。《易·小象》言顺以巽者三：蒙六五中爻为“顺”，变爻为巽；渐六四变乾错坤为“顺”，未变为巽；本卦亦变乾错坤为“顺”，应爻为巽。三“顺”以巽。皆同。

九三。家人嗃嗃，悔厉吉。妇子嘻嘻，终吝。

嗃，呼落反。

“家人”者，主乎一家之人也。惟此爻独称家人者，三当一卦之中，又介乎二阴之间，有夫道焉。盖一家之主，方敢“嗃嗃”也。“嗃嗃”，严大之声；“嘻嘻”，叹声。“妇”者，儿妇也；“子”者，儿子也。

〇九三过刚不中，为众人之主，故有“嗃嗃”之象。占者如是，不免近于伤恩，一时至于悔厉。然家道严肃，伦叙整齐，故渐趋于吉。夫曰“嗃嗃”者，以齐家之严而言也。若专以“嗃嗃”为主，而无恻怛联属之情，使妇子不能堪而至有嘻叹悲怨之声，则一家乖离，反失处家之节，不惟悔厉，而终至于吝矣。因九三过刚，故又戒占者以此。

《象》曰：家人嗃嗃，未失也。妇子嘻嘻，失家节也。

“节”者，竹节也，不过之意，不过于威，不过于爱也。处家之道，当威爱并行。“家人嗃嗃”者，威也，未失处家之节也。若主于威而无爱，使妇子不能容，则反失处家之节矣。

六四。富家大吉。

巽为“近利市三倍”，富之象也。又变乾为金为玉，亦富之象也。承乘应皆阳，则上下内外皆富矣。《记》曰：“父子笃，兄弟睦，夫妇和，家之肥也。”“肥”字即“富”字。因本卦六爻皆中正而吉，所以说此“富”字，亦因本爻有此象也。若家庭之间不孝不弟，无仁无义，纵金玉满堂将何为哉！然则周公之所谓富者，必有所指归。观孔子《小象》之顺在位，可知矣。

○六以柔顺之体而居四得正，下三爻乃一家之人皆所管摄者也。初能闲家，二位乎内而主中馈，三位乎外而治家之严，家岂不富？而四又以巽顺保其所有，惟享其富而已，岂不大吉！是以有“富家”之象，而占者“大吉”也。

《象》曰：富家大吉，顺在位也。

以柔顺居八卦之正位，故“富”。“顺在位”，见前《八卦正位图》。

九五。王假有家，勿恤吉。

假音格。

“假”，至也。自古圣王未有不以修身正家为本者，所谓“刑于寡妻，至于兄弟，以御于家邦”是也。“有家”即初之“有家”也。然初之“有家”，家道之始；五之“有家”，家道之成。大意谓初“闲有家”，二“主中馈”，三“治家严”，四“巽顺以保其家”，故皆“吉”。然不免有忧恤而后吉也。若王者至于有家，不恤而知其吉矣。盖中爻坎，忧恤之象，此爻出于坎之外，故“勿恤”。

○九五刚健中正，临于有家之上，盖身修家齐，家正而天下治者也。不忧而吉可知矣。故其占如此。

《象》曰：王假有家，交相爱也。

“交相爱”者，彼此交爱其德也。五爱二之柔顺中正足以助乎五，二爱五之刚健中正足以刑乎二，非如常人情欲之爱而已。以周家论之，以文王为君，以太姒为妃，以王季为父，以大任为母，以武王为子，以邑姜为妇，以周公为武王之弟，正所谓父父子子兄兄弟弟夫夫妇妇也。彼此皆有德，故交爱其德，非止二五之爱而已。孔子曰："无忧者，其惟文王乎！"惟其"交相爱"，所以无忧恤。

上九。有孚威如，终吉。

一家之中，礼胜则离，寡恩者也；乐胜则流，寡威者也。"有孚"则至诚恻怛，联属一家之心而不至乖离；"威如"则整齐严肃，振作一家之事而不至渎乱。"终吉"者，长久得吉也。

○上九以刚居上，当家人之终，故言正家长久之道不过此二者而已。占者能诚信威严，则终吉矣。

《象》曰：威如之吉，反身之谓也。

"反身"，修身也。如言有物，行有恒，正伦理，笃恩义，正衣冠，尊瞻视，凡反身整齐之类皆是也。如是则不恶而严，一家之人有不威之畏矣。

（睽）

"睽"字从目，目少睛也。目主见，故周公爻辞初曰"见恶人"，三曰"见舆曳"，上曰"见豕负涂"，皆"见"字之意。若从耳，亦曰联盖耳聋之甚也。"睽"，乖异也。为卦上离下兑，火炎上泽润下，二体相违，睽之义也。又中少二女同居志不同，亦睽之义也。《序卦》："家道穷必乖，故受之以睽。""家道穷"者，教家之道理穷绝也。无教家之道理则乖异矣。所以次家人。睽综家人。家人离之阴在二，巽之阴在四，皆得其正；睽则兑之阴居三，离之阴居五，皆居阳位，不得其正。不正则家道穷，故曰"家道穷必乖，故受之以睽"。

睽。小事吉。

《彖》辞明。

《彖》曰：睽，火动而上，泽动而下，二女同居，其志不同行。说而丽乎明，柔进而上行，得中而应乎刚，是以小事吉。天地睽而其事同也，男女睽而其志通也，万物睽而其事类也。睽之时用大矣哉！

以卦象、卦德、卦综、卦体释卦名、卦辞，极言其理而赞之。火燥炎上，泽湿就下，物性本然之睽。中女配坎，少女配艮，人情必然之睽。故名"睽"。兑，说；离，明。说丽乎明也。"柔进而上行"者，睽综家人，二卦同体，文王综为一卦，故《杂卦》曰："睽外也，家人内也。"言家人下卦之离进而为睽之上卦，六得乎五之中，而下应乎九三之刚也。三者皆柔之所为。柔本不能济事，又当睽乖之时，何由得“小事吉”？然说丽明则有德，进乎五则有位，应乎刚则有辅，因有此三者，是以“小事吉”也。事同者，知始作成，化育之事同也。“志通”者，夫唱妇随，交感之情通也。“事类”者，声应气求，感应之机类也。天地不睽不能成造化，男女不睽不能成人道，万物不睽不能成物类，此其时用所以大也。与坎蹇同。

《象》曰：上火下泽，睽。君子以同而异。

同者理，异者事。天下无不同之理而有不同之事，异其事而同其理，所以同而异。如禹、稷、颜回同道而出处异，微子、比干、箕子同仁而去就死生异是也。《彖辞》言异而同，《象辞》言同而异，此所以为圣人之言也。

初九。悔亡。丧马。勿逐自复。见恶人，无咎。

丧，息浪反。

“丧”者，丧去也。中爻坎为亟心之马，马亟心倏然丧去，“丧马”之象也。“勿逐自复”者，不追逐而自还也。兑为悦体，凡《易》中言兑者皆“勿逐自复”。如震之六二变兑，亦“勿逐七日得”；既济六二变兑，亦“勿逐七日得”是也。坎为盗，“恶人”之象也。中爻应爻离持戈兵，亦“恶人”之象也。故大有初爻曰“无交害”，二爻曰“小人害”也。曰“小人”，则指离矣。见“恶人”者，恶人来而我即见之，不以恶人而拒绝也。离为目，见之象也。

〇初九当睽乖之时，上无应与相援，若有悔矣。然阳刚得正，故占者“悔亡”。但时正当睽，不可强求人之必合，故必去者不追，惟听其自还，来者不拒，虽恶人亦见之，此善于处睽者也。能如是，则“悔亡”而“无咎”矣。故又教占者占中之象如此。

《象》曰：见恶人，以辟咎也。

辟音避。

当睽之时，行动即有咎病，故恶人亦不拒绝而见之者，所以“避咎”也。“咎”即睽乖之咎。

九二。遇主于巷，无咎。

“遇”者，相逢也，详见噬嗑六三“遇毒”。“巷”有二：街巷也，里巷也。兑错艮，艮为径路，里巷之象也。应爻离中虚，街巷之象也。离为日，主之象也。当睽之时，君臣相求，必欲拘堂陛之常分，则贤者无自而进矣。“遇主于巷”者，言不在廊庙之上，而在于巷道之中，如邓禹诸臣之遇光武是也。

〇九二以刚中而居悦体，上应六五。六五正当人心睽乖之时，柔弱已甚，欲思贤明之人以辅之，二以悦体两情相合，正所谓“得中而应乎刚”也，故有“遇主于巷”之象。占者得此，睽而得合矣，故“无咎”。

《象》曰：遇主于巷，未失道也。

本卦离为戈兵，中爻离亦为戈兵，兑为毁折，中爻又为坎陷，言君臣相遇于巷，岂不失道哉？然当天下睽乖之时，外而前有戈兵，后有戈兵，中原坎陷，内而主又柔弱，国势毁折，分崩离析，正危迫之秋，非但君择臣，臣亦择君之时也。得一豪杰之士即足以济睽矣，况又正应乎！圣人见得有此象，所以周公许其“无咎”，孔子许其“未失道”也。所以《易经》要玩象。

六三。见舆曳，其牛掣。其人天且劓，无初有终。

掣音彻。劓，鱼器反。

上卦离为目，“见”之象也。“见”者，六三与上九并见之也。又为牛，“牛”之象也。中爻坎，“舆”之象也，“曳”之象也。“曳”者，拖也，引也。“掣”者，挽也。兑错艮为手，挽之象也。“其人天”者，指六三与上九也。六三阴也，居人位，故曰“人”；上九阳也，居天位，故曰“天”。周公爻辞之玄至此。错艮又为鼻，鼻之象也。刑，割去鼻曰“劓”。鼻之上有戈兵，“劓”之象也。艮又为“阍寺”。刑人不曰“阍寺”而曰“劓”者，戈兵之刑在卦之上体也，若阍寺则在下体矣。然非真割鼻也。鼻者，通气出入之物，六三上九本乃正应，见其曳掣，怒气之发如割鼻然，故取此象。“且”者，未定之辞，言非真割鼻也。大意言车前必有牛，六三在车中，后二曳其车，前四掣其牛，所以上九见之而发怒也。此正所谓无初也。此皆本爻自有之象，《易》惟有此象无此事，如“入于左腹”之类是也。后儒不悟象，所以将此等险辞通鹘突放过去了。

○六三不中不正，上应上九，欲与之合。然当睽乖之时，承乘皆不正之阳，亦欲与之相合，曳掣不能行，上下正应见其曳掣，不胜其怒，故有此象。然阴阳正应初虽睽乖，而终得合也，故其象占如此。

《象》曰：见舆曳，位不当也。无初有终，遇刚也。

阴居阳位，故“不当”。遇刚者，遇上九也。

九四。睽孤，遇元夫，交孚，厉无咎。

“元”者，大也。“夫”者，人也。阳为大人，阴为小人，指初为“大人”也。“交孚”者，同德相信也。“厉”者，兢兢然危心以处之，惟恐交孚之不至也。

○九四以阳刚当睽之时，左右之邻皆阴柔之小人，孤立而无助者也，故有“睽孤”之象。然性本离明，知初九为大人，君子与之同德相信，故又有“遇元夫交孚”之象。然必危心以处之方可“无咎”，故又教占者如此。

《象》曰：交孚无咎，志行也。

“志行”者，二阳同德而相与济睽之志行也。盖“睽”者乖之极，“孤”者睽之极，二德交孚则睽者可合，孤者有朋，志可行而难可济，不特“无咎”

而已也。

六五。悔亡，厥宗噬肤，往何咎。

“宗”字详见同人六二，“噬肤”详见噬嗑六二。言相合甚易，如噬肤之柔脆也。九二“遇主于巷”，曰“主”者，尊之也；六五“厥宗噬肤”，曰“宗”者，亲之也。臣尊其君，君亲其臣，岂不足以济天下之睽？

〇六五当睽之时，以柔居尊，宜有悔矣。然质本文明，柔进上行，有柔中之德，下应刚中之贤，而虚己下贤之心甚笃，故悔可亡，有“厥宗噬肤”之象。惟其合之甚易，所以悔亡也。占者以是而往，睽可济矣，故“无咎”也。

《象》曰：厥宗噬肤，往有庆也。

往则可以济睽，故“有庆”。

上九。睽孤，见豕负涂，载鬼一车，先张之弧，后说之弧，匪寇，婚媾。往遇雨则吉。

说，吐活反。

九四之“孤”，以人而孤也，因左右皆阴爻也。上九之“孤”，自孤也，因猜疑而孤也。“见”者，上九自见之而疑也。“负”者，背也。“涂”者，泥也。离错坎，坎为豕，又为水，“豕负涂”之象也。坎为隐伏，“载鬼”之象也。又为“弓”，又为“狐疑”，张弓说弓，心狐疑不定之象也。变震为归妹，男悦女，女悦男，“婚媾”之象也。“寇”指九二九四。又坎为雨，“雨”之象也。“遇雨”者，遇六三也。“雨”则三之象也。三居泽之上，乃“雨”也。

〇上九以阳刚处明终睽极之地，猜疑难合，故为“睽孤”。与六三本为正应，始见六三“舆曳牛掣”，乃疑其为豕，又疑其非豕而乃鬼，方欲张弓射之，又疑其非鬼，乃脱弓而近于前，乃六三也。使非二四之“寇”上，则早与六三成其“婚媾”矣。始虽“睽孤”，终而“群疑亡”，又复相合，故有此象。“往遇雨”，又“婚媾”之象也。占者凡事必如是，则“吉”。

《象》曰：遇雨之吉，群疑亡也。

惟群疑亡，所以“遇雨吉”。

（蹇）

“蹇”，难也。为卦艮下坎上，坎险艮止，险在前，见险而止，不能前进，蹇之义也。《序卦》：“睽者乖也，乖必有难，故受之以蹇。”所以次睽。

蹇，利西南。不利东北。利见大人，贞吉。

蹇难在东北，文王圆图艮坎皆在东北也。若西南则无难矣。所以“利西南”。“大人”者，九五也。旧注“坤方体顺而易，艮方体止而险”，又云“西南平易，东北险阻”，皆始于王弼。弼曰“西南为地，东北为山”，后儒从之，遂生此说，而不知文王卦体乃与解卦相综也。

《彖》曰：蹇，难也，险在前也。见险而能止，知矣哉！蹇利西南，往得中也。不利东北，其道穷也。利见大人，往有功也。当位贞吉，以正邦也。蹇之时用大矣哉！

难，乃旦反。知音智。

以卦德、卦综、卦体释卦名、卦辞而赞之。“难”者，行不进之义也。坎之德为险，居卦之前，不可前进，此所以名为蹇也。然艮止在后，止之而不冒其险，明哲保身者也。不其智哉！“往得中”者，蹇综解，二卦同体，文王综为一卦，故《杂卦》曰：“解，缓也；蹇，难也。”言解下卦之坎往而为蹇上卦之坎，所以九五得其中也。讼卦“刚来而得中”者，坎自需上卦来，故曰“来”；此卦解自下卦往，故曰“往”。“其道穷”者，解上卦之震下而为蹇下卦之艮也。蹇难在东北，今下于东北，又艮止不行，所以其道穷。文王圆图，东北居圆图之下，西南居圆图之上，故往而上者则入西南之境矣，故“往得中”。来而下者，则入东北之境矣，故“其道穷”。“往有功”之“往”即“往得中”之“往”，故“利见”九五之“大人”则“往有功”。“当位”者，阳刚皆当其位也。八卦正位，坎在五，艮在三，今二卦阳刚皆得正位，有贞之义，故“贞吉”。渐卦巽艮男女皆得正位，故《彖辞》同。若以人事论：“往得中”者，是所往得其地，据形胜而得所安也，若非其地，其道穷矣。“往有功”者，所依得其人也。盖阳刚中正以居尊位，则其德足以联属天下之心，其势足以汲引天下之士，故“往有功”。“正邦”者，所处得其正，正则行一不义、杀一不辜而不为，所以能明信义于天下，而邦其底定矣。有此三者，方可济蹇，故叹其时用之大。与坎睽同。

《象》曰：山上有水，蹇。君子以反身修德。

山上有水，为山所阻，不得施行，蹇之象也。君子以行有不得者，乃此身之蹇也。若怨天尤人，安能济其蹇？惟“反身修德”，则诚能动物，家邦必达矣。此善于济此身之蹇者也。

初六。往蹇，来誉。

“往来”者，进退二字也。本卦蹇字从足，艮综震，震为足，故诸爻皆以“往来”言之。“誉”者，有智矣哉之誉也。“往”以坎言，上进则为往，入于坎矣；“来”以艮言，不进则为来，艮而止矣。

〇六非济蹇之才，初非济蹇之位，故有进而往则冒其蹇，退而来则来其誉之象。占者遇此，亦当有待也。

《象》曰：往蹇来誉，宜待也。

“待”者，待其时之可进也。

六二。王臣蹇蹇，匪躬之故。

“王”者，五也。“臣”者，二也。外卦之坎，王之“蹇”也。中爻之坎，臣之“蹇”也。因二五在两坎之中，故以两“蹇”字言之。六二艮体有“不获其身”之象，故言“匪躬”。“匪躬”者，不有其身也。言王臣皆在坎陷之中，蹇而又蹇，不能济其蹇。六二不有其身者，因此“蹇蹇”之故也。张巡、许远，此爻近之。

〇六二当国家蹇难之时，主忧臣辱，故有“王臣蹇蹇”之象。然六二柔顺中正，盖事君能致其身者也，故又有“匪躬”之象。占者得此，成败利钝非所论矣。

《象》曰：王臣蹇蹇，终无尤也。

力虽不济，心已捐生，有何所尤？初六以“不往”为“有誉”，六二以“匪躬”为“无尤”，有位无位之间耳。

九三。往蹇，来反。

“来反”者，来反而比于二也。此爻变坤为水地，比来反者，亲比于人之象也。六二忠贞之臣，但其才柔不能济蹇，蹇而又蹇，思刚明之人以协助之，乃其本心，所以喜其反也。

〇九三阳刚得正，当蹇之时，与上六为正应，但为五所隔，故来反而比于同体之二。三则资其二之巽顺，二则资其三之刚明，可以成济蹇之功矣。故有往则蹇而来反之象。占者得此，亦宜反也。

《象》曰：往蹇来反，内喜之也。

“内”者，内卦之二也。二之阴乐于从阳，故“喜”之。

六四。往蹇，来连。

“连”者，相连也。许远当禄山之乱，乃对张巡曰：“君才十倍于远。”由是帷帐之谋一断于巡。此六四之“来连”者也。六二“喜”之者，内之兄弟喜其己之有助也。六四“连”之者，外之朋友喜其人之有才也。

〇六四近君，当济蹇矣。但六四以阴柔之才，无拨乱兴衰之略，于是来连于九三，合力以济，故其象如此。占者凡事亲贤而后可。

《象》曰：往蹇来连，当位实也。

阳实阴虚，实指九三，与“独远实”之实同。“当位实”者，言九三得八卦之正位，实当其位也。阳刚得其正位，则才足以有为，可以济蹇矣。

九五。大蹇，朋来。

阳大阴小，大者阳也，即九五也，言九五之君蹇也。“朋”指三，即九五同德之阳。三与五，“同功异位”者也。上六来硕，应乎三者也。六四“来连”，比乎三者也。三有刚实之才，惟三可以济蹇，然三与五非比非应，不能从乎其五，惟二与五应，乃君臣同其患难者，余四爻则不当其责者也。“朋来”合乎二以济蹇，则诸爻皆共济其蹇矣。自下而上曰“往”，自上而下曰“来”，今曰“朋来”，则知六四三皆来合乎二也。“朋来”之来，即“来反”之来。此爻变坤，坤为众，“朋”之象也。自本爻言之，所谓“当位贞吉以正邦也”；自上下诸爻言之，所谓“利见大人往有功也”。所以“大蹇朋来”。

〇九五居尊，有阳刚中正之德，当蹇难之时，下应六二。六二固“匪躬”矣，而为三者又“来反”乎二而济蹇，三之“朋”既“来”，则凡应乎朋而“来硕”，比乎朋而“来连”，皆翕然并至，以共济其蹇矣。故有“大蹇朋来”之象。占者有是德，方应是占也。

《象》曰：大蹇朋来，以中节也。

“中”者，中德也，即刚健中正之德也。“节”者，节制也。言为五者有刚健之中德，足以联属之；有九五之尊位，足以节制之。所以“大蹇朋来”也。

上六。往蹇，来硕，吉。利见大人。

“硕”者，大也。阳大阴小，故言“大”。不言“大”而言“硕”者，九五已有“大”字矣。“来硕”者，来就三也。“吉”者，诸爻皆未能济蹇，此独能济也。“见大人”者，见九五也。

〇上六才柔，未能济蹇且居卦极，往无所之，益以蹇耳。九三乃阳刚当位，众志之所乐从者，反而就之，则可以共济其蹇矣，何吉如之！若此者，非因人成事也。以九五大人之君，方在蹇中，上与三利见之，共济其蹇，则“往有功”矣。此其所以吉也。故占者“来硕”则“吉”，而“见大人”则“利”也。若旧注来就九五，则见大人为重复矣。且《小象》曰“志在内也”，若就九五，则志在外卦，不在内卦矣。

《象》曰：往蹇来硕，志在内也。利见大人，以从贵也。

内指九三，对外卦而言则曰内。贵指九五，对下贱而言则曰“贵”。志内所以尚贤，从贵所以严分。

（解）䷧ 震上 坎下

“解”者，难之散也。居险能动则出于险之外矣。解之象也。又雷雨交作，阴阳和畅，百物解散，亦解之象也。《序卦》：“蹇者，难也。物不可以终难，故受之以解。”所以次蹇。

解。利西南，无所往，其来复吉。有攸往，夙吉。

解，佳买反。

“夙”，早也。此教占者之辞。言解“利西南”，当往西南，若不往，“来复”于东北之地，亦吉。但往西南则早得吉。不然，“来复”于东北之地，虽吉，不若西南之早矣。解与蹇相综，解即解蹇难，故文王有此辞。“无所往”者，蹇下卦乃艮止，止则不往，所以无所往也。前儒不知文王《序卦》，所以注蹇解二卦，不成其说。

《彖》曰：解，险以动，动而免乎险，解。解利西南，往得众也。其来复吉，乃得中也。有攸往夙吉，往有功也。天地解而雷雨作，雷雨作而百果草木皆甲拆。解之时大矣哉！

以卦德、卦综释卦名、卦辞，又极言而赞之。险之为物，见天则讼，见泽则困，见山则蹇，在外卦则屯，惟坎险在内，震动在外，是动而出乎险之外，得以免于险难，所以名“解”也。自下而上曰“往”，自上而下曰“来”。“往得众”者，解综蹇，蹇下卦之艮往而为解上卦之震也，震二爻皆坤土，坤为众，故得众也。“得中”者，蹇上卦之坎来而为解下下卦之坎也。九二“得中”，与讼卦“刚来而得中”同，故蹇坎往上曰“得中”，解坎来下曰“得中”也。“往有功”即上文“得众”也，“得众”故“有功”。来复东北止“得中”而已，往西南则“得众”有功，所以早吉也。“天地解”者，雨出于天，雷出于地也。穷冬之时，阴阳固结不通，所以雷不随雨。及至阴阳交泰，则气解而雷雨交作，由是形随气解，而“百果草木皆甲拆”矣。“甲”者，萌甲；“拆”者，拆开。解之时既至，天地不能闭之而使不解，则天地之所以成化功者，此解也。皆此解之时也，所以为“大”。

《象》曰：雷雨作，解。君子以赦过宥罪。

“赦过宥罪”，君子之用刑原当如此。非因大难方解之后当如此也。无心失理之谓过，恕其不及而“赦”之不问。有心为恶之谓罪，矜其无知而“宥”之从轻。“雷雨交作”，天地以之解万物之屯；“赦过宥罪”，君子以之解万民之难。此正《杂卦》“解缓”之意。

初六。无咎。

难既解矣，六以柔在下，而上有刚明者为正应以济其不及，“无咎”之道也。故其占如此。

《象》曰：刚柔之际，义无咎也。

“刚柔际”者，刚柔相交际也。方解之初，宜安静以休息，六之柔四之刚交相为用，则不过刚不过柔，而所事皆得宜矣。故于义“无咎”。

九二。田获三狐，得黄矢，贞吉。

坎为狐，“狐”之象也。坎为弓，“矢”之象也。中爻离，离居三，“三”之象也。又为戈兵，戈兵震动，“田”之象也。变坤，坤为黄，“黄”之象也。狐媚物，小人之象。黄中色，矢直物，中直者，君子之象。即六五爻所言君子小人。

〇九二阳刚得中，上应六五，为之信任。于国家大难方解之后，盖有举直错枉之权，退小人而进君子者也。故能去邪媚得中直，有“田获三狐得黄矢”之象。正而且吉之道也。故其占如此。

《象》曰：九二贞吉，得中道也。

居中而“得中道”也。

六三。负且乘，致寇至，贞吝。

坎为舆，三居上，“乘”之象也。又为盗，“寇”之象也。“负”者小人之事，“舆”者君子之器，此二句虽孔子据理之言，然亦本卦象之所有者。盖三负四乘二，四不中不正，乃小人也；二得中，乃君子也。“贞”者，位乃君所与，故正也。负且乘固无以正得之之理。如汉文帝宠邓通，擢为太中大夫，此“负且乘”也。天子所擢岂不为正？后景帝时下吏，是寇之至也。此之谓贞而吝。

〇六三阴柔，不中不正，而乃居下之上，是小人窃高位而终必失之者也。故有负乘致寇之象。占者得此，虽正亦可羞也。

《象》曰：负且乘，亦可丑也。自我致戎，又谁咎也。

“谁咎”者，言我之咎也，非人之咎也。同人“又谁咎也”，言人谁有咎我者也。节“又谁咎也”，言无所归咎于人也。与节小异。

九四。解而拇，朋至斯孚。

“而”者，涉也。震为足，拇居足下，三居震之下，“拇”之象也。二与四同功，皆有阳刚之德，故曰“朋”。解而拇，占中之象也。若旧注以初为拇，则刚柔之际义无咎，不当解者也。惟负乘之小人则当解之矣。

○二与四为同德之朋，当国家解难之时，四居近君之位，当大臣之任，而二为五之正应，则四与二皆同朝君子之朋也。但四比于三，间于负乘之小人，则君子之朋安得而至。惟解去其小人，则君子之朋自至而孚信矣。故戒占者必如此。

《象》曰：解而拇，未当位也。

以阳居阴，故“未当位”。惟未当位，故有解拇之戒。

六五。君子维有解，吉，有孚于小人。

“维”者，系也。文王坎卦“有孚维心”，此卦上坎下坎，故亦用此“维”字“孚”字。“君子”者，四与二也；“吉”者，君子用事，小人远退，何吉如之！“孚”者，信也，言信于小人而小人自退也。

○本卦四阴，六五以阴居尊而三阴从之，乃宦官宫妾外戚之类也。然六五近比于四，又与九二为正应，皆阳刚之君子也。六五若虚中下贤，此心能维系之，则凡同类之阴皆其所解矣，所以吉也。何也？盖君子用事自能孚信于小人，而小人自退矣。此其所以有解而吉也。故教占者必如此。

《象》曰：君子有解，小人退也。

君子维而有解，则小人不必逐之而自退矣。

上六。公用射隼于高墉之上，获之无不利。

隼，思尹反。

上高而无位，“公”也。“隼”，祝鸠也，鹞属，鸷鸟之害物者也。震为鹄，变爻为雉，鸟之象也。坎为弓居下卦，自下射上之象也。震错巽，高之象也。“墉”者，墙也。“高墉”者，王宫之墙也。变离外闱中空，近于六五之君，“高墉”之象也，故泰卦上六亦曰“城”。九二地位，故曰“田”。狐则地之走者也。上六天位，故曰“高”，隼则天之飞者也。“获之”者，获其隼也。隼栖于山林，人皆得而射之，惟栖于王宫高墉之上，则如城狐社鼠有所凭依，人不敢射矣。盖六五之“小人”乃宦官宫妾，上六之“隼”则外戚之小人，王莽之类是也。

○上六柔顺得正而居尊位，当动极解终之时，盖能去有所凭依之小人者也。故有“公用射隼于高墉”而“获之”象。占者得此，则小人悖逆之大患解之已尽矣，故“无不利”。

《象》曰：公用射隼，以解悖也。

以下叛上谓之悖，王莽是也。《系辞》别是孔子发未尽之意，与此不同。

（损）䷨ 艮上 兑下

“损”者，灭损也。其卦损下刚卦，益上柔卦，此损之义也。又泽深山高，损其深以增其高，此损之象也。《序卦》：“解者，缓也，缓必有所失，故受之以损。”所以次解。

损。有孚，元吉。无咎，可贞，利有攸往。曷之用？二簋可用享。

“有孚”者，言损不可声音笑貌为之，必当主诚也。凡曰损本拂人情之事，或过或不及，或不当其时，皆非合正理而有孚也。非有孚则不吉，有咎，非可贞之道，不能攸往矣。惟“有孚”则“元吉”也，“无咎”也，“可贞”也，“利有攸往”也。有是四善矣。“曷之用”者，言何以用损也，若问辞也。“二簋”至薄，亦可享于鬼神，若答辞也。享鬼神当丰不当损，曰“可用享”，言当损时至薄亦无害也。

《彖》曰：损。损下益上，其道上行。损而有孚，元吉，无咎，可贞，利有攸往。曷之用？二簋可用享。二簋应有时，损刚益柔有时，损益盈虚，与时偕行。

以卦综释卦名、卦辞。本卦综益卦，二卦同体，文王综为一卦，故《杂卦》曰：“损益，盛衰之始也。”益卦柔卦居上，刚卦居下。损下益上者，益下卦之震上行居损卦之上而为艮也，故“其道上行”，如言“柔进而上行”也。若以人事论，乃剥民奉上，民既贫矣，君不能以独富，是上下俱损矣，故名“损”。“时”者，理之当然，势之不得不然者也。言文王之所谓“二簋可用享”者，非常道也，以其时当于损，所以“二簋”也。本卦损下卦之刚，益上卦之柔，亦非常道也。以时当损下益上，所以损刚益柔也。盖天下之理，不过“损益盈虚”而已。物之盈者，盈而不已，其势必至于消，消则损矣。物之虚者，虚而不已，其势必至于息，息则益矣。是以时当盈而损也，不能逆时而使之益；时当虚而益也，不能逆时而使之损。此皆物理之常，亦因时而有损益耳。文王之“二簋可用享”者，亦时而已，不然致孝鬼神当丰，岂可损乎？

《象》曰：山下有泽，损。君子以惩忿窒欲。

泽深山高，损下以增高，损之象也。“惩”者，戒也。“窒”者，塞也。忿多生于怒，心刚恶也。突兀而出，其高如山，况多忿如少男乎？故当戒。欲多生于喜，心柔恶也。浸淫而流，其深如水，况多欲如少女乎？故当塞。忿不惩必迁怒，欲不窒必贰过。君子修身，所当损者莫切于此。

初九。已事遄往，无咎。酌损之。

“已”者，我也。本卦损刚益柔，损下益上，乃我之事也，即韩子莫忧世事兼身事之意。“遄”者，速也。“酌”即“损刚益柔有时”时字之意。

〇本卦初刚四柔，当损初以益四，故有“已事遄往”之象。占者得此固无咎矣。然“损刚益柔有时”，不可以骤损，必斟酌而后损也，故许其“无咎”，而又戒之以此。

《象》曰：已事遄往，尚合志也。

尚与上通，指四也，阴阳正应故“合志”。四之志欲损其疾，而初“遄往”合其志也。

九二。利贞，征凶。弗损，益之。

“贞”者，即九二之刚中也。中则正矣。“利”者，安中德以自守，未有不利者也。“征”者，不守其刚中之德而有所往也。“凶”者，六五君位，本卦性悦，此爻变震，以悦而动，必容悦以媚上，则流于不中不正矣，所以凶也。“弗损”者，弗损其刚中之德，即贞也。“益”者，即利也。盖五虽柔而居刚，非不足；二虽刚而居柔，非有余，所以损刚不能益柔也。初以刚居刚，且欲酌损，况二居柔乎？何以弗损而能益？二乃五之正应，为臣者能为正人君子，岂不有益于君，所以损则不益，弗损则能益也。

〇九二刚中，当损刚之时，志在自守“弗损”，贞之道也。故占者利于此贞。若失此贞而有所往，则凶矣。盖不变其所守正以益上，故贞则利，而征则凶也。

《象》曰：九二利贞，中以为志也。

德以中为美，志定则守斯定矣。二中以为志，所以“弗损，益之”。

六三。三人行则损一人，一人行则得其友。

本卦综益，二卦原是阴阳相配之卦，因损下益上正在此爻，所以发此爻辞也。益卦下震三为人位，人之象也。震为足，“行”之象也。又为大涂，行人之象也。中爻坤为众，“友”之象也。“三人行”者，益下卦三爻居于损之上三爻也，即《彖辞》“其道上行”也。“损一人”者，损六三也。“一人行”即六三也，六三行上而居四也。三行上而居四，即损下之三而益上之四也。益卦下三爻乃一阳二阴，今损一阴以居四，则阴阳两相配矣。居四以初为正应，则“得其友”也。两相得则专，三则杂乱。三损其一者，损有余也，两也。一人得友者，益不足也，两也。天地间阴阳刚柔不过此两而已，故孔子《系辞》复以“天地男女”发之。

○本卦综益，损下益上，此爻正损益上下交接之爻，故有此象。占者得此，凡事当致一，不可参以三而杂乱也。

《象》曰：一人行，三则疑也。

“一人行”，得友而成两，则阴阳配合而专一，若三则杂乱而疑矣。所以损其一也。

六四。损其疾，使遄有喜，无咎。

四变中爻为坎，坎为“心病”，“疾”之象也。“遄”，即初“遄往”之“遄”。初与四阴阳相合，当损下之时，初即以为己之事而“遄往”矣。使其初果得“遄往”，则有喜矣。所以加一使字。兑悦在下，喜之象也。

○六四阴柔得正，与初九为正应，赖其阳刚益己而损其疾，故有“损其疾”之象。使初能遄往，则四得损其疾而有喜矣，“无咎”之道也，故其象占如此。

《象》曰：损其疾，亦可喜也。

赖初损疾，亦可喜矣，而况初之“遄往”哉！

六五。或益之，十朋之龟。弗克违，元吉。

两龟为一“朋”。“十朋之龟”，大宝也。大象离，龟之象也。十者，土之成数，中爻坤，“十”之象也。坤土两两相比，“朋”之象也。本卦错咸，故咸九四亦曰“朋从”；综益，益之六二即损之六五，特颠倒耳，故亦曰“十朋”。两象相同，或者不期而至，不知所从来也。“弗克违”者，虽欲违之而不可得也。

○六五当损之时，柔顺虚中以应九二，盖有下贤之实心，受天下之益者也，故有此象。占者得此，“元吉”可知。然必有是德，方有是应也。

《象》曰：六五元吉，自上祐也。

与大有“天祐”、旅“上逮”同。盖皆五之虚中也。

上九。弗损，益之，无咎贞吉。利有攸往，得臣无家。

居损之时，若用刚以损下，非为上之道矣，安得无咎，安得正而吉，又安能行之而得人心也？今不损下而自益，是即益其下也。九二“弗损益之”益其上，上九“弗损益之”益其下，所以大得志如此。“得臣”者，阳为君，阴为臣，三为正应，“得臣”之象也。“无家”者，此爻变坤，有国无家之象也。故师卦上六坤变艮则曰“承家”，此爻艮变坤则曰“无家”可见矣。若以理论，乃国尔忘家，无自私家之心也。若用刚以损下，是自私而有家矣。

○上九居损之终，则必变之以不损；居艮之极，则必止之以不损。当损下益上之时，而能弗损以益下，所以“无咎”也，正而吉也，“利有攸往”

也，“得臣无家”也。占者有是德，方应是占矣。

《象》曰：弗损益之，大得志也。

“无咎贞吉，利有攸往，得臣无家”，岂不“大得志”。

（益）䷩ 巽上 震下

益与损相综，益之震上而为艮，则损下以益上，所以名损；损之艮下而为震，则损上以益下，所以名益。《序卦》：“损而不已必益，故受之以益。”所以次损。

益。利有攸往，利涉大川。

“利有攸往”者，凡事无不利也。“利涉大川”者，言不惟利所往可以处常，亦可以济变。

《彖》曰：益，损上益下，民说无疆。自上下下，其道大光。利有攸往，中正有庆。利涉大川，木道乃行。益动而巽，日进无疆。天施地生，其益无方。凡益之道，与时偕行。

下下二字，上遐嫁反，下如字。

以卦综释卦名，以卦体、卦象、卦德释卦辞而赞之。“损”，损上卦之艮；“益”，益下卦而为震也。“民说无疆”，就损益所及之泽而言也，益在民也。“其道大光”，就损益所行之事而言也，益在君也。人君居九重之上，而能膏泽及于闾阎之民，则“其道”与乾坤同其广大，与日月同其光明，何“大光”如之！卦本损上，然能损上以益下，则并上亦益矣。民益君益，所以名“益”。九五以中正位乎上，而六二以中正应之，是圣主得贤臣，而庆泽自流于天下矣，所以“利有攸往”也。木道乃行者，亦如中孚之舟虚，乃风中之木，故“木道乃行”。中孚、涣皆风木，且本卦象离错坎，亦有水象。“动而巽”者，动则有奋发之勇而不柔弱，巽则有顺入之渐而不卤莽，所以德崇业广，日进无疆。此以卦德言也。震乃刚卦为天，“天施”者，初之阳也。巽乃柔卦为地，“地生”者，四之阴也。天以一阳施于下，则天道下济而资其始；地以一阴升于上，则地道上行而资其生，所以“品物咸亨”，而“其益无方”。此以卦体言也。“时”者，理之当其可也，言凡益之道，非理之本无而勉强增益之也，乃理之当其可而后增益也。如曰“日进无疆”者，以人事当然之理而益也；曰“其益无方”者，以造化自然之理而益也。理之所在，当益而益，是以自我益之，改过迁善不嫌其多；自人益之，十朋之龟愈见其吉矣。

《象》曰：风雷，益。君子以见善则迁，有过则改。

风雷之势交相助益，益之道也。“善”者，天理也，吾性之本有也；“过”者，人欲也，吾性之本无也。理欲相为乘除，去得一分人欲，则存得一分天理。人有善而迁从则过益寡，己有过而速改则善益增，即风雷之交相助益矣。

初九。利用为大作，元吉无咎。

“大作”者，厚事也，如迁国大事之类是也。故曰“益以兴利”。阳大阴小，此爻阳，故以“大”言之。元吉以功言，非诸爻以效言也。

○初刚在下为动之主，当益之时，受上之益者也。六四近君，与初为正应，而为六四所信任，以其有刚明之才，故占者“利用为大作”。然位卑任重则有所不堪者，必其所作之事周悉万全，为经久之良图，至于元善，方可无咎。苟轻用败事，必负六四之信任矣。故戒占者以此。

《象》曰：元吉无咎，下不厚事也。

“下”者，下位也。“厚事”者，大作也。初位卑，本不可以任厚事，岂能“无咎”？故必大善而后“无咎”也。

六二。或益之，十朋之龟。弗克违，永贞吉。王用亨于帝，吉。

损之六五即益之六二，以其相综，特倒转耳，故其象同。损受下之益，此则受上之益。“十朋之龟”者，宠锡优渥之象也。“永贞吉”者，必长永贞固守其虚中之德，而后可以常保其优渥之宠锡也。“王用亨于帝”者，言永贞虚中之心，必如人君之对越在天，小心翼翼也。此一句又“永贞”之象，乃占中之象也。帝出震齐巽，本卦下震上巽，帝之象也。

○六二当益之时，虚中处下，盖精白一心以事君，本无求益之心，而自得君之宠益者也。故有“或益十朋之龟弗克违”之象。然爻位皆阴，又戒以永贞，必事君如事天，而后可以受此益也。故又有“王用享于帝”之象。占者必如是，方吉也。

《象》曰：或益之，自外来也。

言不知所从来也。与上九“自外来”同。二则“吉”来，上则“凶”来。

六三。益之用凶事，无咎。有孚，中行告公，用圭。

“凶”者，险阻盘错也。如使大将出师，及使至海外之国，岂不是凶！三之爻位本凶。《说文》云：凶象地穿，交陷其中。中爻坤地，震极未有不陷者，“凶”之象也。“无咎”者，凶事乃上之所益，三不得与焉，所以“无咎”也。“有孚”者，诚信也。“中行”者，中道可行之事也。“凶事”乃太过之事，故以“中”言之。“告公”者，告于四也。故六四曰“中行告公从”。

“圭”乃通信之物，祭祀朝聘用之，所以达诚信也。六爻中虚，“有孚”之象也。巽综兑，兑为口，告之象也。故夬外卦兑，亦曰“告自邑”；泰卦中爻兑，亦曰“自邑告命”。震为玉，圭之象也。“用圭”乃“有孚”之象，又占中之象也。“有孚”以下，乃圣人教占者开凶事之路也。

〇六三阴柔，不中不正，又居益下之极，然当益下之时，故有受上之益而用行“凶事”之象。占者得此，可以“无咎”。若以阴柔不堪此凶事，必当有孚诚信，以中道可行之事告于公，如“用圭”通诚信焉，庶乎凶事或可免也。故又有“中行告公用圭”之象。教占者必如此。

《象》曰：益用凶事，固有之也。

“固有之”者，本有之也。言三之爻位多凶，则凶事乃三之本有也。孔子“三多凶”之句本原于周公之爻辞，六十四卦惟谦卦三爻有“吉”字，余皆无，故“三多凶”。

六四。中行告公，从，利用为依迁国。

为字去声。

“中行告公”者，即三爻以中道可行之事而告于四也。“从”者，巽性顺从之象也。“为”字去声，凡迁国安民，必为其依而后迁。“依”者，依其形胜也。依形胜即所以依民也。如汉高祖之从长安，以其地阻三面可守，独以一面东制诸侯，依其险而迁者也。国有所依则不费其兵，不费其财，而民有所依矣。宋太祖亦欲从长安，因晋王固谏，乃叹曰：“不出百年，天下民力殚矣。”以四面受敌无所依也。故周公不曰“利用迁国”，而曰“为依迁国”。中爻坤，“国”之象也。损益相综，损卦艮之一阳下而迁为益之初，兑三之阴上而迁为益之四，“迁”之象也。九五坐于上，而三阴两列，中空如天府，前后一阳为之藩屏，有所凭依，一统之象也，故“利用为依迁国”。盖迁国安民乃益下中行之大事，则非凶事矣，故三“告”而四“从”也。

〇四阴得正，有益下之志而又有益下之权者也。三乃受四之益者。若以中道可行之事告于四而四从之，上下协谋，则“利用为依迁国”，而凡事之可迁移者亦无不利也。故其象如此，占可知矣。

《象》曰：告公从，以益志也。

八卦正位，巽在四，四以益下为志，故“告公从”。

九五。有孚惠心，勿问元吉。有孚惠我德。

“惠”者，即益下之惠也。“心”者，益下之心也。“德”者，益下之政也。二三皆受上之益者也，则益之权在四矣。三比四，有孚于四，以中行告四，四从之。五比四，有孚于四，四不必告五，五亦不必问四矣。下于上曰“告”，上于下曰“问”。盖正位在四知其必能惠下也，所以“勿问”也。故《小象》曰

"勿问之矣"。巽为命，综兑为口，中爻坤错乾为言，皆"告问"之象也。故三爻四爻五爻曰"告"曰"问"。五爻变成艮矣，艮止，"勿问"之象也。"我"者，五自谓也。"元吉"即有孚惠德也。言四之惠者皆五之德也。

○九五阳德中正，为益下之主，当益之时，以益下之惠心有孚于四，不必问而知其"元吉"矣。何也？盖五孚于四，五之心知四必能惠我之德也，故有"勿问"之象，而占者"元吉"。

《象》曰：有孚惠心，勿问之矣。惠我德，大得志也。

四之《小象》曰"告公从"，五曰"勿问之矣"，见"告""问"二字为重上下相联属也。四曰"以益志也"，五曰"大得志也"，见四以益下为志，而此则大得益下之志也。看六爻，要留心《小象》。

上九。莫益之，或击之，立心勿恒，凶。

"莫益"者，莫能益也。此爻与恒卦九三同，亦"不恒其德者"也，所以下句言"勿恒"。盖巽为"进退不果"，"勿恒"之象也，所以"莫益"也。又变坎为盗，中爻艮为手，大象离为戈兵，坎错离亦为戈兵，盗贼手持戈兵，"击"之象也。此与蒙卦上九"击"字相同，通是有此象。前儒不识象，止以理度之，就说求益不已，放于利而行多怨，不夺不餍，往往似此失《易》之旨。殊不知益卦不比损卦，损刚益柔有时，非恒常之道也。若益而不已，则"日进无疆，其益无方"，所以立心当恒，若不恒，不能益而不已，则"凶"矣。

○上九以阳刚居益之极，极则变而不益矣。故有"莫益或击"之象。所以然者，以其立心不恒也。若益民之心恒久不变，则"民说无疆"矣，安有"击之"之凶哉！惟其立心不恒，所以占者"凶"。

《象》曰：莫益之，偏辞也。或击之，自外来也。

"辞"者，爻辞也。"偏"对正言，言非爻辞之正意也。正意在下句。"言"且莫言"莫能益"也，此非到底之辞，犹有"击之"之者，此是正辞也。自外来与六二同，但分吉凶耳。

周易集注卷九

（夬） 兑上 乾下

“夬”者，决也。阳决阴也。三月之卦也。其卦乾下兑上，以二体论，水在天上，势必及下，决之象也。以爻论，五阳长盛，一阴将消，亦决之象也。《序卦》：“益而不已，必决，故受之以夬。”所以次益。

夬。扬于王庭，孚号有厉。告自邑，不利即戎，利有攸往。

“扬于王庭孚号有厉”，皆指上六小人。“扬”者，得志放肆之意。“于王庭”，在君侧也。五为君王之象也。兑错艮为门阙，庭之象也。故节卦中爻艮亦曰“庭”。六与三为正应，故曰“孚”。兑为口舌，号之象也。故上六阴消曰“无号”。六号呼其三与之孚契，三在众君子之中，不敢与之相交，则三亦危矣，故“有厉”也。此见小人难决也。盖容悦小人在君之侧，君听信不疑，孚者且危厉，则不孚者可知矣。此所以难决也。“告自邑”者，告同类之阳也，如言告于本家之人也。乾错坤，“邑”之象也。坤为众，又众人之象也。乾为言，告之象也。不“即戎”，不尚武勇也。言虽告于众人，亦不合力以尚武勇也。方“利有攸往”而小人可决矣。此正所谓决而和也。非旧注正名其罪相与合力也。若如此，乃是即戎矣。

《彖》曰：夬，决也，刚决柔也。健而说，决而和，扬于王庭，柔乘五刚也。孚号有厉，其危乃光也。告自邑，不利即戎，所尚乃穷也。利有攸往，刚长乃终也。

说音悦。长，丁丈反。

释卦名卦辞。惟健则不怯以容其恶，惟说则不猛以激其变。“健而说”者，德也；“决而和”者，事也。一阴加于五阳之上，则君亦在下矣。又与君同体，又容悦，岂不肆于王庭。三虽危，能舍正应而从君子，所以危而有光。君侧之小人岂可尚武勇，尚武勇世道乱矣。故尚则必穷，刚长阴自消矣。

《象》曰：泽上于天，夬。君子以施禄及下，居德则忌。

此象诸家泥滞程朱“溃决”二字，所以皆说不通。殊不知孔子此二句乃生于“泽”字，非生于“夬”字也。盖夬乃三月之卦，正天子春来布德行惠之时，乃惠泽之泽，非水泽之泽也。“天”者，君也。“禄”者，泽之物也；“德”者，泽之善也。“居”者，施之反也。纣鹿台之财，“居德”也；周有大赉，“施禄”也。下句乃足上句之意，言泽在于君，当施其泽，不可居其泽也。居泽，乃人君之所深忌者。

初九。壮于前趾，往不胜为咎。

震为足，本卦大象震，又变巽错震，又居下，故以足趾言之。壮者，大壮也。四阳为壮，五阳为夬。前者，初居下而欲急进于四阳大壮之位，近九五以决上六，故不曰“趾”而曰“前趾”也。“往”者，往决上六也。既曰“前”又曰“往”，则初九急进而决之之情见矣。凡所谓咎者，皆以其背于理而为咎病也。若君子之决小人，非背于理也，但不量力，不能胜小人，反为小人所伤，则为咎也，故曰“不胜为咎”。

○初九当夬之时，是以君子欲决小人者也。但在下位卑，又无应与，恃刚而往，故有此象，其不胜小人可必矣。故占者以“不胜”为“咎”。

《象》曰：不胜而往，咎也。

言往之前已知其“不胜”小人矣，不虑胜而决，所以“咎”也。

九二。惕号。莫夜有戎，勿恤。

莫音暮。

“惕”“恤”皆忧惧也。刚居柔地，内而忧惧之象也。又变离错坎为加忧，亦忧惧之象也。号呼众人也。乾为言，外而呼号之象也。二为地位，离日在地下，“莫夜”之象也。又离为戈兵，坎为盗，又为夜，又本卦大象震，莫夜、盗贼、戈兵、震动，“莫夜有戎”之象也。本卦五阳一连重刚，“有戎”象，所以卦爻爻辞皆言戎，非真“有戎”也。决小人之时，喻言小人不测之祸也。狄仁杰拳拳以复卢陵王为忧者，“惕”也，密结五王者，“号”也；卒能反周为唐，是亦“有戎勿恤”矣。

○九二当夬之时，以刚居柔，又得中道，故能忧惕号呼以自戒备。思虑周而党与众，是以莫夜有戎，变出于不测，亦可以无患矣。故教占者以此。

《象》曰：有戎勿恤，得中道也。

“得中道”者，居二之中也。得中则不恃其刚，而能惕号不忘备戒，所以“有戎勿恤”。

九三。壮于頄，有凶。君子夬夬，独行遇雨，若濡有愠，无咎。

頄音“逵”，面颧也。乾为首，頄之象也。“夬夬”者，以心言也，言去小人之心决而又决也。“独行”者，阳性上行，五阳独此爻与上六为正应，“独行”之象也。上六阴爻，又兑为雨泽，雨之象也。“濡”者，湿濡也，言九三合上六之小人而若为污也。“愠”者，见恨于同类之君子，而嗔其与小人合也。前儒不知此爻乃圣人为占者设戒，又不知“夬夬”乃君子之心，故以爻辞为差错。王允之于董卓，温峤之于王敦，此爻近之。

○九三当夬之时，以刚居刚，又与上六为正应，圣人恐其不能决而和也，故为占者设其戒曰：决去小人，若壮见于面目，则事未成而几先露，反噬之凶不免矣。惟其决小人之心夬而又夬，而面目则不夬夬，而与之相合，如“独行遇雨”，有所湿濡，虽迹有可疑，不免为君子所愠，然从容以观其变，委曲以成其谋，终必能决小人也。占者能如是，可以免凶而无咎矣。

《象》曰：君子夬夬，然无咎也。

心夬夬而面目相合，是决而和矣，所以“终无咎”。

九四。臀无肤，其行次且。牵羊悔亡，闻言不信。

臀，徒敦反。次，七私反。且，七余反。

人心出腹中之物皆在于臀。臀字从殿，殿者后也，凡《易》中言“臀”者，皆坎也。坎为“沟渎”，“臀”之象也。故姤九三变坎曰“臀”，困下卦坎初六曰“臀”，此爻变坎亦曰“臀”。乾一兑二为“肤”，详见噬嗑。此爻变坎则不成一二矣，故“无肤”也。兑为毁折，亦“无肤”之象也。“次且”即“趑趄”二字，行不进也。惟其“臀无肤”，所以行不进也。兑为羊，羊之象也。“牵羊”者，牵连三阳而同进也。兑综巽为绳，牵连之象也。观大壮六五乾阳在下曰“丧羊”，则此牵羊可知其牵三阳矣。乾为言，下三阳之言也，乃前“告自邑”之言也。变坎为耳痛，“闻言不信”之象也。所以困卦亦有“有言不信”之句。盖变坎则情险，性健乃傲物也，故“闻言不信”。

○九四以阳居阴，不中不正，有臀无肤，行不进而不决，小人之象。然当决之时，不容不决也。故教占者能牵连下三阳以同进，用人成事，则可以亡其不进之悔。但不中不正之人不乐闻君子之言，度其虽言之亦不信也。占者如是，其有悔也必矣。

《象》曰：其行次且，位不当也。闻言不信，聪不明也。

“位不当”者，不中正也。“聪”者，听也，听之不能明其理也。此原不信之由。“位不当”以位言，“听不明”以变坎言。

九五。苋陆夬夬，中行无咎。

“苋”者，苋菜也。诸菜秋冬皆可种，独苋三月种之。夬三月之卦，故取象于“苋”，亦如瓜五月生，故姤取瓜象。“陆”者，地也，地之高平曰“陆”。苋乃柔物，上六之象也。“陆”地，所以生苋者。六乃阴土，陆之象也。"苋陆夬夬"者，即俗言斩草除根之意，言欲决去其苋，并其所种之地亦决之。上"夬"者，夬苋也；下"夬"者，夬陆也。亦如"王臣蹇蹇"，上"蹇"，王之蹇也；下"蹇"，臣之蹇也。决而又决，则根本枝叶皆以决去，无复潜滋暗长矣。"中行"者，五本居中得正，为近上六，阴阳相比，则心事不光明，能"夬夬"则复其中行之旧矣。九三"夬夬"以心言，以应爻而言也；九五以事言，以亲比而言也。盖三居下位，五则擅夬决生杀之权，故与三不同。

〇九五当夬之时，为夬之主，本居中得正，可以决小人者也，但与六相近，不免溺于其私，外虽欲决，而一时溺爱之心复萌，则决之不勇矣。故必如决苋，并其地而决之，则可以去其邪心，不为中德之累而无咎矣。故其象占如此。

《象》曰：中行无咎，中未光也。

"中未光"者，恐中德近阴未光明也，故当夬而又夬。

上六。无号，终有凶。

上六当权之时，号呼其正应之三，今三正应夬夬，则正应不可号矣。当权之时"扬于王庭"，亦可以号呼而哀求于五。今五相亲比亦"夬夬"，则五不可号矣，故曰"无号"。"终有凶"即《小象》"终不可长"。占者之凶可知矣。

《象》曰：无号之凶，终不可长也。

言一阴在上，不可长久，终为五阳所决去也。

（姤）

"姤"，遇也。五月之卦也。一阴生于下，阴与阳遇，以其本非所望而卒然值之，如不期而遇者，故为"姤"也。《序卦》："夬，决也。决必有所遇，故受之以姤。"所以次夬。

姤。女壮，勿用取女。

取，七虑反。

一阴而遇五阳，有"女壮"之象，故戒占者"勿用取女"。以其女德不贞，决不能长久从一而终也。幽王之得褒姒，高宗之立武昭仪，养鸷弃鹤，皆出于一时一念之差，而岂知后有莫大之祸哉！故一阴生于五阳之下，阴至微矣，而圣人即曰"女壮勿用取"者，防其渐也。

《彖》曰：姤，遇也。柔遇刚也。勿用取女，不可与长也。天地相遇，品物咸章也。刚遇中正，天下大行也。姤之时义大矣哉！

释卦名卦辞而极赞之。取妻非一朝一夕之事，故曰“夫妇之道不可以不久也”。“不可与长”者，言女壮则女德不贞，不能从一而长久也。上五阳，“天”也；下一阴，“地”也。“品物咸亨”者，万物相见乎离，亨嘉之会也。“天地相遇”，止可言资始资生，而曰“咸章”者，品物在五月皆章美也。“刚”指九二。“刚遇中正”者，九二之阳德遇乎九五之中正也。遇乎中正则明良会而庶事康，其道可“大行”于天下矣。姤本不善，圣人义理无穷，故又以其中之善者言之。言一阴而遇五阳，“勿用取女”固不善矣，然天之遇地，君之遇臣，又有极善者存乎其中焉。以一遇之间而有善有不善，可见世之或治或乱，事之或成或败，人之或穷或通，百凡天下国家之事，皆不可以智力求之，惟其遇而已矣。时当相遇，莫之为而为，莫之致而至，遇之时义不其大矣哉！

《象》曰：天下有风，姤。后以施命诰四方。

风行天下，物无不遇，姤之象也。“施命”者，施命令于天下也。兴利除害，皆其命令之事也。“诰”者，告也，晓谕警戒之意。君门深于九重，堂陛远于万里，岂能与民相遇。惟“施命诰四方”则与民相遇。亦犹天之风与物相遇也。乾为君，“后”之象；又为言，“诰”之象；又错坤，“方”之象。巽乃命之象。

初六。系于金柅，贞吉。有攸往，见凶。羸豕孚蹢躅。

柅，女履反。蹢，音的。躅，直录反。

柅者，收丝之具也。“金”者，籰上之孔用金也，今人多以铜钱为之。巽为木，“柅”之象也。又为绳，“系”之象也。变乾，“金”之象也。“贞吉”者，言“系于金柅”，前无所往，则得其正而吉也。若无所系，有所攸往，往而相遇相比之二、正应之四，则立见其凶也。“羸豕”者，小豕也。“孚”者，诚也。“蹢躅”者，跳踯缠绵也。言小豕相遇乎豕，即孚契蹢躅不肯前进，此立见其凶，可丑之象也。凡阴爻居下卦者，不可皆以为小人害君子。如姤有相遇之义，观有观示之义。此卦因以为小人害君子，所以将九五极好之爻通说坏了。

○初六一阴始生，当遇之时，阴不当往遇乎阳，故教占者有“系于金柅”之象。能如此则正而吉矣。若有所往，立见其凶，故又有羸豕蹢躅之象。其戒深矣。

《象》曰：系于金柅，柔道牵也。

“牵”者，牵连也。阴柔牵乎阳，所以戒其往。

九二。包有鱼，无咎。不利宾。

“包”者，包裹也，详见蒙卦九二。鱼阴物，又美，初之象也。剥变巽曰“贯鱼”，井曰“射鲋”，姤曰“包鱼”，皆以巽为少女，取象于阴物之美也。言二包裹缠绵乎初，犹“包鱼”也。“无咎”者，本卦主于相遇，故“无咎”也。“不利宾”者，理不当奉及于宾也。盖五月包裹之鱼必馁而臭矣，所以不利于宾也。巽为臭，鱼臭不及宾之象也。五阳缠绵一阴，故于四爻五爻皆取包裹之象。“无咎”以卦名取义，“不及宾”以鱼取义。若以正意论，初与四为正应，二既先包乎初，则二为主而四为宾矣，所以“不利宾”，而四“包无鱼”。但《易》以象为主，故只就鱼上说。

〇九二与初本非正应，彼此皆欲相遇，乃不正之遇也，故有五月包鱼之象。占者得此仅得无咎，然不正之遇已不可达及于宾矣，故“不利宾”。

《象》曰：包有鱼，义不及宾也。

五月包鱼，岂可及宾，以义揆之，不可及宾也。

九三。臀无肤，其行次且。厉，无大咎。

夬之九四与姤相综，倒转即姤之九三，所以爻辞同。

〇九三当遇之时，过刚不中，隔二未牵连乎初，相遇之难，故有此象。然不相遇则亦无咎矣。故占者虽危厉而“无大咎”也。

《象》曰：其行次且，行未牵也。

本卦主于相遇，三其行未得与初牵连，所以“次且”。

九四。包无鱼，起凶。

初六不中不正，卦辞以“女壮勿取”戒之矣。若屯卦六二与初相比，不从乎初，“十年乃字”，盖六二柔顺中正故也。今不中正，所以舍正应而从二。既从乎二，则民心已离矣。九四才虽刚而位则柔，据正应之理，起而与二相争，亦犹三国之争荆州，干戈无宁日也，岂不凶？故不曰“凶”而曰“起凶”，如言起衅也。

〇九四不中不正，当遇之时，与初为正应。初为二所包，故有“包无鱼”之象。九四不平与二争之，岂不起其凶哉？故其象占如此。

《象》曰：无鱼之凶，远民也。

阴为民，民之象也。故观卦下阴爻曰“观民”。“远民”者，二近民而四远民也。

九五。以杞包瓜，含章。有陨自天。

“杞”，枸杞也。杞与瓜皆五月所有之物。乾为果，“瓜”之象也。因前爻有包鱼之包，故此爻亦以“包”言之。“含章”者，含藏其章美也。此爻变离，有文明章美之意，又居中，有包含之意，故曰“含章”。含即杞之包，章即瓜之美。“以杞包瓜”，即“含章”之象也。“陨”者，从高而下也。“有陨自天”者，言人君之命令自天而降下也。巽为命，乾为天，故命令自天而降。孔子“后以施命诰四方”一句，本自周公“有陨自天”来，故《小象》曰“志不违命”。且此爻变成鼎，又“正位凝命”之君。三个“命”字可证。

〇九五当变之时，有中正之德，深居九重，本不与民相遇，故有“以杞包瓜含藏章美”之象。然虽含藏中正之章美，不求与民相遇，及“施命诰四方”，如自天而降，亦犹天下之风无物不相遇也。其相遇之大为何如哉！占者有是德，方应是占也。

《象》曰：九五含章，中正也。有陨自天，志不舍命也。

舍音捨。

有中正之德，所以含其中正之章美不发露也。“志”者，心志也。“舍”，违也。“命”者，命令也。虽不发露章美，然心志不违，“施命诰四方”，所以“有陨自天”。

上九。姤其角，吝，无咎。

与“晋其角”同。当遇之时，高亢遇刚不过于初，故有“姤其角”之象，“吝”之道也。然不近阴私，“亦无咎”矣。故其占如此。

《象》曰：姤其角，上穷吝也。

居上卦之极，故“穷”。惟穷，所以吝。

（萃）䷬ 兑上 坤下

“萃”者，聚也。水润泽其地，万物群萃而生，萃之象也。又上悦而下顺，九五刚中，而二以柔中应之，萃之由也。《序卦》：“姤者，遇也。物相遇而后聚，故受之以萃”。所以次姤。

萃。亨。王假有庙，利见大人，亨，利贞。用大牲，吉。利有攸往。

卦大象坎，坎为宫，中爻巽艮，巽木在艮阙之上，皆“庙”之象也。坎为隐伏，鬼神之象也。九五中正，“大人”之象也。上“亨”字，占得此卦者亨也。下“亨”字，“见大人”之亨也。大象坎为豕，外卦兑为羊，内卦坤为牛，“大牲”之象也。言当此萃时，可以格鬼神，可以见大人，必亨，但利于正耳。凡物当丰厚不宜俭啬，凡事宜攸往不宜退止。此教占者处萃之时当如此。

《彖》曰：萃，聚也。顺以说，刚中而应，故聚也。王假有庙，致孝享也。利见大人亨，聚以正也。用大牲吉，利有攸往，顺天命也。观其所聚，而天地万物之情可见矣。

以卦德、卦体释卦名，又释卦辞而极赞之。内顺乎外，外悦乎内，五以刚中而下交，二以柔中而上应，内外君臣皆相聚会，所以名“萃”。尽志以致其孝，尽物以致其享。“聚以正”者，如萧何张良诸臣一时聚会，以从高祖，聚也；除暴秦，正也；能成一统之功，亨也。“天命”者，天理之自然也。以人事言，即当其可之时也。言时当丰而丰，时当往而往者，乃所以顺其天理之自然也。“情”者，所以发出之情也。阳倡阴和，乾始坤生，天地此聚也；形交气感，声应气求，万物亦此聚也。“天地万物之情”，聚而已矣。

《象》曰：泽上于地，萃。君子以除戎器，戒不虞。

“泽”字义多，有水泽，有雨泽，有恩泽，有润泽。泽在天上，有恩泽之意，所以“施禄及下，居德则忌。”此则有水泽润泽之意，所以生万物而萃也。“除”者，去旧取新之意，谓整理其敝坏也。“戒”者，备也。“虞”者，度也，变出不测而不可虞度也。众萃必有争夺之事，故“君子除戎器”者，非耀武也，所以戒不虞也。圣人之心，义理无穷。姤卦文王卦辞本不善，圣人则发出“姤之时义大”一段；本卦文王卦辞极善，圣人又发出此一段。盖本卦错大畜，有离震二象，戈兵震动，故言“戎器不虞”。又大象坎错离，中爻艮综震，亦有此象。

初六。有孚不终，乃乱乃萃。若号，一握为笑，勿恤，往无咎。

“孚”者，与四正应相孚信也。“有孚不终”者，阴柔之人不能固守，所以孚不长久也。欲萃之急，不择正应，而与同类群小相萃也。“号”者，呼也。“握”者，持也。言呼九四近前而以手握持之也。“若”者，如也，言当如此象也。言有孚之心，能若孚于前，而以手握之不释，则“有孚”之心至矣。虽为众人所笑，勿恤此笑，方得“无咎”也。中爻巽为进退，“有孚不终”之象也。坤为迷，“乱”之象也。坤为众，“萃”之象也。兑为口舌，“号”之象也。坤错乾，乾居一，“一”之象也。中爻艮手，“握持”之象也。兑为悦，“笑”之象也。大象坎为加忧，“恤”之象也。今此爻变不成坎，不忧矣，“勿恤”之象也。

○初六阴柔，与九四为正应，当萃之时，比于同类之阴，有“有孚不终乃乱乃萃”之象。故教占者有孚坚固，如将九四呼于前而以手握之，以阴握阳虽不免为人所笑，然必“勿恤”此笑，方得往而与九四为聚也，故“无咎”。

《象》曰：乃乱乃萃，其志乱也。

质本阴柔，急于欲萃，方寸已乱矣，所以不暇择其正应而萃也。

六二。引吉无咎。孚乃利用禴。

“引”，开弓也，与君子引而不发之引同。本卦大象坎，又此爻变坎，坎为弓，引之象也。凡人开弓射物必专心于物，当物之中，不偏于左，不偏于右，方得中箭，盖中德不变之象也。二虽中正，居群小之中，少偏私则非中矣，故言“引”则“吉无咎”也。中爻艮手，故初曰“一握”。握者，手持之也。二曰“引”，引者，手开之也。皆手之象也。“吉”者，得萃于九五也。“无咎”者，二与九五皆同德，又正应也。“孚”者，孚于五也。“利用禴”者，言薄祭亦可以交神，又与五相聚，“吉”而“无咎”之象也。坎为隐伏，有人鬼之象。此爻变坎成困，故困之二爻亦“利享祀”，未济坎亦言“禴”，涣亦言“有庙”也。此爻变中爻成离。“禴”，夏祭，故与既济皆言“禴”。

〇六二中正，上应九五之中正，盖同德相应者也。二中德不变，故有引之之象。占者得此，不惟吉，而且“无咎”矣。然能引，则能孚信于五而与五相聚矣，故有“利用禴”之象。其占中之象又如此。

《象》曰：引吉无咎，中未变也。

二本有中德，惟能如引诚信而中，则中德未变矣，所以吉而无咎。

六三。萃如，嗟如，无攸利。往无咎，小吝。

此爻变艮成咸，咸三爻亦往吝。但咸以君子而随小人可羞之事，此则以小人而聚小人，所以仅小吝也。大象坎为加忧，兑为口，嗟叹之象也。

〇六三阴柔，不中不正，当萃之时，欲萃者其本志也，故有“萃如”之象。但上无应与，不得相聚，故有“嗟如无攸利”之象。然三之于上，虽彼此阴爻无相偶之情，能往而从之，我性顺而彼性悦，必能相聚，可以无咎。但不能萃刚明之人，而萃阴柔群小，亦有“小吝”矣。故其占如此。

《象》曰：往无咎，上巽也。

“巽”者，三之中爻本巽也，兑综巽，亦巽也。上往以巽而从之，我顺而彼悦，可以相聚者也，故“无咎”。

九四。大吉，无咎。

“大吉无咎”，与随卦九四随有获同，就时位上说，不就理上说，正所谓处不以其道得之富贵者也。近悦体之君，临归顺之民，岂不大吉，人谁咎病？

六爻初“乱萃”，二“引萃”，三“嗟如”，五“有悔”，六“涕洟”，惟四不中不正而自然相聚。聚之不劳心力，故“大吉”。时位自然，非四勉强求之，故“无咎”。

〇九四不中不正，居“多惧”之地，本不吉有咎者也。然近九五之君，有相聚之权，率三阴顺而聚于五，上悦下顺，则不劳心力而自能相聚矣。若不论其九四之德，惟以其萃论之，盖“大吉无咎”者也。故有此象。占者得此，亦当如是也。

《象》曰：大吉无咎，位不当也。

“位不当”者，不中不正也。既不中正，则“大吉”者亦不吉，“无咎”者亦有咎矣。周公就时位能萃之象上说，孔子就理上说。

九五。萃，有位无咎，匪孚。元永贞，悔亡。

“匪”者，不也。“匪孚”者，不信于人也。九四比群阴在下以分其萃，“大吉无咎”。所以“匪孚”也。“元”者，元善也，即阳刚中正之德也。“永贞”者，长永贞固也。“悔”者，五与上六相近，同居悦体，阴阳比昵，恐其虽萃天下之位，而其德未甚光明，所以悔也。

〇九五当天下之尊，为萃之主，臣民皆萃，可以“无咎”矣。然四分其萃，未免“匪孚”；上溺阴私，未免“有悔”。故必反己自修，俾元善中正之德长永贞固，斯悔亡而人孚矣。戒占者必如此。

《象》曰：萃有位，志未光也。

此爻与夬中“未光”相同。盖阴阳相悦，此“未光”也；又变震为情动性顺，此“未光”也；变震成豫，又“和乐”矣，此“未光”也。阳与阴相聚会之时，又悦又动又顺又和乐，安能保其志之光明哉？故曰“志未光”。若依本爻，阳刚中正，有何疚病？

上六。赍咨涕洟，无咎。

赍者，持也，遗也，有所持而遗之之义。中爻艮为手，持遗之象也。“咨”者，咨嗟也。自鼻出曰“涕”，自目出曰“洟”。兑为口，咨之象也；又为泽，“涕洟”之象也。

〇上六处萃之终，求萃而不可得，惟持遗咨嗟，涕洟哀求于五而已。故有此象。然忧思之过危者必平，所以“无咎”。六爻皆“无咎”者，水润泽其地，万物群聚而生，乃天地为物不贰、生物不测之理也，所以六爻皆“无咎”。

《象》曰：赍咨涕洟，未安上也。

未安于上，所以哀求其五。

（升）䷭ 坤上 巽下

“升”者，进而上也。为卦巽下坤上，木生地中，长而益高，升之象也。又综萃，萃下卦之坤上升而为升之上卦，亦升之象也。《序卦》：“萃者，聚也。聚而上者谓之升，故受之以升。”所以次萃。

升。元亨。用见大人，勿恤。南征吉。

言占得此卦者大亨。“用见大人”不可忧惧，从南方行则吉，所以“元亨”也。不曰“利见”而曰“用见”者，九二虽大人，乃臣位，六五之君欲用九二则见之也。六四“王用亨于岐山”即此“用”字也。“勿恤”者，本卦大象坎，有忧恤之象，故教之以“勿恤”。“南征吉”者，文王圆图，巽东南之卦，过离而至坤，是巽升于坤，故“南征吉”。若东行则至震，非升矣。

《彖》曰：柔以时升。巽而顺，刚中而应，是以大亨。用见大人勿恤，有庆也。南征吉，志行也。

以卦综释卦名，以卦德卦体释卦辞。柔者，坤土也。本卦综萃，二卦同体，文王综为一卦，故《杂卦》曰：“萃聚而升不来也。”柔以时升者，萃下卦之坤，升而为升之上卦也。柔本不能升，故以时升，所以名升。内巽外顺，则心不躁妄，行不悖理。又我有刚中之德，而六五以顺应之，岂不能升？所以“元亨”。“有庆”者，庆幸其道之得行。“勿恤”者此也。“志行”者，心期其道之必行，吉者此也。“有庆志行”者，即元亨也。

《象》曰：地中生木，升。君子以顺德积小以高大。

本卦以坤土生木而得名，故曰“君子以顺德”。坤顺之德，即“敬以直内，义以方外”也。“积”者，日积月累，如地中生木，不觉其高大也。巽为高，高之象也。

初六。允升，大吉。

“允”者，信也。本卦原是坤土上升，初与四皆坤土，故“允升”。

〇初六柔顺居初，当升之时，与四相信而合志。占者如是，必能升矣，故“大吉”。

《象》曰：允升大吉，上合志也。

与四合志，故“允升”。大畜九三与上九皆阳爻，然本卦皆欲畜极而通，故《小象》曰“上合志也”。此卦初居内卦之初，四居外卦之下，因柔以时升，皆欲升者也，故《小象》亦曰“上合志也”。

九二。孚乃利用禴，无咎。

九二以阳刚居中，六五以柔顺应之，盖孚信之至者矣，故有利用薄祭亦可交神之象。占者如是，得遂其升而有喜矣，故“无咎”。升综萃，萃六二引者阴柔也，此刚中，故止言“孚乃利用禴”。

《象》曰：九二之孚，有喜也。

“有喜”者，喜其得升也。盖诚信之至，则君必信任之专，得以升矣。周公许之曰“无咎”，孔子曰“君臣相孚，岂止无咎，且有喜也”。中爻兑，喜悦之象也。

九三。升虚邑。

阳实阴虚，上体坤，有“国邑”之象，详见谦卦。以二升四，以实升虚，故曰“升虚邑”。或曰：四邑为邱，四邱为虚，非空虚也，乃邱虚也。亦通。

○九三以阳刚之才，当升之时，而进临于坤，故有“升虚邑”之象。占者得此，其升而无疑也可知矣。

《象》曰：升虚邑，无所疑也。

本卦六五之君阴柔，九二之臣阳刚，似君弱臣强，正人之所疑也。况当升之时，自臣位渐升于君位，使四乃阳刚，则逼其五矣，安得而不疑？今升虚邑，阴土与五同体，故“无所疑”。

六四。王用亨于岐山，吉无咎。

坤错乾，乾为君，“王”之象也。“王”指六五也。物两为岐，故曰岐路，两路也。坤上两拆，岐之象也。随卦兑为西，故曰“西山”；此两拆，故曰“岐山”。中爻震综艮，山之象也，则三四五皆山矣。皆因有此象，故以“岐”“西”二字别之。前儒不知象，乃曰“岐山在西”，失象之旨矣。此言“岐山”，指四也。“亨”者，通也，与“公用亨于天子”、“王用亨于西山”亨字同。“王用亨于岐山”者，即“用见大人”也。言六五欲用乎九二，乃通于四而求之也。四爻皆言升，独二与五为正应，故曰“用禴”。四与五相比，故曰“用亨”。盖君位不可升也，二用禴而五用亨，上下相用，正所谓刚中而应也，何吉如之！故吉而无咎。

○六四以柔居柔，与五同体，盖顺事乎五之至者也，故六五欲用乎九二，乃通乎四以求之，故有“王用亨于岐山”之象。吉而无咎之道也，故其象占如此。

《象》曰：王用亨于岐山，顺事也。

四本顺体，又以柔居柔得正，顺事乎五，故五欲用乎九二，乃通乎四以求之也。四若非正，则成容悦之小人，安能通乎其二。

六五。贞吉，升阶。

“王用亨于岐山”，上孚乎下，贤君之事也；九二即觐君而升阶，下孚于上，良臣之事也。故先言贞吉之占，而后言升阶之象。“阶”者，阶梯也，如梯之等差也。

〇六五以柔成尊，下任刚中之贤，乃通于四以求之，贞而且吉者也。九二当升之时，因六五用六四之求，即觐君而升阶矣。上下相孚，故其象占如此。

《象》曰：贞吉升阶，大得志也。

“大得志”，即《彖辞》“有庆志行也”。

上六。冥升，利不息之贞。

“冥”与“冥豫”之冥同，昏于升而不知止者也。坤为迷，“冥”之象也。“不息之贞”，天理也。惟天理可以常升而不已，若富贵利达，涉于人欲之私而非天理者，则有消长矣。冥豫动体，故教之以豫；冥升顺体，故教之以贞。

〇上六居升之极，乃昏于升而不知止者也，有“冥升”之象。故圣人教占者曰：升而不已，惟利不息之贞，他非所利也。为占者开迁善之门如此。

《象》曰：冥升在上，消不富也。

“消”者，消其所升之业也。“富”者，富有也。凡升者乃天理，不息之贞则成富有之业矣。若升其人欲之私，往而不返，溺而不止，则盈者必虚，泰者必否，见其日消而不见其长，消而不富矣，故曰“消不富”也。本卦下体巽，巽为富，此爻外卦，故曰“不富”。亦如无妄二爻，未入巽之位，曰“未富”。

“困”者，穷困也。为卦水居泽中，枯涸无水，困之义也。又六爻皆为阴所掩，小人之掩君子，穷困之象也。《序卦》：“升而不已必困，故受之以困。”所以次升。

困。亨贞，大人吉，无咎。有言不信。

此卦辞乃圣人教人处困之道也。言当困之时，占者处此必能自亨其道，则得其正矣。他卦“亨贞”，言不贞则不亨，是亨由于贞也。此卦“亨贞”，言处困能亨则得其贞，是贞由于亨也。然岂小人所能哉！必平素有学有守之大人，操持已定，而所遇不足以戕之，方得“吉而无咎”也。若不能实践躬行，自亨其道，惟欲以言求免，其困人必不信而益困矣。言处坎之险，不可尚兑之口也。二五刚中，大人之象。兑为口，有言之象。坎为耳痛，耳不能听，有言不信之象。

《彖》曰：困，刚掩也。险以说。困而不失其所亨，其惟君子乎！贞大人吉，以刚中也。有言不信，尚口乃穷也。

说音悦。

以卦体释卦名，又以卦德卦体释卦辞。坎刚为兑柔所掩，九二为二阴所掩，四五为上六所掩，此困之所由名也。兑之掩坎，上六之掩四五者，小人在土位也，如绛灌之掩贾谊，公孙弘之掩董仲舒是也。二阴之掩九二者，前后左右皆小人也，如曹节、侯览辈之掩党锢诸贤，王安石、惠卿之掩元祐诸贤是也。险以说，卦德也。困而不失其所亨者，人事也。处险而能说，则是在困穷艰险之中而能乐天知命矣。“所”者，指此心也，此道也，言身虽困，此心不愧不怍，心则亨也，时虽困，此道不加不损，道则亨也。不于其身于其心，不于其时于其道，如羑里演《易》，陈蔡弦歌，颜子在陋巷不改其乐是也。“君子”，即大人也。“贞大人吉”者，“贞”字在文王卦辞连“亨”字读，《彖辞》连“大人”者，孔子恐人认“贞”字为戒辞也。“刚中”者，二五也。刚中则知明守固，居易俟命，所以“贞大人吉”也。“贞大人”者，贞正大人也。“尚口乃穷”者，言不得志之人，虽言亦不信也。盖以口为尚，则必不能求其心之无愧，居易以俟命矣，是不能亨而贞者也。故圣人设此戒，以尚口则自取困穷矣。“尚口”，如三上相书，凡受人之谤，不反己自修而与人辨谤之类。

《象》曰：泽无水，困。君子以致命遂志。

泽所以潴水。泽无水，是水下漏而上枯矣，“困”之象也。“致”者，送诣也。命存乎天，志存乎我，“致命遂志”者，不有其命，送命于天，惟遂我之志，成就一个是也。患难之来，论是非不论利害，论轻重不论死生。杀身成仁，舍生取义，幸而此身存，则名固在；不幸而此身死，则名亦不朽。岂不身困而志亨乎？身存者，张良之椎，苏武之节是也；身死者，比干、文天祥、陆秀夫、张世杰是也。

初六。臀困于株木，入于幽谷，三岁不觌。

凡言“困”者，皆柔掩刚，小人困君子也。“臀”，坎象，详见夬卦。人之体，行则趾在下，坐则臀在下，故初言“臀”。“株”者，根株也，乃木根也。《诗》“朝食于株”，诸葛亮《表》“成都有桑八百株”，王荆公《诗》“日月无根株”，皆言根也。中爻巽木在坎之上，初又居坎之下，木根之象也。坎为隐伏，“幽谷”之象也。水在上，幽谷在下，则谷之中皆木根矣。言“入于幽谷”之中而臀坐于木根之上也。此倒言也。因有“臀”字，文势必将“困于株木”之句居于臀下，故倒言也。若曰“臀入于幽谷”，则不通矣。“觌”，见也。坎错离，为卦又居三，“三岁不觌”之象也。“不觌”者，不觌二与四也。

〇初六以阴柔之才居坎陷之下，当困之时，远而与四为应，近而与二为比，亦欲掩刚而困君子矣。然才柔居下，故有坐木根入幽谷终不得见二四之象。欲困君子，而反自困。即象而占可知矣。

《象》曰：入于幽谷，幽不明也。

此言不觌之故。幽对明言。二与四合成离，有明象，初居离明之下，则在离明之外而幽矣，所以二与四得见乎幽谷，而入幽不明者不得见乎二四也。

九二。困于酒食，朱绂方来，利用亨祀，征凶无咎。

绂音弗。

“困于酒食”者，言酒食之艰难穷困也。如孔子之“疏食饮水”，颜子之“箪食瓢饮”，《儒行》之“并日而食”是也。酒食且困，大于酒食者可知矣。《程传》是。凡《易》言“酒”者皆坎也，言“食”者皆兑也。故需中爻兑言酒食，未济与坎皆言酒也。“朱绂”者，组绶用朱也。“方来”者，其德升闻而为君举用之也。“利用亨祀”者，亨者通也，诚应之意，乃象也，亦如“利用禴”之意。言当通之以祭祀之至诚也。坎隐伏，有人鬼象，故言“祀”。“征凶”者，当困之时，往必凶也。“凶”字即《大象》“致命”之意。正所谓困而亨也，所以“无咎”。中爻离，朱之象。又巽绳，绂之象。坎乃北方之卦，朱乃南方之物，离在二之前，故曰“方来”。此即孔明之事：“困酒食”者，卧南阳也；“朱绂方来”者，刘备三顾也；“利用亨祀”者，应刘备之聘也；“征凶”者，死而后已也；“无咎”者，君臣之义无咎也。

〇九二以刚中之德当困之时，甘贫以守中德，而为人君之所举用，故“有困于酒食朱绂方来”之象。故教占者至诚以应之，虽凶而无咎也。

《象》曰：困于酒食，中有庆也。

言有此刚中之德，则自亨其道矣，所以有此“朱绂方来”之福庆。

六三。困于石，据于蒺藜，入于其宫，不见其妻，凶。

兑错艮，艮为石，石之为物坚而不纳，其质无情，石在前，“困于石”之象也。“据”者，依也。坎为蒺藜。蒺藜乃有刺之物，不可依据。蒺藜在后，“据于蒺藜”之象也。坎为宫，宫之象也。中爻巽为入，“入其宫”之象也。此爻一变中爻成乾，不成离目，“不见”之象也。坎为中男，兑为少女，则兑乃坎之妻也。兑之中宫、坎之中宫皆阳爻，非阴爻，“入其宫不见其妻”之象也。此爻一个“入”字、“见”字不轻下，周公之爻辞极其精矣。旧注不知象，所以以石指四，蒺藜指二，宫指三，妻指六也。

〇六三阴柔不中不正，当困之时，亦欲掩二之刚而困君子矣。但居坎陷之极，所承所乘者皆阳刚，孤阴在于其中，前困者无情，后据者有刺，则一己之室家且不能保，将丧亡矣，况能困君子乎？故有此象。所以占者凶。

《象》曰：据于蒺藜，乘刚也。入于其宫，不见其妻，不祥也。

“乘刚”者，乘二之刚也。“不祥”者，死期将至也。此爻变为大过，有棺椁象，所以死期将至。人岂有不见其妻之理？乃不祥之兆也。殷仲文从桓玄，照镜不见其面，数日祸至，此亦不祥之兆也。

九四。来徐徐，困于金车，吝，有终。

“金车”指九二。坎，车象，乾金当中，“金车”之象也。自下而上曰“往”，自上而下曰“来”。“来徐徐”者，四来于初也。初觌乎四，四来乎初，阴阳正应故也。

〇九四与初为正应，不中不正，志在于初，故有“徐徐”而“来”于初之象。然为九二所隔，故又有“困于金车”之象。夫以阴困阳之时，不能自亨其道，犹志在于初，固为可羞，然阳有所与，终不能为阴所困也，故其占如此。

《象》曰：来徐徐，志在下也。虽不当位，有与也。

“志在下”者，志在初也。“有与”者，四阳初阴有应与也。且四近君，故阴不能困。井卦二五皆阳爻，故曰“无与”。

九五。劓刖，困于赤绂。乃徐有说。利用祭祀。

说音悦。

兑错艮，鼻象。变震，足象。截鼻曰“劓”，去足曰“刖”。上体兑为毁折，错艮为阍寺刑人；下体中爻离为戈兵，又坎错离亦为戈兵；上下体俱有刑伤，劓刖之象也。若以六爻卦画论之，九五为困之主，三阳居中，上下俱阴拆，亦劓刖之象也。“赤绂”者，臣之绂也。中爻离巽与九二同，“绂”乃柔物，故亦以此象之。三柔困赤绂之象也。“赤绂”者，四与二也，四乃五之近臣，三比之；二乃五之远臣，三掩之。故曰“困于赤绂”。“劓刖”者，君受其困也。“赤绂”者，臣受其困也。兑为悦，悦之象也。乃徐有悦者，言迟久必有悦，不终于困也。“利用祭祀”者，乃徐有悦之象也。盖祭尽其诚则受其福矣。教九五中正之德，不可以声音笑貌为之也。

〇九五当柔掩刚之时，上下俱刑伤，故有“劓刖”之象。三柔比四而掩二，故不惟“劓刖”，又有困及于赤绂之象，则君臣皆受其困矣。然九五中正而悦体，既有能为之才，又有善为之术，岂终于其困哉？必“徐有悦”而不终于困也。盖能守此中正之德如祭祀之诚信，斯有悦而受其福矣。故教占者占中之象又如此。

《象》曰：劓刖，志未得也。乃徐有说，以中直也。利用祭祀，受福也。

为阴所掩，故志未得。“以中直”与同人九五同。直即正也。“受福”者，中正之德如祭祀之诚信，则受福而不受其困矣。

上六。困于葛藟，于臲卼，曰动悔。有悔，征吉。

艮为山，为径路，为果蓏。《周礼》：“蔓生曰蓏，葛藟之类。”高山蹊径臲卼不安，兑错艮有此象。又正应坎为陷，为丛棘，为蒺藜，亦皆“葛藟”之类之象。盖“葛藟”者，缠束之物。“臲卼”者，危动之状。“曰”者，自讼之辞也。兑为口，变乾为言，“曰”之象也。“曰动悔”者，自讼其动则有悔，亦将为之何哉？动悔之悔，事之悔也，上六之悔也。有悔之悔，心之悔悟也，圣人教占者之悔也。征者，去而不困其君子也。与蒙卦“几不如舍”舍字同。

〇上六阴柔，亦欲掩刚而困君子矣。然处困之极，反不能困。故欲动而掩乎刚，则缠束而不能行；欲静而不掩乎刚，则又居人君之上。危惧而不自安，是以自讼其动则有悔，故有此象。然处此之时，顾在人之悔悟何如耳。诚能发其悔悟之心，去其险邪之疾，知刚之不可掩，弃而去之可也。故占者惟征则吉。

《象》曰：困于葛藟，未当也。动悔有悔，吉行也。

欲掩刚，故“未当”。有悔，不掩刚，故从“吉”而“行”。

“井”者，地中之泉也。为卦坎上巽下。巽者入也，水入于下而取于上，井之义也。巽为水，汲水者以木承水而上，亦井之义也。《序卦》：“困于上者必反于下，故受之以井。”所以次困。

井。改邑不改井，无丧无得，往来井井。汔至亦未繘井，羸其瓶，凶。

井综困，二卦同体，文王综为一卦，故《杂卦》曰：“井通而困相遇也。”“改邑不改井”者，巽为市邑。在困卦为兑，在井为巽，则改为邑矣。若井则

“无丧无得”，在井卦，坎往于上；在困卦，坎来于下。刚居于中，往来不改，故曰“往来井井”。《易经》与各经不同，元妙处正在于此。“汔”，涸也。巽下有阴坼，涸之象也。“繘”者，井索也。巽为绳，繘之象也。“羸”者，弱也，与“羸其角”同。汲水之人弱不胜其瓶，将瓶坠落于井也。中爻离，瓶之象也。在离曰“缶”，在井曰“瓶”，曰“瓮”，皆取中空之意。

○言井乃泉脉不可改变。其德本无得丧，而往来用之者不穷，济人利物之功大矣。若或井中原涸无水，以至或有水而人不汲，又或不惟不得水，或汲之而羸其瓶，则无以成济人利物之功，故占者凶。

《彖》曰：巽乎水而上水，井。井养而不穷也。改邑不改井，乃以刚中也。汔至亦未繘井，未有功也。羸其瓶，是以凶也。

以卦德、卦综释卦名、卦辞。凡井中汲水，井上用一辘轳，以井索加于其上，用桶下汲，方能取上。是以桶入乎其水方能上也。故曰“巽乎水而上水”。“巽”字，有“木”字“入”字二意。《文选》“殚极之绠断干”，绠即辘轳之索也。“养而不穷”者，民非水火不生活也。“改邑不改井”者，以刚居中，在困卦居二之中，在井卦居五之中，往来皆井，不可改变也。“未有功”者，井以得水为功，井中水涸，以至汲水之索未入于井，皆无功也。若“羸其瓶”，是不惟不得其水，并汲水之具亦丧亡矣，岂不凶！青苗之法，安石之意将以济人利物，而不知不宜于民，反以致祸，正“羸其瓶”之凶也。

《象》曰：木上有水，井。君子以劳民劝相。

“木上有水”者，水承木而上也。“劳”者，即劳之也。“劝”者，即来之也。“相”者，即匡直辅翼也。“劳民劝相”者，言劳之不已，从而劝之，劝之不已，又从而相之也。人有五性之德，即地脉井泉流行不息者也。逸居而无教，则近于禽兽，不能成“井养不穷”之功矣。君子劳民劝相，则民德可新，父子有亲，君臣有义，夫妇有别，长幼有序，朋友有信，“往来”用之，“井井”不穷矣。是“劳民劝相”者，君子之井也。

初六。井泥不食，旧井无禽。

阴浊在下，“泥”之象也。凡言食者，皆兑口也。今巽口在下，“不食”之象也。又巽为臭，不可食之象也。坎有小过象，凡《易》言“禽”者，皆坎也。故师六五曰“田有禽”，以本卦坎又变坎也；比卦九五“失前禽”，以坎变坤也。恒大象坎，此卦坎居上卦，但二卦下卦皆巽，巽深入，禽高飞之物，安得深入于井中，故恒井二卦皆曰“无禽”。井以得水齐井之口易汲为善，故初则“不食”，二则“漏”，三则求“王明”，四则“修井”，惟五六则水齐井口，易于汲取，故五六独善。

○初六阴浊在下，乃井之深而不可浚渫者也。则泥而不食，成旧废之井，无井旁汲水之余沥，而禽亦莫之顾而饮矣。故有此象。占者不利于用可知矣。

《象》曰：井泥不食，下也。旧井无禽，时舍也。

舍音捨。

阴浊在下，为时所弃。

九二。井谷射鲋，瓮敝漏。

上阳爻，下阴爻两开，谷之象也。又变艮山，下有井，必因谷所生，亦“谷”之象也。坎为弓在上，“射”之象也。巽为鱼，“鲋”之象也。鲋，小鱼。《庄子》：“周视辙中有鲋鱼焉，曰：‘我东海之波臣也。’”又《尔雅》：“鱖，小鱼也。”注云：“似鲋子而黑，俗呼为鱼婢，江东呼为妾鱼。”曰臣曰婢曰妾，皆小之意。前儒以为“虾蟆”，又以为“蜗牛”，皆非也。巽综兑为毁折，“敝”之象也。下阴爻有坼，“漏”之象也。坎水在上，巽主入，水入于下，亦漏之象也。

〇九二阳刚居中，才德足以济利，但上无应与，不能汲引，而乃牵溺于初，与卑贱之人相与，则不能成井养不穷之功矣。故以井言，有旁水下注，仅射其鲋之象；以汲水言，有破瓮漏水之象。占者不能成功可知矣。

《象》曰：井谷射鲋，无与也。

无与者，无应与也。所以比初“射鲋”。

九三。井渫不食，为我心恻。可用汲王明，并受其福。

“渫”者，治井而清洁也。中爻三变成震，不成兑口，不食之象也。“为我心恻”者，“我”者，三自谓也，言可汲而不汲，人为我恻之也。坎为加忧，恻之象也。“王明”者，指五也。中爻三与五成离，“王明”之象也。“可用汲王明”者，可求用汲于王明也。“汲”字虽汲水，其实汲引之汲。“并”者，三之井可食，福也，食三之井者亦福也。九二比于初之阴爻，不能成功，故教九三求九五之阳明。

〇九三以阳居阳，与上六为正应。上六阴柔不能汲引，则王明时用而成济人处物之功矣。故有“井渫不食人恻”之象。所以然者，以正应阴柔，又无位故也。“可用汲”者，其惟舍正应而求五之“王明”。言若得阳明之君以汲引之，则能成井养之功而并受其福矣。故教占者必如此。

《象》曰：井渫不食，行恻也。求王明，受福也。

“行恻”者，行道之人亦恻也。三变中爻成震足，行之象也。“求王明”者，五非正应，故以“求”字言之。孔子以周公爻辞忽然说起“王明”，恐人不知指五，所以加一“求”字也。不求正应而求王明，此《易》之所以时也。比卦六四舍正应而比五，皆此意。管仲舍子纠而事桓公，韩信舍项羽而事高祖，马援舍隗嚣而事光武，皆舍正应而求王明者也。

六四。井甃无咎。

“甃”者，砌其井也。阴列两旁，“甃”之象也。初为“泥”，三之“渫”，渫其泥也；二“射鲋”，四之“甃”，甃其谷也。既渫且甃，井日新矣。寒泉之来，井养岂有穷乎？

〇六四阴柔得正，近九五之君，盖修治其井以潴畜九五之寒泉者也。故有“井甃”之象。占者能修治臣下之职，则可以因君而成井养之功，斯无咎矣。

《象》曰：井甃无咎，修井也。

修井畜泉，能尽职矣，安得有咎？

九五。井洌寒泉食。

“洌”，甘洁也。五变坤为甘，以阳居阳为洁。“寒泉”，泉之美者也。坎居北方，一阳生于水中，得水之正体，故甘洁而寒美也。“食”者，人食之也，即井养而不穷也。中爻兑口之上，食之象也。井以寒洌为贵，泉以得食为功。以人事论：“洌”者，天德之纯也；“食”者，王道之溥也。黄帝、尧、舜、禹、稷、周、孔立养立教，万世利赖，“井洌寒泉食之”者也。

〇九五以阳刚之德居中正之位，则井养之德已具而井养之功已行矣，故有此象。占者有是德方应是占也。

《象》曰：寒泉之食，中正也。

“寒泉之食”，王道也。“中正”者，天德也。

上六。井收，勿幕，有孚，元吉。

“收”者，成也。物成于秋，故曰秋收。“井收”者，井已成矣，即《小象》“大成”之成也。周公曰“收”，孔子曰“成”，一意也。“幕”者，盖井之具也。坎口在上，“勿幕”之象也。言不盖其井也。“有孚”者，信也。齐口之水，无丧无得，用之不竭，如人之诚信也。“元吉”者，“勿幕有孚”则泽及于人矣。

〇上六居井之极，井已成矣。九五寒泉为人所食，上六乃不掩其口，其水又孚信不竭，则泽及于人，成井养不穷之功矣。故有“勿幕有孚”之象。占者之“元吉”可知矣。

《象》曰：元吉在上，大成也。

“大成”者，井养之功大成也。盖有寒泉之可食，使掩其口，人不得而食之；或不孚信，有时而竭，则泽不及人，安得为大成？今“勿幕有孚”则泽及人而井养之功成矣。“元吉”以泽之所及言，“大成”以功之所就言。

周易集注卷十

（革）䷰ 兑上 离下

“革”者，变革也。泽在上，火在下，火燃则水涸，水决则火灭。又中少二女不相得，故其卦为变革也。《序卦》：“井道不可不革，故受之以革。”所以次井。

革。己日乃孚，元亨利贞，悔亡。

己音纪，十干之名。

“己”者，信也。五性仁义礼智信，惟信属土，故以“己”言之。不言戊而言己者，离兑皆阴卦，故以阴土言。且文王圆图，离兑中间乃坤土，故言己也。凡离火烧兑金断裂者，惟土可接续，故《月令》于金火之间置一中央土，十干丙丁戊己而后庚辛，言离火烧金，必有土方可孚契之意。“日”者，离为日也。“己日乃孚”者，信我后革也。言当人心信我之时相孚契矣，然后可革也。不轻于革之意。“元亨利贞悔亡”者，言除敝去害，扫而更之，大亨之道也。然必利于正。亨以正，则革之当其可而悔亡矣。盖不信而革必生其悔，惟亨而正则人心信我矣，所以“己日乃孚”而后革也。

《彖》曰：革，水火相息，二女同居，其志不相得，曰革。己日乃孚，革而信之。文明以说，大亨以正，革而当，其悔乃亡。天地革而四时成，汤武革命，顺乎天而应乎人。革之时大矣哉！

以卦象释卦名，以卦德释卦辞而极赞之。火燃则水乾，水决则火灭，有相灭息之势。少女志在艮，中女志在坎，有“不相得”之情。水火以灭息为革，二女以不能同居各出嫁为革，故曰“革”。“革而信之”者，言革而人相信也。东征西怨，南征北怨，革而信之之事也。离之德明，兑之德悦，明则识事理而所革不苟，悦则顺时势而所革不骤。“大亨”者，除敝兴利，一事之大亨也；伐暴救民，举世之大亨也。“以正”者，揆之天理而顺，即之人心而安也。又亨又正，则革之攸当，所以悔亡。正所谓革而信之也。阳极则阴生而革乎阳，阴极则阳生而革乎阴，故阴往阳来而为春夏，阳往阴来而为秋冬，四时成矣。“命”者，王者易姓受命也。王者之兴，受命于天，故曰“革命”。天命当诛，顺天也；人心共忿，应人也。天道改变，世道迁移，此革之大者。然要之同一时也。时不可革，天地圣人不能先时；时所当革，天地圣人不能后时。革之时不其大哉！故曰：礼，时为大，顺次之，体次之，宜次之，称次之。尧授舜，舜授禹，汤放桀，武王伐纣，时也。

《象》曰：泽中有火，革。君子以治历明时。

水中有火，水若盛则息火，火或盛则息水，此相革之象也。历者，经历也，次也，数也，行也，过也，盖日月五纬之躔次也。又作“厤”。“时”者，四时也。“治历”以明其时。“昼夜”者，一日之革也。“晦朔”者，一月之革也。“分至”者，一年之革也。“元会运世”者，万古之革也。

初九。巩用黄牛之革。

离为牛，牛之象也。中爻乾错坤，黄之象也。巩者，固也，以皮束物也。束之以黄牛之革，则固之至矣。此爻变即遁之艮止矣。艮止故不革，所以爻辞同。本卦以离火革兑金，下三爻主革者也，故二三言革；上三爻受革者也，故四言改，五六言变。

〇初九当革之时，以阳刚之才可以革矣，然居初位卑，无可革之权，上无应与，无共革之人，其不可有为也必矣。但阳性上行，火性上炎，恐其不能固守其不革之志，故圣人教占者曰革道匪轻，不可妄动，必固之以黄牛之革而后可。所以其象如此。

《象》曰：巩用黄牛，不可以有为也。

无位无应之故。

六二。已日乃革之，征吉无咎。

离为日，日之象也。阴土，己之象也。此爻变夬，情悦性健，故易于革。

〇六二以文明之才而柔顺中正，又上应九五之君，故人皆尊而信之，正所谓“已日乃孚，革而信之”者也。故有此象。占者以此象而往，则人皆乐于耳目之新，有更化善治之吉，而无轻变妄动之咎矣。故占者吉而无咎。

《象》曰：已日革之，行有嘉也。

应九五故“有嘉”。即“征吉”二字也。

九三。征凶，贞厉。革言三就，有孚。

“革言”者，革之议论也。正应兑为口，言之象也。中爻乾为言，亦言之象也。“就”者，成也。“三就”者，商度其革之利害可否，至再至三，而革之议论定也。离居三，三就之象也。故同人曰“三岁不兴”，未济曰“三年有赏于大国”，既济曰“三年克之”，明夷曰“三日不食”，皆以离居其三也。若坎之“三岁不得”，困之“三岁不觌”，解之“田获三品”，皆离之错也。渐之“三岁不孕”，巽之“田获三品”，皆以中爻合离也。丰之“三岁不觌”，以上六变而为离也。周公爻辞，其精至此！

○九三以刚居刚，又居离之极，盖革之躁动而不能详审者也。占者以是而往，凶可知矣。故虽事在所当革，亦有危厉。然当革之时不容不革，故必详审其利害可否，至于“三就”，则人信而相孚，可以革矣。故教占者必如此。

《象》曰：革言三就，又何之矣。

言议革之言至于“三就”，则利害详悉可否分明，又复何之？

九四。悔亡，有孚，改命吉。

“改命”者，到此已革矣。离交于兑，改夏之命令于秋矣，所以不言革而言改命。如汤改夏之命而为商，武改商之命而为周是也。九四之位则改命之大臣，如伊尹、太公是也。“有孚”者，上而孚于五，下而孚于民也。

○九四卦已过中，已改其命矣。改命所系匪轻，恐有所悔，然时当改命不容不改者也，有何悔焉？是以“悔亡”。惟于未改之先，所改之志孚于上下则自获其吉矣。故教占者如此。

《象》曰：改命之吉，信志也。

“志”者，九四之志也。“信志”者，信九四所改之志也。上而信于君，下而信于民，必如是信我，方可改命也。信乃诚信，即爻辞孚字。

九五。大人虎变，未占有孚。

阳刚之才，中正之德，居尊位而为革之主，得称大人。兑错艮，艮为虎，虎之象也。兑为正西，乃仲秋，鸟兽毛毨，变之象也。乾之五则曰“龙”，革之五则曰“虎”，若以理论，揖逊者见其德，故称“龙”；征诛者见其威，故称“虎”。三四之“有孚”者，乃水火相交之际，教占者之有孚也；五之有孚，即汤武未革命之先，四海徯后之思，未占而知其有孚矣。

○九五以阳刚中正之才德，当兑金肃杀之秋，而为顺天应人之举。九四为改命之佐，已改其命矣，是以为大人者登九五之位，而宇宙为之一新，故有“大人虎变”之象。此则不待占决而自孚信者也。占者有是德，方应是占矣。

《象》曰：大人虎变，其文炳也。

“文炳”以人事论，改正朔，易服色，殊徽号，变牺牲，制礼作乐，“炳”乎其有文章是也。

上六。君子豹变，小人革面，征凶，居贞吉。

杨子曰："狸变则豹，豹变则虎。"故上六即以豹言之。革命之时，如鼓刀之叟佐周受命，此"豹变"者也。又如萧何诸臣，或为吏胥，或贩缯屠狗，后皆开国承家，列爵分土，亦"豹变"者也。即班孟坚所谓"云起龙骧化为侯王"是矣。盖九五既"虎变"而为天子，则上六即"豹变"而为公侯。若下句"小人"则百姓矣。"革面"者，言旧日而从于君者亦革也。如民之从桀者，不过面从而心实不从也；及汤师之兴，则东征西怨，南征北怨，面从之伪皆革，而心真实以向汤矣。如民之从纣者，不过面从而心实不从也；及化行南国，泰誓牧誓，则面从之伪皆革，而心真实以向文武矣。盖以力服人者，面从者也；以德服人者，中心悦而诚服也，心从者也。"征凶"者，圣人作而万物睹，别有所往，则为梗化之民而凶矣。"居"者，征之反也。"君子豹变"者，变其旧日之冠裳也。"小人革面"者，革其旧日之诈伪也。

〇上六当世道革成之后，而天命维新矣，公侯则开国承家，百姓则心悦诚服，有"君子豹变，小人革面"之象。故戒占者：不守其改革之命而别有所往则凶，能守其改革之命则正而吉也。

《象》曰：君子豹变，其文蔚也。小人革面，顺以从君也。

"其文蔚"者，冠裳一变，人物一新也。"顺以从君"者，兑为悦，悦则顺，即中心悦而诚服也。蔚本益母草，其花对节相开，亦如公侯相对而并列，故以蔚言之。豹次于虎，兽不同也。炳从虎，蔚从草，文之大小显著不同也。

（鼎） 

"鼎"者，烹饪之器。其卦巽下离上。下阴为足，二三四阳为腹，五阴为耳，上阳为铉，鼎之象也。又以巽木入离火而致烹饪，鼎之用也。《序卦》："革物者莫若鼎，故受之以鼎。"所以次革。

鼎。元吉亨。

《彖辞》明。观孔子《彖辞》"是以元亨"，则"吉"字当从《本义》作衍文。

《彖》曰：鼎，象也。以木巽火，亨饪也。圣人亨以享上帝，而大亨以养圣贤。巽而耳目聪明，柔进而上行，得中而应乎刚，是以元亨。

亨，并庚反。

以卦体释卦名，又以卦德卦综卦体释卦辞。“象”者，六爻有鼎之象也。“巽”者，木也，以木入于火也。“亨”，煮也。“饪”，熟食也。亨饪有调和之义，故《论语》曰“失饪不食”。“象”者鼎之体，“亨饪”者鼎之用，所以名鼎。“圣人”者，君也。“圣贤”者，臣也。古人有圣德者皆可称圣，如《汤诰》称伊尹为“元圣”是也。“亨饪”之事，不过祭祀、宾客而已。祭祀之大者，无出于上帝；宾客之重者，无过于圣贤。享上帝贵质，故止曰“亨”；享圣贤贵丰，故曰“大亨”。所以享帝用特牲，而享圣贤有饔牲牢礼也。“巽而耳目聪明”者，内而此心巽顺，外而耳目聪明也。离为目，五为鼎耳，故曰“耳目”。皆有离明之德，故曰“聪明”。“柔进而上行”者，鼎综革，二卦同体，文王综为一卦，故《杂卦》曰：“革，去故也；鼎，取新也。”言革下卦之离，进而为鼎之上卦也。进而上行居五之中，应乎二之刚也。若以人事论，内巽外聪有其德，进而上行有其位，应乎刚有其辅，是以“元亨”。

《象》曰：木上有火，鼎。君子以正位凝命。

正对偏倚言，凝对散漫言。“正位”者，端庄安正之谓，即斋明盛服，非礼不动也。“凝”者，成也，坚也。“命”者，天之命也。“凝命”者，天命凝成坚固，国家安于磐石，所谓协乎上下以承天休也。“鼎”譬之位，“命”譬之实。鼎之器正，然后可凝其所受之实。君之位正，然后可凝其所受之命。鼎综革，故革亦言“命”。孔子因大禹铸九鼎象物，成王定鼎于郏鄏，卜世三十，卜年七百，所以说到“正位凝命”上去。周烈王二十三年九鼎震，此不能正位凝命之兆也。其后秦遂灭周，取九鼎。则鼎所系匪轻矣。故以鼎为宗庙之宝器。及天宝五年，宰臣李适之常列鼎俎具膳羞，中夜鼎跃相斗不解，鼎耳及足皆折，岂以明皇不能正位凝命，而有幸蜀之祸与！

初六。鼎颠趾，利出否。得妾以其子，无咎。

巽错震，震为足，“趾”之象也。巽为长女，位卑居下，妾之象也。震为长子，子之象也。鼎为宝器，主器者莫若长子，则子之意亦由鼎而来也。“颠趾”者，颠倒其趾也。凡洗鼎而出水，必颠倒其鼎，以鼎足反加于上，故曰“颠趾”。“否”者，鼎中之污秽也。“利出否”者，顺利其出否也。故孔子曰“鼎取新也”。“得”者，获也。“得妾”者，买妾而获之也。“以”者，因也，因其子而买妾也。言洗鼎之时，趾乃在下之物，不当加于其上，今颠于上，若悖上下之序矣。然“颠趾”者不得已也，以其顺利于出否也。亦犹一夫一妇，人道之常，既有妻，岂可得妾？今得其妾，若失尊卑之分矣。然得妾者不得已也，以其欲生子而不得不买妾也。“得妾以其子”，又“颠趾”“出否”之象也。

○初六居下，尚未烹饪，正洗鼎之时，颠趾以出否，故有“得妾以其子”

之象。占者得此，凡事迹虽若悖其上下尊卑之序，于义则无咎也。

《象》曰：鼎颠趾，未悖也。利出否，以从贵也。

“未悖”者，未悖于理也。言以“颠趾”于鼎之上，虽若颠倒其上下之序，然洗鼎当如此，未为悖理也。贵对贱言。鼎中之否则贱物也。以从贵者，欲将珍羞贵重之物相从以实于鼎中，不得不出其否贱以濯洁也。

九二。鼎有实，我仇有疾，不我能即，吉。

“鼎有实”者，既洗鼎矣，乃实物于其中也。阳实阴虚，故言实。“仇”者，匹也，对也，指初也。“疾”者，阴柔之疾也。“即”者，就也。言初虽有疾，九二则刚中自守，不能使我与之即就也。此九二之能事，非戒辞也。

○九二以刚居中，能守其刚中之实德，虽比于初而不轻于所与，有“鼎有美实我仇有疾不我能即而浼我实德”之象。占者如此，则刚中之德不亏，吉可知矣。

《象》曰：鼎有实，慎所之也。我仇有疾，终无尤也。

“慎所之”者，慎所往也。此一句亦言九二之能事，非戒辞也。言九二有阳刚之实德，自能慎于所往，择善而交，不失身于阴党也。“终无尤”者，言我仇虽有疾，然慎于所往，不我能即，而不失身于彼，有何过尤哉！

九三。鼎耳革，其行塞。雉膏不食，方雨亏悔，终吉。

三变为离为坎，坎为耳，“耳”之象也。“革”者，变也。坎为耳痛，“耳革”之象也。三未变，错震足为行，三变则成坎陷，不能行矣，“行塞”之象也。“其行塞”者，不能行也。离为雉，“雉”之象也。坎为膏，“膏”之象也。中爻兑，三变则不成兑口，“不食”之象也。三变则内坎水，外亦坎水，“方雨”之象也。鼎之所赖以举行者，“耳”也。三居木之极，上应火之极，木火既极，则鼎中腾沸，并耳亦炽热革变而不可举移矣，故“其行塞”也。“雨”者，水也。“亏”者，损也。“悔”者，鼎不可举移，而“雉膏”之美味不得其食，不免至于悔也。“方雨亏悔”者，言耳革不食，惟救之以水耳。“方雨”，则能亏损其腾沸炽热之势，而“悔”者不至于悔矣。“终吉”者，鼎可移，美味可食也。

○九三以阳刚居鼎腹之中，本有美实之德。但应与木火之极，烹饪太过，故有“耳革行塞雉膏不食”之象。然阳刚得正，故又有“方雨亏悔”之象。占者如是，始虽若不利，终则吉也。

《象》曰：鼎耳革，失其义也。

“义”者，宜也。鼎烹饪之木火不可过，不可不及，方得烹饪之宜。今木火太过，则失烹饪之宜矣。所以“耳革”也。

九四。鼎折足，覆公餗，其形渥，凶。

四变中爻为震，“足”之象也。中爻兑为毁折，“折”之象也。鼎实近鼎耳，实已满矣，今震动，“覆”之象也。“餗”者，美糁也。八珍之膳，鼎之实也。鼎以享帝养贤，非自私也，故曰公餗。“渥”者，沾濡也。言覆其鼎，而鼎上皆沾濡其美糁也。以人事论，项羽之入咸阳，安禄山陷长安，宗庙烧焚，宝器披离，不复见昔日彼都人士之盛，“其形渥”之象也。不可依晁氏“其刑剧”。“凶”者，败国杀身也。若不以象论，以二体论，离巽二卦成鼎，下体巽有足而无耳，故曰“耳革”；上体离有耳而无足，故曰“折足”。

〇九四居大臣之位，任天下之重者也。但我本不中不正，而又下应初六之阴柔，则委任亦非其人，不能胜大臣之任矣，卒至倾覆国家，故有此象。占者得此，败国杀身，凶可知矣。

《象》曰：覆公餗，信如何也。

信者，信任也。言以餗委托信任于人，今将餗覆之，则所信任之人为如何也。

六五。鼎黄耳金铉，利贞。

五为鼎耳。黄，中色。五居中，“黄耳”之象也。此爻变乾金，“金铉”之象也。以此爻未变而言则曰“黄”，以此爻既变而言则曰“金”。在鼎之上，受铉以举鼎者“耳”也；在鼎之外，贯耳以举鼎者“铉”也。盖铉为鼎之系，系于其耳，二物不相离，故并言之。

〇六五有虚中之德，上比上九，下应九二，皆其刚明，故有“黄耳金铉”之象。鼎既“黄耳金铉”，则中之为实者必美味矣。而占者则利于贞固也。因阴柔，故戒以此。

《象》曰：鼎黄耳，中以为实也。

黄，中色。言中乃其实德也，故云“黄耳”。

上九。鼎玉铉，大吉，无不利。

上九居鼎之极，铉在鼎上，铉之象也。此爻变震，震为玉，“玉铉”之象也。玉岂可为铉？有此象也，亦如“金车”之意。鼎之为器，承鼎在足，实鼎在腹，行鼎在耳，举鼎在铉，鼎至于铉，厥功成矣。功成可以养人，亦犹井之元吉大成也，故“大吉无不利”。

〇上九以阳居阴，刚而能柔，故有温润玉铉之象。占者得此，凡事大吉，而又行无不利也。占者有玉铉之德，斯应是占矣。

《象》曰：玉铉在上，刚柔节也。

“刚柔节”者，言以阳居阴，刚而能节之以柔，亦如玉之温润矣。所以为“玉铉”也。

（震） ䷲ 震上 震下

“震”者，动也。一阳始生于二阴之下，震而动也。其象为雷，其属为长子。《序卦》：“主器者莫若长子，故受之以震。”所以次鼎。

震，亨。震来虩虩，笑言哑哑。震惊百里，不丧匕鬯。

虩音隙。哑音厄。匕音妣。

“虩虩”，恐惧也。“虩”本壁虎之名，以其善于捕蝇，故曰蝇虎。因捕蝇常周环于壁间，不自安宁而惊顾，此用“虩”字之意。震艮二卦同体，文王综为一卦，所以《杂卦》曰：“震，起也；艮，止也。”因综艮，艮为虎，故取虎象，非无因而言虎也。“哑哑”，笑声，震大象兑，又中爻错兑，皆有喜悦言语之象，故曰“笑言”。“匕”，匙也，以棘为之，长三尺。未祭祀之先，烹牢于镬，实诸鼎而加幕焉。将荐，乃举幕，以匕出之，升于俎上。“鬯”，以秬黍酒和郁金，以灌地降神者也。人君于祭之礼，亲匕牲荐鬯而已，其余不亲为也。“震来虩虩”者，震也；“笑言哑哑”者，震而亨也。此一句言常理也。“震惊百里不丧匕鬯”，处大变而不失其常，此专以雷与长子言之，所以实上二句意也。一阳在坤土之中，君主百里之象。中爻艮手，执之不丧之象。中爻坎，酒之象。

○言震自有亨道，何也？盖《易》之为理，“危者使平，易者使倾”，人能于平时安不忘危，此心常如祸患之来，虩虩然恐惧，而无慢易之心，则日用之间，举动自有法则，而一笑一言皆“哑哑”而自如矣。虽或有非常之变，出于倏忽之顷，犹雷之“震惊百里”，然此心有主，意气安闲，雷之威震虽大而远，而主祭者自“不丧匕鬯”也。此可见震自有亨道也。“不丧匕鬯”乃象也，非真有是事也。言能“恐惧”则“致福”，而不失其所主之重矣。

《彖》曰：震，亨。震来虩虩，恐致福也。笑言哑哑，后有则也。震惊百里，惊远而惧迩也。出可以守宗庙社稷，以为祭主也。

《易举正》“出可以守”句上有“不丧匕鬯”四字，程子亦云，今从之。“恐”者，恐惧也。“致福”者，生全出于忧患，自足以致福也。“后”者，恐惧之后也，非震惊之后也。“则”者，法则也。不违礼不越分，即此身日用之常度也。人能恐惧，则操心危而虑患深，自不违礼越分、失日用之常度矣。即俗言惧法朝朝乐也。所以安乐自如，“笑言哑哑”也。“惊”者，卒然过之而动乎外；“惧”者，惕然畏之而变其中。惊者不止于惧，惧者不止于惊。远者外卦，迩者内卦，内外皆震，“远迩惊惧”之象也。“出”者，长子已继世而出也。“可以”者，许之之辞也。言祸患之来，出于仓卒之间，如雷之震，远迩惊惧，当此之时乃能处之从容，应之暇豫，“不丧匕鬯”，则是不惧由于能惧。虽甚有可惊惧者，亦不能动吾之念也。岂不可以负荷天下之重器乎！故以守宗庙，能为宗庙之祭主；以守社稷，能为社稷之祭主矣。

《象》曰：洊雷，震。君子以恐惧修省。

“洊”者，再也。上震下震，故曰“洊”。“修”，理其身使事事合天理；“省”，察其过使事事遏人欲。惟此心恐惧，所以“修省”也。“恐惧”者作于其心，“修省”者见于行事。

初九。震来虩虩，后笑言哑哑，吉。

将卦辞加一“后”字，辞益明白矣。初九、九四，阳也，乃震之所以为震者，“震动”之震也。二三五上，阴也，乃为阳所震者，“震惧”之震也。初乃成卦之主，处震之初，故其占如此。

《象》曰：震来虩虩，恐致福也。笑言哑哑，后有则也。

解见前。

六二。震来厉，亿丧贝，跻于九陵，勿逐，七日得。

“震来厉”者，乘初九之刚，当震动之时，故震之来者猛厉也。“亿”者，大也。“亿丧贝”，大丧其贝也。十万曰亿，岂不为“大”？六五《小象》曰“大无丧”可知矣。“贝”者，海中之介虫也。二变则中爻离为蟹为蚌，“贝”之象也。震为足，“跻”之象也。中爻艮，为山陵之象也。陵乘九刚，“九陵”之象也。又艮居七，“七”之象也。离为日，“日”之象也。若以理数论，阴阳各极于六，七则变而反其初矣。故《易》中皆言“七日得”。“跻”者，升也。言震来猛厉，大丧此货贝，九二乃不顾其贝，飘然而去，避于九陵，无心以逐之，不期七日自获此贝也。其始也堕甑弗顾，其终也去珠复还，太王之迁岐亦此意也。

〇六二当震动之时，乘初九之刚，故有此“丧贝”之象。然居中得正，此“无妄之灾”耳，故又有“得贝”之象。占得此，凡事若以柔顺中正自守，始虽不免丧失，终则不求而自获也。

《象》曰：震来厉，乘刚也。

当震动之时，乘九之刚，所以猛厉不可御。

六三。震苏苏，震行无眚。

“苏”即稣，死而复生也。《书》曰“后来其苏”是也。言后来我复生也。阴为阳所震动，三去初虽远，而比四则近，故下初之震动将尽，而上四之震动复生，上苏下苏，故曰“苏苏”。中爻坎，坎多眚。三变阴为阳，阳得其正矣，位当矣，且不成坎体，故“无眚”。“行”者，改徙之意，即阴变阳也。震性奋发有为，故教之以迁善改过也。唐肃宗遭禄山之变，犹私与张良娣局戏不已，可谓不知“震行无眚”者矣。

〇六三不中不正居二震之间，下震将尽而上震继之，故有“苏苏”之象。“所以然”者，以震本能行而不行耳。若能奋发有为，恐惧修省，去其不中不正以就其中正，则自“笑言哑哑”而“无眚”矣。故教占者如此。

《象》曰：震苏苏，位不当也。

不中不正，故“不当”。

九四。震遂泥。

“遂”者，无反之意。“泥”者，沉溺于险陷而不能奋发也。上下坤土，得坎水，“泥”之象也。坎有泥象，故需卦井卦皆言“泥”，睽卦错坎则曰“负涂”。晋元帝困于五季而大业未复，宋高宗不能恢复旧基，皆其“泥”者也。

〇九四以刚居柔，不中不正，陷于二阴之间，处震惧则莫能守，欲震动则莫能奋，是既无能为之才，而又溺于宴安之私者也。故“遂泥”焉而不复反，即象而占可知矣。

《象》曰：震遂泥，未光也。

“未光”者，陷于二阴之间，所为者皆邪僻之私，无复正大光明之事矣。所以“遂泥”也。与夬卦萃卦“未光”皆同。

六五。震往来厉，亿无丧，有事。

初始震为“往”，四洊震为“来”。五乃君位，为震之主，故“往来”皆厉也。“亿无丧”者，大无丧也。天命未去，人心未离，国势未至瓦解也。“有事”者，犹可补偏救弊以有为也。六五处震，亦犹二之乘刚，所以爻辞同“亿”字“丧”字。

〇六五以柔弱之才居人君之位，当国家震动之时，故有“往来危厉”之象。然以其得中，才虽不足以济变，而德犹可以自守，故“大无丧”而犹能有事也。占者不失其中，则虽危无丧矣。

《象》曰：震往来厉，危行也。其事在中，大无丧也。

“危行”者，往行危来行危，一往一来皆危也。其事在中者，言所行虽危厉，而犹能以有事者，以其有中德也。有是中德而能有事，故“大无丧”。

上六。震索索，视矍矍，征凶。震不于其躬于其邻，无咎。婚媾有言。

矍，俱缚反。

此爻变离，离为目，“视”之象也。又离火遇震动，言之象也。故明夷之“主人有言”，中孚之“泣歌”，皆离火震动也。凡震遇坎水者皆言“婚媾”。屯，震坎也；贲中爻，震坎也；睽上九变震，中爻坎也；此卦中爻坎也。“索”者，求取也。言如有所求取，不自安宁也。“矍”者，瞻视彷徨也。六三“苏苏”，上六“索索”“矍矍”，三内震之极，上外震之极，故皆重一字也。震不于其躬于其邻者，谋之之辞也。言祸患之来尚未及于其身，方及其邻之时，即早见预待，天未阴雨而绸缪牖户也。孔斌曰：“燕雀处堂，子母相哺。灶突炎上，栋宇相焚。”言魏不知邻祸之将及也。此“邻”之义也。“婚媾”言亲近也，犹言夫妻也。亲近者不免于有言，则疏远者可知矣。

○上六以阴柔居震极，中心危惧不能自安，故有“索索”“矍矍”之象。以是而往，方寸乱矣，岂能济变？故占者征则凶也。然所以致此者，以其不能图之于早耳。苟能于震未及其身之时“恐惧修省”，则可以免“索索”“矍矍”之咎。然以阴柔处震极，亦不免“婚媾”之“有言”，终不能“笑言哑哑”，安于无事之天矣。防之早者且有言，况不能防者乎？“婚媾有言”，又占中之象也。

《象》曰：震索索，中未得也。虽凶无咎，畏邻戒也。

“中”者，中心也。“未得”者，方寸乱而不能“笑言哑哑”也。“畏邻戒”者，畏祸已及于邻而先自备戒也。“畏邻戒”方得无咎，若不能备戒，岂得无咎哉！

（艮）

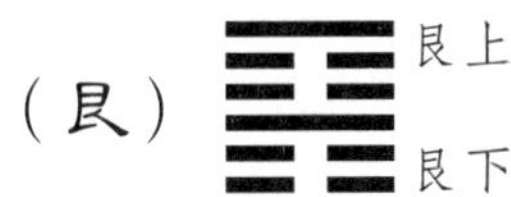

“艮”者，止也。一阳止于二阴之上，阳自下升，极上而止，此止之义也。又其象为山下坤上，乃山之质一阳覆冒于其上，重浊者在下，轻清者在上，亦止之象也。《序卦》：“震者，动也。物不可以终动，止之，故受之以艮。艮者，止也。”所以次震。

艮其背，不获其身。行其庭，不见其人。无咎。

此卦辞以卦综言，如井卦改邑不改井，蹇卦利西南之类。本卦综震，四为人之身，故周公爻辞以四为身。三画之卦二为人位，故曰“人”。庭则前庭五也。艮为门阙，故门之内中间为“庭”。震行也，向上而行，面向上，其背在下，故以阳之画初与四为“背”。艮止也，向下而立，面向下，其背在上，故以阳之画三与上为“背”。上二句以下卦言，下二句以上卦言。言止其背则身在背后，不见其四之身，“行其庭”则背在人前，不见其二之人，所以一止之间既不见其已，又不见其人也。辞本元妙令人难晓，孔子知文王以卦综成卦辞，所以《彖辞》说一“行”字，说一“动”字，重一“时”字。

《彖》曰：艮，止也。时止则止，时行则行，动静不失其时，其道光明。艮其止，止其所也。上下敌应，不相与也。是以不获其身，行其庭见不其人，无咎也。

以卦德、卦综、卦体释卦名、卦辞。言所谓艮者，以其止也。然天下之理无穷，而夫人之事万变，如惟其止而已，岂足以尽其事理哉！亦观其时何如耳。盖理当其可之谓时，时当乎艮之止则止，时当乎震之行则行，行止之动静皆不失其时，则无适而非天理之公，其道如日月之光明矣，岂止无咎而已哉！然艮之所以名止者，亦非固执而不变迁也，乃“止其所”也。惟止其所当然之理，所以时止则止也。卦辞又曰“不获其身不见其人”者，盖人相与乎我，则我即得见其人，我相与乎人，则人即能获其我。今初之于四，二之于五，三之于上，阴自为阴，阳自为阳，不相与应，是以人不获乎我之身，而我亦不见其人，仅得“无咎”而已。若“时止”“时行”岂止“无咎”哉！八纯卦皆不相应与，独于艮言者，艮性止，止则固执不迁，所以不光明而仅得“无咎”。文王《卦辞》专以象言，孔子《彖辞》专以理言。

《象》曰：兼山，艮。君子以思不出其位。

“兼山”者，内一山外一山，两重山也。天下之理，即位而存，父有父之位，子有子之位，君臣夫妇亦然。富贵有富贵之位，贫贱有贫贱之位，夷狄患难亦然。有本然之位，即有当然之理，“思不出其位”者，正所以止乎其理也。出其位则越其理矣。

初六。艮其趾，无咎，利永贞。

艮综震，震为足，趾之象也。初在下，亦趾之象也。咸卦亦以人身以渐而上。

○初六阴柔，无可为之才，能止者也。又居初卑下，不得不止者也。以是而止，故有“艮趾”之象。占者如是，则不轻举冒进，可以无咎而正矣，然又恐其正者不能永也，故又教占者以此。

《象》曰：艮其趾，未失正也。

理之所当止者曰“正”，即爻辞之“贞”也。《爻辞》曰“利永贞”，《象辞》曰“未失正”，见初之止理所当止也。

六二。艮其腓，不拯其随，其心不快。

“腓”者，足肚也，亦初震足之象。“拯”者，救也。“随”者，从也。二比三，从三者也。“不拯其随”者，不求拯于所随之三也。凡阴柔资于阳刚者皆曰“拯”，涣卦初六“用拯马壮”是也。二中正，八卦正位艮在三，两爻俱善，但当艮止之时，二艮止不求救于三，三艮止不退听于二，所以二心不快。中爻坎为加忧，为心病，“不快”之象也。

〇六二居中得正，比于其三，止于其腓矣。以阴柔之质，求三阳刚以助之可也，但艮性止不求拯于随，则其中正之德无所施用矣，所以此心常不快也。故其占中之象如此。

《象》曰：不拯其随，未退听也。

二下而三上，故曰“退”。周公不快，主坎之心病而言。孔子未听，主坎之耳痛而言。

九三。艮其限，列其夤，厉薰心。

“限”者，界限也。上身与下身相界限，即腰也。“夤”者，连也，腰之连属不绝者也。腰之在身正屈伸之际，当动不当止。若“艮其限”，则上自上，下自下，不相连属矣。“列”者，列绝而上下不相连属，判然其两段也。“薰”与“熏”同，火烟上也。“薰心”者，心不安也。中爻坎为心病，所以六二“不快”，九三“薰心”。坎错离，火烟之象也。

〇止之为道，惟其理之所在而已。九三位在腓之上，当限之处，正变动屈伸之际，不当艮者也。不当艮而艮则不得屈伸，而上下判隔，列绝其相连矣。故危厉而心常不安。占者之象如此。

《象》曰：艮其限，危薰心也。

不当止而止，则执一不能变通。外既龃龉，心必不安。所以“危厉”而“薰心”也。

六四。艮其身，无咎。

“艮其身”者，安静韬晦，乡邻有斗而闭户，“括囊无咎”之类是也。

〇六四以阴居阴，纯乎阴者也，故有“艮其身”之象。既“艮其身”，则无所作为矣。占者如是，故“无咎”。

《象》曰：艮其身，止诸躬也。

躬即身也。不能治人，不能成物，惟止诸躬而已。故《爻》曰“艮其身”，《象》曰“止诸躬”。

六五。艮其辅，言有序，悔亡。

“序”者，伦序也。辅见咸卦注。艮错兑，兑为口舌，“辅”之象也，言之象也。“艮其辅”者，言不妄发也。“言有序”者，发必当理也。“悔”者，易则诞，烦则支，肆则忤，悖则违，皆悔也。咸卦多象人面，艮卦多象人背者，以文王《卦辞》“艮其背”故也。

○六五当辅出言之处，以阴居阳，未免有失言之悔。然以其得中，故又有“艮其辅言有序”之象，而其占则“悔亡”也。

《象》曰：艮其辅，以中正也。

“正”当作止，与“止诸躬”止字同。以中而止，所以“悔亡”。

上九。敦艮，吉。

“敦”与笃行之“笃”字同意。时止则止，贞固不变也。山有敦厚之象，故“敦临”“敦复”皆以土取象。

○上九以阳刚居艮极，自始至终一止于理而不变，敦厚乎止者也。故有此象。占者如是，则其道光明，何吉如之。

《象》曰：敦艮之吉，以厚终也。

“厚终”者，敦笃于终而不变也。贲、大畜、蛊、颐、损、蒙六卦上九皆“吉”者，皆有“厚终”之意。

周易集注卷十一

（渐）䷴ 巽上 艮下

“渐”者，渐进也。为卦艮下巽上，有不遽进之义，渐之义也。木在山上，以渐而高，渐之象也。《序卦》：“艮者，止也。物不可以终止，故受之以渐。”所以次艮。

渐。女归，吉，利贞。

妇人谓嫁曰“归”。天下之事惟“女归”为有渐。纳采、问名、纳吉、纳征、请期、亲迎，六礼备而后成婚，是以渐者莫如“女归”也。本卦不遽进，有“女归”之象，因主于进，故又戒以“利贞”。

《彖》曰：渐，之进也，女归吉也。进得位，往有功也。进以正，可以正邦也。其位，刚得中也。止而巽，动不穷也。

释卦名，又以卦综、卦德释卦辞。“之”字作“渐”字。“女归吉”者，言必如女归而后渐方善也。能如女归则进必以礼，不苟于相从，得以遂其进之之志而吉矣。“进得位”者，本卦综归妹，二卦同体，文王综为一卦，故《杂卦》曰：“渐，女归待男行也，归妹，女之终也。”言归妹下卦之兑进而为渐上卦之巽，得九五之位也。然不惟得位，又正之中也。“正邦”者，成刑于之化也，即“往有功”也。此以卦综言也。“进不穷”者，盖进之之心愈急，则进之之机益阻。今卦德内而艮止，则未进之先廉静无求，外而巽顺，则将进之间相时而动，此所以进不穷也。有此卦综卦德，“吉”而“利贞”者以此。

《象》曰：山上有木，渐。君子以居贤德善俗。

习俗移人，贤者不免，故性相近而习相远也。君子法渐进之象，择居处于贤德善俗之地，则耳濡目染，以渐而自成其有道之士矣。即《孟子》“引而置之庄岳之间”之意。

初六。鸿渐于干，小子厉，有言无咎。

“鸿”，雁之大者。鸿本水鸟。中爻离坎，离为飞鸟，居水之上，鸿之象也。且其为物，木落南翔，冰泮北归，其至有时，其群有序，不失其时与序，于渐之义为切。昏礼用鸿，取不再偶，于“女归”之义为切。所以六爻皆取“鸿”象也。“小子”者，艮为少男，小子之象也。内卦错兑，外卦综兑，兑为口舌，“有言”之象也。“干”，水旁也，江干也。中爻小水流于山，故有“干”象。“厉”者，危厉也，以在我而言也。“言”者，谤言也，以在人而言也。“无咎”者，在渐之时，非躐等以强进，于义则无咎。

○初六阴柔，当渐之时，渐进于下，有“鸿渐于干”之象。然少年新进，上无应与，在我不免有小子之厉，在人不免有言语之伤，故其占如此，而其义则“无咎”也。

《象》曰：小子之厉，义无咎也。

“小子之厉”，似有咎矣，然时当进之时，以渐而进，亦理之所宜。以义揆之，终无咎也。

六二。鸿渐于磐，饮食衎衎。

衎。苦旦反。

“磐”，大石也。艮为石，磐之象也。自“干”而“磐”，则远于水而渐进矣。中爻为坎，饮食之象也。故困卦九二言“酒食”，需卦九五言“酒食”，未济上九言“酒食”，坎卦六四言“樽酒”。“衎”，和乐也。巽综兑悦，乐之象。言“鸿渐于磐”而饮食自适也。“吉”即《小象》“不素饱”之意。

○六二柔顺中正而进以其渐，又上有九五中正之应，故其象如此，而其占则吉也。

《象》曰：饮食衎衎，不素饱也。

“素饱”即“素餐”也。言为人之臣，食人之食，事人之事，义所当得，非徒饮食而已也。盖其德中正，其进渐次，又应九五中正之君，非“素饱”也宜矣。

九三。鸿渐于陆。夫征不复。妇孕不育，凶。利御寇。

地之高平曰“陆”。此爻坤陆之象也。“夫”指三。艮为少男，又阳爻，故谓之“夫”。“妇”指四。巽为长女，又阴爻，故谓之“妇”。本卦女归，故以“夫妇”言之。“征”者，往也。不复者，不反也。本卦以渐进为义，三比上四，渐进于上，溺而不知其返也。“妇孕”者，此爻合坎，坎中满，孕之象也。“孕不育”者，孕而不敢使人知其育，如孕而不育也。盖四性主入，无应而奔于三。三阳性上行，又当进时，故有此丑也。若以变爻论，三变则阳死成坤，离绝夫位，故有“夫征不复”之象。既成坤，则并坎中之满通不见矣，故有“妇孕不育”之象。坎为盗，离为戈兵，故有寇象。变坤，故《小象》

曰“顺相保”。

〇九三过刚，当渐之时，故有自“磐”而进于“陆”之象。然上无应与，乃比于亲近之四，附丽其丑而失其道矣。非渐之贞者也。故在占者则有“夫征不复，妇孕不育”之象，凶可知矣。惟御寇之道在于人和，今变坎成坤，则同心协力顺以相保，故“利”也。若以之渐进，是枉道从人，夫岂可。

《象》曰：夫征不复，离群丑也。妇孕不育，失其道也。利用御寇，顺相保也。

离力智切。

“离”，附著也。扬子云《解嘲》云“丁傅董贤用事，诸附离之者起家至二千石”，《庄子》“附离不以胶漆”，皆此离也。“群丑”者，上下二阴也。“夫征不复”者，以附离群阴，溺而不反也。“失其道”者，淫奔之事，失其夫妇之正道也。“顺相保”者，御寇之道在于行险而顺，今变坎成坤，则行险而顺矣，所以能相保御也。雁群不乱飞则列阵相保。三爻变坤有雁阵象，故曰“顺相保”。

六四。鸿渐于木，或得其桷，无咎。

巽为木，“木”之象也。下三爻一画横于上，“桷”之象也。“桷”者，椽也，所以乘瓦。巽为绳直，故有此象。又坎为宫，四居坎上，亦有桷象。凡木之枝柯，未必横而宽平如桷，鸿趾连而且长，不能握枝，故不栖木。若木之枝如桷，则横平，而栖之可以安矣。“或得”者，偶然之辞，未必可得，偶得之也。巽为不果，“或得”之象。“无咎”者，得渐进也。

〇六四以柔弱之资，似不可以渐进矣。然巽顺得正，有“鸿渐于木或得其桷”之象，占者如是则“无咎”也。

《象》曰：或得其桷，顺以巽也。

变乾错坤为顺，未变巽。巽正位在四，故曰“顺巽”。

九五。鸿渐于陵。妇三岁不孕，终莫之胜，吉。

“高阜”曰陵。此爻变艮为山，“陵”之象也。妇指二。中爻为离中虚，空腹，“不孕”之象也。离居三，“三岁”之象也。“三岁不孕”者，言妇不遇乎夫，而“三岁不孕”也。二四为坎，坎中满，故曰“孕”。三五中虚，故曰“不孕”。爻辞取象，精之极矣。凡正应为君子，相比为小人。二比三，三比四，四比五皆阴阳相比，故此爻以“三岁不孕终莫之胜吉”言。“终莫之胜”者，相比之小人终不得以间之，而五与二合也。

〇九五阳刚当尊，正应乎二，可以渐进相合，得遂所愿矣。但为中爻相比所隔，然终不能夺其正也，故其象如此。占者必有所迟阻而后吉也。

《象》曰：终莫之胜吉，得所愿也。

"愿"者，正应相合之愿也。

上九。鸿渐于陆，其羽可用为仪，吉。

"陆"即三爻之陆。中爻水在山上，故自干而陆；此爻变坎，又水在山上，故又有"鸿渐于陆"之象。巽性入，又伏。本卦主于渐进，今进于上则进之极，无地可进矣，巽性伏入，进退不果，故又退，"渐于陆"也。盖三乃上之正应，虽非阴阳相合，然皆刚明君子，故知进而又知退焉。"仪"者，仪则也。知进知退，惟圣人能之。今上能退于三，即蛊之"志可则"，盖百世之师也。故"其羽可以为仪"。曰"羽"者，就其鸿而言之。曰"羽可仪"，犹言人之言行可法则也。升卦与渐卦同是上进之卦，观升卦上六曰"利不息之贞"，则此爻可知矣。胡安定公以陆作逵者，非也。盖《易》到六爻极处即反，"亢龙有悔"之类是也。

〇上九木在山上，渐长至高，可谓渐时之极矣。但巽性不果，进而复退于陆焉。此则知进知退，可以起顽立懦者也。故有"鸿渐于陆其羽可用为仪"之象。占者有是德，即有是吉矣。

《象》曰：其羽可用为仪吉，不可乱也。

"不可乱"者，鸿飞于云汉之间，列阵有序，与凡鸟不同，所以可用为仪。若以人事论，不可乱者，富贵利达不足以乱其心也。若富贵利达乱其心，惟知其进不知其退，惟知其高不知其下，安得"可用为仪"？今知进又知退，知高又知下，所以可以为人之仪则。

（归妹）

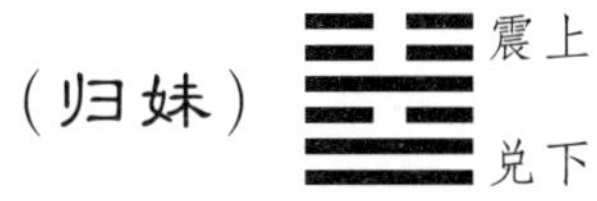

妇人谓嫁曰"归"。女之长者曰"姊"，少者曰"妹"。因兑为少女，故曰"妹"。为卦兑下震上，以少女从长男，其情又以悦而动，皆非正也，故曰"归妹"。《序卦》："渐者，进也。进必有所归，故受之以归妹。"渐有归义，所以次渐。

归妹。征，凶，无攸利。

《彖辞》明。渐曰"女归"，自彼归我也，娶妇之家也。此曰"归妹"，自我归彼也，嫁女之家也。

《彖》曰：归妹，天地之大义也。天地不交而万物不兴。归妹，人之终始也。说以动，所归妹也。征凶，位不当也。无攸利，柔乘刚也。

释卦名，复以卦德释之，又以卦体释卦辞。言所谓“归妹”者，本“天地之大义”也。盖物无独生独成之理，故男有室，女有家，本天地之常经，是乃其大义也。何也？盖男女不交则万物不生，而人道灭息矣。是归妹者，虽女道之终，而生育之事于此造端，实人道之始，所以为“天地之大义”也。然归妹虽天地之正理，但说而动，则女先乎男，所归在妹，乃妹之自为，非正理而实私情矣，所以名“归妹”。“位不当”者，二四阴位而居阳，三五阳位而居阴，自二至五皆不当也。“柔乘刚”者，三乘二之刚，五乘四之刚也。有夫屈乎妇、妇制其夫之象。“位不当”则紊男女内外之正，“柔乘刚”则悖夫妇倡随之理，所以“征凶无攸利”。

《象》曰：泽上有雷，归妹。君子以永终知敝。

永对暂言，终对始言。“永终”者，久后之意。兑为毁折，有“敝”象；中爻坎为通，离为明，有“知”象，故知其敝。天下之事，凡以仁义道德相交洽者则久久愈善，如刘孝标所谓风雨急而不辍其音，霜雪零而不渝其色，此“永终无敝”者也。故以势合者，势尽则情疏，以色合者，色衰则爱弛。垝垣复关之辈，虽言笑于其初，而桑落黄陨之嗟，终痛悼于其后。至于立身一败，万事瓦裂，其敝至此。

〇雷震泽上，水气随之而升。女子从人之象也，故君子观其合之不正，而动于一时情欲之私，知其终之有敝，而必至失身败德，相为睽乖矣。此所以欲善其终，必慎其始。

初九。归妹以娣，跛能履，征吉。

《尔雅》：“长妇谓稚妇为娣，娣妇谓长妇为姒。”即今妯娌相呼也。又《曲礼》：“世妇姪娣。”盖以妻之妹从妻来者为娣也。古者诸侯一娶九女，嫡夫人之左右媵皆以姪娣从。送女从嫁曰“媵”。以《尔雅》《曲礼》“媵送”考之，幼妇曰“娣”，盖从嫁以适人者也。兑为妾，“娣”之象。初在下，亦“娣”之象。兑为毁折，有“跛”之象。震为足，足居初，中爻离为目，目与足皆毁折，所以初爻言足之“跛”，而二爻言目之“眇”也。若以变坎论，坎为曳，亦“跛”之象也。“跛”者，行之不以正，侧行者也。以嫡娣论，侧行正所尊正室也，若正行则是专正室之事矣。故以“跛”象之。

〇初九居下，当归妹之时，而无正应，不过娣妾之贱而已，故为娣象。然阳刚在女子为贤正之德，但为娣之贱，则闺阃之事不得以专成。今处悦居下，有顺从之义，故亦能维持调护承助其正室，但不能专成，亦犹跛者侧行而不能正行也。占者以是而往，虽其势分之贱不能大成其内助之功，而为媵妾职分之当然则已尽之矣。吉之道也，故“征吉”。

《象》曰：归妹以娣，以恒也。跛能履吉，相承也。

“恒”，常也，天地之常道也。有嫡有妾者人道之常。初在下位无正应，分当宜于娣矣。是乃常道也，故曰“以恒”也。“恒”字义又见《九二·小象》。“相承”者，能承助乎正室也。以其有贤正之德，所以能相承，故曰“相承”也。以恒以分言，相承以德言。

九二。眇能视，利幽人之贞。

“眇”者，偏盲也，一目明一目不明也。或目邪皆谓之眇。解见初九。兑综巽，巽为白眼，亦有眇象。中爻离目，视之象。“幽人之贞”者，幽人，遭时不偶，抱道自守者也。幽人无贤君，正犹九二无贤妇。众爻言“归妹”，而此爻不言者，居兑之中，乃妹之身，是正嫡而非娣也。“幽人”一句详见前履卦，又占中之象也。

○九二阳刚得中，优于初之居下矣。又有正应，优于初之无应矣。但所应者阴柔不正，是乃贤女而所配不良，不能大成内助之功，故有眇者能视而不能远视之象。然所配不良，岂可因其不良而改其刚中之德哉！故占者“利”，如“幽人之贞”可也。

《象》曰：利幽人之贞，未变常也。

一与之齐，终身不改，此妇道之常也。今能守幽人之贞，则未变其常矣。故教占者如幽人之贞则利也。初爻二爻《小象》，孔子皆以“恒常”二字释之，何也？盖兑为常，则“恒常”二字乃兑之情性，故释之以此。

六三。归妹以须，反归以娣。

“须”，贱妾之称。《天文志》：“须女四星，贱妾之称。”故古人以婢仆为余须。反者，颠倒之意。震为反生，故曰“反”。

○六居下卦之上，本非贱者也。但不中不正，又为悦之主，善为容悦以事人，则成无德之须贱，而人莫之取矣。故为未得所适，“反归以娣”之象。初位卑，“归以娣”宜矣。三居下卦之上，何自贱至此哉？德不称位而成须故也。不言“吉凶”者，容悦之人，前之吉凶未可知也。

《象》曰：归妹以须，未当也。

“未当”者，爻位不中不正也。

九四。归妹愆期，迟归有时。

“愆”，过也，言过期也。女子过期不嫁人，故曰“愆期”，即《诗》“摽梅”之意。因无正应，以阳应阳，则纯阳矣，故“愆期”。“有时”者，男女之婚姻自有其时也。盖天下无不嫁之女，愆期者数，有时者理。若以象论，中爻坎月离日，期之之象也，四一变则纯坤，而日月不见矣，故“愆期”。震春兑秋，坎冬离夏，四时之象。震东兑西，相隔甚远，所以“愆期”。四时循环则有时矣。

〇九四以阳应阳而无正应，盖女之愆期而未归者也。然天下岂有不归之女，特待时而归，归之迟耳。故有“愆期迟归有时”之象。占者得此，凡事待时可也。

《象》曰：愆期之志，有待而行也。

“行”者，嫁也。天下之事自有其时，“愆期”之心，亦有待其时而后嫁耳。《爻辞》曰“有时”，《象辞》曰“有待”，皆待时之意。

六五。帝乙归妹，其君之袂，不如其娣之袂良。月几望，吉。

“帝乙”，如箕子明夷、高宗伐鬼方之类。“君”者，妹也。此爻变兑，兑为少女，故以妹言之。诸侯之妻曰“小君”，其女称“县君”。宋之臣，其妻皆称“县君”是也。故不曰“妹”而曰“君”焉。“袂”，衣袖也，所以为礼容者也。人之著衣，其礼容全在于袂，故以“袂”言之。“良”者，美好也。三爻为娣，乾为衣，三爻变乾，故其衣之袂良。五爻变兑成缺，故不如三之良。若以理论，三不中正，尚容饰，五柔中，不尚容饰，所以不若其袂之良也。“月几望”者，坎月离日，震东兑西，日月东西相望也。五阴二阳，言月与日对，而应乎二之阳也。曰“几”者，言光未盈满，柔德居中而谦也。月几望而应乎阳，又下嫁，占中之象也。

〇六五柔中居尊，盖有德而贵者也。下应九二，以帝有德之女下嫁于人，故有尚德而不尚饰、其服不盛之象。女德之盛无以加此。因下嫁，故又有月几望而应乎阳之象。占者有是德，则有是吉矣。

《象》曰：帝乙归妹，不如其娣之袂良也。其位在中，以贵行也。

“在中”者，德也。“以贵”者，帝女之贵也。“行”者，嫁也。有是中德，有是尊贵，以之下嫁，又何必尚其饰哉！此所以“君之袂不如娣之袂良”也。

上六。女承筐，无实。士刲羊，无血。无攸利。

兑为“女”，震为“士”。“筐”乃竹所成，震为竹，又仰盂，空虚无实之象也。又变离，亦中虚无实之象也。中爻坎为血卦，血之象也。兑为羊，羊之象也。震综艮，艮为手，“承”之象也。离为戈兵，“刲”之象也。羊在下，血在上，“无血”之象也。凡夫妇祭祀，承筐采蘋蘩者，女之事也；刲羊而实鼎俎者，男之事也。今上与三皆阴爻，不成夫妇，则不能供祭祀矣。“无攸利”者，人伦以废，后嗣以绝，有何攸利？刲者，屠也。

〇上六以阴柔居卦终而无应。居终则过时，无应则无配，盖归妹之不成者也。故有“承筐无实，刲羊无血”之象。占者得此，无攸利可知矣。

《象》曰：上六无实，承虚筐也。

上爻有底而中虚，故曰“承虚筐”。

（丰） ䷶ 震上 离下

“丰”，盛大也。其卦离下震上。以明而动，盛大之由也。又雷电交作，有盛大之势，乃丰之象也。故曰丰。《序卦》：“得其所归者必大，受之以丰。”所以次归妹。

丰。亨。王假之，勿忧宜日中。

“亨”者，丰自有亨道也，非丰后方亨也。“假”，至也。必以王言者，盖王者车书一统而后可以至此也。此卦离日在下，日已昃矣，所以周公《爻辞》言“见斗”“见沫”者，皆此意。“勿忧宜日中”一句读。言王者至此，“勿忧宜日中”，不宜如是之昃。昃则不能照天下也。孔子乃足之曰：日至中不免于昃，徒忧而已。文王已有此意，但未发出，孔子乃足之。离日象，又王象。错坎，忧象。

《彖》曰：丰，大也。明以动，故丰。王假之，尚大也。勿忧宜日中，宜照天下也。日中则昃，月盈则食，天地盈虚，与时消息，而况于人乎？况于鬼神乎？

以卦德释卦名，又以卦象释卦辞而足其意。非明则动无所之，冥行者也；非动则明无所用，空明者也。惟明动相资，则王道由此恢廓，故名“丰”。“尚大”者，所尚盛大也。非王者有心欲盛大也，其势自盛大也。抚盈盛之运，不期侈而自侈矣。“宜照天下”者，遍照天下也，日昃则不能遍照矣。日中固照天下，然岂长日中哉？盖日以中为盛，日中则必昃；月以盈为盛，月盈则必食。何也？天地造化之理，其盈虚每因时以消息。时乎息矣，必至于盈；时乎消矣，必至于虚。虚而息，息而盈，盈而消，消而虚，此必然之理数也。“天地盈虚，与时消息”，天地且不常盈不虚，而况于人与鬼神乎？可见国家无常丰之理，不可忧其宜日中，不宜本卦之日昃也。鬼神是天地之变化运动者，如风云雷雨，凡阳嘘阴吸之类皆是。

《象》曰：雷电皆至，丰。君子以折狱致刑。

始而问狱之时，法电之明以折其狱，是非曲直必得其情。终而定刑之时，法雷之威以定其刑，轻重大小必当其罪。

初九。遇其配主，虽旬无咎。往有尚。

“遇”字详见噬嗑六三。“配主”者，初为明之初，四为动之初，故在初曰“配主”，在四曰“彝主”也。因“宜日中”一句，故爻辞皆以日言。文王象丰，以一日象之，故曰“勿忧宜日中”。周公象丰，以十日象之，故曰“虽旬无咎”。十日为旬，言初之丰以一月论，已一旬也，言正丰之时也。

〇当丰之初，明动相资，故有“遇其配主”之象。既遇其配，则足以济其丰矣，故虽丰已一旬，亦无灾咎。可嘉之道也。故占者往则有尚。

《象》曰：虽旬无咎，过旬灾也。

“虽旬无咎”，周公许之之辞。“过旬灾也”，孔子戒之之辞。“过旬灾”者，言盛极必衰也。

六二。丰其蔀，日中见斗，往得疑疾。有孚发若，吉。

蔀蔀，草名。中爻巽，草之象也，故大过下巽曰“白茅”，泰卦下变巽曰“拔茅”，屯卦震错巽曰“草昧”，皆以巽为阴柔之木也。因王弼以“蔀”字为覆暧，后人编《玉篇》即改“蔀覆也”。“斗”，量名，应爻震有量之象，故取诸斗，南斗北斗皆如量，所以名“斗”。《易》止有此象，无此事，亦无此理，如“金车”“玉铉”之类是也。又如“刲羊无血”，天下岂有杀羊无血之理？所以《易》止有此象。本卦离日在下，雷在上，震为蕃草，蕃盛之象也。言草在上蕃盛，日在下，不见其日而惟见其斗也。“疑”者，援其所不及，烦其所不知，必致猜疑也。“疾”者，持方枘以内圆凿，反见疾恶也。“有孚”者，诚信也。离中虚，“有孚”之象也。“发”者，感发开导之也。“若”，助语辞。“吉”者，至诚足以动人，彼之昏暗可开，而丰亨可保也。“贞”字“诚”字乃六十四卦之枢纽。圣人于事难行处，不教人以贞，则教人以“有孚”。

〇六二居丰之时，为离之主，至明者也。而上应六五柔暗，故有“丰其蔀”不见其日、惟见其斗之象。以是昏暗之主，往而从之，彼必见疑疾，有何益哉！惟在积诚信以感发之则吉。占者当如是也。

《象》曰：有孚发若，信以发志也。

“志”者，君之心志也。“信以发志”者，尽一已之诚信，以感发其君之心志也。能发其君之志，则己之心与君之心相为流通矣。伊尹之于太甲，孔明之于后主，郭子仪之于肃宗代宗，用此道也。

九三。丰其沛，日中见沬。折其右肱，无咎。

沬音未。

“沛”，泽也，沛然下雨是也，乃雨貌。“沬”者，水源也，故曰涎沬、濡沫、跳沫、流沫，乃霡霂细雨，不成水之意。此爻未变，中爻兑为泽，沛之象也。既变，中爻成坎水矣，沫之象也。二爻巽木，故以草象之。三爻泽水，故以沫象之。周公爻辞精极至此。王弼不知象，以蔀为覆暧，后儒从之，即以为障蔽。王弼以沛为旆，后儒亦以为旆。殊不知雷在上，中爻有泽有风，方取此沛沫之象，何曾有旆之象哉！相传之谬有自来矣。肱者，手臂也。震综艮，中爻兑错艮，艮为手，肱之象也。又兑为毁折，折其肱之象也。曰右者，阳爻为右，阴爻为左，故师之左次，明夷之左股、左腹，皆阴爻也。此阳爻，故以右言之。右肱至便于用而人不可少者，折右肱则三无所用矣。无咎者，德阙　　用与不用在人，以义揆之无咎也。

○九三处明之极而应上六之柔暗，则明有所蔽，故“有丰其沛”不见日而“见沫”之象。夫明既有所蔽，则以有用之才置之无用之地，故又有“折其右肱”之象。虽不见用，乃上六之咎也，于三何尤哉！故“无咎”。

《象》曰：丰其沛，不可大事也。折其右肱，终不可用也。

不可大事与遁卦九三同，皆言艮止也。盖建立大事以保丰亨之人，必明与动相资。今三爻变，中爻成艮，上虽动而不明矣。动而又止，安能大事哉！其不可济丰也必矣。周公《爻辞》以本爻未变言，孔子《象辞》以本爻既变言。人之所赖以作事者，在“右肱”也。今三为时所废，是有用之才而置无用之地，如人折右肱矣，所以终不可用。

九四。丰其蔀，日中见斗。遇其夷主，吉。

“夷”者，等夷也，指初也，与四同德者也。二之丰蔀见斗者，应乎其昏暗也。四之丰蔀见斗者，比乎其昏暗也。若以象论，二居中爻巽木之下，四居中爻巽木之上，巽阴木，蔀之类也，所以爻辞同。“吉”者，明动相资，共济其丰之事也。

○当丰之时比乎昏暗，故亦有丰蔀见斗之象。然四与初同德相应，共济其丰，又有“遇其夷主”之象，吉之道也。故其象占如此。

《象》曰：丰其蔀，位不当也。日中见斗，幽不明也。遇其夷主，吉行也。

“幽不明”者，初二日中见斗，是明在下而幽在上，二之身犹明也。若四之身原是蔀位，则纯是幽而不明矣。行者动也，震性动，动而应乎初也。

六五。来章，有庆誉，吉。

凡卦自下而上者谓之“往”，自上而下者谓之“来”，此来字非各卦之来，乃召来之来也，谓屈己下贤以召来之也。“章”者，六二离本章明，而又居中得正，本卦明以动，故“丰”。非明则动无所之，非动则明无所用，二五居两卦之中，明动相资，又非丰蔀见斗之说矣。此《易》不可为典要也。“庆”者，福庆集于己也。“誉”者，声誉闻于人也。此爻变兑，兑为口，有誉象。“吉”者，可以保丰亨之治也。

○六五为丰之主，六二为正应。有章明之才者，若能求而致之，则明动相资，“有庆誉”而吉矣。占者能如是斯应是占也。

《象》曰：六五之吉，有庆也。

有庆方有誉，未有无福庆而有誉者。举庆则誉在其中矣。

上六。丰其屋，蔀其家，窥其户，阒其无人，三岁不觌，凶。

此爻与明夷“初登于天后入于地”相同。以“屋”言者，凡丰亨富贵未有不润其屋者。“丰其屋”者，“初登于天”也。“蔀其家”以下，“后入于地”也。“蔀其家”者，草生于屋，非复前日之炫耀而丰矣。“丰其蔀”本周公《爻辞》，今将“丰”“蔀”二字分开，则知上“丰”字乃丰之极，下“蔀”字乃丰之反矣。故《小象》上句以为“天际翔也”。“窥”者，窥视也。离为目，窥之象也。“阒”者，寂静也。“阒”其无人者，庭户寂静而无人也。“三岁不觌”者，变离，离居三也，言窥其户寂静无人，至于三年之久犹未见其人也。“凶”者，杀身亡家也。泰之后而“城复于隍”，丰之后而“阒寂其户”，处承平岂易哉！

○上六以柔暗之质，居明动丰亨之极，承平既久，奢侈日盛，故有“丰其屋”之象。然势极则反者，理数也，故离之明极必反其暗，有草塞其家而暗之象。震之动极必反其静，有“阒其无人三年不觌”之象。占者得此，凶可知矣。

《象》曰：丰其屋，天际翔也。窥其户，阒其无人，自藏也。

言丰极之时，其势位炙手可热，如翱翔于天际云霄之上，人可仰而不可即。上六天位，故曰“天”。及尔败坏之后，昔之光彩气焰不期掩藏而自掩藏矣。权臣得罪，披离之后多有此气象。

（旅）

“旅”，羁旅也。为卦山内火外。内为主，外为客。山止而不动，犹舍馆也；火动而不止，犹行人也。故曰旅。《序卦》：“丰，大也。穷大者必失其居，故受之以旅。”所以次丰。唐玄宗开元初，海内富安，行者虽万里不持寸兵。及其天宝以后，自恃承平，以为天下无复可忧，遂深居禁中，以声色自娱，悉以政事委之李林甫。及禄山陷京师，乃幸蜀，遂有马嵬之惨。此穷极于大者必失其居之验也。“旅”非专指商贾，凡客于外者皆是。

旅，小亨，旅贞吉。

“小亨”者，亨之小也。旅途亲寡，势涣情疏，纵有亨通之事，亦必微小，故其占为“小亨”。然其亨者以其正也，道无往而不在，理无微而可忽，旅途之间能守此正，则吉而亨矣。“小亨”者，占之亨也；“旅贞吉”者，圣人教占者处旅之道也。

《彖》曰：旅小亨，柔得中乎外而顺乎刚，止而丽乎明，是以小亨旅贞吉也。旅之时义大矣哉。

以卦综、卦德释卦辞，而叹其大。本卦综丰，二卦同体，文王综为一卦，故《杂卦》曰：“丰，多故。亲寡，旅也。”丰下卦之离进而为旅之上卦，所以柔得中乎外卦，而又亲比上下之刚也。“明”者，己之明也，非丽人之明也。“止而丽乎明”与睽“悦而丽乎明”同，只是内止外明也。羁旅之间，柔得中不取辱，顺乎刚不招祸，止而不妄动，明而识时宜，此四者处旅之正道也。有此正道，是以占者“小亨”。若占者能守此旅之正道，则吉而亨矣。“大”本赞辞，“然”乃叹辞也。言旅本小事，必柔中顺刚止而丽明方得小亨，则难处者旅之时，难尽者旅之义，人不可以其小事而忽之也。与豫、随、姤同。

《象》曰：山上有火，旅。君子以明慎用刑而不留狱。

明其刑以罪之轻重言，慎其刑以罪之出入言。“不留”者，既决断于明慎之后，当罪者即罪之，当宥者即宥之，不留滞淹禁也。非留于狱中也。因综丰雷火，故亦言“用刑”。“明”者，火之象。“慎”者，止之象。“不留”者，旅之象。

初六。旅琐琐，斯其所取灾。

“琐”者，细屑猥鄙貌。初变则两离矣，故琐而又琐。“琐”者，羁旅之间，计财利得失之毫末也。“斯”者，此也。“取灾”者，自取其灾眚也。“斯其所以取灾”者，因此琐琐自取灾眚，非由外来也。旅最下则“琐琐取灾”，旅最上则“焚巢致凶”。必如彖之柔中顺刚，止而丽明，方得尽善。

○初六阴柔在下，盖处旅而猥鄙细屑者也。占者如是，则召人之轻侮而自取灾眚矣。故其象占如此。

《象》曰：旅琐琐，志穷灾也。

“志穷”者，心志穷促浅狭也。惟其“志穷”，所以“琐琐”取灾。

六二。旅即次，怀其资，得童仆贞。

“即”者，就也。“次”者，旅之舍也。艮为门，二居艮止之中，即次得安之象也。“资”者，财也，旅之用也。中爻巽，巽为“近市利三倍”，怀资之象也。故家人六四“富家大吉”。少曰童，长曰仆，旅之奔走服役者也。艮为少男，综震为长男，童仆之象也。“贞”者，良善不欺也。阴爻中虚，有孚贞信之象也。

〇六二当旅之时，有柔顺中正之德，故有即次怀资童仆贞之象。盖旅之最吉者也。占者有是德，斯应是占矣。

《象》曰：得童仆贞，终无尤也。

羁旅之中得即次怀资，可谓吉矣。若使童仆狡猾，则所居终不能安，而资亦难保其不盗矣，此心安得不至怨尤？所以“童仆贞终无尤”。

九三。旅焚其次，丧其童仆贞，厉。

三近离火，焚次之象也。三变为坤，则非艮之男矣，“丧童仆”之象也。“贞”者，童仆之贞信者丧之也。“贞”字连“童仆”读。盖九三过刚不中，与六二柔顺中正全相反，“焚次”与“即次”反，“丧童仆贞”与“得童仆贞”反，“得”字对“丧”字看，故知“贞”字连“童仆”。

〇九三居下之上，过刚不中。居下之上则自高不能下人，过刚则众莫之与，不中则所处失当，故有“焚次丧童仆贞”之象，危厉之道也。故其象占如此。

《象》曰：旅焚其次，亦以伤矣。以旅与下，其义丧也。

“焚次”已伤困矣，况又“丧童仆贞”乎！但以义揆之，以旅之时而与下过刚如此，宜乎“丧童仆”也，何足为三惜哉！“下”字即“童仆”。

九四。旅于处，得其资斧，我心不快。

“处”者，居也，息也。“旅处”与“即次”不同。“即次”者，就其旅舍，已得安者也；“旅处”者，行而方处，暂栖息者也。艮土性止，离火性动，故“次”与“处”不同。“资”者，助也，即六二怀资之资，财货金银之类。“斧”则所以防身者也。得资足以自利，得斧足以自防，皆旅之不可无者。离为戈兵，斧之象也。中爻上兑金，下巽木，木贯乎金，亦斧之象也。旅于处则有栖身之地，非三之焚次矣。得资斧则有御备之具，非三之“丧童仆”矣。离错坎为加忧，“不快”之象。此爻变中爻成坎，亦“不快”之象。

〇九四以阳居阴，处上之下，乃巽顺以从人者也，故有“旅于处得其资斧”之象。但下应阴柔，所托非人，故又有“我心不快”之象。占者亦如是也。

《象》曰：旅于处，未得位也。得其资斧，心未快也。

阙。

六五。射雉一矢亡，终以誉命。

离为雉，雉之象也。错坎，矢之象也。变乾，乾居一，一之象也。始而离则有雉矢二象，及变乾则不见雉与矢矣，故有雉飞矢亡之象。“誉”者，兑也，兑悦体，又为口，以口悦人，誉之象也。凡《易》中言“誉”者皆兑。如蛊卦“用誉”，中爻兑也；蹇卦“来誉”，下体错兑也；丰卦“庆誉”，中爻兑也。“命”，命令也。“以”者，用也，言五用乎四与二也。本卦中爻兑与巽，兑为誉，巽为命，六五比四而顺刚，又应乎二之中正，四乃兑，二乃巽，所以终得声誉命令也。如玄宗幸蜀，及肃宗即位于外，德宗幸奉天，皆天子为旅也，可谓雉飞矢亡矣。后得郭子仪诸臣恢复故物，终得其誉，又得命令于天下，如建中之诏是也。

〇六五当羁旅之时，以其阴柔，故有“射雉”雉飞矢亡之象。然文明得中，能顺乎四而应乎二，故“终以誉命”也。占者凡事“始凶终吉”可知矣。

《象》曰：终以誉命，上逮也。

上者，五也。五居上体之中，故曰“上”。以四与二在下也。“逮”，及也，言顺四应二，赖及于四二，所以得“誉命”也。

上九。鸟焚其巢，旅人先笑后号咷，丧牛于易，凶。

易音亦。

离，其为木也科上稿，巢之象也。离为鸟为火，中爻巽为木为风，鸟居风木之上而遇火，火燃风烈，“焚巢”之象也。“旅人”者，九三也，乃上九之正应也。三为人位，得称“旅人”。“先笑”者，上九未变，中爻兑悦，笑之象也，故与同行正应之旅人为之相笑。及“焚其巢”，上九一变则悦体变为震动，成小过灾有眚之凶矣，岂不“号咷”？故“先笑后号咷”也。离为牛，牛之象也。与大壮“丧羊于易”同。易即埸，田畔地也。震为大涂，有此象。

〇上九当羁旅穷极之时，居卦之上则自高，当离之极则躁妄，与柔中顺刚，止而丽明者相反，故以之即次，则无栖身之地，有“鸟焚其巢，一时变笑为号咷”之象。以之怀资，则无守卫之人，有“丧牛于易”之象。欲止无地，欲行无资，何凶如之！故占者凶。

《象》曰：以旅在上，其义焚也。丧牛于易，终莫之闻也。

在上过于高亢，宜乎见恶于人而焚巢。既见恶于人，则人莫有指而闻之者，而牛不可获矣。错坎为耳痛，故“莫之闻”。

（巽）䷸ 巽上 巽下

巽，入也，二阴伏于四阳之下，能巽顺乎阳，故名为巽。其象为风，风亦取入义，亦巽之义也。《序卦》："旅而无所容，故受之以巽。"旅途亲寡，非巽顺何以取容？所以次旅。

巽。小亨，利有攸往，利见大人。

"小亨"者，以卦本属阴又卑巽也。惟其如是，则才智不足以识远任重，仅可小亨。虽"小亨"，然"利有所往"。盖巽以从人，人无不悦，所以"利有攸往"。然使失其所从，未必利往，纵使利往，失其正矣，故利见大德之人。此则因其从阳，而教之以所从之人也。

《彖》曰：重巽以申命，刚巽乎中正而志行。柔皆顺乎刚，是以小亨，利有攸往，利见大人。

释卦义，又以卦体释卦辞。"重巽"者，上下皆巽也。"申命"者，丁宁重复也，非两番降命也。风之吹物无处不入，无物不鼓动，诏令之入人，亦如风之动物也。陆贽从狩奉天，所下制书日以百计，虽勇夫悍卒无不感动流涕，则申命之系于人君亦大矣。刚巽乎中正，指九五。"巽乎中正"者，居巽卦之中正也。"志行"者，能行其志也。盖刚居中正，则所行当其理，而无过中失正之弊。凡出身加民，皆建中表正而志以行矣。此"大人"之象也。柔指初与四，刚指二三五六。惟柔能顺乎刚，是以"小亨利有攸往"。惟刚巽乎中正，故"利见大人"。

《象》曰：随风，巽。君子以申命行事。

前风去而后风随之，故曰"随风"。"申命"者，随风之象也。"申命"者，所以晓谕于行事之先；"行事"者，所以践言于申命之后，其实一事也。商之《盘庚》，周之《洛诰》，谆谆于言语之间者，欲民晓知君上之心事，所以"申命行事"也。故建中之诏虽不及商周，而随时救弊，亦未必无小补云。

初六。进退，利武人之贞。

巽为进退，"进退"之象也。变乾纯刚，故曰"武人"。故履六三变乾亦曰"武人"，皆阴居阳位，变阳得称"武人"也。盖阴居阳位则不正，变乾则贞矣，故曰"利武人之贞"。曰"利武人之贞"，如云利阳刚之正也。

〇初六阴柔居下，又为巽之主，乃卑巽之过者也，是以持狐疑之心，凡事是非可否莫之适从，故有"进退"之象。若此者，以刚果之不足也。苟能如武人之贞，则有以矫其柔懦之偏，不至于过巽矣。故教占者如此。

《象》曰：进退，志疑也。利武人之贞，志治也。

“进退”者，以阴柔居巽下，是非可否莫之适从，志疑故也。惟疑则方寸已乱，不能决进退矣。若柔而济之以刚，则心之所之者有定见，事之所行者有定守，可进则决于进，可退则决于退，不持疑于两可，治而不乱矣。

九二。巽在床下，用史巫纷若，吉，无咎。

一阴在下，二阳在上，床之象。故剥以“床”言。巽性伏，二无应于上，退而比初，心在于下，故曰“床下”。中爻为兑，又巽综兑，兑为巫，“史巫”之象也。又为口舌，为毁，为附，“纷若”之象也。史掌卜筮，曰“史巫”者，善于卜吉凶之巫也，故曰“史巫”，非两人也。《周礼》：女巫有府一人，史四人，胥四人。《离骚》云：“巫咸将夕降兮，怀椒糈而要之。”注：“巫咸，古之神巫，善于筮吉凶者。”“纷”者，缤纷杂乱貌。“若”，助语辞。巫者击鼓缶，婆娑其舞，手舞足蹈，不安宁之事也。必曰“巫”者，男曰觋，女曰巫，巽为少女，故以“巫”言之。初乃阴爻居于阳位，二乃阳爻居于阴位，均之过于卑巽者也。初教之以武人之贞，教之以直前勇敢也；二教之以巫之纷若，教之以抖擞奋发也。初阴据阳位，故教以男子之“武”；二阳据阴位，故教以“女人”之纷。爻辞之精如此。

〇二以阳处阴，而居下无应，乃比乎初，故有巽在床下之象。然居下体亦过于卑巽者，必不自安宁。如史巫之纷若鼓舞动作，则有以矫其柔懦之偏，不惟得其吉，而在我亦无过咎矣。教占者当如是也。

《象》曰：纷若之吉，得中也。

“得中”者，得中而不过于卑巽也。凡《小象》二五言中字，皆因中位，又兼人事。

九三。频巽，吝。

“频”者，数也。三居两巽之间，一巽既尽一巽复来，“频巽”之象。曰“频巽”，则频失可知矣。“频巽”与“频复”不同。“频复”者，终于能复也；“频巽”者，终于不巽也。

〇九三过刚不中，又居下体之上，本不能巽，但当巽之时，不容不巽矣。然屡巽屡失，吝之道也。故其象占如此。

《象》曰：频巽之吝，志穷也。

三本刚而位又刚，已不能巽矣。又乘刚，安能巽？曰“志穷”者，言心虽欲巽而不得巽也。

六四。悔亡，田获三品。

中爻离为戈兵，巽错震，戈兵震动，田之象也。离居三，三品之象也。“三品”者，初巽为鸡，二兑为羊，三离为雉也。

〇六四当巽之时，阴柔无应，承乘皆刚，宜有悔矣。然以阴居阴，得巽之正，又居上体之下，盖居上而能下者也，故不惟悔亡，而且有“田获三品”之象。占者能如是，则所求必得而有功矣。

《象》曰：田获三品，有功也。

八卦正位，巽在四，所以“获三品”而“有功”。

九五。贞吉，悔亡，无不利。无初有终，先庚三日，后庚三日，吉。

“先庚”“后庚”，详见蛊卦。五变则外卦为艮，成蛊矣。先庚丁，后庚癸，其说始于郑玄，不成其说。

〇九五居尊，为巽之主，命令之所由出者也。以其刚健中正，故正而又吉。然巽顺之体，初时不免有悔，至此则悔亡而无不利矣。惟其“悔亡”而“无不利”，故“无初有终”也。然命令之出，所系匪轻，必原其所以始，虑其所以终，“先庚三日，后庚三日”，庶乎命令之出如风之吹物，无处不入，无物不鼓动矣。占者必如是而吉也。

《象》曰：九五之吉，位中正也。

刚健中正，未有不吉者。曰“悔亡”者，巽累之也。故孔子止言九五之吉。

上九。巽在床下，丧其资斧，贞凶。

本卦巽木综兑金，又中爻兑金，斧之象也。又中爻离为戈兵，亦斧之象也。阴乃巽之主，阴在下四爻，上亦欲比乎四，故与二之巽在床下同。九三九五不言床下者，三过刚，五居中得正也。巽“近市利三倍”，本有其资，此爻变坎为盗，则“丧其资”矣。且中爻离兑斧象皆在下爻，不相管摄，是“丧其斧”矣。“贞”者，巽本美德也。

〇上九居巽之终，而阴居于下，当巽之时，故亦有“巽在床下”之象。但不中不正，穷之极矣，故又有“丧其资斧”之象。占者得此，虽正亦凶也。

《象》曰：巽在床下，上穷也。丧其资斧，正乎凶也。

“上穷”者，言上九之时势也，非释巽在床下也。巽在床下乃本卦之事，当巽之时，不容不巽者也。“正乎凶”即《爻辞》“贞凶”。

（兑）䷹ 兑上 兑下

兑，悦也。一阴进于二阳之上，喜悦之见于外也，故为兑。《序卦》："巽者，入也。入而后悦之，故受之以兑。"所以次巽。

兑。亨。利贞。

"亨"者，因卦之所有而与之也；"贞"者，因卦之不足而戒之也。说则亨矣。但阴阳相说，易流于不正，故戒以利贞。

《彖》曰：兑，说也。刚中而柔外，说以利贞，是以顺乎天而应乎人。说以先民，民忘其劳；说以犯难，民忘其死。说之大民劝矣哉！

先，西荐反。难，乃旦反。

释卦名，又以卦体释卦辞而极言之。"兑说也"与"咸感也"同。咸去其心，说去其言，故咸则无心之感，兑则无言之说也。刚中指二五，柔外指三上。阳刚居中，中心诚实之象。柔爻在外，接物和柔之象。外虽柔说，中实刚介，是之谓说而贞，故"利贞"。《易》"有天道焉"，顺天者，上兑也。"有人道焉"，应人者，下兑也。揆之天理而顺，故"顺天"；即之人心而安，故"应人"。天理人心正而已矣。若说之不以正，则不能顺应矣。"民忘其劳"，如禹之随山浚川，周宣之城朔方是也。"民忘其死"，如汤之东征西怨，岳飞蔡州朱仙镇之战是也。

〇说本有亨而又利贞者，盖卦体刚中，则所存者诚，固无不亨。柔外恐说之不正，故必正而后利也。说得其正，是以顺天应人。以之先民，民忘其劳；以之犯难，民忘其死。夫好逸恶死，人情之常，今忘劳忘死，非人情也，而忘之者，以说而不自知其劳且死也。曷为而说也？知圣人劳我以逸我，死我以生我也。是以说而自劝也。夫劝民与民自劝相去远矣，是以圣人大之，曰"说之大民劝矣哉"！此正之所以利也。

《象》曰：丽泽，兑。君子以朋友讲习。

"丽"者，附丽也。两泽相丽，交相浸润，互有滋益。水就湿，各以类而相从，朋友之道不出乎此。"习"者，鸟数飞也，其字从羽。《月令》"鹰乃学习。"借鸟以明学，盖习行所传之业，为之习熟不已也。"讲"者，资友讲之以究其理；"习"者，我自习之以践其事。朋友之间从容论说以讲之于先，我又切实体验以习之于后，则心与理相涵，而所知者益精，身与事相安，而所能者益固，欲罢不能，而真说在我矣。

初九。和兑，吉。

“和”与《中庸》“发而皆中节谓之和”和字同，谓其所悦者无乖戾之私，皆情性之正、道义之公也。“吉”者，无恶无射，家邦必达之意。盖悦能和，即顺天应人，岂不吉。

〇初九以阳爻居说体而处最下，又无应与之系，说得其正者也。故其象占如此。

《象》曰：和兑之吉，行未疑也。

本卦说体不当，阴阳相比，二比三，三比四，五比六，阴阳相比则不能无疑，故夬卦上说体，《小象》曰“中未光也”；萃卦曰“志未光也”。“未光”者，因可疑而未光也，故上六“引兑”亦曰“未光”。本卦独初爻无比，无比则无所疑矣，故曰“行未疑也”。“行”者，与人和说也。变坎为狐疑，疑之象也。

九二。孚兑，吉，悔亡。

本卦无应与，专以阴阳相比言。刚中为“孚”，居阴为悔。盖“来兑”在前，私系相近，因居阴不正，所以不免悔也。

〇九二当兑之时，承比阴柔，说之当有悔矣。然刚中之德，孚信内充，虽比小人，自守不失正，所谓和而不同也。占者能如是以孚而说，则吉而悔亡矣。

《象》曰：孚兑之吉，信志也。

心之所存为志。“信志”即“诚心”二字。二刚实居中，诚信出于刚中之志，岂又说小人而自失。革九四辞同义异。革则人信，孚则己信。

六三。来兑，凶。

自内至外为“往”，自外至内为“来”。“凶”者，非惟不足以得人之与，且有以取人之恶，所以凶也。何也？盖初刚正，二刚中，乃君子也，说之不以道，岂能说哉！求亲而反疏矣。如宏覇尝元忠之粪，彭孙濯李宪之足，丁谓拂莱公之须，皆为人所贱，而至今犹有遗羞焉，岂不凶？

〇三阴柔不中正，上无应与，近比于初，与二之阳乃来求而悦之，是自卑以求悦于人，不知有礼义者矣。故其占凶。

《象》曰：来兑之凶，位不当也。

阴柔不中正。

九四。商兑未宁，介疾有喜。

“商”者，商度也。中爻巽，巽为不果，商之象也。“宁”者，安宁也。两间谓之介，分限也，故人守节亦谓之介。四与三上下异体，犹疆介然，故以介言之。比乎五者公也，理也，故不敢舍公而从私。比乎三者私也，情也，故不能割情而就理。此其所以“商度未宁”也。商者四，介者九。

〇四承九五之中正，而下比六三之柔邪，故有“商度未宁”之象。然质本阳刚，若介然守正，疾恶柔邪，而相悦乎同体之五，如此则有喜矣。故戒占者如此。

《象》曰：九四之喜，有庆也。

与君相悦，则得行其阳刚之正道而有福庆矣。

九五。孚于剥，有厉。

剥谓阴能剥阳，指上六也。剥即剥卦，消阳之名。兑之九五正当剥之六五，故言“剥”。以人事论，如明皇之李林甫，德宗之卢杞，皆以阴柔容悦剥乎阳者也。“孚”者，凭国家之承平，恃一己之聪明，以小人不足畏而孚信之，则内而蛊惑其心志，外而壅蔽其政令，国家日为之紊乱矣，所以“有厉”。因悦体人易孚之，所以设此有厉之戒，不然九五中正，安得“有厉”。

〇九五阳刚中正，当悦之时，而居尊位，密近上六。上六阴柔，为悦之主，处悦之极，乃妄悦以剥阳者也。故戒占者，若信上六则有危矣。

《象》曰：孚于剥，位正当也。

与履九五同。

上六。引兑。

“引”者，开弓也，心志专一之意，与萃“引吉”之“引”同。中爻离错坎，坎为弓，故用“引”字。萃六二变坎，故亦用“引”字。本卦二阴，三曰“来兑”，止来于下，其字犹缓，其为害浅；至上六则悦之极矣，故“引兑”，开弓发矢，其情甚急，其为害深，故九五“有厉”。

〇上六阴柔，居悦之极，为悦之主，阙专于悦五之阳者也，故有“引兑”之象。不言“吉凶”者，五已有“危厉”之戒矣。

《象》曰：上六引兑，未光也。

“未光”者，私而不公也。盖悦至于极，则所悦者必暗昧之事，不光明矣。故萃卦上体乃悦，亦曰“未光”。

周易集注卷十二

（涣）䷺ 巽上 坎下

“涣”者，离散也。其卦坎下巽上，风行水上，有披离解散之意，故为“涣”。《序卦》：“兑者，说也。说而后散之，故受之以涣。”所以次兑。

涣。亨。王假有庙，利涉大川，利贞。

坎错离，离为日，“王”之象也。中爻艮，艮为门阙，又坎为宫，“庙”之象也。又坎为隐伏，人鬼之象也。木在水上，“利涉大川”之象也。“王假有庙”者，王至于庙以聚之也。此二句皆以象言，非真“假庙”“涉川”也。“假有庙”者，至诚以感之，聚天下之心之象也。“涉大川”者，冒险以图之，济天下之艰之象也。如沛公约法三章以聚天下之心，即“假有庙”之象也。沛公当天下土崩瓦解正涣之时，使不约法三章，虽正立千万庙以聚祖考之精神，亦何益哉！且当时太公留于项羽，况祖考乎？《易》盖有此象而无此事无此理也。“利贞”者，戒之也。

《彖》曰：涣亨。刚来而不穷。柔得位乎外而上同。王假有庙，王乃在中也。利涉大川，乘木有功也。

以卦综释卦辞。本卦综节，二卦同体，文王综为一卦，故《杂卦》曰：“涣，离也。节，止也。”“刚来不穷”者，言节上卦坎中之阳来居于涣之二也。言刚来亦在下之中，不至于穷极也。“柔得位乎外而上同”者，节下卦兑三之柔上行而为巽之四，与五同德以辅佐乎五也。八卦正位，乾在五，巽在四，故曰“得位”，故曰“上同”。王乃在中者，中爻艮为门阙，门阙之内即庙矣。今九五居上卦之中，是在门阙之内矣，故曰“王乃在中”也。“乘木”者，上卦巽木乘下坎水也。“有功”者，即利涉也。因有此卦综之德，故能王乃在中，至诚以感之，以聚天下之心；乘木有功，冒险以图之，以济天下之难。此涣之所以亨也。

《象》曰：风行水上，涣。先王以享于帝立庙。

“享帝立庙”在国家盛时说，非土崩瓦解之时也。与“王假有庙”不同。孔子在涣字上生出此意来。言王者享帝而与天神接，立庙而与祖考接，皆聚己之精神以合天人之涣也。“风在天上”，天神之象；“水在地下”，人鬼之象。“享帝”则天人感通，“立庙”则幽明感通。

初六。用拯马壮，吉。

坎为亟心之马，马壮之象也。陈平交欢太尉而易吕为刘，仁杰潜授五龙而反周为唐，皆“拯”急难而得“马壮”者也。

〇初六当涣之初，未至披离之甚，犹易于拯者也。但初六阴柔，才不足以济之，幸九二刚中，有能济之具者。初能顺之托之以济难，是犹拯急难而得“马壮”也。故有此象。占者如是，则吉也。

《象》曰：初六之吉，顺也。

顺二也。

九二。涣奔其机，悔亡。

“奔”者，疾走也。中爻震足，坎本亟心，奔之象也。又当世道涣散，中爻震动不已，皆有出奔之象。“机”，木也。出蜀中，似榆，可烧以粪稻田。《山海经》云“大尧之上多松柏，多机”是也。中爻震木，应爻巽木，“机”之象也，指五也。

〇当涣之时，二居坎陷之中，本不可以济涣，而有悔也。然应九五中正之君，君臣同德，故出险以就五，有奔于其机之象。当天下涣散之时，汲汲出奔以就君，得遂其济涣之愿矣，有何悔焉？故占者“悔亡”。

《象》曰：涣奔其机，得愿也。

得遂其济涣之愿。

六三。涣其躬，无悔。

六三居坎体之上，险将出矣，且诸爻独六三有应援，故“无悔”。“涣其躬”者，奋不顾身求援于上也。

〇六三阴柔，本不可以济涣，然与上九为正应，乃亲自求援于上九，虽以阴求阳宜若有悔，然志在济时，故“无悔”也。教占者必如此。

《象》曰：涣其躬，志在外也。

“在外”者，志在外卦之上九也。

六四。涣其群，元吉。涣有丘，匪夷所思。

“涣其群”者，涣其人也。当涣之时，土崩瓦解，人各植党，如六国之争衡，田横之海岛，隗嚣之天水，公孙述之于蜀，唐之藩镇尾大不掉，皆所谓群也。政无多门，势无两大，胫大于股则难步，指大于臂则难把，故当“涣其群”也。六四能涣小人之私群成天下之公道，所以“元吉”。柔得位乎外而上同，岂不“元吉”？“涣丘”者，涣其土也。艮为土，丘之象也。颐上卦艮，故曰“丘颐”。比卦中爻艮，故亦以丘言之。“涣其丘”，如汉高祖封韩信为齐王，又为楚王，及陈豨反，以四千户封赵将是也。“夷”者平常也，言非平常之人思虑所能及也。如高祖以四千户封赵将，左右谏曰：“封此何功？”高祖曰：“非汝所知。陈豨反，赵地皆豨有。吾羽檄天下，兵未有至者，今计独邯郸兵耳。吾何爱四千户？”盖左右谏者乃平常之人。“匪夷所思”于此见矣。

○六四上承九五，当济涣之任者也。所居得正，而下无应与，则外无私交，故有“涣其群”之象。占者如是则正大光明，无比党携贰之私，固大善而“元吉”矣。然所涣者特其人耳。若并其土而涣之，则其“元吉”犹不殊于涣群。但“涣其群”者，人皆可能；而“涣其丘”者，必才智出众之人方可能之。殆非平常思虑之所能及也。故又教占者如此。

《象》曰：涣其群元吉，光大也。

凡树私党者皆心之暗昧狭小者也，惟无一毫之私，则光明正大，自能“涣其群”矣。故曰“光大也”。

九五。涣汗其大号，涣王居，无咎。

上卦风以散之。下卦坎水，汗之象也。巽综兑，兑为口，号之象也。五为君，又阳爻，“大号”之象也。散人疾而使之愈者汗也，解天下之难而使之安者号令也。“大号”，如武王克商《武成》诸篇，及唐德宗罪己之诏皆是也。“王居”者，帝都也，如赤眉入长安，正涣之时矣，光武乃封更始为淮阳王而定都洛阳是也。又如徽钦如金，正涣之时矣，建炎元年皇后降书中外，乃曰历年二百，人不知兵，传世九君，世无失德；虽举族有比辕之衅，而敷天同左祖之心，乃眷贤王越居旧服，高宗乃即位于南京应天府，皆所谓“涣王居”也。益卦中爻为坤，“利用为依迁国”，此爻一变亦中爻成坤，故“涣王居”。坎错离，离为日，王之象。五乃君位，亦有王之象。孔子恐人不知“王居”二字，故《小象》曰“正位也”。曰“正位”，义自显明。

○九五阳刚中正以居尊位，当涣之时，为臣民者“涣其躬”，“涣其群”，济涣之功成矣。乃诞告多方，迁居正位，故有“涣汗其大号”“涣王居”之象。虽其始也不免有土崩瓦解之虞，至此则恢复旧物，大一统宇矣。以义揆之，则无咎也。故其占为“无咎”。

《象》曰：王居无咎，正位也。

光武诸将于中山上尊号，不听，耿纯进曰：“天下士大夫捐亲戚，弃土壤，从大王于矢石之间者，其计固望攀龙鳞附凰翼以成其志耳。今大王留时逆众，不正号位，恐士夫绝望计穷，有去归之思，无为久自若也。”此即

“正位”之意。盖京师天下根本，当涣之时，王者必定其所居之地以正其位。位既正则人心无携贰，昔之涣者今统于一矣。故“涣王居”者，乃所以正位也。

上九。涣其血，去逖出，无咎。

去，去声。

依《小象》“涣其血”作句。“血”者，伤害也。“涣其血”者，涣散其伤害也。“逖”者，远也。当涣之之时，干戈扰攘，生民涂炭，民之逃移而去乡土者多矣。“去逖出”者，言去远方者得出离其远方而还也。此爻变坎，下应坎，坎为血，血之象也。又为隐伏，远方窜伏之象也。

〇上九以阳刚当涣之极，方其始而涣散之时，其伤害，其远遁，二者所不免也。今九五诞告多方，迁居正位，归于一统，非复前日之离散，则伤害者得涣散矣，远遁者得出离矣，故有“涣血去逖出”之象，而其占则“无咎”也。

《象》曰：涣其血，远害也。

涣其血去逖出则危者已安，否者已泰。其涣之害远矣，故曰“远害”也。

（节）䷻ 坎上 兑下

“节”者，有限而止也。为卦下兑上坎，泽上有水，其容有限，若增之则溢矣，故为节。《序卦》：“涣者，离也，物不可以终离，故受之以节。”所以次涣。

节，亨。苦节，不可贞。

五行以甘为正味，稼穑作甘者，以中央土也。若火炎上则焦枯，所以作苦。不可贞者，不可因守以为常也。凡人用财修己皆有中道，如天地之牛角茧栗，宾客之牛角尺，损则用“二簋”，萃则用“大牲”，此中道也。若晏子之豚肩不掩豆，梁武帝以面为牺牲，则非经常而不可久矣。仕止久速各有攸当，或远或近，或去或不去。归洁其身，如屈原、申屠狄之投河，陈仲子之三日不食，许行之并耕，泄柳之闭门，皆非经常而不可久者也。

《彖》曰：节亨，刚柔分而刚得中。苦节不可贞，其道穷也。说以行险，当位以节，中正以通。天地节而四时成。节以制度，不

伤财，不害民。

以卦综释卦辞，又以卦德、卦体释“亨”之义而极言之。坎刚卦，兑柔卦。节涣相综，在涣则柔外而刚内，在节则刚外而柔内，则“刚柔分”也。“刚得中”者，二五也。二五皆刚居中也。言刚柔虽分内分外，而刚皆得中，此其所以亨也。惟其中，所以亨，若苦节则不贞矣。不中则天理不顺，人情不堪，难于其行，所以穷也。盖穷者亨之反，亨则不穷，穷则不亨。当位指九五。八卦正位坎在五，故以当位言之。“中正”者，五中正也。“通”者，推行不滞而通之天下也。坎为通，故以通言之。盖所谓节者，以其说而行险也。盖说则易流，遇险则止，说而不流，所以为节。且阳刚当九五之位，有行节之势，以是位而节之。九五具中正之全，有体节之德，以是德而通之。此所以为节之善，故占者亨。若以其极言之，阳极阴生，阴极阳生，柔节之以刚，刚节之以柔，皆有所制，而不过天地之节也。天地有节，则分至启闭、晦朔弦望，四时不差而岁功成矣。“制”者，法禁也。故天子之言曰“制书”。“度”者，则也，分寸尺丈引为五度。十分为寸，十寸为尺，十尺为丈，十丈为引，皆有所限制而不过。节以制度，是量入为出，如《周礼》“九赋九式有常数常规”是也。“不伤”者，财不至于匮乏。“不害”者，民不苦于诛求。桀纣之虐，由不及乎节。不伤不害，惟圣人能之。

《象》曰：泽上有水，节。君子以制数度，议德行。

行，下孟反。

古者之制器用宫室衣服，莫不有多寡之数，隆杀之度，使贱不逾贵，下不侵上，是之谓制数度，如繁缨一就三就之类是也。得于中为德，发于外为行。“议”之者，商度其无过不及而求归于中，如直温宽栗之类是也。坎为矫輮，“制”之象。兑为口舌，“议”之象。“制”者节民于中，“议”者节身于中。

初九。不出户庭，无咎。

中爻艮为门，门在外，户在内，故二爻取门象，此爻取户象。前有阳爻蔽塞，闭户不出之象也。又应四，险难在前，亦不当出，亦不出之象也。此象所该者广，在为学为“含章”，在处事为“括囊”，在言语为“简默”，在用财为“俭约”，在立身为“隐居”，在战阵为“坚壁”。《系辞》止以“言语”一事言之。“无咎”者，不失身不失时也。

〇初九阳刚得正，居节之初，知前爻蔽塞，又所应险难，不可以行，故有“不出户庭”之象。此则知节之时者也。故占者“无咎”。

《象》曰：不出户庭，知通塞也。

道有行止，时有通塞。不出户庭者，知其时之塞而不通也。此“塞”字乃孔子取内卦之象。

九二。不出门庭，凶。

圣贤之道以中为贵，故邦有道其言足以兴邦，无道其默足以容。九二当禹稷之位，守颜子之节，初之无咎，二之凶可知矣。

〇九二前无蔽塞，可以出门庭矣。但阳德不正，又无应与，故有“不出门庭”之象。此则惟知有节，而不知通其节，节之失时者也，故“凶”。

《象》曰：不出门庭，失时极也。

“极”，至也，言失时之至，惜之也。初与二《象》皆一意，惟观时之通塞而已。初，时之塞矣，故“不出户庭无咎”；二，时之通矣，故“不出门庭凶”。所以可仕则仕，可止则止，孔子为圣之时，而禹稷颜回同道者，皆一意也。

六三。不节若，则嗟若，无咎。

兑为口舌，又坎为加忧，又兑悦之极则生悲叹，皆嗟叹之象也。用财，恣情忘费则不节矣；修身，纵情肆欲则不节矣。嗟者，财以费而伤，德以纵而败，岂不自嗟？若，助语辞。自作之孽，何所归咎。

〇六三当节之时，本不容不节者也。但阴柔不正，无能节之德。不节之后自取穷困，惟嗟叹而已，此则不能节者也。占者至此将何咎哉！故无所归咎。

《象》曰：不节之嗟，又谁咎也。

此与解卦小异，详见解卦。

六四。安节，亨。

“安”者，顺也，上承君之节，顺而奉行之也。九五为节之主，当位以节，中正以通，乃节之极美者。四最近君，先受其节。不节之节以修身用财言者，举其大者而言耳。若臣安君之节，则非止二者。盖节者，中其节之义。在学为不陵节之节，在礼为节文之节，在财为撙节之节，在信为符节之节，在臣为名节之节，在君师为节制之节。故不止于修身用财。

〇六四柔顺得正，上承九五，乃顺其君而未行其节者也。故其象为安，其占为亨。

《象》曰：安节之亨，承上道也。

承上道即遵王之道。

九五。甘节吉，往有尚。

“甘”者，乐易而无艰苦之谓。坎变坤，坤为土，其数五，其味甘，甘之象也。凡味之甘者人皆嗜之，下卦乃悦体。又兑为口舌，甘美之象也。诸爻之节，节其在我者，九五之节，以节节人者也。临卦六三居悦体之极，则求悦乎人，故“无攸利”；节之九五居悦体之上，则人悦乎我，故“往有尚”。“吉”者，节之尽善尽美也。“往有尚”者，立法于今而可以垂范于后也。盖“甘节”者中正也，“往有尚”者通也。数度德行皆有制议而通之天下矣，正所谓当位以节，中正以通也。

〇九五为节之主，节之甘美者也。故占者不惟“吉”，而且“往有尚”。

《象》曰：甘节之吉，居位中也。

中可以兼正，故止言中。

上六。苦节，贞凶，悔亡。

“苦节”虽本文王卦辞，然坎错离，上正居炎上之地，炎上作苦，亦有苦象。“贞凶”者，虽无越理犯分之失，而终非天理人情之安也。盖以事言，无甘节之吉，故“贞凶”。以理言，无不节之嗟，故“悔亡”。《易》以祸福配道义，而道义重于祸福，故大过上六“过涉灭顶无咎”，而此曰“悔亡”，见理之得失重于事之吉凶也。

〇上六居节之极，盖节之苦者也。故有《卦辞》“苦节”之象。节既苦矣，故虽正不免于凶。然礼奢宁俭，而悔终得亡也。

《象》曰：苦节贞凶，其道穷也。

“道穷”见《彖辞》。

（中孚）

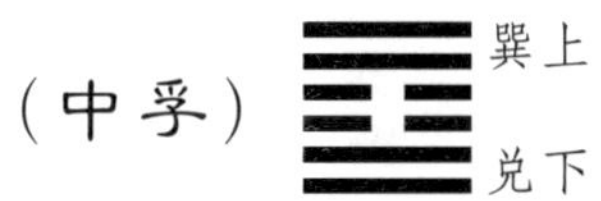

孚，信也。为卦二阴在内，四阳在外，而二五之阳皆得其中。以一卦六爻言之为中虚，以二体之二五言之为中实，皆孚之象也。又下说以应上，上巽以顺下，亦有孚义。《序卦》：“节而信之，故受之以中孚。”所以次节。

中孚，豚鱼吉。利涉大川，利贞。

豚鱼生于大泽之中，将生风则先出拜，乃信之自然无所勉强者也。唐诗云“河豚吹浪夜还风”是也。信如豚鱼则吉矣。本卦上风下泽，豚鱼生于泽知风，故象之。鹤知秋，鸡知旦，三物皆信，故卦爻皆象之。“利贞”者，利于正也。若盗贼相约，男女相私，岂不彼此有孚，然非天理之正矣，故“利贞”。

《彖》曰：中孚，柔在内而刚得中，说而巽，孚乃化邦也。豚鱼吉，信及豚鱼也。利涉大川，乘木舟虚也。中孚以利贞，乃应乎天也。

以卦体、卦德、卦象释卦名、卦辞。二柔在内而中虚。二刚居中而中实。虚则内欲不萌，实则外诱不入，此中孚之本体也。而又下说上顺，上下交孚，所以“孚乃化邦”也。若从木立信，乃出于矫强矣，安能化邦?。《易举正》止有“信及也”三字，无“豚鱼”二字。“及”者，至也，言信至于豚鱼，则信出自然矣。如此信，此所以吉也。“乘木舟虚”者，本卦外实中虚，有“舟虚”之象。至诚以涉险，如乘巽木之空，以行乎兑泽之上，又岂有沉溺之患，所以“利涉大川”。应乎天者信能正，则事事皆天理，所谓诚者天之道也。贞应乎天，所以利贞。

《象》曰：泽上有风，中孚。君子以议狱缓死。

圣人之于卦，以八卦为之体，其所变六十四卦中错之综之，上之下之，皆其卦也。如火雷噬嗑，文王之意，以有火之明，有雷之威，方可有狱，孔子《大象》言用狱者五，皆取雷火之意。丰取其雷火也，旅与贲艮综震，亦雷火也，解则上雷而中爻为火也，下体错离亦火也，此爻则大象为火而中爻为雷也。盖孔子于《易》韦编三绝，胸中之义理无穷，所以无往而非其八卦。不然，风泽之“与议狱缓死”何相干涉哉!《易经》一错一综，大象中爻，观此五卦自然默悟。兑为口舌，议之象。巽为不果，缓之象。

○“议狱缓死”者，议狱罪当死矣，乃缓其死而欲求其生也。风入水受者，中孚之象也。“议狱缓死”，则至诚恻怛之意溢于用刑之间矣。

初九。虞吉，有他不燕。

“虞”者，乐也，安也。“燕”者，喜也，安也。二字之义相近。“有他”者，其志不定而他求其所应也。本卦三四皆阴爻，六三则阴柔不正，六四则得八卦之正位者，因有此阴柔不正者隔于其中，故周公方设此有他之戒。若论本爻应爻，则不容戒也。

○初九阳刚得正，而上应六四，四盖柔上得正者也。当中孚之初，其志未变，故有与六四相信而安乐之象，占者如是则吉。若不信于六四而别信于他，则是不能安乐其中孚矣，故戒占者如此。

《象》曰：初九虞吉，志未变也。

方初中孚之志未变。

九二。鸣鹤在阴，其子和之。我有好爵，吾与尔靡之。

和去声。

大象离，雉象；变震，鹄象，皆飞鸟之象也。不言雉鹄而言鹤者，鹤信故也。鹤八月霜降则鸣，兑乃正秋，故以鹤言之。中孚错小过之遗音，又兑为口舌，鸣之象也。故谦、豫二卦《象》、小过皆言“鸣”。“在阴”者，鹤行依洲屿，不集林木，九居阴爻，在阴之象也。巽为长女，兑为少女，子母之象也。“好爵”者，懿德也，阳德居中故曰“好爵”。

○子与尔皆指五，因中孚感应，极至而无以加，所以不论君臣皆呼子尔也。言懿德人之所好，故“好爵”虽我之所有，而彼亦系恋之也。“物之相爱”者，若如子母之同心；“人之所慕”者，莫如好爵之可贵。“鹤鸣子和”者，天机之自动也；“好爵尔靡”者，天理之自孚也。“靡”与“縻”同，系恋也。巽为绳，系之象也。

○九二以刚中居下，有中孚之实，而九五刚中居上，亦以中孚之实应之，故有此象。占者有是德，方有是感应也。

《象》曰：其子和之，中心愿也。

诚意所愿，非九二求于九五也。

六三。得敌，或鼓或罢，或泣或歌。

“得敌”者，得对敌也，指上九之应也。言六三不正，上九亦不正也。阴阳皆位不当，所以曰“得敌”。巽为进退，为不果，作止之象。又中爻震为鼓，鼓之象。艮为止，“罢之”之象。本卦大象离错坎，坎为加忧，“泣”之象。兑为口舌，为“巫歌”之象。

○六三阴柔不正，而上应九之不正，此为悦之极，彼为信之穷，皆相敌矣。是以或鼓或罢而作止不定，或泣或歌而哀乐无常。其象如此，占者不能孚信可知矣。

《象》曰：或鼓或罢，位不当也。

阴居阳位。

六四。月几望，马匹亡，无咎。

“月几望”者，月与日对而从乎阳也。本卦下体兑，中爻震，震东兑西，日月相对，故“几望”。曰“几”者，将望而犹未望也。因四阴爻近五阳爻，故有此日月之象。马匹亡者，震为马，马之象也。此爻变中爻成离牛，不成震马矣，“马匹亡”之象也。“匹”者，配也，指初九也。曰“亡”者，不与之交而绝其类也。“无咎”者，心事光明也。

○六四当中孚之时，近君之位，柔顺得正，而中孚之实德，惟精白以事君，不系恋其党与者也，故有“月几望马匹亡”之象。占者能是则无咎矣。

《象》曰：马匹亡，绝类上也。

绝其类应而上从五也。

九五。有孚挛如，无咎。

“挛如”即“鹤鸣子和，我爵尔靡”也。“縻”字与“挛”字皆有固结而不可解之意。“縻”者，系恋也。“挛”者，相连也。如合九二共成一体，包二阴以成中孚，故有此象。若以人事论，乃委用专而信任笃，虞庭之赓歌，有商之一德是也。“无咎”者，上下交而德业成也。

〇九五居尊位，为中孚之主，刚健中正，有中孚之实德，而下应九二与之同德相信，故其象占如此。

《象》曰：有孚挛如，位正当也。

与履不同。履周公爻辞乃“贞厉”，此则“无咎”。

上九。翰音登于天，贞凶。

《礼记》“鸡曰翰音”，而此亦曰“翰音”者，以巽为鸡也。因错小过，飞鸟遗之音，故九二曰“鹤鸣”，而此曰“翰音”也。鸡信物，天将明则鸣，有“中孚”之意。巽为高，“登天”之象也。又居天位，亦“登天”之象也。《礼记》注：翰，长也，鸡肥则音长。考诸韵无长字之义，盖翰羽也。鸡鸣则振拍其羽，故曰“翰音”。则“翰音”即“鸡鸣”二字也。“登”者，升也，言鸡鸣之声登闻于天也。鸡鸣本信，但鸣未几而天明，不能信之长久。巽进退不果，不长久之象也。九二上孚于五，在阴而子和；上九不下孚于三，翰音反登天，其道盖相反矣。“贞”者，信本正理也。

〇上九居中孚之极，极则中孚变矣。盖声闻过情不能长久于中孚者也。故有此象。占者得此，贞亦凶矣。

《象》曰：翰音登于天，何可长也。

言不能鸣之长登于天，不过将明一时而已。

（小过）䷽ 震上 艮下

小谓阴也。为卦四阴二阳，阴多于阳，小者过也，故曰“小过”。《序卦》：“有其信者必行之，故受之以小过。”所以次中孚。

小过，亨，利贞。可小事，不可大事。飞鸟遗之音，不宜上宜下，大吉。

小过错中孚象离，离为雉，乃飞鸟也。既错变为小过，则象坎矣，见坎不见离，则鸟已飞过，微有遗音也。《易经》错综之妙至此。若以卦体论，二阳象为鸟身，上下四阴象鸟翼，中爻兑为口舌，遗音之象也。遗音人得而听之，则鸟低飞在下不在上，与上六“飞鸟离之”者不同矣。大过曰“栋桡”，栋重物也，故曰“大过”。飞鸟轻物，而又曰“遗音”，故曰“小过”。不宜上宜下，又就小事言也。如坤之居后不居先是也。《上经》终之以坎离，坎离之上颐与大过，颐有离象，大过有坎象，方继之以坎离。《下经》终之以既济未济，既济未济之上中孚与小过，中孚有离象，小过有坎象，方继之既济未济。文王之《序卦》精矣。

〇阴柔于人无所逆，于事无所拂，故"亨"。然利于正也。盖大过则以大者为贞，小过则以小者为贞，故"可小事，不可大事"。然卦体有飞鸟遗音，其过如是其小之象，故虽小事亦宜收敛谦退，居下方得大吉。惟小事而又居下，斯得进宜而贞矣。"可小事不可大事"者，当小过之时；"宜下不宜上"者，行小过之事。

《彖》曰：小过，小者过而亨也。过以利贞，与时行也。"柔得中"，是以小事吉也。刚失位而不中，是以不可大事也。有飞鸟之象焉。飞鸟遗之音，不宜上宜下，大吉，上逆而下顺也。

以卦体卦象释卦名卦辞。阳大阴小，本卦四阴二阳，是小者过也。此原立卦名之义。过而亨者，言当小过之时不容不小过，不小过则不能顺时，岂得亨？惟小者过所以亨也。"时"者，理之当可也。时当小过而小过，非有意必之私也，时之宜也，乃所谓正也。亦如当大过之时，理在于大过不得不大过，则以大过为正也。故过以利贞者，与时行也。以二五言，柔顺得中，则处一身之小事能与时行矣，所以"小事吉"。以三四言，凡天下之大事，必刚健中正之君子方可为之，今失位不中，则阳刚不得志矣，所以"不可大事"。卦体内实外虚，有飞鸟之象焉，故卦辞曰"飞鸟遗之音"。"不宜上"者，上卦乘阳，且四五失位，逆也。"宜下大吉"者，下卦承阳，且二三得正，顺也。惟上逆而下顺，所以虽小事亦宜下也，无非与时行之意。

《象》曰：山上有雷，小过。君子以行过乎恭，丧过乎哀，用过乎俭。

行，下孟反。

山上有雷，其声渐远，故为小过。当小过之时，可小者过而不可大者过，可以小过而不可甚过。三者之过皆小者之过，小过之善者也。盖当小过之时不容不过，行不过乎恭则傲，过甚则足恭；丧不过乎哀则易，过甚则灭性；用不过乎俭则奢，过甚则废礼。惟过恭、过哀、过俭则与时行矣。

初六。飞鸟以凶。

因本卦有飞鸟之象，故就"飞鸟"言之。飞鸟在两翼，而初六上六又翼之锐者也，故初与上皆言飞言"凶"。"以"者，因也，因飞而致凶也。

〇居小过之时，宜下不宜上。初六阴柔不正，而上从九四阳刚之动，故有“飞鸟”之象。盖惟知飞于上而不知其下者也，凶可知矣。故占者凶。

《象》曰：飞鸟以凶，不可如何也。

不可如何，莫能解救之意。

六二。过其祖，遇其妣，不及其君，遇其臣，无咎。

“遇”字详见噬嗑六三。阳为父，阴为母，“祖妣”之象。震艮皆一君二民，“君臣”之象。三四阳爻，皆居二之上，有祖象，有君象。初在下，有妣象，有臣象。阴四故曰“过”，阳二故曰“不及”。本卦初之与四，上之与三，皆阴阳相应，阴多阳少，又阳失位，似阴有抗阳之意，故二阳爻皆言“弗过”。此爻不应乎阳，惟与初之阴相遇，故曰“遇妣”“遇臣”也。观九四遇五曰“遇”，上六隔五曰“弗遇”可见矣。盖遇者非正应，而卒然相逢之辞。言以阴论，四阴二阳，若孙过其祖矣，然所遇者乃妣也，非遇而抗乎祖也。以阳论，二阳四阴，若不及在君，过在臣矣，然所遇者乃臣也，非过而抗乎君也。若初之于四，上之于三，则祖孙君臣相为应与，对敌而抗矣，所以初与上皆凶。此爻因柔顺中正，所以过而不过。

〇本卦阴过乎阳，阴阳不可相应。六爻以阳应阴者皆曰“弗过”，以阴应阳者则曰“过之”。六二柔顺中正，以阴遇阴，不抗乎阳，是当过而不过，“无咎”之道也。故其象占如此。

《象》曰：不及其君，臣不可过也。

臣不可过乎君，故阴多阳少不可相应。

九三。弗过，防之，从或戕之，凶。

“弗过”者，阳不能过乎阴也。两字绝句。本卦阴过乎阳，故二阳皆称弗过。“防之”者，当备惧防乎其阴也。从者，从乎其阴也。何以众阴欲害九三？盖九三刚正，邪正不两立，况阴多乎阳。

〇九三当小过之时，阳不能过阴，故言弗过。然阳刚居正，乃群阴之所欲害者，故当防之。若不防之而反从之，则彼必戕害乎我而凶矣。故戒占者如此。

《象》曰：从或戕之，凶如何也。

“如何”者，言其凶之甚也。

九四。无咎，弗过，遇之，往厉必戒，勿用永贞。

九四与九三不同。九三位当，九四位不当，故言“咎”。“弗过”者，弗过乎阴也。“遇之”者，反遇乎阴也。三从阴在下，其性止，故惟当防；四之阴在上，阳性上行，且其性动，与之相比，故“遇”也。“往”者，往从乎阴也。“永贞”者，贞实之心长相从也。

〇九四以刚居柔，若有咎矣。然当小过之时，刚而又柔，正即所谓小过也，故“无咎”。若其阳弗过乎阴，亦如其三，但四弗过乎阴而反遇乎阴，不当往从之。若往从乎彼，与之相随，则必危厉，所当深戒，况相从而与之长永贞固乎？故又戒占者如此。

《象》曰：弗过遇之，位不当也。往厉必戒，终不可长也。

“位不当”者，刚居柔位。“终不可长”者，终不可相随而长久也。所以有往厉勿用之戒。旧注因不知三爻四爻“弗过”二字绝句，所以失旨。

六五。密云不雨，自我西郊，公弋取彼在穴。

本卦大象坎，云之象也。中爻兑，雨之象也。又兑西巽东，自西向东之象也。以丝系矢而射曰弋，坎为弓，弋之象也。又巽为绳，亦弋之象也。坎为隐伏，又坎出自穴入于穴，皆穴之象也。鸟之巢穴多在高处，今至五则已高而在上矣，故不言飞而言穴。本卦以飞鸟遗音象卦体，今五变成兑，不成震，鸟不动，在于穴之象也。公者，阳失位在四，五居四之上，故得称“公”也。“取彼”者，取彼鸟也。鸟既在穴，则有遮避，弋岂能取之？云“自西而东”者，不能成其雨；“弋取彼在穴”者，不能取其鸟。皆不能小过者也。盖雨之事，大则雷雨小则微雨；射之事，大则狩小则弋。如有微雨，是雨之小过矣。能取在穴，是弋之小过矣。今不雨不能取，是不能小过也。小畜以小畜大，小过以小过大，畜与过皆阴之得志也，故周公小过之爻辞同文王小畜之卦辞。

〇本卦宜下不宜上，至外卦而上矣。五以柔居尊而不正，不能成小过之事，故有此象，占者亦如是也。

《象》曰：密云不雨，已上也。

本卦上逆下顺，宜下不宜上。今已高在上矣，故曰“已上”也。

上六。弗遇，过之，飞鸟离之，凶。是谓灾眚。

此爻正与四爻相反。四曰“弗过遇之”者，言阳不能过乎阴而与五相比，是弗过乎阴而适遇乎阴也。此曰“弗遇过之”者，言上六隔五不能遇乎阳，而居于上位反过乎阳也。因相反，所以曰“弗过遇之”，曰“弗遇过之”，颠倒其辞者以此。“离之”者，高飞远举不能闻其音声，正与飞鸟遗之音相反。凡阴多与阳者，圣人皆曰“有灾眚”。故复卦上六亦言之。

〇六以阴居动体之上，处小过之极，盖过之高而亢者也。阴过如此，非阴之福也。天灾人眚荐至，凶孰甚焉。故其象占如此。

《象》曰：弗遇过之，已亢也。

亢则更在上矣。

（既济）䷾ 坎上 离下

“既济”者，事之已成也。为卦水火相交，各得其用，又六爻之位各得其位，故为既济。《序卦》：“有过物者必济，故受之以既济。”所以次小过。

既济。亨小，利贞。初吉终乱。

“亨小”者，言不如方济之时亨通之盛大也。喜如日之既昃，不如日中之盛，所以亨小而不能大也。“利贞”者，既泰之艰贞也。日中则昃，月盈则食，无平不陂，无往不复，一治一乱，乃理数之常。方济之时，人心儆戒，固无不吉矣；及既济之后，人心恃其既济，般乐怠敖，未有不乱者。此虽气数之使然，亦人事之必然也。故利于贞。

《彖》曰：既济亨小者，亨也。利贞，刚柔正而位当也。初吉，柔得中也。终止则乱，其道穷也。

释卦名“亨小”义，又以卦体释卦辞。言“既济亨小”者，非不亨也，正当亨通之时也。但济曰既，则亨小，不如方济之时亨通之盛大矣，故曰“既济亨小者亨”也。非不亨也，特小耳。小字生于既字。初三五阳居阳位，二四六阴居阴位，刚柔正而位当也。刚柔正即是位当，有贞之义，故曰“利贞”。初指六二，二居内卦，方济之初而能柔顺得中，则思患深而豫防密，所以吉也。“终止则乱”者，人之常情，处平常无事之时则止心生，止则心有所怠而不复进，乱之所由起也。处艰难多事之时则戒心生，戒则心有所畏而不敢肆，此治之所由兴也。可见非终之为乱也，于其终而有止心，此乱之所由生也。不止，乱安从生？文王曰“终乱”，孔子曰“终止则乱”，圣人赞《易》之旨深矣。“其道穷”者，以人事言之。怠胜敬则凶，此人道以理而穷也，以天运言之，盛极则必衰，此天道以数而穷也。以卦体言之，水在上终必润下，火在下终必炎上，此卦体以势而穷也。今当既济之后，止心既生，岂不终乱，故曰“其道穷”。

《象》曰：水在火上，既济君子，以思患而预防之。

“患”者，蹇难之事，象坎险。“防”者，见几之事，象离明。思以心言，豫以事言，思患者虑乎其后，预防者图之于先。能如此，则未雨而彻桑土，未火而徙积薪。天下之事莫不皆然，非但既济当如此也。

初九。曳其轮，濡其尾，无咎。

坎为轮，为狐，为曳，轮狐曳之象也。初在狐之后，尾象；在水之下，濡象。若专以初论，轮在下，尾在后皆初之象。“濡其尾”者，垂其尾于后而沾濡其水也。舆赖轮以行，曳其轮则不前；兽必揭其尾而后涉，濡其尾则不济。皆不轻举妄动之象也。“无咎”者，能保其既济也。

〇九当既济之时，尚在既济之初，可以谨戒而守成者。然初刚得其正，不轻于动，故有“曳轮濡尾”之象。以此守成，无咎之道，故其象占如此。

《象》曰：曳其轮，义无咎也。

以此守成，理当无咎。

六二。妇丧其茀，勿逐，七日得。

二乃阴爻，离为中女，妇之象也。又应爻中男，乃五之妇也。“茀”者，车后茀也，即今舟中篷之类，所以从竹。坎为舆，离中虚，“茀”之象也。近日书房皆写“茀”，茀者草多，去茀远矣。离为盗，离持戈兵，“丧茀”之象也。此与屯卦六二相同。屯乘刚，故邅如班如，此则乘承皆刚，故“丧其茀”矣。妇人丧其茀，则无遮蔽不能行矣。变乾居一前坎，居六，离为日，七日之象也。“勿逐自得”者，六二中正，久则妄求去正应合，所以“勿逐自得”也。又详见睽卦初九。若以理数论，阴阳极于六，七则变矣。时变则自得，盖变则通之意。

〇二以中正之德，而上应中正之君，本五之妇也。但乘承皆刚，与五不得相合，故有妇丧茀不能行之象。然上下中正，岂有不得相合之理，但俟其时耳，故又戒占者勿可追逐，宜令其自得也。又有此象。

《象》曰：七日得，以中道也。

中道者，居下卦之中，此六二之德也。济世之具在我，故不求自得。

九三。高宗伐方，三年克之，小人勿用。

离为戈兵，变爻为震，戈兵震动，伐国之象也。鬼方者，北方国也，夏曰昆吾，商曰鬼方，周曰猃狁，汉曰匈奴，魏曰鲜卑。三与上六为应，坎居北，故曰“鬼方”。坎为隐伏，鬼之象也。变坤中爻为方，方之象也。周公非空取“鬼方”二字也。离居三，三年之象也。既变坤，阳大阴小，小之象也。三居人位，“小人”之象也。变坤中爻成艮，止勿用之象也。周公爻象一字不空，此所以为圣人之笔也。

〇既济之时，天下无事矣。三以刚居刚，故有伐国之象。然险陷在前，难以骤克，故又有三年方克之象。夫以高宗之贤，其用兵之难如此，而况既济无事之世，任用小人，舍内治而幸边功，未免穷兵厉民矣。故既言用兵之难，不可轻动，而又信任人不可不审也。教占者处既济之时，当如此戒之深矣。

《象》曰：三年克之，惫也。

惫，蒲败反。

“惫”者，病也，时久师老，财匮力困也。甚言兵不可轻用。

六四。繻有衣袽，终日戒。

细密之罗曰繻，凡帛皆可言，故过关之帛曰繻。袽者，敝衣也。四变中爻为乾，衣之象也，错坤为帛，繻之象也。又成兑为毁折，敝衣之象也。成卦为既济，本爻又得位，犹人服饰之盛也。济道将革，不敢恃其服饰之盛，虽有繻不衣之，而乃衣其敝衣也。“终日”，尽日也。居离日之上，离日已尽之象也。“戒”者，戒惧不安也。四多惧，戒之象也。“衣袽”以在外言，终日戒以心言。

〇六四当出离入坎之时，阴柔得正，知济道将革，坎陷临前，有所疑惧，故有繻不衣，乃衣其袽，终日戒惧之象。占者必如是，方可保既济也。

《象》曰：终日戒，有所疑也。

“疑”者，疑祸患之将至也。

九五。东邻杀牛，不如西邻之禴祭，实受其福。

“邻”者，文王圆图离居正南，坎居正北，震居正东，兑居正西，则东西者乃水火之邻也，故有东西之象。观震卦上六变离，《爻辞》曰“不于其躬于其邻”，则震兑又以南北为邻矣。“杀牛”不如“禴祭”者，言当既济之终，不当侈盛，当损约也。五变坤，牛之象。离为戈兵，坎为血，见戈兵而流血，杀之象。禴，夏祭，离为夏，禴之象。坎为隐伏，人鬼之象。又为有孚，诚心祭人鬼之象。“杀牛”盛祭，“禴”薄祭。“实受其福”者，阳实阴虚，阳大阴小，《小象》曰“吉大来也”，“大”字即“实”字，“吉”字即“福”字。大与实皆指五也。言如此损约，则五吉而受其福矣。泰入否，圣人曰“勿恤其孚，于食有福”。既济将终，圣人曰“不如禴祭，实受其福”。圣人之情见矣。六四不衣美衣而衣恶衣，九五不尚盛祭而尚薄祭，皆善与处终乱者也。

〇五居尊位，当既济之终，正终乱之时也，故圣人戒占者曰济将终矣，与其侈盛，不如艰难菲薄，以享既济之福，若侈盛则止而乱矣。故其戒之之象如此。

《象》曰：东邻杀牛，不如西邻之时也。实受其福，吉大来也。

“之”当作知，因与音同，写时之误。“时”，“二簋应有时”之时，言“东邻杀牛”不如“西邻知时”也。盖济道终乱之时，此何时哉，能知其时艰难，菲薄以处之，则自有以享其既济之福矣。“吉大来”者，言吉来于大也。“来”字与益卦“自外来也”来字同。

上六。濡其首，厉。

初九卦之始，故言“濡尾”者，心有所畏惧而不敢遽涉也。上六卦之终，故言“濡首”者，志已盈满而惟知其涉也。大过上六泽水之深矣，故“灭顶”；既济上六坎水之深矣，故“濡首”。

〇既济之极正终乱之时也，故有狐涉水而濡首之象。既濡其首，已溺其身，占者如是，危可知矣。

《象》曰：濡其首厉，何可久也。

言必死亡。

（未济）䷿ 离上 坎下

未济，事未成之时也。水火不交不相为用，其六爻皆失其位，故为“未济”。《序卦》：“物不可穷也，故受之以未济终焉。”所以次既济。

未济，亨。小狐汔济，濡其尾，无攸利。

“亨”者，言时至则济矣。特俟其时耳，故“亨”也。坎为狐。坎居下卦，故曰“小狐”。坎为水，为隐伏，穴处而隐伏，往来于水间者狐也。又为心病，故多狐疑。既济、未济二卦皆以“狐”言者，此也。水涸曰“汔”，此指济渡水边水浅处言也。“濡其尾”者，言至中间深处，即“濡其尾”而不能涉矣。此未济之象也。“无攸利”，戒占者之辞。

〇言未济终于必济，故“亨”。然岂轻于济而得亨哉！如小狐不量水中之浅深，见水边之浅涸果于必济，及济于水中乃“濡其尾”而不能济矣，如此求济岂得济哉！占者“无攸利”可知矣。故必识浅深之宜，持敬畏之心，方可济而亨也。

《象》曰：未济亨，柔得中也。小狐汔济，未出中也。濡其尾无攸利，不续终也。虽不当位，刚柔应也。

释卦辞。柔得中指六五。阴居阳位，得中则既不柔弱无为，又不刚猛偾事。未济终于必济，所以亨。前卦既济之“初吉”者，已然之亨也，柔中之善于守成者也。此卦未济之亨者，未然之吉也，柔中之善于拨乱者也。“未出中”者，未出险中也，言止于水边涸处济之，而未能出其险陷之中也。济而得济谓之“终”，今“未出中”，则始虽济而终不能济，是不能继续而成其终矣。然岂终于不济哉！盖六爻虽失位，故为“未济”，然刚柔相应，终有协力出险之功，是未济终于必济，此其所以亨也。

《象》曰：火在水上，未济。君子以慎辨物居方。

火炎上，水润下，物不同也。火居南，水居北，方不同也。君子以之

"慎辨物"，使物以群分；"慎居方"，使方以类聚，则分定不乱，阳居阳位，阴居阴位，未济而成既济矣。

初六。濡其尾，吝。

兽之济水，必揭其尾，尾濡则不能济。"濡其尾"者，言不能济也。

〇初六才柔，又无其位，当未济之时，乃不量其才力而冒险以进，不能济矣。吝之道也。故其象占如此。

《象》曰：濡其尾，亦不知极也。

"极"者，终也，即《彖辞》"濡其尾无攸利不续终"也。言不量其才力而进，以至"濡其尾"，亦不知其终之不济者也。

九二。曳其轮，贞吉。

坎为轮。"曳其轮"者，不遽然而进也。凡济渡必识其才力，量其浅深，不遽于进，方可得济，不然必"濡其尾"矣。"贞"者，得济之正道也。"吉"者，终得以济也。

〇二以阳刚之才，当未济之时，居柔得中，能自止而不轻于进，故有"曳其轮"之象。占者如是，正而吉矣。

《象》曰：九二贞吉，中以行正也。

九居二本非其正，以中故得正也。

六三。未济，征凶。利涉大川。

"未济"者，言出坎险可以济矣，然犹未济也，故曰"未济"。"利涉大川"者，正卦为坎，变卦为巽，木在水上，乘木有功，故"利涉大川"。"征"者，行也。初"濡其尾"，行而未济也。二"曳其轮"，不行也。坎至于三，则坎之极，水益深矣，故必赖木以渡之方可济也。若不赖木而直行，则"濡其尾"而"凶"矣。

〇阴柔不中正，当未济之时，病于才德之不足，故"征凶"。然未济有可济之道，险终有出险之理，幸而上有阳刚之应，若能涉险而往赖之，则济矣，故占者利于赖木以"涉大川"。"利涉大川"，又占中赖阳刚之象也。

《象》曰：未济征凶，位不当也。

以柔居刚。

九四。贞吉悔亡，震用伐鬼方，三年有赏于大国。

"震"者，惧也。"四多惧"，四变中爻为震，故以震言之。"伐鬼方三年"，详见既济。"大国"对"鬼方"而言，则伐之者为大国，鬼方为小国也。"有赏于大国"者，三年鬼方自顺服，故大国赏之。惟其有赏，故不言"克之"也。既济言克之者，鬼方在上，仰关而攻克之甚难，且水乃克火之物，火又在下，所以三年方克。《小象》曰“惫者”，此也。则鬼方在下，易于为力，故自屈服。曰有赏者，如上之赏下也。未济与既济相综，未济九四即既济九三，故爻辞同。亦如损益相综，损之六五即益之六二；夬姤相综，夬之九四既姤之九三，所以爻辞皆同也。综卦之妙至此！

〇以九居四，不正而有悔也。能勉而贞则吉而悔亡矣。然以不贞之资，非临事而惧，何以能济天下之事哉！故必忧惕敬惧之久，则其志可行，而有以赏其心志矣。故占者又有“震用伐鬼方三年有赏于大国”之象。

《象》曰：贞吉悔亡，志行也。

“志行”者，已出其险，济之之志行也。履之九四，否之九四，睽之九四皆言志行，以“四多惧”故也。

六五。贞吉无悔。君子之光，有孚吉。

贞非戒辞，乃六五之所自有。“无悔”与“悔亡”不同。“无悔”者，自无悔也；“悔亡”者，有悔而亡也。未济渐济，故虽六五之阴而亦有“晖光”。既济渐不济，故虽九五之阳而必欲如“西邻之禴祭”。凡天地间造化之事，富贵功名类皆如此。

〇六五为文明之主，居中应刚，虚心以求九二之共济，贞吉无悔矣。故本之于身则光辉发越，征之于人则诚意相孚，吉不必言矣。占者有是德，方应是占也。文明即君子之光，中虚即有孚。

《象》曰：君子之光，其晖吉也。

日光曰晖，言如日光之盛。盖六五承应皆阳刚，君子相助为明，故“其晖吉”。

上九。有孚于饮酒，无咎。濡其首，有孚失是。

六爻皆有酒象。《易》中凡言“酒”者皆坎也。上二爻离错坎，亦酒也。“是”字即“无咎”二字。“濡其首”者，二也。坎水至三，坎水极深矣，故涉之者濡其首。既济之上六即未济之六三也，既济言“濡其首”，故上九与六三为正应，即以“濡其首”言之。

〇六五为未济之主，资九二之刚中，三涉川，四伐国，至于六五光辉发越，已成克济之功矣。上九负刚明之才，又无其位，果何所事哉？惟有孚于五，饮酒宴乐而已。此则近君子之光，所“有孚”者是矣。“无咎”之道也。若以濡其首之三为我之正应，乃有孚于二，与之饮酒则坠落于坎陷之中，与三同“濡其首”，所“有孚饮酒”者不是矣，安得“无咎”哉！故曰“有孚失是”。教占者必如此。

《象》曰：饮酒濡首，亦不知节也。

“节”者，事之界也。濡首同于六三，亦不知三在坎险之界而自罹其咎矣。

周易集注卷十三

系辞上传

天尊地卑，乾坤定矣。卑高以陈，贵贱位矣。动静有常，刚柔断矣。方以类聚，物以群分，吉凶生矣。在天成象，在地成形，变化见矣。

“天地”者，阴阳形气之实体也。“乾坤”者，《易》中纯阴纯阳之卦名也。“卑高”者，天地万物上下之位。“贵贱”者，《易》中卦爻上下之位也。动者阳之常，静者阴之常。以天地论，天动地静。以万物论，男外而动，女内而静，雄鸣而动，雌伏而静也。“刚柔”者，《易》中卦爻阴阳之称也。“断”，判断，乃自然分判，非由人也。“方”者，东南西北之四方也。“方以类聚”者，以天下言之，冀州之类与冀州相聚，荆州之类与荆州相聚是也。以职方言之，南方之类与南方相聚，北方之类与北方相聚是也。“物”者，万物也；“群分”者，角之群分别于毛，毛之群分别于羽，羽之群分别于裸是也。“吉凶”即善恶。以方言之，中土四边有腹里边方之善恶，天下九州有君子小人之善恶。以物言之，牛马则善，虎狼则恶。此皆阴阳淑慝之分也，故“吉凶生矣”。“吉凶”者，《易》中卦爻占决之辞也。此皆圣人仰观俯察，列于两间之表表可见者，故以一尊一卑，一卑一高，一动一静，一类一群，一形一象言之。前儒以方谓事情所向，恐不然矣。“象”者，日月星辰之属。“形”者，山川动植之属。两间形象，其中有往有来，有隐有见，有荣有枯，有生有死，千变万化。《易》中变化则阴之极者变乎阳，阳之极者化乎阴也。

○此一条言天地万物一对一待，《易》之象也。盖未画《易》之前，一部《易经》已列于两间。故“天尊地卑”，未有《易》卦之乾坤，而乾坤已定矣。“卑高以陈”，未有《易》卦之贵贱，而贵贱已位矣。“动静有常”，未有《易》卦之刚柔，而刚柔已断矣。“方以类聚，物以群分”，未有《易》卦之吉凶，而吉凶已生矣。“在天成象，在地成形”，未有《易》卦之变化，而变化已见矣。圣人之《易》不过模写其象数而已，非有心安排也。孔子因伏羲圆图阴阳一对一待，阴错乎阳，阳错乎阴，所以发此条。

是故刚柔相摩，八卦相荡。鼓之以雷霆，润之以风雨。日月运行，一寒一暑。乾道成男，坤道成女。乾知大始，坤作成物。

八卦以天地水火山泽雷风八卦之象言，非乾坎艮震巽离坤兑也，若旧注以两相摩而为四，四相摩而为八，则将下文日月男女说不通矣。“八卦”者，刚柔之体；刚柔者，八卦之性。总则刚柔，分则八卦。“摩荡”者，两仪配对，气通乎间，交感相摩荡也。惟两间之气交感摩荡，而复生育不穷，得阳气之健者为男，得阴气之顺者为女。然成男虽属乾道，而男女所受之气皆乾以始之；成女虽属坤道，而男女所生之形皆坤以成之。分之则乾男而坤女，合之则乾始而坤终，此造化一气流行之妙，两在不可测者也。“知”者，知此事也。“作”者，能此事也。盖未成之物无所造作，故言“知”；已成之物曾经长养，故言“作”。言乾惟知始物，别无所知，坤惟能成物，别无所能，此所以“易简”也。凡人之知，属气属魂，凡人之能，属形属魄，故乾以知言，坤以能言也。“大”者，完全之意，譬之生人，止天一生水也，而二之火为心，三之木为肝，四之金为肺，五之土为脾，一身之骸骨脏腑皆完全备具矣。盖不惟始，而大始也。

○此一条言天地阴阳之流行。一施一受，《易》之气也。言天地万物惟有此对待，故刚柔八卦相为摩荡，于是鼓雷霆，润风雨，日月寒暑，运行往来，形交气感，男女于是乎生矣。故乾所知者惟始物，坤所能者惟成物。无乾之施则不能成坤之终，无坤之受则不能成乾之始。惟知以施之，能以受之，所以生育不穷。孔子因《文王圆图》“帝出乎震，成言乎艮”，又文王《序卦》“阴综乎阳，阳综乎阴”，所以发此条。

乾以易知，坤以简能。易则易知，简则易从。易知则有亲，易从则有功，有亲则可久，有功则可大。可久则贤人之德，可大则贤人之业。易简而天下之理得矣，天下之理得而成位乎其中矣。

“易知”者，一气所到，生物更无凝滞，此则造化之良知，无一毫之私者也，故知之易。“简能”者，乃顺承天不自作为，此则造化之良能，无一毫之私者也，故能之简。盖乾始坤成者，乃天地之职司也。使为乾者用力之难，为坤者用力之烦，则天地亦劳矣。惟《易》乃造化之良知，故始物不难；惟简乃造化之良能，故成物不烦也。人受天地之中以生，其性分之天理，为我良知良能者，本与天同其易，而乃险不可知；本与地同其简，而乃阻不可从者，以其累于人欲之私耳。故“易则易知，简则易从”。“易知”者，我易知乎此无私之理也；“易从”者，我易从乎此无私之理也。非人知人从也。

下易字，难易之易。

○此一条言人成位乎中也。言乾惟知大始，是“乾以易知”矣。坤惟能成物，是“坤以简能”矣。人之所知如乾之易，则所知者皆性分之所固有，而无一毫人欲之艰深，岂不“易知”？人之所能如坤之简，则所能者皆职分之所当为，而无一毫人欲之纷扰，岂不“易从”？“易知”则此理之具于吾心者常洽浃亲就，不相支离疏隔，故“有亲”；“易从”则此理之践于吾身者常日积月累，无有作辍怠荒，故“有功”。“有亲”则日新不已，是以“可久”；“有功”则富有盛大，是以“可大”。“可久”则贤人之德与天同其悠久矣，“可大”则贤人之业与地同其博大矣。夫以易简而天下之理得，成贤人之德业，则是天有是《易》，吾之心亦有是《易》；地有是简，吾之身亦有是简，与天地参而为三矣。《易》中三才成其六位者，此也。理得成位，即致中和天地位万物育之意。“贤人”即圣人，与天地并而为三，非圣人而何？

右第一章。此章“天尊地卑”一条言天地对待之体，“刚柔相摩”一条言天地流行之用，“乾以易知”一条则言人成位乎天地之中。成位乎中，则天地之体用模写于《易》者，神而明之皆存乎其人矣。此三条孔子原《易》之所由作，通未说到《易》上去。至第二章“设卦观象”方言《易》。

圣人设卦观象，系辞焉而明吉凶，刚柔相推而生变化。

“设卦”者，文王周公将伏羲圆图六十四卦陈列也。“象”者物之似，总之有一卦之象，析之有六爻之象，观此象而系之以辞，以明一卦一爻之吉凶。“刚柔相推”者，卦爻阴阳迭相为推也。柔不一于柔，柔有时而穷，则自阴以推于阳而变生矣。刚不一于刚，刚有时而穷，则自阳以推于阴而化生矣。如乾之初九交于坤之初六则为震，坤之初六交于乾之初九则为巽，此类是也。又如夬极而乾矣，反下而又为姤；剥极而坤矣，反下而又为复，此类是也。《易》之为道，不过辞变象占四者而已。“吉凶”者，占也。占以辞而明，故“系辞焉而明吉凶”。“刚柔相推”者象也，变由象而出，故“刚柔相推而生变化”。

是故吉凶者，失得之象也。悔吝者，忧虞之象也。变化者，进退之象也。刚柔者，昼夜之象也。六爻之动，三极之道也。

“是故”者，因上文也。“吉凶悔吝”以卦辞言，“失得忧虞”以人事言。《易》言吉凶，在人为失得之象；《易》言悔吝，在人为忧虞之象。盖人之行事，顺理则得，逆理则失，故辞有吉凶，即人事失得之象。“虞”者乐也。“忧”则困心衡虑渐趋于吉，亦如悔之自凶而趋吉也；“虞”则志得意满渐向于凶，亦如吝之自吉而向凶也。所以“悔吝”即“忧虞之象”。所谓“观象系辞以明吉凶”者，此也。变化刚柔以卦画言，进退昼夜以造化言。柔变乎刚，进之象；刚化乎柔，退之象。“进”者息而盈也，“退”者消而虚也。刚属阳明，昼之象；柔属阴暗，夜之象。进退无常，故变化者进退之象；昼夜一定，故刚柔者昼夜之象。三者，三才也，地位人位天位也。“三才”即六爻。分之则六爻，总之则三才。“极”，至也。爻不极则不变动。阳极则阴，阴极则阳。言六爻之变动者，乃三才极至之道理如此也。故曰“道有变动曰爻”，所谓“刚柔相推而生变化”者此也。“六爻之动”二句言变化之故。

是故君子所居而安者，《易》之序也；所乐而玩者，《爻》之辞也。

上二节言圣人作《易》之事，此二节则教人之学《易》也。居者处也。“安”者，处而不迁。“乐”者，悦乐也。“玩”者，悦乐而反覆玩味。“序”者，文王《序卦》也。“所居而安”者，文王六十四卦之序；“所乐而玩”者，周公三百八十四爻之辞。文王《序卦》有错有综，变化无穷，若可迁移矣。然文王本其自然之画而定之，非有心安排也，故不可迁移。如乾止可与坤相错，不可与别卦相错，故孔子《杂卦》曰“乾刚坤柔”；屯止可与蒙相综，不可与别卦相综，故孔子《杂卦》曰“屯见而不失其居，蒙杂而著”。故处而不迁。此则教人学文王《序卦》、学周公《爻辞》。

是故君子居则观其象而玩其辞，动则观其变而玩其占。是以自天祐之，吉无不利。

辞因象而系，占因变而决。静而未卜筮时，《易》之所有者象与辞也；动而方卜筮时，《易》之所有者变与占也。《易》之道一阴一阳，即天道也。如此观玩则所趋皆吉，所避皆凶。静与天俱，动与天游，冥冥之中若或助之矣。故“自天祐之，吉无不利”。变即上变也，言变则化在其中。此则教人学文王周公辞变象占。

右第二章。此章言圣人作《易》，君子学《易》之事。

彖者，言乎象者也。爻者，言乎变者也。吉凶者，言乎其失得也。悔吝者，言乎其小疵也。无咎者，善补过也。

“彖”谓卦辞，文王所作者。“爻”谓爻辞，周公所作者。“象”指全体而言，乃一卦之所具者。如“元亨利贞”，则言一卦纯阳之象。“变”指一节而言，乃一爻之所具者。如“潜龙勿用”，则言初阳在下之变。凡言动之间，尽善之谓“得”，不尽善之谓“失”，小不善之谓“疵”，不明乎善而误于不善之谓“过”。觉其小不善，非不欲改，而彼时未改，于是乎有“悔”。觉其小不善，犹及于改而不能改，或不肯改，于是乎有“吝”。悔未至于吉而犹有小疵，吝未至于凶而已有小疵。“善”者，嘉也，嘉其能补过也，即上文“言乎”言字之例。本有过而能图回改复谓之补。譬如衣有破处，是过也，帛则用帛补之，布则用布补之，此之谓“补过”。吉凶失得之大不如悔吝之小，悔吝疵病之小又不如无咎之为善。

〇《彖》言象，《爻》言变，则“吉凶悔吝无咎”之辞皆备矣。故“吉凶”者言乎卦爻中之失得也，“悔吝”者言乎卦爻中之小疵也，“无咎”者善乎卦爻中之能补过也。此释《彖》、《爻》之名义，又释“吉凶”“悔吝”“无咎”之名义也。

是故列贵贱者存乎位，齐大小者存乎卦，辩吉凶者存乎辞，忧悔吝者存乎介，震无咎者存乎悔。是故卦有小大，辞有险易。辞也者，各指其所之。

上文释卦爻吉凶悔吝无咎之名义矣，此则教人体卦爻“吉凶悔吝无咎”之功夫也。五存应四言一善。“列贵贱”句应《爻》者言乎其变，“齐大小”句应《彖》者言乎其象。“列”者，分列也。六爻上体为贵，下体为贱。“齐”者，等也。等分大小也。阳大阴小，阳大为主者，复、临、泰之类也；阴小为主者，姤、遁、否之类也。“小往大来”，“大往小来”，皆其类也。“介”者，分也。“震”者，动也。“大小”即所齐之大小也。“险易”者，即卦爻辞之险易也。“险”者暗昧而艰深，如文王卦辞“履虎尾”“先甲后甲”之类，周公爻辞“其人天且劓”“入于左腹”之类是也。《易》者明白而平易，如文王卦辞谦“君子有终”、渐“女归吉”之类，周公爻辞“师左次”“同人于门”之类是也。“之”者，往也。“各”者，吉、凶、悔、吝、无咎五者各不同也。“各指其所之”者，各指其所往之地也。

〇言爻固言乎其变矣，若列贵践则存乎所变之位，不可贵贱混淆。《彖》固言乎其象矣，若齐大小则存乎所象之卦，不可大小紊乱。吉凶固言乎失得矣，若辩吉凶则存乎其辞，辞吉则趋之，辞凶则避之。悔吝固言乎小疵矣，然不可以小疵而自恕，必当于此心方动、善恶初分、几微之时即忧之，则不至于悔吝矣。无咎固补过矣，然欲动补过之心者，必自悔中来也。是故卦与辞虽有大小险易之不同，然皆各指于所往之地，如吉凶则趋之避之，如悔吝则忧乎其介，如无咎存乎悔也。此则教人观玩体卦爻吉凶悔吝无咎之功夫也。

右第三章。此章教人观玩之事，故先释卦爻并吉凶悔吝无咎五者之名义，而后教人体此卦爻并五者功夫也。

《易》与天地准，故能弥纶天地之道。

“准”者，均平也。言《易》之书与天地均平也。“弥”者弥缝，包括周密，合万为一，而浑然无欠，即下文范围之意。纶者丝纶，条理分明，析一为万，而灿然有伦，即下文曲成之意。“弥纶天地”者，如以乾卦言，为天为圜，以至为木果，即一卦而八卦可知矣。如以乾卦初爻潜龙言，在君得之则当传位，在臣得之则当退休，在士得之则当静修，在商贾得之则当待价，在女子得之则当愆期，在将帅得之则当左次，即一爻而三百八十四爻可知矣。岂不“弥纶天地”!

仰以观于天文，俯以察于地理，是故知幽明之故。原始反终，故知死生之说。精气为物，游魂为变，是故知鬼神之情状。

天垂象有文章，地之山川原隰各有条理。阳极而阴生则渐幽，阴极而阳生则渐明。一日之天地如此，终古之天地亦如此。“故”者，所以然之理也。人物之始，此阴阳之气；人物之终，此阴阳之气。其始也，气聚而理随以完，故生；其终也，气散而理随以尽，故死。“说”者，死生乃人之常谈也。人之阴神曰魄，耳目之聪明是也。人之阳神曰魂，口鼻之呼吸是也。死则谓之魂魄，生则谓之精气。天地之所公共者谓之鬼神。阴精阳气聚而成物，则自无而向于有，乃阴之变阳，神之神也；魂游魄降散而为变，则自有而向于无，乃阳之变阴，鬼之归也。“情状”，犹言模样。

○《易》与天地准者，非圣人安排穿凿强与为准也。盖《易》以道阴阳，阴阳之道不过幽明死生鬼神之理而已。今作《易》，圣人仰观俯察知幽明之故，原始反终知死生之说，知鬼神之所以为鬼神者乃精气为物、游魂为变也，故能知其情状。夫天地之道，不过一幽一明、一死一生、一鬼一神而已。而作《易》圣人皆有以知之，此所以《易》与天地准也。

与天地相似，故不违。知周乎万物，而道济天下，故不过。旁行而不流，乐天知命，故不忧。安土敦乎仁，故能爱。

知周音智。

“相似”即不违，下文“不过”、“不忧”、“能爱”皆不违之事。“知周乎万物”者，聪明睿知足以有临，所以道济天下也。“不过”虽指天地，若以圣人论，乃道济天下，德泽无穷，举天下不能过也，如言天下莫能载焉之意，与下文“不过”不同。旁行者，行权也。不流者，不失乎常经也。天以理言，仁义忠信是也；命以气言，吉凶祸福是也。乐天理则内重外轻，又知命则惟修身以俟，所以“不忧”。如困于陈蔡，梦奠两楹，援琴执杖而歌是也。随寓而安乎土，胸中无尔我町畦，又随寓而敦笃乎仁，所行者皆立人达人之事，所以“能爱”。“不过”、“不忧”、“能爱”皆指天地言。至大不能过者，天地之体；不忧者，天地之性；能爱者，天地之情。天地之道不过如此而已，故以此三者言之。“万物天下”协“不过”二字，“乐”字协“不忧”二字，“仁”字协“爱”字。

〇此言圣人与天地准也。言圣人于天地之道，岂特如上文知之哉？圣人即与天地相似也。惟其与天地相似，故圣人之道皆不违乎天地矣。何也？天地至大无外，不能过者也；圣人则知周乎万物而道济天下，故与天地相似，同其“不过”。天地无心而成化，鼓万物而不与圣人同忧，“不忧”者也；圣人则旁行不流，乐天知命，故与天地相似，同其不忧。天地以生物为心，“能爱”者也；圣人则安土敦仁，故与天地相似，同其能爱。是三者皆与天地相似者也。惟其相似，所以作《易》与天地准也。

范围天地之化而不过，曲成万物而不遗，通乎昼夜之道而知，故神无方而《易》无体。

“范”如人范金使成形器，围如人墙围使有界止。“化”者，天地之变化也。天地阴而阳，阳而阴，本无遮阑，本无穷尽，圣人则范围之。“范围”即“裁成天地之道”，治历明时、体国经野之类是也。“不过”者，不使之过也。“曲成万物”，如教之养之，大以成大，小以成小之类是也。“通”者，达也，通达乎昼夜之道而知之也。昼夜即幽明、死生、鬼神也。神指圣人，即圣而不可知之谓神。《易》指《易》书，“无方”所无形体，皆谓无形迹也。

〇圣人既与天地相似，故《易》能弥天地之道，圣人则范围天地而不过，亦能弥之。《易》能纶天地之道，圣人则曲成万物而不遗，亦能纶之。《易》书所具不过幽明、死生、鬼神之理也，圣人则通乎昼夜之道而知，亦能知幽明、死生、鬼神，故圣则无方而《易》则无体。《易》与天地准者，因作《易》，圣人亦与天地准也。

右第四章。此章言《易》与天地准者，因作《易》，圣人亦与天地准也。

一阴一阳之谓道。

理乘气机以出入，一阴一阳。气之散殊，即太极之理各足而富有者也；气之迭运，即太极之理流行而日新者也。故谓之“道”。

继之者善也，成之者性也。仁者见之谓之仁，知者见之谓之知。百姓日用而不知，故君子之道鲜矣。

见音现。知音智。

继是接续不息之意。《书》言“帝降”，《中庸》言“天命”。气之方行，正所降所命之时，人物之所公共之者也。此指人物未生，造化流行上言之。盖静之终，动之始，地静极复动则贞，而又继之以元，元乃善之长，此继之者所以善也。以其天命之本体，不杂于形气之私，故曰善。“成”，是凝成有主之意。气以成形而理亦赋焉，乃人物所各足之者也。因物物各得其太极无妄之理，不相假借，故曰“性”。见，发见也。仁者知者即君子。

〇此一阴一阳之道，若以天人赋受之界言之，继之者善也，成之者性也，此所以谓之道也。虽曰善曰性，然具于人身浑然一理，无声无臭，不可以名状，惟“仁”者发见于恻隐则谓之仁，“知”者发见于是非则谓之知，而后所谓善性者方有名状也。故百姓虽与君子同具此善性之理，但为形气所拘，物欲所蔽，而知君子仁知之道者鲜矣。

显诸仁，藏诸用，鼓万物而不与圣人同忧，盛德大业至矣哉！富有之谓大业，日新之谓盛德。

仁者造化之心，用者造化之功。仁本在内者也，如春夏之生长万物，是显诸仁。用本在外者也，如秋冬之收敛万物，是藏诸用。春夏是显秋冬所藏之仁，秋冬是藏春夏所显之用。仁曰“显”，用曰“藏”，互言之也。“不忧”者，乾以易知，坤以简能，无心而成化，有何所忧？“富有”者，无物不有，而无一毫之亏欠；“日新”者，无时不然，而无一毫之间断。天地以生物为德，以成物为业。

〇此一阴一阳之道若以天地言之，自其气之嘘也，则自内而外显诸其仁；自其气之吸也，则自外而内藏诸其用。然天地无心而成化，虽鼓万物出入之机而不与圣人同忧，此所以盛德大业不可复加也。“富有”“日新”乃德业之实，此一阴一阳之道在天地者也。

生生之谓《易》，成象之谓乾，效法之谓坤，极数知来之谓占，通变之谓事，阴阳不测之谓神。

“效法”者，承天时行，惟效法之而已。“极数”者，方卜筮之时，究极其阴阳七八九六之数，观其所值何卦，所值何爻以断天下之疑，故曰“占”。“通变”者，既卜筮之后，详通其阴阳老少之变。吉则趋之，凶则避之，以定天下之业，故曰“事”。以其理之当然而言曰“道”，以其道之不测而言谓之“神”，非道外有神也。

〇此一阴一阳之道若以《易》论之，阳生阴，阴生阳，消息盈虚，始终代谢，其变无穷，此则一阴一阳之道在《易》书。《易》之所由名者此也。圣人作《易》之初，不过此阴阳二画。然乾本阳，而名为乾者，以其健而成象，故谓之乾；坤本阴，而名为坤者，以其顺而效法，故谓之坤。此则一阴一阳之道在卦者也。故究极此一阴一阳之数以知业则谓之占，详通其一阴一阳之变以行事则谓之事，此则一阴一阳之道在卜筮者也。若其两在不测则谓之神。盖此一阴一阳之道，其见之于《易》人则谓之仁知，见之于天地则谓之德业，见之于《易》则谓之乾坤占事。人皆得而测之，惟言阳矣而阳之中未尝无阴，言阴矣而阴之中未尝无阳，两在不测则非天下之至神，不能与于此矣，故又以神赞之。

右第五章。此章言一阴一阳之道不可名状，其在人则谓之仁知，在天地则谓之德业，在《易》则谓之乾坤占事，而终赞其神也。通章十一个谓字相同，一阴一阳贯到底。

夫《易》，广矣大矣。以言乎远则不御，以言乎迩则静而正，以言乎天地之间则备矣。

广言其中之所含，大言其外之所包。“不御”者，无远不到而莫之止也。“静”者，无安排布置之扰也。“正”者，六十四卦皆利于正也。“备”者，无所不有也。下三句正形容广大。

〇夫《易》广矣大矣，何也？盖《易》道不外乎阴阳，而阴阳之理则遍体乎事物。以远言，其理则天高而莫御；以迩言，其理则地静而不偏；以天地之间而言，则万事万物之理无不备矣。此《易》所以广大也。

夫乾，其静也专，其动也直，是以大生焉。夫坤，其静之翕，其动也辟，是以广生焉。

天地者，乾坤之形体；乾坤者，天地之情性。“专”者，专一而不他；“直”者，直遂而不挠。“翕”者，举万物之生意而收敛于内也；“辟”者，举万物之生意而发散于外也。乾之性健，一而实，故以质言而曰“大”。“大”者，天足以包乎地之形也。坤之性顺，二而虚，故以量言而曰“广”。“广”者，地足以容乎天之气也。“动”者，乾坤之相交也。

〇《易》之所以广大者，一本于乾坤而得之也。盖乾画奇，不变则其静也专，变则其动也直。坤画偶，不变则其静也翕，变则其动也辟。是以大生广生焉。《易》不过模写乾坤之理。《易》道之广大，其原盖出于此。

广大配天地，变通配四时，阴阳之义配日月，易简之善配至德。

“配”者，相似也，非配合也。“变”通者，阴变而通于阳，阳变而通乎阴也。“义”者，名义也。卦爻中刚者称阳，柔者称阴，故曰“义”。“易简”者，健顺也。“至德”者，仁义礼知，天所赋于人之理而我得之者也。仁礼属健，义知属顺。

〇《易》之广大得于乾坤，则《易》即乾坤矣。由此观之，可见《易》之广大亦如天地之广大，《易》之变通亦如四时之变通，《易》所言阴阳之义与日月之阴阳相似，《易》所言易简之善与圣人之至德相似。所谓远不御而近静正、天地之间悉备者在是矣。此《易》所以广大也。

右第六章。此章言《易》广大配天地。

子曰：《易》其至矣乎！夫《易》，圣人所以崇德而广业也。知崇礼卑。崇效天，卑法地。天地设位，而《易》行乎其中矣。成性存存，道义之门。

“子曰”二字后人所加。穷理则知崇，如天而德崇，循理则礼卑，如地而业广。盖知识贵乎高明，践履贵乎著实。知崇效天则与乾知大始者同其知，所谓洋洋发育万物峻极于天者，皆其知之崇也。礼卑法地则与坤作成物者同其能，所谓优优大哉三千三百者，皆其礼之卑也。天清地浊，知阳礼阴。天地设位，而知阳礼阴之道即行乎其中矣。“易”字即知礼也。知礼在人则谓之性，而所发则道义也。“门”者，言道义从此出也。

〇此言圣人以《易》而崇德广业，见《易》之所以为至也。盖六十四卦三百八十四爻皆理之所在也。圣人以是理穷之于心，则识见超迈，日进于高明，而其知也崇；循是理而行，则功夫敦笃，日就于平实，而其礼也卑。崇效乎天，则崇之至矣，故德崇；卑法乎地，则卑之至矣，故业广。所以然者，非圣人勉强效法乎天地也，盖天地设位，而知阳礼阴之道已行乎其中矣。其在人也，则谓之成性，浑然天成，乃人之良知良能，非有所造作而然也，圣人特能存之耳。今圣人知崇如天，则成性之良知已存矣；礼卑如地，则成性之良能又存矣。存之又存，是以道义之得于心为德、见于事为业者，自然日新月盛，不期崇而自崇，不期广而自广矣。圣人崇德广业以此。此《易》所以为至也。

右第七章。此章言圣人以《易》崇德广业，见《易》之所以至也。

圣人有以见天下之赜，而拟诸其形容，象其物宜，是故谓之象。

“赜”者，口旁也，养也。人之饮食在口者朝夕不可缺，则人事之至多者，莫多于口中日用之饮食也。故曰“圣人见天下之赜”。赜盖事物至多之象也。若以杂乱释之，又犯了下面“乱”字，不如以口释之，则于厌恶字亲切。“拟诸形容”，乾为圜，坤为大舆之类。“象其物宜”，乾称龙，坤称牝马之类。二其字皆指“赜”。

圣人有以见天下之动，而观其会通，以行其典礼，系辞焉以断其吉凶，是故谓之爻。

“观其会通”全在天下之动上言，未著在《易》上去。会者，事势之凑合难通者也，即“嘉会足以合礼”会字。但“嘉会”乃嘉美之会，有善而无恶，此则有善恶于其间。“典礼”即合礼之礼。盖通即典礼所存，以事势而言则曰“通”，以圣人常法而言则曰“典礼”。典者，常法也，礼即天理之节文也。如大禹，揖逊与传子二者相凑合，此会也；然天下讴歌等皆归之子，此通也；若复揖逊，不通矣。则传子者，乃行其典礼也。汤武君与民二者相凑合，此会也；然生民涂炭，当救其民，顺天应人，此通也；若顺其君不救其民，不通矣。则诛君者，乃行其典礼也。所以周公三百八十四爻，皆是见天下之动，观其会通，以行其典礼，方系辞以断其吉凶。如剥卦五爻阴欲剥阳，阴阳二者相凑合而难通者也，然本卦有顺而止之之义，此通也，合于典礼者也，则系“贯鱼以宫人宠”之辞，无不利而吉矣。离卦四爻两火相接，下三爻炎上，下五爻又君位难犯，此二火凑合而难通者也，然本卦再无可通之处，此悖于典礼者也，则系“死如弃如”之辞，无所容而凶矣。

言天下之至赜而不可恶也，言天下之至动而不可乱也。拟之而后言，议之而后动，拟议以成其变化。

恶，乌路反。

“言”，助语辞。“恶”，厌也，朝此饮食，暮此饮食，月此饮食，年此饮食，得之则生，不得则死，何常厌恶？既见天下之赜以立其象，是以不惟赜，虽言天下之至赜，而不可恶也；既见天下之动以立其爻，是以不惟动，虽言天下之至动，而不可乱也。盖事虽至赜，而理则至一，事虽至动，而理则至静。故赜虽可恶，而象之理犁然当于心，则不可恶也；动虽可乱，而爻之理井然有条贯，则不可乱也。是以学《易》者比拟其所立之象以出言，则言之浅深详略自各当其理；商议其所变之爻以制动，则动之仕止久速自各当其时。夫变化者，《易》之道也。既拟《易》后言，详《易》后动，则语默动静皆中于道，《易》之变化不在其《易》而成于吾身矣。故举“鹤鸣”以下七爻，皆拟议之事，以为三百八十四爻之凡例云。

“鸣鹤在阴，其子和之。我有好爵，吾与尔靡之。”子曰：君子居其室，出其言善，则千里之外应之，况其迩者乎！居其室，出其言不善，则千里之外违之，况其迩者乎！言出乎身加乎民，行发乎迩见乎远。言行，君子之枢机，枢机之发，荣辱之主也。言行，君子之所以动天地也，可不慎乎！

和，胡卧反。靡音縻。行，下孟反。见，贤遍反。

释中孚九二义，以此拟议于言行，亦如乾坤之《文言》也。但多错简，详见后篇《考定》。“居室”，在阴之象。“出言”，鹤鸣之象。“千里之外应之”，子和之象。言者心之声，出乎身，加乎民；行者心之迹，发乎迩，见乎远。此四句“好爵尔靡”之象。户以枢为主，枢动而户之辟有明有暗；弩以机为主，而弩之发或中或否亦犹言之出，行之发有荣有辱也。应虽在人，而感召之者则在我，是彼为宾而我为主也，故曰“荣辱之主”。“动天地”者，言不特荣在我也，言行感召之，和气足以致天地之祥；不特辱在我也，言行感召之，乖气足以致天地之异。如景公发言善而荧惑退舍，东海孝妇含冤而三年不雨是也。言行一发有荣有辱，推而极之，动天地者亦此，安行不慎！所以拟议而后言动者以此。

“同人先号咷而后笑。”子曰：君子之道，或出或处，或默或语。二人同心，其利断金。同心之言，其臭如兰。

释同人九五爻义，以拟议于异同。爻辞本言始异终同，孔子则释以迹异心同也。“断金”者，物不能间也，言利刃断物，虽坚金亦可断，不能阻隔也。“如兰”者，气味之相投，言之相入如兰之馨香也。

〇同人以同为贵，而乃言号咷而后笑者何也？盖君子之出处语默，其迹迥乎不同矣，然自其心观之，皆各适于义，成就一个是而已。迹虽不同而心则同，故物不能间而言之有味，宜乎相信而笑也。

“初六。藉用白茅，无咎。”子曰：苟错诸地而可矣。藉之用茅，何咎之有？慎之至也。夫茅之为物薄，而用可重也。慎斯术也以往，其无所失矣。

释大过初六爻义，以拟议于“敬慎”。“错”，置也。置物者不过求其安，今置之于地，亦可以为安矣，而又承藉之以茅，则益有凭藉，安得有倾覆之咎？故“无咎”者，以其慎之至也。夫茅之为物，至薄之物也，今不以薄而忽之，以之而获无咎之善，是其用则重矣。当大过之时，以至薄之物而有可用之重，此慎之之术也。慎得此术以往，百凡天下之事又有何咎而失哉！孔子教人以慎术，即孟子教人以仁术。

“劳谦，君子有终吉。”子曰：劳而不伐，有功而不德，厚之至也。语以其功下人者也。德言盛，礼言恭。谦也者，致恭以存其位者也。

释谦九三爻义，以拟议人之处功名。“劳”者，功之未成；“功”者，劳之已著。“不德”者，不以我有功而为德也。“厚”者，浑厚不薄之意。“厚之至”，据其理而赞之，非言九三也。“语”者，言也。以功下人者，言厚之至不过以功下人也。以功下人即劳而不伐、有功而不德也。“德”者及人之德，即功劳也。德欲及人，常有余；礼欲视己，常不足。“言”者，言从来如此说也。“劳谦”则兼此二者矣。

〇人臣以宠利居成功，所以鲜克有终。九三劳谦君子有终吉者，何也？盖人臣劳而不伐，有功而不德，此必器度识量有大过人者，故为“厚之至”。夫“厚之至”者，不过言其以功下人耳，知此可以论九三矣。何也？盖人之言德者必言盛，人之言礼者必言恭。今九三劳则德盛矣，谦则礼恭矣。德盛礼恭本君子修身之事，非有心为保其禄位而强为乎此也。然致恭则人不与争劳争功，岂不永保斯位？所以“劳谦有终吉”者以此。

“亢龙有悔”。子曰：贵而无位，高而无民，贤人在下位而无辅，是以动而有悔也。

重出。

“不出户庭，无咎。”子曰：乱之所生也，则言语以为阶。君不密则失臣，臣不密则失身，几事不密则害成。是以君子慎密而不出也。

释节初九爻义，以拟议人之慎言语。“乱”，即下文“失臣”“失身”“害成”也。“君不密”，如唐高宗告武后以上官仪教我废汝是也。臣不密，如陈蕃乞宣臣章以示宦者是也。几者事之始，成者事之终。始韩琦处任守忠之事，欧阳修曰韩公必自有说，此密几事也。

〇“不出户庭无咎”何也？盖乱之所生皆“言语以为阶”。如君之言语不密则害及其臣，谋以弭祸而反以嫁祸于臣。臣之言语不密，则害及于身，谋以除害而反得反噬之害。不特君臣为然，凡天下之事，有关于成败而不可告人者，一或不密则害成。“言语”者，一身之户庭。“君子慎密不出户庭”者，以此。

子曰：作《易》者其知盗乎！《易》曰：“负且乘，致寇至。”负也者，小人之事也。乘也者，君子之器也。小人而乘君子之器，盗思夺之矣。上慢下暴，盗思伐之矣。慢藏诲盗，冶容诲淫。《易》曰：“负且乘，致寇至。”盗之招也。

释解六三爻义，以拟议小人窃高位。圣人作《易》以尽情伪，故言知盗。“思”者，虽未夺而思夺之也。“上慢”者，慢其上不忠其君；“下暴”者，暴其下不仁其民。四“盗”字皆言寇盗。诲盗之盗活字，偷也。冶者，妖冶也，装饰妖冶其容也。此二句皆指坎也。坎为盗为淫，故象卦言“见金夫不有躬”，又言“寇”也。盗之招即自我致戎。

○作《易》者其知致盗之由乎！《易》曰："负且乘，致寇至。"夫负本小人之事，而乘则君子之名器。小人而乘君子之名器，盗必思夺之矣。何也？盖小人窃位必不忠不仁，盗岂不思夺而伐之。然夺伐虽由于盗，而致其夺伐者，实由自暴慢有以诲之，亦犹"慢藏诲盗，冶容诲淫"也。《易》之言正招盗而诲之之意也。作《易》者不归罪于盗而归罪于招盗之人，此所以知盗。

右第八章。此章自中孚至此凡七，乃孔子拟议之辞，而为三百八十四爻之凡例，亦不外乎随处以慎其言动而已。即七爻而三百八十四爻可类推矣。

天一地二，天三地四，天五地六，天七地八，天九地十。

伏羲龙马负图有一至十之数。人知河图之数而不知天地之数，人知天地之数而不知何者属天何者属地，故孔子即是图而分属之。天阳，其数奇，故一三五七九属天。地阴，其数偶，故二四六八十属地。

天数五，地数五，五位相得而各有合。天数二十有五，地数三十。凡天地之数五十有五，此所以成变化而行鬼神也。

"天数五"者，一三五七九，其位有五也。"地数五"者，二四六八十，其位有五也。"五位"者即五数也。言此数在河图上下左右中央，天地各五处之位也。"相得"者，一对二，三对四，六对七，八对九，五与十对乎中央，如宾主对待相得也。"有合"者，一与六居北，二与七居南，三与八居东，四与九居西，五与十居中央，皆奇偶同居，如夫妇之阴阳配合也。"二十有五"者，一三五七九奇之所积也。三十者，二四六八十偶之所积也。变者化之渐，化者变之成。一二三四五居于图之内者，生数也，化之渐也，变也。六七八九十居于图之外者，成数也，化也。"变化"者数也，即下文知变化之道之变化也。"鬼神"指下文卜筮而言，即下文神德行其知神之所为之鬼神也。故曰卜筮者先王所以使民信时日敬鬼神也，非屈伸往来也。言天地之数五十有五，成变化而鬼神行乎其间，所以卜筮而知人吉凶也。故下文即言"大衍之数"，"乾坤之策"，"四营成《易》"也。何以为生数成数，此一节盖孔子之图说也，皆就河图而言。河图一六居北为水，故水生于一而成于六，所以一为生数，六为成数。生者即其成之端倪，成者即其生之结果。二七居南为火，三八居东为木，四九居西为金，五十居中央为土，皆与一六同。

大衍之数五十，其用四十有九。分而为二以象两，挂一以象三，揲之以四以象四时，归奇于扐以象闰。五岁再闰，故再扐而后挂。

衍与演同。演者广也，衍者宽也，其义相同，言广天地之数也。"大衍之数五十”者，蓍五十茎，故曰“五十”也。“其用四十有九”者，演数之法，必除其一。方筮之初，右手取其一策反于椟中是也。“分二”者，中分其筮数之全，置左以半，置右以半，此则如两仪之对待，故曰以象两也。“挂”者，悬其一于左手小指之间也。“三”者，三才也。左为天，右为地，所挂之策象人，故曰“象三”。“揲之以四”者，间数之也，谓先置右手之策于一处，而以右手四四数左手之策；又置左手之策于一处，而以左手四四数右手之策，所以象春夏秋冬也。“奇”者，零也，所揲四数之余也。扐者，勒也，四四之后必有零数，或一或二，或三或四。左手者归之于第四第三指之间，右手者归之于第三第二指之间而扐之也。“象闰”者，以其所归之余策而象日之余也。“五岁再闰”者，一年十二月，气盈六日，朔虚六日，共余十二日，三年则余三十六日，分三十日为一月，又以六日为后闰之积，其第四第五年又各余十二日，以此二十四日凑前六日又成一闰，此是“五岁再闰”也。挂一当一岁，揲左当二岁，扐左则三岁，一闰矣；又揲右当四岁，扐右则五岁，再闰矣。“再扐而后挂”者，再扐之后，复以所余之蓍合而为一为第二变，再分再挂再揲也。独言蓍者，分二揲四皆在其中矣，此则象再闰也。

乾之策二百一十有六，坤之策百四十有四，凡三百有六十，当期之日。二篇之策，万有一千五百二十，当万物之数也。

期音基。

“策”者，乾坤老阳老阴过揲之策数也。乾九坤六，以四营之，乾则四九三十六，坤则四六二十四。乾每一爻得三十六，则六爻得二百一十有六矣。坤每一爻得二十四，则六爻得百四十有四矣。“当期之数”者，当一年之数也。当者，适相当也，非以彼准此也。若以乾坤之策三百八十四爻总论之，阳爻百九十二，每一爻三十六，得六千九百一十二策；阴爻百九十二，每一爻二十四，得四千六百八策。合之万有一千五百二十，当万物之数也。

是故四营而成《易》，十有八变而成卦，八卦而小成。引而伸之，触类而长之，天下之能事毕矣。显道神德行，是故可与酬酢，可与祐神矣。子曰：知变化之道者，其知神之所为乎！

上文言数，此则总言卦筮引伸触类之无穷也。“营”者，求也，四营者，以四而求之也。如老阳数九，以四求之，则其策三十有六；老阴数六，以四求之，则其策二十有四。少阳数七，以四求之，则其策二十有八；少阴数八；以四求之，则其策三十有二。阴阳老少六爻之本，故曰“四营而成《易》”。“十有八变而成卦”者，三变成一爻，十八变则成六爻矣。“八卦”者，乾坎艮震之阳卦，巽离坤兑之阴卦也。言圣人作《易》止有此八卦，亦不过小成而已，不足以尽天下之能事也。惟引此八卦而伸之成六十四卦，如乾为天，天风姤，坤为地，地雷复之类。触此八卦之类而长之，如乾为天为圜，坤为地为母之类，则吉凶趋避之理悉备于中，天下之能事毕矣。“能事”者，下文显道神德行酬酢祐神所能之事也。“道”者，吉凶消长进退存亡之道，即天下能事之理。“德行”者，趋避之见于躬行实践，即天下能事之迹。道隐于无，不能以自显，惟有筮卦之辞，则其理昭然于人，不隐于茫昧矣。德滞于有，不能自神，惟人取决于筮，则趋之避之，民咸用以出入，莫测其机缄矣。惟其显道神德行，则受命如嚮，可以酬酢万变，如宾主之相应对，故“可与酬酢”。神不能自言吉凶与人，惟有蓍卦之辞，则代鬼神之言而祐助其不及，故“可与祐神”。不惟明有功于人，而且幽有功于神，天下之能事岂不毕。“变化”者，即上文蓍卦之变化也。两在不测，人莫得而知之，故曰“神”。言此数出于天地，天地不得而知也。模写于蓍卦，圣人不得而知也。故以神赞之。“子曰”二字，后人所加也。

右第九章。此章言天地筮卦之数而赞其为神也。

《易》有圣人之道四焉：以言者尚其辞，以动者尚其变，以制器者尚其象，以卜筮者尚其占。

《易》之为道不过辞变象占四者而已。“以”者用也，尚者取也，“辞”者《彖辞》也，如“乾元亨利贞”是也。“问焉而以言”者，尚之则知其元亨，知其当利于贞矣。“变”者爻变也。“动”者动作营为也。“尚变”者，主于所变之爻也。“制器”者，结绳网罟之类是也。“尚象”者，网罟有离之象是也。“占”者，占辞也，卜得初九潜龙，则尚其勿用之占是也。

是以君子将有为也，将有行也，问焉而以言。其受命也如嚮，无有远近幽深，遂知来物。非天下之至精，其孰能与于此。

嚮，去声。

此“尚辞”之事。问即命也。受命者，受其问也。以言二字应以言者尚其辞，谓发言处事也。未有有为有行而静默不言者。嚮者向也，即向明而治之向也，言如彼此相向之近而受命亲切也。远而天下后世，近而瞬夕户阶，幽则其事不明，深则其事不浅。“来物”，未来之吉凶也。“精”者，洁净精微也。

〇君子将有为有行，问之阙于《易》，《易》则受其问，如对面问答之亲切，以决未来之吉凶，远近幽深无不周悉。非其辞之至精孰能与此？故以言者尚其辞。

参伍以变，错综其数。通其变，遂成天地之文。极其数，遂定天下之象。非天下之至变，其孰能与于此！

此“尚变”“尚象”之事。“参伍错综”皆古语。三人相杂曰“参”，五人相杂曰“伍”。参伍以变者，此借字，以言蓍之变乃分揲挂扐之形容也。盖十八变之时，或多或寡，或前或后，彼此相杂，有参伍之形容，故以参伍言之。错者，阴阳相对，阳错其阴，阴错其阳也。如伏羲圆图乾错坤，坎错离，八卦相错是也。综即今织布帛之综，一上一下者也。如屯蒙之类本是一卦，在下则为屯，在上则为蒙，载之文王《序卦》者是也。“天地”二字即阴阳二字。“成文”者，成阴阳老少之文也。盖奇偶之中有阴阳，纯杂之中有老少。阳之老少即天之文，阴之老少即地之文。物相杂故曰“文”，即此文也。定天下之象者，如乾坤相错，则乾马坤牛之类各有象；震艮相综，则震雷艮山之类各有其象是也。变者象之未定，象者变之已成，故象与变二者不杂，蓍卦亦不相杂，故参伍言蓍，错综言卦，所以十一章言圆而神，即言方以知也。

〇参伍其蓍之变，错综其卦之数，通之极之而成文成象，则奇偶老少不滞于一端，内外贞悔不胶于一定，而变化无穷矣。非天下之至变其孰能与于此？故以动者尚其变，以制器者尚其象。

《易》，无思也，无为也，寂然不动，感而遂通天下之故。非天下之至神，其孰能与于此！

此言“尚占”之事。《易》者卜筮也。蓍乃草，无心情之物，故曰“无思”。龟虽有心情，然无所作为，故曰“无为”。无心情无作为则寂然而静、至蠢不动之物矣，故曰“寂然不动”。“感”者，人问卜筮也。“通天下之故”者，知吉凶祸福也。此神字即是与神物之神，上节就圣人辞上说，故曰精；就蓍卦形容上说，故曰“变”。此章蓍与龟上说，乃物也，故曰“神”。

〇凡天下之物有思有为，其知识才能超出于万物之表者，方可以通天下之故也。今蓍龟无思无为，不过一物而已，然方感矣，而遂能通天下之故，未尝迟回于其间，非天下之至神乎？所以“以卜筮者尚其占”，观下文“唯神也”三字可见。

夫《易》，圣人所以极深而研几也。唯深也，故能通天下之志；唯几也，故能成天下之务；唯神也，故不疾而速，不行而至。子曰“《易》有圣人之道四焉”者，此之谓也。

“极深”者，究极其精深也。探赜索隐，钩深致远，通神明之德，类万物之情，知幽明死生鬼神之情状是也。“研几”者，研审其几微也。履霜而知坚冰之至，剥足而知蔑贞之凶之类是也。唯精，故极深，未有极深而不至精者。唯变，故研几，未有知几而不通变者。通天下之志，即发言处事受命如嚮也。

成天下之务，即举动制器成文成象也。“不疾”“不行”即“寂然不动”，而速而至，即“感而遂通天下之故”也。

〇总以辞变象占四者论之。固至精至变至神矣，然所谓精者，以圣人极其深也。惟深也，故至精而能通天下之志。所谓变者，以圣人之研其几也。惟几也，故至变而能成天下之务。蓍龟无思无为，则非圣人之极深研几矣，惟神而已。惟神也，故寂然不动，感而遂通天下之故，不疾而速，不行而至也。夫至精至变至神，皆圣人之道，而《易》之辞变象占有之，故《易》谓有圣人之道四者，因此谓之四也。

右第十章。此章论《易》有圣人之道四。

子曰：夫《易》何为者也？夫《易》开物成务，冒天下之道，如斯而已者也。是故圣人以通天下之志，以定天下之业，以断天下之疑。

“何为”者，问辞也。如斯而已者，答辞也。物乃“遂知来物”之物，吉凶之实理也。“开物”者，人所未知者开发之也。“务”者，趋避之事为人所欲为者也。“成”者，成就也。“冒天下之道”者，天下之道悉覆冒，包括于卦爻之中也。以者以其《易》也。《易》开物，故物理未明《易》则明之，以通天下之志。《易》成务，故事业未定《易》则定之，以定天下之业。《易》冒天下之道，故志一通而心之疑决，业一定而事之疑决，以断天下之疑。

是故蓍之德圆而神，卦之德方以知，六爻之义易以贡，圣人以此洗心，退藏于密。吉凶与民同患。神以知来，知以藏往。其孰能与于此哉？古之聪明睿知，神武而不杀者夫！

“神以知来”知字平声，余皆去声。易音亦，与音预，夫音符。

“圆”者，蓍数七七四十九，象阳之圆也。变化无方开于未卦之先，可知来物，故圆而神。“方”者，卦数八八六十四，象阴之方也。爻位各居定于有象之后，可藏往事，故方以知。《易》者一圆一方，交易变易，屡迁不常也。“贡”者献也，以吉凶陈献于人也。“洗心”者心之名也，圣人之心无一毫人欲之私，如江汉以濯之，又神又知，又应变无穷，具此三者之德，所以谓之“洗心”，犹《书》言“人心”“道心”，《诗》言“遐心”，以及“赤心”“古心”“机心”，皆其类也，非心有私而洗其心也。“退藏于密”者，此心未发也。“同患”者，同患其吉当趋凶当避也。凡吉凶之几，兆端已发、将至而未至者曰来，吉凶之理见在于此、一定而可知者曰“往”。“知来”者，先知也。“藏往”者，了然蕴畜于胸中也。“孰能与于此”者，问辞也。“古之聪明”二句，答辞也。人自畏服，不杀之杀，故曰“神武”。

〇蓍之德圆，而神筮以求之，遂知来物，所以能开物也。卦之德方，以知率而揆之，具有典常，所以能成务也。“六爻之义易以贡”，吉凶存亡，辞无不备，所以能冒天下之道也。圣人未画卦之前，已具此三者洗心之德，则圣人即蓍卦六爻矣。是以方其无事而未有吉凶之患，则三德与之而俱寂，退藏于密，鬼神莫窥，则卦之无思无为寂然不动也。及其吉凶之来与民同患之时，则圣人洗心之神自足以知来，洗心之智自足以藏往，随感而应，即蓍之感而遂通天下之故也。此则用神而不用蓍，用智而不用卦，无卜筮而知吉凶。孰能与于此哉？惟古之圣人聪明睿智，具蓍卦之理而不假于蓍卦之物，犹神武自足以服人，不假于杀伐之威者，方足以当之也。此圣人之心《易》，乃作《易》之本。

是以明于天之道，而察于民之故。是兴神物，以前民用。圣人以此斋戒，以神明其德夫！

天道者，阴阳刚柔盈虚消长自有吉凶，其道本如是也。民故者，爱恶情伪相攻相感，吉凶生焉，此其故也。神物者，蓍龟也。兴者，起而用之，即斋戒以神明其德也。前民用即通志成务断疑也。卜筮在前，民用在后，故曰前。斋戒者，敬也。蓍龟之德无思无为，寂然不动，感而遂通天下之故，乃天下之至神者，故曰“神明”。圣人不兴起而敬之，百姓亵而弗用，安知其神明！圣人敬之，则蓍龟之德本神明，而圣人有以神明其德矣。

〇圣人惟其聪明睿智，是以明于天之道而察于民之故，恐人不知天道民故之吉凶所当趋避也，于是是兴神物以前民用，使其当趋则趋，当避则避。又恐其民之亵也，圣人敬而信之，以神明其德，是以民皆敬信而神明之。前民用而民用不穷矣。

是故阖户谓之坤，辟户谓之乾。一阖一辟谓之变，往来不穷谓之通。见乃谓之象，形乃谓之器。制而用之谓之法，利用出入、民咸用之谓之神。

二气之机静藏诸用，动显诸仁者，《易》之乾与坤也。二气之运推迁不常、相续不穷者，《易》之变与通也。此理之显于其迹，呈诸象数，涉诸声臭者，《易》之象与器也。此道修于其教，垂宪示人，百姓不知者，《易》之法与神也。乃者，二气之理也。

〇圣人明于天之道而察于民之故，固兴神物以前民用矣。百姓见《易》之神明，以为《易》深远而难知也，而岂终不易知哉？是故《易》有乾坤，有变通，有形象，有法神，即今取此户譬之。户一也，阖之则谓之坤，辟之则谓之乾。又能阖又能辟，一动一静，不胶固于一定则谓之变。既阖矣而复辟，既辟矣而复阖，往来相续不穷则谓之通。得见此户则涉于有迹，非无声无臭之可比矣，则谓之象。既有形象，必有规矩方圆，则谓之器。古之圣人制上栋下宇之时即有此户，则谓之法度。利此户之用，一出一入，百姓日用而不知，则谓之神。即一户而《易》之理已在目前矣。《易》虽神明，岂深远难知者哉！

是故《易》有太极，是生两仪，两仪生四象，四象生八卦，八卦定吉凶，吉凶生大业。

“太极”者，至极之理也。理寓于象数之中，难以名状，故曰“太极”。“生”者，加一倍法也。“两仪”者，画一奇以象阳，画一偶以象阴，为阴阳之仪也。“四象”者，一阴之上加一阴为太阴，加一阳为少阳，一阳之上加一阳为太阳，加一阴为少阴，阴阳各自老少，有此四者之象也。“八卦”者，四象之上又每一象之上各加一阴一阳为八卦也。曰“八卦”，即六十四卦也。下文“昔者包牺氏之王天下也，始作八卦以通神明之德，以类万物之情”，曰神明万物，则天地间无所不包括矣。如“乾为天为圜，坤为地为母”之类是也。故六十四卦不过八卦变而成之，如“乾为天，天风姤；坤为地，地雷复”之类是也。若邵子八分十六，十六分三十二，三十二分六十四，不成其说矣。“定”者，通天下之志；“生”者，成天下之务。盖既有八卦，则刚柔迭用，九六相推，时有消息，位有当否，故“定吉凶”。吉凶既定，则吉者趋之，凶者避之，变通尽利，鼓舞尽神，故“生大业”。若无吉凶利害，则人谋尽废，大业安得而生？

是故法象莫大乎天地。变通莫大乎四时。县象著明莫大乎日月。崇高莫大乎富贵。备物致用，立成器以为天下利，莫大乎圣人。探赜索隐，钩深致远，以定天下之吉凶，成天下之亹亹者，莫大乎蓍龟。

县音玄。

天成象，地效法之，故曰“法象”。万物之生有显有微，皆法象也，而莫大乎天地。万化之运终则有始，皆变通也，而莫大乎四时。天文焕发，皆“悬象著明”者，而莫大乎日月。崇高以位言，贵为天子，富有四海是也。物，天地之所生者，备以致用，如服牛乘马之类是也。器乃人之所成者，立成器以为天下利，舟楫网罟之类是也。凡天地间器物，智者创之，巧者述之，如蔡伦之纸、蒙恬之笔，非不有用有利也，但一节耳，故莫大乎圣人。事为之太多者曰“赜”，事几之幽僻者曰“隐”，理之不中测度者曰“深”，事之不可骤至者曰“远”。探者讨而理之，索者寻而得之，钩者曲而取之，致者推而极之。四字虽不同，然以蓍龟探之索之钩之致之，无非欲定吉凶昭然也。“亹亹”者，勉勉不已也。吉凶既定，示天下以从违之路，人自勉勉不已矣。此六者之功用皆大也，圣人欲借彼之大以形容蓍龟之大，故以蓍龟终焉。与《毛诗》比体相同。

〇上文“阖户”一节以《易》之理比诸天地间一物之小者，然岂特小者为然哉？至于天地间至大之功用亦有相同者。何也？盖《易》有太极，是生两仪，两仪生四象，四象生八卦，八卦定吉凶，吉凶生大业。是大业也，所以“成天下之亹亹者”也。试以天地之大者言之，是故“法象莫大乎天地，变通莫大乎四时，县象著明莫大乎日月，崇高莫大乎富贵，备物致用立成器以为天下利莫大乎圣人”，此五者皆天地间至大莫能过者也。若夫“探赜索隐，钩深致远，以定天下之吉凶，成天下之亹亹，以生其大业”者，则莫大乎蓍龟。夫以小而同诸一物之小，大而同诸天地功用之大，此《易》所以冒天下之道也。

是故天生神物，圣人则之。天地变化，圣人效之。天垂象，见吉凶，圣人象之。河出图，洛出书，圣人则之。《易》有四象，所以示也。系辞焉，所以告也。定之以吉凶，所以断也。

“神物”者，蓍龟也。天变化者，日月寒暑往来相推之类；地变化者，山峙川流万物生长凋枯之类。“吉凶”者，日月星辰躔次循度晦明薄蚀也。“四象”者，天生神物之象，天地变化之象，垂象吉凶之象，河图洛书之象也。

〇《易》之为道，小而一户，大而天地四时日月富贵圣人，无有不合，《易》诚冒天下之道矣。《易》道如此，岂圣人勉强自作哉！盖《易》之为书，不过辞变象占四者而已。故《易》有占，非圣人自立其占也，天生神物有自然之占，圣人则之以立其占。《易》有变，非圣人自立其变也，天地变化有自然之变，圣人效之以立其变。《易》有象，非圣人自立其象也，天垂象见吉凶有自然之象，圣人象之以立其象。《易》有辞，非圣人自立其辞也，河出图洛出书有自然之文章，圣人则之以立其辞。因天地生此四象皆自然而然，所以示圣人者至矣。圣人虽系之以辞，不过因此四象系之以告乎人而已；虽定之以吉凶，不过因此四象定之以决断其疑而已。皆非圣人勉强自作也。学《易》者能居则观象玩辞，动则观变玩占，《易》虽冒天下之道，道不在《易》而在我矣。

右第十一章。此章言《易》开物成务，冒天下之道，然皆出于天地自然而然，非圣人勉强自作也。

《易》曰："自天祐之，吉无不利。"子曰：祐者，助也。天之所助者顺也，人之所助者信也。履信思乎顺，又以尚贤也，是以自天祐之，吉无不利也。

释大有上九爻义。天人一理，故言天而即言人。天之所助者顺也，顺则不悖于理，是以天祐之。人之所助者信也，信则不欺乎人，是以人助之。六五以顺信居中，上九位居六五之上，是履信也。身虽在上比乎君，而心未常不在君，是思乎顺也。尚贤与大畜"刚上而尚贤"同，言圣人在上也。上九履信思顺，而六五又尚贤，此所以自天祐之吉无不利也。上九居天位，天之象。应爻居人位，人之象。离中虚，信之象。中坤土，顺之象。变震动，思之象。震为足，上九乘乎五，履之象。

子曰：书不尽言，言不尽意。然则圣人之意其不可见乎？子曰：圣人立象以尽意，设卦以尽情伪，系辞焉以尽其言，变而通之以尽利，鼓之舞之以尽神。

"书"本所以载言，然书有限，不足以尽无穷之言。言本所以尽意，然言有限，不足以尽无穷之意。"立象"者，伏羲画一奇以象阳，画一偶以象阴也。立象则大而天地，小而万物，精及无形，粗及有象，悉包括于其中矣。本于性而善者情也，拂乎性而不善者伪也。伪则不情，情则不伪，人之情伪万端，非言可尽，即卦中之阴阳淑慝也。既立其象，又设八卦，因而重之为六十四，以观爱恶之相攻，远近之相取，以尽其情伪。文王周公又虑其不能观象以得意也，故又随其卦之大小象之失得忧虞，系之辞以尽其言，使夫人之观象玩占者又可因言以得意，而前圣之精蕴益以阐矣。"尽意"，"尽情伪"，"尽言"，皆可以为天下利，又恐其利有所未尽，于是教人于卜筮中观其卦爻所变，即动则观其变而玩其占也。由是即其所占之事而行之通达，即通变之谓事也，下文化裁推行是也，则其用不穷而足以尽利矣。因变得占以定吉凶，则民皆无疑而行事不倦，如以鼓声作舞容，鼓声疾舞容亦疾，鼓声不已而舞容亦不已，自然而然不知其孰使之者，所谓尽神也。"尽利"者，圣人立象设卦之功。尽神者，圣人系辞之功。"子曰"宜衍其一。

○书不尽言，言不尽意，然则圣人之意终不可见乎？盖圣人仰观俯察，见天地之阴阳不外乎奇偶之象也，于是立象以尽意。然独立其象，则意中之所包犹未尽也，于是设卦以尽意中情伪之所包。立象设卦不系之以辞，则意中之所发犹未昭然明白也，于是系辞以尽其意中之所发。立象设卦系辞，《易》之体已立矣，于是教人卜筮，观其变而通之，则有以成天下之务而其用不穷，足以尽意中之利矣。由是斯民鼓之舞之，以成天下之亹亹，而其妙莫测，足以尽意中之神矣。至此意斯无余蕴，而圣人忧世觉民之心方于此乎遂也。

乾坤。其《易》之缊耶！乾坤成列，而《易》立乎其中矣。乾坤毁，则无以见《易》。《易》不可见，则乾坤或几乎息矣。

《易》者，《易》书也。“缊”者，衣中所著之絮也。乾坤其《易》之缊者，谓乾坤缊于《易》六十四卦之中，非谓《易》缊于乾坤两卦之中也。“成列”者，一阴一阳对待也。既有对待，自有变化，毁谓卦画不立，息谓变化不行。盖《易》中所缊者皆九六也。爻中之九皆乾，爻中之六皆坤，九六散布于二篇而为三百八十四爻，则乾坤成列，而《易》之本立乎其中矣。《易》之所以为《易》者，乾九坤六之变易也，故九六毁不成列，九独是九，六独是六，则无以见其为《易》。《易》不可见则独阳独阴，不变不化，乾坤之用息矣。乾坤未尝毁未尝息，特以爻画言之耳。乾坤即九六。若不下个“缊”字，就说在有形天地上去了。

是故形而上者谓之道，形而下者谓之器，化而裁之谓之变，推而行之谓之通，举而措之天下之民谓之事业。

道器不相离。如有天地就有太极之理在里面，如有人身此躯体，就有五性之理藏于此躯体之中。所以孔子分形上形下，不离形字也。裂布曰裁。田鼠化为鴽，周宣王时马化为狐，化意自见矣。化而裁之者，如一岁裁为四时，一时裁为三月，一月裁为三十日，一日裁为十二时是也。推行者，将已裁定者推行之也。如《尧典》“分命羲和”等事是化而裁之，至敬授人时则推行矣。通者达也，如乾卦当潜而行潜之事则潜为通，如行见之事则不通矣；当见而行见之事则见为通，如行潜之事则不通矣。事者业之方，行业者事之已。著此“五谓”，言天地间之正理，圣人之教化，礼乐刑赏皆不过此理。至于下文“六存”方说卦爻，不然下文化而裁之二句说不去矣。盖谓者名也，存者在也，上文言化而裁之名曰变，下文言化而裁之在乎其变，字意各不同。说道理由精而及于粗，故曰“形而上者谓之道”；说卦爻由显而至于微，故曰“默而成之存乎德行”。

〇阴阳之象皆形也。形而上者，超乎形器之上，无声无臭，则理也，故“谓之道”。形而下者，则囿于形器之下，有色有象，止于形而已，故“谓之器”。以是形而上下化而裁之则谓之变，推而行之则“谓之通”。及举此变通措之天下之民，则所以变所以通者皆成其事业矣，故“谓之事业”。此画前之《易》也，与卦爻不相干。

是故夫象，圣人有以见天下之赜而拟诸其形容，象其物宜，是故谓之象。圣人有以见天下之动，而观其会通，以行其典礼，系辞焉以断其吉凶，是故谓之爻。

重出以起下爻。

极天下之赜者存乎卦，鼓天下之动者存乎辞，化而裁之存乎变，推而行之存乎通，神而明之存乎其人，默而成之、不言而信存乎德行。

“极”，究也。“赜”，多也。天地万物之形象，千态万状，至多而难见也，卦之象莫不穷究而形容之，故曰“极天下之赜者存乎卦”。“鼓”，起也。“动”，酬酢往来也。天地万物之事理酬酢往来，千变万化，至动而难以占决也，爻之辞莫不发扬其故以决断之，故曰“鼓天下之动者存乎辞”。卦即象也，辞即爻也。化裁者，教人卜筮观其卦爻所变。如乾初爻一变，则就此变化而以理裁度之，为潜能勿用。乾卦本“元亨利贞”，今曰“勿用”，因有此变也。故曰“存乎变”。“通”者，行之通达不阻滞也。裁度已定，当推行矣，今当勿用之时遂即勿用，不泥于本卦之元亨利贞，则行之通达不阻滞矣。故曰“存乎通”。神者运用之莫测，明者发挥之极精，下文默而成之不言而信是也。无所作为谓之“默”，曰“默”则不假诸极天下之赜之卦矣。见诸辞说之谓“言”，曰“不言”则不托诸鼓天下之动之辞矣。“成”者，我自成其变通之事也。“信”者，人自信之如蓍龟也。与“奏假无言，时靡有争”同意。

〇极天下之赜者存乎卦之象，鼓天下之动者存乎爻之辞。此卦此辞化而裁之存乎其变，推而行之存乎其通。此本诸卦辞，善于用《易》者也。若夫不本诸卦辞，神而明之，则又存乎其人耳。盖有所为而后成，有所言而后信，皆非神明，惟默而我自成之，不言而人自信之，此则生知安行，圣人之能事也，故曰“存乎德行”。故有造化之易，有《易》书之易，有在人之易。德行者，在人之易也。有德行以神明之，则易不在造化，不在四圣，而在我矣。

右第十二章。此章论《易》书不尽言，言不尽意，而归重于德行也。

周易集注卷十四

系辞下传

八卦成列，象在其中矣。因而重之，爻在其中矣。刚柔相推，变在其中矣。系辞焉而命之，动在其中矣。吉凶悔吝者，生乎动者也。刚柔者，立本者也。变通者，趣时者也。

重，直龙反。

八卦以卦之横图言。成列者，乾一兑二离三震四，阳在下者列于左；巽五坎六艮七坤八，阴在下者列于右。“象”者，八卦形体之象，不特天地雷风水火山泽之象，凡天地所有之象无不具在其中也。“因而重之”者，三画上复加三画，重乾重坤之类也。阳极于六，阴极于六，因重成六画，故有六爻。“八卦成列”二句言三画八卦，因而重之二句言六画八卦，至刚柔相推言六十四卦。如乾为天，乾下变一阴之巽，二阴之艮，三阴之坤，是刚柔相推也。“系辞”者，系六十四卦三百八十四爻之辞也。“命”者，命其吉凶悔吝也。“动”者，人之动作营为，即趋吉避凶也。《易》六十四卦三百八十四爻，不过一刚一柔，九六而已。《易》有九六，是为之本，无九六则以何者为本？故曰“立本”。《易》穷则变，变则通，不变则不通。有一卦之时，有一爻之时。时之所在，理之所当然，势不得不然。趣者，向也。

〇伏羲八卦成列，虽不言象，然既成八卦，而文王之象已在卦之中矣。伏羲八卦虽无爻，然既重其六，而周公六爻已在重之中矣。六十四卦刚柔相推，虽非占卜卦爻之变，而卦爻之变已在其中矣。各系以辞，虽非其动，然占者值此爻之辞则即玩此爻以动之，而动即在其中矣。系辞以命，而动在其中者何也？盖吉凶悔吝皆辞之所命也，占者由所命之辞而动，当趋则趋，当避则避，则动罔不吉，不然则凶，悔吝随之矣。吉凶悔吝生乎其动，动以辞显，故系辞以命而动在其中矣。刚柔相推，而变在其中者何也？盖刚柔者，立本者也，变通者，趣时者也。有刚柔以立其本，而复可变通以趣其时。使无刚柔，安能变通？变通由于刚柔，故刚柔相推而变在其中矣。

吉凶者，贞胜者也。天地之道，贞观者也。日月之道，贞明者也。天下之动，贞夫一者也。。

观去声。夫音扶。

“贞”者，正也。圣人一部《易经》皆利于正，盖以道义配祸福也，故为圣人之书。术家独言祸福，不配以道义，如此而诡遇获禽则曰吉，得正而毙焉则曰凶，京房郭璞是也。“胜”者，胜负之胜言，惟正则胜，不论吉凶也。如富与贵可谓吉矣，如不以其道得之，不审乎富贵，吉而凶者也。贫与贱可谓凶矣，如不以其道得之，能安乎贫贱，凶而吉者也。负乘者致其寇，舍车者贲其趾，季氏阳货之富贵，颜回原宪之贫贱，凡杀身成仁，舍生取义，过涉灭顶，皆贞胜之意也。“观”者，垂象以示人也。“道”者，天地日月之正理，即太极也。“一”者，无欲也。无欲则正矣。孔子祖述尧舜者，祖述其精一也，故曰“吾道一以贯之”，又曰“所以行之者一也”，又曰“天下之动贞夫一者也”。三“一”字皆同。孔子没，后儒皆不知“一”字之义，独周濂溪一人知之，故某不得已，又作入圣功夫字义。

〇吉凶异象而贞胜，不论其吉凶也。何也？天地有此正理而观，故无私覆无私载。日月有此正理而明，故无私照。天地日月且如此，而况于人乎？故天下之动虽千端万绪，惟贞夫一。能无欲则贞矣，有欲必不能贞。惟贞则吉固吉，凶亦吉，正大光明，与天地之贞观、日月之贞明，皆万古不磨者也，岂论其吉凶哉？

夫乾确然，示人易矣；夫坤隤然，示人简矣。爻也者，效此者也。象也者，像此者也。爻象动乎内，吉凶见乎外，功业见乎变，圣人之情见乎辞。见，贤遍反。

确然，健貌。隤然，顺貌。天惟有此贞，故确然示人以易；地惟有此贞一故隤然示人以简。圣人作《易》，爻也者，不过效此贞一而作；象也者，不过像此贞一而立。使不效像乎此，则圣人之《易》与天地不相似矣。此爻此象方动于卦之中，则或吉或凶即呈于卦之外，而功业即因变而见矣。“功业”者，成务定业也。因变而见，即变而通之以尽利也。若圣人之辞，不过于爻象之中，因此贞一而系之以辞也，盖教人不论吉凶，以贞胜而归于一者。此则圣人系辞觉民之心情也，故曰“情”。

天地之大德曰生，圣人之大宝曰位。何以守位曰仁，何以聚人曰财，理财正辞、禁民为非曰义。

“大德”者，易简贞一之大德也。“生”者，天主生物之始，地主生物之成也。“大宝”者，圣人必居天位方可行天道，是位者乃所以成参赞之功者也，故曰“大宝”。“聚人”者，内而百官、外而黎庶也。“理财”者，富之也，九赋九式之类是也。“正辞”者，教之也，教之以正也，三物十二教之类是也。“禁非”者，既道之以德，又齐之以刑，五刑五罚之类是也。“仁义”者，贞一之理也。

〇天地有此贞一之大德，惟以生物为心，故无私覆无私载．圣人居大宝之位而与天地参，是以守其位而正位凝命也则以仁，曰仁即天地贞一之大德也。居其位而理财正辞禁非也则以义，曰义即天地贞一之大德也。仁以育之，义以正之，有此贞一无私之大德，所以与天地参也。《易》之为书，辞变象占专教人以贞胜而归于一者以此。《上系》首章举天地易简知能之德，而继之以圣人之成位，见圣人有以克配乎天地，此作《易》之原，《易》之体也。《下系》首章举天地易简贞一之德，而继之以圣人之仁义，见圣人有以参赞乎天地，此行《易》之事，《易》之用也。

右第一章。此章论《易》而归之于贞一。

古者包牺氏之王天下也，仰则观象于天，俯则观法于地，观鸟兽之文与地之宜，近取诸身，远取诸物，于是始作八卦，以通神明之德，以类万物之情。

“法”，法象也。天之象日月星辰也，地之法山陵川泽也。鸟兽之文，有息者根于天，飞走之类也。“地之宜”，无息者根于地，草木之类也。如《书》言“兖之漆，青之枲，徐之桐”是也，非高黍下稻也。伏牺时尚鲜食，安得有此？近取诸身，气之呼吸，形之头足之类也。远取诸物，鳞介羽毛，雌雄牝牡之类也。通者，理之相会合也；类者，象之相肖似也。神明之德，不外健顺动止八者之德；万物之情，不外天地雷风八者之情。德者阴阳之理，情者阴阳之迹。德精而难见故曰“通”，情粗而易见故曰“类”。

〇包牺氏之王天下也，仰观俯察，与鸟兽之文，与地之宜，近取诸身，远取诸物，见得天地间一对一待成列于两间者，不过此阴阳也，一往一来流行于两间者，不过此阴阳也，于是画一奇以象阳，画一偶以象阴，因而重之以为八卦，以通神明之德，以类万物之情。

作结绳而为网罟，以佃以渔，盖取诸离。

罟音古。佃音田。

离卦中爻为巽，绳之象也。网以佃，罟以渔。离为目网罟之两目相承者似之。离德为丽，网罟之物丽于中者似之。盖取诸离。言绳为网罟有离之象，非睹离而始有此也。教民肉食自包牺始。自此至“结绳而治”有取诸卦象者，有取诸卦义者。

包牺氏没，神农氏作。斫木为耜，揉木为耒，耒耨之利以教天下，盖取诸益。

斫陟角反。耜音似。耒，力对反。耨，奴豆反。

耒耜者，今之犁也。耜者耒之首，斫木使锐而为之。今人加以铁铧，谓之犁头。耒者耜之柄，揉木使曲而为之。二体皆木，上入下动。中爻坤土。木入土而动，耒耜之象。教民粒食自神农始。

日中为市，致天下之民，聚天下之货，交易而退，各得其所，盖取诸噬嗑。

离日在上，日中之象。中爻艮为径路，震为大涂，又为足，致民之象。中爻坎水艮山，群珍所出，聚货之象。又震错巽，巽为利市三倍，为市聚货之象。震动，交易之象。巽为进退之象。艮止，各得其所之象。此噬嗑之象也。且天下之人其业不同，天下之货其用不同，今不同者皆于市而合之，以其所有易其所无，各得其所，亦犹物之有间者啮而合之，此噬嗑之义也。

神农氏没，黄帝尧舜氏作。通其变，使民不倦。神而化之，使民宜之。《易》穷则变，变则通，通则久，是以自天祐之，吉无不利。黄帝尧舜垂衣裳而天下治，盖取诸乾、坤。

阳极则必变于阴，阴极则必变于阳，此变也。阳变于阴则不至于亢，阴变于阳则不至于伏，此通也。阳而阴，阴而阳，循环无端，所以能久，是以圣人之治天下，民之所未厌者，圣人不强而去之，民之所未安者，圣人不强而行之，如此变通，所以使民不倦。不然，民以为纷，更安得不倦！由之而莫知其所以然者神也，以渐而相忘于不言之中者化也。神而化之，所以使民宜之。不然，民以为不便，何宜之有？

○牺农之时民朴俗野，至黄帝尧舜时风气渐开，时已变矣。三圣知时当变也，而通其变，使天下之人皆欢忻鼓舞，趋之而不倦，所以然者，非圣人有以强之也，亦神而化之。惟其神而化之，故天下之民安之以为宜。惟其宜之，故趋之而不倦也。盖天地之理数，穷则变，变则通，通则久。牺农之时，人害虽消而人文未著，衣食虽足而礼义未兴，故黄帝尧舜惟垂上衣下裳之制，以明尊卑贵贱之分。而天下自治者，以穷则变，是以神而化之与民宜之也。盖取诸乾、坤者，乾、坤之理亦变化无为，此乾、坤之义也。乾、坤之体亦上衣下裳之尊卑，此乾，坤之象也。

刳木为舟，剡木为楫，舟楫之利，以济不通、致远，以利天下，盖取诸涣。

刳，口姑反。剡，以冉反。

“以济不通”句绝。致远句绝。刳者，剖而使空也。刳木中虚，可以载物。剡者，斩削也。剡木末锐，可以进舟。济不通者，横渡水也。与济人溱洧济字同。溪涧江河或东西阻绝，或南北阻绝，皆不通也。致远者，长江天远不能逆水而上，不能放流而下，皆不能致远也。今有舟楫则近而可以济不通，远而可以致远，均之为天下则矣。济不通即下文引重之列，致远即下文致远之列。盖取诸涣者，下坎水，上巽木，中爻震动，木动于水上，舟楫之象也。且天下若无舟楫，不惟民不能彼此往来，虽君臣上下亦阻绝而不能往来，天下皆涣散矣。乘木有功以济其涣，此涣之义也。

服牛乘马，引重致远，以利天下，盖取诸随。

上古牛未穿，此则因其性之顺，穿其鼻驯而服之。上古马未络，此则因其性之健，络其首驾而乘之。中爻巽为绳，艮为鼻又为手，震为足，服之乘之之象也。震本坤所变，坤为牛，一奇画在后者，阳实而大，引重之象也。兑本乾所变，乾为马，一偶画在前者，大道开张，致远之象也。牛非不可以致远，曰引重者，为其力也；马非不可以引重，曰致远者，为其敏也。盖取诸随者，人欲服牛牛则随之而服，人欲乘马马则随之而乘，人欲引重则随之而引重，人欲致远则随之而致远。动静行止皆随人意，此随之义也。

重门击柝，以待暴客，盖取诸豫。

中爻下艮为门，上震综艮又为门，是两门矣，重门之象也。震动善鸣有声之木，柝之象也。艮为守门阍人，中爻坎为夜，艮又为手，击柝之象也。坎为盗，暴客之象也。上古外户不闭，至此建都立邑，其中必有官职府库，故设重门以御之，击柝以警之，以待暴客。豫者逸也，又备也，谦轻而豫，怠逸之意也。恐逸豫，故豫备。

断木为杵，掘地为臼，臼杵之利，万民以济，盖取诸小过。

中爻兑为毁折，断与掘之象也。上震木下艮土，木与地之象也。大象坎陷，臼舂之象也。万民以济者，前此虽知粒食而不知脱粟，万民得此杵臼，治米极其精，此乃小有所过，而民用以济者也。

弦木为弧，剡木为矢，弧矢之利，以威天下，盖取诸睽。

弧，弓也。弦木使曲，剡木使锐。中爻坎木坚，离木槁，兑为毁折，弦木剡木之象也。坎为弓矢，离为戈兵，又水火相息，皆有征伐之意，所以既济未济皆伐鬼方。弧矢，威天下之象也。所以威天下者，以其睽乖不服也。故取诸睽。

上古穴居而野处，后世圣人易之以宫室，上栋下宇，以待风雨，盖取诸大壮。

栋，屋脊木也。宇，椽也。栋直承而上，故曰上栋。宇两垂而下，故曰下宇。二阴在上，雷以动之，又中爻兑为泽，雨之象也。兑综巽，风之象也。四阳相比，壮而且健，栋宇之象。大过四阳相比，故亦言栋。大壮者，壮固之义也。

古之葬者，厚衣之以薪，葬之中野，不封不树，丧期无数，后世圣人易之以棺椁，盖取诸大过。

衣之以薪，盖覆之以薪也。葬之中野，葬之郊野之土中也。不封者，无土堆而人不识也。本卦象坎为隐伏，葬之象也。中爻乾为衣，厚衣之象也。巽为木，薪之象也，棺之象也。乾为郊，郊外中野之象也。巽为入，兑错艮为手，又为口，木上有口，以手入之，入棺之象也。大过者，过于厚也。小过养生，大过送死，惟送死可以当大事，故取大过。

上古结绳而治，后世圣人易之以书契，百官以治，万民以察，盖取诸夬。

结绳者，以绳结两头，中割断之，各持其一以为他日之对验也。结绳而治，非君结绳而治也，言当此百姓结绳之时，为君者于此时而治也。书，文字也。言有不能记者书识之。契，合约也。事有不能信者契验之。百官以此书契而治，百官不敢欺；万民以此书契而察，万民不敢欺。取夬者，有书契则考核精详，稽验明白，亦犹君子之决小人，小人不得以欺矣。兑综巽为绳，绳之象也。乾为言，错坤为文，言之有文，书契之象也。

右第二章。通章言制器尚象之事。网罟耒耜所以足民食，交易舟车所以通民财，弦弓门柝所以防民患，杵臼以利其用，衣裳以华其身，宫室以安其民，棺椁以送其死，所以为民利用安身、养生送死无遗憾矣。然百官以治，万民以察，卒归之夬之书契者，盖器利用便则巧伪生，圣人忧之，故终之以夬之书契焉。上古虽未有《易》之书，然造化人事本有《易》之理，故所作事暗合《易》书，正所谓画前之《易》也。

是故《易》者，象也。象也者，像也。彖者，材也。爻也者，效天下之动者也。是故吉凶生而悔吝著也。

“是故”二字承上章取象而言。木挺曰材。材，干也。一卦之材即卦德也。天下之动纷纭轇轕，或出或处，或默或语，大而建侯行师，开国承家，小而家人妇子嘻嘻嗃嗃，其变态不可尽举。效者，效力也，献也，与川岳效灵效字同，发露之意。言有一爻之动即有一爻之变，周公于此一爻之下即系之以辞而效之，所谓六爻之义易以贡也。生者，从此而生出也。著者，自微而著见也。吉凶在事本显，故曰生；悔吝在心尚微故曰著。悔有改过之意，至于吉则悔之著也。吝有文过之意，至于凶则吝之著也。原其始而言，吉凶生于悔吝；要其终而言，则悔吝著而为吉凶也。

〇《易》卦者，写万物之形象之谓也。舍象不可以言《易》矣。象也者像也，假象以寓理，乃事理仿佛近似而可以想像者也，非造化之贞体也。彖者象之材也，乃卦之德也。爻者效天下之动者也，象之变也，乃卦之趣时也。是故伏羲之《易》惟像其理而近似之耳，至于文王有彖以言其材，周公有爻以效其动，则吉凶由此而生，悔吝由此而著矣。而要之，皆据其象而已，故舍象不可以言《易》也。若学《易》者不观其象，乃曰得意在忘象，得象在忘言，正告子所谓不得于言勿求于心者也。若舍此象止言其理，岂圣人作《易》，前民用以教天下之心哉。

右第三章。

阳卦多阴，阴卦多阳，其故何也？阳卦奇，阴卦偶，其德行何也？阳一君而二民，君子之道也。阴二君一民，小人之道也。

震坎艮为阳卦，皆一阳二阴，巽离兑为阴卦，皆一阴二阳。阳卦奇阴卦偶者，言阳卦以奇为主，震坎艮皆一奇，皆出于乾之奇。震以一索得之，坎以再索得之，艮以三索得之，三卦皆出于乾之奇，所以虽阴多亦谓之阳卦。阴卦以偶为主，巽离兑皆一偶，皆出于坤之偶。巽以一索得之，离以再索得之，兑以三索得之，三卦皆出于坤之偶，所以虽阳多，亦谓之阴卦。阴虽二画，止当阳之一画。若依旧注，阳卦皆五画，阴卦皆四画，其意以阳卦阳一画阴四画也，阴卦阳二画阴二画也。若如此则下文阳一君二民非二民，乃四民矣，阴二君一民非一民，乃二民矣。盖阴虽二画，止对阳之一画，故阳谓奇，阴谓偶，所以说一阴一阳之谓道。德行兼善恶，与上文故字相对。何也与上文何也相对。阳为君，阴为民。一君二民乃天地之常经，古今之大义，如唐虞三代，海宇苍生罔不率俾是也。故为君子之道。二君一民则政出多门，车书无统，如七国争雄是也。故为小人之道。

〇阳卦宜多阳而反多阴，阴卦宜多阴而反多阳。其故何也？盖以卦之奇偶论之，阳以奇为主，震坎艮三卦之奇皆出于乾，三男之卦，故为阳卦。阴以偶为主，巽离兑三卦之偶皆出于坤，三女之卦，故为阴卦。若以德行论之，阳一君而二民，君子之道也。震坎艮皆一君而二民，正合君子之道，故阳卦多阴。阴二君而一民，小人之道也，巽离兑皆二君而一民，正合小人之道，所以阴卦多阳。

右第四章。

《易》曰："憧憧往来，朋从尔思。"子曰：天下何思何虑？天下同归而殊涂，一致而百虑，天下何思何虑？

此释咸九四爻，亦如上传拟议之事，下数节仿此。虑不出于心之思，但虑则思之深尔。同归而殊涂者，同归于理而其涂则殊。一致而百虑者，一致于数而其虑则百。因殊故言同，因百故言一。致者极也，送诣也，使之至也。言人有百般思虑皆送至于数，有数存焉，非人思虑所能为也，正所谓莫之致而至者命也。以涂言之，如父子也，君臣也，夫妇也，朋友也，长幼也，如此之涂接乎其身者甚殊也，然父子有亲之理，君臣有义之理，夫妇有别之理，朋友有信之理，长幼有序之理，使父子数者之相感，吾惟尽其理而已，有何思虑？以虑言之，如富贵也，贫贱也，夷狄也，患难也，如此之虑起乎其心者有百也，然素富贵行乎富贵，素贫贱行乎贫贱，素夷狄行乎夷狄，素患难行乎患难，如使富贵数者之相感，吾惟安乎其数而已，有何思虑？下文则言造化理物有一定自然之数，吾身有一定自然之理，而吾能尽其理安其数，则穷神知化而德盛矣。

日往则月来，月往则日来，日月相推而明生焉。寒往则暑来，暑往则寒来，寒暑相推而岁成焉。往者屈也，来者信也，屈信相感而利生焉。尺蠖之屈，以求信也。龙蛇之蛰，以存身也。

信音申。

以造化言之：一昼一夜相推而明生，一寒一暑相推而岁成。成功者退谓之屈，方来者进谓之信。一往一来，一屈一信，循环不已谓之相感。利者功也，日月有照临之功，岁序有生成之功也。应时而往自然而往，应时而来自然而来，此则造化往来相感一定之数，惟在乎气之自运而已，非可以思虑而往也，非可以思虑而来也。以物理言之：屈者乃所以为信之地，不屈则不能信矣，故曰求。必蛰而后存其身以奋发，不蛰则不能存身矣。应时而屈自然而屈，应时而信自然而信，此则物理相感一定之数，惟委乎形之自然而已，非可以思虑而屈也，非可以思虑而信也。正所谓一致而百虑也。造化物理往来屈信既有一定之数，则吾惟安其一致之数而已，又何必百虑而憧憧往来哉！

精义入神以致用也，利用安身以崇德也。

精者明也，择也，专精也，即惟精惟一之精。言无一毫人欲之私也。义者吾性之理，即五伦仁义礼知信之理也。入神者，精义之熟，手舞足蹈皆其义，从心所欲不逾矩，莫知其所以然而然也。致用者，诣于其用，出乎身发乎迩也。利用者，利于其用，加乎民见乎远也。安身者，身安也，心广体胖，四体不言而喻也。惟利于其用，无所处而不当，则此身之安自无入而不自得矣。既利用安身，则吾身之德自不觉其积小高大矣。

○以吾身言之：精研其义至于入神，非所以求致用也，而自足以为出而致用之本。利其施用无适不安，非所以求崇德也，而自足以为入而崇德之资。致者自然而致，崇者自然而崇，此则吾身内外相感一定之理也，正所谓同归而殊涂也。故天下之涂虽有千万之殊，吾惟尽同归之理，精义入神以致用，利用安身以崇德而已，又何必论其殊涂而憧憧往来哉！

过此以往，未之或知也。穷神知化，德之盛也。

过此者，过此安一致之数尽同归之理也。以往者，前去也。未之或知者，言不知也。言相感之道，惟当安数尽理如此功夫，过此则无他术无他道也，故同归之理，穷此者谓之穷神。一致之数，知此者谓之知化。能穷之知之，则不求其德之盛而德之盛也无以加矣，又何必憧憧往来也哉！天下何思何虑者正以此。盖尽同归之理是乐天功夫，神以理言，故言穷；安一致之数是知命功夫，化以气言，故言知。理即仁义礼知之理，气即吉凶祸福之气。内而精义入神已有德矣，外而利用安身又崇其德，内外皆德之盛，故总言德之盛。崇字即盛字，非崇外别有盛也。一部《易经》，说数即说理。

《易》曰："困于石，据于蒺藜，入于其宫，不见其妻，凶。"子曰：非所困而困焉，名必辱；非所据而据焉，身必危。既辱且危，死期将至，妻其可得见邪？

释困六三爻义。非所困者，在我非所困也。非所据者，在人非所据也。欲前进以荣其身，不得其荣，是求荣而反辱也，故名必辱。欲后退以安其身，不得其安，是求安而反危也，故身必危。辱与危，死道也，故不见妻。

《易》曰："公用射隼于高墉之上，获之无不利。"子曰：隼者禽也，弓矢者器也，射之者人也。君子藏器于身，待时而动，何不利之有？动而不括，是以出而有获，语成器而动者也。

释解上六爻义。此孔子别发一意，与解悖不同。括字乃孔子就本章弓矢上取来用。盖矢头曰镞，矢末曰括，括与筈同，乃箭筈也，管弦处也，故《书》曰："若虞机张，往省括于度，则释。"括有四义：结也，至也，检也，包也。《诗》"日之夕矣，牛羊下括"，至之义也。《杨子》"或问士曰：'其中也弘深，其外也肃括'"，检之义也。《过秦论》"包括四海"，包之义也。此则如坤之括囊，取闭结之义。动而不闭结，言动则不迟疑滞拘，左之左之，右之右之，无不宜之有之，资深逢原之意也。

○隼者禽也，弓矢者器也，射之者人也。君子负济世之具于身，而又必待其时。时既至矣，可动则动，何不利之有？盖济世之具在我，则动而不括，此所以出而有获，无所不利也。《易》曰“公用射隼于高墉之上，获之无不利”者，正言器已成矣。而后因时而动也。

子曰：小人不耻不仁，不畏不义，不见利不劝，不威不惩。小惩而大诫，此小人之福也。《易》曰“屦校灭趾无咎”，此之谓也。

释噬嗑初九爻义。可耻者莫如不仁，小人则甘心不仁。可畏者莫如不义，小人则甘心不义。利以动之而后为善，曰劝者即劝其为仁为义也。威以制之而后去恶，曰惩者即惩其不仁不义也。故小有惩于前，大有诫于后，此则小人之福也。不然，不仁不义不劝不惩，积之既久，罪大而不可解矣，何福之有！《易》曰“屦校灭趾无咎”者，正此止恶于未形，小惩大诫，为小人之福之意也。

善不积不足以成名，恶不积不足以灭身。小人以小善为无益而弗为也，以小恶为无伤而弗去也。故恶积而不可掩，罪大而不可解。《易》曰：“何校灭耳，凶。”

释噬嗑上九爻义。惟恶积而不可掩，故罪大而不可解。何校灭耳凶者，积恶之所致也。

子曰：危者安其位者也，亡者保其存者也，乱者有其治者也。是故君子安而不忘危，存而不忘亡，治而不忘乱，是以身安而国家可保也。《易》曰：“其亡其亡，系于苞桑。”

释否九五爻义。安危以身言，存亡以家言，治乱以国言，所以下文曰身安而国家可保也。危者，自以为位可恒安者也。亡者，自以为存可恒保者也。乱者，自以为治可恒有者也。惟安其位，保其存，有其治，则志得意满，所以危亡而乱矣。唐之玄宗隋之炀帝是也。《易》教人“易者使倾”，正此意。

子曰：德薄而位尊，知小而谋大，力小而任重，鲜不及矣。《易》曰：“鼎折足，覆公𫗧。其形渥，凶。”言不胜其任也。

知音智。胜音升。

释鼎九四爻义。德所以诏爵，智所以谋事，力所以当任。鲜不及者，鲜不及其祸也。

子曰：知几其神乎！君子上交不谄，下交不渎，其知几乎！几者动之微，吉之先见者也。君子见几而作，不俟终日。《易》曰：“介于石，不终日，贞吉。”介如石焉，宁用终日？断可识矣。君子知微知彰，知柔知刚，万夫之望。

释豫六二爻义。谄者谄谀，冰水山吠村庄者也。渎者，渎慢也。不知其几，如刘柳交叔文竟谄其党是也。断可识者，断可识其不俟终日也。豫卦独九四大有得，盖爻之得时者。初与四应，交乎四者也；三与四比，亦交乎四者也，皆谄于其四矣。独二隔三不与四交，上交不谄者也。初六鸣豫凶，不正者也。二与之比，二中正不渎慢，下交不渎者也。动之微即先见知微知彰也。本卦止一刚，初柔四刚，知柔知刚也。圣人之言皆有所据，知几其神与知微知彰三句皆是赞辞。

○几者人之所难知，能知人之所不能知故曰神。君子之交人上下之间不谄不渎者，以其有先见之明，惧其祸之及己也，故知几惟君子。何也？盖几者方动之始，动之至微，良心初发，吉之先见者也。若溺于物欲，非初动之良心，延迟不决，则不能见几，祸已及己，见其凶而不见其吉矣。惟君子见此几即作而去，不俟终日。然见此几之君子岂易能哉？必其操守耿介，修身反已，无一毫人欲之私者方可能之。《易》曰："介于石，不终日，贞吉。"夫以耿介如石之不可移易，则知之之明，去之之决，断可以识其不俟终日矣。盖天下之事有微有彰，人之处事有柔有刚，人知乎此方能见几也。今君子既知其微又知其彰，既知其所以柔又知其所以刚，四者既知，则无所不知矣，所以为万夫之望而能见几也，故赞其知几其神。

子曰：颜氏之子，其殆庶几乎！有不善未尝不知，知之未尝复行也。《易》曰："不远复，无祇悔，元吉。"

释复初九爻义。殆者，将也。庶，近也。几者动之微，吉之先见者也，即下文有不善未尝不知也。言颜氏之子其将近于知几乎，知之未尝复行，故不贰过。

天地絪缊，万物化醇；男女构精，万物化生。《易》曰："三人行则损一人，一人行则得其友。"言致一也。

释损六三爻义。絪，麻线也。缊，绵絮也。借字以言天地之气缠绵交密之意。醇者凝厚也，本醇酒，亦借字也。天地之气本虚，而万物之质则实。其实者乃虚气之化而凝，得气成形，渐渐凝实，故曰化醇。男女乃万物之男女雌雄牝牡，不独人之男女也。男女乃父母，万物皆男女之所生也。以卦象言，地在中爻，上下皆天，有天将地缠绵之象。故曰天地絪缊。以二卦言，少男在上，少女在下，男止女悦，有男女构精之象。故以天地男女并言之。致与丧致乎哀致字同，专一也。阴阳两相与则专一。本卦六爻应与皆阴阳相配，故曰致一。

○天地絪缊，气交也，专一而不二，故曰醇。男女构精，形交也，专一而不二，故化生。夫天地男女两也，絪缊构精以一合一亦两也，所以成化醇化生之功。《易》曰"三人行则损一人，一人行则得其友"者，正以损一人者两也，得其友者两也。两相与则专一，若三则杂乱矣，岂能成功？所以爻辞言损一得友者以此。

子曰：君子安其身而后动，易其心而后语，定其交而后求。君子修此三者，故全也。危以动则民不与也，惧以语则民不应也，无交而求则民不与也。莫之与，则伤之者至矣。《易》曰：“莫益之，或击之，立心勿恒，凶。”

“易其”之易，以豉反。

释益上九爻义。安其身者，身无愧怍也，危则行险矣。易其心者，坦荡荡也，惧则长戚戚矣。以道义交则淡以成，故定；以势利交则甘以坏，故无交。修者，安也，易也，定也。修此三者则我体益之道全矣，故不求益而自益。若缺其一则立心不恒，不能益矣。全对缺言。民者人也。上与字党与之与，下与字取与之与。莫之与即上文“民不与”“不应”“不与”也。伤之者，即击之也。安也，易也，定也，皆立心之恒，故曰立心勿恒，凶。

右第五章。

子曰：乾坤，其《易》之门邪！乾，阳物也，坤，阴物也。阴阳合德而刚柔有礼，以体天地之撰，以通神明之德。

门者，物之所从出者也。阴阳二卦、六十四卦、三百八十四爻皆其所从出，故为《易》之门。有形质曰物，一奇象阳，一偶象阴，则有形质矣。以二物之德言，则阴与阳合，阳与阴合，而其情相得；以二物之体言，则刚自刚，柔自柔，而其质不同。以者用也，撰者述也。天地之撰，天地雷风之类也，可得见者也。德者理也。神明之德，健顺动止之类也，不可测者也。可得见者，《易》则以此二物体之；不可测者，《易》则以此二物通之。形容曰体，发越曰通。

其称名也杂而不越。于稽其类，其衰世之意邪！

一卦有一卦之称名，一爻有一爻之称名。或言物象，或言事变，可谓至杂矣。然不过体天地之撰，通神明之德而已。二者之外未尝有逾越也。但稽考其体之通之之类，如言龙战于野，入于左腹，获明夷之心，如此之类，似非上古民淳俗朴不识不知之语也，意者衰世民伪日滋，所以圣人说此许多名物事类出者，亦不得已也。

夫《易》，彰往而察来，而微显阐幽，开而当名辨物，正言断辞则备矣。

彰往者，明天道之已然也。阴阳消息，卦爻之变象有以彰之。察来者，察人事之未然也。吉凶悔吝，卦爻之占辞有以察之。日用所为者显也，《易》

则推其根于理数之幽以微之，使人敬慎而不敢慢。百姓不知者幽也，《易》则就其事为之显以阐之，使人洞晓而无所疑。开而当名辨物者，各开六十四卦所当之名以辩其物，如乾马坤牛、乾首坤足之类，不使之至于混淆也。正言断辞者，所断之辞吉则正言其吉，凶则正言其凶，无委曲无回避也。如是则精及无形、粗及有象无不备矣。曰备者，皆二物有以体其撰通其德也。此其所以备也。

其称名也小，其取类也大。其旨远，其辞文。其言曲而中，其事肆而隐。因贰以济民行，以明失得之报。

牝马遗音之类，卦之称名者小也。负乘丧第之类，爻之称名小者也。肆，陈也。贰者，副也，有正有副，犹两也。言既小又大，既远又文，既曲又中，既肆又隐，不滞于一边，故名为贰。失得者，吉凶也。报者，应也。

〇《易》辞纤细无遗，其称名小矣，然无非阴阳之理默寓乎中。而取类又大，天地阴阳道德性命散见于诸卦爻之中，其旨远矣，然其辞昭然有文，明白显然以示人，而未常远也。卦爻之言委曲婉转谓之曲，曲则若昧正理矣，然曲而中乎典礼，正直而不私焉。叙事大小本末极其详备谓之肆，肆则若无所隐矣，然理贯于大小本末之中，显而未必不隐焉。因此贰则两在莫测，无方无体矣，宜乎济斯民日用之所行，以明其吉凶之应也。曰济者，皆二物有以体其撰通其德，此其所以济也。夫《易》皆二物体其撰通其德，则乾坤不其《易》之门耶？

右第六章。此章言乾坤为《易》之门

《易》之兴也，其于中古乎！作《易》者，其有忧患乎！

《易》之兴指周《易》所系之辞。《易》乃伏羲所作，然无其辞。文王已前不过为占卜之书而已，至文王始有《彖辞》，教人以反身修德之道，则《易》书之著明而兴起者自文王始也。因受羑里之难，身经乎患难，故所作之《易》无非处患难之道。下文九卦，则人所用以免忧患之道也。

是故履，德之基也。谦，德之柄也。复，德之本也。恒，德之固也。损，德之修也。益，德之裕也。困，德之辨也。井，德之地也。巽，德之制也。

德者，行道而有得于身也。履者，礼也，吾性之所固有。德为虚位而礼有实体，修德以礼，则躬行实践之间有所依据，亦犹室之有基址矣，故为德之基。柄者，人之所执持者也。人之盈满者必丧厥德，惟卑己尊人、小心畏义，则其德日积，亦犹物之有柄而为人所执持矣，故为德之柄。人性本善，其不善者蔽于物欲也。今知自反不善而复于善，则善端萌蘖之生自火燃泉达，万善从此充广，亦犹木之有根本而枝叶自畅茂矣，故为德之本。然有德在我，使不常久，则虽得之必失之，故所守恒久则长久而坚固，故恒者德之固也。君子修德必去其所以害德者，如或忿欲方动则当惩窒，损而又损以至于无，此乃修身之事，故曰损者德之修也。君子之进德必取其有益于德者，若见善而觉己之有过，则迁善改过以自益，故曰益者德之裕也。裕者充裕也。人处平常不足以见德，惟处困穷出处语默之间，辞受取与之际，最可观德，困而亨则君子，穷斯滥则小人，故为德之辩。井静深有本，而后泽及于物，人涵养所畜之德，必如井而后可施及于人也，故为德之地。巽既顺于理，又其巽入细微，事至则随宜断制，故为德之制。此九卦无功夫，无次第。

○此言九卦为修德之具也。圣人作《易》固有忧患矣，然圣人之忧患惟修其德而已。圣人修德虽不因忧患而修，然卦中自有修德之具，如履谦复恒损益困井巽，乃德之基之柄之本之固之修之裕之辩之地之制，盖不必六十四卦，而九卦即为修德之具矣。

履和而至，谦尊而光，复小而辨于物，恒杂而不厌，损先难而后易，益长裕而不设，困穷而通，井居其所而迁，巽称而隐。

易，以鼓反。长，知大反。称去声。

礼顺人情故和，和无森严之分则不至矣，然节文仪则皆天理精微之极至也。和而至，此履之才德所以极其善也。谦以自卑则不尊矣，谦以自晦则不光矣。今谦自卑而人尊，自晦而愈光。尊而光，此谦之才德所以极其善也。暗昧而小者则必不能辩物矣，今复一阳居于群阴暗昧之下，虽阴盛阳微，以一阳之小而能知辨其五阴皆为物欲，所以反其不善以复其善。小而辨物，此复之才德所以极其善也。事至而杂来者则必至于厌矣，恒则虽处轇轕之地，而常德如一日。杂而不厌，此恒之才德所以极其善也。凡事之难者则必不易矣，损则惩忿窒欲，虽克己南之最难，然习熟之久私意渐消，其后则易。先难后易，此损之才德所以极其善也。凡事之长裕者则必至于设施造作矣，益则日知其所亡，月无忘其所能，可谓长裕矣，然非助长也。长裕而不设，此益之才德所以极其善也。身之穷者则必不通矣，困则身穷而道通。穷而又通，此困之才德所以极其善也。人居其所者则必不能迁矣，井虽居其所而不动，然泉脉流通，日迁徙而常新。居其所而迁，此井之才德所以极其善也。轻重适均之谓称。称则高下之势人皆得而见之，则必不能隐矣，巽则能顺其理，因时以称其宜，然其性入而伏，则又形迹之不露。称而隐，此巽之才德所以极其善也。此正言九卦才德之善，以见其能为修德之具也。言履和而至，所以为德之基，若和而不至，不可以为德之基矣。下八卦仿此。此一节而字与

《书经》九德而字同。

履以和行，谦以制礼，复以自知，恒以一德，损以远害，益以兴利，困以寡怨，井以辨义，巽以行权。

和行之行，下孟反。远袁万反。

以者用也。行者，日用所行之行迹也。人有礼则安，无礼则危。礼以和之，使之揆之理而顺，即之心而安，无乖戾也。制者，制服之意。礼太严，截然不可犯，谦以制之，则和而至矣。履即礼，非有别礼也。但上天下泽乃生定之礼，生定之礼本有自然之和，人之行礼若依其太严之体，不免失之亢，故用谦以制之则和矣。自知者，善端之复独知之地也。德不常则二三，常则始终惟一，时乃日新矣。兴利者，迁善改过，则日益高明，驯至于美，大圣神矣，何利如之！井以辨义者，井泉流通，日新不已，迁徙于义，非能辩义安能迁徙？所以用井以辨之。巽以行权者，如汤武之放伐，乃行权也，然顺乎天即巽顺乎理也，又应乎人，皆同心同德，东征西怨，南征北怨，是即巽之能相入也。若离心离德，安得谓之相入！所以巽顺乎理，又能相入方能行权。

○上一节言九卦为修德之具，以之字发明之；中一节言九卦之才德，以而字发明之；此一节言圣人用九卦以修德，以以字发明之。是故行者，吾德所行之行迹也，恐其失于乖，则用履以和之。礼者，吾德之品节也，恐其失于严，则用谦以制之。择善者，吾身修德之始事也，则用复以自知而择之。固执者，吾身修德之终事也，则用恒以一德而守之。人欲者，吾德之害也，则用损以远之。天理者，吾德之利也，则用益以兴之。不知其命之当安，未免怨天，非所以修德也，则用困以寡之。不知性之当尽，不能徙义，非所以修德也，则用井以辨之。然此皆言修德之常经也，若有权变不可通常经者，则用巽以行之。能和行，能制礼，能自知，能一德，能远害，能兴利，能寡怨，能辨义，能行权，则知行并进，动静交修，经事知宜，变事知权，此九卦所以为德之基之柄之本之固之修之裕之辨之地之制也。以此修德，天下有何忧患不可处哉！

右第七章。此章论圣人以九卦修德。

《易》之为书也不可远，为道也屡迁，变动不居，周流六虚，上下无常，刚柔相易，不可为典要，惟变所适。

书者，卦爻之辞也。不可远，不可离也。以之崇德广业，以之居安乐玩，皆不可离之意。为道者，《易》之为道也。一阴一阳之谓道，故曰道。变动者，卦爻之变动也。不居者，不居于一定也。六虚者，六位也，虚对实言。

卦虽六位，然刚柔往来如寄，非实有也，故曰六虚。外三爻为上，内三爻为下。典犹册之有典，要犹体之有要，典要拘于迹者也。下文既有典常则以辞言之耳。

○《易》之为书不可远，以其为道也屡迁，所以不可远也。何也？《易》不过九六，是九六也，变动不居，周流于六虚之间，或自下而上，或自上而下，或刚易乎柔，或柔易乎刚，皆不可以为一定之典要，惟其变之所趋而已。道之屡迁如此，则广大悉备，无所不该，此所以不可远也。

其出入以度外内使知惧，又明于忧患与故。无有师保，如临父母。

出入以卦言，即下文外内也。出者，自内而之外，往也。入者，自外而之内，来也。度者，法度也，言所系之辞，其出入外内，当吉则吉，当凶则凶，当悔则悔，当吝则吝，各有一定之法度，不可毫厘移易。明于忧患者，于出入以度之中又能明之也。故者，所以然之故也。明其可忧，又明其可忧之故。明其可患，又明其可患之故，如勿用取女，明其忧患也；见金夫不有躬，明其故也。

○《易》不可以为典要，若无一定之法度，而人不知惧矣。殊不知上下虽无常，刚柔虽相易，然其所系之辞或出或入，皆有一定之法度，立于内外爻辞之间，使人皆知，如朝廷之法度，惧之而不敢犯也。然岂特使民知惧哉？又明于忧患与故，虽无师保之教训，而常若在家庭父母之侧，爱之而不忍违也。既惧之而不敢犯，又爱之而不忍违，《易》道有益于人如此，人岂可远乎！

初率其辞而揆其方，既有典常。苟非其人，道不虚行。

初对已言。初者始也，既者终也。率，由也；揆，度也；方，道也，或出或入或忧或患之方道也。

○《易》之为书上下无常，刚柔相易，不可为典要，若不可揆其方矣。然幸而有圣人之辞在也，故始而由其辞以揆出入以度使民惧之方，由其辞以揆忧患与故使民爱之方，始见《易》之为书有典可循，有常可蹈。而向之不可为典要者，于此有典要矣。故神而明之，惟存乎其人率辞揆方何如耳。苟非默而成之，不言而信之人，则不能率辞揆方，屡变之道不可虚行矣，岂能知《易》哉！《易》之为书不可远如此。

右第八章。此章言《易》不可远，率辞揆方存乎其人。

《易》之为书也，原始要终以为质也。六爻相杂，惟其时物也。

质为卦体。初者卦之始，原其始则二三在其中矣。上者卦之终，要其终则四五在其中矣。卦必原始要终以为体，故文王之《彖辞》亦必原始要终以为辞。如屯曰元亨利贞，蒙曰童蒙求我，皆合其始终二体言之也。若六爻之刚柔相杂，则惟取其时物而已。故周公之爻辞亦惟取诸时物以为辞。如乾之龙物也，而有潜见跃飞之不同者，时也。渐之鸿物也，而有于磐陆木之不同者，时也。

〇《易》之为书也，不过卦与爻而已。一卦分而为六爻，六爻合而为一卦。卦则举其始终以为体。爻之刚柔虽相杂而不一，然占者之决吉凶，惟观其所值之时、所值之物而已，虽相杂而实不杂也。《易》之为书盖如此。

其初难知，其上易知，本末也。初辞拟之，卒成之终。

此言初上二爻。初爻难知者，以初爻为爻之本。方有初爻，而一卦之形体未成，是其质未明，所以难知。易知者，上爻为卦之末卦，至上爻则其质已著，其义毕露，所以易知。惟难知，故圣人系初爻之辞则必拟而议之，当拟何象何占，不敢轻率。惟易知，故圣人系上爻之辞，不过因下文以成其终，如乾初九曰潜龙，上爻即曰亢龙是也。

若夫杂物撰德，辨是与非，则非其中爻不备。

物者，爻之阴阳。杂者，两相杂而互之也。德者，卦之德。撰者，述也。内外二卦固各有其德。如风山渐，外卦有入之德，内卦有止之德。又自其中爻二五三四之阴阳杂而互之，则二四有坎陷之德，三五有离丽之德，又撰成两卦之德矣。辨是与非者，辨其物与德之是非也。是者当于理也，非者悖于理也。盖爻有中有不中，有正有不正，有应与无应与，则必有是非矣。故辩是与非非中爻不备。

〇初与上，固知之有难易矣，然卦理无穷，内外有正卦之体，中爻又有合卦之体，然后其义方无遗缺。若夫错陈阴阳，撰述其德，以辨别其是非，使徒以正卦观之，而遗其合卦所互之体，则其义必有不备者矣。

噫！亦要，存亡吉凶则居可知矣。知者观其《彖辞》，则思过半矣。

要平声，知音智。

“噫”者，叹中爻之妙也。“亦要”作句。《易经》有一字作句者，如萃卦六二引吉无咎，则一字作句也。要者，中也，即中爻也。《说文》：“身中曰要。”猪身中肉曰要勒，今作腰。言此亦不过六爻之要耳，非六爻之全，即知存亡吉凶也。存亡者，天道之消息；吉凶者，人事之得失。居者，本卦之不动也，居则观其象之居，言不待六爻之动而知也。《彖辞》，文王卦下所系之辞也。

〇言此不过六爻中之要耳，而存亡吉凶不待动爻而可知，故学《易》者宜观玩也。若观玩所思之精专，不必观周公分而为六之爻辞，但观文王一卦未分之《彖辞》，则此心之所思者亦可以得存亡吉凶于过半，况中爻之合两卦者乎？中爻成两卦，宜乎知存亡吉凶也。

二与四同功而异位，其善不同：二多誉，四多惧，近也。柔之为道不利远者，其要无咎，其用柔中也。三与五同功而异位，三多凶，五多功，贵贱之等也。其柔危，其刚胜耶？

胜音升。

同功者，二与四互成一卦，三与五互成一卦，皆知存亡吉凶，其功同也。善不同者，二中而四不中，故不同也。不利远者，既柔不能自立，又远于君，则孤臣矣，所以不利。要者，约也。用者，发之于事也。柔中者，柔而得中也。三多凶者，六十四卦惟谦卦劳谦一爻许之以吉，所以三多凶。五为君，君则贵有独运之权，故多功。三为臣，贱不能专成，故多凶。耶者，疑辞也。言柔居阳位则不当位而凶，阳当阳位则当位而吉，此六十四卦之自定也。今三多凶者，岂以柔居而凶，五多功者，岂以刚居之则能胜其位而不凶耶？六十四卦中亦有柔居阳位而吉，刚居阳位而凶者。

〇二与四同功而异位，二多誉，四多惧。四之多惧者，以其近于君，有僭逼之谦，故惧也。二之多誉者，以柔之为道本不利远于君，但《易》不论远近，大约欲其无咎而已。今柔居中位，发之于外，莫非柔中之事，则无咎矣。此所以多誉也。三与五同功而异位，三多凶，五多功。所以然者，以君贵臣贱，故凶功不同也。岂三乃阴居阳位则凶，五乃阳居阳位则胜耶？非也。乃贵贱之等使然耳。夫以中之四爻同功矣，而有誉有惧，有凶有功，可见六爻相杂，惟其时物，正体与互体皆然也。圣人设卦立象系辞不遗中爻者以此。

右第九章。此章专论中爻。

《易》之为书也，广大悉备。有天道焉，有人道焉，有地道焉。兼三才而两之，故六。六者非他也，三才之道也。

广大者，体统浑沦也。悉备者，条理详密也。兼三才者，三才本各一，因重为六，故两其天两其人两其地也。天不两则独阳无阴矣，地不两则独阴无阳矣，人不两则不生不成矣，此其所以两也。才者，能也。天能覆，地能载，人能参天地，故曰才。三才之道者，立天之道曰阴与阳，五为阳，上为阴也；立人之道曰仁与义，三为仁，四为义也；立地之道曰柔与刚，初为刚，二为柔也。

〇《易》之为书广大悉备，何也？以《易》三画之卦言之，上画有天道焉，中画有人道焉，下画有地道焉，此之谓三才也。然此三才使一而不两，则独而无对，非三才也。于是兼三才而两之，故六。六者岂有他哉？三才之道本如是其两也。天道两则阴阳成象矣，人道两则仁义成德矣，地道两则刚柔成质矣。道本如是，故兼而两之，非圣人之安排也。《易》之为书，此其所以广大悉备也。

道有变动，故曰爻。爻有等，故曰物。物相杂，故曰文。文不当，故吉凶生焉。

当，都丧反。

变动者，潜见跃飞之类也。等者，刚柔大小远近贵贱之类也。物者，阳物阴物也。爻不可以言物，有等则谓之物矣。相杂者，相间也。一不独立，两则成文，阴阳两物交相错杂，犹青黄之相兼，故曰文。不当者，非专指阳居阴位，阴居阳位也。卦情若淑，或以不当为吉，剥之上九、豫之九四是也；卦情若慝，反以当位为凶，大壮初九、同人六二是也。要在随时变易，得其当而已。一变动之间即有物、有文、有吉凶，非有先后也。卦必举始终而成体，故上章以质言，曰兼三才，犹上章之所谓质也。爻必杂刚柔而为用，故此章以文言，曰变动者，犹上章之所谓时物也。

○三才之道变动不居，故曰爻。爻也者，言乎其变效天下之动者也。爻有等，故曰物。物相杂，故曰文。文不当位，故吉凶生焉。夫一道也，为爻、为物、为文、为吉凶，而皆出于《易》，此其书所以广大悉备也。

右第十章。此章言《易》广大悉备。

《易》之兴也，其当殷之末世、周之盛德邪？当文王与纣之事邪？是故其辞危。危者使平，易者使倾，其道甚大，百物不废。惧以终始，其要无咎，此之谓《易》之道也。

“易者”之易以豉反。

危者使平，易者使倾，此圣人传心之言。如以小而一身论，一饮一食易而不谨，必至终身之疾；一言一语易而不谨，必至终身之玷。此一身易者之倾也。以大而国家论，越王卧薪尝胆，冬持冰，夏持火，卒擒吴王，此危者之平也；玄宗天宝已前，海内富庶，遂深居禁中，以声色自娱，悉以政事委之李林甫，京师遂为安禄山所陷，此易者之倾也。其道甚大，百物不废，于此可见。危使平、易使倾，即《书》言“殖有礼覆昏暴”之意。物者，事也。废字即倾字也。若依小注万物之理无所不具，则全非本章危平易倾之易矣。惧以终始者，危惧自始至终，惟恐其始危而终易也。

○《易》之兴也，其当殷之末世、周之盛德耶？当文王与纣之事耶？惟当文王与纣之事，是故玩其辞往往有危惧警戒之意。盖危惧则得平安，慢易必至倾覆，《易》之道也。此道甚大，虽近而一身，远而天下国家，凡平者皆生于危，凡倾者皆生于《易》。若常以危惧为心，则凡天下之事物虽百有不齐，然生全成于忧患，未有倾覆而废者矣。故圣人系《易》之辞惧以终始，不敢始危而终易者，大约欲人恐惧修省，至于无咎而已。此则《易》之道也。

右第十一章。

夫乾，天下之至健也，德行恒易以知险。夫坤，天下之至顺也，德行恒简以知阻。

行去声。易，以鼓反。阻，庄吕反。

健顺者，乾坤之性。德者，乾坤蕴畜之德得诸心者也，即日新盛德之德也。行者，乾坤生成之迹见诸事者也，即富有大业之事也。易简者，乾坤无私之理也。险阻者，乾坤至赜至动之事。险者，险难也，易，直之反。阻者，壅塞也，简静之反。惟易直无私者可以照天下巇险之情，惟简静无私者可以察天下烦壅之故。六十四卦，利贞者无非易简无私之理而已。此节止论其理，言知险知阻，乃健顺德行易简之能事也，未说到圣人与《易》。至下文说心研虑，方说圣人；八卦象告，方说到《易》。

能说诸心，能研诸侯之虑，定天下之吉凶，成天下之亹亹者。是故变化云为，吉事有祥。象事知器，占事知来。

说音悦。侯之二字衍吉作言。

能者，人皆不能，而圣人独能之也。能字在前，者字在后者，言能悦心研虑，定天下吉凶，成天下亹亹者，惟圣人也。险阻之吉，如大过过涉灭顶，蛊之利涉大川是也。云为即言行二字。变化即欲动者尚其变变字。吉字刘绩读作言，今从之。

○圣人事未至，则能以易简无私之理悦诸心；事既至，则能以易简无私之理研诸虑，是即乾坤之易简矣。是以险阻之吉者知其为吉，险阻之凶者知其为凶，而定天下之吉凶。险阻之吉者则教人趋之，险阻之凶者则教人避之，而成天下之亹亹。是故《易》必以动者尚其变也，圣人则即其易简之理，不必尚其变，而凡有所云为，自变化而莫测。《易》必以言者尚其辞也，圣人则即其易简之理，不必尚其辞，而凡事必有兆，自前知而如神。事之有形迹而为器者，《易》必以制器者尚其象也，圣人则知以藏往，即其易简之理而知其一定之器。事之无形迹而为来者，《易》必以卜筮者尚其占也。圣人则神以知来，即其易简之理而知其未然之来。此则圣人未卜筮而知险知阻也。

天地设位，圣人成能。人谋鬼谋，百姓与能。八卦以象告，爻彖以情言，刚柔杂居而吉凶可见矣。

凡人有事，人谋在先，及事之吉凶未决，方决于卜筮，所以说人谋鬼谋，百姓与能也。故《书》曰："谋及乃心，谋及卿士，谋及庶人，谋及卜筮。"先心而后人，先人而后鬼，轻重可知矣。象者，像也，八卦成列，象在其中矣，凡卦中之画，及天地雷风乾马坤牛之类也。爻者，效天下之动者也。彖者，材也。皆有辞也。情即象之情，阳有阳之情，阴有阴之情，乾马有健之情，坤牛有顺之情。刚柔即九六也，相杂则吉凶之理自判然可见。告者，告此险阻也；言者，言此险阻也；见者，见此险阻也。

○天地设位，有易简之理，而知险知阻，此天地之能也。圣人则以易简之理悦心研虑，未卜筮而知险知阻矣。然百姓不皆圣人也，于是圣人作《易》以成天地之能，所以天下之事虽至险至阻，其来无穷，然明而既谋于人，幽而又谋于鬼，不惟贤者可与其能，虽百姓亦可以与能矣。然百姓亦可以与能者，岂百姓于易简之理亦能悦心研虑哉？盖八卦以象告险阻，爻彖以情言险阻，刚柔相杂以吉凶见险阻，是以百姓虽至愚，然因圣人作《易》之书，其所告所言所见，自能知险知阻矣。所以圣人能成天地之能，而百姓亦与能也。

变动以利言，吉凶以情迁。是故爱恶相攻而吉凶生，远近相取而悔吝生，情伪相感而利害生。凡《易》之情，近而不相得则凶，或害之悔且吝。

卦以变为主，故以利言。其言吉者利人也，其言凶者人则避之，亦利也。爱相攻，家人九五是也；恶相攻，同人九三是也。远相取，恒之初六是也；近相取，豫之六三是也。情相感，中孚九二是也。情者情实也，对伪而言。伪相感，渐之九三是也。曰相攻、曰相取、曰相感，即情也。感者情之始动，利害之开端也；取则情已露而悔吝著矣；攻则情至极而吉凶分矣。卦爻中其居皆有远近，其行皆有情伪，其情皆有爱恶也。凡《易》之情者，圣人作《易》之情也。近者，近乎相攻相取相感之情也，与上文远近之近不同。不相得者，不相得其易简之理，而与之违背也。情兼八卦刚柔，故此节言卦爻之情，下节言人之情。

○《易》之为书，以象告，以情言，见吉凶，百姓固可以与能矣。而人之占卜者，卦中之变动本教占者趋吉避凶无不利者也，然变动中有吉有凶，其故何也？以其卦爻之情而迁移也。是故情之险阻不同，有爱恶相攻险阻之情，则吉凶生矣；有远近相取险阻之情，则悔吝生矣；有情伪相感险阻之情，则利害生矣。凡《易》之情以贞为主，贞即易简之理也。情虽险阻不同，若合乎易简之理，则吉矣，利矣，无悔吝矣；若近乎相攻相取相感之情而违背乎易简之理，则凶矣，害矣，悔且吝矣。小而悔吝，中而利害，大而吉凶，皆由此险阻之情而出。此《易》所以以象告，以情言，见吉凶，使人知所趋避者此也。

将叛者其辞惭，中心疑者其辞枝，吉人之辞寡，躁人之辞多，诬善之人其辞游，失其守者其辞屈。

叛者背理。惭者羞愧。疑者可否未决。枝者两岐不一。躁者急迫无涵养。诬善之人或援正入邪，或推邪入正，故游荡无实。失守者无操持，屈者抑而不伸。

〇相攻相取相感，卦爻险阻之情固不同矣，至于人之情则未易见也。然人心之动因言以宣，试以人险阻之情发于言辞者观之，盖人情之险阻不同，而所发之辞亦异。是故将叛者其辞必惭，中心疑者其辞必枝，吉人之辞必寡，躁人之辞必多，诬善之人其辞必游，失其守者其辞必屈。夫吉者，得易简之理者也，叛疑躁诬失守者，失易简之理者也。人情险阻不同，而其辞既异如此，又何独于圣人卦爻之辞而疑之？可见易知险简知阻，本圣人成天地之能，而使百姓与能者，亦不过以易简之理知其险阻而已。

右第十二章。此章反复论《易》知险简知阻。盖天尊地卑，首章言圣人以易简之德成位乎天地，见圣人作《易》之原；此章言圣人以易简之德知险知阻，作《易》而使百姓与能，见圣人作《易》之实事也。

周易集注卷十五

说卦传

昔者圣人之作《易》也，幽赞于神明而生蓍，参天两地而倚数，观变于阴阳而立卦，发挥于刚柔而生爻，和顺于道德而理于义，穷理尽性以至于命。

言蓍草乃神明幽助方生。周公之爻定阳九阴六者，非老变而少不变之说也，乃参天两地而倚数也。参两之说，非阳之象圆，圆者径一而围三，阴之象方，方者径一而围四之说也。盖河图天一地二天三地四天五地六天七地八天九地十，一二三四五者五行之生数也，六七八九十者五行之成数也。生数居河图之内，乃五行之发端，故可以起数。成数居河图之外，则五行之结果，故不可以起数。参之者，三之也，天一天三天五之三位也。两之者，二之也，地二地四之二位也。倚者，依也。天一依天三、天三天五而为九，地二依地四而为六也。若以画数论之，均之为三，参之则三个三，两之则两个三矣。圣人用蓍以起数，九变皆三画之阳，则三其三而为九，此九之母也；则过揲之策，四九三十六，此九之子也。参之是三个十二矣。九变皆二画之阴，则二其三而为六，此六之母也；则过揲之策四六二十四，此六之子也。两之是两个十二矣。均之为十二，参之则三个，两之则两个也。以至乾六爻之策二百一十有六，乃三个七十二合之也，均之为七十二，参之则三个，两之则两个矣。总之乾策六千九百十二，乃三个二千三百四合之也，坤策四千六百八，乃两个二千三百四合之也。均之二千三百四，参之则三个，两之则两个矣。此皆河图生数自然之妙，非圣人之安排也。若夫七八亦乾坤之策，但二五为七，三四为七，是一地一天，不得谓参两；一三四为八，一二五为八，是一地二天，亦不得谓之参两。以至过揲之策，六爻之策，万物之数，皆此参两。故周公三百八十四爻皆用九六者，以生数可以起数，成数不可以起数也。观变者，六十四卦皆八卦之变，阳变阴，阴变阳也。如乾初爻变则为姤，二爻变则为遁，坤初爻变则为复，二爻变则为临是也。详见《杂说·八卦变六十四卦图》。发挥于刚柔者，布散刚柔于六十四卦而生三百八十四爻也。《易》

中所言之理一而已矣。自其共由而言谓之道，自其蕴畜而言谓之德，自其散布而不可移易谓之理，自其各得其所赋之理谓之性。道德理性四者，自其在人而言谓之义，自其在天而言谓之命。和顺于道德者，谓《易》中形上之道、神明之德皆有以贯彻之，不相悖戾拂逆也。理于义者，六十四卦皆利于贞。其要无咎者义也，今与道德不相违背，则能理料其义，凡吉凶悔吝无咎皆合乎心之制、事之宜矣。穷理者，谓《易》中幽明之理，以至万事万物之变，皆有以研穷之也。尽性者，谓《易》中健顺之性，以至大而纲常，小而细微，皆有以处分之也。至于命者，凡人之进退存亡得丧皆命也，今既穷理尽性，则知进知退，知存知亡，知得知丧，与天合矣，故至于命也。惟圣人和顺于道德，穷理尽性，是以文王发明六十四卦之《彖辞》，周公发明三百八十四爻之爻辞，有吉有凶，有悔有吝，有无咎者，皆理于义至于命也。使非理义立命，安能弥纶天地，观象玩辞，观变玩占，自天祐之，吉无不利也哉？幽赞二句言蓍数也。蓍与河图皆天所生，故先言此二句。立卦者伏羲也，生爻者周公也，理义至命者文王周公之辞也。上理字料理之理，下理字义理之理。自“圣人之作《易》也”下六句皆一意。幽赞替于神明，参天两地，观变于阴阳，发挥于刚柔，和顺于道德，穷理尽性，一意也。生也，倚也，立也，生也，理也，至也，一意也。圣人作《易》不过此六者而已。言蓍数卦爻必曰义命者，道器无二致，理数不相离，圣人作《易》惟教人安于义命而已，故兼天人而言之。此方谓之易非旧注极功之谓也。故下文言顺性命之理，以阴阳刚柔仁义并言之。

〇言《易》有蓍，乃圣人幽赞于神明而生之；《易》有数，乃圣人参天两地而倚之；《易》有卦，乃圣人观变于阴阳而立之；《易》有爻，乃圣人发挥于刚柔而生之。《易》，《彖辞》、《爻辞》中有义，乃圣人和顺于道德而理之；《易》，《彖辞》、《爻辞》中有命；乃圣人穷理尽性而至之。

右第一章。

昔者圣人之作《易》也，将以顺性命之理。是以立天之道曰阴与阳，立地之道曰柔与刚，立人之道曰仁与义。兼三才而两之，故《易》六画而成卦，分阴分阳，迭用柔刚，故《易》六位而成章。

性，人之理命，天地之理也。阴阳以气言，寒暑往来之类是也。刚柔以质言，山峙川流之类是也。仁义以德言，事亲从兄之类是也。三者虽若不同，然仁者阳刚之理，义者阴柔之理，其实一而已矣。盖天地间不外形气神三字，如以人论，骨肉者刚柔之体也，呼吸者阴阳之气也，与形气不相离者五性之神也，理也，特因分三才，故如此分尔。天无阴阳则气机息，地无刚柔则地维坠，人无仁义则禽兽矣。故曰立天立地立人。兼三才而两之者，总分三才为上中下三段，而各得其两。初刚而二柔，三仁而四义，五阳而上阴也。分阴分阳以爻位言。分初三五为阳位，二四上为阴位也。既分阴分阳，乃迭用刚柔之爻以居之。或以柔居阴，以刚居阳，为当位；以柔居阳，以刚居阴，为不当位。亦有以刚柔之爻互居阴阳之位为刚柔得中者，故六位杂而成文章也。

〇昔者圣人之作《易》也，将以顺性命之理而已，非有所勉强安排也。以性命之理言之，立天之道曰阴与阳，立地之道曰柔与刚，立人之道曰仁与义，而性命之理则根于天地，具于人心者也。故圣人作《易》将此三才兼而两之，六画而成卦。又将此三才分阴分阳，迭用而成章者，无非顺此性命之理而已。

右第二章。

天地定位，山泽通气，雷风相薄，水火不相射。八卦相错，数往者顺，知来者逆，是故《易》逆数也。

射音石。数，色主反

相薄者，薄激而助其云雨也。不相射者，不相射害也。相错者，阳与阴相对待，一阴对一阳，二阴对二阳，三阴对三阳也。故一与八错，二与七错，三与六错，四与五错。八卦不相错，则阴阳不相对待，非《易》矣。宋儒不知错综二字，故以为相交而成六十四卦，殊不知此专说八卦逆数方得相错，非言六十四卦也。乾一兑二离三震四，前四卦为往；巽五坎六艮七坤八，后四卦为来。数往者顺数，图前四卦乾一至震四，往者之顺也。知来者逆知，图后四卦巽五至坤八，来者之逆也。是故《易》逆数者，言因错卦之故，所以《易》逆数，巽五不次于震四而次于乾一也。

〇惟八卦既相错，故圣人立圆图之卦。数往者之既顺，知来者之当逆。使不逆数，而巽五即次于震四之后，则八卦不相错矣。是故四卦逆数，巽五复回，次于乾一者以此。

右第三章。此章言伏义八卦逆数方得相错。

雷以动之，风以散之，雨以润之，日以晅之，艮以止之，兑以说之，乾以君之，坤以藏之。

晅，况晚反。说音悦。

天地定位，上章言八卦之对待，故首之以乾坤，此章言八卦对待生物之功，故终之以乾坤。乾坤始交而为震巽，震巽相错，动则物萌，散则物解，此言生物之功也。中交而为坎离，坎离相错，润则物滋，晅则物舒，此言长物之功也。晅者明也。终交而为艮兑，艮兑相错，止则物成，说则物遂，此言成物之功也。若乾则为造物之主，而于物无所不统，坤则为养物之府，而于物无所不容。六子不过各分一职以听命耳。

右第四章。此章言伏羲八卦相错生物成物之功。

帝出乎震，齐乎巽，相见乎离，致役乎坤，说言乎兑，战乎乾，劳乎坎，成言乎艮。

说音悦。劳去声。

此文王圆图。帝者阳也，阳为君，故称帝。乾以君之，乃其证也。且言帝则有主宰之意，故不言阳而言帝。孔子下文不言帝，止言万物者，亦恐人疑之也。出也，齐也，相见也，致役也，说也，战也，劳也，成也，皆帝也。二言字助语辞。震方三阳开泰，故曰出。致者委也，坤乃顺承天，故为阳所委役。至戌亥之方阳剥矣，故与阴战。曰战乎乾者，非与乾战也。阳与阴战于乾之方也。伏羲圆图之乾以天地之乾言，文王圆图之乾以五行乾金之乾言，至坎则以肃杀相战之后，适值乎慰劳休息之期，阳生于子，故曰劳。至艮方阳已生矣，所以既成其终，又成其始。

万物出乎震，震，东方也。齐乎巽，巽，东南也。齐也者，言万物之洁齐也。离也者，明也，万物皆相见，南方之卦也。圣人南面而听天下，向明而治，盖取诸此也。坤也者，地也，万物皆致养焉，故曰致役乎坤。兑，正秋也，万物之所说也，故曰说言乎兑。战乎乾，乾，西北之卦也，言阴阳相薄也。坎者，水也，正北方之卦也，劳卦也，万物之所归也，故曰劳乎坎。艮，东北之卦也，万物之所成终而所成始也，故曰成言乎艮。

洁齐即姑洗之意。春三月，物尚有不出土者，或有未开花叶者，彼此不得相见。至五月，物皆畅茂，彼此皆相见，故曰万物皆相见。夏秋之交，万物养之于土，皆得向实，然皆阳以委役之，故曰致役乎坤。至正秋，阳所生之物皆成实矣，故说。至戌亥之月，阳剥矣，故与阴相战于乾之方。至子月，万物已归矣，休息慰劳于子之中，故劳。至冬春之交，万物已终矣，然一阳复生，故又成其始。此因文王圆图“帝出乎震”八句孔子解之。虽八卦震巽离坤兑乾坎艮之序，实春夏秋冬五行循环流行之序也。盖震巽属木，木生火，故离次之。离火生土，故坤次之。坤土生金，故兑乾次之。金生水，故坎次之。水非土，亦不能生木，故艮次之。水土又生木火，此自然之序也。若以四正四隅论，离火居南；坎水居北；震动也，物生之初，故居东；兑说也，物成之后，故居西。此各居正位者也。震阳木，巽阴木，故巽居东南巳方。兑阴金，乾阳金，故乾居西北亥方。坤阴土，故居西南。艮阳土，故居东北。此各居四隅者也。

右第五章。此章言文王圆图。帝出乎震一节言八卦之流行，后一节言八卦流行生成物之功。

神也者，妙万物而为言者也。动万物者莫疾乎雷，挠万物者莫疾乎风，燥万物者莫熯乎火，说万物者莫说乎泽，润万物者莫润乎水，终万物始万物者莫盛乎艮。故水火相逮，雷风不相悖，山泽通气，然后能变化，既成万物也。

神即雷风之类，妙即动挠之类，以其不可测，故谓之神，亦如以其主宰而言谓之帝也。动，鼓也。挠，散也。燥，乾也。泽，地土中之水气皆是也。水者冬之水，天降雨露之属皆是也。逮，及也，谓相济也。既，尽也。成，生成也。前节言伏羲之对待。曰雷动风散者，雷风相对也。曰雨润日晅者，水火相对也。曰艮止兑说者，山泽相对也。此节言文王之流行。曰动万物者春也，曰挠万物者春夏之交也，曰燥万物者夏也，曰说万物者秋也，曰润万物者冬也，曰终始万物者，冬春之交也。所以火不与水对，山不与泽对。先儒不知对待流行，而倡为先天后天之说，所以《本义》于此二节皆云未详。殊不知二图分不得先后。譬如天之与地，对待也，二气交感、生成万物者、流行也，天地有先后哉？男之与女，对待也，二气交感、生成男女者，流行也，男女有先后哉？所以伏羲文王之图不可废一，孔子所以发二圣先载之秘者此也。此节乃总括上四节二图不可废一之意，所以先儒未详其义。

〇神也者，妙万物而为言者也。以文王流行之卦图言之，雷之动，风之挠，火之燥，泽之说，水之润，艮之终始，其流行万物固极其盛矣，然必有伏羲之对待，水火相济，雷风不相悖，山泽通气，然后阳变阴化有以运其神，妙万物而生成之也。若止于言流行而无对待，则男女不相配，刚柔不相摩，独阴不生，独阳不成，安能行鬼神，成变化，而动之挠之燥之说之润之以终始万物哉！

右第六章。第三章天地定位，第四章雷以动之，言伏羲圆图之对待。第五章帝出乎震二节言文王圆图之流行。此则总二圣之图，而言文王之流行必有伏羲之对待，而后可流行也。

乾，健也。坤，顺也。震，动也。巽，入也。坎，陷也。离，丽也。艮，止也。兑，说也。

此言八卦之情性。乾纯阳，故健。坤纯阴，故顺。震坎艮，阳卦也，故皆从健。巽离兑，阴卦也，故皆从顺。健则能动，顺则能入，此震巽所以为动为入也。健遇上下皆顺则必溺而陷，顺遇上下皆健则必附而丽，此坎离所以为陷为丽也。健极于工，前无所往，必止，顺见于外，情有所发，必悦。

右第七章。

乾为马，坤为牛，震为龙，巽为鸡，坎为豕，离为雉，艮为狗，兑为羊。

马性健，其蹄圆，乾象。牛性顺，其蹄拆，坤象。龙蛰物，遇阳则奋，震之一阳动于二阴之下者也。鸡羽物，遇阴则入，巽之一阴伏于二阳之下者也。豕性刚躁，阳刚在内也。雉羽文明，阳明在外也。狗止人之物，羊悦群之物。此远取诸物如此。

右第八章。

乾为首，坤为腹，震为足，巽为股，坎为耳，离为目，艮为手，兑为口。

首尊而在上，故为乾。腹纳而有容，故为坤。阳动阴静，动而在下者足也。阳连阴拆，拆而在下者股也。坎阳在内，犹耳之聪在内也。离阳在外，犹目之明于外也。动而在上者手也。拆而在上者口也。此近取诸身如此。

右第九章。

乾，天也，故称乎父。坤，地也，故称乎母。震一索而得男，故谓之长男。巽一索而得女，故谓之长女。坎再索而得男，故谓之中男。离再索而得女，故谓之中女。艮三索而得男，故谓之少男。兑三索而得女，故谓之少女。

六子皆自乾坤而生，故称父母。索者，阴阳之相求也。阳先求阴，则阳入阴中而为男。阴先求阳，则阴入阳中而为女。震坎艮皆坤体，乾之阳来交于坤之初而得震，则谓之长男；交于坤之中而得坎，则谓之中男；交于坤之末而得艮，则谓之少男。巽离兑皆乾体，坤之阴来交于乾之初而得巽，则谓之长女；交于乾之中而得离，则谓之中女；交于乾之末而得兑，则谓之少女。三男本坤体，各得乾之一阳而成男，阳根于阴也。三女本乾体，各得坤之一阴而成女，阴根于阳也。此文王有父母六子之说，故孔子发明之，亦犹帝出于震孔子解之也。

右第十章。

乾为天，为圜，为君，为父，为玉，为金，为寒，为冰，为大赤，为良马，为老马，为瘠马，为驳马，为木果。

纯阳而至健为天，故为天。天体圜，运动不息，故为圜。乾之主乎万物，犹君之主万民也，故为君。乾知大始，有父道焉，故为父。纯粹为玉，纯刚为金。为寒为冰者，冰则寒之凝也，乾居亥位，阳生于子也。大赤，盛阳之色也。寒冰在子，以阳之始言之；大赤在午，以阳之终言之。良马，马之健而纯，健之不变者也。老马，健之时变者也。瘠马，健之身变者也。驳马，健之色变者也。乾道变化，故又以变言之。木果，圆之在上者也。汉荀爽《集九名家易传》有“为龙，为直，为衣，为言”。

坤为地，为母，为布，为釜，为吝啬，为均，为子母牛，为大舆，为文，为众，为柄，其于地也为黑。

纯阴为地。资生为母。为布者，阴柔也，且地南北经而东西纬，亦布象也。为釜者，阴虚也，且六十四升为釜，亦如坤包六十四卦也。其静也翕，凝聚不施，故为吝啬。其动也辟，不择善恶之物皆生，故为均。性顺而生物，生生相继，故为子母牛。能载物为舆，曰大舆者，乃顺承天之大也。三画成章，故为文。偶画成群，故为众。柄者持成物之权。黑者，为极阴之色。《荀九家》有“为牝，为迷，为方，为囊，为裳，为黄，为帛”。

震为雷，为龙，为玄黄，为旉，为大涂，为长子，为决躁，为苍筤竹，为萑苇。其于马也为善鸣，为馵足，为作足，为的颡。其于稼也为反生。其究为健，为蕃鲜。

旉作车。筤音郎。萑音丸。馵，主树反。

震者动也。为雷者，气之动于下也。为龙者，物之动于下也。乾坤始交而成震，兼天地之色，故为玄黄。旉当作车字。震，动也，车，动物也，此震之性当作车也。上空虚，一阳横于下，有舟车之象。故剥卦君子得舆，小人剥庐，阳剥于上，有剥庐之象，阳生于下，则为震矣，有得舆之象。此震之象当作车也。且从大涂，从作足马，则车误作旉也明矣。一奇动于内，而二偶开张，四通八达，故为大涂。乾一索而得男，故为长子。一阳动于下，其进也锐，故为决躁。苍者东方之色，故为苍筤竹。萑苇，荻与芦也，与竹皆下本实而上干虚，阳下阴上之象也。凡声阳也，上偶开口，故为善鸣。《尔雅》：马左足白曰馵，震居左，故曰馵。作者，两足皆动也，一阳动于下，故为作足。颡者额也，的颡者，白额之马也，震错巽，巽为白，故为头足皆白之马。刚反在下，故稼为反生。反生者，根在上也。究者，究其前之所进也，阳刚震动，势必前进，故究其极而言之。究其健者，震进则为临为泰，为三画之纯阳矣，故为健。究蕃者，究其阳所生之物也。帝出乎震，则齐乎巽，相见乎离，品物咸亨而蕃盛矣，故为蕃。究鲜者，鲜谓鱼，震错巽，故为鱼也。《书》"奏庶鲜食"，谓鱼肉之类，《老子》"治大国如烹小鲜"，则专言鱼也。究健究蕃者，究一阳之前进也。究鲜者，究一阳之对待也。《荀九家》有"为玉，为鹄，为鼓"。

巽为木，为风，为长女，为绳直，为工，为白，为长，为高，为进退，为不果，为臭。其于人也为寡发，为广颡，为多白眼，为近利市三倍。其究为躁卦。

巽，入也。物之善入者莫如木，故无土不穿。气之善入者莫如风，故无物不被。坤一索乾而得巽，故为长女。木曰曲直，绳直者，从绳以取直，而工则引绳之直以制木之曲者也。巽德之制，故能制器为工。伏羲圆图震错巽，震居东北为青，巽居西南为白，盖木方青而金方白也。阳长阴短，阳高阴卑，二阳一阴，又阳居其上，阴居其下，故为长，为高。风行无常，故进退。风或东或西，故不果。臭以风而传，阴伏于重阳之下，郁积不散，故为臭。姤卦包鱼不利宾者，以臭故也。为寡发者，发属血，阴血不上行也。广颡者，阔额也，阳气独上盛也。眼之白者为阳，黑者为阴，所以离为目，巽二白在上，一黑沉于下，故为白眼。巽本乾体，为金为玉，利莫利于乾也，坤一索而为巽，巽性入，则乾之所有皆入于巽矣，故近市利三倍。曰近者，亦如市之交易有三倍之利也。震为决躁，巽错震，故其究为躁卦，亦如震之其究为健也。震巽以究言者，刚柔之始也。《荀九家》有"为杨，为鹳"。

坎为水，为沟渎，为隐伏，为矫䋈，为弓轮。其于人也为加忧，为心病，为耳痛，为血卦，为赤。其于马也为美脊，为亟心，为下首，为薄蹄，为曳。其于舆也为多眚，为通，为月，为盗。其于木也为坚多心。

水内明，坎之阳在内，故为水。阳画为水，二阴夹之，故为沟渎。阳匿阴中，为柔所掩，故为隐伏。矫者直而使曲，輮者曲而使直，水流有曲直，故为矫輮。因为矫輮，弓与轮皆矫輮所成，故为弓轮。阳陷阴中，心危虑深，故为加忧。心耳皆以虚为体，坎中实，故为病为痛，盖有孚则心亨，加忧则心病矣。水在天地为水，在人身为血。为赤者，得乾之一画，与乾色同，但不大耳。乾为马，坎得乾之中爻而刚在中，故为马之美脊；刚在内而躁，故为亟心；柔在上，故首垂而不昂；柔在下，故蹄薄而不厚，因下柔故又为曳。盖陷则失健足，行无力也。多眚者，险陷而多阻，因柔在下，不能任重也。上下皆虚，水流而不滞，故通。月者，水之精，从其类也。盗能伏而害人，刚强伏匿于阴中，故为盗。中实，故木多心坚。《荀九家》有“为宫，为律，为可，为栋，为丛棘，为狐，为蒺藜，为桎梏”。

离为火，为日，为电，为中女，为甲胄，为戈兵。其于人也为大腹，为乾卦。为鳖，为蟹，为蠃，为蚌，为龟。其于木也为科上槁。

离者丽也。火丽木而生，故为火。日者火之精，电者火之光，故为日为电。甲胄外坚象离之画，戈兵上锐象离之性。中虚故为大腹。乾音干，水流湿故称血，火就燥故称乾。外刚内柔，故为介物。中虚，故为木之科。科者，科巢之象也。炎上，故木上槁。《荀九家》有“为牝牛”。

艮为山，为径路，为小石，为门阙，为果蓏，为阍寺，为指，为狗，为鼠，为黔喙之属。其于木也为坚多节。

蓏音裸。喙，况废反。

山止于地，故为山。一阳塞于外，不通大涂，与震相反，故为径路。刚在坤土之上，故为小石。上画相连，下画双峙而虚，故为门阙。木实植生曰果，草实蔓生曰蓏，实皆在上，故为果蓏。阍人掌王宫中门之禁，止物之不应入者，寺人掌王之内人及宫女之戒令，止物之不得出者，艮刚止内柔，故为阍寺。人能止于物者在指，物能止于物者在狗。鼠之为物其刚在齿，鸟之为物其刚在喙。黔者黑色，鸟喙多黑。曰属者，不可枚举也。狗鼠黔喙皆谓前刚也。坎阳在内，故木坚在心，艮阳在上，故木坚多节。木枝在上方有节。《荀九家》有“为鼻，为虎，为狐”。

兑为泽，为少女，为巫，为口舌，为毁折，为附决，其于地也为刚卤。为妾，为羊。

泽乃潴水之地，物之润而见乎外者亦为泽。兑之阴见乎外，故为泽。坤三索于乾而得女，故为少女。女巫击鼓婆娑，乃歌舞悦神者也。通乎幽者，以言悦乎神为巫；通乎显者，以言悦乎人为口舌。正秋万物条枯实落，故为毁折。此以其时言也。柔附于刚，刚乃决柔，故为附决。震阳动，故决躁；兑阴悦，故附决。兑非能自决，乃附于刚而决也。此以其势言也。兑金乃坚刚之物，故为刚。《说文》云：“卤，西方咸地。”兑正西，故为卤。少女从姊为娣，故为妾。内狠外说，故为羊。《荀九家》有“为常，为辅颊”。

右第十一章。此章广八卦之象。

序卦传

序卦者，孔子因文王之《序卦》，就此一端之理以序之也。一端之理在所略，孔子分明，恐后儒杂乱文王之《序卦》，故借此一端之理以序之，其实本意专恐为杂乱其卦也。如大过以下，使非孔子序卦可证，则后儒又聚讼矣。蔡氏改正丘氏，犹以为不当僭改经文，岂不聚讼？所以《序卦》有功于《易》。宋儒不知象，就说《序卦》非圣人之书，又说非圣人之蕴，非圣人之精，殊不知《序卦》非为理设，乃为象设也。如井、蹇、解、无妄等卦辞，使非《序卦》《杂卦》，则不知文王之言何自而来也。自孔子没，历秦汉至今日，叛经者皆因不知《序卦》《杂卦》也。以此观之，谓《序卦》为圣人之至精可也。

有天地，然后万物生焉，盈天地之间者唯万物，故受之以屯。屯者，盈也，屯者，物之始生也。物生必蒙，故受之以蒙。蒙者，蒙也，物之稚也。物稚不可不养也，故受之以需。需者，饮食之道也。饮食必有讼，故受之以讼。

盈者，言乾坤之气盈，充塞于两间也，如有欠缺岂能生物。屯不训盈，言万物初生之时，如此郁结未通，必如此盈也。物之始生，精神未发若蒙冒然，故屯后继蒙。蒙者，蒙也。上蒙字卦名，下蒙字物之象也。稚者，小也。小者必养而后长大。水在天以润万物，乃万物之所需者。需不训饮食，谓人所需于饮食者在养之以中正，乃饮食之道也。饮食，人之所大欲也，所需不知所欲则必争，乾糇以愆，豕酒生祸，故讼。

讼必有众起，故受以之师。师者，众也。众必有所比，故受之以比。比者，比也。比必有所畜，故受之以小畜。物畜然后有礼，故受之以履。履而泰然后安，故受之以泰。泰者，通也。物不可终通，故受之以否。

争起而党类必众，故继之以师。比者比也，上比卦名，下比相亲附之谓也。众必有所亲附依归，则听其约束，故受之以比。人来相比必有以畜养之者，无以养之何以成比，故受之以小畜。礼义生于富足，物畜然后有礼，故受之以履。礼盖人之所履，非以礼训履也。人有礼则安，无礼则危，故受之以泰。治乱相仍，如环无端，无久通泰之理，故受之以否。

物不可以终否，故受之以同人。与人同者物必归焉，故受之以大有。有大者不可以盈，故受之以谦。有大而能谦必豫，故受之以豫。豫必有随，故受之以随。以喜随人者必有事，故受之以蛊。

上下不交所以成否，今同人于野，利涉大川，畴昔俭德辟难之君子，皆相与出而济否矣，故继之以同人。能一视同人，则近悦远来，而所有者大矣，故大者皆为吾所有。所有既大，不可以有自满也，故受之以谦。有大不盈而能谦，则永保其所有之大，而中心和乐矣，故受之以豫。和乐而不拒绝乎人，则人皆欣然愿随之矣，故受之以随。以喜随人者非无故也，必有其事，如臣之随君必以官守言责为事，弟子之随师必以传道解惑为事，故受之以蛊。

蛊者，事也。有事而后可大，故受之以临。临者，大也。物大然后可观，故受之以观。可观而后有所合，故受之以噬嗑。嗑者，合也。物不可以苟合而已，故受之以贲。贲者，饰也。致饰然后亨则尽矣，故受之以剥。

蛊者坏也，物坏则万事生矣。事因坏而起，故以蛊为事。可大之业每因事以生，故受以临。临者，二阳进而逼四阴，駸駸乎向于大矣。临不训大，临者以上临下，以大临小，凡称临者，皆大者之事也，故以大释之。凡物之小者不足以动人之观，大方可观。德之大，则光辉之著自足以起人之瞻仰；业之大，则勋绩之伟自足以耀人之耳目，故临次以观。既大而可观，则信从者众，自有来合之者，故受以噬嗑。物不可以苟合，又在乎贲以饰之。不执贽则不足以成宾主之合，不受币则不可成男女之合，贲所以次合也。贲者，文饰也。致者，专事文饰之谓也。文饰太过则为亨之极，亨极则仪文盛而实行衰，故曰致饰亨则尽矣，故继之以剥。

剥者，剥也。物不可以终尽，剥穷上反下，故受之以复。复则不妄矣，故受之以无妄。有无妄然后可畜，故受之以大畜。物畜然后可养，故受之以颐。颐者，养也。不养则不可动，故受之以大过。物不可以终过，故受之以坎。坎者，陷也。陷必有所丽，故受之以离。离者，丽也。

所谓剥者，以其剥落而尽也。然物不可以终尽，既剥尽于上，则必复生于下，故继之以复。复者，反本而复于善也。善端既复则妄念不生，妄动不萌，而不妄矣。无妄则诚矣，诚则好善如好好色，恶恶如恶恶臭，然后可以畜德而至于大，故受之以大畜。物必畜然后可养，况我之德乎？德既畜于己，则可以优游涵泳而充养之以至于化矣，是可养也，故受之以颐。颐者，养之义也。有大涵养而后有大施设，养则可动，不养则不可动矣。动者施设而见于用也，故受之以大过，大过者，以大过人之才为大过人之事，非有养者不能也。然天下之事，中焉止矣，理无大过而不已，过极则陷溺于过矣，故受之以坎。坎者，一阳陷于二阴之间，陷之义也。陷于险难之中则必有所附丽，庶资其才力而难可免矣，故受之以离。离者，一阴丽于二阳之间，附丽之义也。物不可以终通终否终尽终过，以理之自然言也。造化乃如此也。有大者不可以盈，不养则不可动，以理之当然言也。人事乃如此也。

右上篇。

有天地然后有万物，有万物然后有男女，有男女然后有夫妇，有夫妇然后有父子，有父子然后有君臣，有君臣然后有上下，有上下然后礼义有所错。

有夫妇则生育之功成而后有父子；有父子则尊卑之分起，而后有君臣；有君臣则贵贱之等立，而后有上下；上下既立则有拜趋坐立之节，有宫室车马之等，小而繁缨之微，大而衣裳之垂，其制之必有文，故谓之礼，其处之必得宜，故谓之义。错者，交错也，即八卦之相错也。礼义尚往来，故谓之错。

夫妇之道不可以不久也，故受之以恒。恒者，久也。物不可以久居其所，故受之以遁。遁者，退也。物不可以终遁，故受之以大壮。物不可以终壮，故受之以晋。晋者，进也。进必有所伤，故受之以明夷。

物不可以久居其所，泛论物理也。如人臣居宠位之久者是也。岂有夫妇不久居其所之理?《序卦》止有一端之理者正在于此。遁者，退也。物不可以终退，故受之以大壮。既壮盛则必进，故受之以晋。进而不已则知进不知退，必有所伤矣，亦物不可久居其所之意。《易》之消息盈虚不过如此，时止时行则存乎其人也。

夷者，伤也。伤于外者必反其家，故受之以家人。家道穷必乖，故受之以睽。睽者，乖也。乖必有难，故受之以蹇。蹇者，难也。物不可以终难，故受之以解。解者，缓也。缓必有所失，故受之以损。

伤于外者，其祸必及于家，故受之以家人。祸及于家则家道穷困矣。家道穷困则父子兄弟岂不相怨，故受之以睽。一家乖睽则内难作矣，故受之以蹇。凡人患难必有解散之时，故受之以解。缓则怠惰偷安，废时失事，故受之以损。

损而不已必益，故受之以益。益而不已必决，故受之以夬。夬者，决也。决必有所遇，故受之以姤。姤者，遇也。物相遇而后聚，故受之以萃。萃者，聚也。聚而上者谓之升，故受之以升。升而不已必困，故受之以困。

损而不已必益，益而不已必决，决去即损去之意。盛衰损益如循环然。损不已必益，益不已必损，造化如此，在《易》亦如此，故曰损益盛衰之始也。损者盛之始，益者衰之始，所以决字即损字也。夬与姤相综，夬柔在上，刚决柔也；姤柔在下，柔遇刚也。故决去小人即遇君子，所以夬受之以姤。君子相遇则合志同方，故受之以萃。同志既萃，则乘时遘会以类而进，故受之以升。升自下而上不能不用其力，升而不已则力竭而困惫矣，故受之以困。

困乎上者必反下，故受之以井。井道不可不革，故受之以革。革物者莫若鼎，故受之以鼎。主器者莫若长子，故受之以震。震者，动也。物不可以终动，止之，故受之以艮。艮者，止也。物不可以终止，故受之以渐。渐者，进也。进必有所归，故受之以归妹。得其所归者必大，故受之以丰。丰者，大也。穷大者必失其居，故受之以旅。

不能进而困于上，则必反于下，至下者莫若井也，井养而不穷，可以舒困矣，故受之以井。井久则秽浊不可食，必当革去其故，故受之以革。革物之器，去故而取新者莫若鼎，故受之以鼎。鼎重器也，庙祭用之，而震为长子，则继父而主祭者也，故受之以震。震者，动也，物不可以终动，动则主之以静，故受之以艮。艮者，止也。物不可以终止，静极而复动也，故受之以渐。渐者，进也。进以渐而不骤者，惟女子之归，六礼以渐而行，故受之以归妹。得其所归者必大，细流归于江海则江海大，万民归于帝王则帝王大，至善归于圣贤则圣贤大，故受之以丰。穷大而骄奢无度，则必亡国败家而失其所居之位矣，唐明皇宋徽宗是也，故受之以旅。

旅而无所容，故受之以巽。巽者，入也。入而后说之，故受之以兑。兑者，说也。说而后散之，故受之以涣。涣者，离也。物不可以终离，故受之以节。节而信之，故受之以中孚。有其信者必行之，故受之以小过。有过物者必济，故受之以既济。物不可穷也，故受之以未济终焉。

旅者，亲寡之时，非巽顺何所容，苟能巽顺，虽旅困之中，何往而不能入，故受之以巽。巽者，入也。人情相拒则怒，相入则悦，入而后悦之，故继之以兑。兑者，悦也。人之气，忧则郁结，悦则舒散，悦而后散之，故受之以涣。涣者，离也，离披解散之意。物不可以终离，离则散漫远去而不止矣，故受之以节。节所以止离也。节者制之于外，孚者信之于中，节得其道，而上能信守之，则下亦以信从之矣。所谓节而信之也，故受之以中孚。有者自恃其信而居其有也，必者不加详审而必于其行也，事当随时制宜，若自有其信而必行之，则小有过矣，故受之以小过。有过人之才者，必有过人之事，而事无不济矣，故受之以既济。物至于既济，物之穷矣，然物无终穷之理，故受之以未济终焉。物不可穷乃一部《易经》之本旨，故曰物不可以终通以至终离，言物不可者十一，皆此意也。

右下篇。

杂卦传

杂卦者，杂乱文王之《序卦》也。孔子将《序卦》一连者，特借其一端之理以序之，其实恐后学颠倒文王所序之卦也。一端之理在所缓也，又恐后学以《序卦》为定理，不知其中有错有综，有此二体，故杂乱其卦，前者居于后，后者居于前，止将二体两卦有错有综者下释其意，如乾刚坤柔，比乐师忧是也。使非有此《杂卦》，象必失其传矣。

乾刚坤柔。

此以错言。言乾坤之情性也。文王《序卦》六十四卦止乾、坤、坎、离、大过、颐、小过、中孚八卦相错，盖伏羲圆图乾坤坎离四正之卦本相错，四隅之卦兑错艮，震错巽，故大过颐小过中孚所以相错也。

比乐师忧。

此以综言。因二卦同体，文王相综为一卦，后言综者仿此。顺在内故乐，险在内故忧。凡综卦，有四正综四正者，比乐师忧，大有众同人亲之类也。四隅之卦，艮与震综，皆一阳二阴之卦，艮可以言震，震可以言艮，兑与巽综，皆二阳一阴之卦，兑可以言巽，巽可以言兑，如随蛊咸恒之类是也。有以正综隅、隅综正者，临观屯蒙之类是也。前儒不知乎此，所以言象失其传，而不知象即藏于错综之中，因不细玩《杂卦》故也。

临观之义，或与或求。

此以综言。君子之临小人也，有发政施仁之意，故与；下民之观君上也，有仰止观光之心，故求。曰或者，二卦皆可言与求也。盖求则必与，与则必求。

屯见而不失其居，蒙杂而著。

此以综言。见者，居九五之位也。居者，以阳居阳也。八卦正位，坎在五，言九五杂于二阴之间，然居九五之位，刚健中正，故见而不失其居。蒙九二亦杂于二阴之间，然为发蒙之主，故杂而著。见皆以坎之上下言。言蒙之坎上而为屯矣，见而不失其居；屯之坎下而为蒙矣，杂而又著。

震起也，艮止也。

此以综言。震阳起于下，艮阳止于上。

损益，盛衰之始也。

此以综言。损上卦之艮下而为益下卦之震，帝出乎震，故为盛之始。益上卦之巽下而为损下卦之兑，说言乎兑，故为衰之始。震东兑西，春生秋杀，故为盛衰之始。

大畜时也，无妄灾也。

此以综言。大畜上卦之艮下而为无妄下卦之震，故孔子曰刚自外来而为主于内；无妄下卦之震上而为大畜之艮，故孔子曰刚上而尚贤。止其不能止者非理之常，乃适然之时；得其不当得者非理之常，乃偶然之祸。

萃聚而升不来也。

此以综言。升上卦之三阴下而为萃之下卦，三阴同聚，故曰萃。萃下卦之三阴上而为升之上卦，三阴齐升，故曰升。惟升，故不降下而来。

谦轻而豫怠也。

此以综言。谦之上六即豫之初六，故二爻皆言鸣。谦心虚故自轻，豫志满故自肆。

噬嗑食也，贲无色也。

此以综言。贲下卦之离上而为噬嗑之上卦，故孔子曰柔得中而上行。噬嗑上卦之离下而为贲之下卦，故孔子曰柔来而文刚。颐中有物，食其所有；白贲无色，文其所无。

兑见而巽伏也。

此以综言。与震艮同。震艮以阳起，止于上下，此则以阴见，伏于上下。

随无故也，蛊则饬也。

此以综言。随则以蛊上卦艮之刚下而为震，故孔子曰刚来而下柔。蛊则以随上卦兑之柔下而为巽，故孔子曰刚上而柔下。随无大故，故能相随；蛊有大故，故当整饬。

剥烂也，复反也。

此以综言。剥则生意渐尽而归于无，复则生意复萌而反于有。

晋昼也，明夷诛也。

此以综言。明夷下卦之离进而为晋之上卦，故孔子曰柔进而上行。明在上而明著，明在下而明伤。

井通而困相遇也。

困上卦之兑下而为井下卦之巽，井下卦之巽上而为困上卦之兑。养而不穷，通也，即不困；刚过其掩，遇也，即不通。

咸速也，恒久也。

此以综言。故孔子曰柔上而刚下，刚上而柔下。有感则速，速则婚姻及时；有恒则久，久则夫妇偕老。

涣离也，节止也。

此以综言。节上卦坎之刚来居涣之下卦，涣上卦巽之柔来居节之下卦。风散水，故涣，涣则离而不止。泽防水，故节，节则止而不离。

解缓也，蹇难也。

此以综言。蹇下卦之艮往而为解上卦之震。出险之外，安舒宽缓之时；居险之下，大难切身之际。

睽外也，家人内也。

此以综言。睽下卦之兑即家人上卦之巽。睽于外而不相亲，亲于内而不相睽。

否泰反其类也。

此以综言。大往小来，小往大来，致反其类。

大壮则止，遁则退也。

止当作上。

此以综言。止字乃上字之误。二卦相综，遁之三爻即大壮之四爻。上字指大壮之四爻而言，退字指遁之三爻而言，皆相比于阴之爻也。孔子因周公三爻四爻之辞，故发此上退二字。言大壮则壮于大舆之輹，上往而进，遁则退而畜止臣妾，使制于阳，不使之浸而长也。故大壮则上，遁则退。

大有众也，同人亲也。

此以综言。同人下卦之离进居大有之上卦，大有上卦之离来居同人之下卦。势统于一，所爱者众；情通于同，所与者亲。

革去故也，鼎取新也。

此以综言。鼎下卦之巽进而为革上卦之兑。水火相息有去故之义，水火相烹有从新之理。

小过过也，中孚信也。

此以错言。过者逾其常，信者存其诚。

丰多故，亲寡旅也。

此以综言。旅下卦之艮即丰上卦之震。人处丰盛故多故旧，人在穷途故寡亲识。

离上而坎下也。

此以错言。炎上润下。

小畜寡也，履不处也。

此以综言。二卦皆以柔为主。小畜柔得位，但寡不能胜众阳，所以不能畜，故曰寡也。履柔不得位，惟以悦体履虎尾，故曰不处也。不处者，非所居也，故六三《小象》曰位不当。

需不进也，讼不亲也。

此以综言。天水相上下。安分待时，故不进；越理求胜，故不亲。

大过颠也，颐养正也。

依蔡氏改正。

此以错言。弱其本末故颠，择其大小故正。《序卦》曰："颐者，养也。不养则不可动，故受之以大过。"有此作证，蔡氏方改正，所以《序卦》有功于《易》。

既济，定也。未济，男之穷也。

依蔡氏改正。

此以综言。水火相为上下。六位皆当，故定；三阳失位，故穷。

归妹，女之终也。渐，女归待男行也。

依蔡氏改正。

此以综言。归妹下卦之兑进而为渐上卦之巽，渐下卦之艮进而为归妹上卦之震。归妹者，女事之终；待男者，女嫁之礼。

姤遇也，柔遇刚也。夬决也，刚决柔也。君子道长，小人道消也。

依蔡氏改正。

此以综言。君子小人迭为盛衰，犹阴阳迭相消长，一柔在五阳之下，曰柔遇刚者，小人之遭遇，君子之所忧也。一柔在五阳之上，曰刚决柔者，君子之道长，小人之所忧也。《易》之为书，吉凶消长进退存亡不过此理此数而已，故以是终之。

周易集注卷十六

来知德考定系辞上传

天尊地卑，乾坤定矣。卑高以陈，贵贱位矣。动静有常，刚柔断矣。方以类聚，物以群分，吉凶生矣。在天成象，在地成形，变化见矣。是故刚柔相摩，八卦相荡，鼓之以雷霆，润之以风雨。日月运行，一寒一暑。乾道成男，坤道成女。乾知大始，坤作成物。乾以易知，坤以简能。易则易知，简则易从。易知则有亲，易从则有功。有亲则可久，有功则可大。可久则贤人之德，可大则贤人之业。易简而天下之理得矣，天下之理得而成位乎其中矣。

右第一章。

圣人设卦观象，系辞焉而明吉凶，刚柔相推而生变化。是故吉凶者，失得之象也。悔吝者，忧虞之象也。变化者，进退之象也。刚柔者，昼夜之象也。六爻之动，三极之道也。是故君子所居而安者，《易》之序也；所乐而玩者，爻之辞也。是故君子居则观其象而玩其辞，动则观其变而玩其占。是以自天祐之，吉无不利。

右第二章。

彖者，言乎象者也。爻者，言乎变者也。吉凶者，言乎其失得也。悔吝者，言乎其小疵也。无咎者，善补过也。是故列贵贱者存乎位，齐小大者存乎卦，辨吉凶者存乎辞，忧悔吝者存乎介，震无咎者存乎悔。是故卦有小大，辞有险易。辞也者，各指其所之。

右第三章。

《易》与天地准，故能弥纶天地之道。仰以观于天文，俯以察于地理，是故知幽明之故。原始反终，故知死生之说。精气为物、游魂为变，是故知鬼神之情状。与天地相似，故不违。知周乎万物，而道济天下，故不过。旁行而不流，乐天知命，故不忧。安土敦乎仁，故能爱。范围天地之化而不过，曲成万物而不遗，通乎昼夜之道而知，故神无方而《易》无体。

右第四章。

一阴一阳之谓道。继之者善也，成之者性也。仁者见之谓之仁，知者见之谓之知。百姓日用而不知，故君子之道鲜矣。显诸仁，藏诸用，鼓万物而不与圣人同忧，盛德大业至矣哉！富有之谓大业，日新之谓盛德。生生之谓《易》，成象之谓乾，效法之谓坤，极数知来之谓占，通变之谓事，阴阳不测之谓神。

右第五章。

夫《易》广矣大矣。以言乎远则不御，以言乎迩则静而正，以言乎天地之间则备矣。夫乾，其静也专，其动也直，是以大生焉。夫坤，其静也翕，其动也辟，是以广生焉。广大配天地，变通配四时，阴阳之义配日月，易简之善配至德。

右第六章。

子曰：《易》其至矣乎！夫《易》，圣人所以崇德而广业也。知崇礼卑。崇效天，卑法地。天地设位，而《易》行乎其中矣。成性存存，道义之门。

右第七章。

圣人有以见天下之赜，而拟诸其形容，象其物宜，是故谓之象。圣人有以见天下之动，而观其会通，以行其典礼，系辞焉以断其吉凶，是故谓之爻。言天下之至赜而不可恶也，言天下之至动而不可乱也。拟之而后言，议之而后动，拟议以成其变化。

子曰：危者安其位者也，亡者保其存者也，乱者有其治者也。是故君子安而不忘危，存而不忘亡，治而不忘乱，是以身安而国家可保也。《易》曰："其亡其亡，系于苞桑。"

"同人先号咷而后笑。"子曰：君子之道，或出或处，或默或语。二人同心，其利断金。同心之言，其臭如兰。

《易》曰："自天祐之，吉无不利。"子曰：祐者，助也，天之所助者顺也，人之所助者信也。履信思乎顺，又以尚贤也，是以自天祐之，吉无不利也。

"劳谦，君子有终吉。"子曰：劳而不伐，有功而不德，厚之至也。语以其功下人者也。德言盛，礼言恭。谦也者，致恭以存其位者也。

子曰：知几其神乎！君子上交不谄，下交不渎，其知几乎！几者动之微，吉之先见者也。君子见几而作，不俟终日。《易》曰："介于石，不终日，贞吉。"介如石焉，宁用终日？断可识矣。君子知微知彰，知柔知刚，万夫之望。

子曰：小人不耻不仁，不畏不义，不见利不劝，不威不惩。小惩而大诫，此小人之福也。《易》曰"屦校灭趾无咎"，此之谓也。

善不积不足以成名，恶不积不足以灭身。小人以小善为无益而弗为也，以小恶为无伤而弗去也。故恶积而不可掩，罪大而不可解。《易》曰："何校灭耳，凶。"

子曰：颜氏之子，其殆庶几乎！有不善未尝不知，知之未尝复行也。《易》曰："不远复，无祇悔，元吉。"

"初六。藉用白茅，无咎。"子曰：苟错诸地而可矣。藉之用茅，何咎之有？慎之至也。夫茅之为物薄，而用可重也。慎斯术也以往，其无所失矣。

右第八章。依《序卦》，上经九爻与下经同。

天一地二，天三地四，天五地六，天七地八，天九地十。天数五，地数五，五位相得而各有合。天数二十有五，地数三十。凡天地之数五十有五，此所以成变化而行鬼神也。大衍之数五十，其用四十有九。分而为二以象两，挂一以象三，揲之以四以象四时，归奇于扐以象闰。五岁再闰，故再扐而后挂。乾之策二百一十有六，坤之策百四十有四，凡三百有六十，当期之日。二篇之策万有一千五百二十，当万物之数也。是故四营而成《易》，十有八变而成卦，八卦而小成。引而伸之，触类而长之，天下之能事毕矣。显道神德行，是故可与酬酢，可与祐神矣。子曰：知变化之道者，其知神之所为乎！

右第九章。

《易》有圣人之道四焉：以言者尚其辞，以动者尚其变，以制器者尚其象，以卜筮者尚其占。是以君子将有为也，将有行也，问焉而以言。其受命也如嚮，无有远近幽深，遂知来物。非天下之至精，其孰能与于此。参伍以变，错综其数。通其变，遂成天地之文。极其数，遂定天下之象。非天下之至变，其孰能与于此。《易》，无思也，无为也，寂然不动，感而遂通天下之故。非天下之至神，其孰能与于此。夫《易》，圣人所以极深而研几也。唯深也，故能通天下之志；唯几也，故能成天下之务；唯神也，故不疾而速，不行而至。子曰"《易》有圣人之道四焉"者，此之谓也。

右第十章。

子曰：夫《易》何为者也？夫《易》开物成务，冒天下之道，如斯而已者也。是故圣人以通天下之志，以定天下之业，以断天下之疑。是故蓍之德圆而神，卦之德方以知，六爻之义易以贡，圣人以此洗心，退藏于密。吉凶与民同患。神以知来，知以藏往。其孰能与于此哉？古之聪明睿知，神武而不杀者夫！是以明于天之道，而察于民之故。是兴神物，以前民用。圣人以此斋戒，以神明其德夫！是故阖户谓之坤，辟户谓之乾。一阖一辟谓之变，往来不穷谓之通。见乃谓之象，形乃谓之器。制而用之谓之法，利用出入、民咸用之谓之神。是故《易》有太极，是生两仪，两仪生四象，四象生八卦，八卦定吉凶，吉凶生大业。是故法象莫大乎天地。变通莫大乎四时。县象著明莫大乎日月。崇高莫大乎富贵。备物致用，立成器以为天下利，莫大乎圣人。探赜索隐，钩深致远，以定天下之吉凶，成天下之亹亹者，莫大乎蓍龟。是故天生神物，圣人则之。天地变化，圣人效之。天垂象，见吉凶，圣人象之。河出图，洛出书，圣人则之。《易》有四象，所以示也。系辞焉，所以告也。定之以吉凶，所以断也。

右第十一章。

子曰：书不尽言，言不尽意。然则圣人之意其不可见乎？子曰：圣人立象以尽意，设卦以尽情伪，系辞焉以尽其言，变而通之以尽利，鼓之舞之以尽神。乾坤，其《易》之缊耶？乾坤成列，而《易》立乎其中矣。乾坤毁则无以见《易》，《易》不可见，则乾坤或几乎息矣。是故形而上者谓之道，形而下者谓之器，化而裁之谓之变，推而行之谓之通，举而措之天下之民谓之事业。极天下之赜者存乎卦，鼓天下之动者存乎辞，化而裁之存乎变，推而行之存乎通，神而明之存乎其人，默而成之、不言而信存乎德行。

右第十二章。与下《系传》同十二章。

来知德考定系辞下传

八卦成列，象在其中矣。因而重之，爻在其中矣。刚柔相推，变在其中矣。系辞焉而命之，动在其中矣。吉凶悔吝者，生乎动者也。刚柔者，立本者也。变通者，趣时者也。吉凶者，贞胜者也。天地之道，贞观者贞也。日月之道，贞明者也。天下之动，贞夫一者也。夫乾确然，示人《易》矣；夫坤，隤然，示人简矣。爻也者，效此者也。象也者，像此者也。爻象动乎内，吉凶见乎外，功业见乎变，圣人之情见乎辞。天地之大德曰生，圣人之大宝曰位。何以守位曰仁，何以聚人曰财，理财正辞，禁民为非曰义。

右第一章。

古者包牺氏之王天下也，仰则观象于天，俯则观法于地，观鸟兽之文与地之宜，近取诸身，远取诸物，于是始作八卦，以通神明之德，以类万物之情。作结绳而为网罟，以佃以渔，盖取诸离。包牺氏没，神农氏作。斲木为耜，揉木为耒，耒耨之利以教天下，盖取诸益。日中为市，致天下之民，聚天下之货，交易而退，各得其所，盖取诸噬嗑。神农氏没，黄帝尧舜氏作。通其变，使民不倦。神而化之，使民宜之。《易》穷则变，变则通，通则久，是以自天祐之，吉无不利。黄帝尧舜垂衣裳而天下治，盖取诸乾、坤。刳木为舟，剡木为楫，舟楫之利以济不通、致远，以利天下，盖取诸涣。服牛乘马，引重致远，以利天下，盖取诸随。重门击柝以待暴客，盖取诸豫。断木为杵，掘地为臼，臼杵之利，万民以济，盖取诸小过。弦木为弧，剡木为矢，弧矢之利以威天下，盖取诸睽。上古穴居而野处，后世圣人易之以宫室，上栋下宇，以待风雨，盖取诸大壮。古之葬者，厚衣之以薪，葬之中野，不封不树，丧期无数，后世圣人易之以棺椁，盖取诸大过。上古结绳而治，后世圣人易之以书契，百官以治，万民以察，盖取诸夬。

右第二章。

是故《易》者，象也。象也者，像也。彖者，材也。爻也者，效天下之动者也。是故吉凶生而悔吝著也。

右第三章。

阳卦多阴，阴卦多阳，其故何也？阳卦奇，阴卦偶，其德行何也？阳一君而二民，君子之道也。阴二君而一民，小人之道也。

右第四章。

《易》曰："憧憧往来，朋从尔思。"子曰：天下何思何虑？天下同归而殊途，一致而百虑，天下何思何虑？日往则月来，月往则日来，日月相推而明生焉。寒往则暑来，暑往则寒来，寒暑相推而岁成焉。往者屈也，来者信也，屈信相感而利生焉。尺蠖之屈以求信也，龙蛇之蛰以存身也，精义入神以致用也，利用安身以崇德也。过此以往，未之或知也。穷神知化，德之盛也。

子曰：作《易》者其知盗乎！《易》曰："负且乘，致寇至。"负也者，小人之事也。乘也者，君子之器也。小人而乘君子之器，盗思夺之矣。上慢下暴，盗思伐之矣。慢藏诲盗，冶容诲淫。《易》曰："负且乘，致寇至。"盗之招也。

《易》曰："公用射隼于高墉之上，获之无不利。"子曰：隼者禽也，弓矢者器也，射之者人也。君子藏器于身，待时而动，何不利之有？动而不括，是以出而有获，语成器而动者也。

天地絪缊，万物化醇。男女构精，万物化生。《易》曰："三人行则损一人，一人行则得其友。"言致一也。

子曰：君子安其身而后动，易其心而后语，定其交而后求。君子修此三者，故全也。危以动则民不与也，惧以语则民不应也，无交而求则民不与也。莫之与，则伤之者至矣。《易》曰："莫益之，或击之，立心勿恒，凶。"

《易》曰："困于石，据于蒺藜，入于其宫，不见其妻，凶。"子曰：非所困而困焉，名必辱；非所据而据焉，身必危。既辱且危，死期将至，妻其可得见邪？子曰：德薄而位尊，知小而谋大，力小而任重，鲜不及矣。《易》曰："鼎折足，覆公𫗧。其形渥，凶。"言不胜其任也。

“不出户庭，无咎。”子曰：乱之所生也，则言语以为阶。君不密则失臣，臣不密则失身，几事不密则害成。是以君子慎密而不出也。

“鸣鹤在阴，其子和之。我有好爵，吾与尔靡之。”子曰：君子居其室，出其言善，则千里之外应之，况其迩者乎！居其室，出其言不善，则千里之外违之，况其迩者乎！言出乎身加乎民，行发乎迩见乎远。言行，君子之枢机，枢机之发，荣辱之主也。言行，君子之所以动天地也，可不慎乎！

右第五章。依《序卦》，《下经》九爻与《上经》同。

子曰：乾坤，其《易》之门邪！乾，阳物也，坤，阴物也。阴阳合德而刚柔有体，以体天地之撰，以通神明之德。其称名也杂而不越。于稽其类，其衰世之意邪！夫《易》，彰往而察来，而微显阐幽，开而当名辨物，正言断辞则备矣。其称名也小，其取类也大。其旨远，其辞文。其言曲而中，其事肆而隐。因贰以济民行，以明失得之报。

右第六章。

《易》之兴也，其于中古乎！作《易》者，其有忧患乎！是故履，德之基也。谦，德之柄也。复，德之本也。恒，德之固也。损，德之修也。益，德之裕也。困，德之辩也。井，德之地也。巽，德之制也。履和而至。谦尊而光，复小而辨于物，恒杂而不厌，损先难而后易，益长裕而不设，困穷而通，井居其所而迁，巽称而隐。履以和行，谦以制礼，复以自知，恒以一德，损以远害，益以兴利，困以寡怨，井以辨义，巽以行权。

右第七章。

《易》之为书也不可远，为道也屡迁，变动不居，周流六虚，上下无常，刚柔相易，不可为典要，唯变所适。其出入以度外内使知惧，又明于忧患与故。无有师保，如临父母。初率其辞而揆其方，既有典常。苟非其人，道不虚行。

右第八章。

《易》之为书也，原始要终以为质也。六爻相杂，唯其时物也。其初难知，其上易知，本末也。初辞拟之，卒成之终。若夫杂物撰德，辨是与非，则非其中爻不备。噫！亦要，存亡吉凶则居可知矣。知者观其《彖辞》，则思过半矣。二与四同功而异位，其善不同：二多誉，四多惧，近也。柔之为道不利远者，其要无咎，其用柔中也。三与五同功而异位，三多凶，五多功，贵践之等也。其柔危，其刚胜邪？

右第九章。

《易》之为书也，广大悉备。有天道焉，有人道焉，有地道焉。兼三才而两之，故六。六者非他也，三才之道也。道有变动，故曰爻。爻有等，故曰物。物相杂，故曰文。文不当，故吉凶生焉。

右第十章。

《易》之兴也，其当殷之末世、周之盛德邪？当文王与纣之事邪？是故其辞危。危者使平，易者使倾，其道甚大，百物不废。惧以终始，其要无咎，此之谓《易》之道也。

右第十一章。

夫乾，天下之至健也，德行恒易以知险，夫坤，天下之至顺也，德行恒简以知阻。能说诸心，能研诸虑，定天下之吉凶，成天下之亹亹者。是故变化云为，吉事有祥。象事知器，占事知来。天地设位，圣人成能。人谋鬼谋，百姓与能。八卦以象告，爻彖以情言，刚柔杂居而吉凶可见矣。变动以利言，吉凶以情迁。是故爱恶相攻而吉凶生，远近相取而悔吝生，情伪相感而利害生。凡《易》之情，近而不相得则凶，或害之悔且吝。将叛者其辞惭，中心疑者其辞枝，吉人之辞寡，躁人之辞多，诬善之人其辞游，失其守者其辞屈。

右第十二章。与上《系传》同十二章。

来知德补定说卦传

昔者圣人之作《易》也，幽赞于神明而生蓍，参天两地而倚数，观变于阴阳而立卦，发挥于刚柔而生爻，和顺于道德而理于义，穷理尽性以至于命。

右第一章。

昔者圣人之作《易》也，将以顺性命之理。是以立天之道曰阴与阳，立地之道曰柔与刚，立人之道曰仁与义。兼三才而两之，故《易》六画而成卦。分阴分阳，迭用柔刚，故《易》六位而成章。

右第二章。

天地定位，山泽通气，雷风相薄，水火不相射。八卦相错，数往者顺，知来者逆，是故《易》逆数也。

右第三章。

雷以动之，风以散之，雨以润之，日以晅之，艮以止之，兑以说之，乾以君之，坤以藏之。

右第四章。

帝出乎震，齐乎巽，相见乎离，致役乎坤，说言乎兑，战乎乾，劳乎坎，成言乎艮。万物出乎震，震，东方也。齐乎巽，巽，东南也。齐也者，言万物之洁齐也。离也者，明也，万物皆相见，南方之卦也。圣人南面而听天下，嚮明而治，盖取诸此也。坤也者，地也，万物皆致养焉，故曰致役乎坤。兑，正秋也，万物之所说也，故曰说言乎兑。战乎乾，乾，西北之卦也，言阴阳相薄也。坎者，水也，正北方之卦也，劳卦也，万物之所归也，故曰劳乎坎。艮，东北之卦也，万物之所成终而所成始也，故曰成言乎艮。

右第五章。

神也者，妙万物而为言者也。动万物者莫疾乎雷，挠万物者莫疾乎风，燥万物者莫熯乎火，说万物者莫说乎泽，润万物者莫润乎水，终万物始万物者莫盛乎艮。故水火相逮，雷风不相悖，山泽通气，然后能变化，既成万物也。

右第六章。

乾，健也。坤，顺也。震，动也。巽，入也。坎，陷也。离，丽也。艮，止也。兑，说也。

右第七章。

乾为马，坤为牛，震为龙，巽为鸡，坎为豕，离为雉，艮为狗，兑为羊。

右第八章。

乾为首，坤为腹，震为足，巽为股，坎为耳，离为目，艮为手，兑为口。

右第九章。

乾，天也，故称乎父。坤，地也，故称乎母。震一索而得男，故谓之长男。巽一索而得女，故谓之长女。坎再索而得男，故谓之中男。离再索而得女，故谓之中女。艮三索而得男，故谓之少男。兑三索而得女，故谓之少女。

右第十章。

乾为天，为圜，为君，为父，为玉，为金，为寒，为冰，为大赤，为良马，为老马，为瘠马，为驳马，为木果。

○《荀九家》有“为龙，为直，为衣，为言。”

○来知德有“为郊，为带，为旋，为知，为富，为大，为顶，为戎，为武”。

坤为地，为母，为布，为釜，为吝啬，为均，为子母牛，为大舆，为文，为众，为柄，其于地也为黑。

○《荀九家》有“为牝，为迷，为方，为囊，为裳，为黄，为帛，为浆”。

○来知德有“为末，为能，为小，为朋，为户，为敦”。

震为雷，为龙，为玄黄，为车，为大涂，为长子，为决躁，为苍筤竹，为萑苇。其于马也为善鸣，为馵足，为作足，为的颡。其于稼也为反。其究为健，为蕃鲜。

〇《荀九家》有“为玉，为鹄，为鼓”。

〇来知德有“为青，为升跻，为奋，为官，为园，为春耕，为东，为老，为筐”。

巽为木，为风，为长女，为绳直，为工，为白，为长，为高，为进退，为不果，为臭。其于人也为寡发，为广颡，为多白眼，为近利市三倍。其究为躁卦。

〇《荀九家》有“为杨，为鹳”。

〇来知德有“为浚，为鱼，为草茅，为宫人，为老妇”。

坎为水，为沟渎，为隐伏，为矫輮，为弓轮。其于人也为加忧，为心病，为耳痛，为血卦，为赤。其于马也为美脊，为亟心，为下首，为薄蹄，为曳。其于舆也为多眚，为通，为月，为盗。其于木也为坚多心。

〇《荀九家》有“为宫，为律，为可，为栋，为丛棘，为狐，为蒺藜，为桎梏。”

〇来知德有“为沫，为泥涂，为孕，为酒，为臀，为淫，为北，为幽，为孚，为河”。

离为火，为日，为电，为中女，为甲胄，为戈兵。其于人也为大腹，为乾卦。为鳖，为蟹，为蠃，为蚌，为龟。其于木也为科上槁。

〇《荀九家》有“为牝牛”。

〇来知德有“为苦，为朱，为三，为焚，为泣，为歌，为号，为墉，为城，为南，为不育，为害”。

艮为山，为径路，为小石，为门阙，为果蓏，为阍寺，为指，为狗，为鼠，为黔喙之属。其于木也为坚多节。

〇《荀九家》有“为鼻，为虎，为狐”。

〇来知德有“为床，为握，为终，为宅，为庐，为丘，为笃，为童，为尾”。

兑为泽，为少女，为巫，为口舌，为毁折，为附决。其于地也为刚卤。为妾，为羊。

〇《荀九家》有“为常，为辅颊”。

〇来知德有“为笑，为五，为食，为跛，为眇，为西”。

右第十一章。

周易集注末卷

马 图

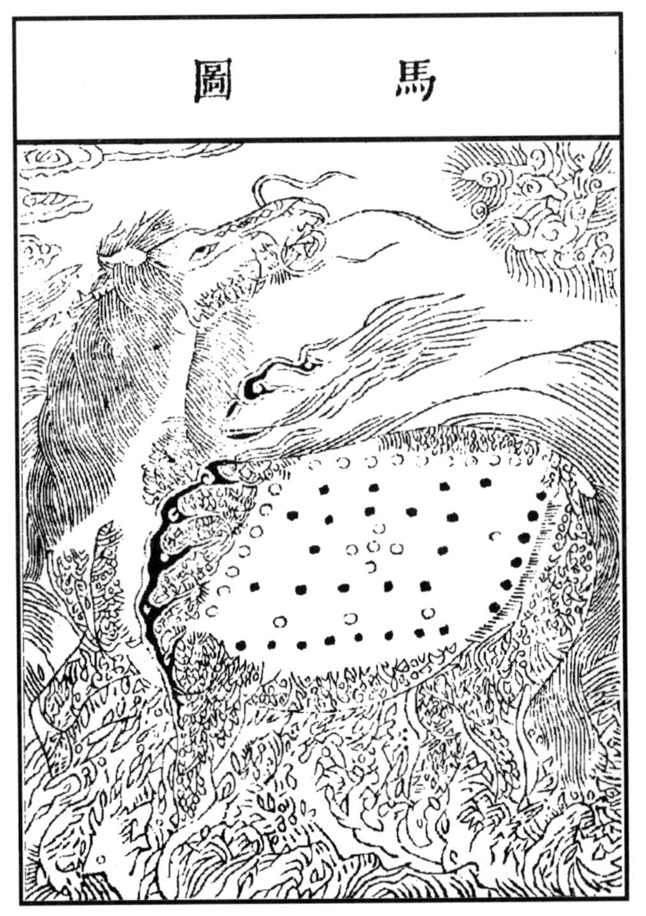

龟书图

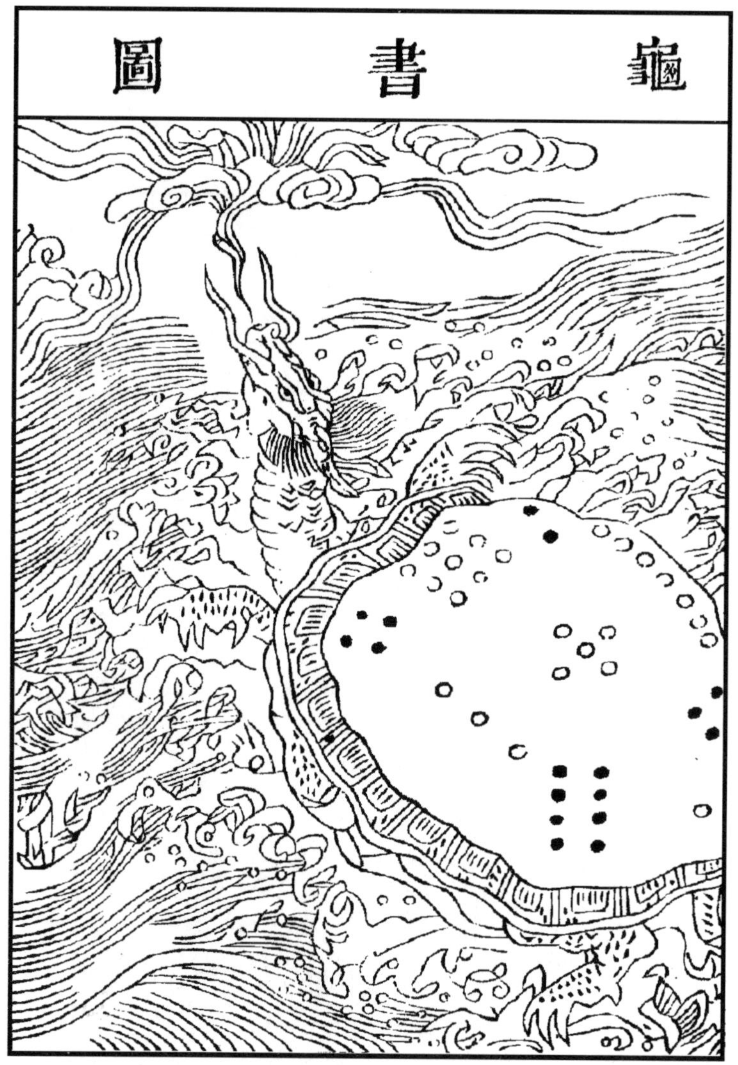

太极河图

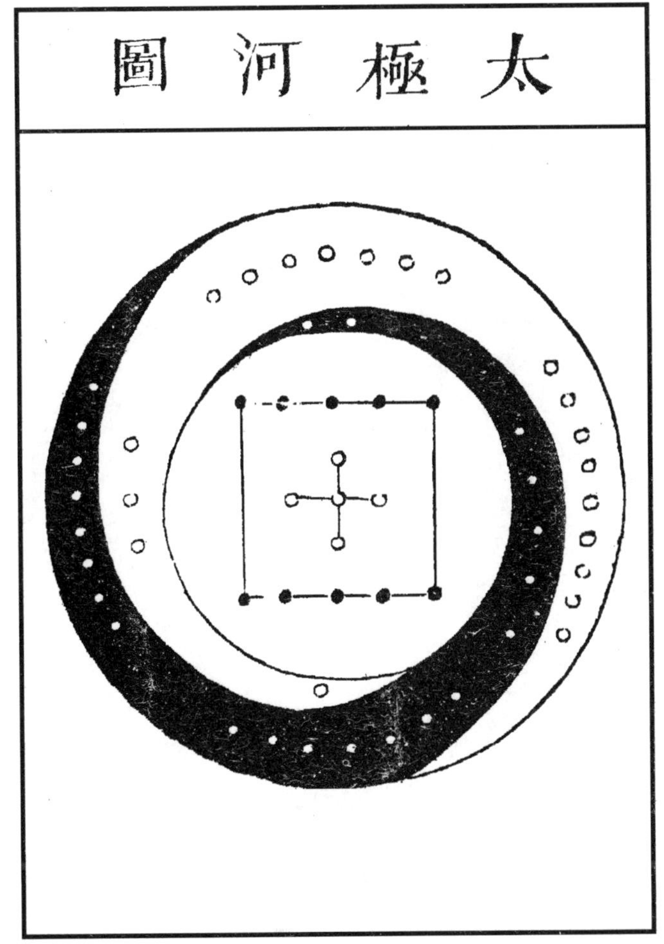

虽曰“一、六在下，二、七在上”，其实皆阳上而阴下；虽曰“三、八在左，四、九在右”，其实皆阴左而阳右；虽曰“以五生数，统五成数”，其实皆生数在内，而成数在外；虽曰“阴阳皆自内达外”，其实阳奇一、三、七、九，阴偶二、四、六、八，皆自微而渐盛。彼欲分裂其几点置之某处，而更乱之，盖即此《太极河图》观之哉！但阴阳左右，虽旋转无定在也。而拘拘执“河图”虚中，五、十无位之说，是又不知阴阳合于中心，而土本天地之中气也。

《太极河图说》。

太极六十四卦图

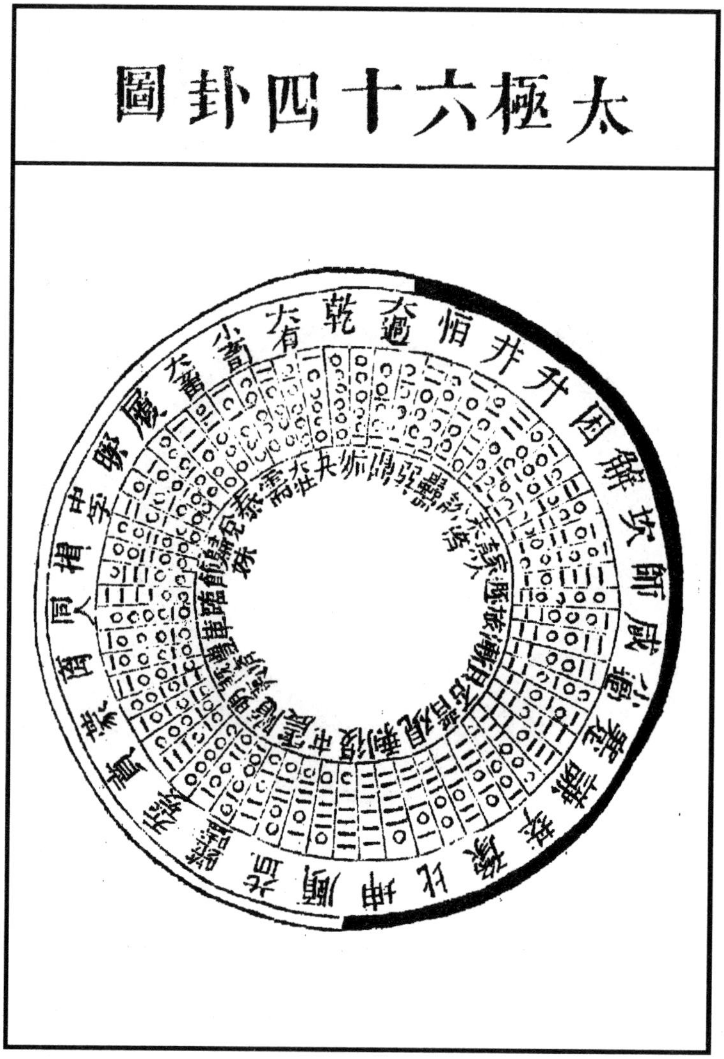

太極六十四卦圖

此图即《先天圆图》，次序六十四卦，三百八十四爻，秩然于一图之中。阳在左，而上下皆阳包乎阴；阴在右，而上下皆阴包乎阳。虽卦位稍参差不齐，实于卦爻未尝与之以己意。陈剩夫曾以此图上之宪宗朝，原图下有一“心”字，以图当中心一点，未免视图与心为二也，今止存其图云。夫卦止六爻，六爻即六位也。此图参差错综，虽曰连其虚位，不免七其数矣。似与旧图不合。然以“七日来复”之义揆之，亦与易道不相妨也。是故乾，纯阳也；坤，纯阴也。而阴阳皆以微至著，其机实始于姤、复之间。自一阳以渐至纯阳，自一阴以渐至纯阴，非一朝一夕之故也。试自阳仪观之，复本一阳在下，颐则二阳，而阳尚上，屯之二阳进而在五。盖虽三阳，五、上相连，震则阳进而在四矣。由此渐进为大壮，为夬，为纯阳之乾。而阴仪由姤渐进至坤，亦如之。是造化固不由积累而成，而详玩此图，谓其无渐次不可也。

《太极六十四卦图说》。

伏羲六十四卦方圆图

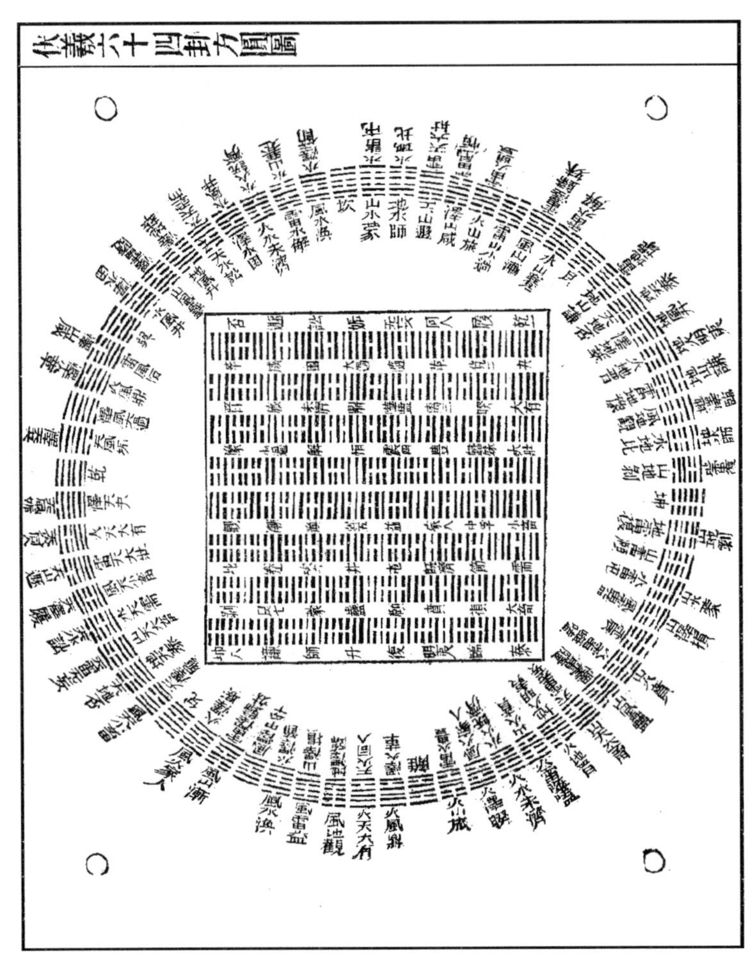

河图天地交洛书日月交图

洛書日月交	河圖天地交
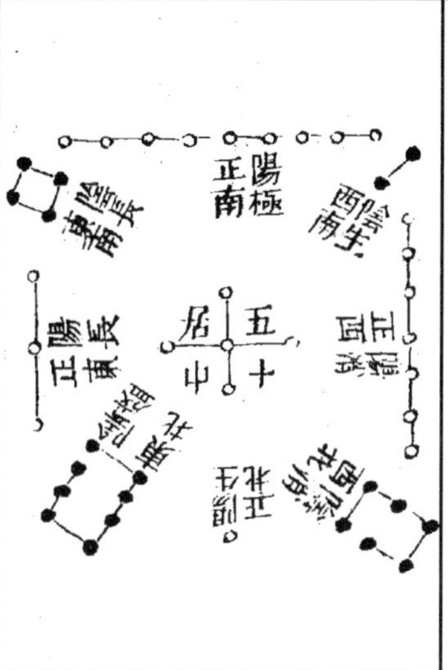	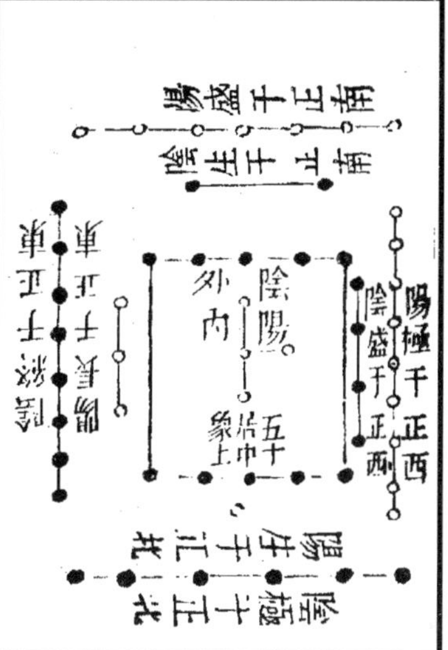
一三七九陽也。日之象也。二四六八陰也。月之象也。即奇偶位次。而日月之交見矣。	一三七九陽也。天之象也。二四六八陰也。地之象也。即奇偶位次。而天地之交見矣。

天地交则泰矣，《易》即严“艰贞”于九三；日月交则既济矣，《易》即谨“衣袽”于六四。君子因图书而致慎于交也，深矣哉。若夫统观《河图》除中五十，则外数三十，径一围三故圆，谓“图为天之象”可也。统观《洛书》，除中五数，则外数四十，径一围四故方，谓“书为地之象”亦可也。《图》之数五十有五，其数奇而盈也，非日之象乎？《书》之数四十有五，其数偶而乏也，非月之象乎？潜神《图》、《书》者，可无反身之功哉！盖天、地、日、月之交，即吾人性命之理，姤、复之机也。果能以此洗心退藏于密，天地交而一阳含于六阴之中，日月交而一贞完其纯阳之体，则天地合德，日月全明，化生克之神妙，不在《图》、《书》而在我矣。否则，《图》、《书》固不当互相牵扯，而《图》自《图》，《书》自《书》，亦方圆奇偶之象数耳。于穷理尽性致命之学何与哉！

《河图天地交洛书日月交论》。

河洛卦位合图

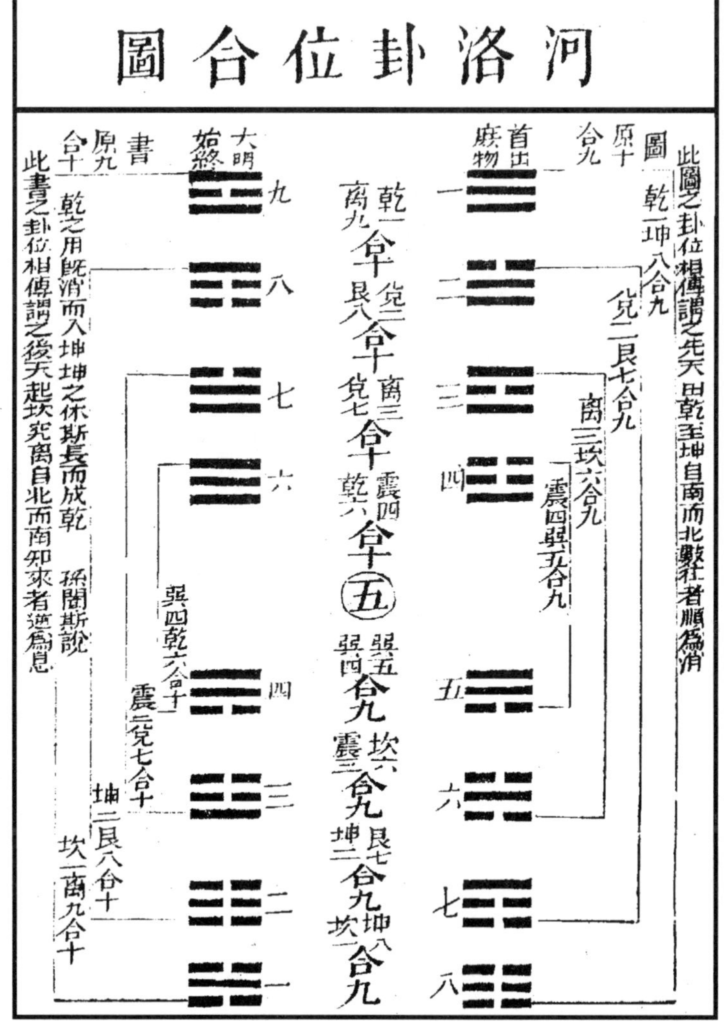
河洛卦位合圖
此圖之卦位相傳謂之先天由乾至坤自南而北數往者順爲消
圖
原十
合九
乾一坤八合九
兌二艮七合九
离三坎六合九
震四巽五合九
首出
庶物
一
二
三
四
五
六
七
八
乾一
离九
合十
兌二
艮八
合十
离三
兌七
合十
震四
乾六
合十
五
巽五
巽四
合九
坎六
震三
合九
艮七
坤二
合九
坤八
坎一
合九
大明
終始
九
八
七
六
四
三
二
一
書
原九
合十
乾之用既消而入坤坤之休斯長而成乾 孫聞斯說
巽四乾六合十
震三兌七合十
坤二艮八合十
坎一离九合十
此書之卦位相傳謂之後天起坎究离自北而南知來者逆爲息

河洛阴阳生成纯杂图

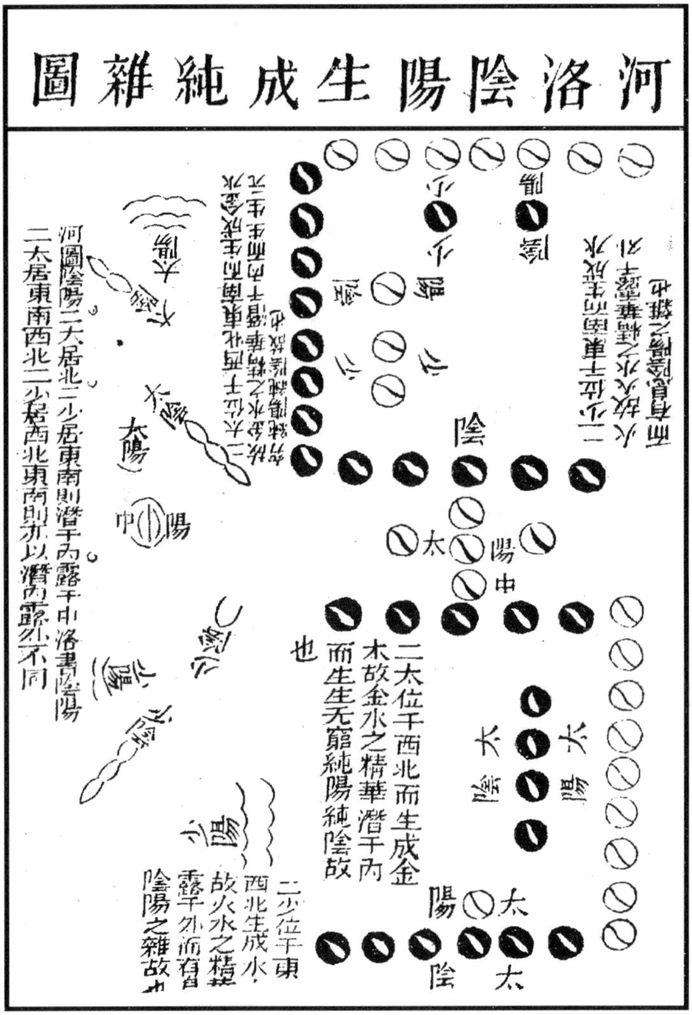

河洛陰陽生成純雜圖

二太位于西北而生成金木故金水之精華潛于內而生生无窮純陽純陰故也

二少位于東西北生成水故火水之精露乎外而有陰陽之雜故也

河圖陰陽二太居北二少居東南則潛于內露于中洛書陰陽二太居東南西北二少居西北東南則亦以潛內露外不同

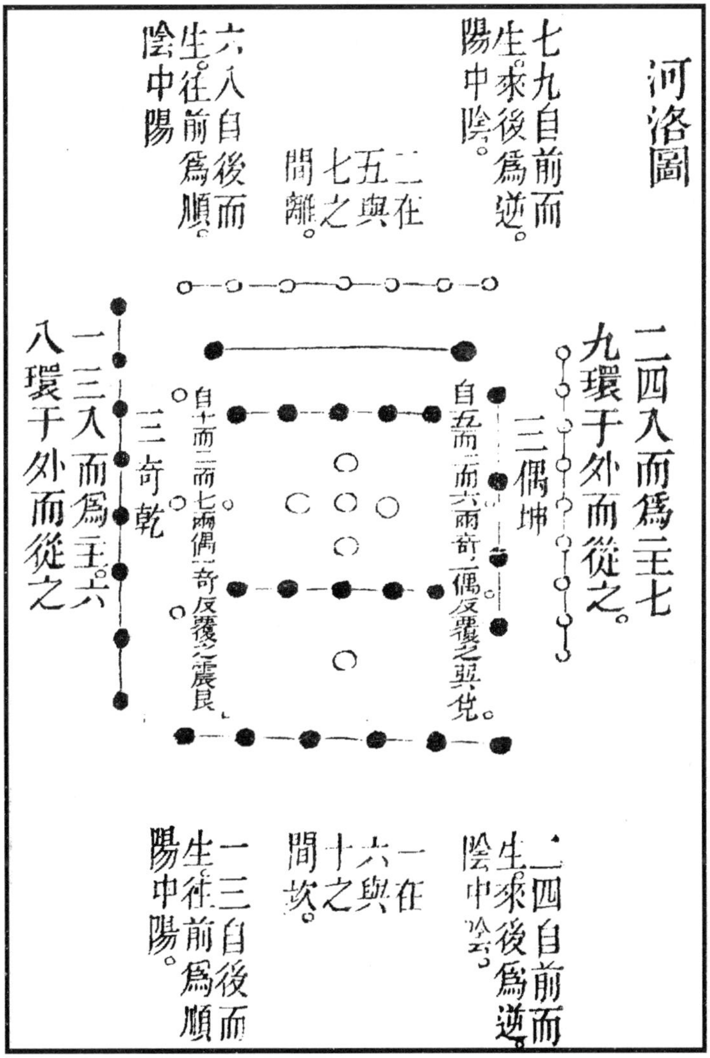

河洛圖

七九自前而生，來後爲逆。陽中陰。

二在五與七之間，離。

六八自後而生，往前爲順。陰中陽。

二四八而爲三七九，環于外而從之。

三偶坤

自五而一，而六兩奇一偶，反覆之巽兌。

自十而二，而七兩偶一奇，反覆之震艮。

三奇乾

一三八而爲三六，八環于外而從之。

二四自前而生，來後爲逆。陰中陰。

一在六與十之間，坎。

一三自後而生，往前爲順。陽中陽。

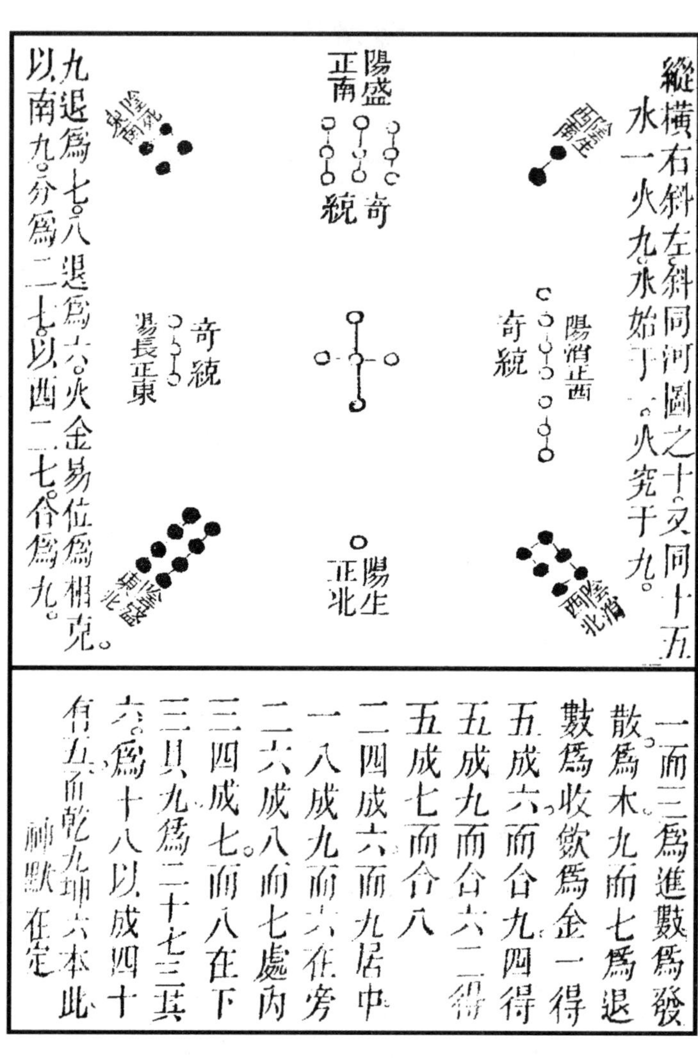

縱橫右斜左斜同河圖之十。交同十五

水一火九。水始于一。火究于九。

九退爲七。八退爲六。火金易位爲相克。

以南九。分爲二七。以西二七。合爲九。

一而三爲進數爲發散。爲木九而七爲退數爲收斂爲金一得五成六。而合九四得五成九而合六二得五成七而合八

二四成六。而九居中。

一八成九而六在旁

二六成八而七處內

三四成七。而八在下

三其九爲二十七三其六。爲十八以成四十有五。而乾九坤六本此

神默在定

洪范仿河图之图

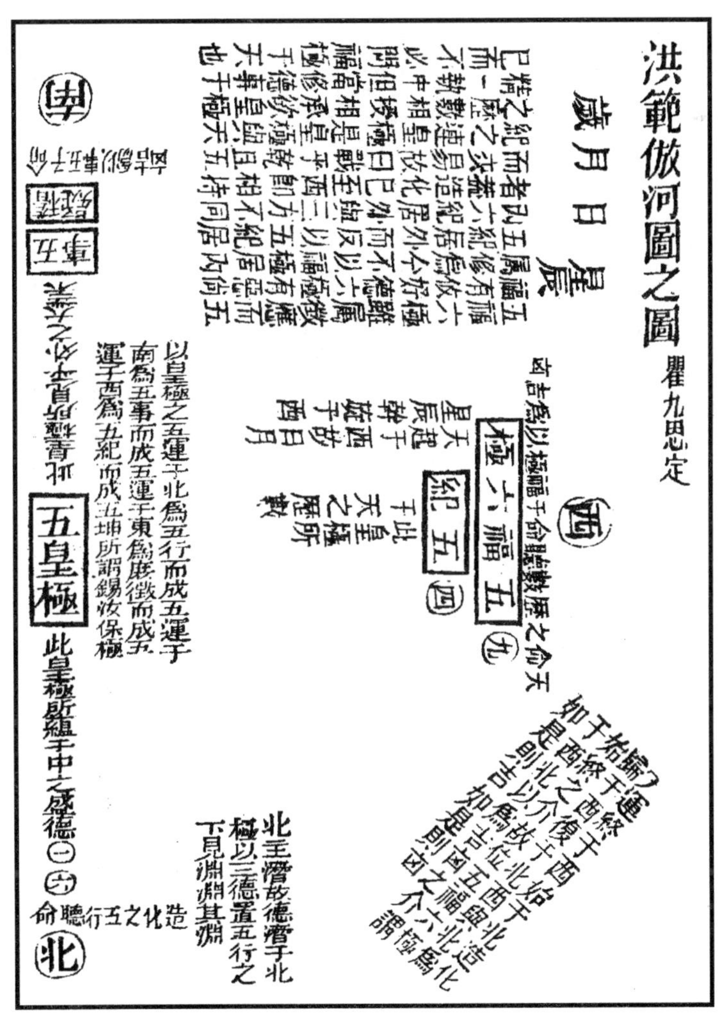

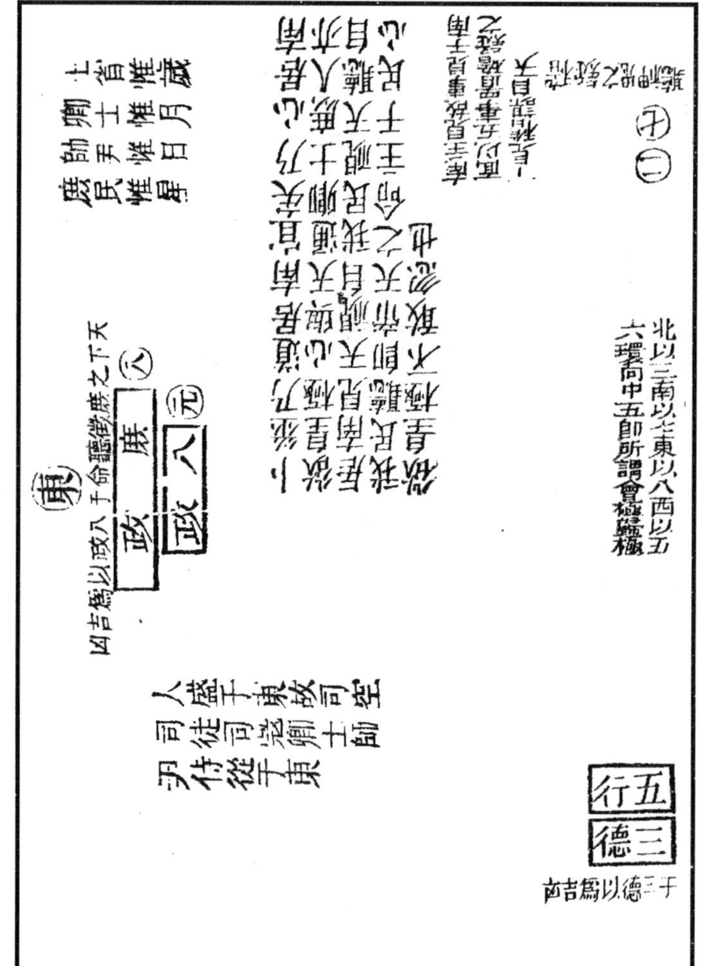

律吕合河图洪范图

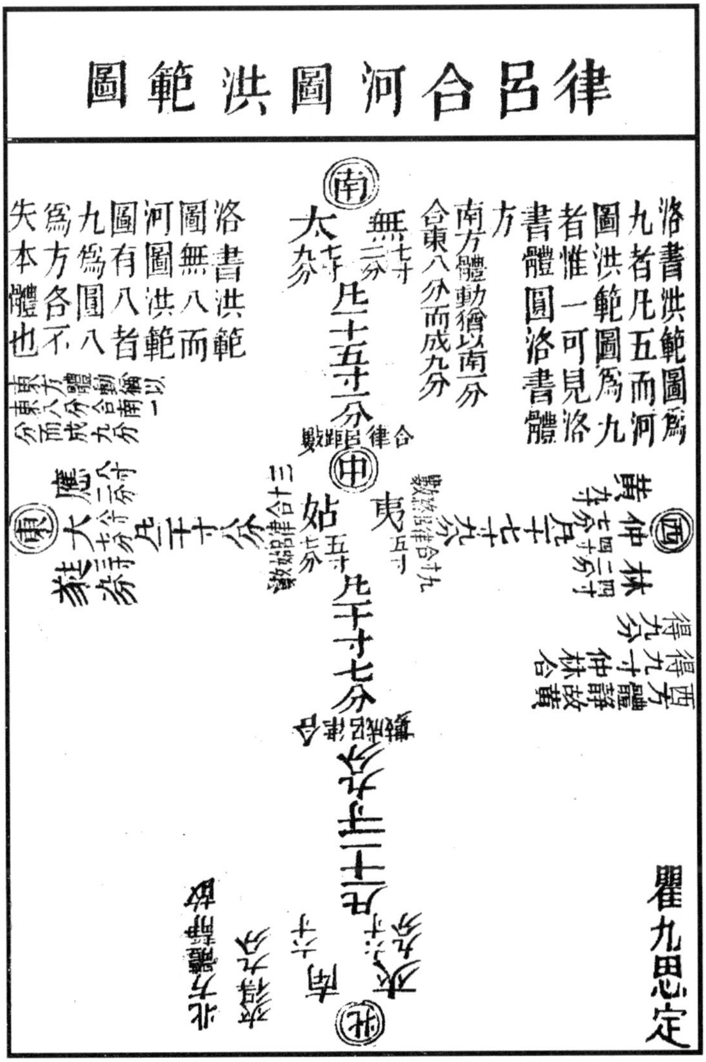

律呂合河圖洪範圖

洛書洪範圖爲九者凡五而河圖洪範圖爲九者惟一可見洛書體圓洛書體方

南方體動猶以南一分合東八分而成九分

洛書洪範圖無八而河圖洪範圖有八者九爲圓八爲方各不失本體也

東方體動猶以東一分合南八分而成九分

南

太　七寸九分

無　七寸三分

凡十五寸二分

合律呂距數

中

西

黃　九寸

仲　七分 四寸

林　四寸二分

凡二十七寸九分

九寸合律呂距數

西方體靜故黃仲林合得九寸得九分

夷　五寸

姑　五寸 八分

三十寸合律呂距數

東

應　八分二寸

大　七寸七分

蕤　三寸九分

凡二十三寸分

凡二十寸七分

凡二十二寸九分

合律呂距數

北

夾　三寸九分

南　六寸

得九分

北方體靜故

瞿九思定

律吕合洛书洪范图

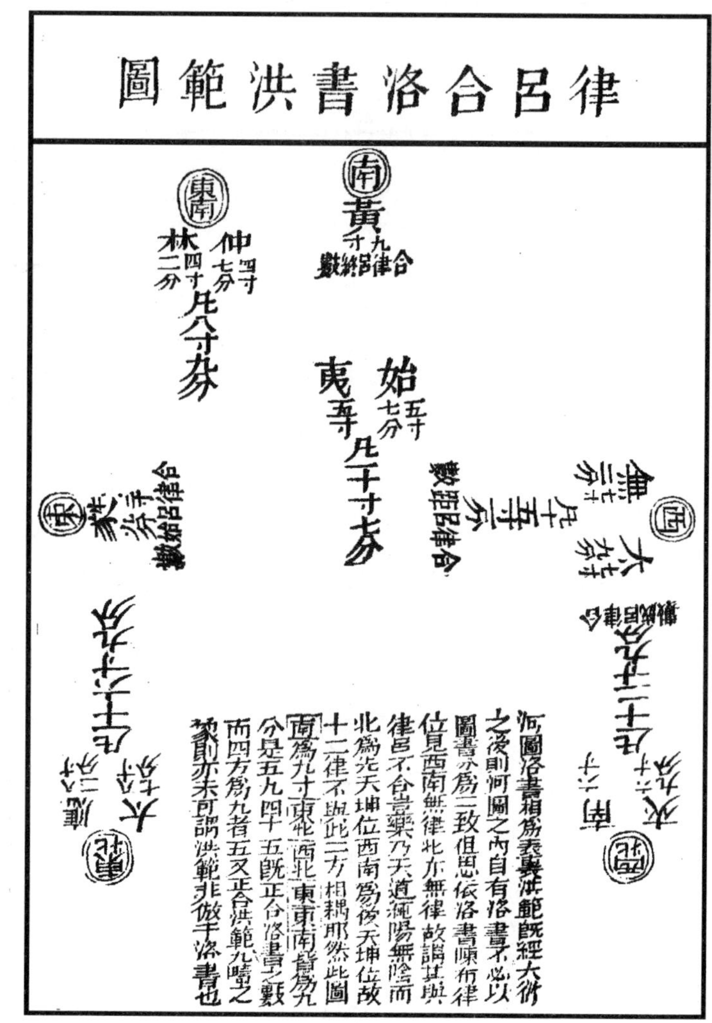
律呂合洛書洪範圖
南
東南
西
東
西北
東北
河圖洛書相爲表裏洪範既經大衍之後則河圖之內自有洛書不必以圖書分爲二致但思依洛書陳布律位見西南無律北亦無律故謂其與律呂不合豈樂乃天道純陽無陰而北爲先天坤位西南爲後天坤位故十二律不與此二方相耦耶然此圖西南爲九寸東北西北東南皆爲九分是五九四十五既正合洛書之數而四方爲九者五又正合洪範九疇之數則亦未可謂洪範非倣于洛書也

乾坤生六卦六卦生六十四卦总图

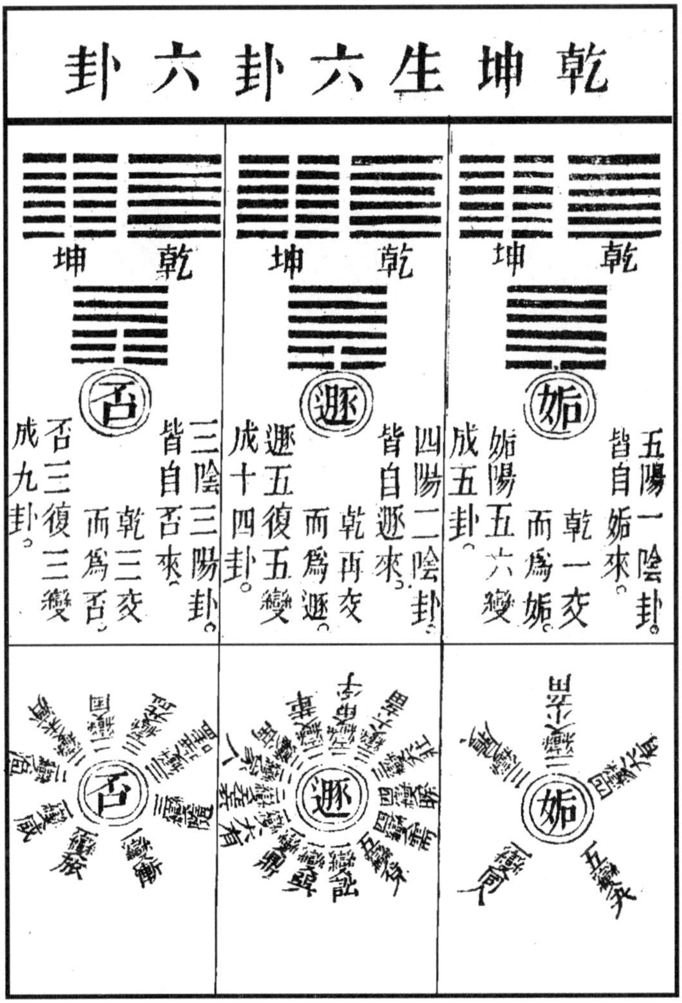

乾坤生六卦六卦

乾 坤

姤

五陽一陰卦。皆自姤來。乾一交而爲姤。姤陽五六變成五卦。

乾 坤

遯

四陽二陰卦。皆自遯來。乾再交而爲遯。遯五復五變成十四卦。

乾 坤

否

三陰三陽卦。皆自否來。乾三交而爲否。否三復三變成九卦。

姤

遯

否

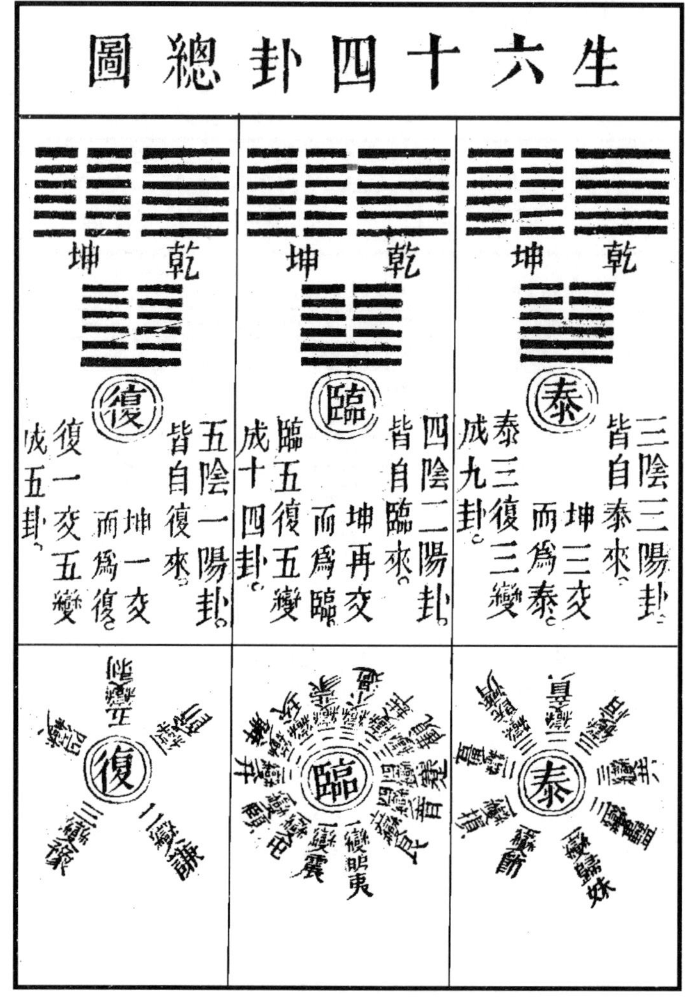
生六十四卦總圖
乾 坤
泰
三陰三陽卦，皆自泰來。
坤三交而爲泰。
泰三復三變成九卦。
乾 坤
臨
四陰二陽卦，皆自臨來。
坤再交而爲臨。
臨五復五變成十四卦。
乾 坤
復
五陰一陽卦，皆自復來。
坤一交而爲復。
復一交五變成五卦。

天与日会圆图

天與日會圓圖

高雪君參定

天與日會以日而天之氣行萬物匪天弗生。

姤大過爲午未兩宮之交會

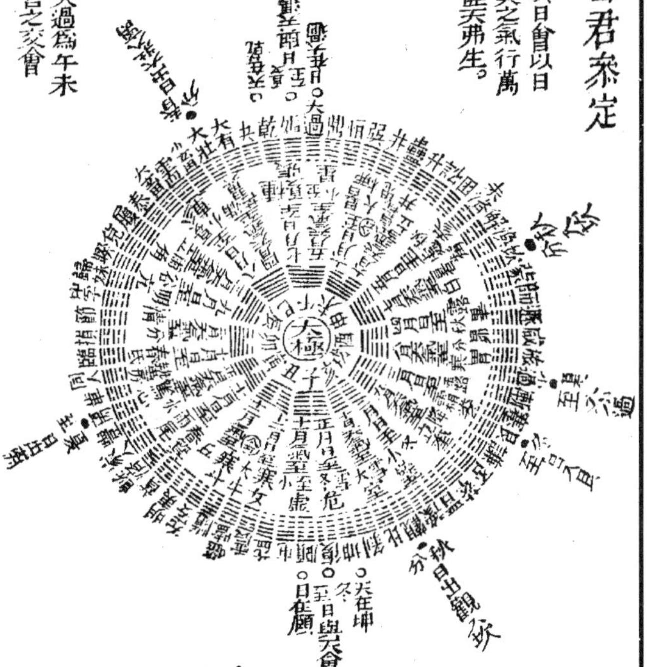

復頤爲子丑兩宮之交會

冬至日與天會復

天盤左旋以內辰宮對外之角亢氐。內之巳宮對外之翼軫。日從右行到冬至夏至與天氣相會。

地与月会方图

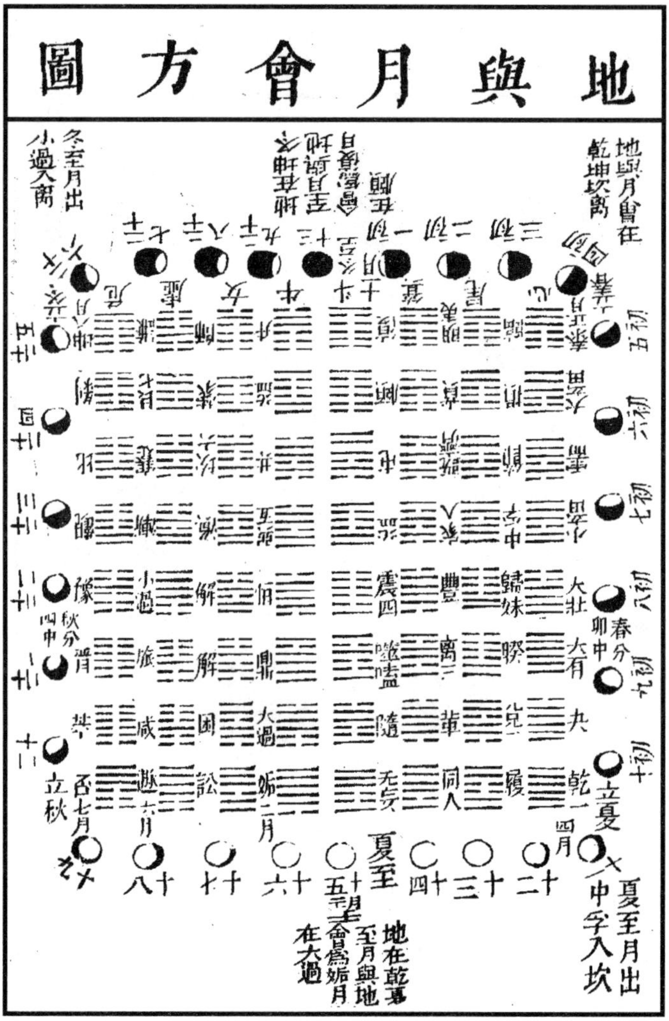

地與月會方圖

乾坤易之门图

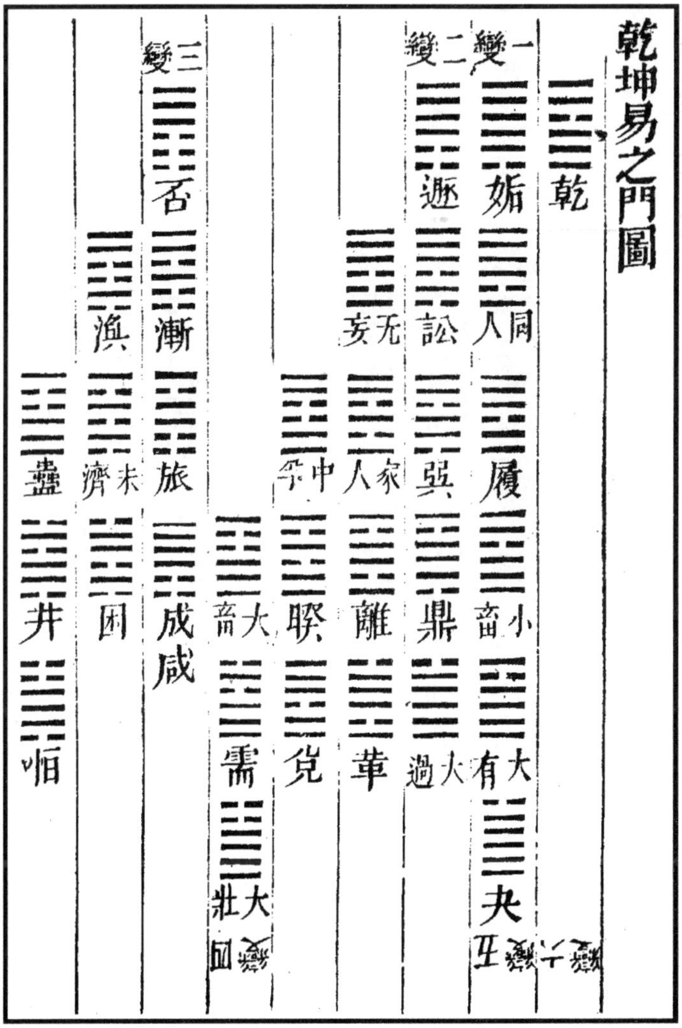

乾坤易之門圖

乾

一變 姤 同人 履 小畜 大有 夬 五變 六變

二變 遯 訟 巽 鼎 大過

无妄 家人 離 革

中孚 睽 兑

大畜 需 大壯 四變

三變 否 漸 旅 咸

渙 未濟 困

蠱 井 恒

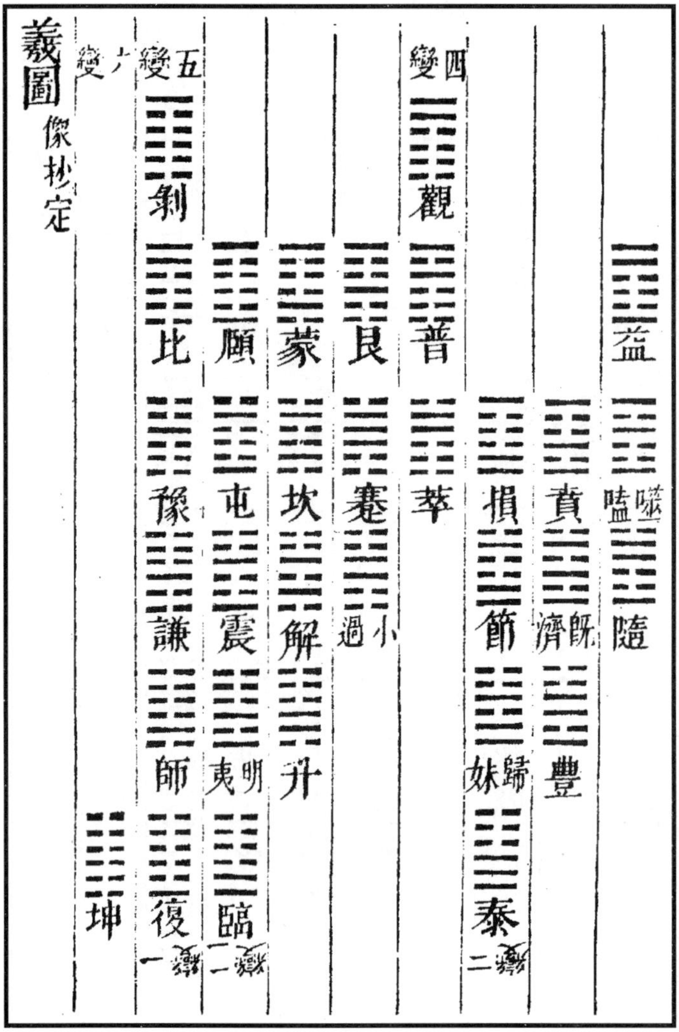

益 噬嗑 隨

賁 既濟 豐

損 節 歸妹 泰 二變

四變 觀 晉 萃

艮 蹇 小過

蒙 坎 解 升

頤 屯 震 明夷 臨 二變

五變 剝 比 豫 謙 師 復 一變

六變 坤

羲圖 像抄定

先天八卦名顺来逆图

先天八卦名順來逆圖

乾順　兌順　離順　震順

乾	夬	大有	大壯	小畜	需	大畜	泰
坤	剝	比	觀	豫	晉	萃	否
履	兌	睽	歸妹	中孚	節	損	臨
謙	艮	蹇	漸	小過	旅	咸	遯
同人	革	離	豐	家人	既濟	賁	明夷
師	蒙	坎	渙	解	未濟	困	訟
无妄	隨	噬嗑	震	益	屯	頤	復
升	蠱	井	巽	恒	鼎	大過	姤

坤逆　艮逆　坎逆　巽逆

保定抄

体用一源卦图

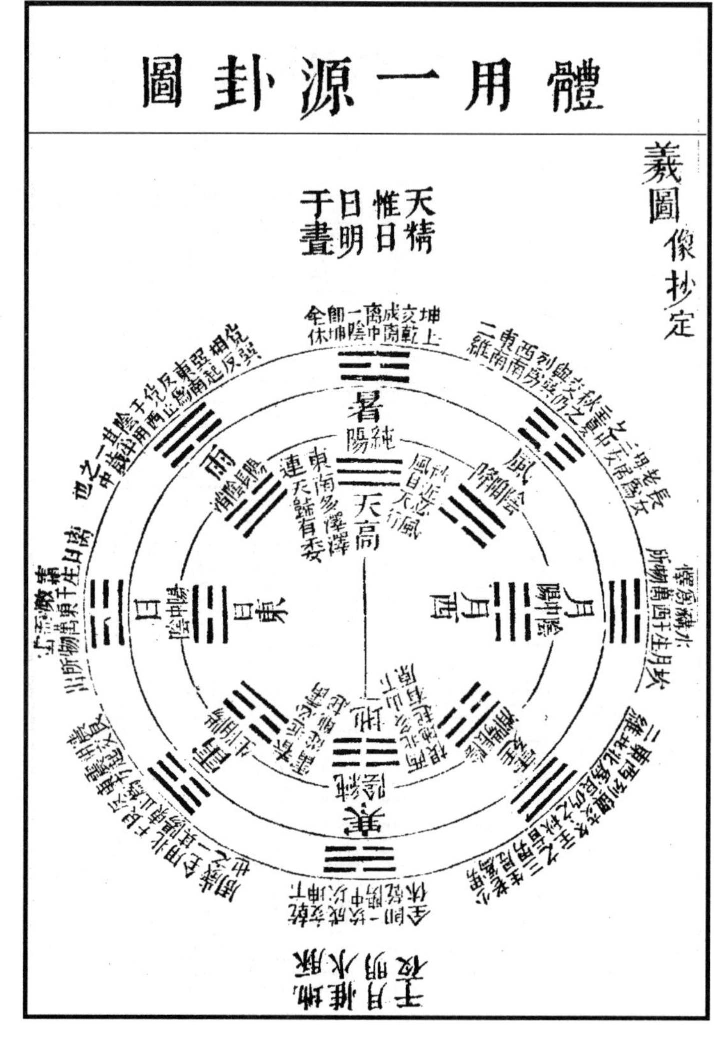

阳生自下阴消自上全图

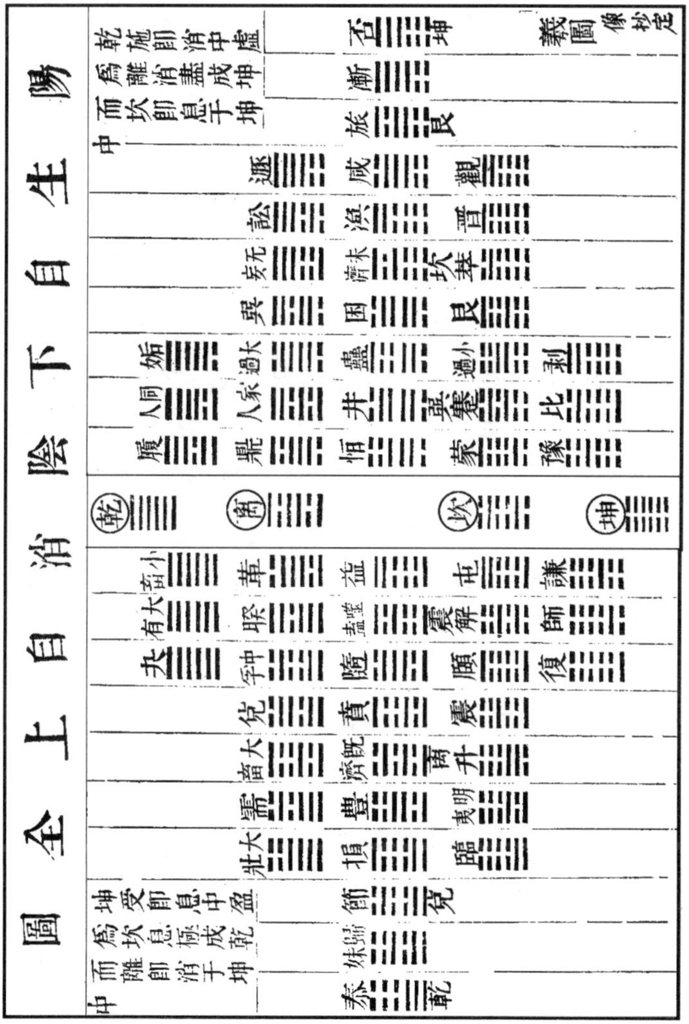

一中分造化圆图

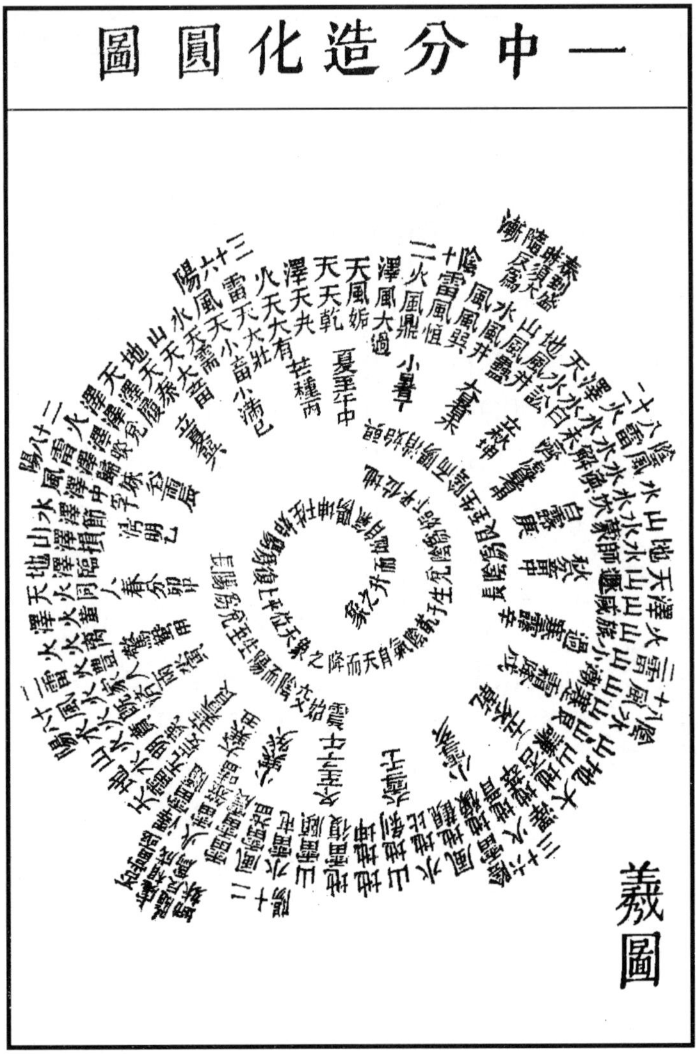

一中分造化方图

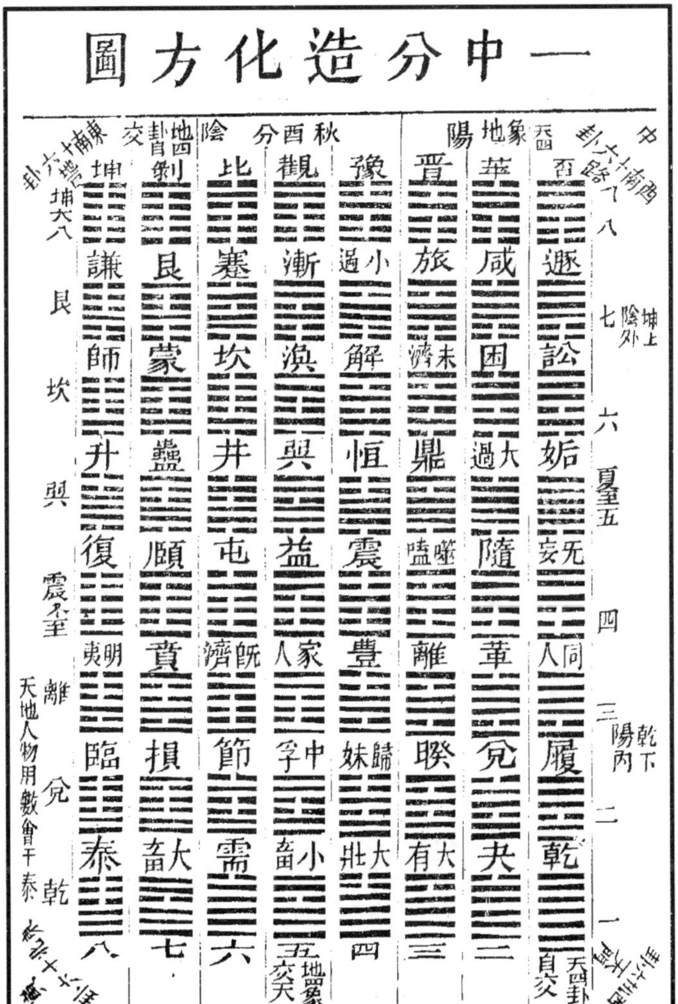

圖方化造分中一

陽 象地 秋酉分 陰

一	二	三	四	五	六	七	八
否	萃	晉	豫	觀	比	剝	坤
遯	咸	旅	小過	漸	蹇	艮	謙
訟	困	未濟	解	渙	坎	蒙	師
姤	大過	鼎	恒	巽	井	蠱	升
无妄	隨	噬嗑	震	益	屯	頤	復
同人	革	離	豐	家人	既濟	賁	明夷
履	兌	睽	歸妹	中孚	節	損	臨
乾	夬	大有	大壯	小畜	需	大畜	泰

八 七 坤上 陰外 六 夏至 五 四 三 乾下 陽內 二 一

坤 艮 坎 巽 震 冬至 離 兌 乾

天地人物用數會于泰

一中分造化圆图（羲图）

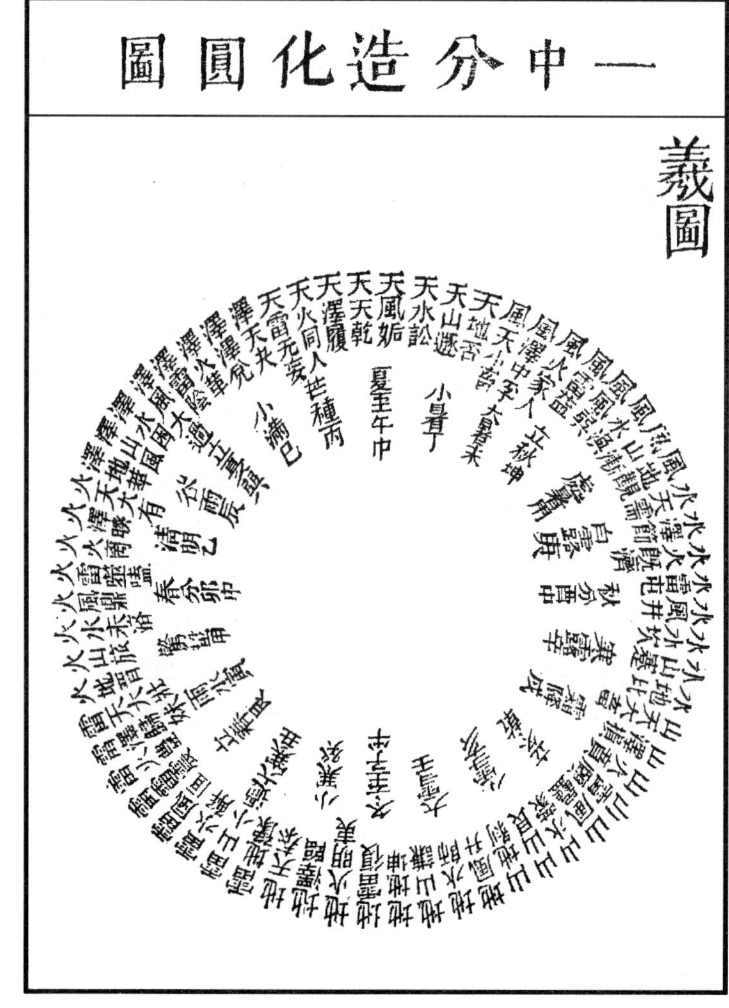

一中分造化圆图（文图）

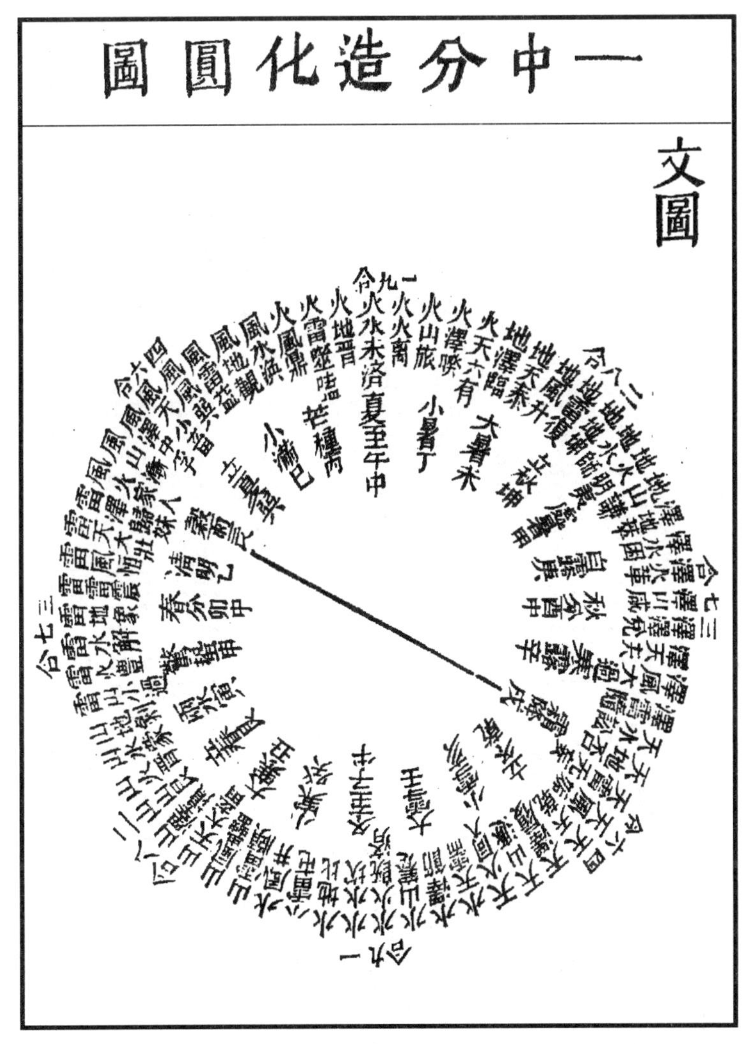

一中分造化方图（羲图）

一中分造化方圖

羲圖

天去交地天卦皆在下生物在首象動物

地去交天天卦皆在下生氣在根象植物

夏至 秋分 冬至 春分

天卦自相交 地卦自相交 陰陽純雜卦

豫 晉 萃 否 遯 訟 姤 觀 小過 旅 咸 困 大過 无妄 比 漸 解 未濟 鼎 隨 同人 剝 蹇 渙 恒 噬嗑 革 履 坤 艮 坎 巽 震 離 兌 乾 謙 蒙 井 益 豐 睽 夬 師 蠱 屯 既濟 家人 歸妹 大有 升 頤 賁 損 節 中孚 大壯 復 明夷 臨 泰 大畜 需 小畜

一中分造化方图（文图）

一中分造化方圖

文圖

家人 豐 明夷 既濟 蹇 節 需

同人 漸 小過 謙 臨 泰 井

革 遯 中孚 歸妹 大壯 升 屯

賁 咸 履 小畜 恒 復 比

離 艮 兑 乾 巽 震 坤 坎

旅 損 夬 姤 益 豫 師

睽 大畜 大過 隨 无妄 觀 解

大有 蠱 頤 剝 萃 否 渙

鼎 噬嗑 晉 未濟 蒙 困 訟

三十六宫图

三十六宫圖

羲圖

陽爻十八 陰爻十八　陽爻十七 陰爻十九　陽爻十七共五十二 陰爻十九共五十六　陽爻十八 陰爻十八　陽爻十九 陰爻十七　陽爻十九共五十六 陰爻十七共五十二

乾	泰 否	剝 復	咸 恆	夬 姤	豐 旅
坤	同人 大有	无妄 大畜	遯 大壯	萃 升	巽 兌
屯 蒙	謙 豫	頤	晉 明夷	困 井	渙 節
需 訟	隨 蠱	大過	家人 睽	革 鼎	中孚
師 比	臨 觀	坎	蹇 解	震 艮	小過
小畜 履	噬嗑 賁	離	損 益	漸 歸妹	既濟 未濟

乾一策三十爻　乾二策三十爻　乾三策三十爻　乾四策二十爻　乾五策三十爻　乾六策三十爻

三百八十四爻合之止成二百一十有六爻總成一乾策之數○橫竪惟八所列

一阴一阳谓道图

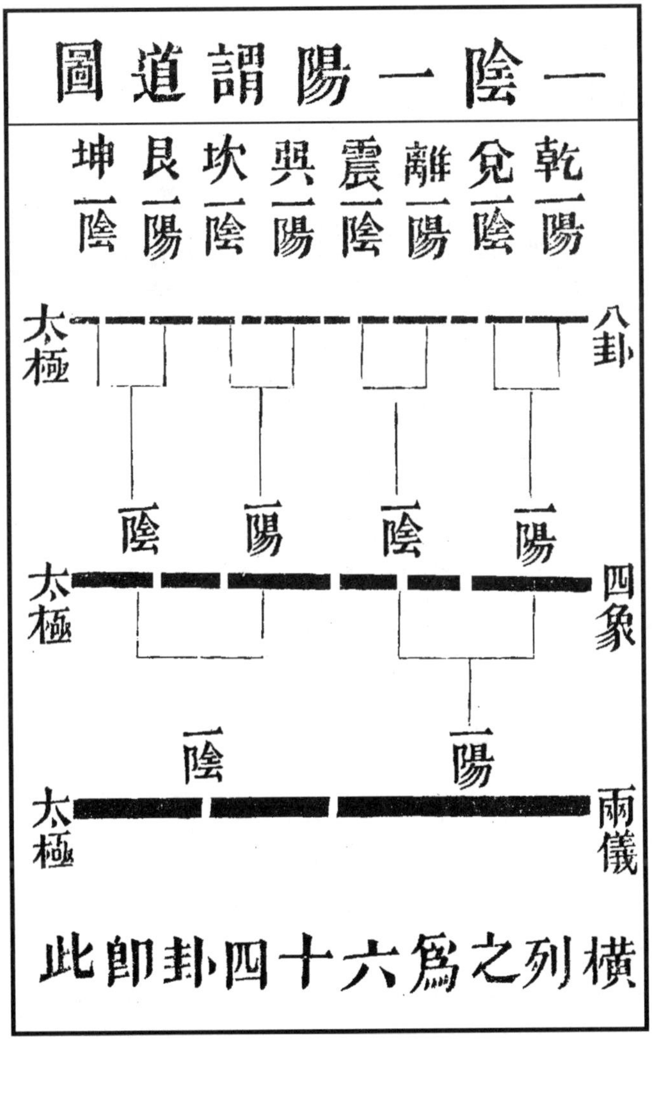

一陰一陽謂道圖
乾一陽 兌一陰 離一陽 震一陰 巽一陽 坎一陰 艮一陽 坤一陰
太極
八卦
一陽 一陰 一陽 一陰
太極
四象
一陽 一陰
太極
兩儀
橫列之爲六十四卦即此

先后天仰观天文图

先后天俯察地理图

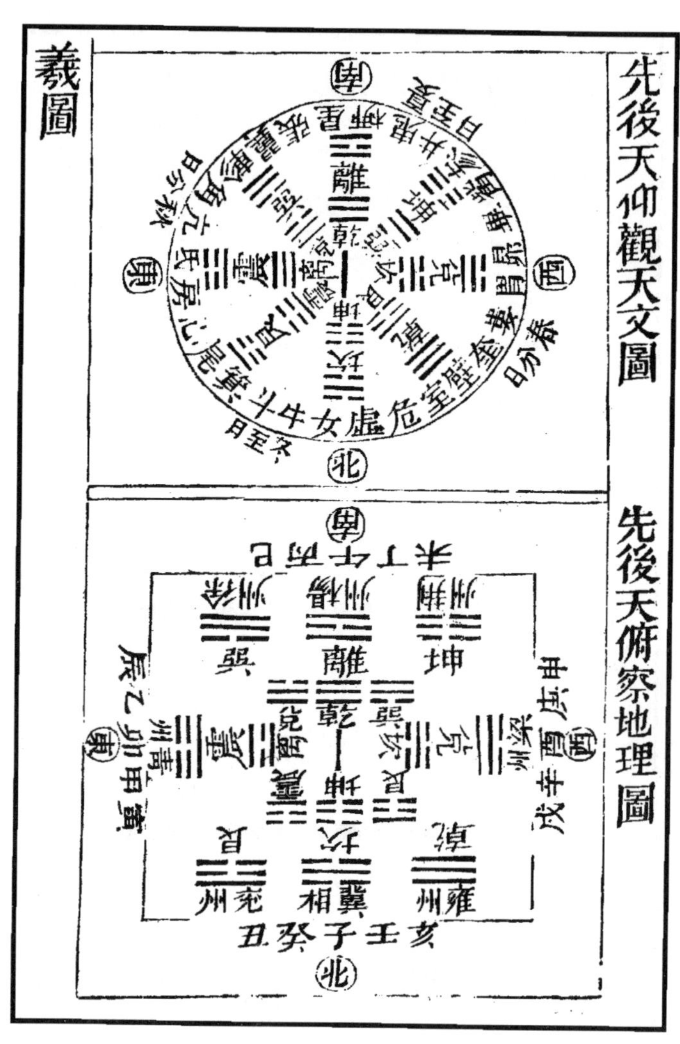

十二月日行天图

十二月日行天圖

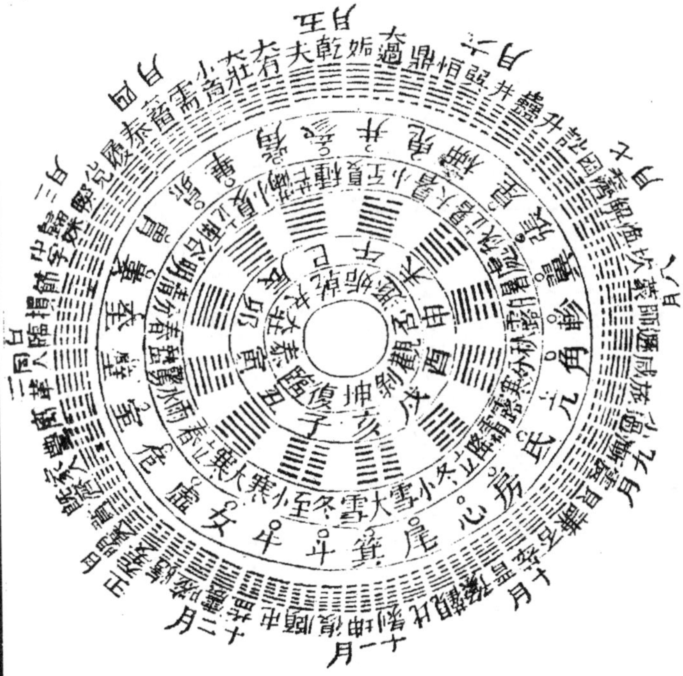

天行健日過一度日行遲日不及天一度所謂日行天者如此

八卦上下相综全图

八卦上下相綜全圖

乾上 乾下 兑上 兑下 離上 離下 震上 震下

乾 乾 夬 履 大有 同人 大壯 无妄

履 夬 兑 兑 睽 革 歸妹 隨

同人 大有 革 睽 離 離 豐 噬嗑

无妄 大壯 隨 歸妹 噬嗑 豐 震 震

姤 小畜 大過 中孚 鼎 家人 恒 益

訟 需 困 節 未濟 既濟 解 屯

遯 大畜 咸 損 旅 賁 小過 頤

否 泰 萃 臨 晉 明夷 豫 復

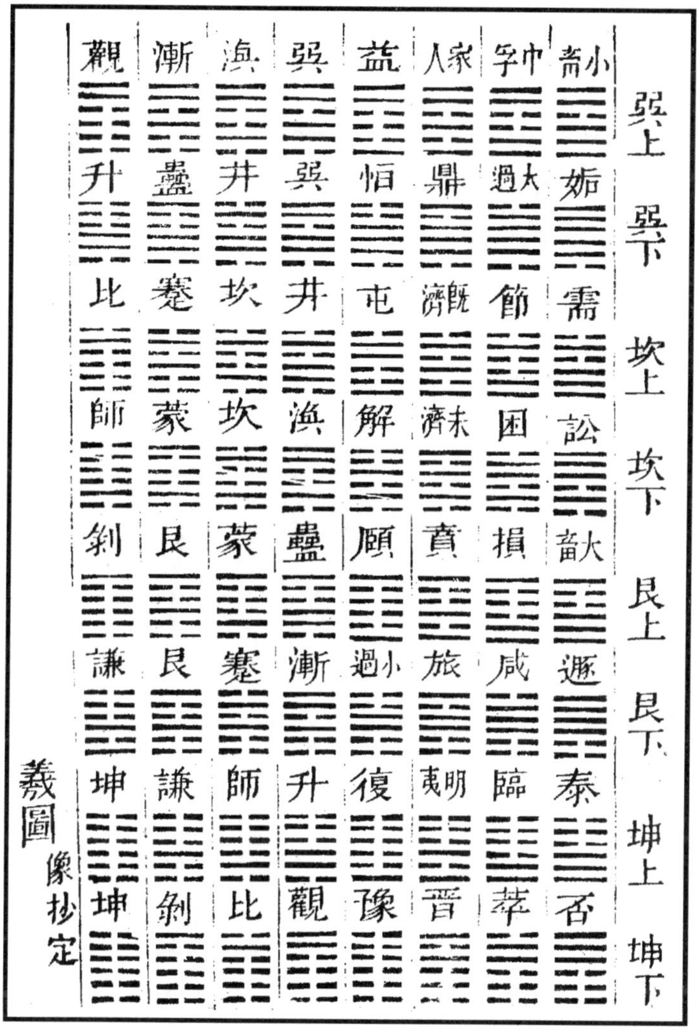

	1	2	3	4	5	6	7	8
巽上	小畜	中孚	家人	益	巽	渙	漸	觀
巽下	姤	大過	鼎	恒	巽	井	蠱	升
坎上	需	節	既濟	屯	井	坎	蹇	比
坎下	訟	困	未濟	解	渙	坎	蒙	師
艮上	大畜	損	賁	頤	蠱	蒙	艮	剝
艮下	遯	咸	旅	小過	漸	蹇	艮	謙
坤上	泰	臨	明夷	復	升	師	謙	坤
坤下	否	萃	晉	豫	觀	比	剝	坤

羲圖像抄定

竖图

方圆相生图

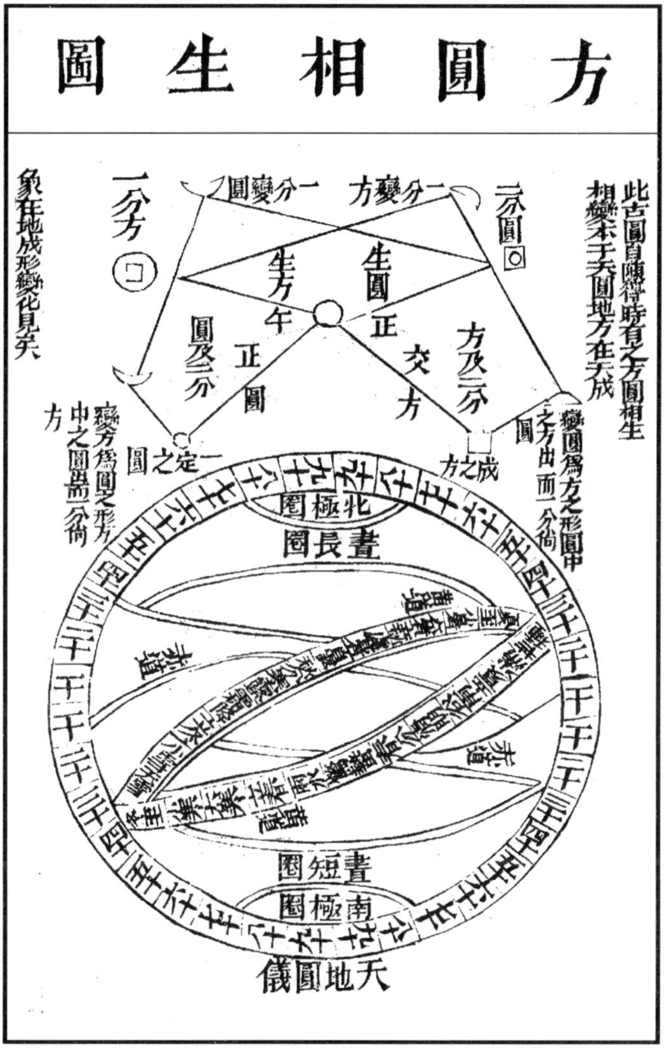

方圆相生圖

日月五星周天图

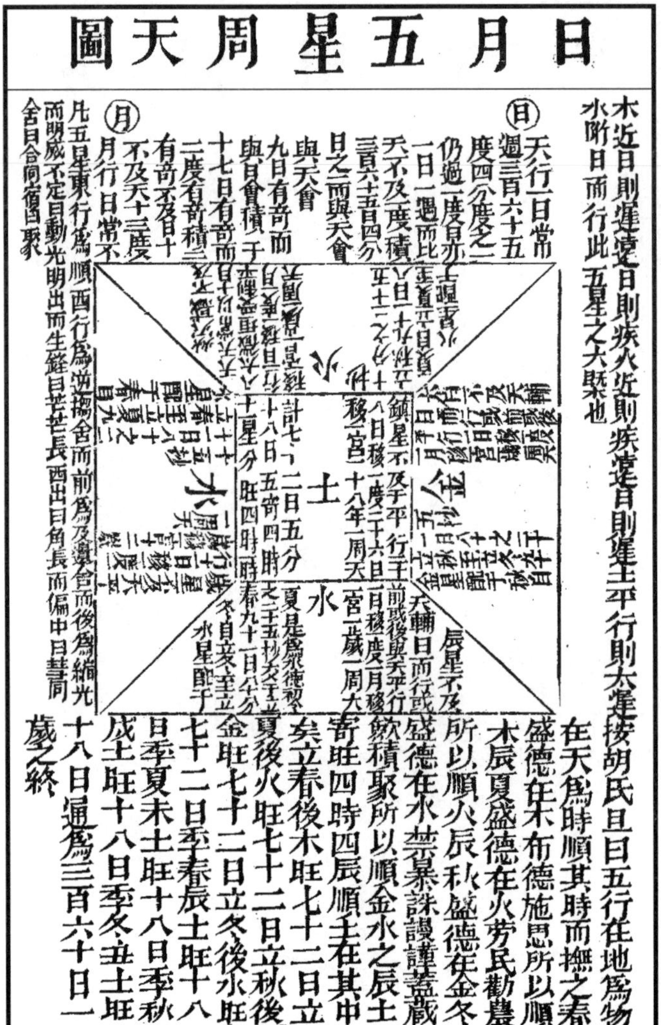

日月五星周天圖

木近日則遲遠日則疾火近則疾遠日則遲土平行則大遲按胡氏旦曰五行在地爲物
水附日而行此五星之大槩也

日 天行一日常過三百六十五度四分度之一仍過一度日亦一日一週而比天不及一度積三百六十五日四分日之一而與天會

月 月行日常不及天十三度有奇不及日十二度有奇積二十七日有奇而與日會積二十九日有奇而與天會

凡五星東行爲順西行爲逆掩舍而前爲及遲舍而後爲縮光而明威不定曰動光明出而生鋒曰芒芒長西出曰角長而偏中曰彗同舍曰合同宿曰聚

土 水 木 金 火

在天爲時順其時而撫之春盛德在木布德施恩所以順木辰夏盛德在火勞民勸農所以順火辰秋盛德在金冬盛德在水禁暴誅讒謹蓋藏斂積聚所以順金水之辰土寄旺四時四辰順壬在其中矣立春後木旺七十二日立夏後火旺七十二日立秋後金旺七十二日立冬後水旺七十二日季春辰土旺十八日季夏未土旺十八日季秋戌土旺十八日季冬丑土旺十八日通爲三百六十日一歲之終

冬夏风雨图

冬夏風雨圖

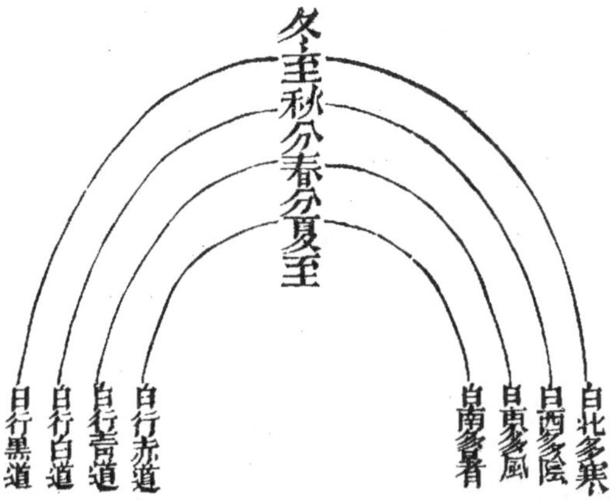

日行失度出陽道多旱風出陰道多陰雨月失中道北入箕則大風揚沙西入畢則滂沱多雨按班固天文日有中道月有九行行者黄道一而餘四道各二黄中而四道各出其方其色皆隨方配云陽用事則日自北而南近南則晝漸長氣漸温極于南故晝極長爲暑陰用事則日自南而北晝退而短近北則漸短極北則愈短故日月之行自東以極乎北進爲春夏極乎南退爲秋冬。

十二月卦图

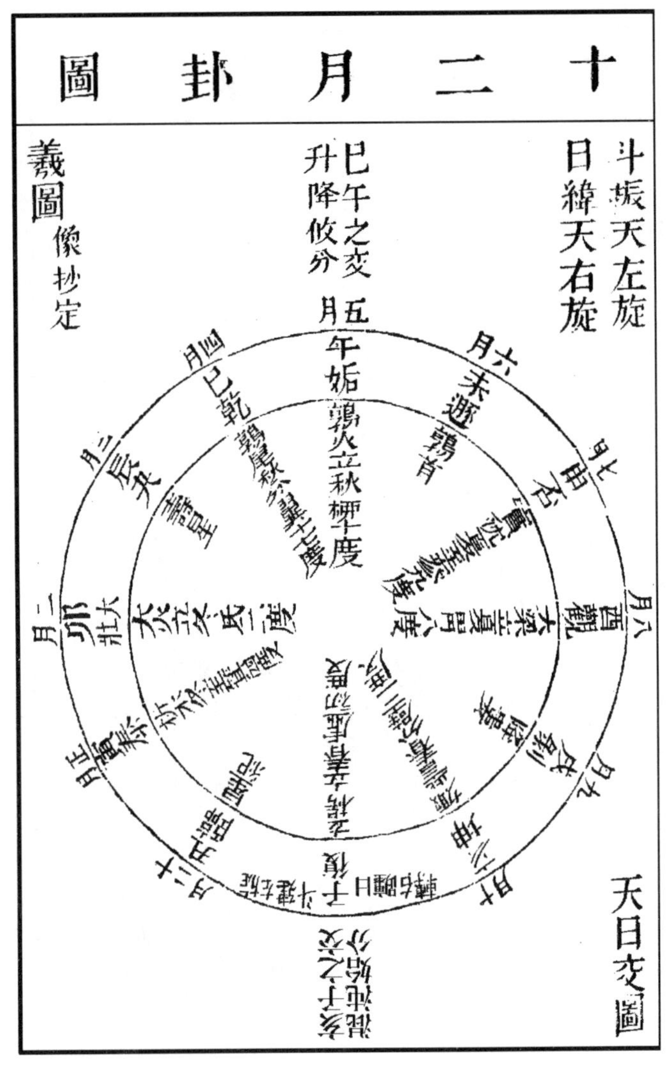

全体心天图

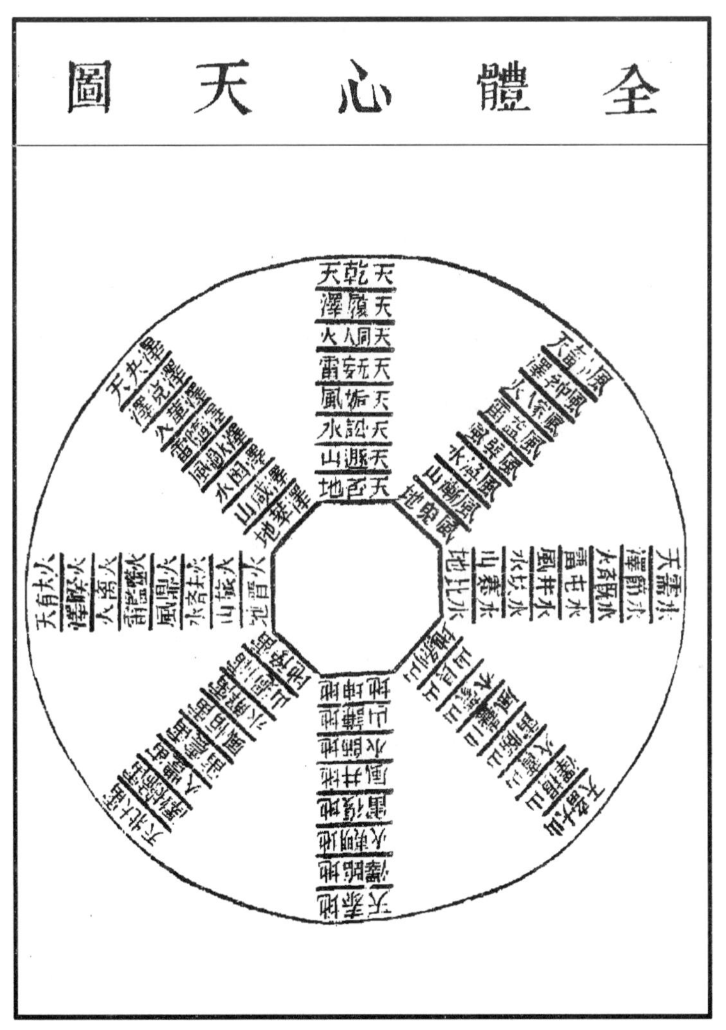

四象珓图

四象珓圖

羲圖像抄定

太陽 太陽今謂之陽珓俱仰

太陰 太陰今謂之陰珓俱俯

少陰 少陰

少陽 少陽今俱謂之勝珓一仰一俯

此羲畫傳下兩儀四象占三之則成卦而六十四悉具于其中

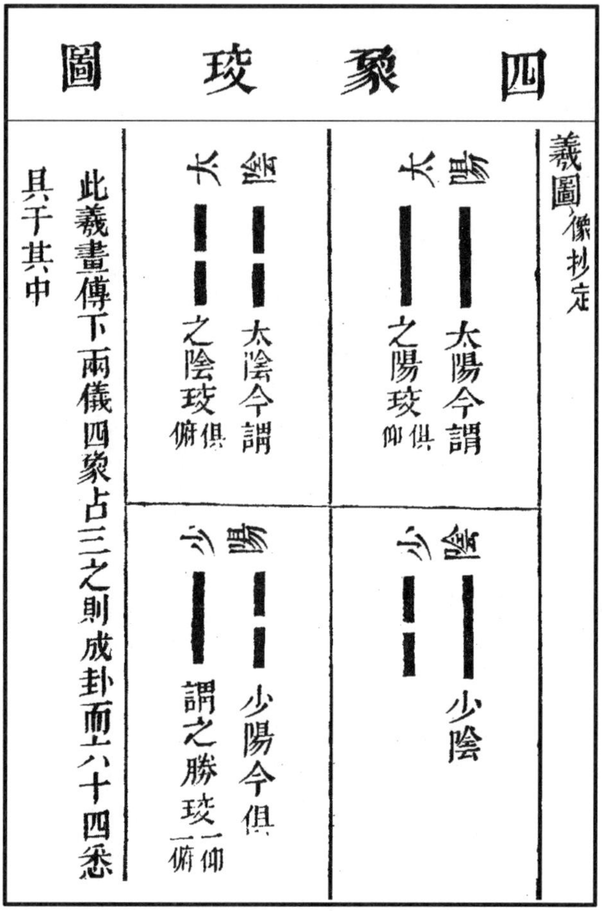

云行雨施，电发雷震，阴阳二少，无日不交合于二太中，此二太所以分为二，而二少所以合为一。俗占用少不用老。朱子曰：康节以四起数，想它看见天下事，才上手来便成四截了。四象不言五，皆自五来；四象不言十，未尝无十。太阳变化十六象，以乾、兑为主；少阴变化十六象，以离、震为主；少阳变化十六象，以巽，坎为主；太阳变化十六象，以艮、坤为主。邵子曰：十六而天地之道毕。

邵子本一气也，生则为阳，消则为阴，二者一而已矣，四者二而已矣，六者三而已矣，八者四而已矣，此珓法也。

重卦先后天消息全图

重卦先後天消息全圖

先天自上而下爲順爲消

義文圖像抄定

否	遯（六月未二陰）	訟	姤（五月午一陰夏至）	无妄	同人	履	乾（四月巳六陽）
萃	咸	困	大過	隨	革	兌	夬
晉	旅	未濟	鼎	噬嗑	離	睽	大有
師	小過	解	恒	震	豐	歸妹	大壯
觀	漸	渙	巽	益	家人	中孚	小畜
比	蹇	坎	井	屯	既濟	節	需
剝	艮	蒙	蠱	頤	賁	損	大畜
坤（十月亥六陰）	謙	師	升	復（十一月子一陽冬至）	明夷	臨（十二月丑二陽）	泰

七月申三陰　八月酉四陰　九月戌五陰

三月辰五陽　二月卯四陽　正月寅三陽

後天自下而上爲逆爲息

入兌秋肅

既濟 蹇 節 需 井 屯 比 坎

先坤後坎同位

明夷 謙 臨 泰 升 復 坤 師

見 豐 小過 歸妹 大壯 恒 震 豫 解 歸

離 家人 漸 中孚 小畜 巽 益 觀 渙 坎

夏 同人 遯 履 乾 姤 无妄 否 訟 冬

長 革 咸 兌 夬 大過 隨 萃 困 藏

賁 艮 損 大畜 蠱 頤 剝 蒙

离 旅 睽 大有 鼎 噬嗑 晉 未濟

先乾後离同位

入震春溫

羲文图

羲文圖 補黙齋定

乾坤從中一交即離坎

艮一反震遂東出而以離麗爲大明。巽一反兌遂西入而以坎歸爲至德。

文序先后一原图

文序先後一原圖

外圓乾內方坤離坎乾坤交之中是爲四正震艮巽兌乾坤交之偏四偏皆以輔四正就四正言坎離輔乾坤者也故乾爲首正離又輔坎者也故坎無正中交序六十四以中蒙需訟師比始以渙節中孚小過既未終繫然指掌矣

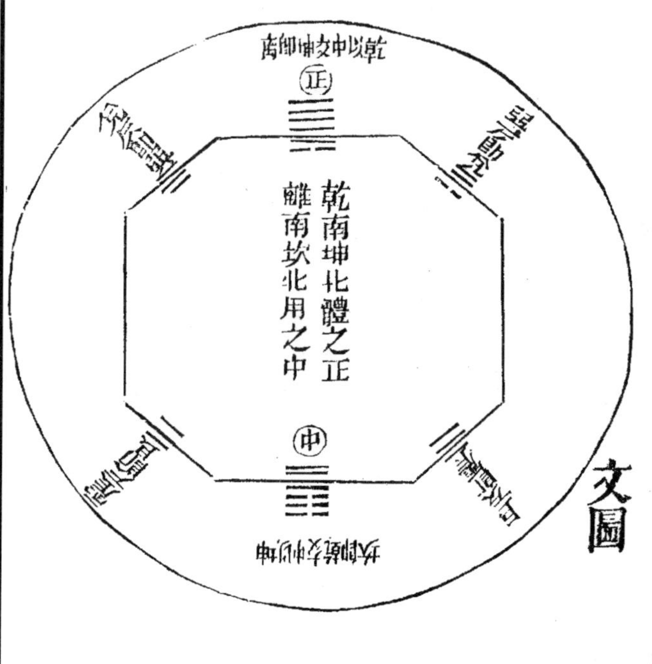

卦	畫	說
乾坤	丨	(乾)(坤)○天地定位
屯蒙	一	艮震(坎)
需訟	丨	乾(坎)
師比	○	坤(坎)一陽爲主居二五○
小畜履	一	巽兌(乾)一陰爲主居三四○
泰否	丨	(坤)(乾)○天地正交○
同人大有	○	離(乾)一陰爲主居二五○師比全變爲同人大有
謙豫	一	艮震坤一陽爲主居三四先後泰否爲首扃○小畜履全變爲謙豫
隨蠱	〢	(兌)(震)(巽)(艮)坎離前五
臨觀	一	巽兌坤坎離前四

卦	畫	象	數	註
噬嗑 賁	—	艮震 離	三 坎離前	
剝 復	—	艮震 坤		
无妄 大畜	— ○	艮震 乾	二 坎離前	
頤 大過	＝	巽艮 兌震	一 坎離前	
坎 離	丨	(坎)(離) ○	水火不相射 乾坤交之正中	
咸 恒	╳	巽艮 兌震	一 坎離後	臨觀全變爲遯
遯 大壯	— ○	艮震 乾	二 坎離後	大壯
晉 明夷	丨	離 坤	坎離後	需訟全變爲晉
家人 睽	—	巽兌 離	三	明夷
蹇 解	—	艮震 坎	四 坎離後	

卦	爻	卦象	説
損益	╳	巽艮 兌震	坎離後五　前十二卦後十二卦先後坎離爲中天局　咸恒之反
夬姤	—	巽兌 乾	○剝復全變爲夬姤
萃升	—	巽兌 坤	○大畜无妄全變爲萃升
困井	—	巽兌 坎	○噬嗑賁全變爲困井
革鼎	—	巽兌 離	○屯蒙全變爲革鼎
震艮	—	震艮	
漸歸妹	‖	巽艮 兌震	隨蠱之反
豐旅	—	震艮 離	
巽兌	—	巽兌	
渙節	—	巽兌 坎	

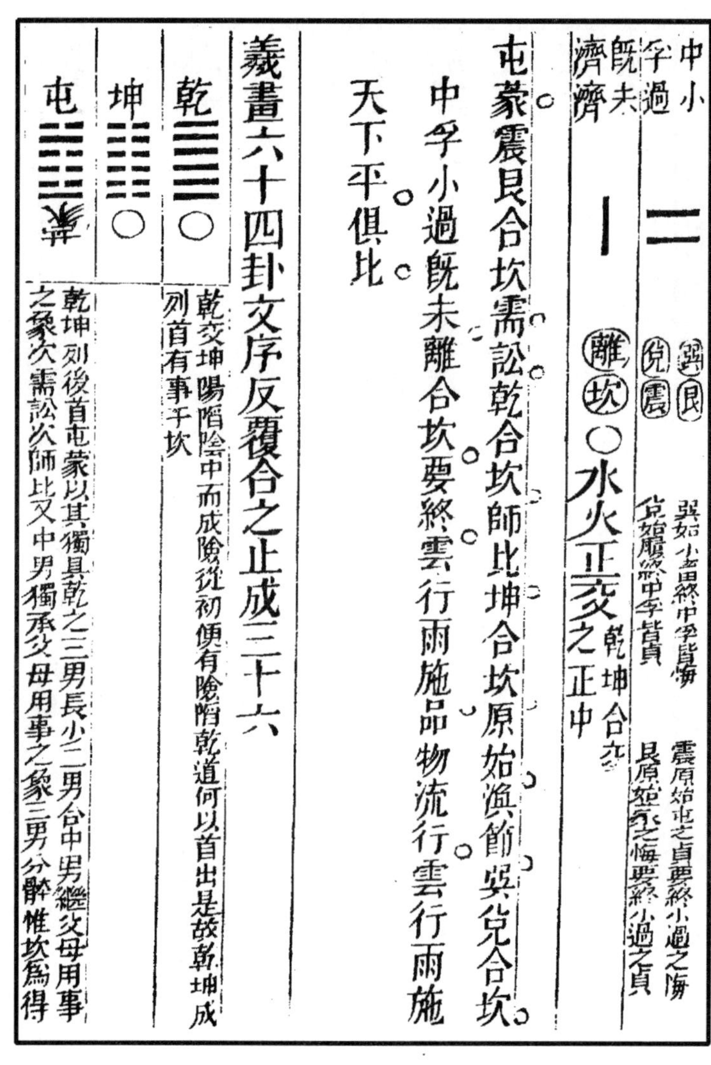

中孚 小過 ☱☶（巽艮） 巽始小畜終中孚皆悔 震原始屯之貞要終小過之悔
既濟 未濟 ☲☵（兌震） 兌始履終中孚皆貞 艮原始蒙之悔要終小過之貞
（離坎）○水火正交乾坤合交之正中

屯蒙震艮合坎需訟乾合坎師比坤合坎原始渙節巽兌合坎。中孚小過既未離合坎要終雲行雨施品物流行雲行雨施天下平俱比

羲畫六十四卦文序反覆合之止成三十六

乾☰○ 乾交坤陽陷陰中而成險從初便有險陷乾道何以首出是故乾坤成列首有事于坎

坤☷○

屯☳☵蒙 乾坤列後首屯蒙以其獨具乾之三男長少二男合中男繼父母用事之象次需訟次師比又中男獨承父母用事之象三男分幹惟坎爲得

需 訟

中故少長皆取正于其中其十六卦分于上下經各八亦獨得其中以此屯蒙二剛四柔二剛爲主需訟二柔四剛二柔不爲主此剛柔之別

師 比

小畜 履

泰 否

泰乾坤之交不交即否隨蠱至既未濟十八卦亦若干有八變而成一卦總欲乾坤常交有泰无否之義

同人 大有

小畜履乾與巽兌遇震艮二剛先坎有合以拯險巽兌二柔後乾有合以行健由是乾下坤中不爲險陷之交乾居坤下遂成天地之泰

謙 豫

乾不交坤而否离文明麗乾內外爲同人大有坤不交乾而否艮以止入而貞之坤內震以動出而奮之坤外爲謙豫

隨 蠱

震艮巽兌初合四卦乃先天圖春秋對待之交

泰否初變隨泰變蠱泰中爻爲兌震否中爻爲艮巽故泰否初變即爲隨蠱

臨 觀

巽遇兌後乾爲履于坤說順相涖成臨巽前乾爲畜于坤巽順相孚成觀

交圖

噬嗑

賁

泰否二變否變噬嗑泰變賁噬嗑賁离與震艮遇動乎險爲屯于离則
雷電合章而成噬嗑止乎險爲蒙于离則剛柔相交而成賁

剝

復

謙豫艮震合坤以親地而闢之于否後倒體剝復爲中十二卦主入
小畜履巽兌合乾以尊天而開之于泰先倒體夬姤爲後十二卦主入
剝謙之變否之極坤以止上闔復豫之變泰之初坤以動下闢旋乾轉
坤傾否開泰齊自復姤之幾始

无妄

大畜

无妄震以首動險次嗑明出入以動乎坤者而動之于乾下乾以動而
加健見原始震艮之功大畜艮以首止險次賁明出入以止乎坤者而
止之于乾上乾以止而大正見要終艮止之功

頤

大過

坎

坎爲陽之中在六子中爲最貴二體合而成習坎居諸卦之最後六體
分而爲屯蒙需訟師比居諸卦之最先荀爽曰乾起坎而終于离坤起
离而終于坎坎离者乾坤之家陰陽之府

離

咸 ☱☶ 恒

遯 大壯

晉 明夷

家人 睽

蹇 解

損 益

夬 姤

震艮巽兌三合

泰否三變否變咸泰變恒

遯咸男爲主而內止乾爲外避矣大壯恒男爲主而外動乾爲內貞矣

晉明夷與需訟對待需訟主乾用坎晉明夷主坤用离需盡變爲晉訟盡爲明夷晉离出地坤下順以麗之明夷离入地坤上順以晦之剛止剛動之男用乾父遂若无其功柔明之女用坤母猶必致其役此剛柔男女父母內外之辨

家人离在內巽外入以假之睽离在外兌內說以合之

蹇咸男內止以止險于其外解恒男外動以動險于其內益咸恒一辭分于离坎之交离明固巽兌二柔之易合而靡坎險非震艮二剛未易止而出也

震艮巽兌三合震巽相與爲恒交爲益兌相與爲損交爲咸

咸變巽兌柔爲內主恒變益巽柔爲主長少之柔交于內外以爲主又聖人之所謹自夬姤至革鼎乾坤不經見于是震艮列而長少二男後乾以終事焉

泰否四變泰變損變益乾坤後更十卦陰陽各三十畫而天地交咸恒後更十卦陰陽各三十畫損益見泰否天道之大運所以幹其全損益人道之大權所以用其中

萃 升

困 井

革 鼎

震 艮

漸 歸妹

豐 旅

巽 兌

渙 節

文圖

夬姤乾合巽兌而乾不復見
萃升坤合巽兌而坤不復見

泰否五變否變困泰變井

困井革鼎居下篇之中天地之用莫大于水火水火之用莫盛于井鼎也又坎離相綜陽交之卦始于屯蒙陰遇之卦終于革鼎屯蒙變爲鼎蒙屯變爲革

震艮巽兌四合　女歸之吉漸咸之正感以娣之艮歸妹恒之大蒙泰否六變否變漸泰變歸妹泰中爻爲歸否中爻爲漸又隨蠱倒體即漸歸妹也

艮止麗以離明則止明相麗于是巽兌列而長少二女從坤以終事焉泰否七變泰變豐否變旅

巽于隨風之後而風力厚坎險何不渙乎且震在險下動之難巽在險上渙之易矣悅于麗澤之後而悅獻專坎險何不節乎且艮在險上猶患過擊悅在險下惟恐不出矣

屯蒙震艮合坎之始渙節巽兌合坎之終　屯蒙震艮于坎以原始渙節巽兌于坎以要終如是而坎猶爲險人道无望其存乾坤无望其成列矣

中孚　小過　既濟　未濟

二陰四陽之卦九始于需訟之變終于中孚之不變二陽四陰之卦九始屯蒙之變終于小過之變屯雷所從起小過雷所從止始乎動終止以震反爲艮震艮合之終也

泰否九變泰變既濟否變未濟既濟水火之交即泰之象未濟水火不交即否之象然既濟中爻柔下剛上函否未濟中爻剛下柔上函泰爻以未濟寧以未終終常以泰交蒙象天下後世開之于无窮耳　中孚巽兌之合三四得敵于其中渙節之餘陰不在坎而即在于巽兌也　小過震艮之合然三四失位于其中屯蒙之餘陰不在坎而即在于震艮也坎與離乾坤震艮巽兌交背不名濟惟終與離交而後名之爲既交坎離天地交之中離中一柔即坤陰全體之柔坎中剛即乾陽全體之剛乾下交坤而成坎坎又爲之交于離坤上交乾而成離離又爲之下交于坎離下交陰麗陽中而成明者要終元亢坤道原下以順坎上交陽陷陰中而成險者要終有極乾道原上而首出夫是之謂不相射而違爲中天地地而有交之濟以水火之濟成天地之交乾坤之能事備矣天地之交曰泰一轉即否水火之交曰濟一轉即未濟否之日多濟之日少聖人之憂患无時而已故也受之以未濟終焉

九卦孔图

九卦像抄定		孔圖		
履	䷉	德之基	和而至	以和行
謙	䷎	德之柄	尊而光	以制禮
復	䷗	德之本	小而辨于物	以自知
恒	䷟	德之固	雜而不厭	以一德
損	䷨	德之修	先難而後易	以遠害
益	䷩	德之裕	長裕而不設	以興利
困	䷮	德之辨	窮而通	以寡怨
井	䷯	德之地	居其所而遷	以辨義
巽	䷸	德之制	稱而隱	以行權

制器尚象十三卦

卦	象	器
離	䷝	佃漁
益	䷩	耒耨
噬嗑	䷔	交易
乾	䷀	衣裳
坤	䷁	
渙	䷺	舟楫
隨	䷐	服牛乘馬
豫	䷏	擊柝
小過	䷽	杵臼

睽 ䷥ 弧矢

大壯 ䷡ 棟宇

大過 ䷛ 棺椁

夬 ䷪ 書契

七爻成變化 ○ 中孚九二 同人九五 大過初六

謙九三 乾上九 節初九 解六三

十一爻爲一君 ○ 咸九四 困六三 解上六

噬嗑初六 上六 否九五 鼎九四 豫六三

復初九 損六三 益上九

一爻主履信思順 大有上九

杂卦孔图

雜卦像抄原定　孔圖

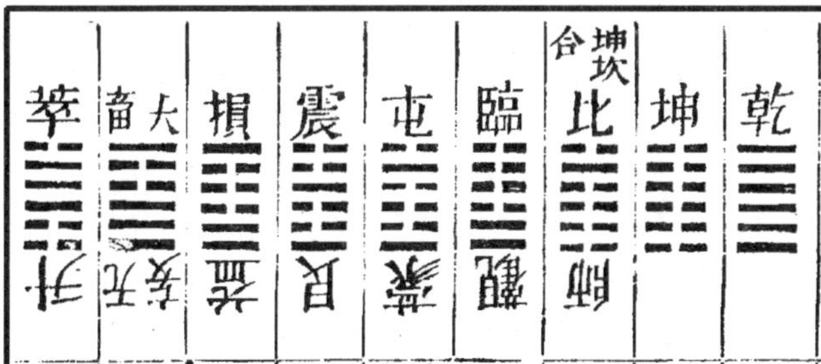

乾　坤

比　師（坤坎合）

臨　觀

屯　蒙

震　艮

損　益

大畜　无妄

萃　升

目乾坤至困二十卦與上經之數相當而雜下經十二卦于其中自咸至夬二十四卦與下經之數相當而雜上經十二卦于其中見陰陽交易之妙

一剛以爲比師主次謙豫次剝復以復要一剛爲主之終終于長以長君子皆在上

序屯蒙雜易以師比序師比雜易以屯蒙

震艮前乾坤至屯蒙凡八卦兑巽後以隨蠱至井困凡八卦震艮巽兑之中損益至噬賁无十卦居中

序乾坤十卦後爲泰否雜乾坤十卦後爲損益邵子時有消長否泰謙之矣事有因革損益謙益之矣損益艮兑巽震之合故前震艮後兑巽序蒙噬嗑賁皆震艮合坎合离臨觀萃升皆兑巽合坤大畜无妄謙豫又皆震艮合乾合坤先後損益爲上局一于讀易未嘗不喟然嘆曰或欲利之適足以害之或欲害之適足以利之利害禍福之門不可以不察也哉

謙 ䷎ 豫　損益一變

噬嗑 ䷔ 賁

兌 ䷹ 巽　損益二變

隨 ䷐ 蠱　首比師一剛居五柔五二之中次謙豫一剛居五柔三四之中坎剝復剛居五柔上初之中皆在上大有同人小畜履夬姤皆在下此剛柔上下之辨

剝 ䷖ 復

晉 ䷢ 明夷　坤離合　乾坤後比師始坤坎之合需訟終乾坎之合二分之咸恒居中首尾皆以坎雜之以坎陷爲憂甚于序云

井 ䷯ 困　損益三變　上以困終爲柔掩剛君子不失其所亨下以夬終爲剛決柔君子道長小人道憂矣

咸 ䷞ 恒　損益四變

渙 ䷺ 節　震起艮止巽兌合之爲損益兌艮巽伏震艮合之爲隨蠱四卦交合爲感恒咸速婚姻以時恒久夫婦偕老

解 ䷧ 蹇　損益五變

睽 ䷥ 家人

睽外從睽上合共二十卦家人內從家人下合共二十卦二卦與序不易序先家人後睽雜先睽爲外後家人爲內外以乾坤並列爲主內以乾坤交合爲主故家人後即受之以否泰先于否雜否先于泰孔子雜卦精蘊全在反其顛句

否 ䷋ 泰

大壯 ䷡ 遯

乾宮合 大有 ䷍ 同人

一柔以爲大有同人主次小畜履次姤夬以夬要一柔爲主之終終于消以消小人君子卦下

革 ䷰ 鼎

小過 ䷽

中孚 ䷼

豐 ䷶ 旅

否泰一變

離 ䷝

咸恒與序不易自涣節至豐旅以十八卦合十卦居前自小畜履至夬以十二卦合十卦居後離坎居其正中序先坎後離上下之等雜先離後坎內外之辨

坎 ䷜

卦	注
小畜　履	坤坎合比師原始。
乾坎合　需　訟	乾坎合需訟要終。
大過	小過過也小者過似不足責故止謂之過大過顛也大者過何以爲君子故特謂之顛又另爲一局以致責望君子之意大者過小者姤將以
姤	一小人去五君子反易夬須是合五君子然後能去一小人小人去君子甚易而君子去小人甚難固如此。
漸	否泰二變反爲歸妹。
頤	
既濟	否泰三變反爲未濟。
歸妹	否泰四變。
未濟	否泰五變。剛柔每每相雜至若君子小人決不可使相雜小人每多合而君子反
夬	多睽此所以爲大過之顛此所以爲未濟男之窮雜以大過以下另爲一局而後夬要終焉。

通知昼夜之图

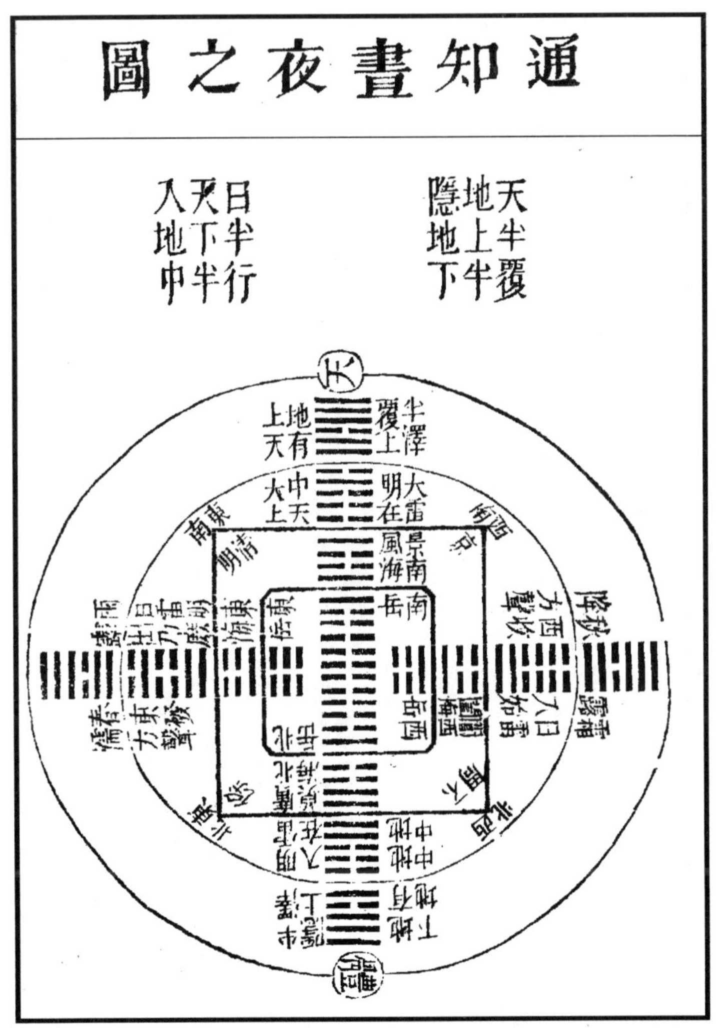

通知晝夜之圖
天半覆
地上半
隱地下
日半行
天下半
入地中
天

启蒙挂扐过揲四图

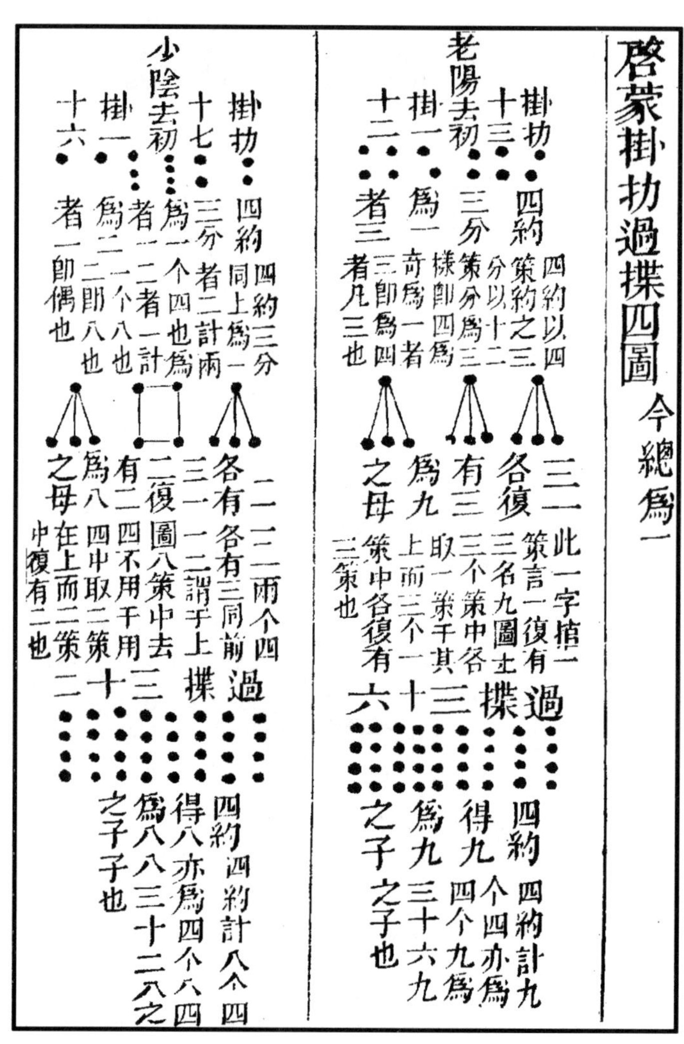

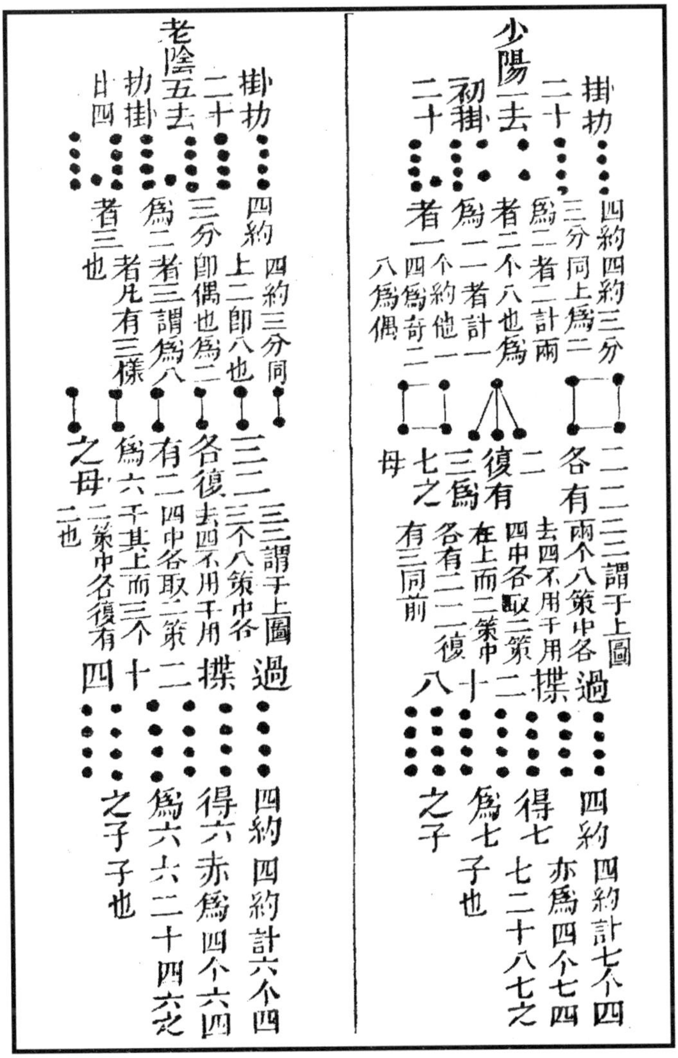

少陽

掛扐四約四約三分
二十三分同上爲二
爲二者二計兩
少陽一去者二个八也爲
初掛爲一一者計一
个約他一
二十者一四爲奇二
八爲偶

二二三謂于上圖
各有兩个八策中各
去四不用于用
二四中各取二策
復有在上而二策中
三爲各有二一復
七之有三同前
母

過四約四約計七个四
揲亦爲四个七四
二得七七二十八七之
十爲七子也
八之子

老陰

掛扐四約四約三分同
二十上二卽八也
老陰五去三分卽偶也爲二
爲二者三謂爲八
扐掛者凡有三樣
廿四者三也

三二三謂于上圖
三三个八策中各
各復去四不用于用
有二四中各取二策
爲六于其上而三个
之母二策中各復有
二也

過四約四約計六个四
揲得六亦爲四个六四
二爲六六二十四六之
十之子子也
四

皇极经世全数图

皇極經世

一一 元之元日之乾之乾 一

一二 元之會日之月乾之兌 十二

一三 元之運日之星乾之離 三百六十

一四 元之世日之辰乾之震 四千三百二十

一五 元之歲日之石乾之巽 一十二萬九千六百

一六 元之月日之土乾之坎 一百五十五萬五千二百

一七 元之日日之火乾之艮 四千六百六十五萬六千

一八 元之辰日之水乾之坤 五萬五千九百八十七萬二千

三一 運之元星之日離之乾 三百六十

三二 運之會星之月離之兌 四千二百二十

三三 運之運星之星離之離 一十二萬九千六百

三四 運之世星之辰離之震 一百五十五萬五千二百

三五 運之歲星之石離之巽 四千六百六十五萬六千

三六 運之月星之土離之坎 五萬五千九百八十七萬二千

三七 運之日星之火離之艮 二百六十七萬九千六百一十六萬

三八 運之辰星之水離之坤 二十一十五萬五千三百九十二萬

二一 會之元月之日兌之乾 一十二

二二 會之會月之月兌之兌 一百四十四

二三 會之運月之星兌之離 四千三百二十

二四 會之世月之辰兌之震 五萬一千八百四十

二五 會之歲月之石兌之巽 一百五十五萬五千二百

二六 會之月月之土兌之坎 一千八百六十六萬二千四百

二七 會之日月之火兌之艮 五萬五千九百八十七萬二千

二八 會之辰月之水兌之坤 六十七萬一千八百四十六萬四十

四一 世之元辰之日震之乾 四千三百二十

四二 世之會辰之月震之兌 五萬一千八百四十

四三 世之運辰之星震之離 一百五十五萬五千二百

四四 世之世辰之辰震之震 一千八百六十六萬二千四百

四五 世之歲辰之石震之巽 五萬九千九百八十七萬二千

四六 世之月辰之土震之坎 六十七萬一千八百四十六萬四千

四七 世之日辰之火震之艮 二千一十五萬五千三百九十二萬

四八 世之辰辰之水震之坤 二萬四千一百八十六萬四千七百四萬

全數圖

五一歲之元石之日巽之乾一十二萬九千六百
五二歲之會石之月巽之兌一百五十五萬五千二百
五三歲之運石之星巽之離四千六百六十五萬六千
五四歲之世石之辰巽之震五萬五千九百八十七萬二千
五五歲之歲石之石巽之巽一百六十七萬九千六百一十六萬
五六歲之月石之土巽之坎二千一十五萬五千三百九十二萬
五七歲之日石之火巽之艮六萬四百六十六萬一千七百六十萬
五八歲之辰石之水巽之坤七十二萬五千五百九十四萬一千一百二十萬
七一日之元火之日艮之乾四千六百六十五萬六千
七二日之會火之月艮之兌五萬五千九百八十七萬二千
七三日之運火之星艮之離一百六十七萬九千六百一十六萬
七四日之世火之辰艮之震二千一十五萬五千三百九十二萬
七五日之歲火之石艮之巽六萬四百六十六萬一千七百六十萬
七六日之月火之土艮之坎七十二萬五千五百九十四萬一千一百二十萬
七七日之日火之火艮之艮二百一十七萬六千七百八十二萬三千五百
七八日之辰火之水艮之坤二千六百一十二萬一千三百八十八萬三千

六一月之元土之日坎之乾一百五十五萬五千三百
六二月之會土之月坎之兌一千八百六十六萬二千四百
六三月之運土之星坎之離五萬五千九百八十七萬二千
六四月之世土之辰坎之震六十七萬一千八百四十六萬四千
六五月之歲土之石坎之巽二千一十五萬五千三百九十二萬
六六月之月土之土坎之坎二萬四千一百八十六萬四千七百四萬
六七月之日土之火坎之艮七十二萬五千五百六十四萬一千一百二十萬
六八月之辰土之水坎之坤八百七十萬七千一百二十九萬三千四百四十萬
八一辰之元水之日坤之乾五萬五千九百八十七萬二千
八二辰之會水之月坤之兌六十七萬一千八百四十六萬四千
八三辰之運水之星坤之離二千一十五萬五千三百九十二萬
八四辰之世水之辰坤之震二萬四千一百八十六萬四千七百四萬
八五辰之歲水之石坤之巽七十二萬五千五百九十四萬一千一百二十萬
八六辰之月水之土坤之坎八百七十萬七千一百二十九萬三千四百四十萬
八七辰之日水之火坤之艮二千六百一十二萬一千三百八十八萬三千
八八辰之辰水之水坤之坤三萬一千三百四十五萬六千六百五十八萬四千

邵氏皇极经世图

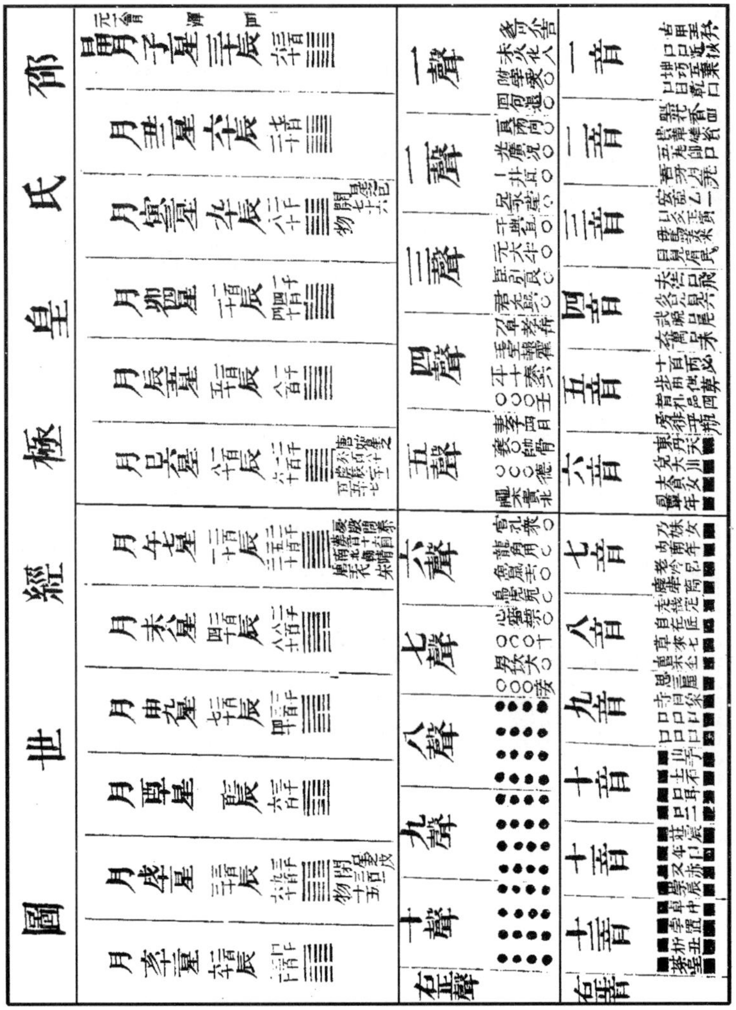

邵氏皇極經世圖

日甲 元一會一運一世一			
月子	星一	辰三十	三百六十
月丑	星二	辰六十	七百二十
月寅	星三	辰九十	一千八十　開物星之己七十六
月卯	星四	辰一百二十	一千四百四十
月辰	星五	辰一百五十	一千八百
月巳	星六	辰一百八十	二千一百六十　唐堯始星之癸一百八十 辰之癸二千一百五十七
月午	星七	辰二百一十	二千五百二十　夏殷周秦 兩漢兩晉十六國 南北朝隋 唐五代宋
月未	星八	辰二百四十	二千八百八十
月申	星九	辰二百七十	三千二百四十
月酉	星十	辰三百	三千六百
月戌	星十一	辰三百三十	三千九百六十　閉物星之戊三百一十五
月亥	星十二	辰三百六十	四千三百二十

右正聲				
一聲	多可个舌	禾火化八	開宰愛○	回每退○
二聲	良兩向○	光廣況○	丁井亘○	兄永瑩○
三聲	千典旦○	元犬半○	臣引艮○	君允巽○
四聲	刀早孝岳	毛寶報霍	牛斗奏六	○○○玉
五聲	妻子四日	衰○帥骨	○○○德	龜水貴北
六聲	宮孔衆○	龍甬用○	魚鼠去○	鳥虎兔○
七聲	心審禁○	○○○十	男坎欠○	○○○妾
八聲	●●●●	●●●●	●●●●	●●●●
九聲	●●●●	●●●●	●●●●	●●●●
十聲	●●●●	●●●●	●●●●	●●●●

右正音				
一音	古甲九癸	□□近揆	坤巧丘棄	□□乾虯
二音	黑花香血	黄華雄賢	五瓦仰□	吾牙月堯
三音	安亞乙一	□爻王寅	母馬美米	目皃眉民
四音	夫法□飛	父凡□吠	武晚□尾	文萬□未
五音	卜百丙必	步白備鼻	普朴品匹	旁排平瓶
六音	東丹天■	兌大川■	土貪女■	同覃年■
七音	乃妹女■	内南年■	老冷呂■	鹿犖离■
八音	走哉足■	自在匠■	草采七■	曹才全■
九音	思三星■	寺□象■	□□□■	□□□■
十音	■山手■	■士石■	■□耳■	■□二■
十一音	■莊震■	■乍[illegible]■	■叉赤■	■崇辰■
十二音	■卓中■	■宅直■	■坼丑■	■茶呈■

八纯卦宫图

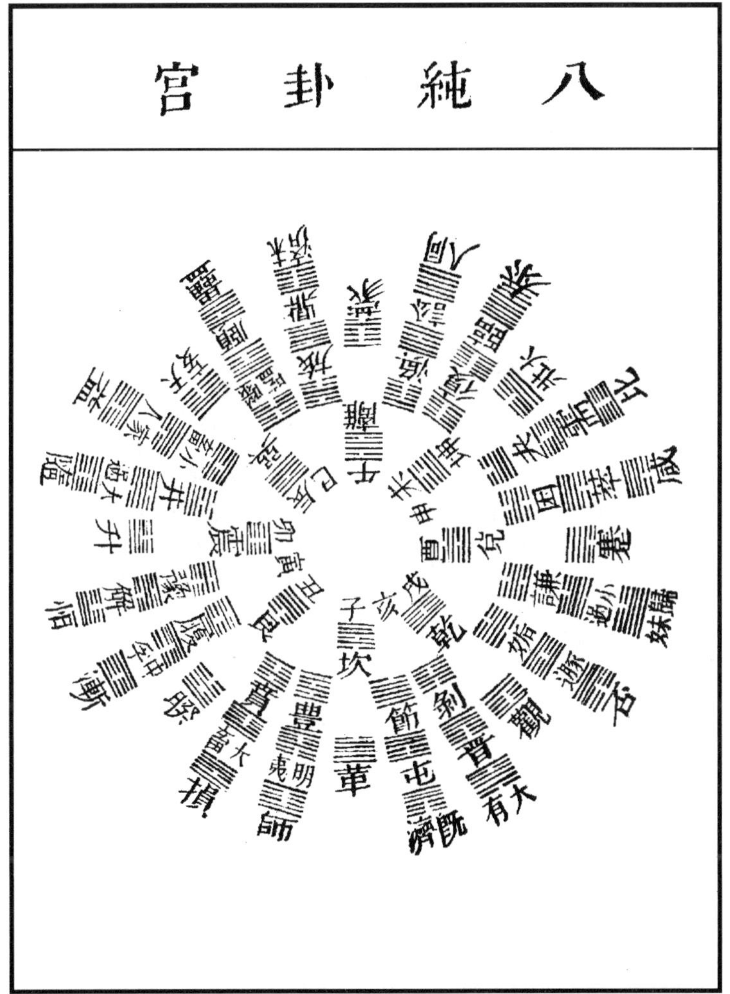

卦司化图

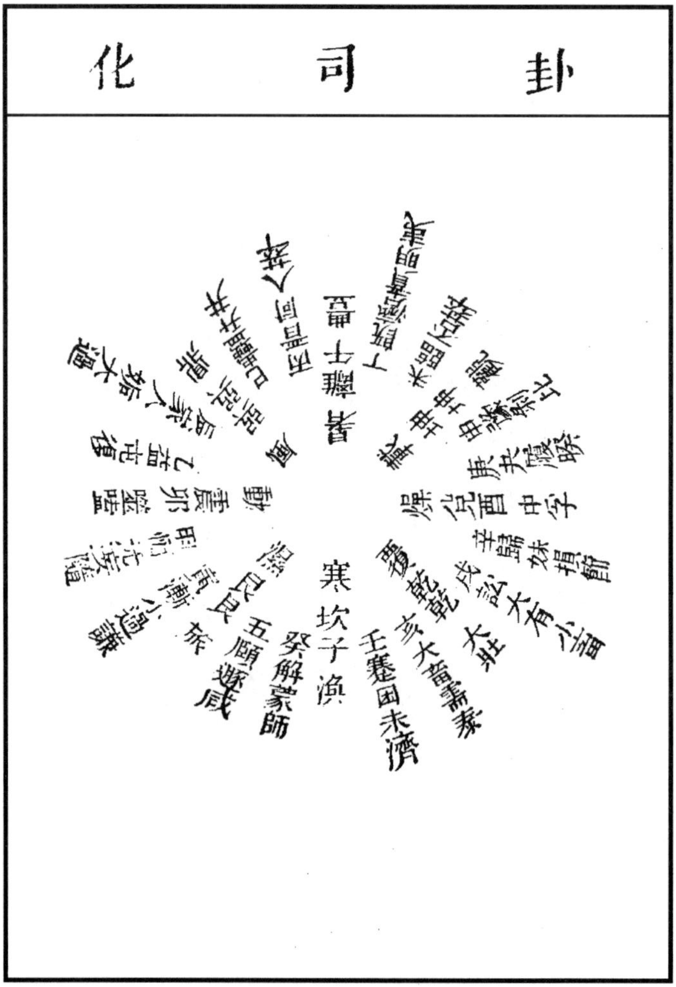

卦 司 化

寒 坎 子 渙

六十四卦方圆象数图

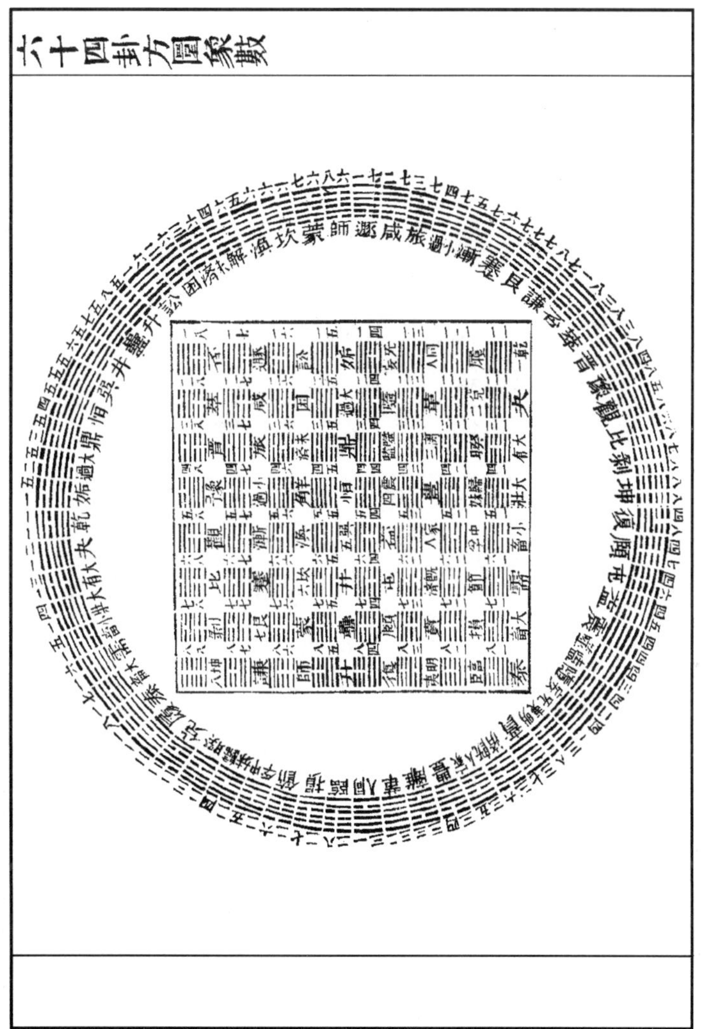

十二卦气图

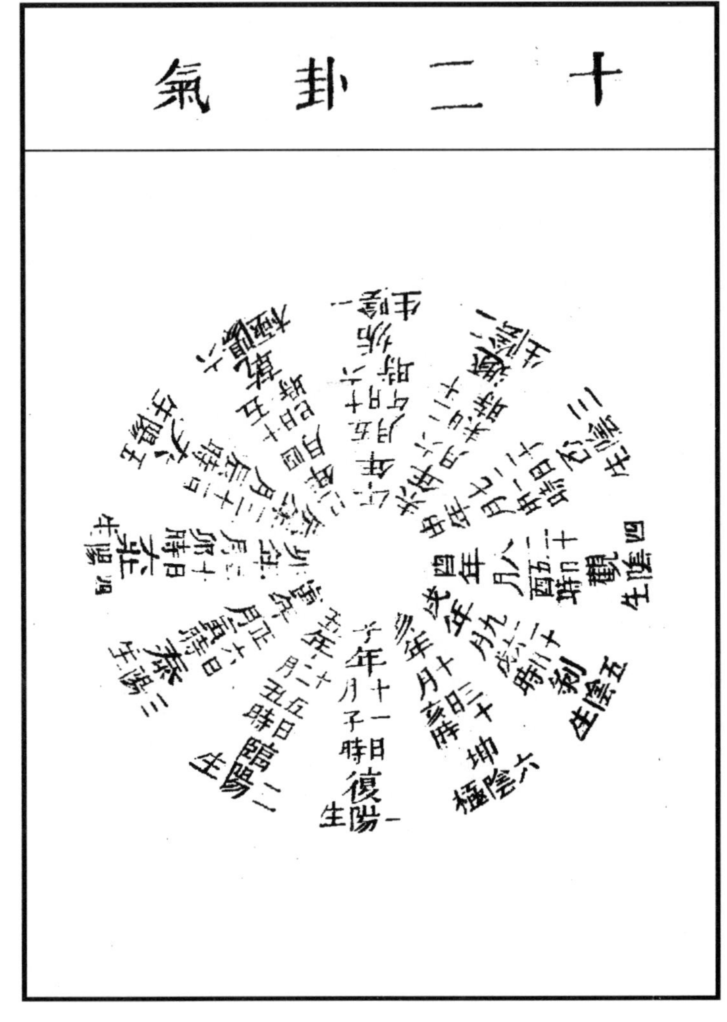
十二卦氣
復 一陽生
臨 二陽生
泰 三陽生
大壯 四陽生
夬 五陽生
乾 六陽極
姤 一陰生
遯 二陰生
否 三陰生
觀 四陰生
剝 五陰生
坤 六陰極

大父母图　小父母图

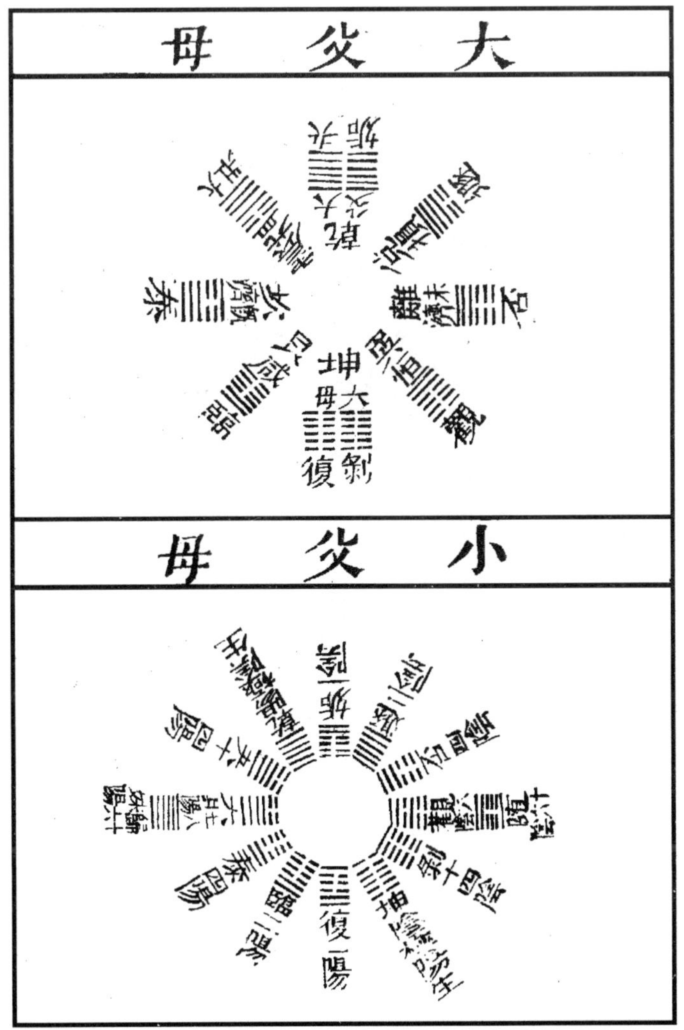

循环内变通图

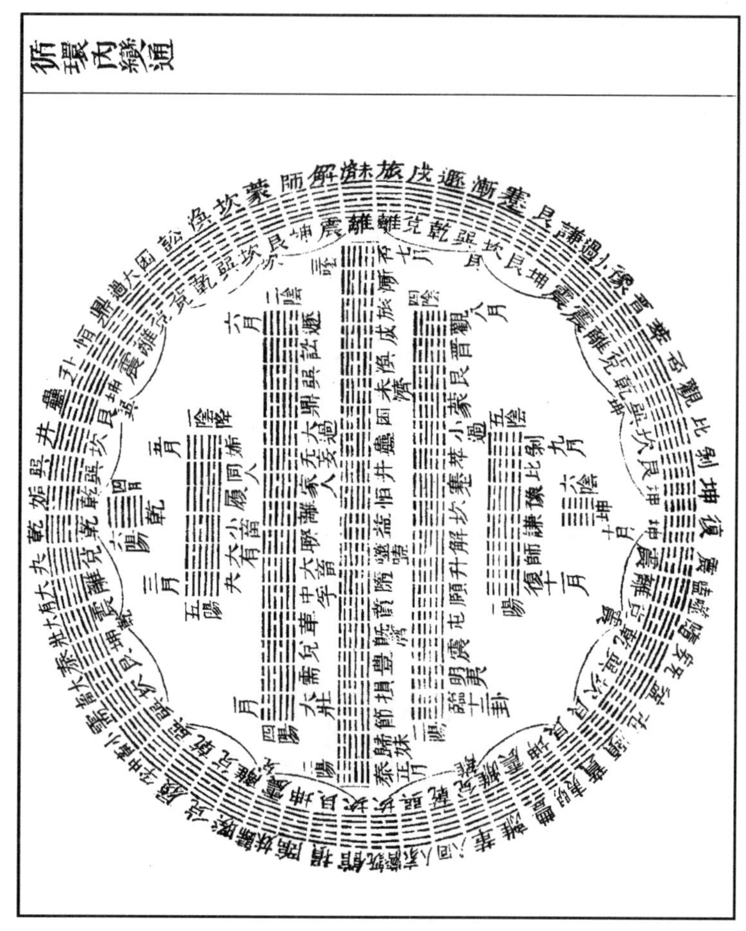

卦配方图

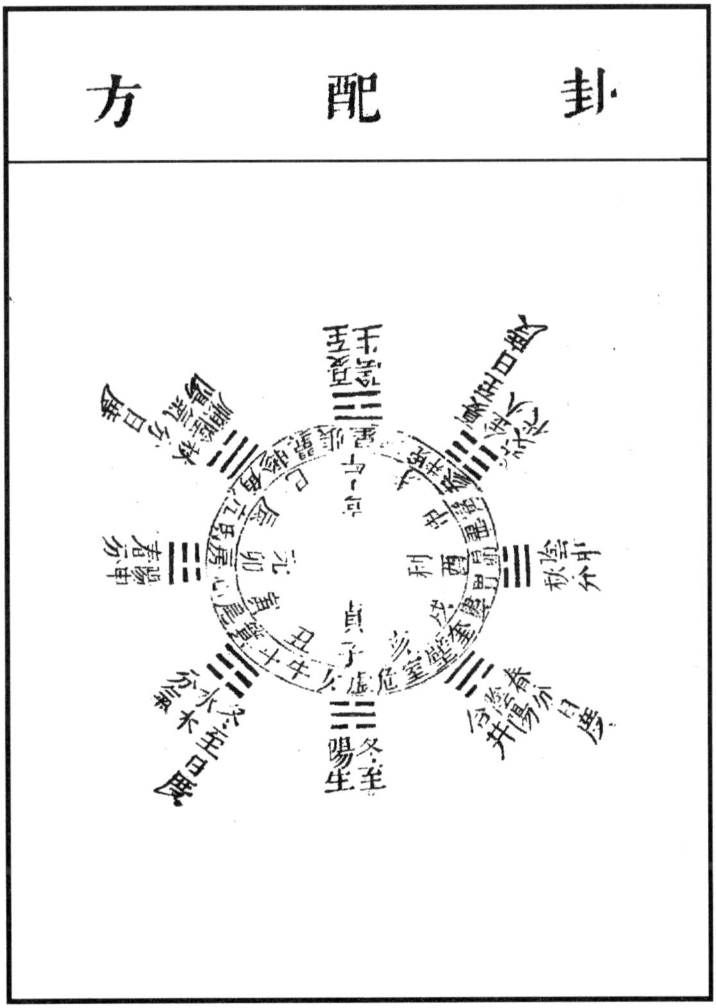

卦配方

十二卦运世图

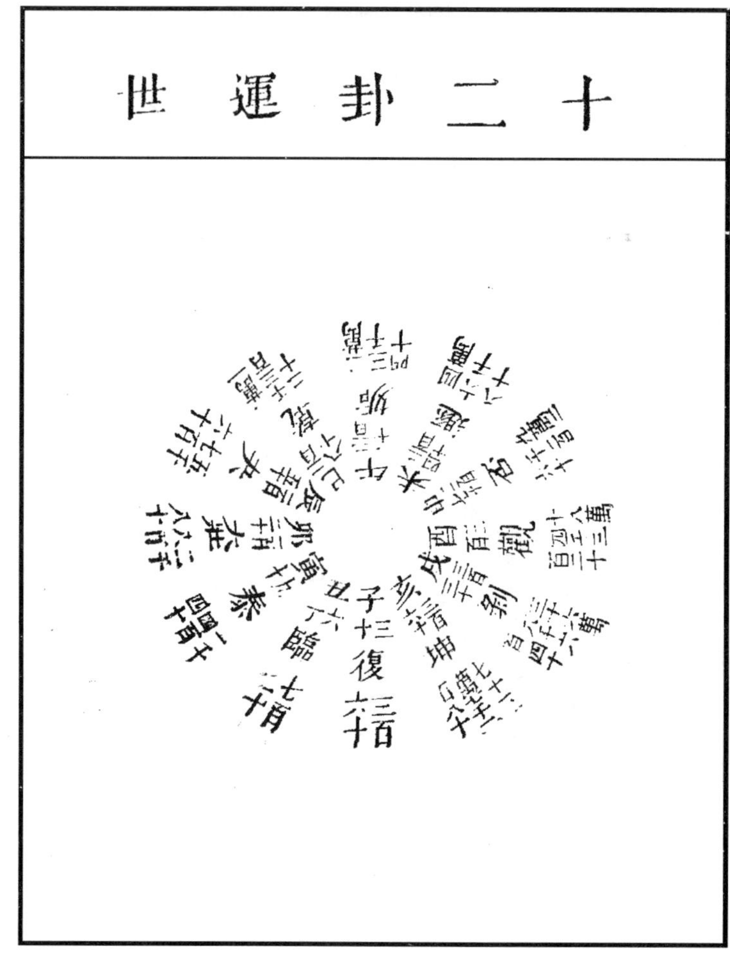

八卦分野图

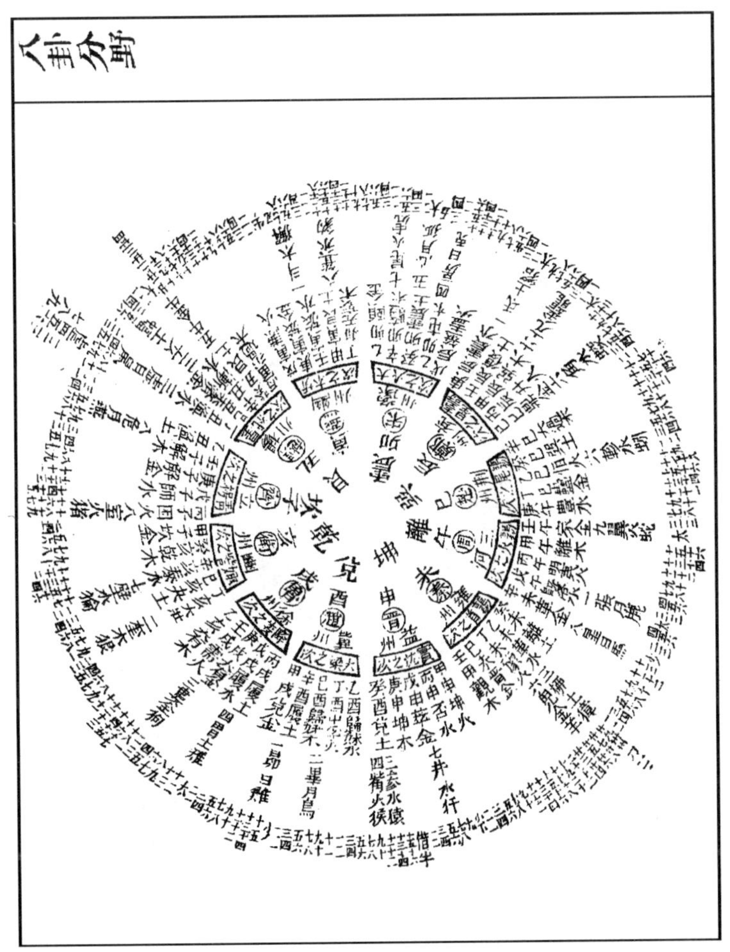

圆倍乘方因重图

圓倍乘方因重

卦气直日图

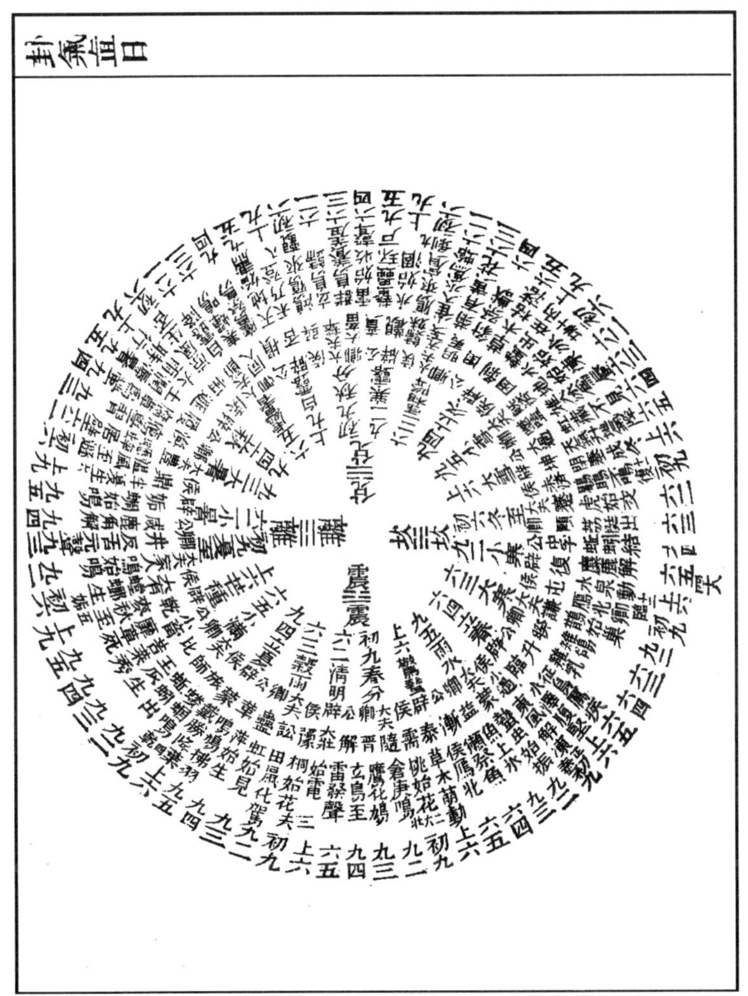

浑天六位图

渾天六位

離	坤	坎	乾
火巳己	金酉癸	水子戊	土戌壬
土未己	水亥癸	土戌戊	金申壬
金酉己	土丑癸	金申戊	火午壬
水亥己	木卯乙	火午戊	土辰甲
土丑己	火巳乙	土辰戊	木寅甲
木卯己	土未乙	木寅戊	水子甲

兌	巽	艮	震
土未丁	木卯辛	木寅丙	土戌庚
金酉丁	火巳辛	水子丙	金申庚
水亥丁	土未辛	土戌丙	火午庚
土丑丁	金酉辛	金申丙	土辰庚
木卯丁	水亥辛	火午丙	木寅庚
火巳丁	土丑辛	土辰丙	水子庚

卦纳甲图

卦納甲

心易发微伏羲太极之图

心易發微伏羲太極之圖

正南純陽方也故畫爲乾正北純陰方也故畫爲坤。畫離于東象陽中有陰也。畫坎于西象陰中有陽也東北陽生陰下于是乎畫震西南陰生陽下于是乎畫巽觀陽長陰消是以畫兌于東南觀陰盛陽微是以畫艮于西北也此图乃伏羲氏所作也，世不显传。或谓希夷所作，虽周子亦未之见焉，乃自作“太极图”，观任道逊之诗可见矣。诗云：“太极中分一气旋，两仪四象五行全。先天八卦浑沦具，万物何尝出此图。”又云：“造化根源文字祖，图成太极自天然。当时早见周夫子，不费钻研作正传。”夫既谓八卦浑沦文字祖，则知此图为伏羲所作，而非希夷明矣。其外一圈者太极也，中外黑白者阴阳也，黑中含一点白者阴中阳也，白中含一点黑者阳中阴也。阴阳交互，动静相倚，周详活泼，妙趣自然。其圈外左方自震，一阳驯至乾之三阳，所谓起震而历离、兑，以至于乾是已。右方自巽，一阴驯至坤之三阴，所谓自巽而历坎、艮，以至于坤是已。其间四正、四隅、阴阳、纯杂，随方布位，自有太极含阴阳，阴阳含八卦之妙，不假安排也。岂浅见近识者所能及哉！伏羲不过模写出来以示人耳。

予尝究观此图，阴阳浑沦，盖有不外乎太极，而亦不附乎太极者，本先天之《易》也。观周子《太极图》，则阴阳显著，盖皆太极之所为，而非太极之所倚者，实后天之《易》也。然而先天所以包括后天之理，后天所以发明先天之妙，明乎道之浑沦，则“先天天弗违”，太极体立也；煌乎道之显著，则“后天奉天时”，太极用行矣。使徒玩诸画象，谈诸空玄，羲、周作图之意荒矣。故周子有诗云：“兀坐书房万机休，日暖风和草色幽。谁道二十季远事，而今只在眼睛头。”岂非以孔子所论太极者之旨，容有外于一举目之间哉！是可默识其妙，而见于性理，指要可考也。

古太极图叙

天地间形上形下，道器攸分，非道自道，器自器也。器即道之显诸有，道即器之泯于无。虽欲二之，不可得也。是图也，将以为沦于无邪？两仪、四象、八卦，与夫万象森罗者，已具在矣。抑以为滞于有邪？凡仪象卦画，与夫群分类聚，森然不可纪者，曾何形迹之可拘乎？是故天一也，无声无臭，何其隐也；成象成形，何其显也。然四时行，百物生，莫非其于穆之精神无方，《易》无体，不离乎象形之外。自一而万，自万而一，即此图是也。默识此图，而太极生生之妙，完具胸中，则天地之化机，圣神之治教，不事他求，而三才一贯，万物一体备是矣。可见执中，执此也；慎独，慎此也；千古之心传，传此也。可以图象忽之哉！

古太极图说

道必至善，而万善皆从此出，则其出为不穷。物本天然，而万物皆由此生，则其生为不测。包罗主宰者，天载也，泯然声臭之俱无。纤巧悉备者，化工也，浑乎雕刻之不作。赤子未尝学，虑言知能之良必归之。圣人绝无思为言，仁义之至必归之。盖凡有一毫人力，安排布置，皆不可以语至道，语至物也。况谓之太极，则盘天地，亘古今，瞬息微尘，悉统括于兹矣，何所庸其智力哉！是故天地之造化，其消、息、盈、虚本无方体，无穷尽，不可得而图也。不可得而图者，从而图之，将以形容造化生生之机耳。若以人为矫强分析于其间，则天地之自然者，反因之而晦矣。惟是图也，不知画于何人，起于何代，因其传流之久，名为“古太极图”焉。尝读《易·系辞》首章，若与此图相发明，《说卦》“天地定位”数章，即阐明此图者也。何也？总图即太极也，黑白即阴阳、两仪、天地、卑高、贵贱、动静、刚柔之定位也。黑白多寡，即阴阳之消长。太极、太阳、少阴、少阳，群分类聚，成象成形，寒暑往来，乾男坤女，悉于此乎见也。

以卦象观之，乾、坤定位上下，坎、离并列东西，震、巽、艮、兑随阴阳之升降，而布于四隅，八卦不其毕具矣乎？然太极、两仪、四象、八卦吉凶大业，虽毕见于图中，其所以生生者，莫之见焉。其实阴阳由微至著，循环无端，即其生生之机也。太极不过阴阳之浑沦者耳。原非先有太极，而后两仪生，既有两仪而后四象、八卦生也。又岂两仪生而太极遁，四象生而两仪亡，八卦生而四象隐。两仪、四象、八卦各为一物，而别有太极宰其中，统其外哉！惟于此图潜神玩味，则造化之盈、虚、消、息隐然成象，效法皆可意会，何必别立图以生之，又何必别立名象以分析之也。此之谓至道而不可离，此之谓至物而物格知至也。

若云孔子以前无《太极图》，而《先天图》画于伏羲，《后天图》改于文王，考之《易》皆无据，今尽阙之可矣。虽然，乾坤之易简，久大之德业，即于此乎在。而虞廷执中，孔门一贯，此外无余蕴也。但按图索骥，则又非古人画象垂训之意矣。故曰：神而明之，存乎其人。默而成之，不言而信，存乎德行。

《古太极图》，圣人发泄造化之秘，示人反身以完全，此太极也。是极也，在天地匪巨，人身匪细，古今匪遥，呼吸匪暂也。本无象形，本无声臭，圣人不得已而画之图焉。阴、阳、刚、柔、翕、辟、摩、荡，凡两仪、四象、八卦，皆于此乎具，而吉凶之大业生焉，即所谓“一阴一阳之道，生生之易，阴阳不测之神”也。惟于此图反求之身，而洞彻无疑焉。则知吾身即天地，而上下同流，万物一体，皆吾身所固有，而非由外铄我者。然而有根源焉，培其根则枝叶自茂，浚其源则流派自长。细玩图象，由微至著，浑然无穷，即《易》所谓“乾元资始，乃统天”是也。何也？分阴分阳，而阴即阳之翕也。纯阴纯阳，而纯阳即一阳之积也。一阳起于下者虽甚微，而天地生生变通莫测，悉由此以根源之耳。况以此观之《河》、《洛》，则知《河图》一、六居下，《洛书》戴九履一，其位数生克不齐，而一之起于下者，盖有二哉！以此观之，《易》六十四卦始于乾。而《乾·初九》“潜龙勿用”，谓阳在下也。《先天圆图》“起于复”者此也。《横图》“复起于中”者此也，《方图》“震起于中”者此也，《后天图》“帝出乎震”者亦此也。诸卦爻图象不同，莫非其变化，特其要，在反身以握乎统天之元于以完全造化，与天地同悠久也。是故天地之所以为天者，此也，故曰“乾以易知”。地之所以为地者，此也，故曰“坤以简能”。人之所为人者，此也，故曰“易简理得”，而“成位乎其中”。否则天地几乎毁矣，况于人乎？信乎人一小天地，而天、地、人统同一太极也。以语其博，则尽乎造化之运；以语其约，则握乎造化之枢，惟《太极图》为然。故揭此以冠之图书编云。

先天画卦图

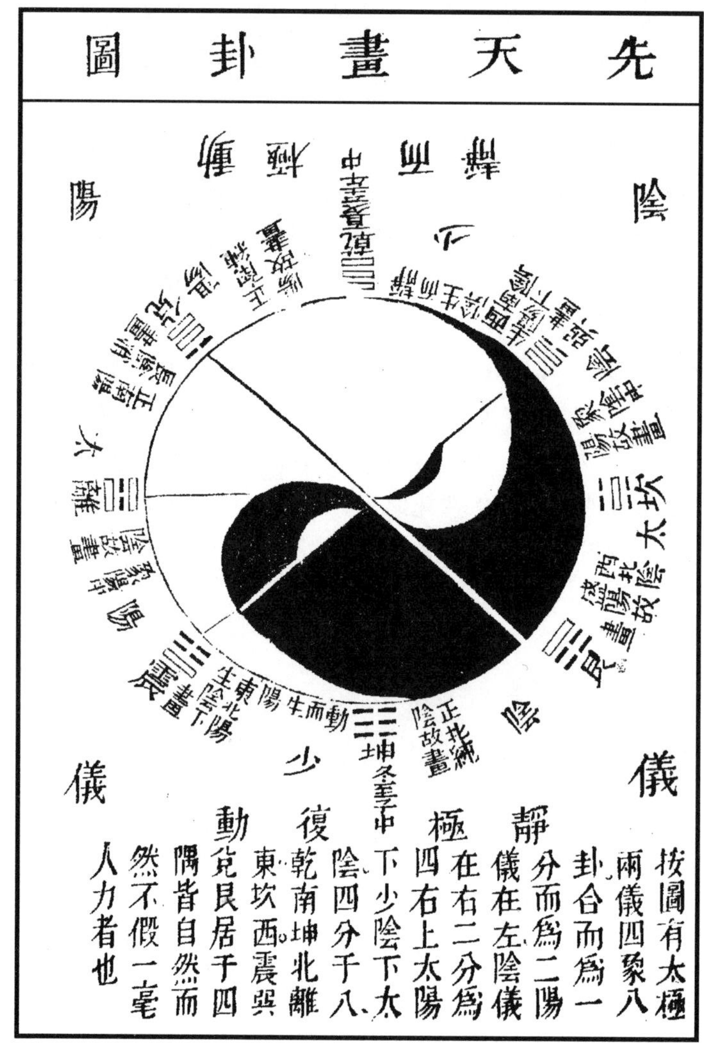
先天畫卦圖
陰儀
陽儀
靜極復動
按圖有太極兩儀四象八卦合而爲一分而爲二陽儀在左陰儀在右二分爲四右上太陽下少陰下太陰四分于八乾南坤北離東坎西震巽兌艮居于四隅皆自然而然不假一毫人力者也

先天八卦次图

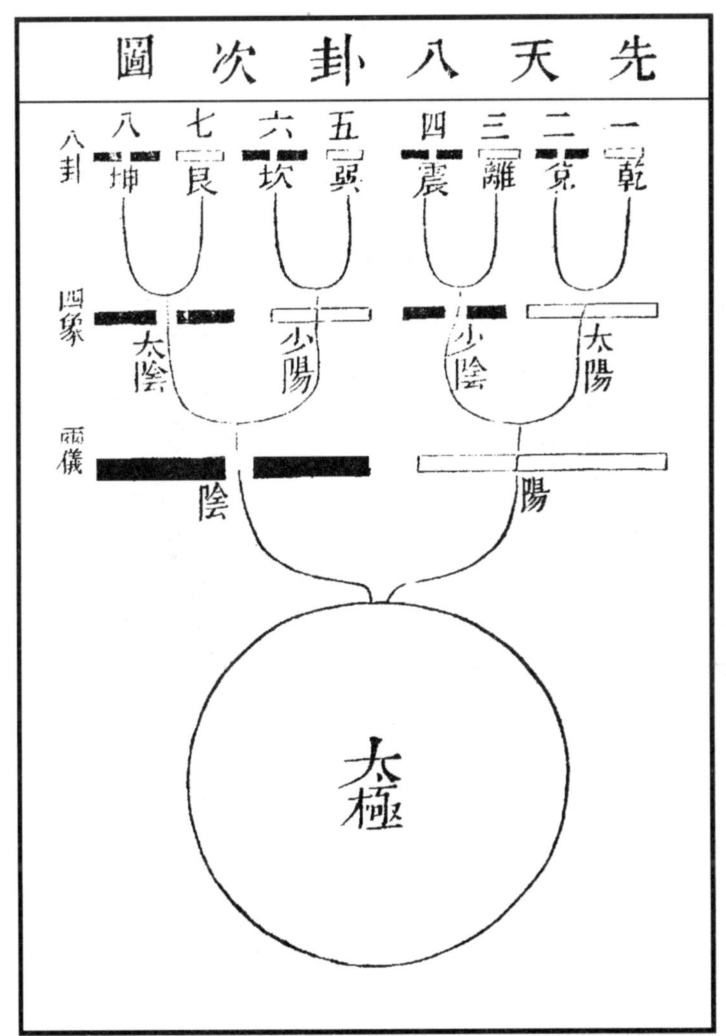

先天六十四卦方位之图

先天六十四卦方位之圖

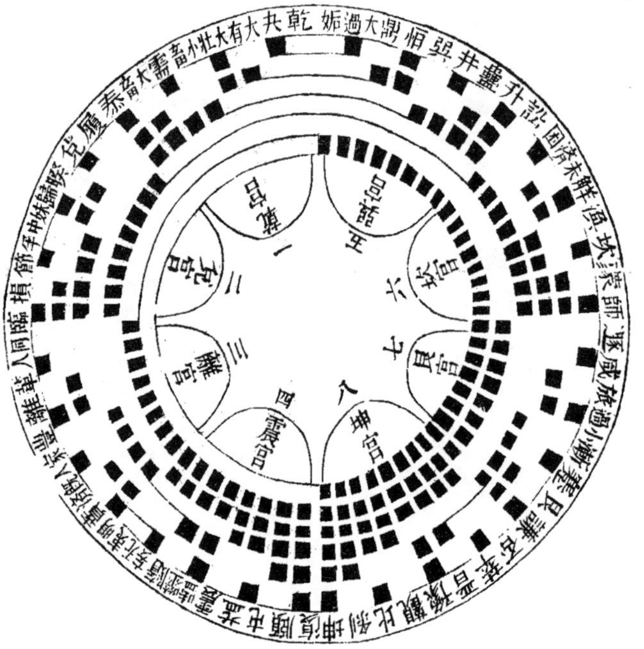

先天六十四卦圆图

先天六十四卦圓圖

或问:《易》有先天,何也?曰:先天不可说也,有说非先天也。然则伏羲何以有图?曰:凡图皆后天也。伏羲之图何以称先天?曰:先天不可图也,不可图而不图。伏羲惧无以示天下,故以其不可图者寓于图,以示之意,使天下即图而求其所以然之故,则是不可图者,庶乎缘图而并传。图之所画,阴、阳而已矣。由震历兑,至乾为阳;由巽历艮,至坤为阴。震之初,阳画也,渐长而纯乎乾。巽之初,阴画也,渐反而纯乎坤。一动一静,一顺一逆,昭然阴阳之象,是可得而图者也。至乎坤,则静之极,逆之至,气机敛于无,而造化几乎息矣。一阳之气又来复,而为震,是孰使之然哉?是不可得图,而假图示之意者也。

"生生之谓易",先天者,生生之本也。阳不胎于阴则强,强则竭;动不根于静则妄,妄则凶。故无者有之原,反者道之柄。乾反乎坤,则至阴之际,实至阳之精凝焉。造化之根,底天地之大始,而易于是乎不穷矣。故圣人示之,欲人于此观象有默契焉,而先天有可睹也。然则先天之学奈何?曰:其在人也,为未发之中。世之人荡于耳目思虑之发,而不知反也久矣。必也敛耳目之华,而省于志;洗神知之原,而藏于密;研未形之几,而极其深,庶其虚凝气静,渊然存未发之中,浩浩纯纯,天下之大本立矣。此之谓几先之吉。夫强阳非用也,妄动非常也,天地日月四时且不能远,而况于人乎?是以君子战战兢兢,戒慎恐惧,必先之乎大本,易焉呜乎!图所示之意深矣。

日月会次舍图

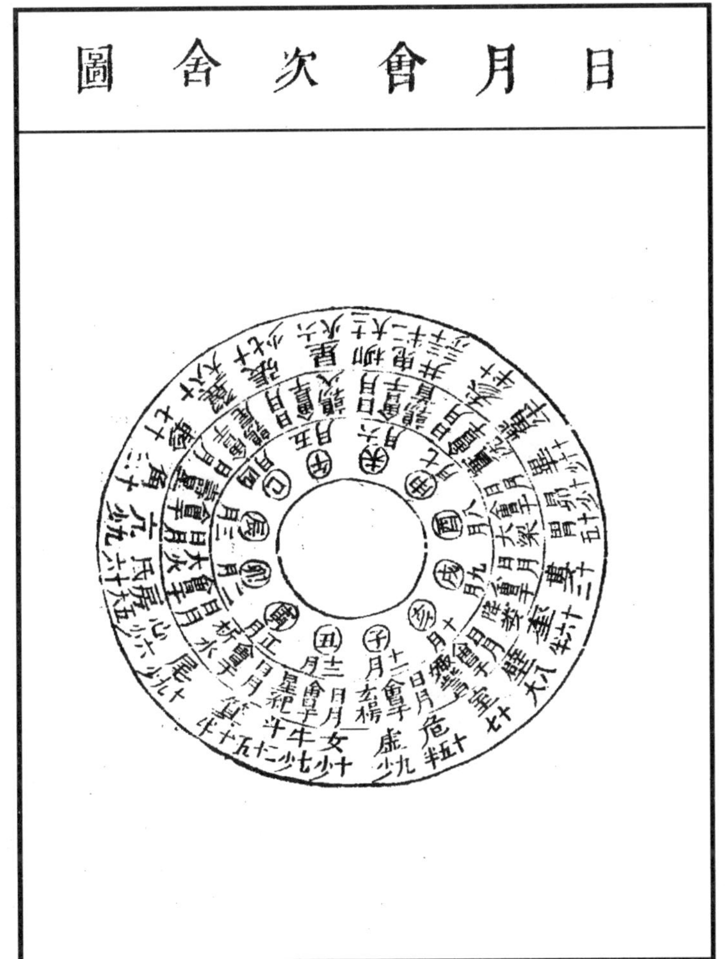

八卦相推之图

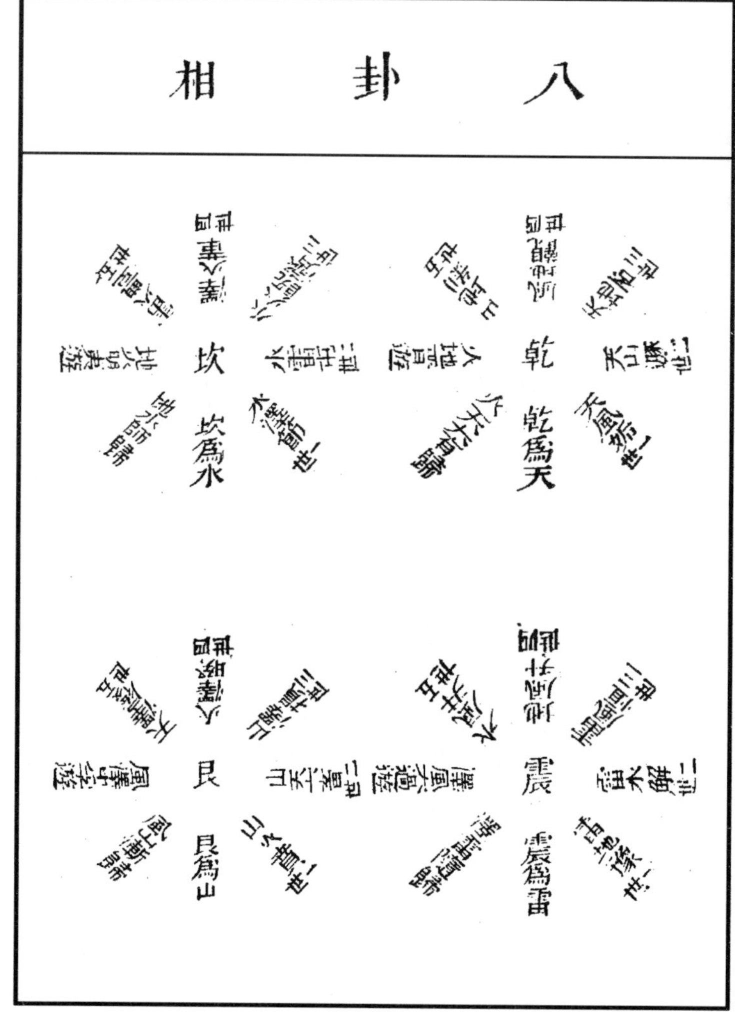

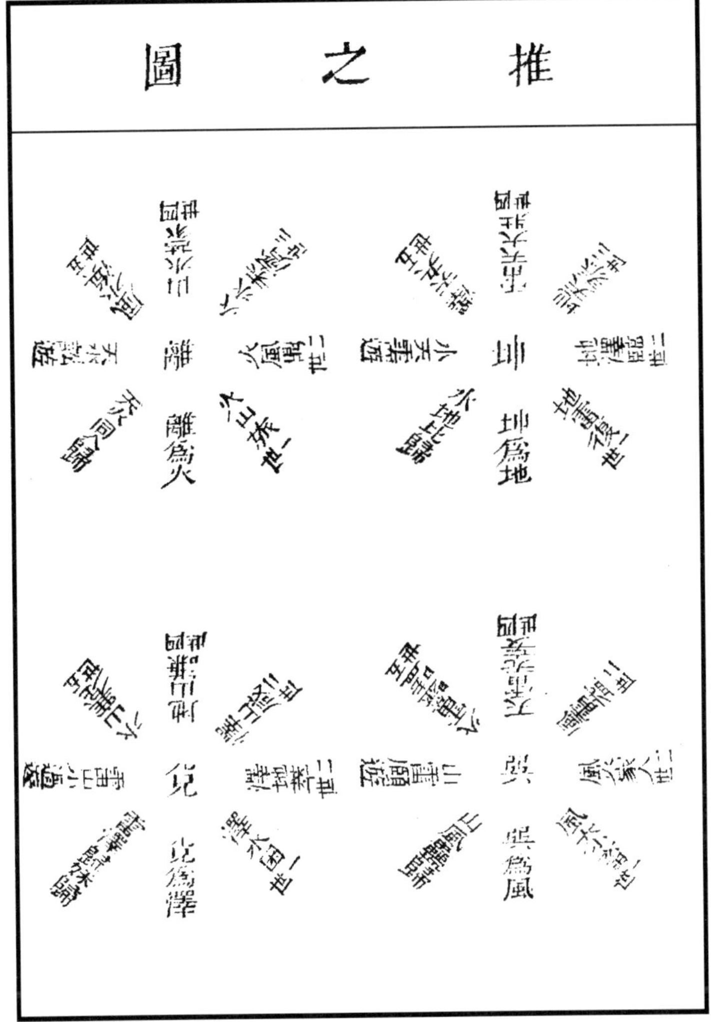
推之圖
坤爲地
離爲火
巽爲風
兌爲澤

乾顺进一得姤；姤，乾之一世。自姤进二得遁；遁，乾之二世。自遁进四得否；否，乾之三世。自否进八得观；观，乾之四世。自观进十六而得剥；剥，乾之五世也。上爻不变，故三十二数不用，彼三十二阴，三十二阳，皆六十四卦上爻耳。卦有游魂、归魂，亦以八与十六为法。乾游魂自剥退八而得晋，归魂自乾进十六而得大有，此自然之理也。

坤逆进，亦以此准焉。震退一得豫，自豫进二得解，进四得恒，退八得升。自升进十六得井，而五世备。游魂则自井进八而得大过，归魂则自本卦进十六而得随焉。巽亦如之。坎右进一节，退二屯，自屯进四既济，进八革，自革退十六得丰，而五世备矣。游魂则自丰退八而得明夷，归魂则自本卦退十六而得师焉。离亦如之。艮右进一贲，自贲进二大畜，退四损，进八睽，自睽进十六履而五世备。游魂则自履退八而得中孚，归魂则自本卦进十六得渐。兑亦如之。

六十四卦变通之图

六十四卦變通之圖

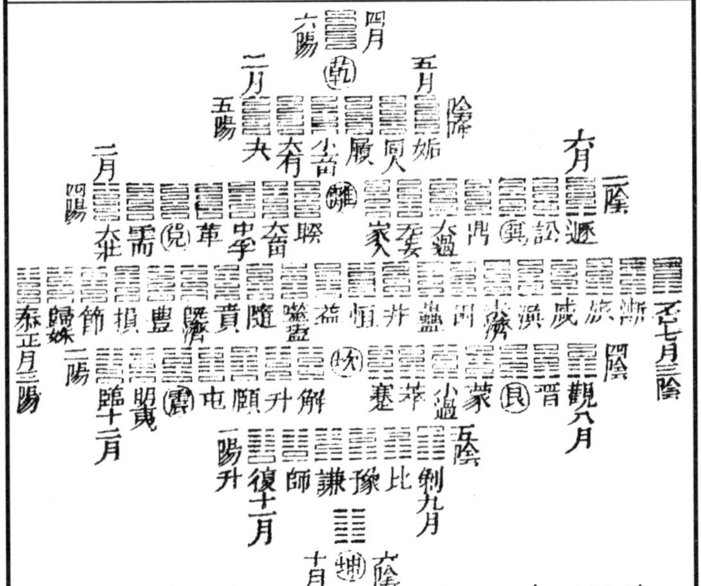

四月 乾 六陽

五月 姤 一陰　同人　履　小畜　大有　夬　五陽 三月

六月 遯 二陰　訟　巽　鼎　大過　无妄　家人　離　睽　大畜　中孚　革　兌　需　大壯　四陽 二月

否 七月 三陰　漸　旅　咸　渙　未濟　困　蠱　井　恒　益　噬嗑　隨　賁　既濟　豐　損　節　歸妹　泰 正月 三陽

觀 八月 四陰　晉　艮　蒙　小過　萃　蹇　坎　解　升　頤　屯　震　明夷　臨 十二月 二陽

剝 九月 五陰　比　豫　謙　師　復 十一月 一陽升

坤 十月 六陰

按朱子謂參同契以乾坤爲鼎器，坎離爲藥物，餘六十卦爲火候。今以此圖推之，蓋以人身形合之天地陰陽者也。乾爲首而居上，坤爲腹而居下，離爲心，坎爲腎，心火也，腎水也，故離上而坎下。陽起于復，自左而升，以人之督脉陽脉也起自尻，循脊背而上走于首；陰起于姤，自右而降，由人之任脉陰脉也起自咽，循胸而下止于腹也。上二十卦法天，天者陽之極清，故皆四陽五陽之卦；下二十卦法地，地者陰之重濁，故皆四陰五陰之卦；中二十卦象人，人者天地之衝，陰陽之交，故皆三陰三陽之卦。亦如人之經脉手足各有三陰三陽也。又人上部法天，中部法人，下部法地，亦其義也。由是言之，則參同之義不誣矣。若夫恒卦居中，則書所謂若有恒性，傳所謂恒以一德，孟子所謂恒心，而恒之彖曰：日月得天而能久照，四時變化而能久成，聖人久于其道而天下化成，觀其所恒，而天地萬物之情可見矣。

六十四卦反对变与不变图

六十四卦反對變與不變圖

一體不變八卦

乾 坤 坎 離 頤 大過 中孚 小過

一陰五陽反對六卦

一陽五陰反對六卦

二陰四陽反對十二卦

二陽四陰反對十二卦

三陰三陽反對共十卦

易道不过一阴一阳，虽曰“太极生两仪”，两仪即阴阳也；“两仪生四象”，四象即阴阳之老少也；“四象生八卦”，八卦即阴阳之生生也。八卦重而为六十四卦，六十四卦即阴阳之生生不穷也。是图也，一体不变者八，一阳五阴，一阴五阳反对者各六，二阳四阴、二阴四阳反对者各十二，而三阴三阳反对各十。自卦象观之，虽有变与不变之殊，相对相反之别，不过阴阳奇偶升降错综而已。天地自然之造化，固如此图象之布列，非有意以安排也。人惟即其象之可见，以求其不可见，则形上形下一以贯之，而阴阳生生不测者流通充满，触处皆然矣。

八卦不变图例

卦凡八宫。宫凡八卦，变者七卦，不变者一卦。凡八卦不变，以统五十六卦之变。天太阳，其变天太阳，故乾之乾，乾不变。地太阴，其变在太阴，故坤之坤，坤不变。天少阴，其变地太阳，故兑之巽，中孚不变。地太阳，其变天少阴，故巽之兑，大过不变。天少阳，其变天少阳，故离之离，离不变。地少阴，其变地少阴，故坎之坎，坎不变。天太阴，其变地少阳，故震之艮，颐不变。地少阳，其变天太阴，故艮之震，小过不变。

八卦变例

重乾天太阳之极，而地太阴生焉，乾不变，其变也坤；重坤地太阴之极，而天太阳生焉，坤不变，其变也乾；中孚天少阴之极；而地少阳生焉，中孚不变，其变也小过；小过地少阳之极，而天少阴生焉，小过不变，其变也中孚；重离天少阳之极，而地少阴生焉，离不变，其变也坎；重坎地少阴之极，而天少阳生焉，坎不变，其变也离；颐天太阴之极，而地太阳生焉，颐不变，其变也大过；大过地太阳之极，而天太阴生焉，大过不变，其变也颐。

三才之图

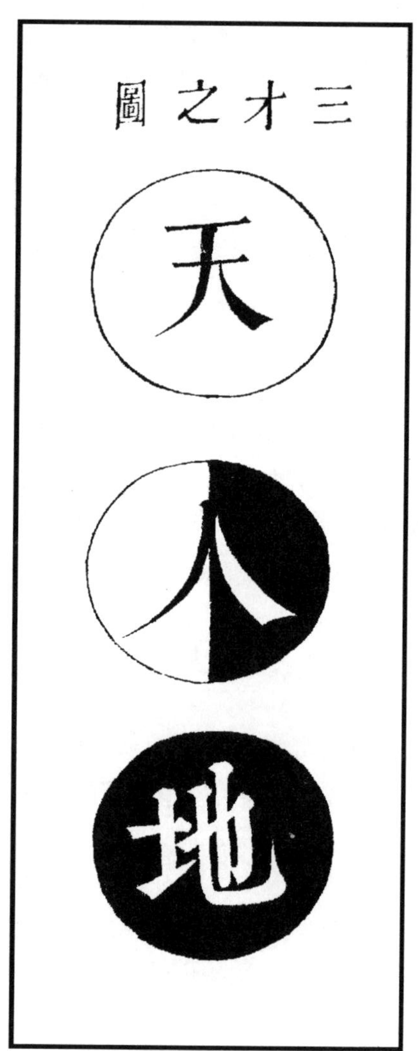

《易》曰：穷理尽性，以至于命。所以谓之“理”者，物之理也；所以谓之“性”者，天之性也；所以谓之“命”者，处理性者也；所以能处理性者，非道而何？是知道为天地之本，

天地为万物之本。以天地观万物，则万物为物；以道观天地，则天地亦为万物，道之道尽之于天矣，天之道尽之于地矣，天地之道尽之于物矣，天地万物之道尽之于人矣。人能知其天地万物之道，所以尽于人者，然后能尽民也。天之能尽物，则谓之曰“昊天”；人之能尽民，则谓之曰“圣人”。谓昊天能异乎万物，则非所以谓乎昊天也；谓圣人能异乎万民，则非所以谓之圣人也。万民与万物同，则圣人固不异乎，昊天者矣。然则圣人与昊天为一道，圣人与昊天为一道，则万民与万物亦可以为一道也。一世之万民，与一世之万物，既可以为一道，则万世之万民，与万世之万物，亦可以为一道也明矣。

夫昊天之尽物，圣人之尽民，皆有四府焉。昊天之四府者，春、夏、秋、冬之谓也，阴阳升降于其间矣；圣人之四府者，《易》、《诗》、《书》、《春秋》之谓也。礼乐污隆于其间矣。春为生物之府，夏为长物之府，秋为收物之府，冬为藏物之府。号物之庶谓之万，虽曰万之又万，其庶能出此昊天之四府者乎？《易》为生民之府，《书》为长民之府，《诗》为收民之府，《春秋》为藏民之府，号民之庶谓之万，虽曰万之又万，其庶能出此圣人之四府者乎？

昊天之四府者，时也；圣人之四府者，经也。昊天以时授人，圣人以经法天，天人之事当如何哉？仁配天地谓之人，唯仁者真可谓之人矣。气者，神之宅也。体者，气之宅也。天六地四，天以气为质，而以神为神；地以质为质，而以气为神；唯人兼乎万物，而为万物之灵。如禽兽之声以其类，而各能得其一，无所不能者人也。推之他事，亦莫不然。唯人得天地日月交之用，他类则不能也。人之生，真可谓之贵矣。天地与其贵而不自贵，是悖天地之理，不祥莫大焉。

伏羲六十四卦次序横图

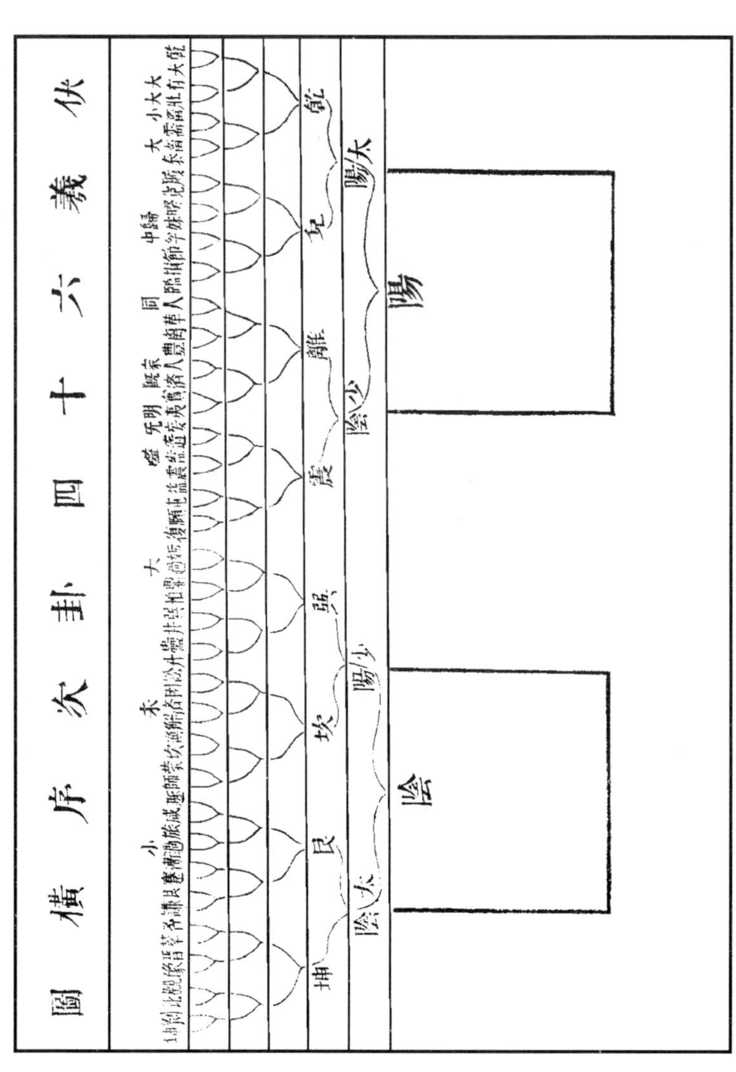

六十四卦横图序

乾一、兑二、离三、震四、巽五、坎六、艮七、坤八，而为八卦。八而十六，则两仪之上各加八卦，又八卦之上各加两仪也。十六而三十二，则四象之上各加八卦，又八卦之上各加四象也。三十二而六十四，则八卦之上各加八卦，下三画则八乾、八兑、八离、八震、八巽、八坎、八艮、八坤；上三画则乾一、兑二、离三、震四、巽五、坎六、艮七、坤八，各居八卦之上，皆自然不容已者，岂待文王而后重也。《周礼》：三《易》经卦皆八，其别皆六十四。《周礼》至刘歆时方出，子云不见《周礼》，故以重卦者为文王，不知《连山》、《归藏》皆取已重之卦矣。文王《易》即伏羲已重之卦，而谓其改变位序也，曷据哉？

八卦加八卦方圆图

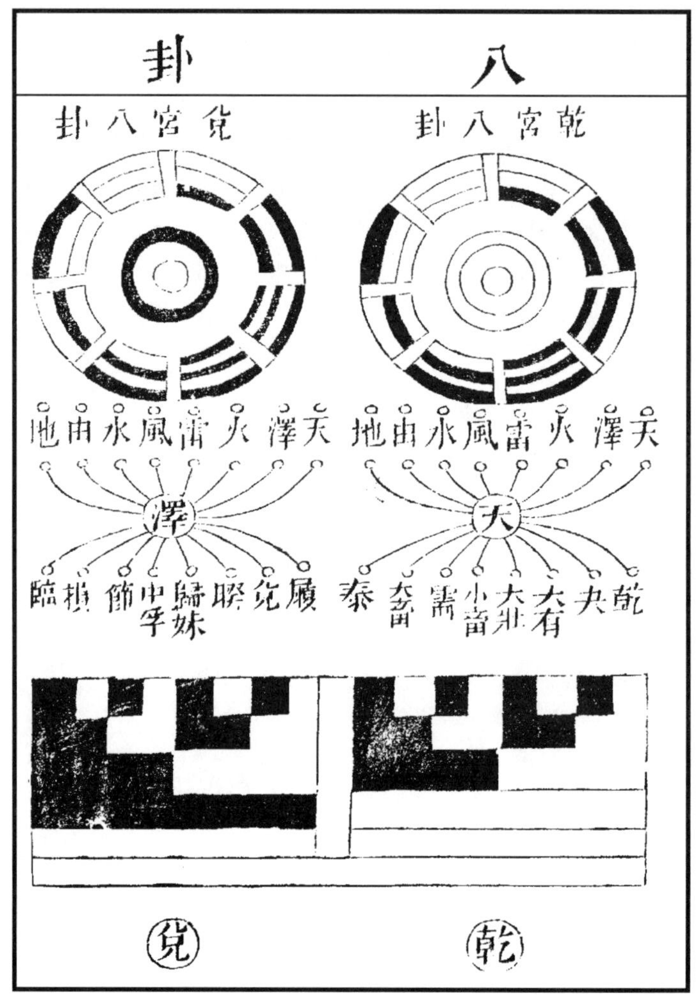
八卦
乾宮八卦
兌宮八卦
天澤火雷風水山地
天澤火雷風水山地
天
澤
乾夬大有大壯小畜需大畜泰
履兌睽歸妹中孚節損臨
乾
兌

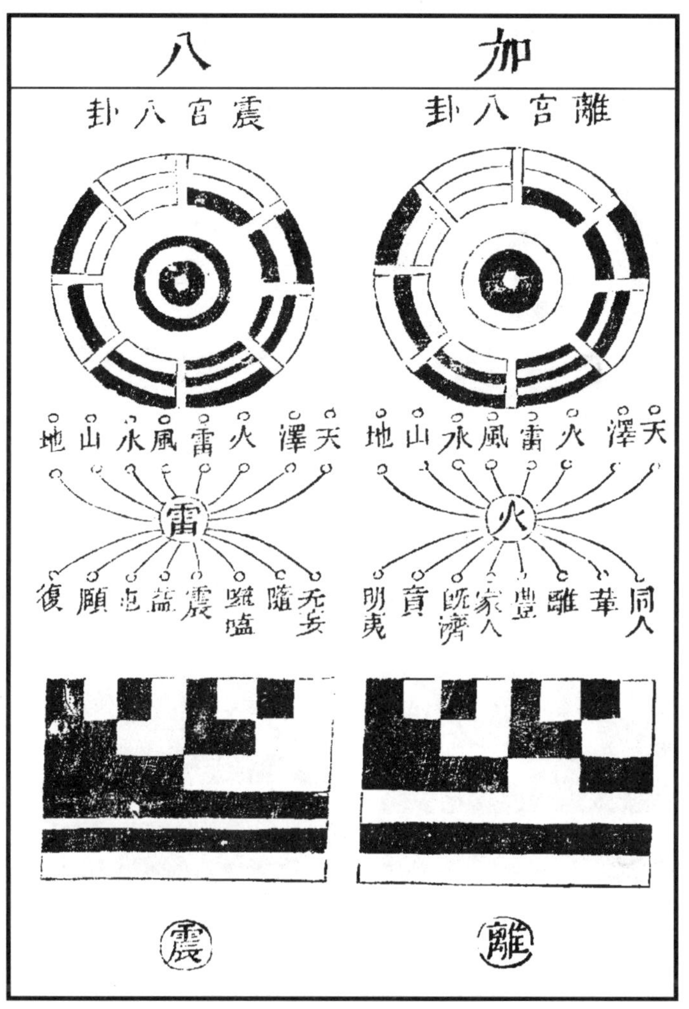

加八
離宮八卦
天 澤 火 雷 風 水 山 地
火
同人 革 離 豐 家人 既濟 賁 明夷
離
震宮八卦
天 澤 火 雷 風 水 山 地
雷
无妄 隨 噬嗑 震 益 屯 頤 復
震

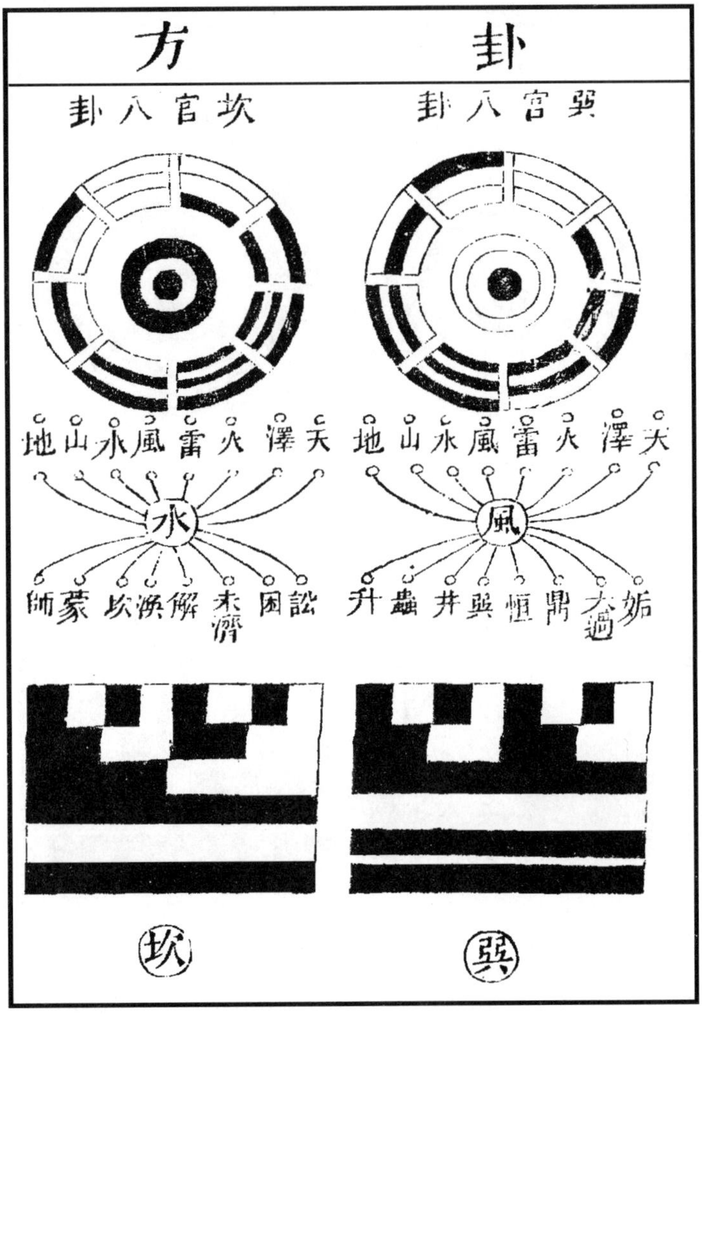

卦方

巽宫八卦

天 澤 火 雷 風 水 山 地

風

姤 大過 鼎 恒 巽 井 蠱 升

巽

坎宫八卦

天 澤 火 雷 風 水 山 地

水

訟 困 未濟 解 渙 坎 蒙 師

坎

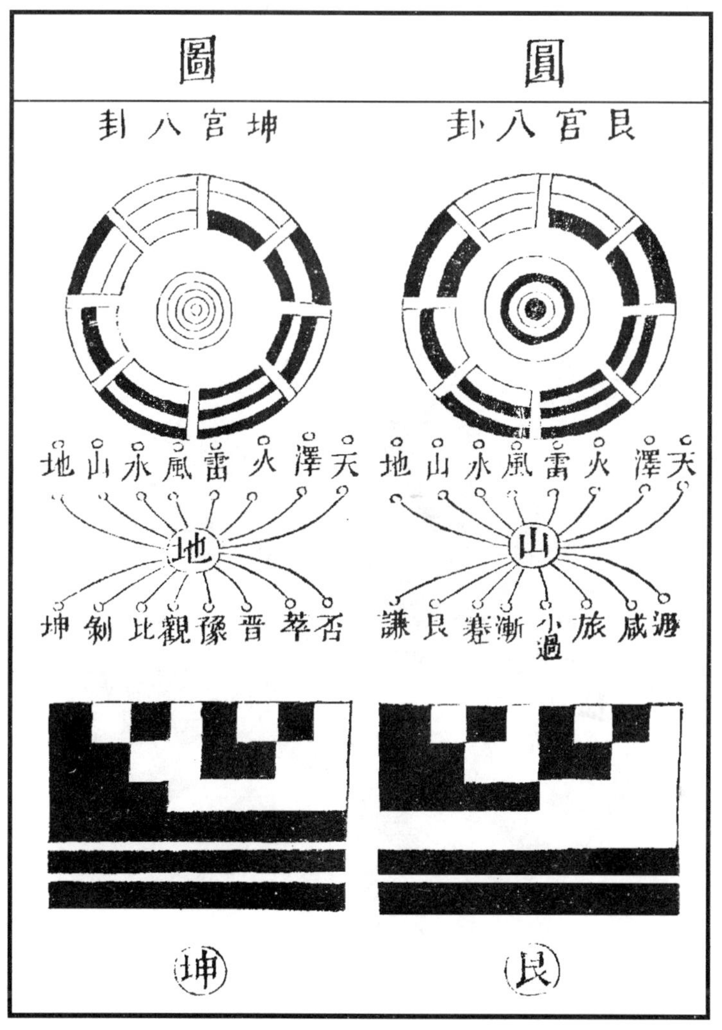

是图也，八卦之上各加八卦，而成六十四卦，即前之《横图》是也。但乾一兑二，离三震四，巽五坎六，艮七坤八，卦之与数岂安排而强合之哉？一为乾，固于本卦一位上见之；二为兑，即于本卦二位上见之；三为离，四为震，五为巽，六为坎，七为艮，八为坤，莫不然也。况即乾之一宫，其八卦次序，固依二、三、四、五、六、七、八、整然不乱，而各宫皆然。可见六十四卦，圣人无一毫增损于其间矣。

六十四卦生自两仪图

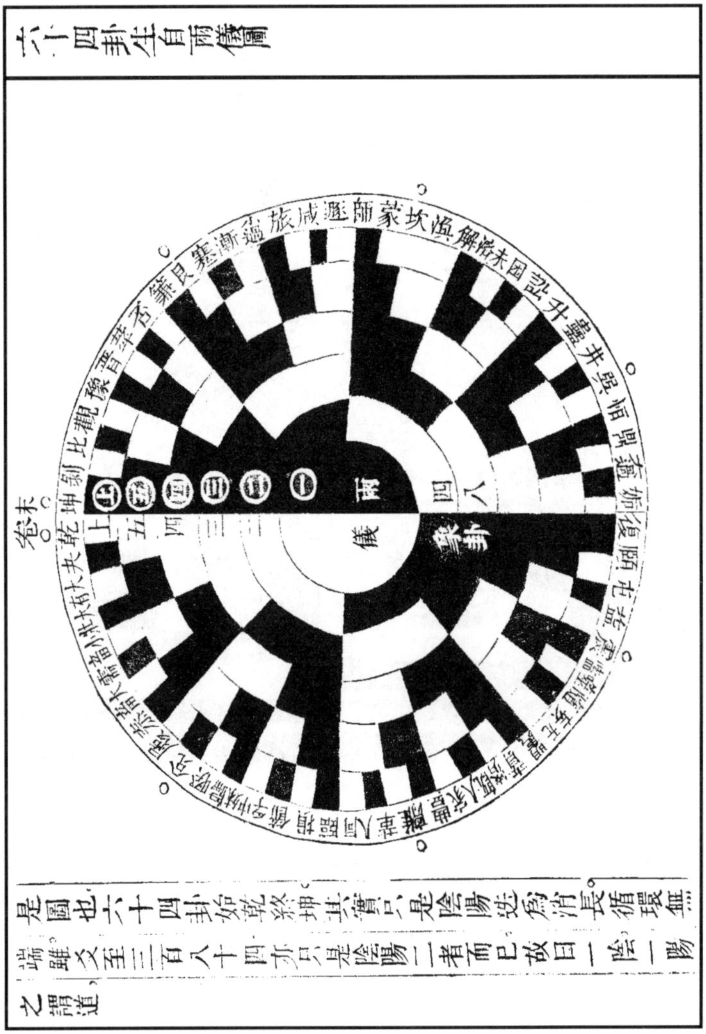

六十四卦生自兩儀圖

是圓也，六十四卦始乾終坤，其實只是陰陽迭為消長，循環無端，雖六爻至三百八十四亦只是陰陽二者而已，故曰一陰一陽之謂道。

六十四卦阴阳倍乘之图

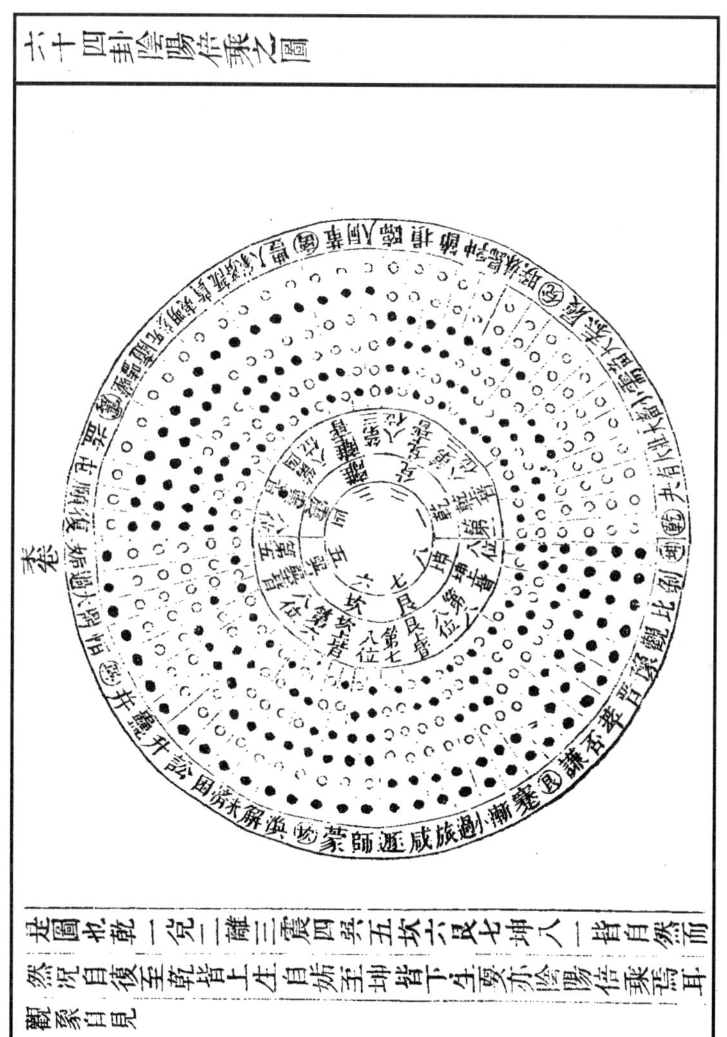

是圖也乾一兌二離三震四巽五坎六艮七坤八一皆自然而然況自復至乾皆上生自姤至坤皆下生要亦陰陽倍乘焉耳觀象自見

造化象数体用之图

造化象數體用之圖

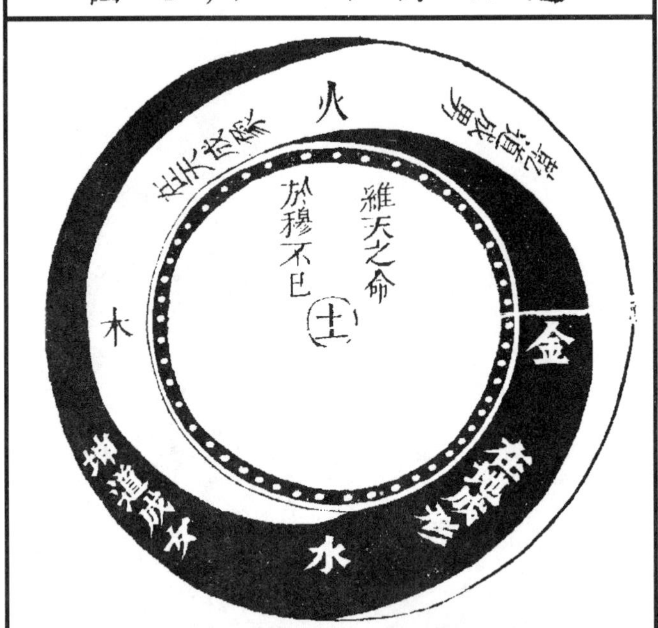

物之初生也氣之至也既生而象具焉是數爲象先也象既有矣而數復因象而行焉是象又爲數之先也故數之生象者先天也象之生數者後天也先天者生物之原也後天者成物之始也大矣哉數乎萬物之宗萬有之本也

造化之几图

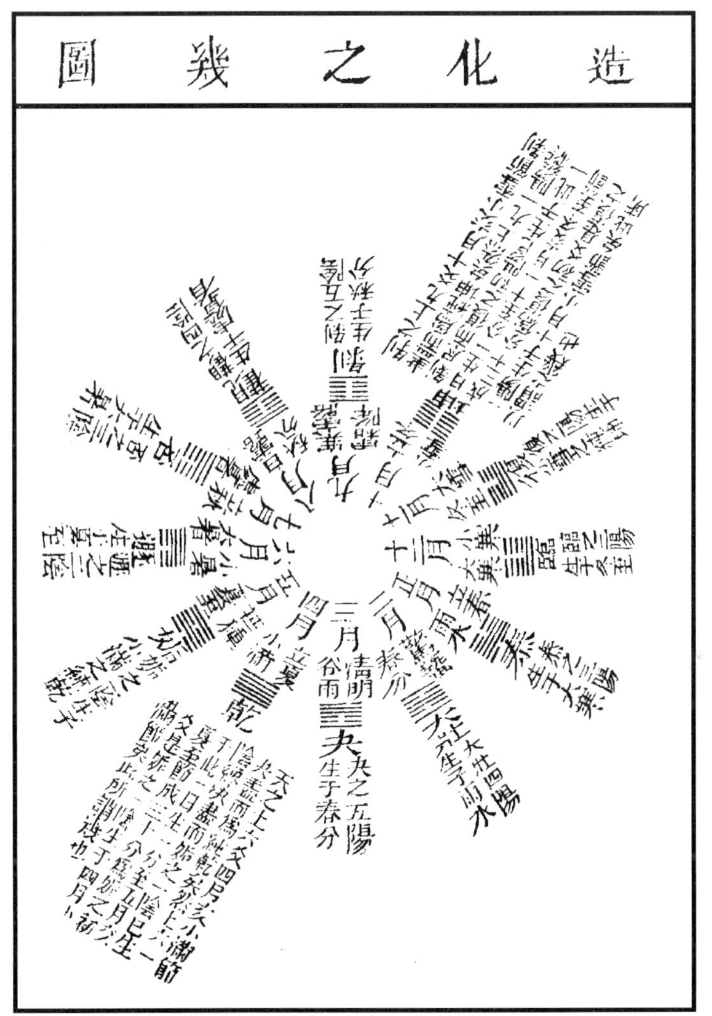

六十四卦致用之图

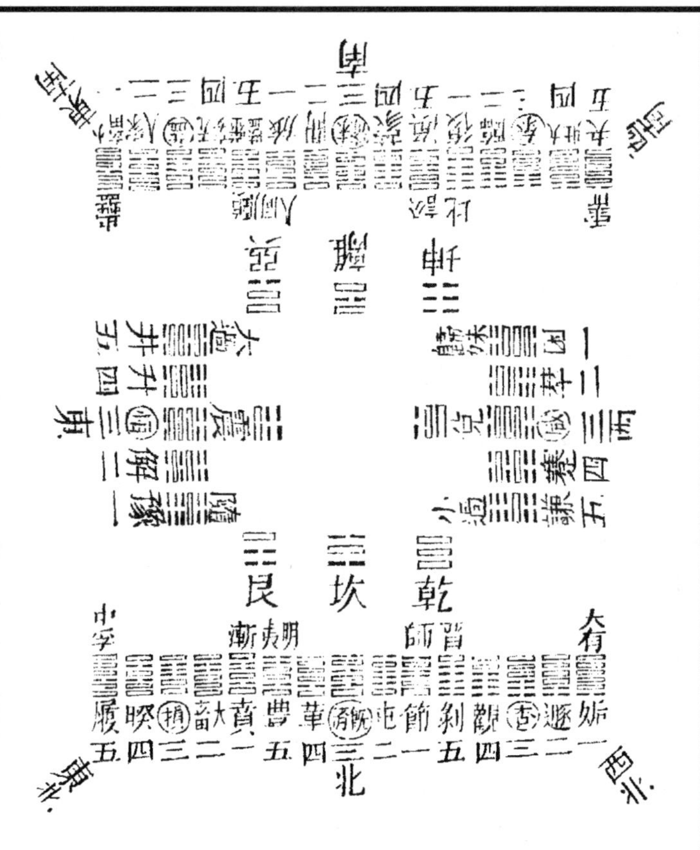

乾起于西北者，天倾西北之义。乾既位西北，则坤当位东南，以地不满东南，故巽长女代居其位，巽亦先天兑之反也。是以坤退居西南，三爻皆变而之乾，乾三爻皆变而之坤，互相反对，而乾、坤之位纵矣。离火炎上而居南，坎水润下而居北，坎三爻皆变而之离，离三爻皆变而之坎，亦互相反对，而坎、离之位纵矣。艮反先天，震而位乎东北；巽反先天，兑而位乎东南。艮三爻皆变而之兑，反而观之，则为巽。巽三爻皆变而之震，反而观之，则为艮。亦互相反对，而艮、巽之位纵矣。电激为雷，故震居正东先天离位，离火炎上，故以上爻变震。水潴为泽，故兑居正西先天坎位，坎水润下，故以下爻变兑。震三爻皆变而之巽，反而观之，则为兑。兑三爻皆变而之艮，反而观之，则为震。故震、兑左右相反对，而其位横矣。邵子曰：震、兑横而六卦纵，《易》之用也。至哉言乎！惟其如此，故今时所传卜筮宫卦，亦乾、坤相反，坎、离相反，震、兑相反，艮、巽相反。

乾宫之姤，自坤而反观之，则为夬。乾之遁，反坤之大壮；乾之否，反坤之泰；乾之观，反坤之临；乾之剥，反坤之复也。坎宫之节，自离而反观之，则为涣。坎之屯，反离之蒙，坎之既济，反离之未济；坎之革，反离之鼎；坎之丰，反离之旅也。艮宫之贲，自巽而反观之，则为噬嗑。艮之大畜，反巽之无妄，艮之损，反巽之益；艮之睽，反巽之家人，艮之履，反巽之小畜也。

震宫之豫，自兑而反观之，则为谦。震之解，反兑之蹇；震之恒，反兑之咸；震之升，反兑之萃；震之井，反兑之困也。其游魂、归魂二卦，谓其不在八宫正变之例。以本宫第五爻变而得外体之卦，内三爻皆变则为“游魂”，曰游者，自内而之外也。第五爻变而内三爻不变，则为“归魂”，曰归者，自外而反内也。周旋左右升降上下，王者之礼法尽于是矣。

帝出震图

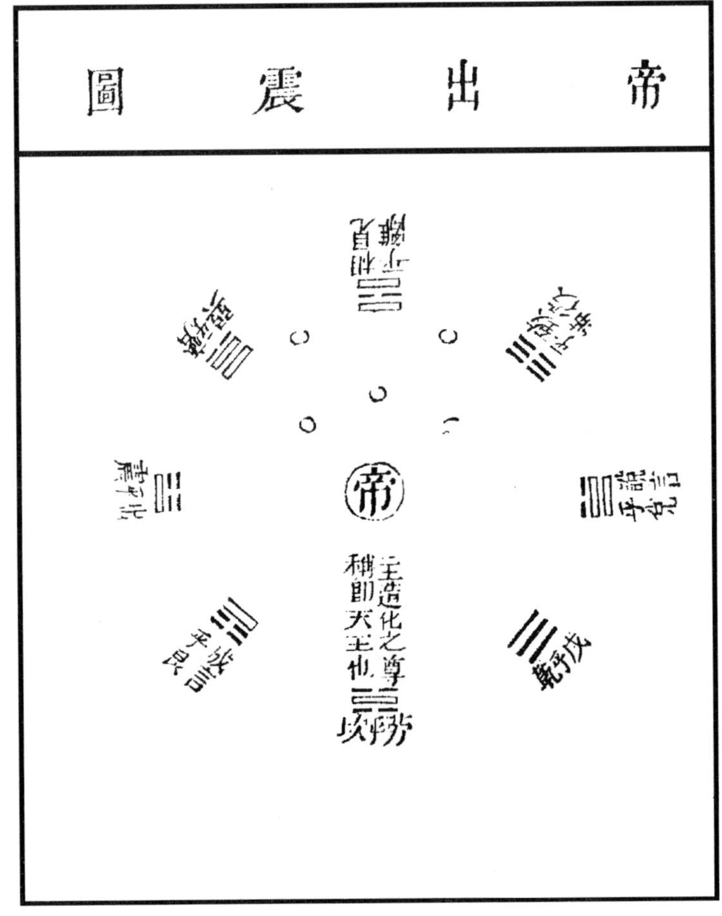

希夷曰：正位称方，故震东离南，兑西坎北；四维言位，故艮东北，巽东南，乾西北，坤独称地者，盖八方皆统于地也。兑言正秋，亦不言方位者。举正秋则四方之主时为四正，类可见矣。离称“相见”，以万物皆见于此也，兑称“说”者，以正秋非万物所说之时，惟以兑体为泽。泽者，物之所说，而不取其时焉。艮称“成言”者，以艮之体，终止万物无生成之义。今以生成为言者，以艮连于寅也。故特言之。坤加“致”字者，以其致用于乾也。触类皆然。

“帝出乎震”，此“帝”字合下“成言乎艮”而统言之。盖谓“八”者，乃帝之所主也。“出乎震”者，帝以震出万物耳。故下文曰：万物出乎震。若以帝自出为义，则齐乎巽，亦帝自齐相见乎离，亦帝自相见乎。可见分之为八，固有震、巽、离、坤、兑、乾、坎、艮之不同，而合之为一，孰非帝之所为乎？

复见天地之心图

復見天地之心圖

彖曰復其見天地之心乎
初九不遠復无祗悔元吉
象曰不遠之復以脩身也

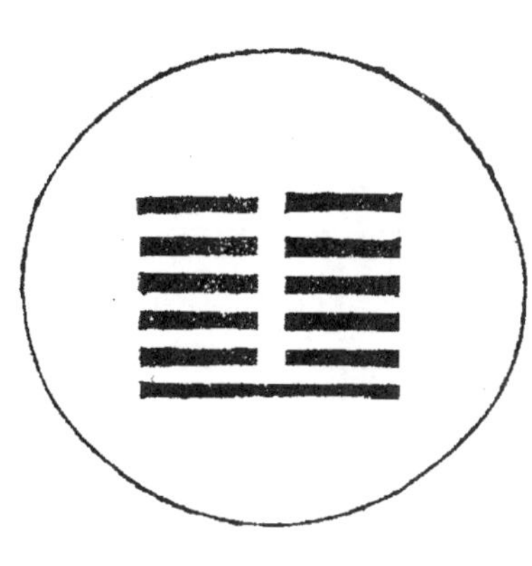

繫辭曰復德之本也
復小而辨于物
復以自知

邵子詩曰耳目聰明男子身洪鈞賦予不爲貧須探月窟方知物未躡天根豈識人乾遇巽時觀月窟地逢雷處見天根天根月窟閑來往三十六宮都是春
冬至子之半天心无改移一陽初動處萬物未生時玄酒味方淡太音聲正希此言如不信更請問包羲

天高地下，浑兮辟兮。二气絪缊，莫知端倪。屈伸摩荡，变化无方。成象成形，洋洋乎充塞于两间矣。果孰主张是哉？不可得而形容，不可得而名状，浑沦无端，谓之“太极”；空洞无际，谓之“太虚”；真精不二，谓之“大一”；生化莫测，谓之“大造”。高明博厚，其形体也；覆载发育，其功用也。阴阳刚柔，神妙万物，皆所以言天地，而非所以言天地之心也。天地之心，且不知何所指，而欲见其心焉，难矣哉！

复卦《彖传》曰：“复，其见天地之心乎？”天地之心，何心也？亲上亲下，类聚群分，化机满盈，孰非天地生生之心乎？虽纯阴纯阳，冲漠无朕，而万象已森然其具在焉，况天地之心本无间断，从开辟以来，无一日不生，无一息不生，渊渊浩浩，无从而见之也。

圣人教人，惟于雷在地中，一阳起于五阴之下，其卦名曰“复”，可见其心焉，何哉？乾知大始，坤作成物，一阳之复，即乾阳也。乾阳复于坤阴之初，则其作成物，已于此乎知大始矣。一岁之间，大生广生，品物流形，满腔子生意，盎然莫不由冬至一阳，以鼓其化生之机。天地生物之心，不即此而见之乎？盖天地以生物为心，物必阳气而生也。玩其卦画，一阳覆于五阴之下，而“得意忘象”，亦可以默识矣。

五圣制器尚象图

五聖制器尚象圖

離下離上 離 重離有巽絆巽繩離目有同罟象

震下巽上 益 巽木入于前耒象震木動于後耨象

震下離上 噬嗑 市離虛象致民震出象聚貨艮止象又藏山海之宝象交易否初五爻得所陰陽均

乾下乾上 乾 乾在天上衣象

坤下坤上 坤 坤在地下裳象

坎下巽上 渙 巽木坎亦堅木刳剡巽伏兌金象方成舟楫又巽木行坎水象

震下兌上 隨 初四至似離牛象震馬象

坤下震上 豫 坤為戶艮為門闔重門也艮手遇震木擊柝也累客震躁也

艮下震上 小過 震木兌金斷之艮上震動而有兌金揉之又上動下止杵臼之象

兌下離上 睽 兌為巽木之反有弓象巽繩又弦象坎堅木兌金剡為矢象

乾下震上 大壯 震木在上為棟乾在天下為宇兌澤兩象震伏巽風象

巽下兌上 大過 巽木兌反綜亦為巽木四陽在中有棺槨象

乾下兌上 夬 乾兌木同生老陽判為二卦今復合成夬有書契判合象金象行天又有周木之象

上十三卦。夫子述五聖人同器尚象之事也器無窮卦之象亦無窮豈特十三卦為然哉夫子特舉此以發其例耳。觀此則聖人之用易。豈盡假卜筮以用之而卜筮一端豈足以盡易哉。

著之德圆而神图

蓍之德圓而神
聖人以此洗心退藏於密
大衍之數五十
心
易
其用四十有九
五十
本一
聖人以此齊戒以神明其德夫

按大衍圖有太極兩儀四象之象內含河圖洛書之數中一天樞北底不動所謂太極本无極故不用內一環即所謂太極爲七者一應紫微垣中斗樞第二環爲七者二應太微垣內兩樞左上陳星七右丁罡星七所謂太極分爲兩儀也外一環爲七者四應天帀垣列宿二十有八所謂兩儀分爲四象也斗柄所指魁罡所臨璇璣齊七政以閏月定時成歲此六十四卦三百八十四爻所由生其策萬有一千五百二十以當萬物之數也。

卦之德方以知图

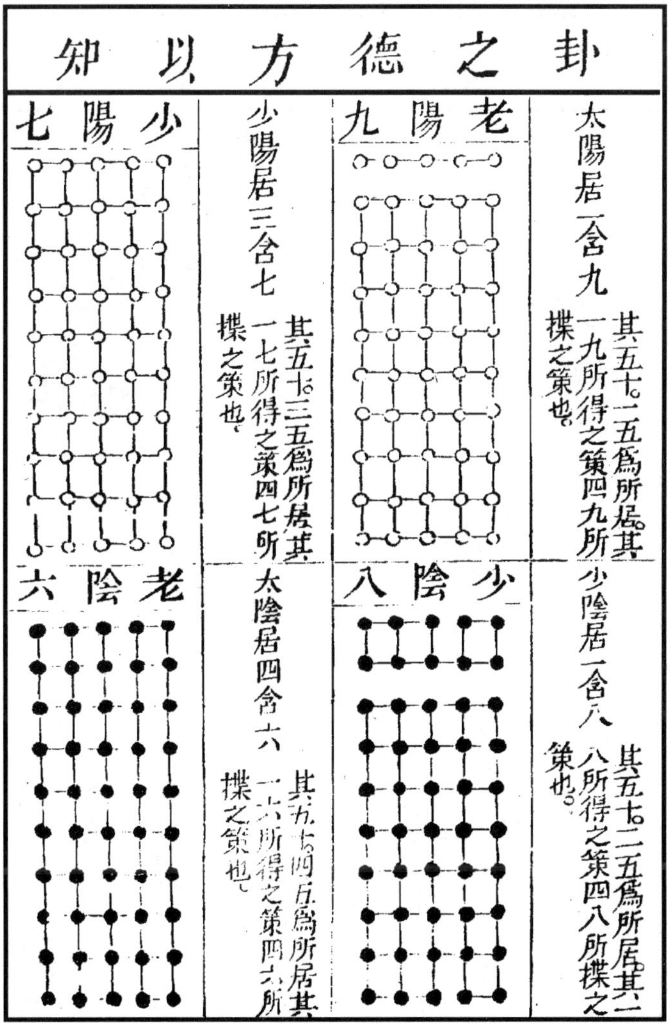

卦之德方以知

太陽居一含九

其五十。一五爲所居。其一九所得之策四九所揲之策也。

老陽九

少陽居三含七

其五十。三五爲所居其一七所得之策四七所揲之策也。

少陽七

少陰居一含八

其五十。二五爲所居。其二八所得之策四八所揲之策也。

少陰八

太陰居四含六

其五十。四五爲所居其一六所得之策四六所揲之策也。

老陰六

九九圆数图

九九圓數圖

夏至
立秋
秋分
立冬
冬至
立春
春分
立夏

參兩會極　數天原

數一參一得三。三生九。地數二。兩二得四。四生八。以一而九。天之所以周流而不已。以二而八。地之所以對待而不移。天之道盡于九。九視地爲有餘。地之道盡于八

九九方数图

九九方數圖

九九	九八	九七	九六	九五	九四	九三	九二	九一
八九	八八	八七	八六	八五	八四	八三	八二	八一
七九	七八	七七	七六	七五	七四	七三	七二	七一
六九	六八	六七	六六	六五	六四	六三	六二	六一
五九	五八	五七	五六	五五	五四	五三	五二	五一
四九	四八	四七	四六	四五	四四	四三	四二	四一
三九	三八	三七	三六	三五	三四	三三	三二	三一
二九	二八	二七	二六	二五	二四	二三	二二	二一
一九	一八	一七	一六	一五	一四	一三	一二	一一

天之道盡于九九。視地為有餘。地之道盡于八。視天為不足。然天用用而不用體。故減其體之九以從地。地用體而又用用。故加其用之八以應天。九八合。而歲功成矣。

溟漠之间，兆朕之先，数之原也。有仪有象，判一而两，数之分也；日、月、星、辰垂于上，山、岳、川、泽奠于下，数之著也。四时迭运而不穷，五气以序而流通，风雷不测，雨露之泽，万物形色，数之化也；圣人继世，经天纬地，立兹人极，称物平施，父子以亲，君臣以义，夫妇以别，长幼以序，朋友以信，数之教也。分天为九野，别地为九州，制人为九行。九品任官，九井均田，九族睦俗，九礼辨分，九变成乐，九军制兵，九刑禁奸，九寸为律，九分造历，九筮稽疑，九章命算，九职任万民，九赋敛财贿，九式节财用，九府立法，九服辨邦国，九命位邦国，九仪命邦国，九法平邦国，九伐正邦国，九贡致邦国之用，九两系邦国之民。营国九里，制城九雉，九阶九室，九经九纬。

古占例图

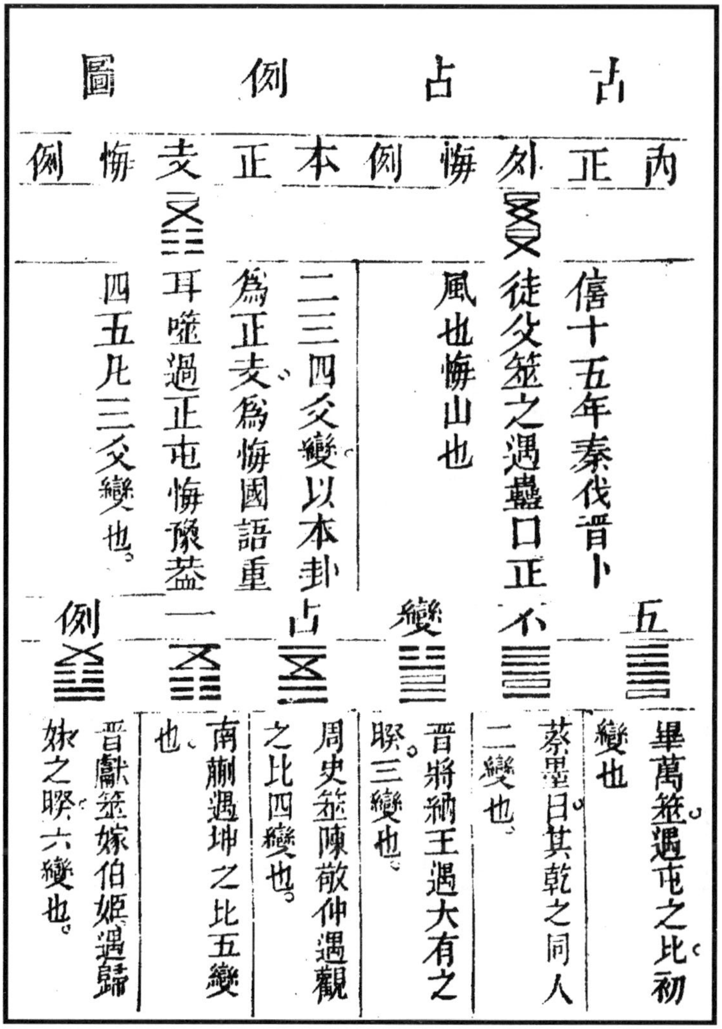

古占例圖

內正外悔例

䷑

僖十五年秦伐晉卜徒父筮之遇蠱曰正風也悔山也

本正支悔例

二三四爻變以本卦為正支為悔國語重耳筮過正屯悔豫蓋四五凡三爻變也。

五不變占一例

䷂ 畢萬筮遇屯之比初變也

蔡墨曰其乾之同人二變也。

晉將納王遇大有之睽三變也。

周史筮陳敬仲遇觀之比四變也。

南蒯遇坤之比五變也。

晉獻筮嫁伯姬遇歸妹之睽六變也。

五變占一例

穆姜始往東宮筮遇艮之八史曰是謂艮之隨五皆變二不變也劉禹錫云變五而定一宜從少占彖也

俱定艮卦彖占例

孔成子筮立衛元遇屯曰利建侯彖辭占也

艮之八辨

艮之隨亦隨之艮非之隨爲八八者何筮法重爲老陽數九單爲少陽數七交爲老陰數六折爲少陰數八

正屯悔豫皆八辨

益初與四五皆變不純乎九不純乎六而二三上則純乎少陰故言皆八

俱變依乾坤二用占例

蔡墨對魏獻子曰在乾之坤曰見羣龍无首吉此六爻皆變也

明蓍策图

明蓍策

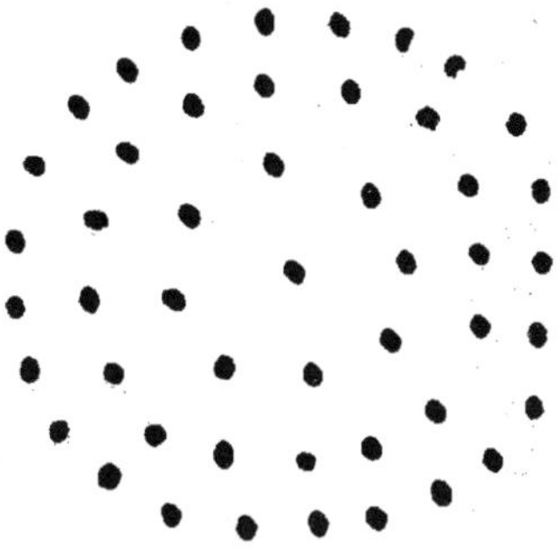

傳曰大衍之數五十其用四十有九朱子曰大衍之數蓋取河圖中數天五乘地十而得之以五乘十以十乘五而亦皆得五十焉至用以筮則又止用四十有九皆出理勢之自然非人之智力所能損益也

右蓍四十九策綰作一束法太極全體之象其數之所以然蓋總八卦生生爻之實也陽儀之畫七（儀一畫象二畫卦四畫也）陰儀之畫七（儀一畫象二畫卦四畫也）因而七之七七四十有九傳曰蓍之德圓而神圓者其數奇以七圓聚而簇之則有自然之圓矣卦之德方以知方者其數偶以八方比而疊之則有自然之方矣神者妙用不測知者變通不拘蓍陽卦陰蓍動卦靜大易之體用至矣

分二挂一图

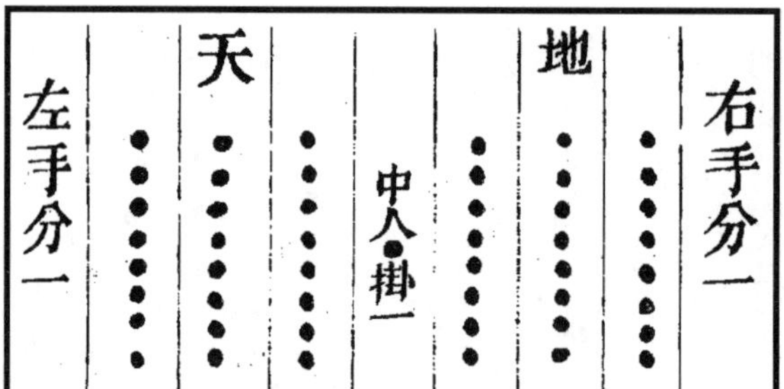

右手分一

地

中人●掛一

天

左手分一

傳曰分而爲二以象兩掛一以象三兩者天地也三者人也掛者懸置也韻會曰置而不用是也舊說掛于小指次指間故訓再扐而後掛不通而以爲明第二變不可不掛一字之訓不明而有不勝其支離矣

右蓍四十有九策，分而为二以象两仪，而挂置一策于中以象人，左右策四十有八，盖总卦爻之实也。八卦经画二十有四，重之则为四十有八，又每卦各八变，其爻亦四十有八也。其揲法，先以左手取左半之策握之，而以右手取右半一策挂置于中而不复动以象人，居天地之中，其阴阳、寒暑、昼夜变化，一听于天而无与焉。一虽无与，而常与四十有八者并用，参为三才者也。次以右手四揲左手之策，而归其奇，或一、或二、或三、或四于小指、次指之间，谓之"扐"，象三年一闰。又以左手取右半之策，余一取三，余三取一，余二取六，余四取四，归于次指、中指之间，谓之"再扐"，象五年再闰。而后卦者，谓总所归二奇，置于挂一之所，如"挂一"法。

《韵会》曰：合而置之是也。其归奇之数，不四则八，无所谓不五即九。得四为奇，一个四也。得八为偶，两个四也。于是复合过揲之策，或四十四，或四十，分揲归挂如前法，为第二变。又合所余过揲之策，或四十，或三十六，或三十二，分揲归挂，亦如前法，为第三变。三变之后，然后视其所挂之策，得三奇为老阳，三偶为老阴，两偶一奇以奇为主，为少阳，两奇一偶以偶为主，为少阴。每三变而成一爻，十有八变而成一卦，一卦可变而为六十四卦，而四千九十六卦在其中矣。

此条后学外元孙毕子见校正。

太玄准易卦名图

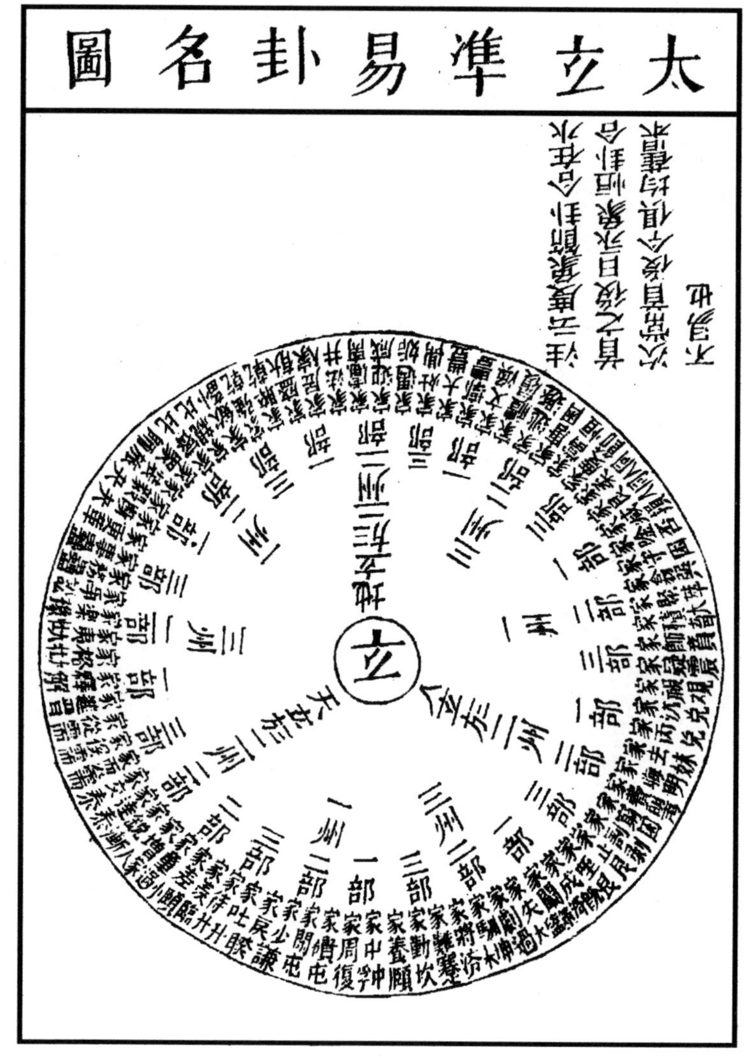

关子明拟玄洞极经图

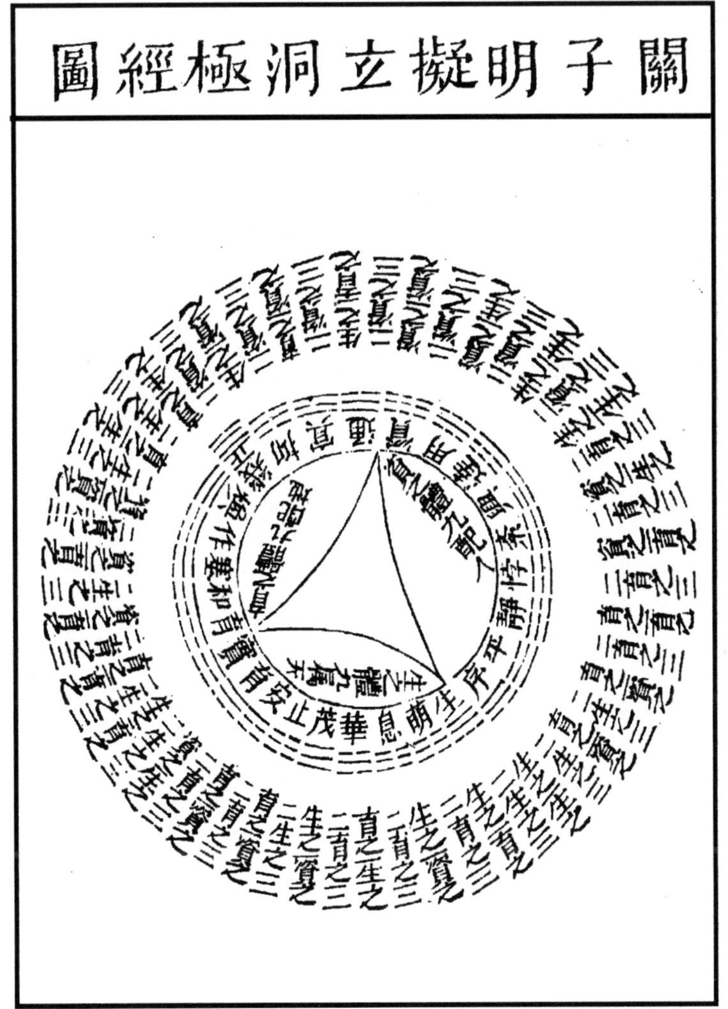

《洞极》虽是拟《玄》，其实只是一生二，二生三，三生万物。一即一之象，其名曰“生”；一即二之象，其名曰“育”；一即三之象，其名曰“资”。由生而萌、息、华、茂、止、安、育、实属乎天，由育而和、塞、作、焕、几、抑、冥、通属乎地，由资而用、达、兴、紊、悖、静、平、序属乎人，是三三而九，三九而二十七。观其所画，非杜撰者，然而不足以窥天地造化之秘，则《玄》且不足以拟《易》也，何有于拟《玄》之极哉！

天地辟，万物生，生必萌，萌而后息；息而华，华则茂。物不终茂，故所以止；止然后安，安则得其燠；燠则实，实则可以资矣。资必有所用，用然后达，达则能兴。物不终兴，兴久则紊，紊则悖。治悖莫若静，静则平，平则有序，序则可以育矣。育然后和，物不终和，和久则塞，决塞必有作，作则焕，焕则几矣。至正必有抑，抑则冥，物不终冥，故以通而终焉。

潜虚气图

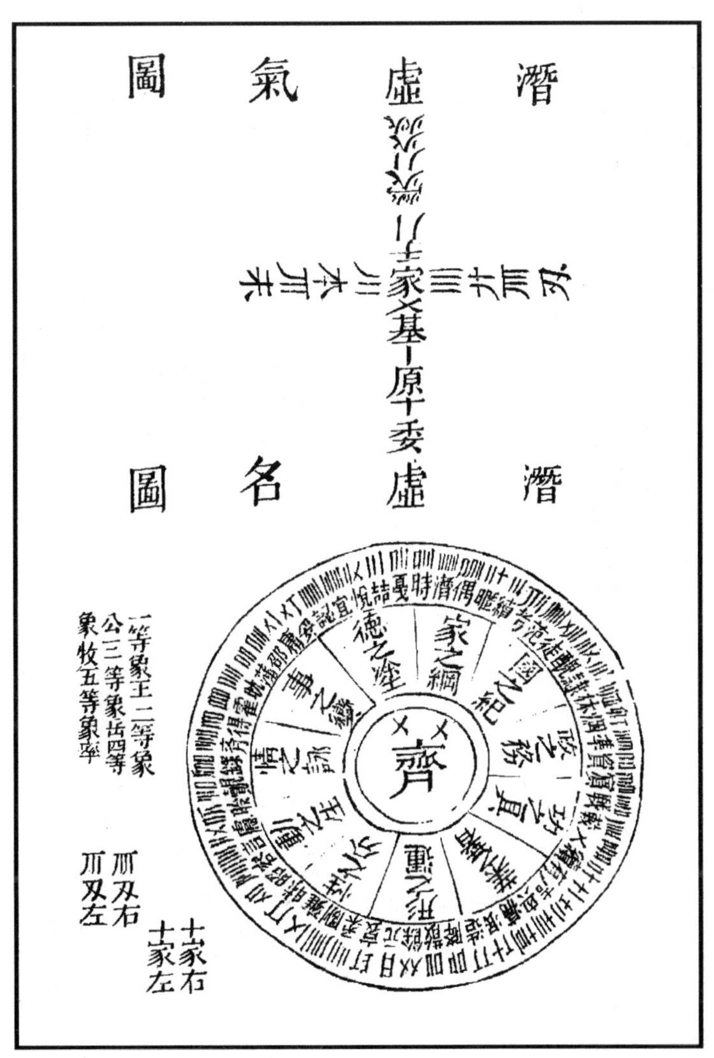
潛虛氣圖
潛虛名圖
一等象王二等象公三等象岳四等象牧五等象率

潜虚体图

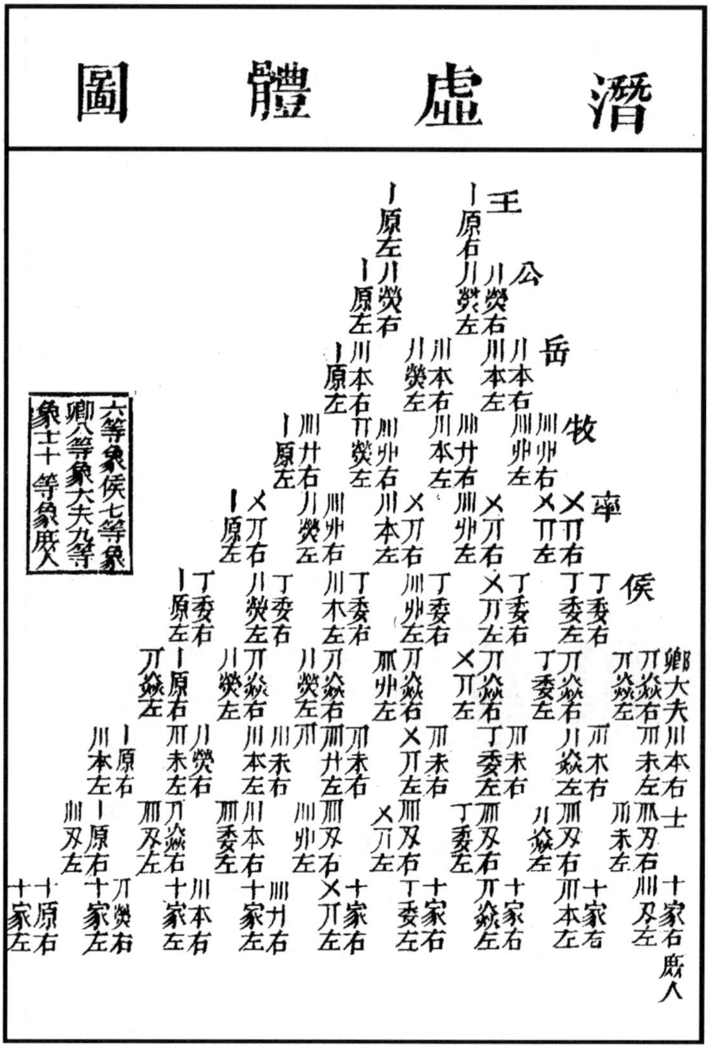

潛虛體圖

六等象侯七等象卿八等象大夫九等象士十等象庶人

王：丨原右 丨原左

公：川焱右 川焱左 川焱右 丨原左

岳：川本右 川本左 川本右 川焱左 川本右 丨原左

牧：川丱右 川丱左 川廾右 川本左 川丱右 丌焱左 川廾右 丨原左

率：乂丌右 乂丌左 乂丌右 川丱左 乂丌右 川本左 川丱右 川焱左 乂丌右 丨原左

侯：丁委右 丁委左 丁委右 乂丌左 丁委右 川丱左 丁委右 川本左 丁委右 川焱左 丁委右 丨原左

卿大夫：丌焱右 丌焱左 丌焱右 丁委左 丌焱右 乂丌左 丌焱右 川丱左 丌焱右 川焱左 丌焱右 川焱左 丨原右 丌焱左

士：川本右 丌未左 丌木右 川焱左 丌未右 丁委左 丌未右 乂丌左 丌未右 川廾左 川未右 川本左 川焱右 丌未左 丨原右 川本左

丌刃右 丌未左 丌刃右 川焱左 丌刃右 丁委左 丌刃右 乂丌左 丌刃右 川丱左 川本右 丌委左 丌焱右 丌刃左 丨原右 川刃左

庶人：十家右 川刃左 十家右 丌本左 十家右 丌焱左 十家右 丁委左 十家右 乂丌左 川廾右 十家左 川本右 十家左 川焱右 十家左 十原右 十家左

司马温公《潜虚》自叙

万物皆祖于虚，生于气。气以成体，以受性；性以辨名，名以立行，行以俟命。故虚者，物之府也；气者，生之户也；体者，质之具也；性者，神之赋也；名者，事之分也；行者，人之务也；命者，人之遇也。

河图阴阳旋文图

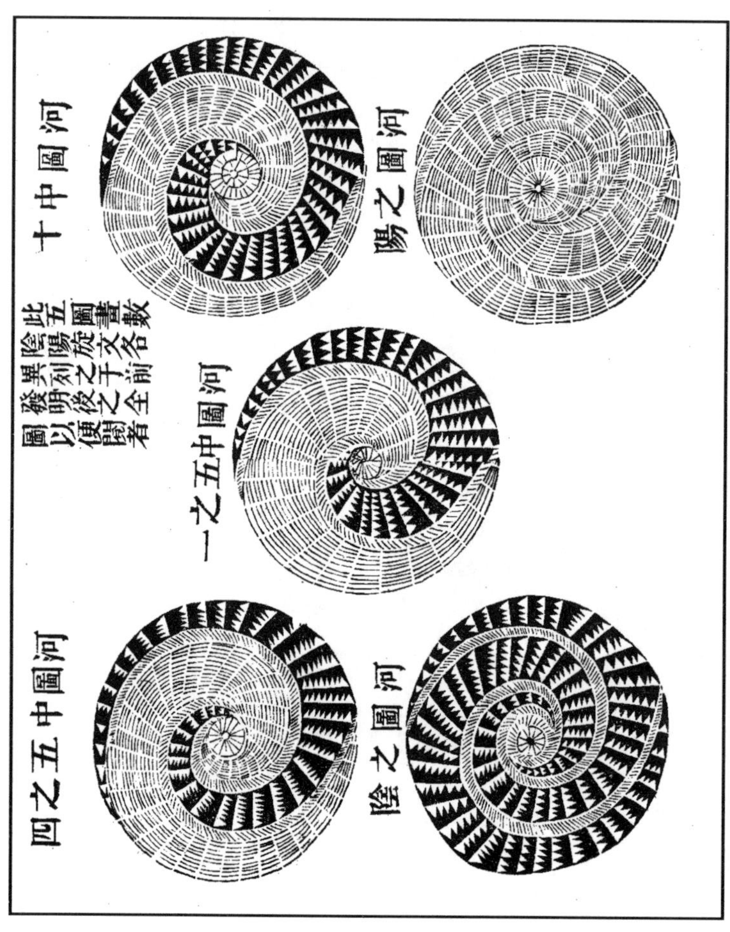

古河图

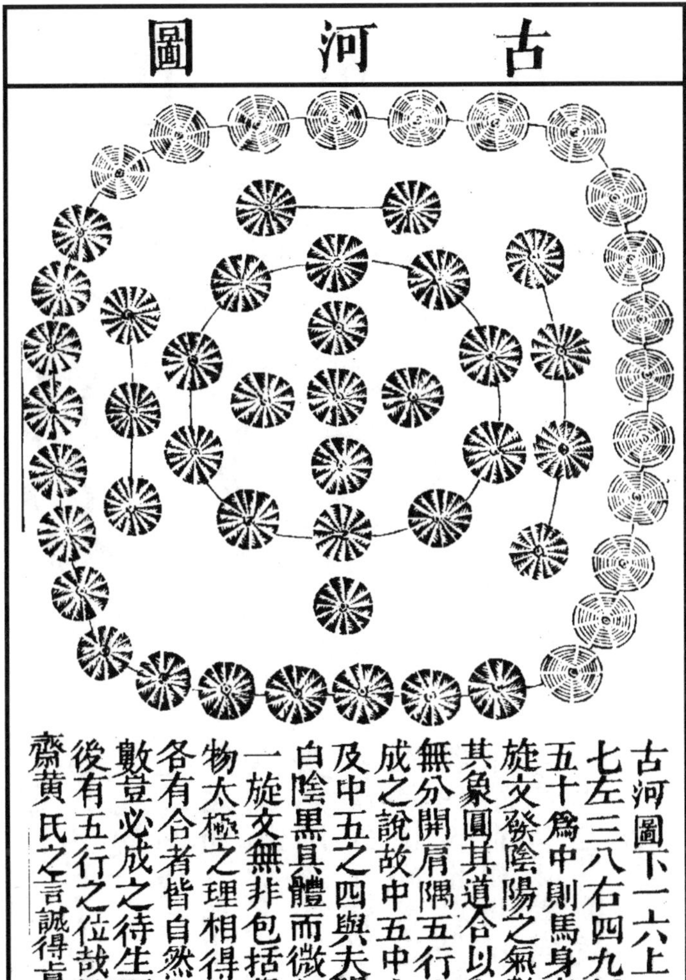

古河圖

古河圖下一六上二七左三八右四九以五十爲中則馬身之旋文發陰陽之氣數其象圓其道合以方無分開肩隅五行生成之説故中五中十及中五之四與夫陽白陰黑具體而微自一旋文無非包括萬物太極之理相得而各有合者皆自然之數豈必成之待生而後有五行之位哉勉齋黄氏之言誠得眞

古洛书

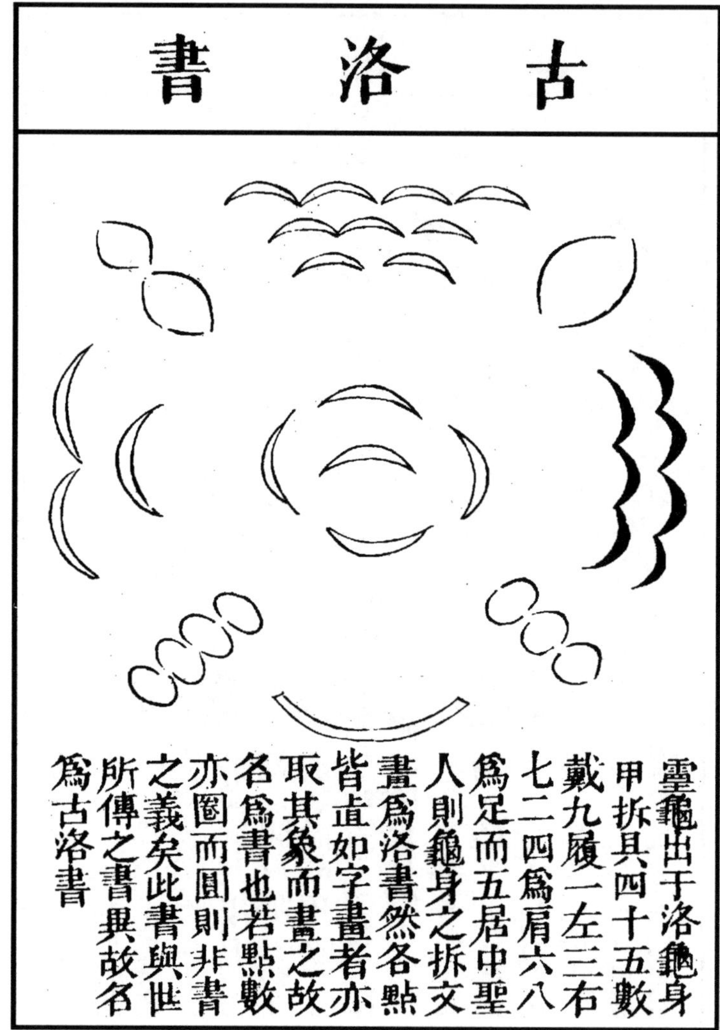
古洛書
靈龜出于洛龜身甲拆具四十五數戴九履一左三右七二四爲肩六八爲足而五居中聖人則龜身之拆文畫爲洛書然各點皆直如字畫者亦取其象而畫之故名爲書也若點數亦圈而圓則非書之義矣此書與世所傳之書異故名爲古洛書

圆图说

元气滋化，而湿、煖生一泡也。滋生湿、煖焉，于是一六、二七殊而水火生。水、火者，同源异用者也。火性蒸上，蒸上者，䰟以达。䰟极必降，降下者，寒以坚。于是三八、四九列，而木金成。木根于水，华于火；金液于火，凝于水；水从火，火从水也。金、木者，水、火之交也。一、六合为水，首尾去一则中存五；二、七合为火，首尾去二亦中存五，金木亦然。

水、火、金、木皆五也。五，土也，生生之始终也。然一泡之中，五者顿具，岂相待有哉？元气滋煴，水之火也；煖蒸湿随，火之水也。水之火，其气即木，是以木成而火复丽。火之水，其精即金，是以金凝而水复胎。金、木，一水火也，火也、水也一也，顿具者也。分为两仪，列为四象，荡为八卦，离为三百八十四爻，皆此矣。

或曰：五既称土，中奚曰虚？曰：岂惟中五，即其在水、火、木、金者，盖复有哉！天一阳也，得五以成水；地二阴也，得五以成火。夫阴不可为阳，火不可为水，各一其性故也。今为阳为阴，为水为火，五其有定性乎？无定性，则生此五，成此五，在中此五，在水、火、木、金此五，知五行之相生而不知其所以生者五耳。故五岂块然有邪？虚而已矣。昔人有言：抟空为块，见块而不见空，土在天地后也；粉块为空，见空而不见块，土在天地先也。亦善言五也。虽然犹二也，块与空一也，何事抟且粉哉！故阴阳一息也，天地一泡也，图泡之影，卦图之影也，而泡亦影也。

是以君子贵洞虚焉，则未发是已。

河图数起一六图

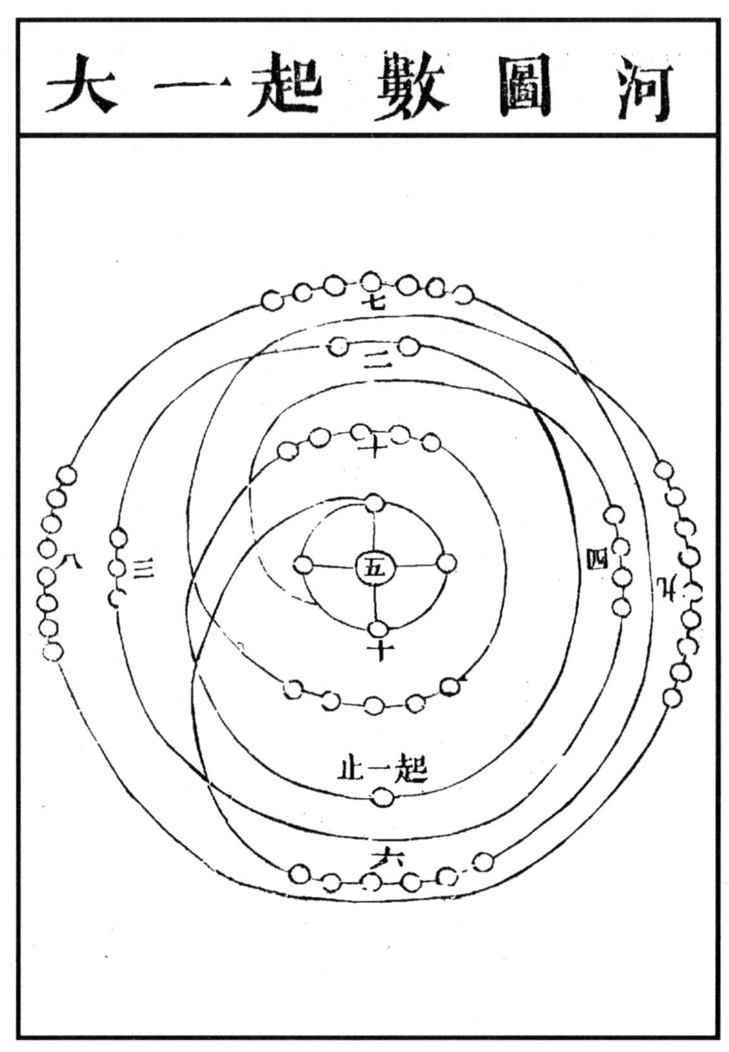

图之体底本为“则”。在中，而用在北，故数起于北。一之自北而南以生二，自南而东以生三，自东而西以生四，自西而入于中以生五，随气机之动，极而变也。自中而出于北以生六，自北而南以生七，自南而东以生八，自东而西以生九，自西而入于中以生十，入必复出，随气机之静，极而变也。

入乘静机，出乘动机，静有常，而流行不息。西北者，数所出入之门乎。阴阳相求，而数生焉。数始于一，而极于九，化于二而通于十。自北至西则阳数极，极则益深，不得不入而归诸十。自二至十，则阴数极，阴极必返，不得不出而复于一，一以始之，九以极之，二以化之，十以通之，数之圆而神也，如是夫！

河图奇与偶合图

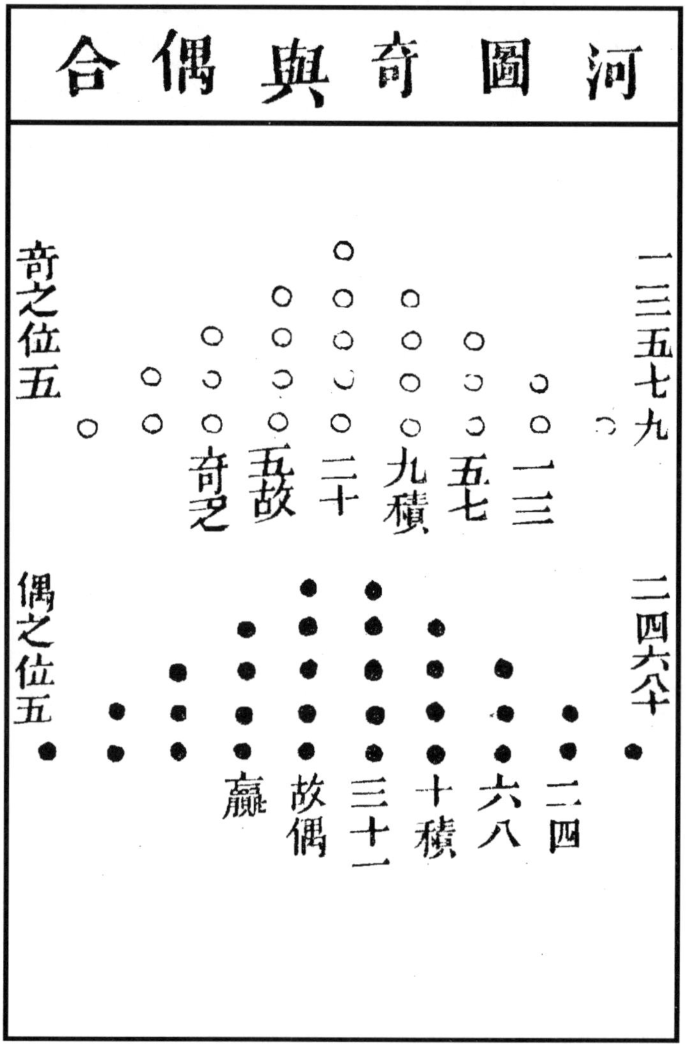

河圖奇與偶合

一三五七九
一三
五七
九積
二十
五故
奇之
奇之位五

二四六八十
二四
六八
十積
三十一
故偶
羸
偶之位五

洛书奇多偶少图

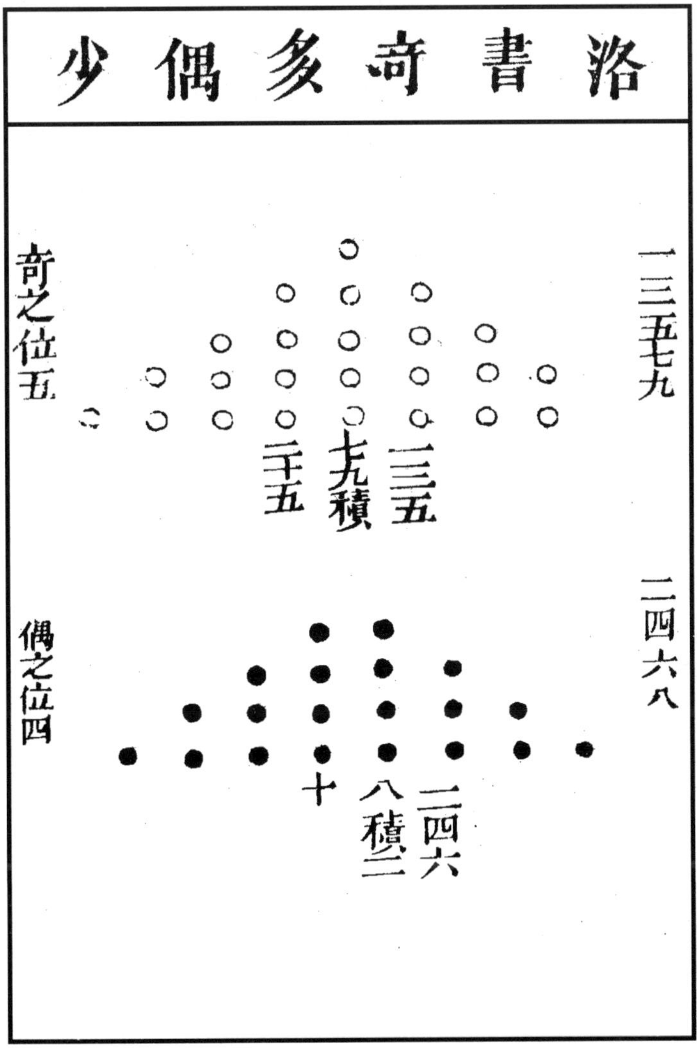

洛書奇多偶少

奇之位五

一三五七九

二十五　七九積　二十五

偶之位四

二四六八

十　八積二　二四六

《河》、《洛》二图，奇偶位数不同者何哉？盖一、三、五、七、九，积二十五，故奇之；二、四、六、八、十，积三十，故偶赢。而奇之位五，偶之位五，此“河图”所以奇以偶位合也。《洛书》一、三、五、七、九，积二十五，则奇数多矣，二、四、六、八，积二十，而偶则少焉。且奇之位五，偶之位四，奇多乎偶者如此，然皆位与数之一定不可易也，真悟其生克之理。则《图》、《书》不同者迹，未始不同者理，彼又欲于《河图》减其五数，于《洛书》增其五数，以合夫大衍之数者，不亦缪之甚哉！然以前皆《图》、《书》定位定数，以后分而言之，正以见分阴分阳之所以然，而循环无端，又不可徒泥其一定之位数也。噫！分乎其所不得不分，合乎其所不得不合，造化自然之妙，不可得而图也。神而明之，不存其人哉。

蔡九峰皇极八十一名数图

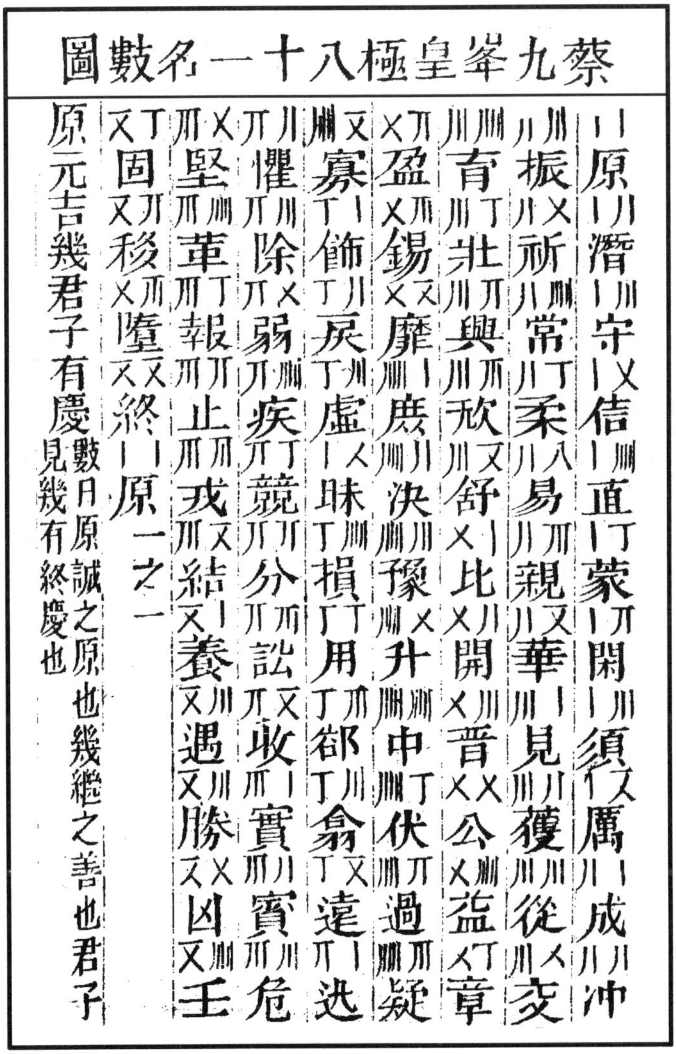

蔡九峯皇極八十一名數圖

原 潛 守 信 直 蒙 閑 須 厲 成 沖

振 祈 常 柔 易 親 華 見 獲 從 交

育 壯 興 欣 舒 比 開 晉 公 益 章

盈 錫 靡 庶 決 豫 升 中 伏 過 疑

寡 飾 戾 虛 昧 損 用 郤 翕 遠 迭

懼 除 弱 疾 競 分 訟 收 實 賓 危

堅 革 報 止 戎 結 養 遇 勝 囚 壬

固 移 墮 終 原 一之一

原元吉幾君子有慶數曰原誠之原也幾繼之善也君子見幾有終慶也

八十一数原图

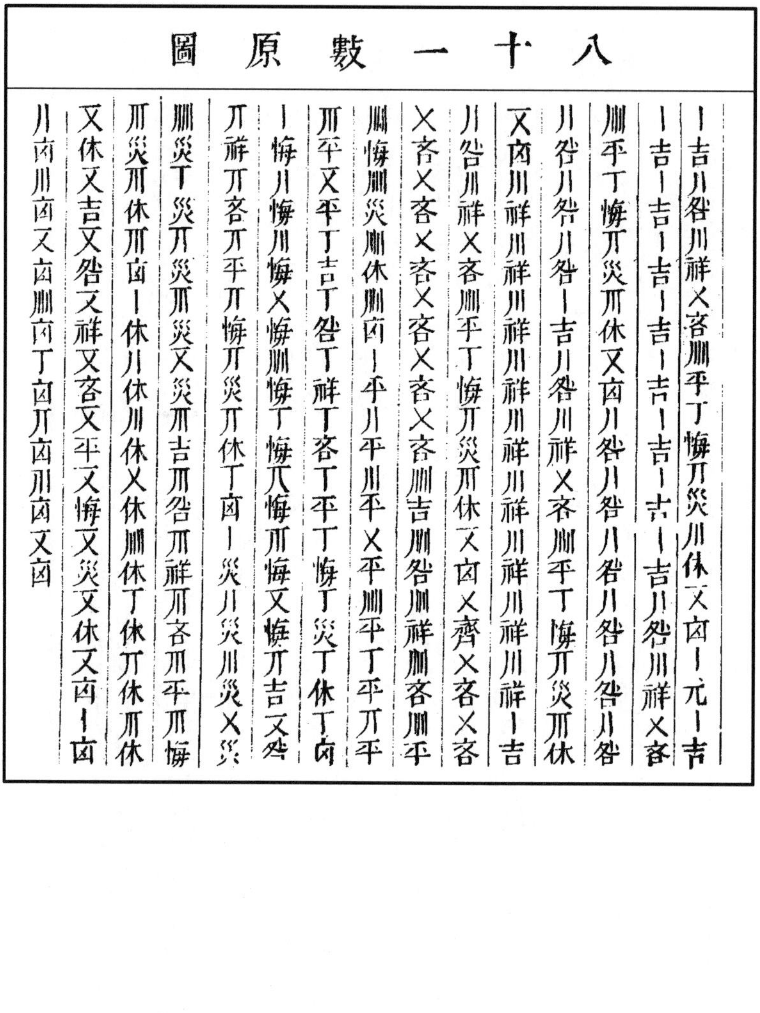

八十一數原圖

丨吉〢咎川祥乂吝𠕁平丁悔丌災川休又凶丨元丨吉
丨吉丨吉丨吉丨吉丨吉丨吉丨吉〢咎川祥乂吝
𠕁平丁悔丌災𠀆休又凶〢咎〢咎〢咎〢咎〢咎〢咎
〢咎〢咎〢咎丨吉〢咎川祥乂吝𠕁平丁悔丌災𠀆休
又凶川祥川祥川祥川祥川祥川祥川祥川祥丨吉
〢咎川祥乂吝𠕁平丁悔丌災𠀆休又凶乂齊乂吝乂吝
乂吝乂吝乂吝乂吝乂吝𠕁吉𠕁咎𠕁祥𠕁吝𠕁平
𠕁悔𠕁災𠕁休𠕁凶丨平〢平川平乂平𠕁平丁平丌平
𠀆平又平丁吉丁咎丁祥丁吝丁平丁悔丁災丁休丁凶
丨悔〢悔川悔乂悔𠕁悔丁悔丌悔𠀆悔又悔丌吉又咎
丌祥丌吝丌平丌悔丌災丌休丁凶丨災〢災川災乂災
𠕁災丁災丌災𠀆災又災𠀆吉𠀆咎𠀆祥𠀆吝𠀆平𠀆悔
𠀆災𠀆休𠀆凶丨休〢休川休乂休𠕁休丁休丌休𠀆休
又休又吉又咎又祥又吝又平又悔又災又休又凶丨凶
〢凶川凶又凶𠕁凶丁凶丌凶𠀆凶又凶

此后八十数，皆依前图次序，而吉凶祥吝，而悔平灾休因之。即此一图，可以例其余矣。但吉咎休凶，只依一、二、八、九之数可以定之。中间虽稍有错综，而所占率不外此。不知禹叙《畴》，箕子《洪范》，果如是乎否也。

蔡九峰谓《河图》更四圣，而象已著。《洛书》锡神禹而数不传，故作是书，以究极其数。其演数之法，纵横皆九位。经之以一一一二，至于九一九二，而终之以九九；纬之以一一一二，至于九一九二，亦终之以九九。是于数学亦自有见，而一一比拟《洪范》则非矣。且谓二而四，四而八，八者，八卦之象也。一而三，三而九，九者，九畴之数也。由是重之八而六十四，六十四而四千九十六，而象备矣。九而八十一，八十一而六千五百六十一，而数周矣。谓《易》成于偶，止于象，固不知《易》；谓《范》始于一，专于数，岂知《范》者哉！噫！离象言数，易道之不明也久矣。

尝观西山有言曰：杨氏之《太玄》八十一首，关氏之《洞极》二十七象，司马之《潜虚》五十五名，皆不知而作者也，固不足于三子矣。九峰承其家学，欲正司马氏喜《太玄》之失，而亦未离乎杨氏之见。盖亦由易道之不明也。然则阴阳消长自然之理，羲、文、周、孔发挥造化自然之文，何由而昭然于天地间哉！

皇极经世先天数图

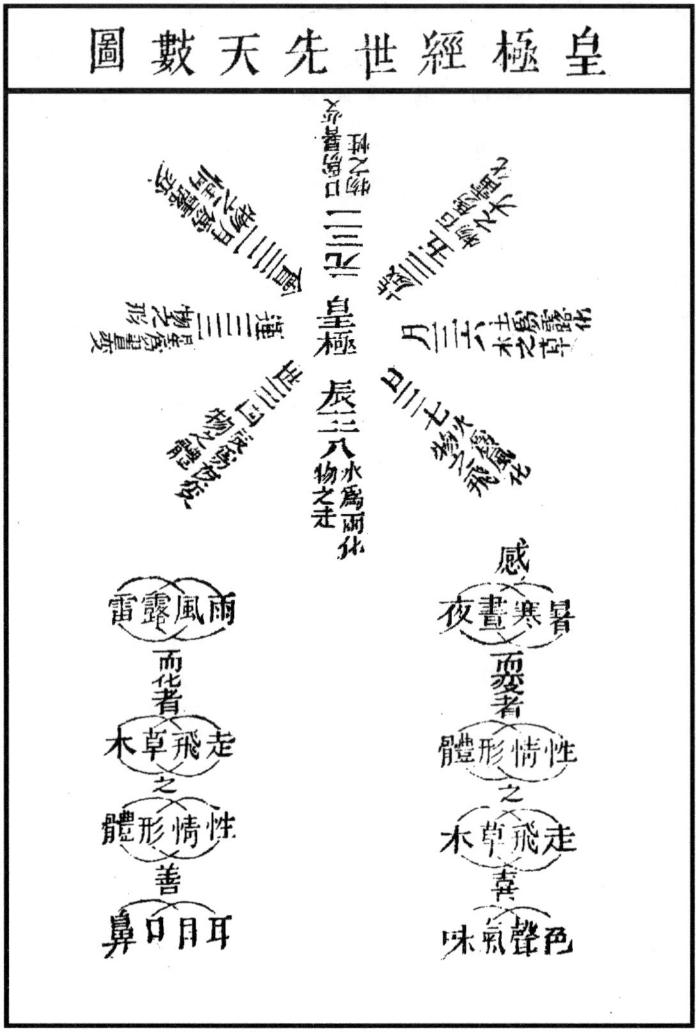

皇極經世先天數圖

此图邵康节先生所述也。古今之数皆始于一，而皇极之数实本于伏羲之先天也。乾一、兑二、离三、震四、巽五、坎六、艮七、坤八，是八卦之生数也。阳一而阴二，故阳之生阴，二而六之为十二；阴之生阳，三而十之为三十。是以乾始为一，而兑为十二，离则十二而三十，为三百六十；震则十二而为四千三百二十。自巽之坤，皆奇偶之生数也。离之为六十四卦，则以所生之数而相示之，知其总数也。如离之震，为一百五十五万五千二百之数也。周旋六十四卦相生之数，皆如是也。若以日、月、星、辰、水、火、土、石、暑、寒、昼、夜、飞、走、草、木分隶于八卦，得生生之数，则知其所以生；得化化之数，则知其所以化。在学者冥心于此，思则得之也。此图即“先天八卦圆图”，乾、兑、离、震为日、月、星、辰之变数；坤、艮、坎、巽为水、火、土、石之化数，四象运而四时行焉，八卦变化而百物生焉。邵子《皇极经世》之纲领，兹可见矣。

元会运世大意总论

夫天地万物，以一为之原。原于一，而衍之为万。穷天地之数，而复归于一。日为元天主日。元者，气之始也。其数一一元。月为会，会者，数之交也，其数十二十二月。星为运，运者，时之行也，其数三百六十周天之数。辰为世，世者，变之终也，其数四千三百二十。观一岁之数，而一元之数可知矣。以大运而观一元，则一元一岁之大者也。以一元而观一岁，则一岁一元之小者也。一元统十二会、三百六十运、四千三百二十世。岁月日时，各有数焉。一岁统十二月三百六十日、四千三百二十时，而刻分毫厘丝忽眇没毕有数，皆统于元，宗于一，始终往来而不穷，在天为消长盈虚，在人为治乱兴废，皆不能逃乎数而反之。近事小物，其生成颠末吉凶成败，洞悉之如此，古未尝有也。